复旦卓越 · 会计学系列

Accounting of Financial Enterprises

金融企业会计

（第二版）

侯旭华 申钰希 编著

复旦大学出版社

前　言

2006年2月15日，财政部发布了包括1项基本准则和38项具体会计准则在内的企业会计准则体系，第一次确认了有关金融企业的会计准则，它共有8项，占了整个会计准则的将近五分之一，是金融企业会计发展的重要里程碑。为了解决在运用准则处理经济业务时所涉及的会计科目、账务处理、会计报表及其格式，2006年10月30日，财政部根据基本准则和具体准则制定了指导会计实务的操作性指南即《企业会计准则——应用指南》。另外，为了进一步贯彻实施企业会计准则，财政部根据企业会计准则执行情况和有关问题，于2008年8月7日和2010年7月14日发布了《企业会计准则解释第2号》和《企业会计准则解释第4号》，对金融企业会计准则的某些重要事项进行了详细解答。2010年4月，财政部颁布了《中国企业会计准则与国际财务报告准则持续趋同路线图》，明确了金融企业会计改革发展方向。近几年来，有关金融行业的会计准则不断完善，加快了我国金融企业国际化发展步伐。

另外，近几年来，我国税收制度不断改革与完善。2016年3月24日财政部和国家税务总局共同颁布了财税〔2016〕第36号文件，规定了金融企业于2016年5月1日正式实施"营改增"。随着税制改革的不断深化，增值税政策不断调整，企业所得税和个人所得税等税收政策不断变化，给金融企业带来了深刻影响。

为了适应金融企业会计准则和税制改革的新变化，我们根据长期以来对金融企业会计的教学和实践工作经验，通过对金融企业的深入调研，对2014年第一版的《金融企业会计》教材进行梳理、充实和更新。修订后第二版的教材具有以下几个特点。

1. 紧跟"营改增"和其他税制改革热点，具有时效性

本书根据2016年3月24日财政部和国家税务总局共同颁布的财税〔2016〕第36号文件，并结合近几年增值税政策调整，对金融企业增值税的相关规定及会计处理方法进行了详细阐述，全书始终贯穿了金融企业"营改增"改革相关政策和实施细则。同时，本书充分考虑近几年来企业所得税等税制改革的变化，对相关会计处理进行了调整。

2. 本书吸收金融企业会计改革的最新成果，具有前瞻性

本书紧紧围绕现行会计准则，实时追踪国际财务报告准则最新发展动态，结合金融企业会计的特点，对金融企业会计核算方法加以阐述。另外，本书根据财政部颁布的《企业会计准则解释第4号》，对目前我国发展较快的担保公司会计业务进行了阐述，这在国内同类教材中尚属首次。

3. 本书顺应金融行业混业经营的发展潮流，具有合理性

本书在体系结构上打破了传统的按照金融企业分类的做法，采用按照金融业务分类，将教材分为商业银行业务核算、保险业务核算、证券业务核算、担保业务核算、租赁业务核算等,更好地反映了金融的实质。

4. 本书突出了金融行业的个性,具有针对性

金融业是从事货币经营,以信用为基础的特殊行业,其经营过程及其结果有着显著的行业特色。因此,本书对体现金融行业特色的业务重点论述,对与其他行业有着共性的业务比如固定资产、无形资产、负债、所有者权益的核算作一般阐述。

5. 本书理论与实务并重,具有适用性

本书立足金融企业实际,兼容金融企业会计实务新变化,充分介绍了技术进步和金融企业业务创新导致的金融企业新兴业务或老业务新流程的会计处理问题和会计处理方法。比如,本书贯穿了金融电子化的操作流程,详细介绍了第二代支付系统的核算。本书论述深入浅出,重点和难点都辅以案例,实务操作详细具体。每一章正文后都附有关键词、复习思考题和练习题,其答案集成《金融企业会计习题指南》一书单独出版,且在习题指南中增加了多种题型,并附有详细答案,便于理解和运用以及学员自主式学习。因此,本书不但可以作为高等院校会计学、金融学有关专业教学用书,而且可以作为金融企业财会人员、管理人员,以及金融中介人、金融监管部门人员等学习金融企业财务会计知识的重要参考书。

本书在出版过程中,中南大学申建凯教授、复旦大学中国保险和社会安全中心主任许闲教授、安徽财经大学金融学院陈美桂老师、中国太平洋财产保险股份有限公司湖南省分公司业务部经理杨爱军参与了资料收集和整理工作。在写作过程中,得到了湖南工商大学会计学院副院长龙立和会计系主任祝勇军、中国建设银行湖南省天心支行结算部主任毛玉涛、云南省银保监局局长朱正、山东汇银担保公司财务部经理李春雷的指导和支持,在此表示诚挚的谢意。另外,感谢复旦大学出版社责任编辑的热情帮助。

如何规范金融企业会计处理是一个值得长期研究和探索的过程,新会计准则、新税法出台后,相关政策和实施细则有待进一步完善。比如,2017年5月,IASB发布了《国际财务报告准则第17号——保险合同》(IFRS17);2020年12月24日,我国财政部颁布了《企业会计准则第25号——保险合同》,对保险合同的确定与分类、重大保险风险测试和分拆处理、保险合同负债计量的保费分配法和一般模型法、合同服务边际的初始计量和后续计量、亏损合同计量和处理、再保险合同的会计处理、财务报表列示等提出了新的规定。对此,本人在复旦大学出版社出版的《保险公司会计(第六版)》进行了阐述。但由于保险行业新会计准则对保险公司的会计科目、账务处理等尚未进行规范,因此,本书对此暂未进行更新,等到具体实施细则出台后,我们再一并进行修改。希望本书的推出能为金融企业会计理论的发展贡献一份力量,对金融企业实务起到一定的借鉴和参考作用。由于时间仓促,书中的一些观点和处理方法还有不妥之处,敬请读者批评指正,以便我们今后不断对之加以完善和修正。

目 录

理 论 篇

第一章　金融企业会计导论 ·· 003
　第一节　金融企业会计的概念和特点 ······················ 003
　第二节　金融企业会计要素及其计量属性 ··············· 004
　第三节　金融企业会计的基本前提与会计基础 ········ 008
　第四节　金融企业会计信息质量要求 ······················ 009
　关键词 ·· 011
　复习思考题 ·· 011

第二章　金融企业基本核算方法 ·································· 013
　第一节　金融企业会计科目与账户 ·························· 013
　第二节　借贷记账法 ·· 019
　关键词 ·· 023
　复习思考题 ·· 023
　练习题 ·· 023

商业银行业务篇

第三章　存款业务的核算 ··· 027
　第一节　银行结算账户管理 ····································· 027
　第二节　单位存款业务的核算 ································· 029
　第三节　个人存款业务的核算 ································· 043
　关键词 ·· 053
　复习思考题 ·· 054
　练习题 ·· 054

第四章　贷款与贴现业务的核算 ·································· 058
　第一节　贷款业务概述 ·· 058

第二节　贷款业务的核算 ·· 059
　　第三节　贷款损失准备的核算 ·· 069
　　第四节　票据贴现的核算 ·· 074
　　关键词 ·· 078
　　复习思考题 ·· 078
　　练习题 ·· 078

第五章　往来业务的核算 ·· 081
　　第一节　商业银行与人民银行往来的核算 ···················· 081
　　第二节　商业银行同业往来的核算 ································ 096
　　第三节　商业银行系统内部往来的核算 ························ 102
　　关键词 ·· 110
　　复习思考题 ·· 110
　　练习题 ·· 111

第六章　现代化支付系统的核算 ······································ 114
　　第一节　现代化支付系统简介 ·· 114
　　第二节　大额支付系统的核算 ·· 115
　　第三节　小额支付系统的核算 ·· 119
　　第四节　网上支付跨行清算系统的核算 ························ 128
　　关键词 ·· 134
　　复习思考题 ·· 134
　　练习题 ·· 135

第七章　支付结算业务的核算 ·· 136
　　第一节　支付结算业务概述 ·· 136
　　第二节　票据结算的核算 ·· 137
　　第三节　结算方式的核算 ·· 168
　　第四节　银行卡的核算 ·· 179
　　关键词 ·· 185
　　复习思考题 ·· 185
　　练习题 ·· 185

第八章　外汇业务的核算 ·· 189
　　第一节　外汇业务核算概述 ·· 189
　　第二节　外汇买卖业务的核算 ·· 191
　　第三节　外汇存款业务的核算 ·· 194
　　第四节　外汇贷款业务的核算 ·· 196
　　第五节　国际结算业务的核算 ·· 205

第六节　外汇业务损益的计算与结转 ·· 214
　　关键词 ··· 215
　　复习思考题 ·· 215
　　练习题 ··· 216

保险业务篇

第九章　非寿险原保险合同的核算 ·· 221
　　第一节　原保险合同的确定 ··· 221
　　第二节　非寿险原保险合同核算特点和要求 ··································· 222
　　第三节　非寿险原保险合同保费收入的核算 ··································· 223
　　第四节　非寿险原保险合同保险准备金的核算 ································ 228
　　第五节　非寿险原保险合同赔款支出的核算 ··································· 235
　　关键词 ··· 241
　　复习思考题 ·· 241
　　练习题 ··· 242

第十章　寿险原保险合同的核算 ·· 245
　　第一节　寿险原保险合同的核算特点和要求 ··································· 245
　　第二节　寿险原保险合同保费收入的核算 ······································ 246
　　第三节　寿险原保险合同保险金给付的核算 ··································· 249
　　第四节　寿险原保险合同解约金给付的核算 ··································· 253
　　第五节　寿险原保险合同保险准备金的核算 ··································· 254
　　第六节　分红保险业务的核算 ·· 259
　　关键词 ··· 261
　　复习思考题 ·· 261
　　练习题 ··· 261

第十一章　再保险合同的核算 ·· 264
　　第一节　再保险合同核算概述 ·· 264
　　第二节　分保账单 ·· 266
　　第三节　再保险合同核算的基本要求 ·· 268
　　第四节　分出业务的核算 ··· 269
　　第五节　分入业务的核算 ··· 277
　　关键词 ··· 283
　　复习思考题 ·· 283
　　练习题 ··· 283

证券业务篇

第十二章 证券经纪业务的核算 ... 287
- 第一节 证券经纪业务核算概述 ... 287
- 第二节 代理买卖证券业务的核算 ... 288
- 第三节 代理兑付证券业务的核算 ... 293
- 第四节 代保管证券业务的核算 ... 295
- 关键词 ... 296
- 复习思考题 ... 296
- 练习题 ... 296

第十三章 自营证券业务的核算 ... 298
- 第一节 自营证券业务核算概述 ... 298
- 第二节 交易性金融资产的核算 ... 299
- 第三节 持有至到期投资的核算 ... 303
- 第四节 可供出售金融资产的核算 ... 305
- 第五节 自营认购新股的核算 ... 307
- 关键词 ... 308
- 复习思考题 ... 308
- 练习题 ... 309

第十四章 证券承销业务的核算 ... 311
- 第一节 证券承销业务核算概述 ... 311
- 第二节 全额承购包销业务的核算 ... 312
- 第三节 余额承购包销业务的核算 ... 313
- 第四节 代销业务的核算 ... 315
- 关键词 ... 316
- 复习思考题 ... 316
- 练习题 ... 317

担保租赁业务篇

第十五章 担保业务的核算 ... 321
- 第一节 原担保合同的核算 ... 321
- 第二节 再担保合同的核算 ... 334
- 关键词 ... 344
- 复习思考题 ... 344
- 练习题 ... 344

第十六章　租赁业务的核算 ⋯⋯⋯⋯⋯⋯⋯⋯⋯⋯⋯⋯⋯⋯⋯⋯⋯⋯⋯⋯⋯⋯⋯⋯⋯⋯⋯ 349
　　第一节　租赁业务概述 ⋯⋯⋯⋯⋯⋯⋯⋯⋯⋯⋯⋯⋯⋯⋯⋯⋯⋯⋯⋯⋯⋯⋯⋯⋯⋯⋯⋯ 349
　　第二节　融资租赁业务的核算 ⋯⋯⋯⋯⋯⋯⋯⋯⋯⋯⋯⋯⋯⋯⋯⋯⋯⋯⋯⋯⋯⋯⋯⋯⋯ 350
　　第三节　经营租赁业务的核算 ⋯⋯⋯⋯⋯⋯⋯⋯⋯⋯⋯⋯⋯⋯⋯⋯⋯⋯⋯⋯⋯⋯⋯⋯⋯ 361
　　关键词 ⋯⋯⋯⋯⋯⋯⋯⋯⋯⋯⋯⋯⋯⋯⋯⋯⋯⋯⋯⋯⋯⋯⋯⋯⋯⋯⋯⋯⋯⋯⋯⋯⋯⋯⋯ 363
　　复习思考题 ⋯⋯⋯⋯⋯⋯⋯⋯⋯⋯⋯⋯⋯⋯⋯⋯⋯⋯⋯⋯⋯⋯⋯⋯⋯⋯⋯⋯⋯⋯⋯⋯⋯ 363
　　练习题 ⋯⋯⋯⋯⋯⋯⋯⋯⋯⋯⋯⋯⋯⋯⋯⋯⋯⋯⋯⋯⋯⋯⋯⋯⋯⋯⋯⋯⋯⋯⋯⋯⋯⋯⋯ 363

共同业务篇

第十七章　金融企业损益的核算 ⋯⋯⋯⋯⋯⋯⋯⋯⋯⋯⋯⋯⋯⋯⋯⋯⋯⋯⋯⋯⋯⋯⋯⋯ 367
　　第一节　金融企业收入的核算 ⋯⋯⋯⋯⋯⋯⋯⋯⋯⋯⋯⋯⋯⋯⋯⋯⋯⋯⋯⋯⋯⋯⋯⋯⋯ 367
　　第二节　金融企业费用的核算 ⋯⋯⋯⋯⋯⋯⋯⋯⋯⋯⋯⋯⋯⋯⋯⋯⋯⋯⋯⋯⋯⋯⋯⋯⋯ 370
　　第三节　金融企业利润的核算 ⋯⋯⋯⋯⋯⋯⋯⋯⋯⋯⋯⋯⋯⋯⋯⋯⋯⋯⋯⋯⋯⋯⋯⋯⋯ 388
　　关键词 ⋯⋯⋯⋯⋯⋯⋯⋯⋯⋯⋯⋯⋯⋯⋯⋯⋯⋯⋯⋯⋯⋯⋯⋯⋯⋯⋯⋯⋯⋯⋯⋯⋯⋯⋯ 401
　　复习思考题 ⋯⋯⋯⋯⋯⋯⋯⋯⋯⋯⋯⋯⋯⋯⋯⋯⋯⋯⋯⋯⋯⋯⋯⋯⋯⋯⋯⋯⋯⋯⋯⋯⋯ 401
　　练习题 ⋯⋯⋯⋯⋯⋯⋯⋯⋯⋯⋯⋯⋯⋯⋯⋯⋯⋯⋯⋯⋯⋯⋯⋯⋯⋯⋯⋯⋯⋯⋯⋯⋯⋯⋯ 401

第十八章　金融企业财务会计报告 ⋯⋯⋯⋯⋯⋯⋯⋯⋯⋯⋯⋯⋯⋯⋯⋯⋯⋯⋯⋯⋯⋯⋯ 407
　　第一节　金融企业财务会计报告概述 ⋯⋯⋯⋯⋯⋯⋯⋯⋯⋯⋯⋯⋯⋯⋯⋯⋯⋯⋯⋯⋯⋯ 407
　　第二节　资产负债表 ⋯⋯⋯⋯⋯⋯⋯⋯⋯⋯⋯⋯⋯⋯⋯⋯⋯⋯⋯⋯⋯⋯⋯⋯⋯⋯⋯⋯⋯ 408
　　第三节　利润表 ⋯⋯⋯⋯⋯⋯⋯⋯⋯⋯⋯⋯⋯⋯⋯⋯⋯⋯⋯⋯⋯⋯⋯⋯⋯⋯⋯⋯⋯⋯⋯ 421
　　第四节　现金流量表 ⋯⋯⋯⋯⋯⋯⋯⋯⋯⋯⋯⋯⋯⋯⋯⋯⋯⋯⋯⋯⋯⋯⋯⋯⋯⋯⋯⋯⋯ 430
　　第五节　所有者权益变动表 ⋯⋯⋯⋯⋯⋯⋯⋯⋯⋯⋯⋯⋯⋯⋯⋯⋯⋯⋯⋯⋯⋯⋯⋯⋯⋯ 445
　　第六节　附注 ⋯⋯⋯⋯⋯⋯⋯⋯⋯⋯⋯⋯⋯⋯⋯⋯⋯⋯⋯⋯⋯⋯⋯⋯⋯⋯⋯⋯⋯⋯⋯⋯ 449
　　关键词 ⋯⋯⋯⋯⋯⋯⋯⋯⋯⋯⋯⋯⋯⋯⋯⋯⋯⋯⋯⋯⋯⋯⋯⋯⋯⋯⋯⋯⋯⋯⋯⋯⋯⋯⋯ 451
　　复习思考题 ⋯⋯⋯⋯⋯⋯⋯⋯⋯⋯⋯⋯⋯⋯⋯⋯⋯⋯⋯⋯⋯⋯⋯⋯⋯⋯⋯⋯⋯⋯⋯⋯⋯ 451
　　练习题 ⋯⋯⋯⋯⋯⋯⋯⋯⋯⋯⋯⋯⋯⋯⋯⋯⋯⋯⋯⋯⋯⋯⋯⋯⋯⋯⋯⋯⋯⋯⋯⋯⋯⋯⋯ 451

参考文献 ⋯⋯⋯⋯⋯⋯⋯⋯⋯⋯⋯⋯⋯⋯⋯⋯⋯⋯⋯⋯⋯⋯⋯⋯⋯⋯⋯⋯⋯⋯⋯⋯⋯⋯⋯ 453

理论篇
LILUN PIAN

第一章 金融企业会计导论

第一节 金融企业会计的概念和特点

金融企业会计是指将会计理论运用于金融企业的一门专业会计,它是以货币为主要计量单位,采用专门的方法,对金融企业经营过程及其结果进行反映和监督并向有关方面提供会计信息的一种管理活动。

金融企业会计是会计学的一个分支,是一种特殊的行业会计。因此,金融企业会计不仅具有一般会计的共性,而且,由于其自身的经营的特殊性,又有着自己的个性。为了全面、准确理解金融企业会计的含义,掌握其本质特征,必须把握金融企业会计的以下四个特点。

一、金融企业会计的基本特征是货币计量

会计离不开计量,计量单位有很多,比如实物量、劳动量,而作为会计的主要特点是以货币为计量单位。只有借助于货币量度,才能把各种性质相同或不同的经济业务加以综合,形成经营管理所必需的综合性信息。如果不能用货币来计量,就不是会计所反映的内容,比如,一个企业有多少收入,发生了多少费用,实现了多少利润,这些都能够用货币来计量,它们是金融企业会计所反映的内容,但一个企业的展业、人力资源管理状况如何,就不是会计所反映的内容,因为它们不能用货币来计量。

二、金融企业会计的基本职能是核算和监督

从会计产生与发展的历史过程,我们不难得出这样的结论:管理经济离不开会计,经济越发展,会计越重要。会计在管理经济中所以那么重要,是由会计本身所具有的功能决定的。会计功能又称会计职能。会计在经济管理中的职能概括起来是:对会计主体的经济活动进行核算和监督。会计的核算与监督两项基本职能已写进我国《会计法》中,会计是依法核算和依法监督。

三、金融企业经营过程及其结果有着显著的行业特色

研究金融企业会计问题,除了对一般会计理论体系要有充分认识外,最重要的是要了解金融行业业务性质的特殊性。金融行业的特殊性主要表现在以下四个方面。

1. 金融企业经营业务具有复杂性

金融企业是经营货币信用业务的特殊企业,包括商业银行和金融性公司。商业银行是

从事存贷款和转账结算等金融业务获取利润的企业法人。它分为以下三类：(1)国有独资商业银行，包括中国工商银行、中国建设银行、中国银行、中国农业银行。(2)股份制商业银行，按地域又可分为全国性的和地方性的。前者如交通银行、华夏银行、光大银行、中信实业银行、招商银行、中国民生银行等；后者如上海浦东发展银行、福建兴业银行、长沙银行、海南发展银行等。(3)合作性商业银行，包括城市合作商业银行、农村合作商业银行等。金融性公司是指非银行金融机构，包括保险公司、证券公司、信托投资公司、租赁公司、期货公司、基金公司、财务公司等。随着金融业务日趋复杂化，金融企业所开展的业务也越来越多，混业经营是世界的潮流，这些都使得金融企业的业务比一般工商企业的业务要复杂且多变。

2. 金融企业业务对象具有广泛的社会性

金融企业是社会资金活动的枢纽，其经营范围包括存款的存入与支取、贷款的发放和收回、保费的收取和理赔、证券的买入和卖出、资金汇划等，这些活动涉及社会生产和社会生活的方方面面，金融企业从某种程度上讲就是"公众企业"，其发展涉及大多数公众的利益，直接影响着社会。从某种意义上来讲，金融企业是对经济、社会背负着巨额负债，承担着对整个社会的保障责任，发挥着社会"稳定器"的作用。

3. 会计核算过程和业务处理过程具有同步性

金融企业会计核算过程与业务运行是一致的，如客户提交结算凭证、委托银行办理资金收付，银行从柜面审核、凭证处理、凭证递到账簿登记完成结算，这一系列程序既是业务处理过程，又是会计核算过程，待业务活动停止，会计核算也基本完成。

4. 金融企业资金运动形态表现为货币资金的收付

对于一般制造业，经营的是一种商品，其物质实体是有形的，而金融企业不同于工商企业，是不从事直接生产和商品流通的。其业务活动表现为货币资金的收付活动。一方面通过开展各种金融业务从各个方面吸收大量的货币资金；另一方面通过提供各项金融服务以及开支各项费用付出大量的货币资金，并通过货币资金的收付过程来实现金融企业自身的利润。由此可见，金融企业会计的对象，是金融企业资金运动过程中的收付及其增减变动情况。大量的现金流转是金融行业的一大特色。

四、金融企业会计的本质是一种提供会计信息的管理活动

会计是一种经济工作，是一种为经济管理服务的社会实践，它除了记账、算账、报账以外，更重要的是提供决策有用的信息，因此，金融企业会计的本质是一种管理活动，其目的是提供会计信息，从某种意义上讲，它又是一个信息系统。

第二节　金融企业会计要素及其计量属性

一、会计要素

会计要素是对会计对象具体内容所作的基本分类，是会计对象的具体化。按照《企业会计准则——基本准则》规定，会计要素包括资产、负债、所有者权益、收入、费用和利润。

（一）资产

金融企业的资产是指企业过去的交易或事项形成的、由企业拥有或者控制的、预期会给企业带来经济利益的资源。简单地讲，金融企业的资产就是经济资源，它包括货币资金、财产、债权和其他权利。

对于制造业，主要从事商品生产和流通，原材料、在产品、产成品，以及批发零售商业的购进商品等存货占了很大比重，资产以经营性资产为主。而金融企业因其产品是无形的信用承诺，故存货项目较少，贷款、投资等资产占总资产的比重较大。

金融企业资产按其流动性不同，分为流动资产和非流动资产。

流动资产是指预计在一个正常营业周期中变现、出售或耗用，或者主要为交易目的而持有，或者预计在资产负债表日起一年内（含一年）变现的资产，以及自资产负债表日起一年内交换其他资产或清偿负债的能力不受限制的现金或现金等价物。金融企业流动资产主要包括库存现金、银行存款、存出保证金、交易性金融资产、买入返售金融资产、短期贷款、存放中央银行款项、存放同业、贴现资产、应收利息、应收保费、应收代位追偿款、应收股利、应收分保账款、其他应收款、预付赔付款、拆出资金、保户质押贷款、结算备付金、代理兑付证券、低值易耗品等。

非流动资产是指流动资产以外的资产，主要包括长期股权投资、固定资产、无形资产等。

（二）负债

负债是指企业由过去的交易或者事项形成的、预期会导致经济利益流出企业的现时义务。现时义务是指企业在现行条件下已承担的义务。未来发生的交易或者事项形成的义务，不属于现时义务，不应当确认为负债。从负债的定义可以看出，负债所代表的是企业由于其过去的交易或事项所形成的现时义务。

对于金融企业，经营的对象不是商品，而是信用承诺，因此，金融企业业务实质上是对金融企业契约承担的一种将来偿付责任。对于金融行业，负债项目较一般会计重要。

对于制造业，其负债主要表现为借款和应付项目。对于金融企业，负债中占比例最大的是各种存款、责任准备金、代理买卖证券款等。

负债按偿还期限的长短可分为流动负债和非流动负债。

流动负债是指预计在一个正常营业周期中清偿、或者主要为交易目的而持有、或者自资产负债表日起一年内（含一年）到期应予以清偿，或者企业无权自主地将清偿推迟至资产负债表日后一年以上的负债。金融企业流动负债包括短期借款、存入保证金、拆入资金、应付利息、应付股利、应付手续费及佣金、吸收存款（一年或一年以内）、向中央银行借款、预收保费、应付分保账款、预收赔付款、应付保单红利、未决赔款准备金、未到期责任准备金、代理买卖证券款、代理兑付证券款、代理承销证券款、卖出回购金融资产款、应付职工薪酬、应交税费等。

非流动负债是指流动负债以外的负债，包括吸收存款（一年以上）、长期借款、寿险责任准备金、长期健康险责任准备金、保户储金、长期应付款等。

（三）所有者权益

所有者权益是指企业资产扣除负债后由所有者享有的剩余权益。对于企业来说，其所有者权益又称为股东权益。所有者权益体现企业投资者对净资产的所有权，它是企业生存和持续发展的基础，也是企业举债的基础保证。通常由股本（或实收资本），其他权益工具，资本公积（含资本溢价或者股本溢价、其他资本公积），其他综合收益，盈余公积，一般风险准备和未分配利润。

目前有些金融企业实行集团控股模式，比如银行、保险公司，系统内部采取的则是"一级法人、分级管理、逐级核算"的财务管理体制，即只有总行或总公司才具有法人资格，总行或总公司对省级企业实行授权经营管理，省级对地市级实行转授权管理，因此除了总行或总公司有外来投入资本外，基层企业不会产生实收资本，基层企业所有者权益主要表现为营运资本（上级拨入资金），因此所有者权益主要限于法人机构。

为了防范可能出现的经营风险，金融企业在向投资者分配利润之前，经董事会或主管财政机关批准，按一定比例从税后利润中提取一般风险准备金，用于弥补大额亏损。一般风险准备金必须专款专用，不得用于转增资本和向投资者分红。

另外，对于担保公司而言，担保产品属于准公共产品，由于担保业务的高风险性，担保资金投入需要政府资金引导，社会资金参与；担保代偿损失需要政府补偿。没有政府支持的财力支撑体系，规模化的担保体系是很难形成的。因此，针对此行业应设置执行国家政策性担保收到的不需偿还的担保扶持基金。

（四）收入

收入是指企业在日常活动中形成的、会导致所有者权益增加的、与所有者投入资本无关的经济利益的总流入。对于金融企业而言，收入主要包括利息收入、保费收入、手续费及佣金收入、租赁收入、其他业务收入等。收入不包括为第三方或者客户代收的款项。

（五）费用

费用是指企业在日常活动中发生的、会导致所有者权益减少的、与向所有者分配利润无关的经济利益的总流出。

按照财务制度规定，企业在业务经营过程中发生的与业务经营有关的支出，包括利息支出、赔付支出、退保金、业务及管理费、手续费及佣金支出、分保业务支出、提取责任准备金以及其他有关支出，按规定计入成本和费用，属于当期的直接计入当期费用。

（六）利润

利润是指企业在一定会计期间的经营成果，它是各项收入抵补各项支出后所获得的最后成果。如果收入大于支出即为利润；反之，即为亏损。

利润包括收入减去费用后的净额、直接计入当期利润的利得和损失等。

直接计入当期利润的利得和损失，是指应当计入当期损益、会导致所有者权益发生增减变动的、与所有者投入资本或者向所有者分配利润无关的利得或者损失。利润有营业利润、利润总额、净利润和综合收益总额。营业利润是营业收入减去营业支出后的金额。利润总额是指营业利润加上营业外收入，减去营业外支出后的金额。净利润是指利润总额减去所得税费用后的金额。综合收益总额是净利润加其他综合收益的总额。

二、会计要素的计量属性

从会计角度，计量属性反映的是会计要素金额的确定基础，主要包括历史成本、重置成本、可变现净值、现值和公允价值等。

1. 历史成本

历史成本又称为实际成本,就是取得或制造某项财产物资时所实际支付的现金或者其他等价物。在历史成本计量下,资产按照购置时支付的现金或者现金等价物的金额,或者按照购置资产时所付出的对价的公允价值计量。负债按照因承担现时义务而实际收到的款项或者资产的金额,或者承担现时义务的合同金额,或者按照日常活动中为偿还负债预期需要支付的现金或者现金等价物的金额计量。

采用历史成本计价是因为实际成本的数据容易取得,实际成本是实际发生的,具有客观性,便于查核,有较强的可验证性,经得起检验,所以,除非法律、行政法规和国家统一的会计制度另有规定者外,企业一律不得自行调整其账面价值。

值得注意的是,如果资产已经发生了减值,其账面价值已经不能反映其未来可收回金额,企业应相应地计提资产减值准备。另外,金融企业监管会计原则基于"准清算"假设,侧重变现能力,因此有相当一部分资产的计价不以历史成本为依据。例如,美国保监会规定有些投资性资产只能以成本或市价孰低的价值列为可接受资产。

2. 重置成本

重置成本又称现行成本,是指按照当时市场条件下,重新取得同样一项资产所需支付的现金或者现金等价物的金额。在重置成本计量下,资产按照现在购买相同或者相似资产所需支付的现金或者现金等价物的金额计量。负债按照现在偿付该项债务所需支付的现金或者现金等价物的金额计量。

3. 可变现净值

可变现净值是指在正常生产经营过程中,以预计售价减去进一步加工成本和销售所需的预计税金、费用后的金额。在可变现净值计量下,资产按照其正常对外销售所能收到现金或者现金等价物的金额扣减该资产至完工时估计将要发生的成本、估计的销售费用,以及相关税费后的金额计量。

4. 现值

现值是指对未来现金流量以恰当的折现率进行折现后的价值,是考虑货币资金时间价值因素等的一种计量属性。在现值计量下,资产按照预计从其持续使用和最终处置中所产生的未来净现金流入量的折现金额计量。负债按照预计期限内需要偿还的未来净现金流出量的折现金额计量。

5. 公允价值

公允价值是指市场参与者在计量日发生的有序交易中,出售一项资产所能收到或转移一项负债所需支付的价格。市场参与者是相互独立、熟悉交易情况、有能力并自愿进行资产或负债交易的买方和卖方。关联方通常不能视为市场参与者。计量日的引入突出了公允价值的动态性,由于资产、负债价值的波动性,计量结果必须和特定时点联系在一起。有序交易,是指在计量日前一段时期内相关资产或负债具有惯常市场活动的交易。清算等被迫交易不属于有序交易。有序交易突出了市场导向,而非交易主体或交易自身导向。

企业在对会计要素进行计量时,一般应当采用历史成本;采用重置成本、可变现净值、现值、公允价值计量的,应当保证所确定的会计要素金额能够取得并可靠计量。

第三节 金融企业会计的基本前提与会计基础

一、金融企业会计的基本前提

会计核算的基本前提也称会计假设，它是会计人员对会计核算所处的变化不定、错综复杂的经济环境作出的合乎情理的判断，是会计核算的基础。我国《企业会计准则》中明确指出，企业进行会计确认、计量和报告的基本假设和前提包括四个方面：会计主体、持续经营、会计分期、货币计量。

（一）会计主体

会计主体或称会计个体，是指会计工作为其服务的特定单位或组织。它规定了会计工作的空间范围。会计主体假设要求在会计核算中应区分本企业经济活动和其他企业或个人的经济活动的界限，不要将其他企业或个人的经济活动纳入本企业会计核算的范围。

会计主体不同于法律主体。法律主体往往都是会计主体，但会计主体不一定是法律主体。作为会计主体，它可以是一个子公司，或者是一个子公司的分支机构，或者是若干个子公司组成的母公司或集团公司。

（二）持续经营

持续经营是指在可以预见的将来，企业将会按当前的规模和状态继续经营下去，不会停业，也不会大规模削减业务。它规定了会计工作的时间范围。它要求会计人员在进行会计核算时应当以公司持续、正常的经营活动为前提。当然，任何企业都可能破产、解散，企业一旦进行清算，持续经营假设就不能成立，就要实行清算会计。另外，监管会计运用的是准清算假设，它侧重于保证企业能够履行当前的与未来的义务。它假设企业现在就能够以其现有资产偿付其现在及未来的债务，它对资产的计价侧重于现在的变现能力。对持续经营假设的不同理解与运用是导致公认会计原则下的金融企业会计与金融企业监管会计分野的重要原因。

（三）会计分期

会计分期又称会计期间，它是指连续不断的经营过程可以被划分为相等的时间单位，以便对企业的经营状况进行及时、连续的反映。我国金融企业一般采用历年制，即以日历年度作为会计年度，会计期间分为年度、半年度、季度和月份，起讫日期采用公历日期。

因为会计期间假设的存在，才会产生应收、应付、递延等会计处理方法，才会有权责发生制的诞生。

（四）货币计量

货币计量是指企业在会计确认、计量和报告过程中采用货币作为计量单位，记录和反映企业的经营情况。

在货币计量假设下，金融企业会计核算以人民币为记账本位币，企业的经营活动一律通过人民币核算反映。以外币为主的外资企业，可按规定以某种外币为记账本位币，但在编制和提供会计报表时应当折合为人民币。我国在境外设立的企业在向国内报送会计报表时，应当折合为人民币。

货币计量是以货币价值不变、币值稳定为条件。但是,遇到恶性通货膨胀、物价大幅度上涨,这一假设不再成立,应该对该假设的运用进行一定的修正,实行通货膨胀会计。

二、会计基础

会计的确认、计量和报告应当以权责发生制为基础。权责发生制基础又称应收应付制,它是以会计期间来确认收入和费用的归属期。也就是说,凡是当期已经实现的收入和已经发生或应当负担的费用,不论款项是否收付,都应当作为当期的收入和费用;凡是不属于当期的收入和费用,即使款项已在当期收付,也不应当作为当期的收入和费用。

收付实现制是与权责发生制相对应的一种会计基础。收付实现制又称实收实付制,它是以款项是否收付来确认收入和费用的归属期。也就是说,凡是当期已经实际收付的收入和费用,无论款项收付已经发生或应当负担,都应作为当期的收入和费用处理。

第四节 金融企业会计信息质量要求

由于会计信息代表的是一定的经济利益关系,并且,会计信息因公开披露,还会直接或间接地造成一些影响,因此,涉及会计信息利益的各方为了自身的经济利益,必然对会计信息提出一系列的要求。会计信息的质量要求主要包括以下八个方面。

一、可靠性

可靠性又称真实性,它是指企业应当以实际发生的交易或事项为依据进行会计确认、计量和报告,如实反映确认和计量要求的各项会计要素及其相关信息,保证会计信息真实可靠、内容完整。可靠性是对会计工作的基本要求。特别作为金融企业,它不同于一般的行业,它经营的是信用承诺,涉及大多数公众的利益,具有显著的公众性和社会性。从一定意义上讲,金融企业是信用的象征,金融企业会计作为核算和反映金融企业经营活动的工具,它所产生的信息必须真实、可靠,这不仅关系到投资者的利益,而且直接关系到广大债权人的利益,是金融企业的社会责任。

二、相关性

相关性是指会计信息要与使用者的使用目的相关,一般认为会计信息应具有与决策相关联、能够影响决策的能力。对于金融企业来说,相关性就意味着披露更广泛的信息。这主要是因为金融企业业务日趋复杂化,所开展的业务也越来越多,混业经营是世界的潮流,这些都使得金融企业的业务比一般工商企业的业务要复杂而且多变。只有把握好相关性,以适当的方式披露与金融企业相关的所有信息,才能更好满足使用者的要求。对于信息的使用者而言,会计信息要成为相关的,必须能够帮助信息的使用者预测过去、现在和将来事项的结局,或者能够证实或纠正信息使用者先前的预期,从而增强决策者预测的能力。

三、明晰性

明晰性又称可理解性,它是指会计记录和会计信息必须清晰明了,便于财务报告使用者理解和使用。

会计信息的目的在于它的使用。只有了解会计信息的内涵,弄懂会计信息的内容,才能更好地使用会计信息。可理解性是使信息的使用者能够领悟其重要意义的质量特征。提高财务信息可理解的程度,需要作出一定的努力。从成本与效益的角度出发,只能为少数人所理解或使用的信息,应不予提供。反之,编制财务报表,也不能仅仅因为有些人理解上有困难,或因为有些投资者和债权人不予使用,而把有关信息排除在外。因此,提高信息的可理解性可以提高信息的效益。

四、可比性

可比性要求企业提供的会计信息应当相互可比。主要包括以下两层含义。

1. 同一企业不同时期可比

它要求同一企业不同时期发生相同或者相似的交易或事项,应当采用一致的会计政策,不得随意变更。确需变更的,应当在附注中说明。它侧重于同一企业不同时期的纵向对比。但是,强调会计核算的一致性并不意味着所选择的会计程序和处理方法不能作任何变更,当经济环境的变化要求适当变更会计程序和方法时,可以作适当的调整,并在财务报告附注中加以说明。

2. 不同企业相同会计期间可比

它要求不同企业同一会计期间发生相同或者相似的交易或事项,应当按照规定的会计政策,确保会计信息口径一致、相互可比。可比性侧重于不同企业的横向对比,信息使用者能从不同企业相同的期间数据中得到相似或相异的结论。对金融企业而言,不同类型的企业之间是没有可比性的,而相同类型与规模的企业间的比较才有意义。

五、实质重于形式

实质重于形式也即经济实质重于法律形式,它要求企业应当按照交易或事项的经济实质进行会计确认、计量和报告,不应当仅以交易或事项的法律形式为依据。

例如,某银行以融资租赁方式租入的资产,虽然从法律形式来讲,银行并不拥有其所有权,但是由于租赁合同中规定的租赁期相当长,接近于该资产的使用寿命;租赁期满时银行有优先购买该资产的选择权;在租赁期内,银行有权支配资产并从中受益。所以,从其经济实质来看,银行能够控制其创造的未来经济利益,会计核算上应将以融资租赁方式租入的资产视为自有固定资产。

又如,对于保费收入的确认,强调的是"保险合同成立并承担相应的保险责任"这一经济实质,并不以"保险合同成立"这一法律形式作为唯一标准。遵循实质重于形式原则,体现了对经济实质的尊重,能够保证会计核算信息与客观经济事实相符。

六、重要性

重要性是指企业提供的会计信息应当反映与企业财务状况、经营成果和现金流量等有关的所有重要交易或者事项。重要性是对信息披露范围的一个补充限制。重要性原则与会计信息成本效益直接相关。当今社会信息膨胀,会计信息存在信息过剩的问题,如披露大量不重要信息,必然淹没其他重要信息,削弱重要信息的被关注程度。因此,在进行信息披露时应当区别重要程度,采用不同的披露方式。对于重要的事项单独反映,重点披露;对于次要的事项,合并反映,简单披露。

重要性本身没有确切的衡量标准,哪些情况重要,是否需要在财务报告中重点披露,很大程度上取决于会计人员的经验判断。一般来说,应当从质和量两个方面综合进行分析。从性质来说,当某一事项有可能对决策产生一定影响时,就属于重要事项;从数量方面来说,当一项目的数量达到一定规模时,就可能对决策产生影响。金融企业业务具有复杂化、交易迅速、交易数量巨大等特点,因此需要充分利用重要性原则,对哪些信息需要详细披露、哪些信息只需简要披露、哪些信息无需披露等等作出合理安排。比如,金融企业存货所占比重不大,而且金额较小,对决策不会产生重大影响,因此,没有必要单独作为一个项目披露。

七、谨慎性

谨慎性又称稳健性,它是指企业对交易或者事项进行会计确认、计量和报告应当保持应有的谨慎,不应高估资产或者收益、低估负债或者费用。谨慎性反映了会计人员对其所承担的责任的一种态度,它可以在一定程度上降低管理当局对企业通常过于乐观的态度所可能导致的危险。金融企业是经营信用的特殊行业,其经营对象的风险性、成本未来的不确定性以及责任的连续性等经营特性,与经营环境的融合和交织,使金融企业经营较之一般企业经营更具风险,加之金融企业涉及广大的公众利益,其业务对象具有广泛的社会性,这从而也就决定了金融行业在处理会计信息方法上必须更加稳健保守。此外,监管会计由于服务对象、目标以及假设不同,在稳健程度上显得比公认会计更为保守,所选用的方法和程序往往把谨慎原则运用到了极致。

值得注意的是,谨慎性并不意味着企业可以任意设置各种秘密准备,否则就属于滥用谨慎性原则,将视为重大会计差错处理。

八、及时性

及时性是指企业对于已经发生的交易或者事项,应当及时进行会计确认、计量和报告,不得提前或者延后。会计信息的使用者利用会计信息,目的主要是进行经营决策活动。市场经济条件下,经济环境瞬息万变,这对会计信息的及时性提出了越来越高的要求。坚持及时性原则主要从以下三个方面进行:(1)经济业务发生后,及时地取得证明经济业务发生有效的会计凭证;(2)对已经取得的会计凭证进行及时的处理,及时登账,编制会计报表;(3)及时地传递会计信息,对已编制好的会计报表,及时传递给会计报表的使用者。

关键词

金融企业会计　会计要素　计量属性　基本前提　会计基础　会计信息

复习思考题

1. 简述金融企业会计的概念及其特点。

2. 说明金融企业会计要素中不同于一般企业会计的特殊项目。
3. 简述金融企业会计核算的基本前提。
4. 简述金融企业会计信息质量要求。
5. 简述金融企业会计要素的计量属性。
6. 简述权责发生制和收付实现制的区别。

第二章 金融企业基本核算方法

第一节 金融企业会计科目与账户

一、会计恒等式

会计等式,也称会计恒等式或会计方程式,它是表明各会计要素之间基本关系的恒等式。6个会计要素可分为3组,组成3个等式。

(1) 资产、负债、所有者权益的会计等式。

任何企业为了从事经营活动,实现预期目标,都需要拥有一定数量和结构的经济资源,如现金、房屋等,这些为企业拥有或控制的能以货币计量的经济资源就是资产。而企业的资产最初来源于两个渠道:一是由债权人提供;二是由所有者提供。既然企业的债权人和所有者为企业提供了全部资产,就应该对企业的资产享有要求权,在会计上把这种对企业资产的要求权统称为"权益"。其中,属于债权人的权益称为"负债",属于所有者的权益称为"所有者权益",用公式表示:

$$资产=权益$$
$$=债权人权益+所有者权益$$
$$=负债+所有者权益$$

资产、负债、所有者权益的会计等式是最基本的会计等式,表明会计主体在某一特定时点资产、负债、所有者权益之间的静态关系。它是设置会计科目、复式记账、编制资产负债表的理论依据。

(2) 收入、费用、利润的会计等式。

资产、负债、所有者权益的会计等式实质上反映了企业某一会计期间开始时的财务状况,然而,企业任一会计期间都要从事经营活动,企业开展经营活动的直接目的是实现利润。为了追求利润,企业必须取得收入,同时必然产生相应的费用。通过收入与费用的比较,就可以计算企业在一定会计期间的利润,确定企业的盈利水平。收入、费用、利润的会计等式用公式表示:

$$收入-费用=利润$$

这一等式动态地反映了收入、费用、利润之间的关系,它是编制利润表的理论依据。

(3) 资产、负债、所有者权益与收入、费用、利润的会计等式。

从企业产权关系来看，利润归属于资本所有者。若企业赚取利润，将使所有者权益增加；若企业发生亏损，将使所有者权益减少。而利润是收入与费用相抵的结果，因此，收入将使所有者权益增加，费用将使所有者权益减少。在会计期间内的任一时刻，上述会计恒等式又可扩展为

$$资产＝负债＋所有者权益＋利润$$

或

$$资产＝负债＋所有者权益＋（收入－费用）$$

企业的利润进行利润分配后，以上扩展等式又恢复为：

$$资产＝负债＋所有者权益$$

二、会计科目

（一）会计科目的含义

会计科目是对会计对象的具体内容进行分类的项目名称。设置会计科目作为会计核算的一种专门方法，是正确运用复式记账、填制会计凭证、登记账簿和编制会计报表等会计核算方法的基础。

（二）会计科目的分类

1. 会计科目按经济内容分类

这种分类是根据会计要素的具体内容来划分，金融企业会计科目可分为以下五类。

（1）资产类科目。它包括反映流动资产的科目，如"库存现金""银行存款""存放中央银行款项""结算备付金""交易性金融资产""买入返售金融资产""应收利息""应收保费""预付赔付款"等科目；反映非流动资产的科目，如"长期股权投资""存出资本保证金""固定资产""无形资产"等科目。

（2）负债类科目。它包括反映流动负债的科目，如"短期借款""应付手续费及佣金""应付职工薪酬""预收保费""应交税费""未到期责任准备金""代理买卖证券款"等科目；反映非流动负债的科目，如"长期借款""寿险责任准备金""保户储金""长期应付款"等科目。

（3）共同类科目。共同类科目是具有双重性质的科目，包括"清算资金往来""货币兑换""衍生工具""套期工具""被套期项目"等科目。

（4）所有者权益类科目。它包括反映资本金的科目如"实收资本"以及在经营中形成的"资本公积""盈余公积""一般风险准备""担保扶持基金""其他权益工具"等科目。

（5）损益类科目。它包括反映各项收入的科目，如"利息收入""保费收入""手续费及佣金收入""租赁收入""投资收益""营业外收入"等科目；反映各项费用支出的科目，如"利息支出""赔付支出""保单红利支出""手续费及佣金支出""业务及管理费""营业外支出""所得税费用"等科目。

为了便于编制凭证，登记账簿，查阅科目，提高记账效率，以及开展电算化的需要，需对会计科目进行统一编号。比如资产类科目均以 1 为第一位数字；负债类科目均以 2 为第一位数字；所有者权益类科目均以 3 为第一位数字。每类会计科目的编号之间，留有一定的空号，以备增补新的科目。这种编号方法，具有清晰明了、灵活性强等特点。

2. 会计科目按提供核算指标详细程度分类

为了既提供总括核算指标,又提供详细核算指标,会计科目可分为总分类科目、二级科目和明细分类科目三级。

总分类科目,也称"总账科目"或"一级科目",是总括反映会计对象具体内容的科目。如"吸收存款""保费收入""代理买卖证券款""业务及管理费"等。总分类科目主要由会计制度统一规定,公司可根据自身的具体情况作适当的减并增补。

明细分类科目,也称明细科目或细目,是对总分类科目进一步分类的科目。在会计核算中,明细分类科目所提供的资料是最为具体和详细的。由于各公司的规模、特点不同,因此,会计制度只规定一些必要的明细科目,其他明细科目可由公司根据实际需要自行规定。

二级科目,也称子目,是介于总分类科目和明细分类科目之间的科目,它比总分类科目提供的指标详细,但又比明细分类科目提供的指标概括。例如,在"贷款"总分类科目下面,可按类别设置"信用贷款""担保贷款"等二级科目,在二级科目下面,还可按客户分设细目,以便详细反映各种贷款增减变动的情况和结果。

(三) 金融企业会计科目表

为了保证会计核算指标的口径一致,便于会计指标的对比和汇总,企业应按企业会计准则的规定设置会计科目,以保证会计科目的统一性。但是,企业在不违反会计准则中确认、计量和报告规定的前提下,可以根据本单位的实际情况自行增设、分拆、合并会计科目。企业不存在的交易或者事项,可不设置相关会计科目。

金融企业会计科目表如表 2-1 所示。

表 2-1 会计科目表

顺序号	编号	会计科目名称	顺序号	编号	会计科目名称
		一、资产类	14		垫缴保费
1	1001	库存现金	15	1131	应收股利
2	1002	银行存款	16	1132	应收利息
3	1003	存放中央银行款项	17	1201	应收代位追偿款
4	1011	存放同业	18	1211	应收分保账款
5		上存系统内款项	19	1212	应收分保合同准备金
6	1021	结算备付金	20	1221	其他应收款
7	1031	存出保证金	21	1231	坏账准备
8	1101	交易性金融资产	22	1301	贴现资产
9	1111	买入返售金融资产	23	1302	拆出资金
10	1122	应收保费	24	1303	贷款
11	1123	预付赔付款	25	1304	贷款损失准备
12	1124	应收手续费及佣金	26	1311	代理兑付证券
13		预付分出保费	27	1321	代理业务资产

续 表

顺序号	编 号	会计科目名称	顺序号	编 号	会计科目名称
28	1411	低值易耗品	59	1901	待处理财产损溢
29		低值易耗品跌价准备			二、负债类
30	1431	贵金属	60	2001	短期借款
31	1441	抵债资产	61	2002	存入保证金
32		抵债资产跌价准备	62	2003	拆入资金
33	1451	损余物资	63	2004	向中央银行借款
34		损余物资跌价准备	64	2011	吸收存款
35	1461	融资租赁资产	65	2012	同业存放
36	1501	持有至到期投资	66		系统内款项存放
37	1502	持有至到期投资减值准备	67	2021	贴现负债
38	1503	可供出售金融资产	68		开出汇票
39	1511	长期股权投资	69		开出本票
40	1512	长期股权投资减值准备	70		汇出汇款
41	1521	投资性房地产	71		应解汇款
42	1531	长期应收款	72	2101	交易性金融负债
43	1532	未实现融资收益	73	2111	卖出回购金融资产款
44	1541	存出资本保证金	74	2202	应付手续费及佣金
45	1601	固定资产	75	2203	预收保费
46	1602	累计折旧	76	2205	预收赔付款
47	1603	固定资产减值准备	77		应付保费
48	1604	在建工程	78		应付赔付款
49	1605	工程物资	79	2211	应付职工薪酬
50	1606	固定资产清理	80	2221	应交税费
51	1611	未担保余值	81	2231	应付利息
52	1701	无形资产	82	2232	应付股利
53	1702	累计摊销	83	2241	其他应付款
54	1703	无形资产减值准备	84	2251	应付保单红利
55	1711	商誉	85	2261	应付分保账款
56	1801	长期待摊费用	86	2311	代理买卖证券款
57	1811	递延所得税资产	87	2312	代理承销证券款
58	1821	独立账户资产	88	2313	代理兑付证券款

续 表

顺序号	编号	会计科目名称	顺序号	编号	会计科目名称
89	2314	代理业务负债	119	4402	其他综合收益
90	2401	递延收益			五、损益类
91	2501	长期借款	120	6011	利息收入
92	2502	应付债券	121	6021	手续费及佣金收入
93	2601	未到期责任准备金	122	6031	保费收入
94	2602	保险责任准备金	123	6041	租赁收入
95	2611	保户储金	124	6051	其他业务收入
96	2621	独立账户负债	125	6061	汇兑损益
97	2701	长期应付款	126	6101	公允价值变动损益
98	2702	未确认融资费用	127	6111	投资收益
99	2711	专项应付款	128	6115	资产处置损益
100	2801	预计负债	129	6201	摊回保险责任准备金
101	2901	递延所得税负债	130	6202	摊回赔付支出
		三、共同类	131	6203	摊回分保费用
102	3001	清算资金往来	132	6301	营业外收入
103	3002	货币兑换	133	6402	其他业务成本
104	3101	衍生工具	134	6403	税金及附加
105	3201	套期工具	135	6411	利息支出
106	3202	被套期项目	136	6421	手续费及佣金支出
107		待清算辖内往来	137	6501	提取未到期责任准备金
108		待清算支付款项	138	6502	提取保险责任准备金
109		系统往来	139	6511	赔付支出
		四、所有者权益类	140	6521	保单红利支出
110	4001	实收资本	141	6531	退保金
111	4002	资本公积	142	6541	分出保费
112	4101	盈余公积	143	6542	分保费用
113	4102	一般风险准备	144	6601	业务及管理费
114	4103	本年利润	145	6701	资产减值损失
115	4104	利润分配	146	6711	营业外支出
116	4201	库存股	147	6801	所得税费用
117		担保扶持基金	148	6901	以前年度损益调整
118	4401	其他权益工资			

注：会计科目表中未注明编号的是本书根据金融企业的实际情况自行增设的会计科目。

三、账户

(一) 账户的含义

账户是根据会计科目开设的,用于归集和记录各项经济业务的一种工具,即根据会计科目在账簿中开设的户头。

(二) 账户的结构

所谓账户的结构,是指账户应设置哪些部分,各部分反映什么内容。不同的记账方法具有不同的账户结构。即使同一种方法下,不同性质的账户其结构也是不同的。但无论采用哪种记账方法,账户属于何种性质,其账户的基本结构都是由左右两方组成。通常,人们把账户的左方称为"借方",右方称为"贷方",其基本内容如下。

(1) 账户的名称,即会计科目。
(2) 日期,即记录经济业务发生的日期。
(3) 摘要,即对经济业务的简要说明。
(4) 凭证编号,即记录经济业务的依据。
(5) 金额增加额、减少额及余额。

为了便于在教学中说明问题,账户常用一个简要格式即"T"字形账户来表示,如表2-2所示。

表 2-2 "T"字形账户

借方	账户名称(会计科目)	贷方

在实际工作中最基本的账户格式是三栏式账户,其格式如表2-3所示。

表 2-3 账户名称(会计科目)

年		凭证编号	摘要	借方	贷方	借/贷	余额
月	日						

通过账户记录的金额可以提供期初余额、本期增加发生额、本期减少发生额、期末余额四个核算指标。本期增加发生额是指一定时期(月份、季度、半年度、年度)内账户所登记的增加金额的合计数。本期减少发生额是指一定时期内账户所登记的减少金额的合计数。本期(增加或减少)发生额是根据会计凭证记录账户的原始数据,属于动态指标,反映有关会计

要素的增减变动情况。在没有期初余额的情况下,本期增加发生额与本期减少发生额相抵减后的差额,就是期末余额。本期的期末余额就是该账户下期的期初余额。期初、期末余额不是根据会计凭证登记的,而是根据账户记录的发生额计算的,属静态指标,反映有关会计要素的具体内容增减变动的结果。在有期初余额的情况下,期末余额的计算公式如下。

期末余额＝期初余额＋本期增加发生额－本期减少发生额

(三) 分户账的类型

分户账即明细账,是商业银行明细核算的主要账簿,是总账各科目的详细记录,也是与单位对账的依据,主要包括以下几种。

(1) 甲种账,设有借方、贷方发生额和余额三栏,适用于不计息或使用余额表计息的账户,以及商业银行内部财务核算的账户。

(2) 乙种账,设有借方、贷方、余额、积数四栏,适用于在账面上加计积数,并计算利息的账户。

(3) 丙种账,设有借方、贷方发生额和借方、贷方余额四栏,适用于借、贷双方反映余额的存贷往来账户。

(4) 丁种帐,设有借方、贷方发生额、余额、销账四栏,适用于逐笔反映、逐笔销账的一次性账户。

第二节 借贷记账法

借贷记账法是以"借"和"贷"为记账符号的一种复式记账方法。借贷记账法大约起源于12世纪末、13世纪初的意大利。最初,"借"和"贷"两字表示一种债权、债务关系,但随着商品经济的发展,"借"和"贷"两字失去了原来的含义,纯粹是一种记账符号。"借"和"贷"两字的意义取决于账户的性质。

一、借贷记账法的账户结构

借贷记账法下,每一账户分为"借方"和"贷方"两方,规定账户左方为"借方"、账户右方为"贷方",这是借贷记账法下账户的基本结构。不同性质的账户,其"借方"和"贷方"登记的内容不同。

借贷记账法下,各类账户的结构可归纳如表2-4。

表2-4 各类账户的结构

借方	账户名称(会计科目)	贷方
资产 ＋	资产	－
负债 －	负债	＋
所有者权益 －	所有者权益	＋
收入 －	收入	＋
费用 ＋	费用	－

需要说明的是,借贷记账法下,除了按经济内容设置上述类型的账户之外,还可以设置和运用一些既可以是资产,又可以是负债的共同性质的账户。该类账户可以根据其期末余额的方向来判断其性质,若为借方余额,表示一笔资产,若为贷方余额,表示一笔负债。

二、借贷记账法的记账规则

借贷记账法的记账规则是"有借必有贷,借贷必相等"。此规则要求在每项经济业务发生后,都要以相等的金额、相反的方向登记到相互联系的两个或两个以上的账户中去。

为了便于把经济业务准确地记入账户,保证账户记录的正确性,在记账之前,应首先编制会计分录。会计分录简称为分录,是指对每一项经济业务列示其应借、应贷的账户及金额的一种记录形式。即按照复式记账法的要求,根据每项经济业务的内容,确定账户、记账方向和金额的记录。因此,一笔会计分录应包括三项基本要素:会计科目、应借、应贷的记账方向和记账金额。

会计分录按其所反映的经济业务的复杂程度、所涉及的会计账户的多少,分为简单会计分录和复合会计分录。简单会计分录指经济业务的记录只涉及两个账户的记录,即一个账户记借方、另一个账户记贷方的会计分录,一借一贷的会计分录,会计科目的对应关系清楚。复合会计分录指经济业务的记录涉及两个或两个以上账户的会计分录,即一借多贷、多借一贷和多借多贷的会计分录,复合分录可以理解为多个简单的会计分录。

编制会计分录,应按以下步骤进行。

(1) 分析经济业务引起哪些要素变动,是资产(费用)还是权益(收入)。

(2) 确定经济业务涉及的账户名称。例如,是资产类账户中的库存现金,还是负债类账户中的应付手续费及佣金等,该账户的金额是增加了还是减少了。

(3) 确定经济业务应记入账户的方向。即经济业务应记入哪个账户(或哪些)账户的借方,哪个(或哪些)账户的贷方。

(4) 确定应借、应贷账户是否正确、借贷金额是否相等。

假设金融企业发生以下业务,其会计分录的编制举例如下。

(1) 某银行收到投资者投资 500 000 元,存入中央银行。

这笔业务涉及"存放中央银行款项"和"实收资本"两个账户,一方面银行的存放中央银行款项增加,另一方面投资者投入银行的资本增加。"存放中央银行款项"属于资产类账户,其增加应记入该账户的借方,"实收资本"属于所有者权益类账户,其增加应记入该账户的贷方。应编制如下会计分录。

借:存放中央银行款项　　　　　　　　　　　　　　　　500 000
　　贷:实收资本　　　　　　　　　　　　　　　　　　　　500 000

(2) 某银行收到开户单位东风化工厂缴来现金 2 000 元,要求存入其活期存款账户。

这笔业务涉及"库存现金"和"吸收存款"两个账户,一方面银行的库存现金增加了 2 000 元,另一方面银行的吸收存款增加了 2 000 元。"库存现金"属于资产类账户,其增加应记入该账户的借方;"吸收存款"属于负债类账户,其增加应记入该账户的贷方。应编制如下会计分录。

借:库存现金　　　　　　　　　　　　　　　　　　　　2 000
　　贷:吸收存款　　　　　　　　　　　　　　　　　　　　2 000

(3) 某银行向红星商店发放流动资金贷款 300 000 元,转入其存款户。

这笔业务涉及"贷款"和"吸收存款"两个账户,一方面银行的贷款增加了 300 000 元,另一方面银行的吸收存款增加了 300 000 元。"贷款"属于资产类账户,其增加应记入该账户的借方;"吸收存款"属于负债类账户,其增加应记入该账户的贷方。应编制如下会计分录。

借:贷款　　　　　　　　　　　　　　　　　　　　　　300 000
　　贷:吸收存款　　　　　　　　　　　　　　　　　　　　　　300 000

(4) 王东来行支取活期储蓄存款 1 000 元。

这笔业务涉及"吸收存款"和"库存现金"两个账户,一方面银行的吸收存款减少了 1 000 元,另一方面银行的库存现金减少了 1 000 元。"吸收存款"属于负债类账户,其减少应记入该账户的借方;"库存现金"属于资产类账户,其减少应记入该账户的贷方。应编制如下会计分录。

借:吸收存款　　　　　　　　　　　　　　　　　　　　　　1 000
　　贷:库存现金　　　　　　　　　　　　　　　　　　　　　　1 000

(5) 某保险公司收到现金保费 2 000 元。

这项经济业务的发生,一方面使保险公司的库存现金增加了 2 000 元,另一方面使保险公司的保费收入增加了 2 000 元。因此,这笔业务涉及"库存现金"和"保费收入"两个账户。"库存现金"属于资产类账户,其增加应该记入该账户的借方;"保费收入"属于损益类(收入)账户,其增加应该记入该账户的贷方。应编制如下会计分录。

借:库存现金　　　　　　　　　　　　　　　　　　　　　　2 000
　　贷:保费收入　　　　　　　　　　　　　　　　　　　　　　2 000

(6) 某保险公司支付赔款 5 000 元,转账支付。

这笔业务涉及"赔付支出"和"银行存款"两个账户,一方面保险公司的赔付支出增加,另一方面保险公司的银行存款减少。"赔付支出"属于损益类(费用)账户,其增加应该记入该账户的借方;"银行存款"属于资产类账户,其减少应该记入该账户的贷方。应编制如下会计分录。

借:赔付支出　　　　　　　　　　　　　　　　　　　　　　5 000
　　贷:银行存款　　　　　　　　　　　　　　　　　　　　　　5 000

(7) 某证券公司代甲客户认购上交所新发行的××股票,收到客户交来的认购款 200 000 元,收到银行收账通知。

这笔业务涉及"银行存款"和"代理买卖证券款"两个账户,一方面证券公司的银行存款增加了 200 000 元,另一方面证券公司的代理买卖证券款增加了 200 000 元。"银行存款"属于资产类账户,其增加应记入该账户的借方;"代理买卖证券款"属于负债类账户,其增加应记入该账户的贷方。应编制如下会计分录。

借:银行存款　　　　　　　　　　　　　　　　　　　　　　200 000
　　贷:代理买卖证券款　　　　　　　　　　　　　　　　　　　200 000

(8) 某证券公司从深圳证券交易所自营购入 D 公司股票 10 000 股,每股市价 12 元,通过清算代理机构进行结算。

这笔业务涉及"交易性金融资产"和"结算备付金"两个账户,一方面证券公司的交易性金融资产增加了 120 000 元,另一方面证券公司的结算备付金减少了 120 000 元。"交易性金融资产"属于资产类账户,其增加应记入该账户的借方;"结算备付金"属于资产类账户,其减少应记入该账户的贷方。应编制如下会计分录。

  借:交易性金融资产   120 000
    贷:结算备付金   120 000

(9) 某担保公司收到政府发来的担保补贴 300 000 元,存入银行。

这笔业务涉及"银行存款"和"担保扶持基金"两个账户,一方面担保公司的银行存款增加了 300 000 元,另一方面担保扶持基金增加了 300 000 元。"银行存款"属于资产类账户,其增加应记入该账户的借方,"担保扶持基金"属于所有者权益类账户,其增加应记入该账户的贷方。应编制如下会计分录。

  借:银行存款   300 000
    贷:担保扶持基金   300 000

(10) 某担保公司取得投资收益 80 000 元,存入银行。

这项经济业务的发生,一方面使担保公司的银行存款增加了 80 000 元,另一方面使担保公司的投资收益增加了 80 000 元。因此,这笔业务涉及"银行存款"和"投资收益"两个账户。"银行存款"属于资产类账户,其增加应该记入该账户的借方;"投资收益"属于损益类(收入)账户,其增加应该记入该账户的贷方。应编制如下会计分录。

  借:银行存款   80 000
    贷:投资收益   80 000

(11) 某租赁公司按规定收取月租金 10 000 元,存入银行。

这项经济业务的发生,一方面使租赁公司的银行存款增加了 10 000 元,另一方面使租赁公司的租赁收入增加了 10 000 元。因此,这笔业务涉及"银行存款"和"租赁收入"两个账户。"银行存款"属于资产类账户,其增加应该记入该账户的借方;"租赁收入"属于损益类(收入)账户,其增加应该记入该账户的贷方。应编制如下会计分录。

  借:银行存款   10 000
    贷:租赁收入   10 000

(12) 某租赁公司以银行存款支付水电费 1 500 元。

这笔业务涉及"业务及管理费"和"银行存款"两个账户。一方面租赁公司的业务及管理费增加,另一方面租赁公司的银行存款减少。"业务及管理费"属于损益类(费用)账户,其增加应该记入该账户的借方;"银行存款"属于资产类账户,其减少应该记入该账户的贷方。应编制如下会计分录。

  借:业务及管理费   1 500
    贷:银行存款   1 500

上述会计分录都是一借一贷的会计分录,即属于简单会计分录。但实际工作中,由于经济业务的复杂性,有时还需要编制复合会计分录。比如某保险公司本期保费 1 000 000 元,实收 700 000 元存入银行,余款尚未收到。编制会计分录如下。

  借:银行存款   700 000
    应收保费   300 000
    贷:保费收入   1 000 000

此笔经济业务所编制的会计分录,属于一贷多借的复合会计分录,公司编制复合会计分录,可以简化分录的编制工作,提高记账工作的效率,但是,为了保持账户对应关系的清楚,一般不宜把几项不同的经济业务合并在一起,编制多借多贷的会计分录。

关键词

会计恒等式　会计科目　账户　借贷记账法

复习思考题

1. 简述金融企业会计科目表的分类。
2. 简述会计科目与账户的区别和联系。
3. 简述借贷记账法的账户结构和记账规则。

练习题

习题一

一、目的：练习金融企业资产、负债和所有者权益的划分。

二、资料：某银行20×3年10月末资产和权益状况见下表。

三、要求：根据表中资料,分清资产、负债及所有者权益,并将金额填入相应栏目中。

序号	内容	资产	负债及所有者权益	
			负债	所有者权益
1	房屋及建筑物 54 500			
2	财会部门库存现金 500 元			
3	发放的贷款 20 000 元			
4	吸收的定期存款 10 000 元			
5	拥有空调等设备 15 000 元			
6	应付给存款人的利息 4 200 元			
7	存放在其他银行的款项 24 000 元			
8	应收贷款人的利息 2 000 元			
9	存放中央银行款项 120 800 元			
10	提供给申请人的票据贴现款 8 400 元			
11	债务重组收回的物资 29 000 元			
12	股本溢价 151 000 元			
13	向中央银行借款 24 000 元			
14	购买随时抛售的股票 135 000 元			

续表

序号	内容	资产	负债	所有者权益
15	投资者投入的资本 240 000 元			
16	购买三年期债券 40 000 元			
17	发行三年期债券 20 000 元			
	合计			

习题二

一、目的：练习借贷记账法的记账方法。

二、资料：

1. 某银行收到投资者投入一项专利 500 000 元。

2. 某银行收到客户手续费，系现金 5 000 元。

3. 某银行计算应付给存款人利息 4 000 元。

4. 某银行提供抵押贷款 300 000 元。

5. 某银行以现金支付到期存款 2 000 元。

6. 某保险公司以银行存款 50 000 元购买理赔用车。

7. 某保险公司收到客户预付的保费 90 000 元，存入银行。

8. 某保险公司以银行存款预付赔款 10 000 元。

9. 某证券公司以现金支付招待用烟 800 元。

10. 某证券公司向证券交易所支付手续费 20 000 元。

三、要求：运用借贷记账法编制会计分录。

商业银行业务篇

SHANGYE YINHANG YEWU PIAN

第三章 存款业务的核算

存款是银行以信用方式吸收社会闲置资金的筹资活动,是银行的主要负债业务。银行吸收存款,可以把社会闲散的资金聚成巨大的货币资金,通过银行信用中介作用,把资金贷放给生产和流通部门,从而对社会生产和经济活动进行有效调节。

第一节 银行结算账户管理

一、银行结算账户种类

银行结算账户是指银行为存款人开立的办理资金收付结算的人民币活期存款账户。存款人是指在中国境内开立银行结算账户的机关、团体、部队、企业、事业单位、其他组织(以下统称单位)、个体工商户和自然人。银行结算账户按存款人分为单位银行结算账户和个人银行结算账户。

(一) 单位银行结算账户

存款人以单位名称开立的银行结算账户为单位银行结算账户。个体工商户凭营业执照以字号或经营者姓名开立的银行结算账户纳入单位银行结算账户管理。单位银行结算账户按用途分为基本存款账户、一般存款账户、专用存款账户、临时存款账户。

1. 基本存款账户

基本存款账户是存款人因办理日常转账结算和现金收付需要开立的银行结算账户。这里存款人包括企业法人、非法人企业、机关、事业单位、团级(含)以上军队、武警部队及分散执勤的支(分)队、社会团体、民办非企业组织、异地常设机构、外国驻华机构、个体工商户、居民委员会、村民委员会、社区委员会、单位设立的独立核算的附属机构、其他组织。基本存款账户是存款人的主办账户。存款人日常经营活动的资金收付及其工资、奖金和现金的支取,应通过该账户办理。

2. 一般存款账户

一般存款账户是存款人因借款或其他结算需要,在基本存款账户开户银行以外的银行营业机构开立的银行结算账户。一般存款账户用于办理存款人借款转存、借款归还和其他结算的资金收付。该账户可以办理现金缴存,但不得办理现金支取。

3. 专用存款账户

专用存款账户是存款人按照法律、行政法规和规章,对其特定用途资金进行专项管理和使用而开立的银行结算账户。特定用途资金包括基本建设资金、更新改造资金、财政预算外资金、粮、棉、油收购资金、证券交易结算资金、期货交易保证金、信托基金、金融机构存放同业资金、政策性房地产开发资金、单位银行卡备用金、住房基金、社会保障基金、收入汇缴资金和业务支出资金、党、团、工会设在单位的组织机构经费等其他需要专项管理和使用的资金。专用存款账户用于办理各项专用资金的收付。财政预算外资金、证券交易结算资金、期货交易保证金和信托基金专用存款账户不得支取现金。

4. 临时存款账户

临时存款账户是存款人因临时需要并在规定期限内使用而开立的银行结算账户。有下列情况的,存款人可以申请开立临时存款账户:(1)设立临时机构;(2)异地临时经营活动;(3)注册验资。临时存款账户用于办理临时机构以及存款人临时经营活动发生的资金收付。临时存款账户应根据有关开户证明文件确定的期限或存款人的需要确定其有效期限。存款人在账户的使用中需要延长期限的,应在有效期限内向开户银行提出申请,并由开户银行报中国人民银行当地分支行核准后办理展期。临时存款账户的有效期最长不得超过2年。临时存款账户支取现金,应按照国家现金管理的规定办理。注册验资的临时存款账户在验资期间只收不付,注册验资资金的汇缴人应与出资人的名称一致。

（二）个人银行结算账户

存款人凭个人身份证件以自然人名称开立的银行结算账户为个人银行结算账户。邮政储蓄机构办理银行卡业务开立的账户纳入个人银行结算账户管理。有下列情况的,可以申请开立个人银行结算账户:(1)使用支票、信用卡等信用支付工具的;(2)办理汇兑、定期借记、定期贷记、借记卡等结算业务的。

自然人可根据需要申请开立个人银行结算账户,也可以在已开立的储蓄账户中选择并向开户银行申请确认为个人银行结算账户。

个人银行结算账户用于办理个人转账收付和现金存取。主要包括工资、奖金收入、稿费、演出费等劳务收入、债券、期货、信托等投资的本金和收益、个人债权或产权转让收益、个人贷款转存、证券交易结算资金和期货交易保证金、继承、赠与款项、保险理赔、保费退还等款项、纳税退还、农、副、矿产品销售收入、其他合法款项。

二、银行结算账户的开立

1. 开户实行核准制

存款人开立基本存款账户、临时存款账户和预算单位开立专用存款账户实行核准制度,经中国人民银行核准后由开户银行核发开户登记证。但存款人因注册验资需要开立的临时存款账户除外。

2. 开户实行双向选择

银行可以自愿选择存款人开立账户,存款人也可以自主选择银行开立银行结算账户。除国家法律、行政法规和国务院规定外,任何单位和个人不得强令存款人到指定银行开立银行结算账户。

3. 严禁多头开户

单位银行结算账户的存款人只能在一家银行开立一个基本存款账户,不允许在各家银行机构开立多个基本存款账户。

三、银行结算账户的使用

（1）存款人应严格按照《中国人民银行结算账户管理办法》办理结算业务，不得出租银行结算账户，不得利用银行结算账户套取银行信用。

（2）储蓄账户仅限于办理现金存取业务，不得办理转账结算。

（3）中国人民银行是银行结算账户的监督管理部门。中国人民银行负责基本存款账户、临时存款账户和预算单位专用存款户开户登记证的管理。任何单位及个人不得伪造、变造及私自印制开户登记证。

（4）单位或个人在银行的存款，其所有权和使用权属于存款单位和个人，银行应保障其合法权益。除国家政策规定外，银行不得代任何单位和个人查询、冻结、扣划存款人账户内的存款。

（5）存款人开立和使用银行结算账户应当遵守法律、行政法规，不得利用银行结算账户进行偷逃税款、逃废债务、套取现金及其他违法犯罪活动。

（6）银行应依法为存款人的银行结算账户信息保密。对单位银行结算账户的存款和有关资料，除国家法律、行政法规另有规定外，银行有权拒绝任何单位或个人查询。对个人银行结算账户的存款和有关资料，除国家法律另有规定外，银行有权拒绝任何单位或个人查询。

（7）银行应明确专人负责银行结算账户的开立、使用和撤销的审查和管理，负责对存款人开户申请资料的审查，并按照本办法的规定及时报送存款人开销户信息资料，建立健全开销户登记制度，建立银行结算账户管理档案，按会计档案进行管理。银行结算账户管理档案的保管期限为银行结算账户撤销后10年。

（8）银行应对已开立的单位银行结算账户实行年检制度，检查开立的银行结算账户的合规性，核实开户资料的真实性；对不符合本办法规定开立的单位银行结算账户，应予以撤销。对经核实的各类银行结算账户的资料变动情况，应及时报告中国人民银行当地分支行。

（9）存款人应加强对预留银行签章的管理。单位遗失预留公章或财务专用章的，应向开户银行出具书面申请、开户登记证、营业执照等相关证明文件；更换预留公章或财务专用章时，应向开户银行出具书面申请、原预留签章的式样等相关证明文件。个人遗失或更换预留个人印章或更换签字人时，应向开户银行出具经签名确认的书面申请，以及原预留印章或签字人的个人身份证件。银行应留存相应的复印件，并凭以办理预留银行签章的变更。

第二节　单位存款业务的核算

单位存款也称为对公存款，它是指商业银行吸收的机关、团体、部队、企业、事业单位、其他组织等暂时闲置的资金形成的存款，包括单位活期存款、单位定期存款、单位通知存款和单位协定存款。

一、科目设置

1."吸收存款"科目

"吸收存款"科目核算商业银行吸收的除同业存放款项以外的其他各种存款，包括单位存款(包括企业、事业单位、机关、社会团体等)、个人存款、信用卡存款、特种存款、转贷款资金和财政性存款等。该科目属于负债类科目,其贷方登记收到客户存入的款项,借方登记支付的存款本金,余额在贷方,反映商业银行吸收的除同业存放款项以外的其他各种存款。该科目应按存款类别及存款单位分别"本金""利息调整"设置明细账。

2. "利息支出"科目

"利息支出"科目核算金融企业发生的利息支出,包括吸收的各种存款(单位存款、个人存款、信用卡存款、特种存款和转贷款资金等)、与其他金融机构(中央银行、同业等)之间发生资金往来业务、卖出回购金融资产等产生的利息支出,以及按期分摊的未确认融资费用等。该科目属于损益类(费用)科目,其借方登记企业按规定计算的利息支出,贷方登记期末结转"本年利润"科目的数额,结转后该科目无余额。该科目应按利息支出项目设置明细账。

3. "应付利息"科目

"应付利息"科目核算企业按照合同约定应支付的利息,包括吸收存款、分期付息到期还本的长期借款、企业债券等应支付的利息。该科目属于负债类科目,其贷方登记计算应支付的利息,借方登记支付的利息,余额在贷方,反映企业应付未付的利息。该科目应按存款人或债权人设置明细账。

对于单位存款业务,可以按合同利率法或实际利率法核算。其中合同利率是指商业银行挂牌公告的利率。实际利率是指将吸收存款在预期存续期间或适用的更短期间内的未来现金流量,折现为该吸收存款当前账面价值所使用的利率。一般情况下,除一年期以上(不含一年)整存整取定期存款外,其他存款实际利率与合同利率差异较小,因此,对一年期以上(不含一年)整存整取定期存款采用实际利率法,对其他存款采用合同利率法。

二、单位活期存款的核算

单位活期存款是指不固定存期,随时可以存取的存款方式。单位活期存款业务的核算主要包括活期存入和支取两项内容。活期存款的存入又分为现金和转账两种。这里只介绍现金存入和支取活期存款的会计处理手续。

根据存取方式不同,单位活期存款可分为支票户和存折户两种。

(一)支票户存取款业务的核算

1. 存入现金的核算

存款单位向银行存入现金时,应填写一式两联的现金存款单,连同现金交给柜员。根据现金存入先收款、后记账的原则,柜员首先审查确认是否是本行开户单位,确认无误和收妥现金后,使用"单位存款"交易进行处理,打印记账凭证,盖上收讫章和柜员名章。现金存款单一式两联,一联做记账凭证传票,一联做回单退给存款单位。

【例3-1】 某银行收到开户单位旺和商店缴来现金8 000元,要求存入其活期存款账户。其会计分录如下。

借:库存现金　　　　　　　　　　　　　　　　　8 000
　　贷:吸收存款——单位活期存款——旺和商店　　　　8 000

2. 支取现金的核算

存款单位向银行支取现金时,应签发现金支票,加盖预留银行印鉴,由取款人提交柜员。

根据现金支付先记账,后付款的原则,应先由柜员审查现金支票各栏填写是否齐全、正确,预留印鉴是否相符、清晰,电脑验印是否通过;背书与指定取款人是否一致;取款单位账户上是否有足够的资金。经审查无误后,使用"单位取款交易"录入相关要素(大额取款需主管授权)。交易成功后打印记账凭证,现金支票作记账凭证传票。柜员根据凭证金额配款,将现金交给取款人。

【例 3-2】 开户单位华运机械厂签发现金支票 60 000 元,来行要求取现,准备发放工资,银行审核无误后,当即予以办理。其会计分录如下。

借:吸收存款——单位活期存款——华运机械厂　　　　　　　60 000
　　贷:库存现金　　　　　　　　　　　　　　　　　　　　　　　　60 000

(二) 存折户存取款业务的核算

1. 存入现金的核算

单位在第一次存入现金开立账户时,应填写存款凭条并连同现金交给柜员。柜员审核无误收妥现金后,根据存款凭条开立存折,编列账号,录入存款金额,并加盖银行业务章交存款单位。存折户续存时,柜员收到单位提交的存折、现金和结算存款凭证,审查凭证和清点现金无误后,使用"单位活期存款续存"交易进行处理,打印结算存款凭证和存折内页,将存折、回单交存款单位。其会计分录与支票户存入现金相同。

2. 支取现金的核算

柜员收到单位提交的存折、结算取款凭证,审核存折真伪、结算取款凭证填写是否准确、完整,加盖的预留印鉴是否相符等,然后使用"单位活期存款支取"交易录入相关要素(大额取款需主管授权),交易成功后打印结算取款凭证、存折内页。柜员根据凭证金额配款,将存折、回单和现金交给取款人。其会计分录与支票户支取现金相同。

(三) 单位活期存款利息的核算

1. 存款利息计算的一般规定

(1) 存款利息计算的范围。商业银行吸收的存款,除财政性存款、被法院判决为赃款的冻结性存款、贷记卡账户的存款及储值卡(含 IC 卡的电子钱包)内的币值等外,其他各种存款均应计付利息。

(2) 计息时间。单位活期存款按日计息,按季结息,每季度末月的 20 日为结息日,结出的利息于结息日次日入账。计息期为上季度末月 21 日至本季度末 20 日。若单位活期存款销户,则利息的结算采用"利随本清"的方法,即销户日将利息与存款单位结清。

(3) 计息公式。利息计算的公式如下。

$$利息 = 本金 \times 存期 \times 利率$$

通常,本金、存期、利率称为利息计息的"三要素",它们与利息成正比,当本金越大、存期越长、利率越高时,利息也就越多。

在运用上述公式时,应注意以下四点:

① 本金元位起息,元位以下不计息。计息保留到分位,分位以下四舍五入。

② 存期是存款人的存款时间,存期"算头不算尾",也就是存入日计算利息,支取日不计算利息。若遇结息日"算头又算尾"。

③ 在计算存期时，应注意与利率在计算单位上一致性，即存期以天数计算时用日利率，存期以月计算时用月利率，存期以年计算时用年利率。

④ 利率是指一定存款的利息与存款本金的比率，可以用年利率、月利率、日利率表示：百分数的利息率(%)为年利率；千分数的利息率(‰)为月利率(厘)；万分数的利息率(‱)为日利率。10厘为1分，如10‰即为1分，15‰即为1分5厘。

在运用利率时应注意以下换算公式：

$$日利率(‱) = 年利率(\%) \div 360$$

$$月利率(‰) = 年利率(\%) \div 12$$

$$日利率(‱) = 月利率(‰) \div 30$$

2. 单位活期存款利息的计算与核算

单位活期存款按日计息，按季结息，计息期间遇利率调整分段计息，每季度末月的20日为结息日。分段计息时，各段利息保留至厘位，各段利息加总求和后，再将厘位四舍五入。

单位活期存款由于存取次数频繁，其余额经常发生变动。计息时可采用积数计息法，即按实际天数每日累计账户余额，以累计积数乘以日利率计算利息。

计息公式为　　　　　利息 = 本金 × 存期 × 利率
　　　　　　　　　　　　 = 累计计息积数 × 日利率

其中，累计计息积数 = 每日余额合计数。

积数就是经常变动的存款余额之和，积数是按日累加的。

利用积数法计算利息，关键在于积数。计算积数的方法可分为余额表计息法和账页计息法两种。

（1）余额表计息法。将某存款账户的余额按日连续相加来计算积数，结息日按累计积数之和乘以日利率，计算利息的一种方法。其具体做法是：每天营业终了，记账人员将各计息存款账户余额按单位或账号顺序逐户分别抄列入"计息余额表"相应账号栏内。如果某账户余额当天未发生变化或遇节假日，应照抄前一日的余额。每旬结束应小计一次，即把本旬每日余额相加，填入小计栏内。每旬、每月和结息期应结出累计计息积数。如果发生记账差错，除了更正错账外，也要及时调整积数，以调增或调减的余额乘以错账日数，计算出应调增或应调减的积数，填入余额表中该账户的"应加积数"或"应减积数"栏内进行调整。如果不是结息期，在更换余额表时，应将未计息的"累计积数"转入新余额表的"结转累计积数"栏，如果是结息日，则以该累计积数为准计算本次应计利息。

【例3-3】甲银行计息余额表中的A单位活期存款余额情况如表3-1所示。

表3-1　甲银行计息余额表

20×3年6月

科目名称：单位活期存款　　　利率：0.36%　　　　　　　　　单位：元

日　期	户名、账号	A单位活期存款 2010008	略
	至上月底累计积数	35 235 000	
	1	82 000	

续 表

日期 \ 户名、账号	A单位活期存款 2010008	略
2	45 000	
3	52 000	
4	60 000	
5	62 000	
6	73 000	
7	48 000	
8	68 000	
9	82 000	
10	76 000	
10天小计	648 000	
11	85 000	
……	……	
20天小计	1 124 000	
21	86 000	
……		
本月合计	1 806 000	
至结息日累计计息积数	36 359 000	
应加积数	63 000	
应减积数	42 000	
本期应计息积数	36 380 000	
结息日计算利息数	363.8	
至本月底累计未计息积数	682 000	

第二季度结息日(6月20日)计算的利息数为

$$利息 = 36\ 380\ 000 \times 0.36\% \div 360 = 363.8(元)$$

6月21日编制"利息清单",办理利息转账:
借:应付利息——A单位　　　　　　　　　　　　　　　　363.8
　　贷:吸收存款——单位活期存款——A单位　　　　　　　363.8
资产负债表日(6月30日)应计提的利息费用为

$$计提利息费用 = 682\ 000 \times 0.36\% \div 360 = 6.82(元)$$

借:利息支出——单位活期存款利息支出　　　　　　　　　6.82
　　贷:应付利息——A单位　　　　　　　　　　　　　　　6.82

(2) 账页计息法。利用带"日数"和"积数"的一种账页(乙种账页),以某存款账户营业终了时的账面余额乘以该余额在账面上保留的天数而求得积数的一种方法。其具体做法是:按照"算头不算尾"的原则,计算出某余额自发生变化之日起至再次变化前一天止的日数,然后以日数乘以该余额计算出该余额再次变动前的积数,并将日数与积数分别填入该余额所在的账面横行的"日数"与"积数"栏内。在计息时,将每个积数加总即为累计积数。如遇错账冲正,应调整积数。补增的积数用蓝字,补减的积数用红字,调入调整错账同行的积数栏的上半格。

【例3-4】 甲银行20×3年6月的B单位活期存款分户账如表3-2所示。

表3-2 甲银行分户账

户名:B单位　　账号:　　利率:0.6‰　　单位:元

20×3年		摘要	借方	贷方	借或贷	余额	日数	积数
月	日							
6	1	承前页			贷	80 000	72 1	3 211 000 80 000
6	2	转借	2 000		贷	78 000	3	234 000
6	5	转贷		5 000	贷	83 000	4	332 000
6	9	现收		1 100	贷	84 100	2	168 200
6	11	现付	45 000		贷	39 100	3	117 300
6	14	转贷		2 900	贷	42 000	3	126 000
6	17	转借	4 000		贷	38 000	4	152 000
6	21	利息入账		88.41	贷	38 088.41		4 420 500

利息 = 4 420 500 × 0.6‰ ÷ 30 = 88.41(元)

6月21日编制"利息清单",办理利息转账:
借:应付利息——B单位　　　　　　　　　　　　　　　　　　88.41
　　贷:吸收存款——单位活期存款——B单位　　　　　　　　88.41
资产负债表日利息费用的核算略。

【例3-5】 甲银行20×3年第三季度的C单位活期存款分户账如表3-3所示。

表3-3 甲银行分户账

户名:C单位　　账号:　　利率:0.85‰　　单位:元

20×3年		摘要	借方	贷方	借或贷	余额	日数	积数
月	日							
6	21	承前页			贷	40 700		
6	21	转贷		700	贷	41 400	19	786 600

续 表

20×3年		摘 要	借 方	贷 方	借或贷	余 额	日数	积 数
月	日							
7	10	汇出	2 000		贷	39 400	19	748 600
7	29	转贷		3 500	贷	42 900	15	643 500
8	13	汇入		600	贷	43 500	32	1 392 000
9	14	冲销7月10日错账	2 000*		贷	45 500	66 3	132 000** 136 500
9	17	汇出	3 000		贷	42 500	4	170 000
9	21	利息入账		113.59	贷	42 613.59		4 009 200

* 2 000用红字,132 000**应作为应加积数。

利息＝4 009 200×0.85‰÷30＝113.59(元)

9月21日编制"利息清单",办理利息转账：

借：应付利息——C单位　　　　　　　　　　　　　　　113.59
　　贷：吸收存款——单位活期存款——C单位　　　　　113.59

资产负债表日利息费用的核算略。

以上介绍的两种方法各有利弊。余额表计息法的准确性较高，但抄写的工作量大，尤其是余额不变或节假日也要抄写，比较麻烦，而账页计息法比较简便，在记账的同时就计算出了积数，尤其是存取不频繁时，更见其简便的特点，然而其准确性较差，错误难以及时发现和查找。银行应根据本行会计人员业务素质和业务量大小以及各账户余额变化频繁程度，选择使用某种方法，或不同科目不同账户，使用不同的结计方法。

（四）单位活期存款内外账务核对

单位活期存款内外账务核对，是指商业银行的单位活期存款各分户账与各开户单位的银行存款日记账相互进行核对，以保证双方存款余额的一致。有两种情况会造成核对不符：一是双方的银行存款记载有误；二是存在未达账项。所谓未达账项，是指一方已登记入账，而另一方尚未登记入账的事项。未达账项的发生通常是由于双方账务处理的时间差异造成的。因此，银行与单位之间应进行账务核对，以便查清未达账项，发现差错，保证双方账务准确无误，以维护存款资金的安全。

1. 支票户内外账务核对

支票户内外账务核对可采取随时核对和定期核对相结合的方式。平时，在分户账满页时套打两联式账页，正页为银行的分户账，副页为给单位的对账单。银行应将套打的对账单及时交给单位核对账务。每月末，对当月有业务发生的支票户，无论分户账是否满页，都应将套打的副页及时送交单位核对账务。每季或11月末，银行应制作各单位存款余额对账单一式二联，并在第一联上加盖业务公章后，两联一起送交单位核对账务。单位核对无误后，将对账单第一联存留，第二联回单加盖预留银行印鉴后退还银行。如经核对发现不符，单位应在对账单回单上注明未达账项及借贷方金额，以便双方查明原因，及时处理。对于账务核对长期不符的单位，银行应采取必要的措施限期查清。对于单位退回的对账单回单，银行应按科目、账户顺序排列,装订保管,以备查考。

2. 存折户内外账务核对

存折户内外账务核对一般采取随时核对的方式。也就是说,银行在存折户每次办理存取款时,应坚持账折见面,随时将存折余额与银行分户账余额核对相符。

(五) 单位活期存款销户的核算

单位活期存款销户时,应首先与销户单位核对存款账户余额,核对相符后,先计提上一计提日至销户日的利息,然后将所有本金与应付利息转入其他存款账户或其他地区金融机构。同时,收回开户登记证。对支票户,还应收回所有重要空白票据及结算凭证进行作废处理;对存折户,则应收回存折注销。

三、单位定期存款的核算

单位定期存款是单位存入款项时约定期限,到期支取本息的一种存款业务。它是银行为了吸收长期闲置资金而开办的业务。其特点是存款时间长,存期固定,规定存储起点金额,到期支付本金和利息。目前,定期存款的存期有 3 个月、半年、1 年、2 年、3 年、5 年共六个档次,由单位根据需要选择。存款的金额起点为 10 000 元,多存不限,一次存入,到期支取。

(一) 存入款项的核算

单位定期存款只能转账存入。转账存入时,应填制转账支票,连同进账单(一式二联,收账通知联和贷方凭证联),一起提交银行。柜员审核无误并收妥款项后,使用相关交易办理定期开户和款项存入,打印记账凭证和单位定期存款开户证实书。柜员在证实书上签章并加盖业务公章后,将证实书、进账单回单(即收账通知联)交存款单位,证实书第一联、进账单贷方凭证联作记账凭证传票。会计分录如下。

借:吸收存款——单位活期存款——××户
　　贷:吸收存款——单位定期存款——××户(本金)
借或贷:吸收存款——单位定期存款——××户(利息调整)

单位持他行支票办理定期存款时,应按票据交换的要求提出交换,待收妥后,先转入单位活期存款账户,然后通知单位办理定期存款手续。

单位办理定期存款时,可与银行约定办理到期自动转存。即定期存款到期日,单位若未支取,系统自动将定期存款利息计入本金,并按开户时的存期和转存日挂牌公告的相应档次定期存款利率自动进行转存处理。

(二) 单位定期存款利息的计算与核算

1. 单位定期存款利息的计算

单位定期存款到期支取,按存入日挂牌公告的利率计息,利随本清,遇有利率调整不分段计息。单位定期存款全部提前支取,应按支取日挂牌公告的活期存款利率计付利息。

单位定期存款利息的计算采用逐笔计息法。计息期为整年(月)的,计息公式为

$$利息 = 本金 \times 年(月)数 \times 年(月)利率$$

计息期有整年(月)又有零头天数的,计息公式为

$$利息 = 本金 \times 年(月)数 \times 年(月)利率 + 本金 \times 零头天数 \times 日利率$$

以上两个公式中"年(月)数",按对年、对月、对日计算;"零头天数"按算头不算尾的方法

计算实际天数。

同时,银行可选择将计息期全部化为实际天数计算利息,即每年为365天(闰年366天),每月为当月公历实际天数,计息公式为

$$利息＝本金×实际天数×日利率$$

值得注意的是,若遇存款到期日为该月所没有的日期,则以月末日为到期日。比如,3月31日存入半年期定期存款,到期日应为9月30日。8月29日、30日、31日存入的半年期定期存款,到期日为次年2月28日(闰年为29日);2月29日(系月底日存入)存入的半年期定期存款,则应以同年8月29日为到期日。

2. 单位定期存款利息的核算

按照权责发生制原则,在资产负债表日,应计提利息,计入利息费用。其会计分录为:

借:利息支出——单位定期存款利息支出　　　　　（摊余成本×实际利率）
　　贷:应付利息——××户　　　　　　　　　　　　　（本金×合同利率）
借或贷:吸收存款——单位定期存款——××户(利息调整)

实际发生时,冲减应付利息:

借:应付利息——××户
　　贷:吸收存款——单位活期存款——××户

(三) 支取款项的核算

1. 到期支取本息的核算

单位定期存款到期支取,只能转账,不能支取现金。到期时,存款单位应将证实书加盖预留印鉴,连同进账单一起提交银行。柜员审核无误后,使用相关交易办理支取,同时,系统自动将到期日应付利息的应有余额与现有余额进行比较,并将差额部分予以补提。交易成功后打印记账凭证、证实书和单位存款利息通知单,将证实书和进账单贷方凭证联作记账凭证传票,单位存款利息通知单、进账单回单交存款单位。会计分录如下。

借:吸收存款——单位定期存款——××户
　　应付利息——××户
　　利息支出——单位定期存款利息支出
　　贷:吸收存款——单位活期存款——××户

【例3-6】 湘江制造厂20×3年9月1日在某银行转账存入30万元的定期存款,存期一年,年利率为3.25%,年末计提利息,本息于20×4年9月1日到期全额取出。该银行应编制会计分录如下。

20×3年9月1日转账存入时:

借:吸收存款——单位活期存款——湘江制造厂　　　　300 000
　　贷:吸收存款——单位定期存款——湘江制造厂　　　　300 000

20×3年12月31日为资产负债表日,计提利息:

$$应付利息＝300\,000×4×3.25\%÷12＝3\,250(元)$$

借:利息支出——单位定期存款利息支出　　　　3 250
　　贷:应付利息——湘江制造厂　　　　　　　　　　3 250

20×4年9月1日到期支取时：

借：吸收存款——单位定期存款——湘江制造厂　　　　　　　300 000
　　应付利息——湘江制造厂　　　　　　　　　　　　　　　　3 250
　　利息支出——单位定期存款利息支出　　　　　　　　　　　6 500
　　贷：吸收存款——单位活期存款——湘江制造厂　　　　　　309 750

其中：　　利息支出=300 000×8×3.25%÷12=6 500(元)

【例3-7】 红星公司20×2年12月31日要求将其活期存款1 000 000元转为三年期定期存款，银行实际收到的金额为876 000元，当日银行挂牌的三年期定期存款年利率为5%，实际利率9.5%，按年计提利息，20×5年12月31日红星公司来行支取本息。

采用实际利率法银行计算利息费用和吸收存款摊余成本的数据如表3-4所示。

表3-4　实际利率法计算利息费用和吸收存款摊余成本表　　　　单位：元

年　份	期初摊余成本(a)	实际利息费用(b)(按9.5%计算)	现金流出(c)	期末摊余成本(d=a+b-c)
20×3年12月31日	876 000	83 220	0	959 220
20×4年12月31日	959 220	91 125.9	0	1 050 345.9
20×5年12月31日	1 050 345.9	99 654.1*	1 150 000	0

* 为了保持平衡，考虑了小数点尾差，最后一年的实际利息费用采用倒挤法计算，即99 654.1=1 150 000-1 050 345.9。

根据上述数据，银行应编制会计分录如下。

(1) 20×2年12月31日红星公司定期存款存入时：

借：吸收存款——单位活期存款——红星公司　　　　　　　　876 000
　　吸收存款——单位定期存款——红星公司(利息调整)　　　124 000
　　贷：吸收存款——单位定期存款——红星公司(本金)　　　1 000 000

(2) 20×3年12月31日计提利息费用时：

借：利息支出——单位定期存款利息支出　　　　　　　　　　83 220
　　贷：应付利息——红星公司　　　　　　　　　　　　　　　50 000
　　　　吸收存款——单位定期存款——红星公司(利息调整)　33 220

(3) 20×4年12月31日计提利息费用时：

借：利息支出——单位定期存款利息支出　　　　　　　　　　91 125.9
　　贷：应付利息——红星公司　　　　　　　　　　　　　　　50 000
　　　　吸收存款——单位定期存款——红星公司(利息调整)　41 125.9

(4) 20×5年12月31日计提利息费用时：

借：利息支出——单位定期存款利息支出　　　　　　　　　　99 654.1
　　贷：应付利息——红星公司　　　　　　　　　　　　　　　50 000
　　　　吸收存款——单位定期存款——红星公司(利息调整)　49 654.1

(5) 20×5年12月31日支付本金和利息时：

借:吸收存款——单位定期存款——红星公司(本金)   1 000 000
　　应付利息——红星公司   150 000
　贷:吸收存款——单位活期存款——红星公司   1 150 000

2. 到期转存的核算

(1) 单位持已到期的定期存单要求续存本金,其会计分录如下。

借:吸收存款——单位定期存款——××户
　贷:吸收存款——单位定期存款——××户

(2) 按规定计算应付利息,填制利息专用传票,其会计分录如下。

借:利息支出——单位定期存款利息支出(或应付利息)
　贷:吸收存款——单位活期存款——××户

3. 约定转存的核算

约定转存的定期存款到期时,银行应结计利息,办理转存手续,并在证实书底卡联上加盖"已办理约定转存"戳记。只约定转存本金的,结计利息,转入活期存款户核算,会计分录同上;约定本息转存的,结计利息,转入该定期存款账户核算。会计分录为

借:利息支出——单位定期存款利息支出(或应付利息)
　贷:吸收存款——单位定期存款——××户

4. 提前支取的核算

(1) 全部提前支取。单位定期存款全部提前支取时,银行根据提前支取的规定计算全部提前支取的利息,并在证实书上加盖"提前支取"戳记,其余处理手续和账务处理与到期支取基本相同。全部提前支取,银行按支取日挂牌公告的活期存款利率计付利息,会计分录同到期全额支取。

(2) 部分提前支取。部分提前支取,若剩余定期存款不低于起存金额,则对提取部分按支取日挂牌公告的活期存款利率计付利息,剩余部分存款按原定利率和期限执行,并采取满付实收、更换新证实书的做法,即视同原证实书本金一次全部支取,对留存部分按原存期、原利率和到期日另开具新证实书,在原证实书上注明"部分支取××元"字样。柜员使用相关交易办理部分提前支取,打印原证实书、新证实书、单位存款利息通知单和记账凭证。柜员在新证实书上签章并加盖业务公章,原证实书、进账单、新证实书第一联作记账凭证传票,新证实书、单位存款利息通知单、进账单回单交存款单位。

若剩余定期存款不足起存金额,则应按支取日挂牌公告的活期存款利率计付利息,并对该项定期存款予以清户。

【例3-8】 东方公司20×3年11月1日签发转账支票200 000元,转为半年期定期存款,存入时挂牌的存款利率为2.85%,按月计提利息。由于急需资金,东方公司于20×4年3月1日提前支取本金50 000元,20×4年3月1日银行挂牌的活期存款利率为0.36%。银行应编制会计分录如下。

(1) 20×3年11月1日转账存入时:

借:吸收存款——单位活期存款——东方公司   200 000
　贷:吸收存款——单位定期存款——东方公司   200 000

(2) 资产负债表日(每月末)计提利息时:

$$利息费用 = 200\,000 \times 1 \times 2.85\% \div 12 = 475(元)$$

借：利息支出——单位定期存款利息支出　　　　　　　　　475
　　贷：应付利息——东方公司　　　　　　　　　　　　　　475

(3) 20×4年3月1日部分提前支取时：

$$利息 = 50\,000 \times 4 \times 0.36\% \div 12 = 60(元)$$

首先冲销原已计提50 000元的4个月的利息：

借：应付利息——东方公司　　　　　　　　　　　　　　　475
　　贷：利息支出——单位定期存款利息支出　　　　　　　　475

实际支付本息时：

借：吸收存款——单位定期存款——东方公司　　　　　200 000
　　利息支出——单位定期存款利息支出　　　　　　　　　 60
　　贷：吸收存款——单位活期存款——东方公司　　　　200 060
借：吸收存款——单位活期存款——东方公司　　　　　150 000
　　贷：吸收存款——单位定期存款——东方公司　　　　150 000

5. 逾期支取的核算

单位定期存款若逾期支取，逾期支取的逾期时间部分，按活期存款计息。其会计分录与前述定期存款的存入和到期支取相同。

【例3-9】 某单位20×3年10月18日存入银行一笔定期存款300 000元，期限一年，年利率3.45%，该单位于20×4年11月12日来行支取，支取日活期存款利率为0.39%，其利息计算为

$$到期利息 = 300\,000 \times 1 \times 3.45\% = 10\,350(元)$$
$$逾期利息 = 300\,000 \times 25 \times 0.39\% \div 360 = 81.25(元)$$

该笔存款应付利息为10 431.25元。

四、单位通知存款的核算

单位通知存款是存款人在存入款项时不约定存期，支取时需提前通知银行，约定支取日期和金额后方能到期支取的存款。通知存款不论实际存期多长，按存款人提前通知的期限长短划分为一天通知存款(存入当日不能进行通知)和七天通知存款(存入当日即可进行通知)两个品种。一天通知存款必须提前一天通知约定支取存款，七天通知存款必须提前七天通知约定支取存款。

(一) 单位通知存款存入的核算

单位通知存款为记名式存款，起存金额为人民币50万元，须一次性存入，存入方式可以是现金存入和转账存入，存入时不约定期限。

单位通知存款的存入可参照单位定期存款的存入进行核算。

(二) 单位通知存款利息的核算

单位通知存款的利率一般高于活期存款，低于定期存款。通知存款存入时，存款人自由

选择通知存款品种（一天通知存款或七天通知存款），但存单或存款凭证上不注明存期和利率，金融机构按支取日挂牌公告的相应利率水平和实际存期计息，不分段计息，利随本清。

通知存款如遇以下情况，按活期存款利率计息：

(1) 实际存期不足通知期限的，按活期存款利率计息；

(2) 未提前通知而支取的，支取部分按活期存款利率计息；

(3) 已办理通知手续而提前支取或逾期支取的，支取部分按活期存款利率计息；

(4) 支取金额不足或超过约定金额的，不足或超过部分按活期存款利率计息；

(5) 支取金额不足最低支取金额的，按活期存款利率计息。

通知存款如已办理通知手续而不支取或在通知期限内取消通知的，视为未通知处理。

(三) 单位通知存款的通知与支取的核算

存款单位进行通知时，应填写通知存款通知书。柜员收到并审核无误后，使用相关交易对通知支取日期和金额进行设定，打印通知存款通知书，并在通知存款通知书上签章和加盖业务讫章。

单位通知存款可一次或分次支取，支取时，只能以转账方式将存款本息转入存款单位的其他存款账户，不得用于结算或提取现金。分次支取时，每次最低支取金额为10万元，账户留存金额不得低于起存金额，低于起存金额的，做一次性清户处理。单位通知存款支取的核算参照单位定期存款。

【例3-10】 天剑公司于20×3年8月12日在某商业银行存入一笔通知存款，金额为50万元，与银行约定为七天通知存款。20×3年10月20日天剑公司书面通知银行于20×3年10月27日支取通知存款50万元，20×3年10月27日天剑公司来行支取时，当日银行挂牌公告的七天通知存款年利率为1.71%，存期内无利率调整。其利息计算为

$$到期利息 = 500\ 000 \times 76 \times 1.71\% \div 360$$
$$= 1\ 805(元)$$

【例3-11】 开乐公司于20×3年5月8日在某商业银行存入一笔通知存款，金额为60万元，与银行约定为七天通知存款，当日银行挂牌公告的七天通知存款年利率为1.85%，按月计提利息。20×3年6月29日开乐公司书面通知银行于20×3年7月6日支取通知存款60万元，20×3年7月6日开乐公司来行支取。七天通知存款利率从20×3年7月1日起调整为1.80%。银行应编制会计分录如下。

(1) 20×3年5月8日转账存入时：

借：吸收存款——单位活期存款——开乐公司　　　　　　600 000
　　贷：吸收存款——单位通知存款——开乐公司　　　　　　　　600 000

(2) 20×3年5月31日计提利息时：

$$利息费用 = 600\ 000 \times 24 \times 1.85\% \div 360 = 740(元)$$

借：利息支出——单位通知存款利息支出　　　　　　　　740
　　贷：应付利息——开乐公司　　　　　　　　　　　　　　　　740

(3) 20×3年6月30日计提利息时：

利息费用＝600 000×30×1.85％÷360＝925(元)

借：利息支出——单位通知存款利息支出　　　　　　　　　　925
　　贷：应付利息——开乐公司　　　　　　　　　　　　　　　　925

(4) 20×3年7月6日支付本息时：

应付利息＝600 000×59×1.80％÷360＝1 770(元)
已提利息＝740＋925＝1 665(元)
补提利息＝1 770－1 665＝105(元)

借：利息支出——单位通知存款利息支出　　　　　　　　　　105
　　贷：应付利息——开乐公司　　　　　　　　　　　　　　　　105

支付本息时：

借：吸收存款——单位通知存款——开乐公司　　　　　　600 000
　　应付利息——开乐公司　　　　　　　　　　　　　　　1 770
　　贷：吸收存款——单位活期存款——开乐公司　　　　　601 770

五、单位协定存款的核算

单位协定存款是客户按照与商业银行约定的存款额度开立的结算账户，账户中超过存款额度的部分，商业银行自动将其转入协定账户，并以协定存款利率计息的一种企业存款。单位协定存款的基本规定如下。

(1) 凡符合开立或已开立人民币企业存款账户(包括基本存款账户和一般存款账户)条件的企业、事业、机关、部队、社会团体和个体经济户等均可申请开立人民币单位协定存款账户。

(2) 单位的法人代表须与开户行签订《协定存款合同》。

(3) 协定存款的合同期限一般为一年，到期时，如双方没有提出终止或修改合同，即视为自动延期1年。经开户行确认后，在原合同上注明"合同继续有效"字样，账户继续使用。

(4) 协定存款的最低约定额度为人民币50万元，客户可根据实际情况与银行约定具体的基本额度。

(5) 协定存款账户分A户(结算户)与B户(协定户)，A户按结算日中国人民银行公布的活期存款利率计息，B户按结算日中国人民银行公布的协定存款利率计息。

(6) 协定存款账户不是一个独立存款账户，客户可以通过结算户办理日常结算业务，协定存款账户的操作和管理由银行负责。

(7) 协定存款的A户视同基本存款账户或一般存款账户管理使用，A户、B户均不得透支。

(8) 协定存款采用积数计息法，按季结息，每季末月20日为结息日，遇利率调整，分段计息。

(9) 协定存款账户月均余额两年或两年以上低于最低约定额度的，将利息结清后，作为基本存款账户或一般存款账户处理，不再享受协定存款利率。客户在合同期内如需清户，必须提出书面声明，银行审核无误后，方可办理。

对于单位协定存款的核算，可通过"吸收存款——单位活期存款"二级科目，由开户行根据《协定存款合同》在原结算存款科目下开设协定存款账户办理。具体核算参照单位活期存款。

第三节　个人存款业务的核算

个人存款，又称为对私存款，是指商业银行吸收的城乡居民个人生活结余或待用的资金形成的存款。个人存款包括个人活期存款、个人定期储蓄存款、定活两便储蓄存款、个人通知存款和教育储蓄存款等。

一、个人活期存款的核算

个人活期存款是指不约定存期，客户可以随时存取，每次存取金额不限的存款方式。个人活期存款包括个人结算存款和个人活期储蓄存款。个人活期储蓄存款一元起存，多存不限，开户时由储蓄机构发给存折，预留密码，凭存折和密码存取款项。储户也可预留印鉴，凭印鉴支取。这里主要介绍现金存取下个人活期存款的核算，转账存取在第七章阐述。

（一）开户与续存的核算

1. 开户的核算

存款人申请开立个人活期存款账户时，需持本人有效身份证件提交银行。开立个人结算账户的，需填写开立个人银行结算账户开户申请书。开立活期储蓄存款账户的，需交存现金。柜员审核无误和清点现金后，使用"开立个人账户"和"账户开户"交易办理开户和存款激活，打印个人银行结算账户申请书和存折。柜员在存折、申请书上签章并加盖业务公章和私章后，将身份证件、存折、申请书客户留存联交存款人，申请书银行留存联和身份证件复印件留存保管。会计分录如下。

借：库存现金
　　贷：吸收存款——个人活期存款——个人结算（活期储蓄）存款××户

2. 续存的核算

柜员收到存款人提交的现金和存折，审查存折和清点现金无误后，使用"个人账户存款"交易进行处理，打印个人业务存款凭证和存折内页。柜员将个人业务存款凭证交存款人签字确认后收回，将回单、存折交存款人。其账务处理基本与前述开户相同。

（二）利息的计算及核算

1. 个人活期存款利息计算的一般规定

（1）不论何时存入的活期存款，如遇利率调整，不分段计息，均以结息日挂牌公告的活期存款利率计付利息。未到结息日清户者，按清户日挂牌公告的活期存款利率算至清户前一天止。

（2）个人活期存款按季结息，结息日为每季度末月的20日，于次日付息。

2. 个人活期存款利息的计算方法

个人活期存款利息采用积数计息法，其计算方法与单位活期存款的计息公式相同。

3. 个人活期存款利息的核算

个人活期存款利息的核算和单位活期存款利息的核算基本相同，不同的是储蓄存款在

1999年11月1日至2007年8月14日孳生的利息所得,按照20%的比例税率征收个人所得税;在2007年8月15日至2008年10月8日孳生的利息所得,按照5%的比例税率征收个人所得税;自2008年10月9日起,我国对储蓄存款利息所得暂免征收个人所得税。

对于银行代扣代缴的个人存款利息所得税,应设置"应交税费"科目进行核算,该科目属于负债类科目,其贷方登记银行计算应代扣代缴的个人存款利息所得税,借方登记实际向税务部门缴纳的个人存款利息所得税,余额一般在贷方,反映尚未缴纳的个人存款利息所得税。如果余额在借方,反映多缴的个人存款利息所得税。

个人活期存款利息的账务处理如下。

(1) 资产负债表日,应按计算确定的存入资金的利息费用:

借:利息支出——个人活期存款利息支出
　　贷:应付利息——××户

(2) 结息日办理利息转账:

借:应付利息——××户
　　贷:吸收存款——个人活期存款——个人结算(活期储蓄)存款××户
　　　　应交税费——代扣代缴个人存款利息所得税

(三) 支取的核算

柜员收到存款人提交的存折,审查存折真伪,凭印鉴支取的,存款人还应在个人业务取款凭证上加盖预留印鉴。柜员审查无误后,使用"个人账户取款"交易进行处理,打印个人业务取款凭证和存折内页。柜员将个人业务取款凭证交存款人签字确认后收回,根据支取金额配款,将现金、回单、存折一并交存款人。其会计分录为

借:吸收存款——个人活期存款——个人结算(活期储蓄)存款××户
　　贷:库存现金

(四) 结清销户的核算

结清即销子账户,柜员收到存款人提交的存折、有效身份证件、撤销银行结算账户申请书(个人银行结算账户销户的),审查无误后,使用"个人账户销户"交易进行结清处理,在"个人账户销户"中选择要销的子账户,操作成功后打印个人业务取款凭证、个人存款计息单和存折内页。按当日挂牌公告的活期存款利率计算上一结息日次日至结清日应付利息,并与已提利息相比较,对差额进行补提或冲销。

个人活期存款结清的会计分录为

借:吸收存款——个人活期存款——个人结算(活期储蓄)存款××户
　　应付利息——××户
　　贷:库存现金
　　　　应交税费——代扣代缴个人存款利息所得税

存款人存款账户内所有存款均已结清的,可进行销户处理,存款人填写销户申请书连同身份证一同交给柜员,柜员使用"个人账户销户"交易选择"活期账户"进行销户处理,打印个人存取款凭条、存折折底、利息清单。柜员将个人业务取款凭证交存款人签字确认后收回,在撤销银行结算账户申请书上签章并加盖业务公章,根据取款金额配款,将申请书客户留存联、现金、回单交存款人,申请书银行留存联专夹保管,同时,将已销户存折磁条信息破坏后留存。

【例3-12】 王红2009年4月13日在某银行开户,其活期储蓄存款存取情况见表3-5,按月计提利息,6月28日销户,当日活期存款利率为0.35%。

表3-5 王红活期储蓄存款存取表　　　　　　　　　　　单位:元

日期	摘要	存入	支取	余额
4.13	开户	20 000		20 000
5.17	取款		8 000	12 000
6.21	利息转账	10.69		12 010.69
6.28	销户		12 010.69	0

该银行应编制会计分录如下。
(1) 2009年4月13日开户时:
借:库存现金　　　　　　　　　　　　　　　　　　　　　20 000
　　贷:吸收存款——个人活期存款——活期储蓄存款王红户　　20 000
(2) 2009年4月30日计提利息时:
$$应付利息=20\,000\times18\times0.35\%\div360=3.50(元)$$
借:利息支出——个人活期存款利息支出　　　　　　　　　3.50
　　贷:应付利息——王红　　　　　　　　　　　　　　　　　3.50
(3) 2009年5月17日支取现金时:
借:吸收存款——个人活期存款——活期储蓄存款王红户　　8 000
　　贷:库存现金　　　　　　　　　　　　　　　　　　　　　8 000
(4) 2009年5月31日计提利息时:
$$应付利息=(20\,000\times16+12\,000\times15)\times0.35\%\div360=4.86(元)$$
其中:16为5月1日到5月16日的天数,15为5月17日到5月31日的天数。
借:利息支出——个人活期存款利息支出　　　　　　　　　4.86
　　贷:应付利息——王红　　　　　　　　　　　　　　　　　4.86
(5) 2009年6月20日结息时:
$$应付利息=12\,000\times20\times0.35\%\div360=2.33(元)$$
借:利息支出——个人活期存款利息支出　　　　　　　　　2.33
　　贷:应付利息——王红　　　　　　　　　　　　　　　　　2.33
$$结息日应付利息合计=3.5+4.86+2.33=10.69(元)$$
2009年6月21日办理利息转账时:
借:应付利息——王红　　　　　　　　　　　　　　　　　10.69
　　贷:吸收存款——个人活期存款——活期储蓄存款王红户　10.69
(6) 2009年6月28日销户时:
$$此时存款账户余额=12\,000+10.69=12\,010.69(元)$$
$$6月28日应付利息=12\,011\times7\times0.35\%\div360=0.82(元)$$

借：利息支出——个人活期存款利息支出　　　　　　　　　0.82
　　　贷：应付利息——王红　　　　　　　　　　　　　　　　　0.82
借：吸收存款——个人活期存款——活期储蓄存款王红户　12 010.69
　　应付利息——王红　　　　　　　　　　　　　　　　　　0.82
　　　贷：库存现金　　　　　　　　　　　　　　　　　　　　12 011.51

二、个人定期储蓄存款的核算

定期储蓄存款是储户在存款时约定存期，一次或按期分次存入本金，整笔或分期、分次支取本金或利息的一种储蓄存款。它的特点是存款时间长，存期固定，规定存储起点金额。定期储蓄可以分为整存整取、零存整取、存本取息、整存零取等多种类型。

（一）整存整取定期储蓄存款的核算

整存整取是按约定的存期，整笔存入，到期一次支取本息的一种储蓄存款。整存整取定期储蓄存款起存点为50元，多存不限。存款期限分为3个月、半年、1年、2年、3年、5年六个档次。存款人在存款时可与银行约定办理到期自动或约定转存。存期不同，存款的利率也不一样。利息计算采取逐笔计息法，利随本清。

1. 开户和存入的核算

柜员收到存款人提交的有效身份证件、现金和卡折，如需开存单则要提供客户号，审核无误和清点现金后，然后使用相关交易办理开户和存入，打印个人业务存款凭证、储蓄存单（存折）。柜员将个人业务存款凭证交存款人签字确认后收回，在储蓄存单（存折）上签章并加盖业务公章，将存单（存折）等交存款人。其会计分录如下。

借：库存现金
　　贷：吸收存款——个人定期存款——整存整取××户（本金）
借或贷：吸收存款——个人定期存款——整存整取××户（利息调整）

2. 利息的计算与核算

（1）利息的计算。

① 定期储蓄存款到期支取，在存期内按存入日挂牌公告的相应档次的定期储蓄存款利率计付利息，利随本清。在存期内遇有利率调整，不论调高或调低均不分段计息。

到期支取的利息的计算公式如下。

$$利息 = 本金 \times 存期 \times 利率$$

【例3-13】 某人存入1 000元，存期3年，存入日3年期的定期存款利率为4.25%，那么支取日利息应为

$$利息 = 1\,000 \times 3 \times 4.25\% = 127.5(元)$$

② 定期储蓄存款提前支取，按支取日挂牌公告的活期储蓄存款利率计付利息，部分提前支取的，支取部分按支取日挂牌公告的活期储蓄存款利率计付利息，其余部分到期时按原定利率计息。

【例3-14】 某人存入5 000元，存期是1年，存入日定期存款的利率是3.25%，而该人

在存入 3 个月后提取,提取当时银行挂牌公告的活期利率为 0.36%,那么支取日利息应为

$$利息 = 5\,000 \times 3 \times 0.36\% \div 12 = 4.5(元)$$

③ 逾期支取的定期储蓄存款,其超过原定存期的部分,除约定转存的外,按支取日挂牌公告的活期储蓄存款利率计息。

【例 3-15】 某人存入 3 000 元,存期为 5 年期,存入日 5 年定期存款的利率为 4.75%,过期后 60 天支取,活期存款利率为 2.7‰,那么支取日利息为

$$利息 = 3\,000 \times 5 \times 4.75\% + 3\,000 \times 60 \times 2.7‰ \div 30$$
$$= 712.5 + 16.2$$
$$= 728.7(元)$$

(2) 利息的核算。

① 约定存期内计提利息的处理。约定存期内资产负债表日计提利息时,对于一年期以上(不含一年期)整存整取定期储蓄存款,按照摊余成本乘以实际利率计算利息支出,按照合同本金乘以存入日挂牌公告的相应档次整存整取定期存款利率(即合同利率)计算应付利息,差额计入利息调整。会计分录为

借:利息支出——个人定期存款利息支出
　　贷:应付利息——××户
借或贷:吸收存款——个人定期存款——整存整取××户(利息调整)

对于其他整存整取定期储蓄存款,利息支出和应付利息均按合同本金乘以存入日挂牌公告的相应档次整存整取定期存款利率计算。会计分录为

借:利息支出——个人定期存款利息支出
　　贷:应付利息——××户

② 逾期后计提利息的处理。逾期后资产负债表日计提利息时,按合同本金乘以计提日挂牌公告的活期存款利率计算应提利息。会计分录为

借:利息支出——个人定期存款利息支出
　　贷:应付利息——××户

3. 支取的核算

定期储蓄存款的到期日,以对年对月对日为准,如到期日为该月所没有的,以月底日为到期日,例如 2013 年 8 月 31 日存入半年期定期存款,到期日则为 2 月 28 日。若存入日为三十一日,到期日所在月只有三十日,则三十日即为到期日。存款到期,柜员收到存款人提交的储蓄存单(存折),审查无误后,使用相关交易办理支取,同时,系统自动将到期日应付利息的应有余额与现有余额进行比较,并将差额部分予以补提。交易成功后,打印个人业务取款凭证、利息清单、原储蓄或存单存折内页。柜员将个人业务取款凭证交存款人签字确认后收回,根据取款金额配款,将现金、回单、存折等交存款人。其会计分录如下。

借:吸收存款——个人定期存款——整存整取××户
　　应付利息——××户
　　贷:库存现金
　　　　应交税费——代扣代缴个人存款利息所得税

整存整取定期储蓄存款可以全部或部分提前支取，但若办理部分提前支取，则以一次为限。部分提前支取时，若留存金额不低于起存金额，银行根据提前支取的规定计算利息，办理支取手续，并对留存金额开具新存单；若留存金额低于起存金额，银行根据提前支取的规定计算利息，并对该项整存整取定期储蓄存款予以清户。

整存整取定期储蓄存款过期支取的，按支取日活期存款利率计算过期利息，其余手续与到期支取的相同。

【例 3-16】 某储户刘明 2007 年 9 月 1 日在某银行存入 24 000 元，存期 1 年，年利率 3.25％，2008 年 11 月 12 日支取，支取日活期利率 0.35％，按年计提利息。该银行应编制会计分录如下：

(1) 2007 年 9 月 1 日存入时：

借：库存现金　　　　　　　　　　　　　　　　　　　　　　　　24 000
　　贷：吸收存款——个人定期存款——整存整取刘明户　　　　　　24 000

(2) 2007 年 12 月 31 日计提利息时：

$$24\,000 \times 3.25\% \times 4 \div 12 = 260(元)$$

借：利息支出——个人定期存款利息支出　　　　　　　　　　　　260
　　贷：应付利息——刘明　　　　　　　　　　　　　　　　　　　260

(3) 2008 年 11 月 12 日支取时：

全部利息 $= 24\,000 \times (1 \times 3.25\% + 72 \times 0.35\% \div 360) = 796.80(元)$
补提利息 $= 796.80 - 260 = 536.80(元)$
利息税 $= 24\,000 \times (1 \times 3.25\% + 38 \times 0.35\% \div 360) \times 5\% = 39.44(元)$

借：利息支出——个人定期存款利息支出　　　　　　　　　　　　536.80
　　贷：应付利息——刘明　　　　　　　　　　　　　　　　　　　536.80
借：吸收存款——个人定期存款——整存整取刘明户　　　　　　　24 000
　　应付利息——刘明　　　　　　　　　　　　　　　　　　　　796.80
　　贷：库存现金　　　　　　　　　　　　　　　　　　　　　　24 757.36
　　　　应交税费——代扣代缴个人存款利息所得税　　　　　　　　39.44

(二) 零存整取定期储蓄存款的核算

零存整取定期储蓄存款是开户时约定存期，每月存入等额款项，到期一次支取本息的一种定期储蓄存款。零存整取存期分为 1 年、3 年、5 年，由储户约定存期和月存金额，一般五元起存。每月存入一次，中途如果漏存一次，应在次月补存，未补存者视同违约，并在存折上打印违约标志，对违约后存入的金额，支取时按支取日挂牌公告的活期存款利率计付利息。

1. 开户的核算

柜员收到存款人提交的现金、有效身份证件及折卡，审核无误和清点现金后，使用相关交易办理开户和存入，打印个人业务存款凭证、存折。柜员将个人业务存款凭证交存款人签字确认后收回，将个人业务存款回单、存折及身份证件交存款人。会计分录为

借：库存现金
　　贷：吸收存款——个人定期存款——零存整取××户

2. 利息的计算与核算

(1) 利息的计算。零存整取定期储蓄存款利息的计算方法有两种。

① 固定基数法。

固定基数法是指事先算出每元存款利息基数，到期乘以存款余额的计息方法。其计算公式为

$$每元存款利息基数 = 1 \times (存入月数 + 1)/2 \times 月利率$$
$$应付利息 = 到期存款余额 \times (存入月数 + 1)/2 \times 月利率$$

【例3-17】 某储户张云2013年每月存入2 000元的1年期零存整取存款，年利率2.85%，1年后取出。

$$应付利息 = 24\,000 \times (12 + 1)/2 \times 2.85\% \div 12 = 370.50(元)$$

② 月积数法。

月积数法是根据等差数列公式，根据每期存款金额计算累计月积数，再乘以月利率的计息方法。其计算公式为

$$应付利息 = 每期存款金额 \times 存入月数 \times (存入月数 + 1)/2 \times 月利率$$

【例3-18】 某储户李红每月存入1 000元的3年期零存整取存款，年利率2.90%，3年后取出。

$$应付利息 = 1\,000 \times 36 \times 37/2 \times 2.90\% \div 12 = 1\,609.50(元)$$

(2) 利息的核算。约定存期内每月月末计提利息时，采用积数计息法，按累计日积数乘以开户日挂牌公告的相应档次零存整取定期存款利率计提利息费用，其会计分录为

借：利息支出——个人定期存款利息支出
　　贷：应付利息——××户

3. 续存的核算

柜员收到存款人提交的现金和零存整取存折，审核无误和清点现金后，使用相关交易办理续存，打印个人业务存款凭证、存折内页。柜员将个人业务存款凭证交存款人签字确认后收回，将存折、回单交存款人。会计分录与开户时相同。

4. 支取的核算

零存整取定期储蓄存款到期，柜员收到存款人提交的存折，审查无误后，使用相关交易办理支取，同时，系统自动将到期日应提利息与已提利息进行比较，并将差额部分予以补提。交易成功后，打印个人业务取款凭证、个人存款计息单和存折内页。柜员将个人业务取款凭证交存款人签字确认后收回，根据取款金额配款，将现金、回单交存款人。其会计分录为

借：吸收存款——个人定期存款——零存整取××户
　　应付利息——××户
　　贷：库存现金
　　　　应交税费——代扣代缴个人存款利息所得税

零存整取定期储蓄存款可以全部提前支取，不能部分提前支取。存款人办理全部提前

支取时,应将存折和本人有效身份证件提交银行。柜员审查无误后,使用相关交易进行处理,录入存款人开户时的证件种类和证件号码,并按提前支取规定计付利息。其余处理手续与到期支取基本相同。

储户持过期存折来支取时,除按结存额计算过期利息外,其余手续与到期支取相同。

(三) 整存零取定期储蓄存款的核算

整存零取定期储蓄存款是开户时本金一次存入,存期内分期支取本金,期满结清时一次支付利息的储蓄存款形式。它一般1 000元起存,多存不限,存期分1年、3年、5年三个档次,支取期限可以为1个月、3个月、半年一次或其他期限,但本金能够被支取次数整除,即分次等额支取的本金应为整数。

1. 开户存入的核算

整存零取储户申请开户时处理手续与零存整取定期储蓄存款基本相同,但需填明存入金额、期限及分次支取的时间,其会计分录为

借:库存现金
  贷:吸收存款——个人定期存款——整存零取××户

2. 利息的计算及核算

(1) 利息的计算。整存零取定期储蓄存款因其本金是逐期递减的,为了便于计息,我们应先采用有关数学方法均衡本金,即先求出本金平均值,再计算利息。其计息公式为

$$应付利息 = 本金平均值 \times 存期 \times 利率$$
$$= (全部本金 + 每期支取本金额)/2 \times 存期 \times 利率$$

【例3-19】 某储户赵云存入本金16 000元,存期1年,年利率2.85%,分4次支取本金,到期应付利息为

$$应付利息 = (16\,000 + 4\,000)/2 \times 1 \times 2.85\% = 285(元)$$

(2) 利息的核算。约定存期内每月月末计提利息时,采用积数计息法,按累计日积数乘以开户日挂牌公告的相应档次零存整取定期存款利率计提利息费用,其会计分录为

借:利息支出——个人定期存款利息支出
  贷:应付利息——××户

3. 支取的核算

柜员收到存款人提交的存折,审查无误后,使用相关交易办理支取,打印个人业务取款凭证和存折内页。柜员将个人业务取款凭证交存款人签字确认后收回,根据取款金额配款,将现金、回单和存折交存款人。会计分录为

借:吸收存款——个人定期存款——整存零取××户
  贷:库存现金

在最后一次取款时,柜员收到存款人提交的存折,审查无误后,使用相关交易进行处理,同时,系统自动将结清时应付利息与已提利息进行比较,并将差额部分予以补提。交易成功后,打印个人业务取款凭证、个人存款计息单和存折内页。柜员将个人业务取款凭证交存款人签字确认后收回,根据取款金额配款,将现金、回单交存款人。会计分录为

借：吸收存款——个人定期存款——整存零取××户
　　应付利息——××户
　贷：库存现金
　　　应交税费——代扣代缴个人存款利息所得税

整存零取定期储蓄存款可以全部提前支取,不能部分提前支取。全部提前支取时,应按提前支取的规定计付利息。银行将按提前支取规定计算的应付利息与已提利息进行比较,先将差额予以冲销或补提,然后办理本息支付。

(四) 存本取息定期储蓄存款的核算

存本取息定期储蓄存款指本金一次存入,存期内分期支取利息,本金于到期时一次支取的一种定期储蓄存款。存本取息定期储蓄存款5 000元起存,存期分为1年、3年、5年,利息按月或定期支取,由储户与储蓄机构协商确定,但一经确定就不得任意变更。取息日一般为开户日的对日,无对日的为月末日。利息不得提前支取,延后可随时支取,但不计复利。存本取息定期储蓄存款不得部分提前支取。如果储户办理全额提前支取时,应扣回原已分期多付出的利息。

1. 开户存入的核算

存本取息定期储蓄存款开户时处理手续与整存零取定期储蓄存款基本相同。其会计分录为

借：库存现金
　贷：吸收存款——个人定期存款——存本取息××户

2. 利息的计算及核算

(1) 利息的计算。计算存本取息定期储蓄存款的利息,应先按规定利率计算出应付利息总数,然后根据支取利息次数,计算出平均每次支取利息金额。其计算公式为

$$每次支取利息数 = 利息总额 \div 取息次数 = 本金 \times 存期 \times 利率 \div 取息期限$$

【例3-20】某储户谭林2013年8月1日存入3年期存本取息储蓄存款50 000元,利率为2.94%,储户要求每季度取息1次,每次应付利息为

$$应付利息 = 50\,000 \times 3 \times 2.94\% \div (4 \times 3) = 368.75(元)$$

(2) 利息的核算。资产负债表日应计提利息费用,其会计分录为

借：利息支出——个人定期存款利息支出
　贷：应付利息——××户

取息日支付利息时,系统自动将结清时应付利息与已提利息进行比较,并将差额部分予以补提,然后支付利息,其会计分录为

借：应付利息——××户
　贷：库存现金
　　　应交税费——代扣代缴个人存款利息所得税

取息日未到不得提前取息,取息日未取息,以后可随时取息,但不计复利。

3. 支取本金的核算

储户持到期或过期存单来支取本金时,除了要办理最后一次支取利息手续外,其余手续

与整存整取相同。其会计分录为

借：吸收存款——个人定期存款——存本取息××户
　　贷：库存现金

存本取息定期储蓄存款可以全部提前支取,不能部分提前支取。如果储户要求提前支取本金时,应查验有效身份证件,并填制同方向的红字利息付出传票,扣回原已分期付出的利息,再根据提前支取有关规定计算提前支取的应付利息。如果提前支取的应付利息不够冲抵,其差额还应从本金中扣收。其会计分录为

借：利息支出——个人定期存款利息支出　　　　　　　　　（红字）
　　贷：库存现金　　　　　　　　　　　　　　　　　　　（红字）
　　　　应交税费——代扣代缴个人存款利息所得税　　　　（红字）

按提前支取的规定计提应付利息,办理本息支付手续。其会计分录为

借：吸收存款——个人定期存款——存本取息××户
　　应付利息——××户
　　贷：库存现金
　　　　应交税费——代扣代缴个人存款利息所得税

存本取息定期储蓄存款逾期支取时,逾期部分按支取日挂牌公告的活期存款利率计付利息,其处理手续与到期支取基本相同。

三、定活两便储蓄存款的核算

定活两便储蓄存款是存入时不约定存期,可以随时支取,具有定期和活期双重性质的一种储蓄形式。一般50元起存,它结合了活期储蓄和定期储蓄的优点,支取方便、灵活,并能获得较高的利息收入。

定活两便储蓄存款的利息计算,是根据不同的存期及确定的相应的利率来计算的。存期不满3个月的,按支取日挂牌公告活期储蓄存款利率计付利息。存期满3个月而不满6个月的,整个存期按支取日挂牌公告的3个月整存整取定期储蓄存款利率打6折计算。存期满6个月而不满1年的,整个存期按支取日挂牌公告的6个月整存整取定期储蓄存款利率打6折计算利息。存期在1年以上（含1年）的,无论存期有多长,整个存期一律按支取日挂牌公告的1年期整存整取定期储蓄存款利率打6折计算利息。若低于活期利率,按活期利率计息。其计算公式为

应付利息＝[本金×年(月)数×年(月)利率＋本金×零头天数×日利率]×60%

【例3-21】 某储户刘明于2013年6月8日存入定活两便储蓄存款20 000元,于2014年4月17日全额支取。支取日银行挂牌公告的整存整取定期储蓄存款半年期利率为2.80%。

$$应付利息 = 20\,000 \times 10 \times (2.80\% \times 60\% \div 12) +$$
$$20\,000 \times 9 \times (2.80\% \times 60\% \div 360)$$
$$= 280 + 8.40$$
$$= 288.40(元)$$

定活两便储蓄存款业务的核算与整存整取定期储蓄存款核算基本相同。

四、个人通知存款的核算

个人通知存款是存入时不约定存期,支取时需提前通知银行,约定支取日期和金额后方能支取本金和利息的储蓄存款。它是为方便持有较多数额货币但又无法确定存期的储户而开设的一种存期灵活、利率优惠的储蓄形式。个人通知存款分为普通型和智能型两种。个人普通通知存款不论存期长短均按存款人提前通知约定取款的期限长短划分为一天通知存款和七天通知存款两个品种,一天通知存款必须提前一天通知约定支取存款,七天通知存款必须提前七天通知约定支取存款。个人智能七天通知存款是指存期若满七天自动按七天通知存款利率计息,利息和本金转为一笔新的同类通知存款,并依此循环。个人通知存款最低起存金额为5万元,最低支取金额为5万元,可一次或分次支取。个人通知存款部分支取,留存金额高于最低起存金额的,需重新换发通知存款存单,从原开户日起计算存期;留存金额低于最低起存金额的予以清户,按清户日挂牌的活期储蓄存款利率计息或按存款人意愿转为其他存款。通知存款计息时间由存款人自行选择一天通知存款或七天通知存款,银行按支取日挂牌公告的相应利率水平和实际存期计息,利随本清。

个人通知存款的利率档次较多。由于个人通知存款兼有定期和活期两种性质,所以其利率通常高于活期储蓄利率,低于整存整取定期储蓄同一存期档次利率。通常利息按实际存期并按同档次利率计利息。存期不满1个月的,按支取日活期储蓄利率计息;存期在三年以上的,仍按3年期档次利率计息。储户可在原储蓄机构办理部分提取,部分提取次数不限。提取部分的利息按实际存期同档次利率计付利息。未支取部分仍按原开户日至支取日实际存期同档次利率计付利息。

对于个人通知存款可比照单位通知存款进行核算。

五、教育储蓄存款的核算

教育储蓄存款是个人为其子女接受非义务教育(指九年制义务教育之外的全日制高中、大中专、大学本科、硕士和博士研究生)积蓄资金,按零存整取方式存取,但在支取时,存款人如能提供有关证明,便可按相应存期整存整取定期储蓄利率计息,并享受免征利息所得税优惠的储蓄存款。

教育储蓄的对象(存款人)为在校小学四年级(含四年级)以上学生。最低起存金额为50元,本金合计最高限额为2万元,教育储蓄为零存整取定期储蓄存款。开户存期分为一年、三年和六年,开户时约定每月固定存入金额,分月存入,由银行发给一本通存折(卡),可与存款人约定由银行代扣。中途如有漏存,应在次月补齐,未补齐者按零存整取定期储蓄存款的有关规定办理。教育储蓄实行利率优惠。一、三年期教育储蓄按开户日同期档次整存整取定期储蓄利率计息,六年期教育储蓄按开户日五年期整存整取定期储蓄存款利率计息。遇利率调整,不分段计息。

教育储蓄存款可比照零存整取定期储蓄存款进行核算。

关键词

银行结算账户　单位活期存款　单位定期存款　余额表计息法　账页计息法　单位通

知存款 单位协定存款 个人活期存款 个人定期储蓄存款 整存整取 零存整取 整存零取 存本取息 定活两便 个人通知存款 教育储蓄存款

 **复习思考题**

1. 银行结算账户种类包括哪几种类型？开立结算账户有哪些具体要求？
2. 如何计算存款利息？
3. 单位活期存款利息计算有哪几种方法？其特点如何？
4. 简述单位定期存款的计息公式与计息规定。
5. 个人定期储蓄存款包括哪几种类型？其特点如何？

 练习题

习题一

一、目的：练习单位存款业务的核算。

二、资料：某银行发生业务如下。

1. 东风化肥厂填制现金缴款单存入销货收入现金 40 000 元。
2. 星海商店开出现金支票一张，提取现金 30 000 元。
3. 甲企业开出转账支票一张，支付本行开户单位乙企业购货款 150 000 元。
4. 银行在结息日计算应付给宏达公司的利息 8 000 元，并于次日办理转账手续。
5. 农和化肥厂签发转账支票 200 000 元，要求办理一年期的定期存款。
6. 湘江制造厂 20×3 年 3 月 1 日在某银行转账存入 150 000 元的定期存款，存期一年，年利率为 4.2%，按月计提利息，到期全额取出。
7. 南方公司 20×4 年 4 月 1 日签发转账支票 300 000 元，转为半年期定期存款，存入时挂牌的存款利率为 2.25%，按月计提利息。由于急需资金，于 20×4 年 6 月 1 日提前支取本金 100 000 元，20×4 年 6 月 1 日银行挂牌的活期存款利率为 0.39%。
8. 大云公司 20×3 年 5 月 6 日存入银行一笔定期存款 20 万元，期限一年，年利率 3.25%，该单位于 20×4 年 6 月 18 日来行支取，支取日活期存款利率为 0.36%。
9. 长江公司于 20×3 年 7 月 12 日在某银行存入一笔通知存款，金额为 120 万元，与银行约定为七天通知存款，当日银行挂牌公告的七天通知存款年利率为 1.72%。20×3 年 8 月 26 日长江公司书面通知银行于 20×3 年 9 月 2 日支取通知存款 120 万元，20×3 年 9 月 2 日长江公司来行支取。七天通知存款利率从 20×3 年 9 月 1 日起调整为 1.54%。
10. 湘江公司 20×3 年 12 月 31 日要求将其活期存款 1 250 万元转为五年期定期存款，银行实际收到的金额为 1 000 万元，当日银行挂牌的五年期定期存款年利率为 4.72%，实际年利率 9.05%，按年计提利息，20×8 年 12 月 31 日湘江公司来行支取本息。

三、要求：根据上述资料编制会计分录。

习题二

一、目的：练习余额表计息法计算存款利息。

二、资料：甲银行 20×3 年 9 月计息余额表中的 B 单位活期存款余额情况如下表所示。

甲银行计息余额表
20×3年9月

科目名称：单位活期存款　　　　利率：0.5‰　　　　　　　　　　单位：元

日期 \ 户名、账号	B单位活期存款 2010008	略
至上月底累计积数	6 253 000	
1	96 000	
……	……	
10天小计	1 245 000	
11	85 000	
……	……	
20天小计	1 924 000	
21	86 000	
……		
本月合计	3 256 000	
至结息日累计计息积数		
应加积数	48 000	
应减积数	54 000	
本期应计息积数		
结息日计算利息数		
至本月底累计未计息积数		

三、要求：根据上述资料，将有关数据填入上述表内，并编制甲银行结息日和资产负债表日有关利息的会计分录。

习题三

一、目的：练习账页计息法计算存款利息。

二、资料：甲银行20×3年第四季度计息余额表中的B单位活期存款余额情况如下表所示。

甲银行分户账

户名：B单位　　　账号：　　　利率：0.36%　　　　　　　　单位：元

20×3年		摘要	借方	贷方	借或贷	余额	日数	积数
月	日							
11	1	承前页			贷	10 000	41	200 000
11	5	转借	5 000					
11	10	现收		3 000				
11	18	汇出	2 000					

续表

20×3年		摘要	借方	贷方	借或贷	余额	日数	积数
月	日							
12	14	汇入		12 000				
12	15	转借	4 000					
12	21	利息入账						

三、要求：根据上述资料，将有关数据填入上述表内，并编制甲银行结息日会计分录。

习题四

一、目的：练习账页计息法计算存款利息。

二、资料：甲银行20×3年第三季度的C单位活期存款分户账如下表所示。

甲银行分户账

户名：C单位　　账号：　　利率：0.72‰　　　　　　　单位：元

20×3年		摘要	借方	贷方	借或贷	余额	日数	积数
月	日							
6	21	承前页			贷	50 000		
6	21	转贷		800	贷			
7	15	汇出	3 000		贷			
7	28	转贷		4 200	贷			
8	12	汇出	800		贷			
9	8	冲销7月28日错账			贷			
9	17	汇出	2 000		贷			
9	21	利息入账			贷			

三、要求：根据上述资料，将有关数据填入上述表内，并编制甲银行结息日会计分录。

习题五

一、目的：练习个人活期存款的核算。

二、资料：张明2013年7月15日在某银行开户，其活期存款存取情况见下表，按月计提利息，2013年9月29日销户，当日活期存款利率为0.36%。

日期	摘要	存入	支取	余额
7.15	开户	80 000		
8.26	取款		20 000	
9.21	利息转账			
9.29	销户			

三、要求：根据上述资料，将有关数据填入上述表内，并编制相关会计分录。

习题六

一、目的：练习整存整取定期储蓄存款的核算。

二、资料：某银行发生业务如下。

1. 王红持 10 000 元现金，办理 2 年期定期储蓄存款。

2. 刘云持存折，办理 3 年期 20 000 元的定期储蓄存款。

3. 李明 2010 年 3 月 6 日存入 10 000 元，存期为 3 年期，存入日 3 年定期存款的利率为 4.25%，2013 年 3 月 18 日支取，当日活期储蓄利率 0.36%，按年计提利息，以现金支付本息。

4. 王玉 2007 年 11 月 15 日存入定期 2 年的储蓄存款 25 000 元，于 2008 年 9 月 15 日提前支取。存入时 2 年期利率为 2.7%，1 年期利率为 2.25%，支取日活期储蓄利率为 0.72%，按年计提利息，以现金支付本息。

三、要求：根据上述资料编制会计分录。

习题七

一、目的：练习个人定期储蓄存款的核算。

二、资料：某银行发生业务如下。

1. 谭红 2006 年 3 月 1 日起，采用零存整取方式，每月存入 24 000 元，存期为 1 年，年利率为 2%，2007 年到期支取本息。

2. 张江 2011 年存入本金 24 000 元，存期 3 年，年利率 4.34%，每年分 4 次支取本金，到期支取利息。

3. 王芳 2010 年 7 月 1 日存入 5 年期存本取息储蓄存款 80 000 元，利率为 4.75%，储户要求每半年取息 1 次，到期支取本金。

4. 谢敏于 2013 年 6 月 2 日存入定活两便储蓄存款 30 000 元，于 2014 年 6 月 15 日全额支取。支取日银行挂牌公告的整存整取定期储蓄存款一年期利率为 3.25%。

三、要求：根据上述资料计算到期支取的本金和利息并进行会计处理。

第四章 贷款与贴现业务的核算

第一节 贷款业务概述

一、贷款的概念和种类

(一) 贷款的概念

贷款又称放款,是商业银行和其他金融机构以债权人地位将货币资金给借款人,借款人需要按约定的利率和期限还本付息的一种信用方式。

在现代银行的资产总额中,贷款是银行最主要的资产业务,一般占业务量的60%以上,银行的收益主要来自存贷款之间的利息差额。为偿付存款利息,保证各项开支和获得盈利,银行需要通过贷款业务充分有效地使用资金。贷款业务具有一定的风险性,经营不当会给银行造成巨大的损失。商业银行发放贷款必须根据国家法律和规章制度的规定,以资金的效益为目的,以资金的安全性和流动性为前提。

(二) 贷款的种类

(1) 贷款按发放的期限不同可分为短期贷款、中期贷款、长期贷款。

短期贷款是指商业银行根据有关规定发放的、期限在1年以下(含1年)的各种贷款,包括质押贷款、抵押贷款、保证贷款、信用贷款、进出口押汇等。

中期贷款是指商业银行发放的贷款期限在1年以上5年以下(含5年)的各种贷款。

长期贷款是指商业银行发放的贷款期限在5年(不含5年)以上的各种贷款。

(2) 贷款按对象不同可分为单位贷款和个人贷款。

单位贷款是指商业银行向企事业单位及机关、团体等组织发放的贷款,包括流动资金贷款、固定资产贷款、房地产开发贷款、单位汽车消费贷款、进出口贸易融资、境外筹资转贷、对外出口信贷、商业汇票承兑、商业汇票贴现、保证等。

个人贷款是指商业银行对个人发放的用于个人消费或个人其他支出的贷款,包括个人存单和凭证式国债质押贷款、个人住房贷款、个人耐用消费品贷款、个人住房装修贷款、个人汽车消费贷款、个人助学贷款、信用卡透支贷款等。

(3) 贷款按发放条件不同可分为信用贷款、担保贷款和票据贴现贷款。

信用贷款是指没有担保、仅依据借款人的信用状况发放的贷款。担保贷款是指由借款人或第三方依法提供担保而发放的贷款。担保贷款包括保证贷款、抵押贷款、质押贷款。票据贴现贷款是贷款人以购买借款人未到期商业票据的方式发放的贷款。

(4) 贷款按是否具有政策性可分为商业性贷款与政策性贷款。

商业性贷款是由商业银行发放的贷款。政策性贷款是对某些单位或专项用途发放的贷款,这类贷款基本上由政策性银行办理,有些商业银行也有此类业务。

(5) 贷款按资金来源及贷款风险承担人不同可分为自营贷款和受托贷款。

自营贷款是指商业银行以合法方式筹集的资金自主发放的贷款,其风险由商业银行承担,并由商业银行收取本金和利息。

受托贷款是指委托人提供资金,由商业银行(受托人)根据委托人确定的贷款对象、用途、金额、期限、利率等而代理发放、监督使用并协助收回的贷款,其风险由委托人承担。商业银行发放委托贷款时,只收取手续费,不得代垫资金。

(6) 贷款按其本息是否逾期并超过一定天数可分为应计贷款和非应计贷款。

非应计贷款是指贷款本金或利息逾期90天没有收回的贷款。应计贷款是指非应计贷款以外的贷款。当贷款的本金或利息逾期90天时,应单独核算。当应计贷款转为非应计贷款时,应将已入账的利息收入和应收利息予以冲销。从应计贷款转为非应计贷款后,在收到该笔贷款的还款时,首先应冲减本金,本金全部收回后,再收到的还款则确认为当期利息收入。

二、贷款业务的基本规定

贷款业务的基本规定如下。

(1) 贷款的发放和使用必须符合国家的法律法规、《贷款通则》及中国人民银行发布的有关规章制度。办理贷款业务应遵循效益性、安全性和流动性原则。

(2) 对单位发放的贷款可申办展期,个人贷款可否展期应视不同品种而定。

(3) 贷款应当由贷款人与借款人签订借款合同。

(4) 按照借款合同和中国人民银行有关计息规定按期计收和交付利息。

(5) 个人贷款的其他规定。

① 个人贷款的主要对象是具有完全民事行为能力的中国公民。

② 个人定期储蓄存单小额质押贷款坚持"先存后贷,存贷结合,存单质押,到期归还,逾期扣收"的原则,其他各品种的个人贷款坚持"有效担保,专款专用,按期偿还"的原则。

③ 办理个人贷款所提供的有效身份证件必须是居民身份证、军人证或户口簿等。

④ 可用于办理个人贷款的抵押物是指借款人或第三人具有完全产权的房屋、汽车等(必要时需办理保险)。

⑤ 可用于办理个人贷款的质押物包括实物国库券及银行代理发行的凭证式国库券(国家特别规定不能质押贷款的除外)、金融债券、AAA级企业债券、银行出具的定期储蓄存单。

⑥ 各贷款经办网点每季与借款人至少核对一次贷款账。

第二节 贷款业务的核算

一、贷款的确认和计量

贷款属于金融资产,按照现行会计准则规定,其初始计量时,应按公允价值计量,相关交易费用计入初始确认金额；后续计量时，采用实际利率法，按摊余成本计量。实际利率是指将贷款在预期存续期间或适用的更短期间内的未来现金流量，折现为该贷款当前账面价值所使用的利率。实际利率应当在取得贷款时确定，在该贷款预期存续期间或适用的更短期间内保持不变。按照现行会计准则规定，贷款采用实际利率法。合同利率与实际利率差异较小的，也可以采用合同利率计算确定利息收入。

二、科目设置

1．"贷款"科目

"贷款"科目核算商业银行按规定发放的各种客户贷款。该科目属于资产类科目，其借方登记发放贷款的数额，贷方登记贷款的收回数额，余额在借方，表示银行尚未收回的贷款。该科目应按贷款类别、客户分别"本金""利息调整""已减值"设置明细账。

2．"应收利息"科目

"应收利息"科目核算商业银行发放贷款、存放中央银行款项、拆出资金、买入返售金融资产、交易性金融资产、持有至到期投资、可供出售金融资产等应收取的利息。该科目属于资产类科目，其借方登记应收未收利息以及银行已计提长期债券应收利息中的已到付息日但尚未领取的利息，贷方登记收到的应收利息和已经确认为坏账的应收利息，余额在借方，反映银行尚未收回的利息。该科目应按借款人或被投资单位设置明细账。

3．"利息收入"科目

"利息收入"科目核算商业银行确认的利息收入，包括发放的各类贷款、与其他金融机构之间发生资金往来业务、买入返售金融资产等实现的利息收入。该科目属于损益类（收入）科目，其贷方登记银行确认的利息收入，贷方登记结转"本年利润"科目的数额，结转后该科目无余额。该科目应按业务类别设置明细账。

4．"应交税费"科目

2016年3月24日财政部和国家税务总局共同颁布了财税〔2016〕第36号文件（下称《税收新规》），规定了"营改增"剩余行业（包括金融行业）的增值税税率以及相关增值税政策，并于2016年5月1日正式实施。

增值税是就其货物或劳务的增值额征收的一种流转税，它是一种价外税。增值税的纳税义务人是中华人民共和国境内销售货物或者提供加工、修理、修配劳务、销售服务、无形资产或者不动产（以下称应税行为）的单位和个人。

按照纳税人的经营规模及会计核算的健全制度，增值税纳税人分为一般纳税人和小规模纳税人。年应税销售额超过500万元的纳税人为一般纳税人；年应税销售额未超过500万元的纳税人为小规模纳税人。年应税销售额未超过规定标准的纳税人，会计核算健全，能够提供准确税务资料的，可以向主管税务机关办理一般纳税人资格登记，成为一般纳税人。一般纳税人适用税率有13%、9%、6%、0%四个档次。小规模纳税人征收率为3%。对月销售额10万元以下（含本数）的小规模纳税人，免征增值税。

为了核算金融企业应交增值税的发生、抵扣、缴纳、退税及转出等情况，在"应交税费"下设置应交增值税、未交增值税、预交增值税、待抵扣进项税额、待认证进项税额、待转销项税额、简易计税、转让金融商品应交增值税、代扣代交增值税等明细账。"应交税费——应交增值税"明细账还应设置专栏，其借方专栏包括进项税额、减免税款、已交税金、转出未交增值税;贷方专栏包括销项税额、进项税额转出、出口退税、转出多交增值税。

对于贷款利息收入,按照6%的税率征收增值税,按照财政部和国家税务总局2018年9月5日发布的财税〔2018〕91号文件,自2018年9月1日至2020年12月31日,对金融机构向小型企业、微型企业和个体工商户发放小额贷款取得的利息收入,免征增值税。

对于存款利息、同业拆借利息收入、持有国债、政府债券、政策性金融债券的利息收入、质押式买入返售金融商品的利息收入免征增值税。按照财政部和国家税务总局2016年6月30日发布的财税〔2016〕70号文件,金融机构同业往来利息收入免税范围扩大为同业存款、同业借款、同业代付、买断式买入返售金融商品、持有金融债券和同业存单等所取得的利息收入。

对于手续费收入、咨询服务收入、代理收入等其他业务收入适用税率6%。

对于资产采购和业务费用支出,在取得增值税专用发票的支持下可用于抵扣销项税额,但利息支出不得进行进项税额抵扣。

三、信用贷款业务的核算

信用贷款是指银行以借款人的信誉而发放的贷款。借款人需用贷款时应逐笔提出借款申请,经银行审批同意后逐笔签订借款合同,逐笔立据审查,逐笔发放,约定还款期限,到期一次或分次归还贷款。

(一) 贷款发放的核算

银行信贷部门收到借款人提交的借款申请书和相关资料,按规定进行审批后,与借款人签订借款合同,约定贷款的金额、利率、期限、用途及违约责任等。信贷部门完成信贷审批流程后,将授权通知传递会计部门。柜员收到并审查无误后,使用相关交易进行贷款发放,打印贷转存凭证,并由借款人在贷转存凭证上签章。柜员将贷转存凭证第一联作记账凭证,授权通知作记账凭证传票,第二联交业务部门留存,第三联作借款人回单,第四联作收款人收账通知。其会计分录为

借:贷款——信用贷款——××户(本金)
　　贷:吸收存款——单位或个人活期存款——××户
借或贷:贷款——信用贷款——××户(利息调整)

(二) 贷款利息的核算

1. 贷款利息的有关规定

(1)商业银行发放的贷款,期限在一年以内(含一年)的,贷款期内按合同利率计息,遇利率调整,不分段计息。

(2)商业银行发放的贷款,期限在一年以上的,遇利率调整,从新年度开始按调整后的利率计息。贷款逾期后,按逾期贷款利率计算利息。

(3)商业银行发放的贷款,到期日为节假日的,若在节假日前一日归还,应扣除归还日至到期日的天数后,按前述规定的利率计算利息;节假日后第一个工作日归还,应加收到到期日至归还日的天数,按前述规定的利率计算利息;节假日后第一个工作日未归还,应从节假日后第一个工作日开始按逾期贷款利率计算利息。

2. 贷款利息的计算

贷款利息计算按结息期不同,分为定期结息法与逐笔结息法。

（1）定期结息法。定期结息法是指银行在每月或每季度末月20日营业终了时，根据贷款累计计息积数，按规定的利率计算利息。累计计息积数计算与活期存款利息计算基本相同，可采用余额表计息法和账页计息法。

（2）逐笔结息法。逐笔结息法，也即利随本清，是银行按借款合同约定的期限于贷款归还时收取利息的一种计息方法。利随本清计息方法对于贷款天数的计算，采用按实际天数计算，算头不算尾。其利息计算公式为

$$利息 = 贷款本金 \times 贷款期限 \times 利率$$

银行收回贷款时，应根据计算的利息，编制贷款利息通知单或特种转账借、贷方传票，从借款单位账户收取利息。

3. 贷款利息的核算

资产负债表日，应按贷款的合同本金和合同利率计算应收利息，按照摊余成本和实际利率计算利息收入和销项税额，差额计入利息调整，其会计分录为

借：应收利息——××户
　　贷：利息收入——贷款利息收入
　　　　应交税费——应交增值税（销项税额）
借或贷：贷款——信用贷款——××户（利息调整）

实际利率和合同利率差异较小的，也可以采用合同利率计算确定利息收入。

如果采用定期结息法，在结息日将计算的各贷款利息，编制一式三联贷款利息清单，第一联作转账贷方传票，第二联作转账借方传票，第三联作回单交借款人，同时汇总编制应收利息科目传票办理转账。结息日次日，系统自动扣收利息，其会计分录为

借：吸收存款——单位或个人活期存款——××户
　　贷：应收利息——××户

如果采用逐笔结息法，银行在到期收回贷款本息时再办理利息转账。

（三）贷款收回的核算

1. 到期收回的核算

（1）借款人主动还款。借款人出具支付凭证主动还款时，柜员审核无误后使用相关交易收回应偿还贷款，打印贷款还款记账凭证、贷款还款通知单，贷款还款通知单第一联作记账凭证传票，第二联交借款人。同时，系统自动将到期日应收利息的应有余额与现有余额进行比较，并将差额部分予以补提，收取本息。其会计分录为

借：吸收存款——单位或个人活期存款——××户
　　贷：贷款——信用贷款——××户　　　　　　　　　　　　（贷款本金）
　　　　应收利息——××户　　　　　　　　　　　　　　　（前期应收未收利息）
　　　　利息收入——贷款利息收入　　　　　　　　　　　　　（本期利息）
　　　　应交税费——应交增值税（销项税额）　　　　　　　　（本期销项税额）

【例4-1】 A企业于3月20日向工商银行申请信用贷款200 000元，期限3个月，合同月利率为3.6‰（含税），增值税税率为6%，经批准发放贷款，按月计提利息，采用合同利率法，到期一次收回本息。工商银行应编制会计分录如下。

（1）3月20日发放贷款时：

借:贷款——信用贷款——A企业 200 000
　　贷:吸收存款——单位活期存款——A企业 200 000

(2) 3月31日按合同利率计算应收利息时:

$$应收利息=200\,000\times12\times3.6‰\div30=288(元)$$
$$利息收入=288\div(1+6\%)=271.70(元)$$
$$应交增值税=271.70\times6\%=16.30(元)$$

借:应收利息——A企业 288
　　贷:利息收入——贷款利息收入 271.70
　　　　应交税费——应交增值税(销项税额) 16.30

4月30日和5月31日计算应收利息时:

$$应收利息=200\,000\times3.6‰=720(元)$$

借:应收利息——A企业 720
　　贷:利息收入——贷款利息收入 679.25
　　　　应交税费——应交增值税(销项税额) 40.75

(3) 6月20日到期收回本息时:

借:吸收存款——单位活期存款——A企业 202 160
　　贷:贷款——信用贷款——A企业 200 000
　　　　应收利息——A企业 1 728
　　　　利息收入——贷款利息收入 407.55
　　　　应交税费——应交增值税(销项税额) 24.45

【例4-2】 甲企业于20×1年12月31日向建设银行申请信用贷款,合同本金1 250万元,实际发放贷款1 000万元,期限5年,合同年利率为4.72%(含税),实际年利率为9.05%(含税),增值税税率为6%,按年计提利息,采用实际利率法,到期一次收回本息。建设银行采用实际利率法计算利息收入和贷款摊余成本的数据见表4-1。

表4-1　实际利率法计算利息收入和贷款摊余成本表　　　单位:万元

年　　份	期初摊余成本 (a)	实际利息收入(b) (含税)	现金流入(c)	期末摊余成本 (d=a+b-c)
20×2年12月31日	1 000	90.50	0	1 090.50
20×3年12月31日	1 090.5	98.69	0	1 189.19
20×4年12月31日	1 189.19	107.62	0	1 296.81
20×5年12月31日	1 296.81	117.36	0	1 414.17
20×6年12月31日	1 414.17	130.83*	1 545	0

*为了保持平衡,考虑了小数点尾差,最后一年的实际利息收入采用倒挤法计算,即130.83=1 545-1 414.17。

根据上述数据,建设银行应编制会计分录如下。

(1) 20×1年12月31日发放贷款时:

借：贷款——信用贷款——甲企业（本金） 12 500 000
　　贷：吸收存款——单位活期存款——甲企业 10 000 000
　　　　贷款——信用贷款——甲企业（利息调整） 2 500 000

(2) 20×2年12月31日计提利息时：
借：应收利息——甲企业 590 000
　　贷款——信用贷款——甲企业（利息调整） 315 000
　　贷：利息收入——贷款利息收入 853 773.58
　　　　应交税费——应交增值税（销项税额） 51 226.42

(3) 20×3年12月31日计提利息时：
借：应收利息——甲企业 590 000
　　贷款——信用贷款——甲企业（利息调整） 396 900
　　贷：利息收入——贷款利息收入 931 037.74
　　　　应交税费——应交增值税（销项税额） 55 862.26

(4) 20×4年12月31日计提利息时：
借：应收利息——甲企业 590 000
　　贷款——信用贷款——甲企业（利息调整） 486 200
　　贷：利息收入——贷款利息收入 1 015 283.02
　　　　应交税费——应交增值税（销项税额） 60 916.98

(5) 20×5年12月31日计提利息时：
借：应收利息——甲企业 590 000
　　贷款——信用贷款——甲企业（利息调整） 583 600
　　贷：利息收入——贷款利息收入 1 107 169.81
　　　　应交税费——应交增值税（销项税额） 66 430.19

(6) 20×6年12月31日计提利息，收回本金和利息时：
借：应收利息——甲企业 590 000
　　贷款——信用贷款——甲企业（利息调整） 718 300
　　贷：利息收入——贷款利息收入 1 234 245.28
　　　　应交税费——应交增值税（销项税额） 74 054.72
借：吸收存款——单位活期存款——甲企业 15 450 000
　　贷：贷款——信用贷款——甲企业（本金） 12 500 000
　　　　应收利息——甲企业 2 950 000

(2) 银行主动扣收。

贷款到期，借款人未能主动还款而其账户中又有足够金额时，银行可主动扣收。柜员收到信贷部门的扣款通知书，经会计主管审核签字后，使用相关交易收回贷款，打印贷款还款记账凭证和贷款还款通知单，扣款通知书、贷款还款通知单第一联作记账凭证的附件，贷款还款通知单第二联交信贷部门。同时，系统自动将到期日应收利息的应有余额与现有余额进行比较，并将差额部分予以补提。会计分录同借款人主动还款。

2. 贷款展期的核算

贷款展期期限的确定要综合考虑贷款收益、借款人还贷能力和其他还贷资金情况、抵押

(质)物价值和变现能力或保证人的代偿能力等因素。短期贷款必须在到期日 10 日之前,中长期贷款必须在到期日之前一个月,向银行提出展期申请。每笔贷款只能展期一次,除国家另有规定外,短期贷款展期期限累计不得超过原贷款期限,中期贷款展期期限累计不得超过原贷款期限的一半,长期贷款展期期限累计不得超过三年。贷款的展期期限加上原期限未达到新的利率期限档次时,贷款展期后的利率浮动水平原则上须高于原贷款利率浮动水平,最高不超过中国人民银行规定的贷款利率浮动上限。贷款的展期期限加上原期限达到新的利率期限档次时,从展期之日起,贷款利率根据新的期限档次利率确定,且利率浮动水平原则上不得低于原贷款利率浮动水平。贷款展期无需办理转账手续。

3. 逾期贷款的核算

逾期贷款是指借款人超过借款合同规定的期限(含展期后到期)未能偿还的贷款。它包括三种情况:(1)未办理展期的超过合同规定的偿还期限的贷款;(2)超过贷款展期未能偿还的贷款;(3)合同上规定有分期偿还的贷款未按分期的期限偿还的贷款。

对逾期贷款,从逾期之日起,除了按合同规定计算到期利息外,还应按罚息利率加收利息,直至清偿本息为止。其计算公式为

逾期贷款利息＝逾期贷款本金×逾期期限×合同利率×(1+加息率)

如果逾期未超过 90 天,转为逾期贷款,银行填制特种转账借贷方传票办理转账。会计分录为

借:贷款——信用贷款——逾期贷款——××户
　　贷:贷款——信用贷款——××户

【例 4-3】 假设例 4-1 中,A 企业 6 月 20 日支付贷款本金 150 000 元及相应利息,剩下的 50 000 元于 9 月 12 日归还,A 企业未办理展期手续,逾期贷款罚息日利率万分之五。银行应编制会计分录如下。

(1) 6 月 20 日归还 150 000 元贷款时:

借:吸收存款——单位活期存款——A 企业　　　　　　　　　151 620
　　贷款——信用贷款——逾期贷款——A 企业　　　　　　　 50 000
　　贷:贷款——信用贷款——A 企业　　　　　　　　　　　　200 000
　　　　应收利息——A 企业　　　　　　　　　　　　　　　　　1 296
　　　　利息收入——贷款利息收入　　　　　　　　　　　　　　305.66
　　　　应交税费——应交增值税(销项税额)　　　　　　　　　　18.34

其中:　利息收入＝(151 620＋50 000－200 000－1 296)÷(1＋6%)
　　　　　　　＝324÷(1＋6%)
　　　　　　　＝305.66(元)

同时计提剩余 50 000 元贷款 6 月 1 日至 6 月 20 日应收未收利息:

应收利息＝324÷150 000×50 000＝108(元)

借:应收利息——A 企业　　　　　　　　　　　　　　　　　　108
　　贷:利息收入——贷款利息收入　　　　　　　　　　　　　　101.89
　　　　应交税费——应交增值税(销项税额)　　　　　　　　　　6.11

(2) 9月12日归还50 000元贷款及相应的利息时：

借：吸收存款——单位活期存款——A企业　　　　　　　　52 640
　　贷：贷款——信用贷款——逾期贷款——A企业　　　　　50 000
　　　　应收利息——A企业　　　　　　　　　　　　　　　　540
　　　　利息收入——贷款利息收入　　　　　　　　　　　1 981.13
　　　　应交税费——应交增值税(销项税额)　　　　　　　　118.87

其中：　　　应收利息＝288＋720＋720－1 296＋108＝540(元)
或　　　　　　　　　＝50 000×3×3.6‰＝540(元)
　　　　利息收入＝50 000×84×5‰÷(1＋6%)
　　　　　　　　＝2 100÷(1＋6%)
　　　　　　　　＝1 981.13(元)

4. 非应计贷款的核算

非应计贷款是指贷款本金或利息逾期90天没有收回的贷款。按照现行税法规定，对于金融企业发放贷款后，自结息日起90天内发生的应收未收利息按现行规定缴纳增值税，自结息日起90天后发生的应收未收利息暂不缴纳增值税，待实际收到利息时按规定缴纳增值税。

当应计贷款转为非应计贷款时，应转入"非应计贷款"科目单独核算，并将已入账的利息收入和应收利息予以冲销。从应计贷款转为非应计贷款后，在收到该笔贷款的还款时，首先应冲减本金，本金全部收回后，再收到的还款则确认为当期利息收入。其会计分录如下。

(1) 应计贷款转为非应计贷款时：

借：贷款——信用贷款——非应计贷款——××户
　　贷：贷款——信用贷款——逾期贷款——××户

(2) 冲销已入账的利息收入：

借：利息收入——贷款利息收入
　　应交税费——应交增值税(销项税额)
　　贷：应收利息——××户

(3) 将逾期90天逾期未归还利息纳入"应收未收利息"表外科目核算：

收入：应收未收利息——××户

【例4-4】 假设例4-3中，A企业超过了90天还没有归还50 000元，银行应编制会计分录如下。

(1) 应计贷款转为非应计贷款时：

借：贷款——信用贷款——非应计贷款——A企业　　　　　50 000
　　贷：贷款——信用贷款——逾期贷款——A企业　　　　　50 000

(2) 冲销已入账的利息收入：

借：利息收入——贷款利息收入　　　　　　　　　　　　　509.43
　　应交税费——应交增值税(销项税额)　　　　　　　　　　30.57
　　贷：应收利息——A企业　　　　　　　　　　　　　　　　540

(3) 将逾期90天逾期未归还利息纳入"应收未收利息"表外科目核算：

收入：应收未收利息——A企业　　　　　　　　　　　　　　540

四、担保贷款业务的核算

担保贷款是指由借款人或第三方依法提供担保而发放的贷款。担保贷款包括保证贷款、抵押贷款、质押贷款。

（一）保证贷款的核算

保证贷款是指按《中华人民共和国担保法》规定的保证方式以第三人承诺在借款人不能偿还贷款时，按约定承担一般保证责任或者连带责任为前提而发放的贷款。保证是指保证人和债权人约定，当债务人不履行债务时，保证人按约定履行债务或者承担责任的行为。保证人与债权人应当以书面形式订立保证合同。保证担保的范围包括主债权及利息、违约金、损害赔偿金和实现债权的费用。保证合同另有约定的，按照约定。

借款人申请保证贷款时，须填写保证贷款申请书，按照《中华人民共和国担保法》和《贷款通则》有关规定签订保证合同或出具保函，加盖保证人公章及法人名章或出具授权书，注明担保事项，由银行信贷部门和有权审批人审查、审批并经法律公证后，由信贷部门密封交会计部门保管。

保证贷款的发放和收回的核算与信用贷款相同，只是当借款人无力偿还贷款本息时，银行应根据保证合同或借款合同向保证人收取贷款本息和逾期罚息。

（二）抵押贷款的核算

1. 抵押贷款的相关规定

抵押贷款是指按《中华人民共和国担保法》规定的抵押方式以借款人或第三人的财产作为抵押物而发放的贷款。

可以用于抵押的财产，一般有抵押人所有的房屋和其他地上定着物，抵押人所有的机器、交通运输工具和其他财产，抵押人依法有权处分的国有土地使用权、房屋和其他地上定着物，抵押人依法有权处分的国有机器、交通运输工具和其他财产，抵押人依法承包并经发包方同意抵押的荒山、荒沟、荒丘、荒滩等荒地的土地使用权，依法可以抵押的其他财产。土地所有权、耕地、宅基地及自留地、公益单位的社会公益设施、所有权或使用权不明或有争议的财产，以及依法被查封、扣押、监管的财产不能作为抵押物。

银行发放抵押贷款的额度一般按抵押物作价现值的50%—70%的幅度掌握。流动资金贷款期限最长不超过1年，固定资产投资贷款期限一般为1—3年，最长不超过5年。抵押贷款不能展期，贷款到期不能还款，转入逾期贷款；逾期1个月，仍不能还款，银行有权处理抵押品；处理方法有作价入账和出售两种。

2. 抵押贷款发放与收回的核算

抵押贷款的核算与信用贷款基本相同，但为了登记因抵押贷款而占管的担保物，应设置"担保物"表外科目核算，该科目设债务履行期担保物、待处分担保物、逾期未处分担保物明细科目。其账务处理如下。

（1）收妥担保物时：

收入：担保物——债务履行期担保物——××户

（2）根据法律文书取得担保物处分权时：

收入：担保物——待处分担保物——××户

付出：担保物——债务履行期担保物——××户

(3) 占管担保物逾期未处分时:
收入:担保物——逾期未处分担保物——××户
　　付出:担保物——待处分担保物——××户
(4) 贷款到期还款后,退还抵押物:
付出:担保物——债务履行期担保物——××户
这里有两种情况:一种是借款人或第三人归还全部贷款本息;另一种是重新设定担保物。

3. 抵押贷款逾期的核算

抵押贷款到期,如借款人不能按期偿还贷款,银行应于到期当日将其贷款转入逾期贷款科目。同时,向借款人填发"处理抵押品通知单",逾期一个月借款人仍无法归还贷款的,银行有权处理其抵押物,以补偿抵押贷款。银行处理抵押物的方法有拍卖、变卖和作价入账两种方法。

(1) 拍卖、变卖抵押物。拍卖、变卖抵押物的价款(扣除有关费用)超过贷款本金部分先归还利息,如有节余,超过贷款本息部分归还抵押人。如果拍卖、变卖的价款(扣除有关费用)低于贷款本息的,不足部分应向借款人收取。

【例4-5】 某银行20×2年8月12日向万达公司发放抵押贷款300 000元,期限为半年,合同年利率6%(含税),增值税税率为6%,万达公司提供一套住房作为抵押物,评估价450 000元。20×3年2月12日万达公司因财务困难,无法偿还贷款本息。一个月后,银行委托拍卖公司拍卖,拍卖价430 000元,需支付拍卖公司手续费15 000元,款项从拍卖公司存款账户中扣除。罚息率为贷款利率的150%。按月计提利息。该银行应编制会计分录如下。

(1) 20×2年8月12日发放抵押贷款时:

借:贷款——抵押贷款——万达公司　　　　　　　　　　　300 000
　　贷:吸收存款——单位活期存款——万达公司　　　　　　　　　300 000

同时,表外科目记录:

收入:担保物——债务履行期担保物——万达公司　　　　　450 000

(2) 20×2年8月末计提利息时:

$$应收利息 = 300\ 000 \times 20 \times 6\% \div 360 = 1\ 000(元)$$

借:应收利息——万达公司　　　　　　　　　　　　　　　1 000
　　贷:利息收入——贷款利息收入　　　　　　　　　　　　　　943.40
　　　　应交税费——应交增值税(销项税额)　　　　　　　　　　56.60

20×2年9月至20×3年1月每月月末计提利息时:

$$应收利息 = 300\ 000 \times 6\% \div 12 = 1\ 500(元)$$

借:应收利息 ——万达公司　　　　　　　　　　　　　　　1 500
　　贷:利息收入——贷款利息收入　　　　　　　　　　　　　1 415.09
　　　　应交税费——应交增值税(销项税额)　　　　　　　　　　84.91

(3) 20×3年2月12日到期公司无法偿还贷款本息,计提应收利息并转为逾期贷款时:

借:应收利息——万达公司　　　　　　　　　　　　　　　　500
　　贷:利息收入——贷款利息收入　　　　　　　　　　　　　471.70
　　　　应交税费——应交增值税(销项税额)　　　　　　　　　　28.30

借：贷款——逾期贷款——万达公司　　　　　　　　　　　　　300 000
　　贷：贷款——抵押贷款——万达公司　　　　　　　　　　　　　300 000
同时，表外科目记录：
收入：担保物——待处分担保物——万达公司　　　　　　　　　450 000
　　付出：担保物——债务履行期担保物——万达公司　　　　　　450 000
（4）一个月后银行将抵押物住房拍卖时：

$$逾期贷款利息(含税)=300\,000\times 6‰\times 150\%\div 12=2\,250(元)$$

借：吸收存款——单位活期存款——拍卖公司　　　　　　　　　415 000
　　贷：贷款——逾期贷款——万达公司　　　　　　　　　　　　　300 000
　　　　应收利息——万达公司　　　　　　　　　　　　　　　　　9 000
　　　　利息收入——贷款利息收入　　　　　　　　　　　　　　2 122.64
　　　　应交税费——应交增值税（销项税额）　　　　　　　　　　127.36
　　　　吸收存款——单位活期存款——万达公司　　　　　　　　103 750
同时，销记表外科目：
付出：担保物——待处分担保物——万达公司　　　　　　　　　450 000

（2）将抵押物作价入账。银行按贷款本金和应收利息数将抵押物作价入账时，应将其转为银行自有资产。其会计分录为

借：固定资产
　　贷：贷款——逾期贷款——××户
　　　　应收利息——××户
　　　　利息收入——贷款利息收入
　　　　应交税费——应交增值税（销项税额）

【例4-6】　假设例4-5中银行将抵押物住房一套作价入账，则有

借：固定资产　　　　　　　　　　　　　　　　　　　　　　　　311 250
　　贷：贷款——逾期贷款——万达公司　　　　　　　　　　　　　300 000
　　　　应收利息——万达公司　　　　　　　　　　　　　　　　　9 000
　　　　利息收入——贷款利息收入　　　　　　　　　　　　　　2 122.64
　　　　应交税费——应交增值税（销项税额）　　　　　　　　　　127.36

（三）质押贷款的核算

质押贷款是指按《中华人民共和国担保法》规定的质押方式以借款人或第三人的动产或权利为质押物而发放的贷款。质押贷款的核算可参照抵押贷款的核算。

第三节　贷款损失准备的核算

一、贷款损失准备的计提范围

为了提高商业银行抵御和防范风险的能力，按照谨慎性原则，商业银行应当在资产负债

表日对贷款的账面价值进行检查,有客观证据表明贷款发生减值的,应当确认减值损失,计提贷款损失准备。计提贷款损失准备的资产包括客户贷款、拆出资金、贴现资产、银团贷款、贸易融资、协议透支、信用卡透支、转贷款和垫款等。商业银行对不承担风险的委托贷款等,不计提贷款损失准备。

二、贷款减值损失的确认

(一)贷款减值损失的确认依据

表明贷款发生减值的客观依据是指初始确认后实际发生的、对该贷款的预计未来现金流量有影响,且银行能够对该影响进行可靠计量的事项。贷款发生减值的客观证据,包括下列几项。

(1)债务人发生严重财务困难;
(2)债务人违反了合同条款,如偿付利息或本金发生违约或逾期等;
(3)债权人出于经济或法律等方面因素的考虑,对发生财务困难的债务人作出让步;
(4)债务人很可能倒闭或进行其他财务重组;
(5)其他表明贷款发生减值的客观依据等。

(二)贷款减值损失的计量

贷款应以摊余成本进行后续计量,商业银行应当在资产负债表日对贷款进行减值测试,有客观证据表明其未来现金流量现值低于其账面价值的,其差额应确认减值损失,计提贷款损失准备。其中,未来现金流量现值应当按照该贷款的原实际利率折现确定,并考虑相关担保物的价值(取得和出售该担保物发生的费用应当予以扣除)。

在对贷款进行减值测试时,应当先将单项金额重大的贷款区分开来,单独进行减值测试。如果有客观证据表明其已发生减值,应当确认减值损失,计入当期损益。对单项金额不重大的贷款,可以单独进行减值测试,也可以包括在具有类似信用风险特征的贷款组合中进行减值测试。在实务中,银行可以根据具体情况确定单项金额重大的标准。该项标准一经确定,应当一致运用,不得随意变更。

贷款确认减值损失后,如果有客观证据表明该贷款价值已恢复,且客观上与确认该损失后发生的事项有关(如债务人的信用评级已提高等),原确认的减值损失应当予以转回,计入当期损益。但是,该转回后的账面价值不应当超过假定不计提减值准备情况下该贷款在转回日的摊余成本。

三、科目设置

1."贷款损失准备"科目

"贷款损失准备"科目核算商业银行的贷款发生减值时计提的减值准备。该科目属于资产类科目,其贷方登记按规定提取的减值准备和转回的已确认并转销的减值准备数额,借方登记发生的贷款减值损失转销的减值准备,余额在贷方,反映银行已计提但尚未转销的贷款损失准备。

2."资产减值损失"科目

"资产减值损失"科目核算商业银行计提贷款损失准备所形成的损失。该科目属于损益类(费用)科目。其借方登记银行贷款发生减值应计提的准备,贷方登记期末转入"本年利润"的数额,结转后该科目无余额。该科目应按资产减值损失项目设置明细账。

四、账务处理

在计提减值准备时,要注意同时将贷款的本金、利息调整的科目余额以及应收未收的利息转到"贷款——已减值"科目中,这是比较特殊的处理,其目的是便于银行对于减值的贷款进行专项的管理和追踪。

减值以后,按照实际利率法以摊余成本为基础确认的利息收入要冲减"贷款损失准备",对于按合同本金和合同利率计算确定的应收利息金额应进行表外登记。

在贷款的未来现金流量现值发生变化时,不调整实际利率,而是调整摊余成本。

贷款减值的具体账务处理如下。

(1) 发放贷款时:

借:贷款——××贷款——××户(本金)
　　贷:吸收存款——××存款——××户
借或贷:贷款——××贷款——××户(利息调整)

(2) 计提利息时:

借:应收利息——××户　　　　　　　　　　　(合同本金×合同利率)
　　贷:利息收入——贷款利息收入　　　　　　(期初摊余成本×实际利率)
　　　　应交税费——应交增值税(销项税额)
借或贷:贷款——××贷款——××户(利息调整)

【注】合同利率与实际利率差异较小的,也可以采用合同利率计算确定利息收入。

(3) 收到贷款利息:

借:吸收存款——××存款——××户
　　贷:应收利息——××户

(4) 资产负债表日,确认贷款减值损失:

借:资产减值损失——贷款准备支出　　(摊余成本－未来现金流量现值)
　　贷:贷款损失准备

同时,

借:贷款——××贷款——××户(已减值)
　　贷:贷款——××贷款——××户(本金)
　　　　应收利息——××户　　　　　　　　　　(若存在应收未收利息时)
借或贷:贷款——××贷款——××户(利息调整)

(5) 资产负债表日,按实际利率法以摊余成本为基础确认利息收入:

借:贷款损失准备
　　贷:利息收入——贷款利息收入　　　　　　(期初摊余成本×实际利率)
　　　　应交税费——应交增值税(销项税额)

【注】此时应将"合同本金×合同利率"计算确定的应收利息进行表外登记,不需要确认。

(6) 减值后收到本金或利息时:

借:吸收存款——××存款——××户　　(减值后收到的本金或利息)
　　贷:贷款——××贷款——××户(已减值)

(7) 后续计提减值准备时：

借：资产减值损失——贷款准备支出　　（摊余成本－未来现金流量现值）
　　贷：贷款损失准备

【注】后续计提减值准备时不需要再将本金与利息调整转入"贷款——已减值"，因为在第一期减值时已经做过处理了。

(8) 减值贷款价值恢复时：

借：贷款损失准备
　　贷：资产减值损失——贷款准备支出

(9) 确实无法收回的贷款，按管理权限报经批准后作为呆账予以转销：

借：贷款损失准备
　　贷：贷款——××贷款——××户（已减值）

同时，按管理权限报经批准后转销表外登记的应收未收利息，减少表外"应收未收利息"科目金额。

(10) 已确认并转销的贷款以后又收回的：

借：贷款——××贷款——××户（已减值）　　（原转销的已减值贷款余额）
　　贷：贷款损失准备

借：吸收存款——××存款——××户　　　　　　（实际收到的金额）
　　贷款损失准备　　　　　　　　　　　　　　　（账面余额）
　　贷：贷款——××贷款——××户（已减值）　　（原转销的已减值贷款余额）
　　借或贷：资产减值损失——贷款准备支出

【例4-7】20×1年1月1日，某银行向A企业发放一笔信用贷款8 000万元，A企业实际收到款项7 514万元，贷款合同年利率为10%（含税），期限4年，利息按年收取，A企业到期一次偿还本金，该贷款实际利率为12%（含税），增值税税率为6%。

20×2年12月31日，有客观证据表明A企业发生严重财务困难，据此认定对A企业的贷款发生了减值，并预期20×3年12月31日将收到利息300万元，20×4年12月31日将收到本金5 000万元。

20×3年12月31日，预期原来的现金流量估计不会改变，但当年实际收到的利息为200万元。

20×4年12月31日，经与A企业协商，最终收回贷款6 000万元，假定不考虑其他因素。（计算结果保留两位有效数字，以下金额以万元为单位）。

银行应编制如下会计分录。

(1) 20×1年1月1日发放贷款时：

借：贷款——信用贷款——A企业（本金）　　　　　　　　　8 000
　　贷：吸收存款——单位活期存款——A企业　　　　　　　7 514
　　　　贷款——信用贷款——A企业（利息调整）　　　　　　486

摊余成本＝7 514（万元）

(2) 20×1年12月31日确认并收到贷款利息：

借：应收利息——A 企业　　　　　　　　　　　　　　　　　800(8 000×10％)
　　贷款——信用贷款——A 企业(利息调整)　　　　　　　101.68
　贷：利息收入——贷款利息收入　　　　　　　850.64[7 514×12％÷(1＋6％)]
　　应交税费——应交增值税(销项税额)　　　　　　　51.04(850.64×6％)
借：吸收存款——单位活期存款——A 企业　　　　　　　　　800
　贷：应收利息——A 企业　　　　　　　　　　　　　　　　　800
　　　　摊余成本＝7 514＋901.68－800＝7 615.68(万元)

(3) 20×2 年 12 月 31 日,确认贷款利息：
借：应收利息——A 企业　　　　　　　　　　　　　　　　　800(8 000×10％)
　　贷款——信用贷款——A 企业(利息调整)　　　　　　　113.88
　贷：利息收入——贷款利息收入　　　　862.15[7 615.68×12％÷(1＋6％)]
　　应交税费——应交增值税(销项税额)　　　　　　　51.73(862.15×6％)

计提贷款损失准备前,贷款的摊余成本＝7 615.68＋913.88＝8 529.56(万元),20×2 年 12 月 31 日,预计从 A 企业贷款将收到的现金流量现值计算如下。

$$300/(1+12\%)+5\ 000/(1+12\%)^2=4\ 253.83(万元)$$
　　　　应确认贷款减值损失＝8 529.56－4 253.83＝4 275.73(万元)

借：资产减值损失——贷款准备支出　　　　　　　　　　　4 275.73
　贷：贷款损失准备　　　　　　　　　　　　　　　　　　　4 275.73
借：贷款——信用贷款——A 企业(已减值)　　　　　　　　　8 529.56
　贷款——信用贷款——A 企业(利息调整)　270.44(486－101.68－113.88)
　贷：贷款——信用贷款——A 企业(本金)　　　　　　　　　8 000
　　应收利息——A 企业　　　　　　　　　　　　　　　　　800

确认减值损失后,贷款的摊余成本＝8 529.56－4 275.73＝4 253.83(万元)

(4) 20×3 年 12 月 31 日,确认利息收入并收到利息：
借：贷款损失准备　　　　　　　　　　　　　　　　　　　510.46
　贷：利息收入——贷款利息收入　　　　481.57[4 253.83×12％÷(1＋6％)]
　　应交税费——应交增值税(销项税额)　　　　　　　28.89(481.57×6％)
借：吸收存款——单位活期存款——A 企业　　　　　　　　　200
　贷：贷款——信用贷款——A 企业(已减值)　　　　　　　　200
收入：应收未收利息——A 企业　　　　　　　　　　　　　　800

计提贷款损失准备前,贷款的摊余成本＝4 253.83＋510.46－200＝4 564.29(万元),20×3 年 12 月 31 日,预期原来的现金流量估计不会改变,因此,从 A 企业收到的现金流量现值计算：5 000/(1＋12％)＝4 464.29(万元)

　　　　应计提的贷款损失准备＝4 564.29－4 464.29＝100(万元)

借：资产减值损失——贷款准备支出　　　　　　　　　　　100
　贷：贷款损失准备　　　　　　　　　　　　　　　　　　　100
确认减值损失后,贷款的摊余成本＝4 564.29－100＝4 464.29(万元)

(5) 20×4 年 12 月 31 日,结算贷款:

借:贷款损失准备　　　　　　　　　　　　　535.71(4 464.29×12%)
　　贷:利息收入——贷款利息收入　　　　　　　　　　　505.39
　　　　应交税费——应交增值税(销项税额)　　　　　　　 30.32
借:吸收存款——单位活期存款——A 企业　　6 000
　　贷款损失准备　　　3 329.56(4 275.73－510.46＋100－535.71)
　　贷:贷款——信用贷款——A 企业(已减值)　8 329.56(8 529.56－200)
　　　　资产减值损失——贷款准备支出　　　　　　　　　1 000
付出:应收未收利息——A 企业　　　　　　　　　　　　　 800

第四节　票据贴现的核算

一、票据贴现的概念及计算

票据贴现是商业汇票的持票人在票据到期前,为取得资金,向银行贴付利息而将票据转让给银行,以此融通资金的行为。票据贴现实质上是将银行信用与商业信用相结合的一种融资手段。目前,我国办理贴现的票据只有商业汇票,商业汇票包括商业承兑汇票和银行承兑汇票,分为不带息和带息两种。其计算公式为

　　实付贴现金额＝汇票到期值－贴现利息
　　汇票到期值＝汇票票面金额＋汇票票面金额×期限×利率
　　贴现利息＝汇票到期值×贴现期×贴现率

贴现期是从贴现之日起算至汇票到期的前一日止,算头不算尾。承兑人在异地的,可另加 3 天的划款日期。贴现期不超过 6 个月。按照财政部和税务总局 2017 年 7 月 11 日颁布的财税〔2017〕58 号规定,自 2018 年 1 月 1 日起,金融机构开展贴现业务,以其实际持有票据期间取得的利息收入作为贷款服务销售额计算缴纳增值税。

二、科目设置

商业银行应设置"贴现资产"科目,核算商业银行办理商业票据的贴现、转贴现等业务所融出的资金。银行买入的即期外币票据也在本科目核算。该科目属于资产类科目,其借方登记办理贴现时的票面金额,贷方的登记贴现票据到期的票面金额,余额在借方,反映商业银行办理的贴现、转贴现等业务融出的资金。该科目应按贴现类别和贴现申请人,分别"面值""利息调整"进行明细核算。

三、银行受理汇票贴现的核算

柜员收到业务部门传递的票据授权书、贴现票据信息清单及商业汇票等,审核无误后,使用相关交易进行贴现放款,打印贴现凭证,贴现凭证第一联作记账凭证,第二联交申请人作收账通知,第三联和商业汇票专夹保管。其会计分录为

借：贴现资产——××承兑汇票贴现——××户（面值）
　　贷：吸收存款——单位或个人活期存款——××户
　　　　贴现资产——××承兑汇票贴现——××户（利息调整）

四、资产负债表日的核算

资产负债表日，对利息调整进行摊销，确认贴现利息收入时，其会计分录为
借：贴现资产——××承兑汇票贴现——××户（利息调整）
　　贷：利息收入——票据贴现利息收入
　　　　应交税费——应交增值税（销项税额）

五、到期收回的核算

（一）商业承兑汇票贴现到期收回的核算

1. 付款人有款支付的核算

贴现银行作为收款人，应在汇票到期前匡算至付款行的邮程，提前填制托收凭证，将托收凭证第三、第四、第五联连同汇票一并寄往付款人开户行，第二联专夹保管。付款人开户行收到托收凭证和汇票后，应于汇票到期日将票款从付款人账户划出。贴现银行收到划回的票款，使用相关交易结清贴现款项，打印记账凭证，贴现凭证第三联和托收凭证第一、第二联作记账凭证附件。

贴现银行收到委托收款划回的款项时，其会计分录如下。
借：待清算辖内往来或清算资金往来等
　　贷：贴现资产——商业承兑汇票贴现——××户（面值）
同时对最后一期利息调整进行摊销，其会计分录为
借：贴现资产——商业承兑汇票贴现——××户（利息调整）
　　贷：利息收入——票据贴现利息收入
　　　　应交税费——应交增值税（销项税额）

2. 付款人无款支付的核算

若付款人账户无款支付或不足支付，付款人开户行应填制付款人未付款项通知书，连同汇票、托收凭证等退回贴现银行；若付款人拒绝付款，付款人开户行应将拒付理由书、汇票及托收凭证等退回贴现银行。

贴现银行收到付款人开户行寄来的付款人未付款项通知书或拒付理由书，以及退回的托收凭证、汇票时，对已贴现的票款应从贴现申请人账户中收取。
借：吸收存款——单位或个人活期存款——××户
　　贷：贴现资产——商业承兑汇票贴现——××户（面值）
同时对最后一期利息调整进行摊销，会计分录略。
如果贴现申请人存款账户余额不足，不足部分应转入逾期贷款科目核算，其会计分录为
借：吸收存款——单位或个人活期存款——××户
　　　贷款——逾期贷款——××户
　　贷：贴现资产——商业承兑汇票贴现——××户（面值）
同时对最后一期利息调整进行摊销，会计分录略。

对贴现申请人未在本行开立账户的,对已贴现的汇票金额的收取,应按规定向贴现申请人或其他前手进行追索。

【例4-8】 20×3年8月15日开户单位甲企业持商业承兑汇票向某银行申请贴现,汇票面值为200 000元,到期日为11月23日,经信贷部门审查后予以办理,月贴现率为6‰(含税),增值税税率为6%。票据到期,银行向付款人收款,未划回,向贴现申请人甲企业追索票款,该单位账户只有120 000元。该银行应作如下会计处理。

贴现期＝17＋30＋31＋22＝100(天)
贴现息＝200 000×100×6‰÷30＝4 000(元)
实付贴现金额＝200 000－4 000＝196 000(元)

(1) 20×3年8月15日银行发放贴现款时:

借:贴现资产——商业承兑汇票贴现——甲企业(面值) 200 000
　　贷:吸收存款——单位活期存款——甲企业 196 000
　　　　贴现资产——商业承兑汇票贴现——甲企业(利息调整) 4 000

(2) 20×3年8月31日,摊销利息调整,确认贴现利息收入时:

当月摊销金额＝4 000÷100×17＝680(元)

借:贴现资产——商业承兑汇票贴现——甲企业(利息调整) 680
　　贷:利息收入——票据贴现利息收入 641.51
　　　　应交税费——应交增值税(销项税额) 38.49

(3) 20×3年9月30日摊销利息调整,确认贴现利息收入时:

当月摊销金额＝4 000÷100×30＝1 200(元)

借:贴现资产——商业承兑汇票贴现——甲企业(利息调整) 1 200
　　贷:利息收入——票据贴现利息收入 1 132.08
　　　　应交税费——应交增值税(销项税额) 67.92

(4) 20×3年10月31日摊销利息调整,确认贴现利息收入时:

当月摊销金额＝4 000÷100×31＝1 240(元)

借:贴现资产——商业承兑汇票贴现——甲企业(利息调整) 1 240
　　贷:利息收入——票据贴现利息收入 1 169.81
　　　　应交税费——应交增值税(销项税额) 70.19

(5) 20×3年11月23日向甲企业追索票款时:

借:吸收存款——单位活期存款——甲企业 120 000
　　贷款——逾期贷款——甲企业 80 000
　　贷:贴现资产——商业承兑汇票贴现——甲企业(面值) 200 000

同时,摊销利息调整:

当月摊销金额＝4 000÷100×22＝880(元)
或　　　　　＝4 000－680－1 200－1 240＝880(元)

借：贴现资产——商业承兑汇票贴现——甲企业（利息调整）	880	
贷：利息收入——票据贴现利息收入		830.19
应交税费——应交增值税（销项税额）		49.81

以上两笔会计分录也可合并成一笔会计分录：

借：吸收存款——单位活期存款——甲企业	120 000	
贷款——逾期贷款——甲企业	80 000	
贴现资产——商业承兑汇票贴现——甲企业（利息调整）	880	
贷：贴现资产——商业承兑汇票贴现——甲企业（面值）		200 000
利息收入——票据贴现利息收入		830.19
应交税费——应交增值税（销项税额）		49.81

（二）银行承兑汇票贴现到期收回的核算

贴现银行在汇票到期前匡算至承兑行的邮程，提前填制托收凭证，将托收凭证第三、第四、第五联连同汇票一并寄往承兑行，第二联专夹保管。

汇票到期日承兑行应向承兑申请人收取票款并专户储存。承兑行收到贴现银行寄来的托收凭证和汇票后，应于汇票到期日或到期日后的见票当日将票款划出。贴现银行收到划回的票款，使用相关交易结清贴现款项，打印记账凭证，贴现凭证第三联和托收凭证第一、第二联作记账凭证传票。其会计分录如下。

借：待清算辖内往来或清算资金往来等
　　贴现资产——银行承兑汇票贴现——××户（利息调整）
　贷：贴现资产——银行承兑汇票贴现——××户（面值）
　　　利息收入——票据贴现利息收入
　　　应交税费——应交增值税（销项税额）

【例4-9】 A企业持有一张于20×3年11月17日签发面值为500 000元，90天到期的带息银行承兑汇票，利率为8%（含税）。企业由于急需资金，于12月8日向某工商银行申请贴现，贴现率为10%（含税），增值税税率为6%，承兑银行在异地。票据到期，银行收到承兑行划回的全部票款。工商银行应作如下会计处理：

票据持有日＝21天

贴现期＝90－21＋3＝72（天）

到期值＝500 000＋500 000×90×8%÷360＝510 000（元）

贴现息＝510 000×72×10%÷360＝10 200（元）

贴现金额＝510 000－10 200＝499 800（元）

(1) 20×3年12月8日发放贴现款时：

借：贴现资产——银行承兑汇票贴现——A企业（面值）	500 000	
贷：吸收存款——单位活期存款——A企业		499 800
贴现资产——银行承兑汇票贴现——A企业（利息调整）		200

(2) 20×3年12月31日摊销利息调整，确认贴现利息收入时：

当月摊销金额＝200÷72×24＝66.67（元）

借：贴现资产——银行承兑汇票贴现——A企业（利息调整）　　　　66.67
　　贷：利息收入——票据贴现利息收入　　　　　　　　　　　　62.90
　　　　应交税费——应交增值税（销项税额）　　　　　　　　　　3.77

(3) 20×4年1月31日摊销利息调整，确认贴现利息收入时：

$$当月摊销金额 = 200 \div 72 \times 31 = 86.11(元)$$

借：贴现资产——银行承兑汇票贴现——A企业（利息调整）　　　　86.11
　　贷：利息收入——票据贴现利息收入　　　　　　　　　　　　81.24
　　　　应交税费——应交增值税（销项税额）　　　　　　　　　　4.87

(4) 20×4年2月18日票据到期，银行收回全部票款时：

$$当月摊销金额 = 200 \div 72 \times 17 = 47.22(元)$$

或　　　　　　　　　　　　$= 200 - 66.67 - 86.11 = 47.22(元)$

借：待清算辖内往来　　　　　　　　　　　　　　　　　　510 000
　　贴现资产——银行承兑汇票贴现——A企业（利息调整）　　47.22
　　贷：贴现资产——银行承兑汇票贴现——A企业（面值）　　500 000
　　　　利息收入——票据贴现利息收入　　　　　　　　　　9 478.51
　　　　应交税费——应交增值税（销项税额）　　　　　　　　568.71

其中：利息收入 $= (510\,000 + 47.22 - 500\,000) \div (1 + 6\%)$
　　　　　　　$= 10\,047.22 \div (1 + 6\%)$
　　　　　　　$= 9\,478.51(元)$

关键词

贷款　信用贷款　担保贷款　应计贷款　非应计贷款　贷款损失准备　票据贴现

复习思考题

1. 简述贷款的种类。
2. 贷款业务如何进行核算？
3. 贷款利息如何计算？
4. 简述贷款损失准备计提的相关规定及核算方法。
5. 简述票据贴现的计算及核算方法。

练习题

习题一

一、目的：练习信用贷款的核算。

二、资料：甲企业购买原材料一批，于20×3年1月18日向建设银行申请信用贷款

24万元,期限3个月,月利率为4.2‰(含税),增值税税率为6%,经批准发放贷款,采用合同利率法,按月计提利息。

(1) 假设甲企业到期一次支付本息。

(2) 假设甲企业4月18日支付贷款本金10万元及相应利息,剩下的14万元于7月8日归还,假设逾期贷款罚息日利率万分之五。

(3) 假设甲企业超过了90天还没有归还14万元。

三、要求:根据上述资料编制会计分录。

习题二

一、目的:练习信用贷款的核算。

二、资料:甲企业于20×1年12月31日向中国银行申请信用贷款,合同本金80 000元,实际发放贷款84 000元,期限5年,合同年利率为12%(含税),实际年利率为10.66%(含税),增值税税率为6%,采用实际利率法,按年计提利息,每年年末付息一次,到期收回本金和最后一期利息。

三、要求:根据上述资料编制会计分录。

习题三

一、目的:练习抵押贷款的核算。

二、资料:某银行20×3年6月21日向甲企业发放抵押贷款240 000元,期限为3个月,合同年利率5%(含税),增值税税率为6%,甲企业提供设备一台作为抵押物,评估价300 000元,按月计提利息。罚息率为贷款利率的150%。

(1) 假设20×3年9月21日甲企业归还全部贷款。

(2) 假设20×3年9月21日,甲企业因财务困难,无法偿还贷款本息。一个月后,银行委托拍卖公司拍卖,拍卖价320 000元,需支付拍卖公司手续费10 000元,款项从拍卖公司存款账户中扣除。

(3) 假设20×3年9月21日,甲企业无法偿还贷款本息,一个月后,银行将设备出售,获得现金230 000元。

(4) 假设20×3年9月21日,甲企业无法偿还贷款本息,一个月后,银行将设备转为自有资产。

三、要求:根据上述资料编制会计分录。

习题四

一、目的:练习贷款损失准备的核算。

二、资料:20×3年1月1日,某银行向A企业发放一笔5年期贷款5 000万元,A企业实际收到款项4 900万元,贷款合同年利率为10%(含税),利息按年收取,A企业到期一次偿还本金,该贷款实际利率为10.53%(含税),增值税税率为6%。

20×5年12月31日,有客观证据表明A企业发生严重财务困难,据此认定对A企业的贷款发生了减值,并预期20×6年12月31日将收到利息500万元,20×7年12月31日将收到本金2 500万元。

20×6年12月31日,预期原来的现金流量估计不会改变,但当年实际收到的利息为400万元。

20×7年12月31日,经与A企业协商,最终收回贷款4 000万元,假定不考虑其他因素

(计算结果保留两位有效数字,金额以万元为单位)。

三、要求:根据上述资料编制会计分录。

习题五

一、目的:练习票据贴现的核算。

二、资料:某银行发生以下业务。

1. 20×3年3月6日,开户单位甲企业持商业承兑汇票向银行申请贴现,汇票面值为360 000元,到期日为6月15日,经信贷部门审查后予以办理,贴现率为8%(含税),增值税税率为6%,6月15日,银行向付款人收款,未划回,向甲企业追索票款,该单位账户只有300 000元。

2. 乙企业20×3年5月13日持4月28日签发、60天到期、票面利率为10%、票据面值为600 000元的带息银行承兑汇票向银行申请贴现,月贴现率为6‰(含税),增值税税率为6%,承兑银行在异地。票据到期,银行收到承兑行划回的全部票款。

三、要求:根据上述资料编制会计分录。

第五章 往来业务的核算

第一节 商业银行与人民银行往来的核算

一、商业银行与人民银行往来的内容

商业银行作为金融企业,根据国家的金融方针、政策,对社会办理各项存贷款业务。中国人民银行(以下简称人民银行)作为中央银行,要运用货币政策工具实现对货币供应量和信贷规模的控制,它为实现金融调控和监管的目标所运用的一系列货币政策工具,在发挥作用中必然引起商业银行与人民银行之间的资金往来。与此同时,人民银行也有责任为商业银行之间资金存欠提供资金清算服务,这也会引起商业银行与人民银行之间的资金往来。商业银行与人民银行往来的内容主要包括向人民银行存取现金、向人民银行缴存财政性存款、向人民银行缴存法定准备金、向人民银行办理借款与再贴现、商业银行间资金清算、商业银行系统内资金头寸的调拨、借入及借出、跨系统汇划款项和系统内大额汇划款项、同城票据交换等。

二、科目设置

根据人民银行规定,商业银行必须在人民银行开立存款账户,其各级行处的经营资金要全部存入当地人民银行,并以"先存后用,不得透支"的原则进行管理和运用。因此,商业银行应设置"存放中央银行款项"科目,核算存放于人民银行的各种款项,包括业务资金的调拨、办理同城票据交换和异地跨系统资金汇划、提取或缴存现金等。该科目属于资产类科目,其借方登记增加在人民银行的存款,贷方登记减少在人民银行的存款,余额在借方,表示存放在人民银行的各种款项。本科目可按存放款项的性质设置下列明细账。

(1) 财政性存款。商业银行吸收的财政性存款,全额上缴存放在人民银行。

(2) 准备金存款。法定存款准备金和超额准备金(或备付金)。法定存款准备金是商业银行根据吸收存款的增减变化,按照法定比例,缴存人民银行的存款准备金。超额准备金是保证日常资金支付的准备金。由于商业银行的法定存款准备金由其总行(法人)统一向人民银行缴存,因此,商业银行总行在人民银行开立的准备金存款户,是法定存款准备金和超额准备金合一的账户,除用以考核法定存款准备金外,还用于向人民银行存取现金、资金调拨、资金清算和其他日常支付。该账户余额应大于、最低应等于规定的法定存款准备金。商业银行分支机构在人民银行开立的准备金存款户,为超额准备金存款账户,不用于考核法定存款准备金,仅用于向人民银行存取现金、资金调拨、资金清算和其他日常支付,不允许透支。如果账户资金不足,可以通过向上级行调入资金或向同业拆借等方式及时补充。

三、商业银行向人民银行存取现金的核算

商业银行只设立现金业务库,业务库存现金核定有库存限额,库存现金不足限额时,向人民银行提取,人民银行从发行库出库,作为货币发行。发行货币引起人民银行发行库里的发行基金减少、流通中货币增加、商业银行库存现金增加和准备金存款减少。商业银行业务库存现金超过限额时应交存人民银行,人民银行交入发行库,作为货币回笼。回笼货币引起人民银行发行库的发行基金增加、流通中货币减少、商业银行业务库存现金减少和准备金存款增加。

(一)商业银行向人民银行存入现金的核算

商业银行填制现金缴款单一式两联,连同现金并交人民银行发行库。发行库将款项收妥后,将缴款单的回单联退缴款的商业银行,同时填制发行基金入库凭证,办理入库手续。商业银行根据退回的现金缴款单作为记账凭证传票。

【例5-1】 20×3年8月20日工商银行某支行填制现金缴款单,向人民银行缴存现金150 000元。其会计分录如下。

　　借:存放中央银行款项——准备金存款　　　　　　　　　　150 000
　　　　贷:库存现金　　　　　　　　　　　　　　　　　　　　　　150 000

(二)商业银行向人民银行支取现金的核算

商业银行向人民银行填送现金支票,待取回现金后,原现金支票存根作为记账凭证传票。

【例5-2】 20×3年7月15日中国银行某支行填制现金支票向人民银行支取现金100 000元。其会计分录如下。

　　借:库存现金　　　　　　　　　　　　　　　　　　　　　　100 000
　　　　贷:存放中央银行款项——准备金存款　　　　　　　　　　100 000

四、商业银行向人民银行缴存财政性存款的核算

(一)缴存财政性存款的相关规定

1. 缴存范围

财政性存款主要是财政金库款项和政府财政拨给机关单位的经费以及其他特种公款等。主要有商业银行代办的中央预算收入、地方金库存款和代理发行债券款项等。

2. 缴存比例

财政性存款是商业银行代人民银行吸收的存款,属于人民银行的信贷资金来源,应全额缴存,即缴存比例为100%。

3. 缴存时间

严格来讲,商业银行向人民银行缴存财政性存款,第一次才称为缴存,以后再缴,均称为调整缴存款。调整时,城市分支行(包括所属部处)每旬调整一次,于旬后5日内办理;县支

行(包括所属处所)于月后 8 日内办理。如遇调整日最后一天为例假日,可顺延。

4. 缴存计算方法

首次缴存后定期调整缴存存款差额,缴存调整金额以千元为单位,千元以下四舍五入。为了减少调整次数,余额增减达到 10 万元以上再进行调整,不足 10 万元并入下次调整。

(二) 账务处理

1. 首次缴存的核算

商业银行首次向人民银行缴存时,应填制"缴存存款各科目余额表"一式两份,然后按规定比例计算应缴存金额,填制"缴存(调整)财政性存款划拨凭证"一式四联,以第一、第二联分别作借方、贷方传票进行账务处理,其会计分录为

借:存放中央银行款项——财政性存款
　　贷:存放中央银行款项——准备金存款

同时,登记清算凭证表外科目登记簿:

收入:待清算凭证——中央银行户

【例 5-3】 某商业银行分支机构于 20×3 年 9 月刚成立,至 9 月末该银行财政性存款余额为 800 000 元,9 月末该银行第一次办理缴存手续。该银行应编制会计分录如下。

缴存金额＝800 000×100％＝800 000(元)

借:存放中央银行款项——财政性存款　　　　　　　　　　　　　800 000
　　贷:存放中央银行款项——准备金存款　　　　　　　　　　　　800 000

转账后,将第三、第四联划拨凭证和一份余额表一并送交人民银行,另一份余额表留存备查。

2. 调整缴存款的核算

商业银行于每旬(月)对已缴存的财政性存款进行调整时,也应填制"缴存存款各科目余额表"一式两份,然后与上次已办缴存的同类各科目旬末(月末)余额总数进行比较,其计算公式为:

本次应调整数＝本次应缴存数－已缴存数

正数为应调增数,作和首次缴存相同的会计分录;负数为应调减数,会计分录相反。

【例 5-4】 承前例 5-3,该商业银行每月调整缴存存款金额。至 20×3 年 10 月末,其财政性存款余额为 650 000 元。该银行应编制会计分录如下。

本次应调整数＝650 000×100％－800 000＝－150 000(元)

借:存放中央银行款项——准备金存款　　　　　　　　　　　　　150 000
　　贷:存放中央银行款项——财政性存款　　　　　　　　　　　　150 000

3. 欠缴存款的核算

当商业银行调整应缴存款时,如果遇到在人民银行存款不足的情况,对本次能实缴的部分,按上述缴款的手续办理,但应将"缴存(调整)财政性存款划拨凭证"中的"本次应补缴金额"栏改为"本次能实缴金额栏",并在备注栏中说明本次应缴金额和欠缴金额。本次实缴金

额应先缴存财政性存款。将实缴和欠缴的金额分开填列凭证。实缴部分的会计处理与正常缴存相同。

此外，根据欠缴金额填制"欠缴凭证"一式四联，同时填制"待清算凭证"表外科目收入传票，凭以记载表外科目登记簿。其会计分录如下。

收入：待清算凭证——人民银行

补缴时，人民银行按日计收罚息，连同欠缴存款一并扣收。

借：存放中银行款项——财政性存款
　　营业外支出——罚款支出
　贷：存放中央银行款项——准备金存款

同时销记表外科目登记簿。

付出：待清算凭证——人民银行

五、商业银行向人民银行缴存法定存款准备金的核算

法定存款准备金制度是人民银行重要的金融调控手段。它规定商业银行吸收的存款必须按一定比例存入人民银行，一般情况下不能动用。其主要作用在于限制派生存款，调节和控制信用规模，扩大商业银行的提存准备，增强资金后备力量。

（一）缴存比例与范围

法定存款准备金的缴存比例由人民银行根据调整和控制信用规模和货币供应量的需要确定，并根据经济与金融发展状况及需要进行调整。

各商业银行应缴存法定准备金的一般性存款包括吸收的机关团体存款，财政预算外存款，单位存款，个人储蓄存款，保证金存款及其他各项存款、委托、代理业务的负债项目减去资产项目后的贷方余额（如委托存贷款轧差后的贷方余额、代理发行与兑付债券轧差后的贷方余额、代理国债业务轧差后的贷方余额、国家与地方委托贷款基金与贷款轧差的贷方余额等）。凡轧减后为借方余额的，视同该缴存款项目为零，不允许以借方余额抵减其他缴存款项目。

（二）法定存款准备金的考核

商业银行法人法定存款准备金按旬调整，于旬后5日内办理。人民银行对商业银行法定存款准备金按旬按法人统一考核，商业银行当旬第五日至下旬第四日每日营业终了时，各行按统一法人存入的准备金存款余额与上旬末该行全行一般存款余额之比，不得低于法定准备金率。城市商业银行和城乡信用社按月考核，当月8日至下月7日每日营业终了时，各行统一法人存入的准备金存款余额，与上月末该机构全系统一般存款余额之比，不低于法定准备金率。人民银行对其不足部分按每日万分之六的利率处以罚息。

各商业银行在每日营业终了，自下而上编制一般存款余额表，商业银行法人每日应将汇总的全系统一般存款余额表和日计表，报送人民银行。未及时向人民银行报送有关报表的，人民银行按有关规定予以处罚。

商业银行分支机构在人民银行的存款，人民银行不考核存款准备金率，只控制其存款账户的透支行为。商业银行分支机构在人民银行准备金存款账户出现透支，人民银行按有关规定予以处罚。

（三）账务处理

商业银行的法定存款准备金由总行统一向人民银行缴存。由于商业银行总行的法定存

款准备金和超额准备金同存放于人民银行的准备金存款账户,因此商业银行总行旬末只要确保准备金存款账户余额高于旬末法定存款准备金余额即可,而不必进行账务处理。

六、向中央银行借款的核算

人民银行作为中央银行,是银行的银行,充当社会信用的最终贷款者,因此,商业银行业务经营中的合理资金需要,可以按照规定向中央银行申请借款。人民银行可以通过向商业银行发放贷款直接影响商业银行信贷资金的增加与减少。

(一) 科目设置

商业银行向人民银行办理借款应设置"向中央银行借款"科目,该科目属于负债类科目,其贷方登记向中央银行借入的款项,借方登记归还的借款,余额在贷方,反映商业银行尚未归还的向中央银行借款的余额。该科目按照借款期限的不同主要设置以下三个明细账户。

(1) 年度性借款。各商业银行因经济合理增长引起年度信贷资金不足而向人民银行的借款,通过此账户核算。此种借款期限一般为 1 年,最长不超过 2 年。

(2) 季节性借款。各商业银行因信贷资金先支后收或存款季节性下降、贷款季节性上升等原因引起的资金暂时不足而向人民银行的借款,通过此账户核算。此种借款期限一般为 2 个月,最长不超过 4 个月。

(3) 日拆性借款。各商业银行由于汇划款项未达等原因发生临时性资金短缺而向人民银行的借款,通过此账户核算。此种借款的期限一般为 10 天,最长不超过 20 天。

(二) 账务处理

1. 取得借款的核算

商业银行各级行处在经营过程中,遇资金不足,可根据计划和需要向开户人民银行申请借款。人民银行对商业银行的贷款实行期限管理。商业银行向人民银行申请借款时,应向人民银行提交"人民银行借款申请书",经人民银行审查同意后,填写一式五联的借款凭证,并在第一联上加盖预留人民银行存款户的印鉴,送交人民银行办理借款手续。待收到人民银行退交的第三联借款凭证(收账通知联)后,凭以编制转账借、贷方传票,办理转账。其会计分录为

借:存放中央银行款项——准备金存款
  贷:向中央银行借款——××借款

2. 资产负债表日的核算

资产负债表日,商业银行计算确定向中央银行借款的利息费用。会计分录为

借:利息支出——向中央银行借款利息支出
  贷:应付利息——××行

3. 归还借款的核算

商业银行向人民银行归还借款时,应填写一式四联的还款凭证,并在第二联上加盖预留人民银行存款账户的印鉴,提交开户的人民银行办理还款手续。待收到人民银行退回的还款凭证第四联(支款通知)和借据后,以还款凭证代转账传票,借据作为附件,办理转账。其会计分录为

借：向中央银行借款——××借款
　　应付利息——××行
　　利息支出——向中央银行借款利息支出
　贷：存放中央银行款项——准备金存款

【例5-5】 某商业银行3月18日向人民银行申请季节性借款500 000元，期限2个月，按月计提利息，月利率6‰，到期一次还本付息。该银行应编制会计分录如下。

(1) 向人民银行借款时：

借：存放中央银行款项——准备金存款　　　　　　　　　　500 000
　贷：向中央银行借款——季节性借款　　　　　　　　　　　　　　500 000

(2) 3月末计提利息时：

$$应付利息=500\,000\times14\times6‰\div30=1\,400(元)$$

借：利息支出——向中央银行借款利息支出　　　　　　　　1 400
　贷：应付利息——中央银行　　　　　　　　　　　　　　　　　　1 400

(3) 4月末计提利息时：

$$应付利息=500\,000\times6‰=3\,000(元)$$

借：利息支出——向中央银行借款利息支出　　　　　　　　3 000
　贷：应付利息——中央银行　　　　　　　　　　　　　　　　　　3 000

(4) 归还借款时：

借：向中央银行借款——季节性借款　　　　　　　　　　　500 000
　　应付利息——中央银行　　　　　　　　　　　　　　　　4 400
　　利息支出——向中央银行借款利息支出　　　　　　　　　1 600
　贷：存放中央银行款项——准备金存款　　　　　　　　　　　　　506 000

如果商业银行在借款到期无款偿还，人民银行应于到期日将该笔贷款转为逾期贷款账户，并按规定计收逾期贷款利息，待商业银行存款账户有款支付时再一并扣收。

七、再贴现的核算

(一) 再贴现的概念和种类

再贴现是商业银行将未到期已贴现的商业汇票提交给人民银行，人民银行按汇票金额扣除从再贴现之日起到汇票到期日止的利息后，向商业银行融通资金的一种信用活动。再贴现是商业银行对票据债权的再转让，是人民银行对商业银行贷款的形式之一。再贴现是解决商业银行因办理票据贴现引起资金不足的一条途径，是人民银行调节货币供应与加强宏观控制的有力措施。再贴现期限最长不超过6个月。

再贴现包括以下两种类型。

1. 买断式再贴现

买断式再贴现是商业银行将未到期的已贴现商业汇票背书转让给人民银行融通资金的行为。再贴现利息按日计算，利率为人民银行发布的再贴现利率，再贴现天数从再贴现之日起至汇票到期的前一日止。汇票到期,人民银行作为票据的债权人向付款人收取票款。

2. 回购式再贴现

回购式再贴现是商业银行将未到期的已贴现商业汇票质押给人民银行,并约定回购日及回购方式的融资行为。再贴现利息按日计算,利率为人民银行发布的再贴现利率,再贴现天数从再贴现之日起至汇票回购的前一日止。办理回购式再贴现,票据不作背书,不转移票据权利,商业银行于回购日将票据购回,并作为债权人向付款人收取票款。

（二）科目设置

商业银行应设置"贴现负债"科目,核算商业银行办理商业汇票的再贴现或转贴现业务所融入的资金。该科目属于负债类科目,其贷方登记办理再贴现或转贴现业务时商业汇票的票面金额,借方登记贴现票据到期的票面金额,余额在贷方,反映商业银行办理再贴现或转贴现业务融入的资金余额。该科目按贴现类别和贴现金融机构,分别"面值"和"利息调整"设置明细账。

（三）买断式再贴现的核算

1. 办理买断式再贴现的处理

商业银行向人民银行申请买断式再贴现时,应填制一式五联再贴现凭证,与商业承兑汇票或银行承兑汇票一并提交人民银行。人民银行审核后按规定的再贴现率计算出再贴现利息和再贴现额。

$$再贴现利息 = 再贴现汇票到期值 \times 再贴现期 \times 再贴现率$$

$$再贴现金额 = 再贴现汇票到期值 - 再贴现利息$$

商业银行收到人民银行的再贴现款项及退回的第四联再贴现凭证后,使用相关交易记账,打印记账凭证,第四联再贴现凭证作记账凭证附件,并根据再贴现的商业汇票是否带有追索权分别采用不同的方法进行账务处理。

（1）不带追索权的商业汇票再贴现的处理。将不带追索权的商业汇票再贴现,商业银行在转让票据所有权的同时,也将票据到期不能收回票款的风险一并转给了人民银行,商业银行对票据到期无法收回的票款不承担连带责任,即符合金融资产终止确认的条件。在我国,商业银行将银行承兑汇票再贴现,基本上不存在到期不能收回票款的风险,商业银行应将银行承兑汇票再贴现视为不带追索权的票据再贴现业务,按金融资产终止确认的原则进行处理。会计分录为

借：存放中央银行款项——准备金存款　　　　　　　　（实际收到的金额）
　　贴现资产——银行承兑汇票贴现——××户（利息调整）　（账面余额）
　　利息支出——票据贴现利息支出　　　　　（借贷方差额,贷方大于借方时）
　贷：贴现资产——银行承兑汇票贴现——面值　　　　　　（票面金额）
　　利息收入——票据贴现利息收入　（不含税利息收入,借方大于贷方时）
　　应交税费——应交增值税(销项税额)　　　　　　　　　（销项税额）

【例5-6】 承上章例4-9,假设工商银行20×4年1月1日持已贴现尚未到期的银行承兑汇票向人民银行申请办理买断式再贴现,再贴现率8%。工商银行办理再贴现时,其有关数据计算和会计分录如下。

"贴现资产(面值)"账户(借方余额)=500 000(元)

"贴现资产(利息调整)"账户(贷方余额)=200-66.67=133.33(元)

再贴现利息=510 000×48×8‰÷360=5 440(元)

再贴现金额=510 000-5 440=504 560(元)

借：存放中央银行款项——准备金存款　　　　　　　　　　504 560
　　贴现资产——银行承兑汇票贴现——A 企业(利息调整)　 133.33
　　贷：贴现资产——银行承兑汇票贴现——A 企业(面值)　　500 000
　　　　利息收入——票据贴现利息收入　　　　　　　　　　 4 427.67
　　　　应交税费——应交增值税(销项税额)　　　　　　　　 265.66

(2) 带追索权的商业汇票再贴现的处理。将带追索权的商业汇票再贴现，商业银行并未转嫁票据到期不能收回票款的风险，商业银行因背书而在法律上负有连带偿还责任，并且直至中央银行收到票款后方可解除。因此，将带追索权的商业汇票再贴现，不符合金融资产终止确认的条件。在我国，商业银行将商业承兑汇票再贴现，是一种典型的带追索权的票据再贴现业务，会计上不应终止确认贴现资产，而应将实际收到的再贴现款确认为一项负债。会计分录为

借：存放中央银行款项——准备金存款　　　　　　(实际收到的金额)
　　贴现负债——××行再贴现负债(利息调整)　　 (借贷方差额)
　　贷：贴现负债——××行再贴现负债(面值)　　　(票面金额)

2. 再贴现利息调整摊销的处理

对于不带追索权的商业汇票再贴现业务，由于商业银行于再贴现发放时已终止确认贴现资产，因此，商业银行无需进行摊销处理。

对于带追索权的商业汇票再贴现，商业银行应于资产负债表日，采用直线法对利息调整进行摊销，确认贴现利息支出，其会计分录为

借：利息支出——再贴现利息支出
　　贷：贴现负债——××行再贴现负债(利息调整)

3. 买断式再贴现到期收回的处理

买断式再贴现汇票到期，再贴现人民银行作为持票人直接向付款人收取票款。人民银行填制委托收款凭证与汇票一并交付款人办理收款。付款人在异地的，应在汇票到期前，匡算付款人的邮程，提前办理委托收款。第二联委托收款凭证与再贴现凭证一并暂存，待款项划回后，据以处理账务。

对于不带追索权的商业汇票再贴现业务，由于商业银行于再贴现发放时已终止确认贴现资产，因此汇票到期时商业银行无需进行账务处理。对于带追索权的商业汇票再贴现业务，票据到期时商业银行应根据不同的情况进行账务处理。

(1) 票据的付款人于汇票到期日将票款足额付给再贴现人民银行，商业银行未收到有关追索债务的通知，则商业银行因票据再贴现而产生的负债责任解除，应将贴现负债和与之对应的贴现资产对冲。会计分录为

借：贴现负债——××行再贴现负债(面值)　　　　(票面金额)
　　贷：贴现资产——商业承兑汇票贴现——××户(面值)　(票面金额)

借：利息支出——再贴现利息支出
　　　贷：贴现负债——××行再贴现负债(利息调整)

(2) 如果票据的付款人于汇票到期日未能向再贴现人民银行足额支付票款，再贴现人民银行收到付款人开户银行退回的委托收款凭证、汇票和拒付理由书或付款人未付票款通知书后，应追索票款，从申请再贴现的商业银行账户收取(若商业银行存款账户不足支付，则不足部分作为逾期贷款)，办理转账后将收款通知连同汇票和拒付理由书或付款人未付票款通知书交给商业银行。商业银行收到人民银行从其存款账户中收取再贴现票款的通知，审核无误后进行账务处理。会计分录为

借：贴现负债——××行再贴现负债(面值)　　　　　(票面金额)
　　　贷：存放中央银行款项——准备金存款　　　　　(可支付部分)
　　　　　向中央银行借款——逾期借款　　　　　　　(不可支付部分)
借：利息支出——再贴现利息支出
　　　贷：贴现负债——××行再贴现负债(利息调整)

商业银行应继续向贴现申请人追索票款，先从其存款账户中收取，存款账户不足支付的，不足支付部分作逾期贷款处理。会计分录为

借：吸收存款——单位活期存款——××户　　　　　(可支付部分)
　　贷款——逾期贷款——××户　　　　　　　　　　(不可支付部分)
　　　贷：贴现资产——商业承兑汇票贴现——××户(面值)　(票面金额)
借：贴现资产——商业承兑汇票贴现——××户(利息调整)
　　　贷：利息收入——票据贴现利息收入
　　　　　应交税额——应交增值税(销项税额)

【例5-7】中国农业银行北京市分行于20×3年5月12日持已向云海公司贴现尚未到期的商业承兑汇票向人民银行申请买断式再贴现，汇票的面额为100 000元，再贴现率为2.97%，8月5日到期，人民银行到期收回票款。该农业银行应编制会计分录如下。

$$再贴现利息 = 100\,000 \times 85 \times 2.97\% \div 360$$
$$= 701.25(元)$$
$$再贴现额 = 100\,000 - 701.25 = 99\,298.75(元)$$

(1) 20×3年5月12日中国农业银行北京市分行办理再贴现时：

借：存放中央银行款项——准备金存款　　　　　　　99 298.75
　　贴现负债——××行再贴现负债(利息调整)　　　 701.25
　　　贷：贴现负债——××行再贴现负债(面值)　　 100 000

(2) 5月31日摊销利息调整，确认利息支出时：

$$当月摊销金额 = 701.25/85 \times 20 = 165(元)$$

借：利息支出——再贴现利息支出　　　　　　　　　165
　　　贷：贴现负债——××行再贴现负债(利息调整)　165

(3) 6月30日摊销利息调整时：

$$当月摊销金额 = 701.25/85 \times 30 = 247.5(元)$$

借：利息支出——再贴现利息支出　　　　　　　　　　　　　247.5
　　贷：贴现负债——××行再贴现负债(利息调整)　　　　　　　　247.5

(4) 7月31日摊销利息调整时：

$$当月摊销金额=701.25/85×31=255.75(元)$$

借：利息支出——再贴现利息支出　　　　　　　　　　　　　255.75
　　贷：贴现负债——××行再贴现负债(利息调整)　　　　　　　　255.75

(5) 8月5日到期,人民银行到期收回票款,中国农业银行北京市分行因票据再贴现而产生的负债责任解除,应将贴现负债和与之对应的贴现资产对冲,其会计分录为

借：贴现负债——××行再贴现负债(面值)　　　　　　　　　100 000
　　贷：贴现资产——商业承兑汇票贴现——云海公司(面值)　　　　100 000

同时,摊销利息调整：

$$当月摊销金额=701.25/85×4=33(元)$$

借：利息支出——再贴现利息支出　　　　　　　　　　　　　33
　　贷：贴现负债——××行再贴现负债(利息调整)　　　　　　　　33

假设8月5日票据到期时人民银行向付款人收款,未划回,人民银行从农业银行存款账户扣回,但该银行存款账户中只有70 000元。该农业银行应编制会计分录如下。

借：贴现负债——××行再贴现负债(面值)　　　　　　　　　100 000
　　贷：存放中央银行款项——准备金存款　　　　　　　　　　　70 000
　　　　向中央银行借款　　　　　　　　　　　　　　　　　　30 000
借：利息支出——再贴现利息支出　　　　　　　　　　　　　33
　　贷：贴现负债——××行再贴现负债(利息调整)　　　　　　　　33

(四) 回购式再贴现的核算

1. 办理回购式再贴现的处理

商业银行办理回购式再贴现的处理手续与买断式再贴现基本相同。人民银行对商业银行的回购式再贴现申请审批同意后,应与申请再贴现的商业银行签订回购合同,约定票据回购日,票据回购日不得为法定节假日,且不得超过汇票到期日前7天。

办理回购式再贴现,票据不需要背书给人民银行,票据权利人仍为申请再贴现的商业银行,因此,商业银行不应终止确认贴现资产,而应将实际收到的再贴现款确认为一项负债。会计分录为

借：存放中央银行款项——准备金存款　　　　　　　　(实际收到的金额)
　　贴现负债——××行再贴现负债(利息调整)　　　　　　(借贷方差额)
　　贷：贴现负债——××行再贴现负债(面值)　　　　　　　(票面金额)

2. 再贴现利息调整摊销的处理

商业银行应于资产负债表日,采用直线法对利息调整进行摊销,确认贴现利息支出,其会计分录为

借：利息支出——再贴现利息支出
　　贷：贴现负债——××行再贴现负债(利息调整)

3. 回购式再贴现回购的处理

回购日,根据回购合同约定的回购方式,由商业银行主动向人民银行送交转账支票及进账单回购再贴现的商业汇票,或由人民银行直接从再贴现商业银行的准备金存款账户划收票款(商业银行未主动送交支票的,也可由人民银行从其存款账户直接扣收),并将再贴现票据交还商业银行。人民银行划(扣)收票款时,若商业银行存款账户余额不足,则不足部分作逾期贷款处理。商业银行回购再贴现票据的会计分录为

借:贴现负债——××行再贴现负债(面值)　　　　　　(票面金额)
　　贷:存放中央银行款项——准备金存款　　　　　　　(可支付部分)
　　　　向中央银行借款——逾期借款　　　　　　　　　(不可支付部分)
借:利息支出——再贴现利息支出
　　贷:贴现负债——××行再贴现负债(利息调整)

商业银行回购再贴现票据后,作为收款人向付款人办理托收的处理,可以比照第四章"票据贴现的核算"进行处理。

【例 5-8】 某建设银行 20×3 年 7 月 16 日持已向长江公司贴现尚未到期的商业承兑汇票向人民银行申请回购式再贴现,汇票的面额为 200 000 元,双方约定票据回购日 8 月 19 日,再贴现率为 5.4%,8 月 19 日,建设银行主动向人民银行回购再贴现的商业承兑汇票。该建设银行应编制会计分录如下。

$$回购利息 = 200\,000 \times 34 \times 5.4\% \div 360$$
$$= 1\,020(元)$$
$$再贴现额 = 200\,000 - 1\,020 = 198\,980(元)$$

(1) 20×3 年 7 月 16 日,建设银行办理回购式再贴现时:

借:存放中央银行款项——准备金存款　　　　　　　　　　198 980
　　贴现负债——××行再贴现负债(利息调整)　　　　　　1 020
　　贷:贴现负债——××行再贴现负债(面值)　　　　　　200 000

(2) 7 月 31 日摊销再贴现利息调整,确认利息支出时:

$$当月摊销金额 = 1\,020/34 \times 16 = 480(元)$$

借:利息支出——再贴现利息支出　　　　　　　　　　　　480
　　贷:贴现负债——××行再贴现负债(利息调整)　　　　480

(3) 8 月 19 日,回购再贴现的商业承兑汇票时:

借:贴现负债——××行再贴现负债(面值)　　　　　　　200 000
　　贷:存放中央银行款项——准备金存款　　　　　　　　200 000

同时,摊销再贴现利息调整:

$$当月摊销金额 = 1\,020/34 \times 18 = 540(元)$$

借:利息支出——再贴现利息支出　　　　　　　　　　　　540
　　贷:贴现负债——××行再贴现负债(利息调整)　　　　540

八、同城票据交换的核算

（一）同城票据交换的相关规定

同城票据交换是指在同一城市（区域）范围内，各商业银行之间，按规定的时间，集中到指定的地点（票据交换所），相互交换代收、代付的票据，然后轧计差额，并清算应收或应付资金的办法。主要处理实物票据不能截留的跨行支票、本票、银行汇票以及跨行代收、代付的其他纸质凭证。由于同城结算中，大量业务的收、付款单位都不在同一行处开户，构成同城各银行之间的资金账务往来。通过同城票据交换，各银行之间不必逐笔划转款项和分头传递结算凭证，即简化结算手续，方便单位之间的资金往来，又能加快凭证传递，加速企业资金周转，提高资金使用效益。

目前，同城票据交换一般由当地人民银行负责清算，进行集中监督，并根据当地实际情况确定同城票据交换的场次，一般每日设置两场交换，上午和下午各一场，并规定具体交换时间。集中交换票据的场所称为票据交换所，由人民银行主办，参加票据交换的银行须经人民银行批准并颁发交换行号，方可按规定时间参加票据交换。

同城票据交换的资金清算，可由参加票据交换的商业银行各行处分别在当地人民银行开立清算账户，分别与人民银行进行资金清算；也可以其管辖行作为清算行在人民银行开立清算账户，统一与人民银行进行资金清算，然后管辖行再通过系统内往来与辖属各行处进行二次清算。参加票据交换的商业银行各行处必须坚持"及时处理、差额清算，先借后贷、收妥抵用，银行不予垫款"的原则。

（二）同城票据交换的基本做法

目前，同城票据交换与清算业务系统，已由最初的手工清算系统发展为同城跑盘清算系统、同城网络清算系统和同城清分机清算系统，清算工作中数据收集、传递及票据清分、传递的方式发生了变化，特别是目前正在推广的同城票据清分机清算系统，利用清分机、影像设备、计算机网络等现代科学技术，对票据进行自动交换、清分，并轧出资金清算差额，实现多方信息共享的票据清分和资金清算自动化处理，满足了大量票据约时清分和清算的需要，同城资金清算的效率和质量显著提高。

票据交换分为提出行和提入行两个系统。提出行是向他行提交票据的行处，提入行是接受他行提交票据的行处。参加票据交换的银行一般既是提出行又是提入行。各行提出交换的票据分为两类：（1）由本行开户单位提交，由他行开户单位付款的结算凭证。如收款人收入的支票、银行本票、商业汇票等，称为代付票据或借方凭证。（2）由本行开户单位提交，委托本行向他行开户单位付款的结算凭证。如由签发人提交的支票、代发工资、划转税款凭证等，称为代收票据或贷方凭证。

提出行提出借方凭证则表示为本行应收款项，提出贷方凭证表示为本行应付款项；提入行提入借方凭证则表示为本行应付款项，提入贷方凭证表示为本行应收款项，最后由票据交换所汇总轧平各行处的应收、应付差额，由人民银行办理转账，清算差额。

（三）科目设置

商业银行应设置"清算资金往来"科目核算银行间业务往来的资金清算款项，该科目属于共同类科目，借方表示应收，贷方表示应付，如果余额在借方，反映银行应收差额；如果余额在贷方，反映银行应付差额。该科目应按"同城票据清算"和"信用卡清算"设置明细账。

(四)提出票据的处理

柜员收到客户提交的需通过同城交换提出的票据,审核无误后,使用相关交易进行记账,汇划渠道选择"交换提出"。交易成功后打印记账凭证,系统自动登记同城票据提出登记簿。每日定时,各柜员将提出交换的票据交票据交换员提出交换。

1. 提出贷方凭证的会计处理

(1) 提出贷方凭证时,其会计分录为

借:吸收存款——单位(或个人)活期存款——××户(付款人)
　　贷:清算资金往来——同城票据清算

(2) 对提出的贷方凭证发生退票的,下次交换提入退票时,其会计分录为

借:清算资金往来——同城票据清算
　　贷:吸收存款——单位(或个人)活期存款——××户(付款人)

2. 提出借方凭证的会计处理

提出借方凭证时,根据"收妥入账"的原则,分别不同情况进行处理。

(1) 对于即时抵用的票据,如本票等,应及时将资金划入客户账内,其会计分录为

借:清算资金往来——同城票据清算
　　贷:吸收存款——单位(或个人)活期存款——××户(收款人)

(2) 对于收妥备用的票据,如转账支票等,先将应收票款记入"其他应付款"账户,其会计分录为

借:清算资金往来——同城票据清算
　　贷:其他应付款——××户(收款人)

(3) 已过退票时间未发生退票时,再将资金划入客户账内,其会计分录为

借:其他应付款——××户(收款人)
　　贷:吸收存款——单位(或个人)活期存款——××户(收款人)

(4) 退票的核算。提出行接到退票行的电话通知后,根据票据交换登记簿查明确属本行提出的票据,在登记簿中注明退票的理由和时间,下次票据交换时将退回的票据视同提入票据处理。其会计分录为

借:其他应付款——××户(收款人)
　　贷:清算资金往来——同城票据清算

(五)提入票据的处理

在票据交换所,各行在将提出的票据交换给各提入行后,同时也向他行提入票据。票据交换员提回交换包,将提入票据、交换差额报告单及清单等移交柜员。柜员审核无误后,使用相关交易进行处理,打印记账凭证,系统自动登记同城票据提入登记簿。

1. 提入贷方凭证的会计处理

(1) 提入贷方凭证时,提入凭证正确无误的,其会计分录为

借:清算资金往来——同城票据清算
　　贷:吸收存款——单位(或个人)活期存款——××户(收款人)

(2) 提入贷方凭证需要退票时(如误提他行进账单等原因不能入账),其会计分录为

借:清算资金往来——同城票据清算
　　贷:其他应付款——××户(收款人)

(3) 下次交换提出退票时,其会计分录为

借:其他应付款——××户(收款人)
　　贷:清算资金往来——同城票据清算

2. 提入借方凭证的会计处理

(1) 提入借方凭证时,提入凭证正确无误,其会计分录为

借:吸收存款——单位(或个人)活期存款——××户(付款人)
　　贷:清算资金往来——同城票据清算

(2) 对提入的借方票据发生退票的(如空头支票、误提他行凭证等原因不能入账的),应在规定的退票时间内电话通知原提出行,其会计分录为

借:其他应收款——××户(付款人)
　　贷:清算资金往来——同城票据清算

(3) 下次交换提出退票时:

借:清算资金往来——同城票据清算
　　贷:其他应收款——××户(付款人)

(六) 计算票据交换差额

由于参加票据交换的行处一般既是提出行又是提入行,因此,各行在提出、提入票据后,应将提出、提入的票据分别按应收票据、应付票据加计总金额并在轧算差额时合并计算。

$$应收金额合计＝提出的借方凭证金额＋提入的贷方凭证金额$$
$$应付金额合计＝提出的贷方凭证金额＋提入的借方凭证金额$$

将加计的应收票据总金额与应付票据总金额进行比较,如果应收款金额大于应付款金额,即为应收差额,如果应付款金额大于应收款金额,即为应付差额。填制票据交换差额清单交票据交换所。

(七) 票据交换所平衡交换差额

票据交换所收到各提出行的提出票据后,由票据清分机自动按提入行进行清分,将票据放入各提入行的箱夹,并对通过票据清分机的票据进行数据清算,轧计出各行本场次票据交换中应收金额合计和应付金额合计以及应收或应付差额,并汇总轧平各行的应收、应付差额后产生"交换差额报告单",打印出各交换行的提回明细清单。然后,票据交换所将各提入行箱夹中的票据连同"交换差额报告单"和提回明细清单,按提入行整理并封装交换包,待交换行在规定时间提回。

(八) 清算票据交换差额

各应付差额行必须如数开具准备金存款户支款凭证,各应收差额行则必须填送存款凭证,人民银行根据各行提交的支款凭证及存款凭证办理转账。

(1) 将提出凭证和提入凭证计算轧差后,为应收差额的,填制央行存款账户送款单,其会计分录为

借:存放中央银行款项——准备金存款
　　贷:清算资金往来——同城票据清算

(2) 将提出凭证和提入凭证计算轧差后,为应付差额的,填制央行转账支票,其会计分录为

借：清算资金往来——同城票据清算
　　贷：存放中央银行款项——准备金存款
(3) 人民银行根据参加票据交换各行应收应付差额情况，进行转账，其会计分录为
借：商业银行存款——××银行　　　　　　　　　　　　　　（应付差额行）
　　贷：商业银行存款——××银行　　　　　　　　　　　　　（应收差额行）

【例 5-9】 7 月 8 日，工商银行北京某支行当日第一场票据交换清算总数表如表 5-1。

表 5-1　工商银行北京某支行清算总数表　　　　　　　　　　单位：元

借方			贷方		
项　目	笔　数	金　额	项　目	笔　数	金　额
提出借方凭证	16	380 000	提出贷方凭证	15	360 000
提入贷方凭证	18	420 000	提入借方凭证	12	280 000
合　计		800 000	合　计		640 000
应收差额		160 000	应付差额		

根据票据交换清算总数表，工商银行北京某支行账务处理如下。

(1) 提出票据的核算。

① 根据提出借方凭证金额，编制会计分录为

借：清算资金往来——同城票据清算　　　　　　　　　　　380 000
　　贷：吸收存款——单位(或个人)活期存款——××户　　　　380 000

② 根据提出贷方凭证金额，编制会计分录为

借：吸收存款——单位(或个人)活期存款——××户　　　　360 000
　　贷：清算资金往来——同城票据清算　　　　　　　　　　360 000

(2) 提入票据的核算。

① 根据提入贷方凭证金额，编制会计分录为

借：清算资金往来——同城票据清算　　　　　　　　　　　420 000
　　贷：吸收存款——单位(或个人)活期存款——××户　　　　420 000

② 根据提入借方凭证金额，编制会计分录为

借：吸收存款——单位(或个人)活期存款——××户　　　　280 000
　　贷：清算资金往来——同城票据清算　　　　　　　　　　280 000

(3) 资金清算的核算。

　　　　　应收金额合计＝380 000＋420 000＝800 000(元)
　　　　　应付金额合计＝360 000＋280 000＝640 000(元)
　　　　　应收差额＝800 000－640 000＝160 000(元)

会计分录为

借：存放中央银行款项——准备金存款　　　　　　　　　　160 000
　　贷：清算资金往来——同城票据清算　　　　　　　　　　160 000

【例 5-10】 假设上例 7 月 8 日票据交换结束后，经人民银行轧算，工商银行为应收差额 160 000 元，建设银行为应付差额 90 000 元，中国银行为应付差额 70 000 元，则人民银行资金清算的会计分录为

借：商业银行存款——建设银行北京市某支行　　　　　　90 000
　　商业银行存款——中国银行北京市某支行　　　　　　70 000
　　贷：商业银行存款——工商银行北京市某支行　　　　　　160 000

第二节　商业银行同业往来的核算

商业银行同业往来是指各商业银行之间由于办理跨系统转账结算、相互融通资金等业务而引起的资金账务往来。它是社会资金周转不可缺少的重要组成部分，反映了各商业银行相互之间的合作关系。商业银行往来包括同业间存放款项、同业拆借、转贴现、异地跨系统汇划款项等。

一、同业间存放款项的核算

（一）科目设置

1."存放同业"科目

"存放同业"科目核算商业银行存放于境内、境外银行（不含人民银行）和非银行金融机构的款项。该科目属于资产类科目，其借方登记银行增加在同业的存款，贷方登记减少在同业的存款，余额在借方，反映银行存放在同业的各种款项。该科目按照存放款项的性质和存放的金融机构设置明细账。

2."同业存放"科目

"同业存放"科目核算商业银行吸收的境内、境外金融机构的存款。该科目属于负债类科目，其贷方登记其他金融机构增加在本行的存款，借方登记其他金融机构减少在本行的存款，余额在贷方，反映银行吸收的同业存放款项。该科目按照存放金融机构设置明细账。

（二）存放同业款项的核算

存放同业款项是指商业银行因办理跨系统资金结算、理财投资或其他资金往来等业务需要，而存入境内、境外其他银行和非银行金融机构的款项。

1. 存出款项的核算

商业银行存出款项，在资金划拨后进行账务处理。会计分录为

借：存放同业——存放××行××款项
　　贷：存放中央银行款项——准备金存款

2. 利息的核算

资产负债表日、结息日及销户时，商业银行按计算确定的利息：

借：应收利息——××行
　　贷：利息收入——存放同业利息收入

结息日次日及销户时,实际收到存放同业款项利息时:
借:存放同业——存放××行××款项
　　贷:应收利息——××行
3. 支取款项的核算
商业银行支取款项,在收到划来的资金后进行账务处理。会计分录为
借:存放中央银行款项——准备金存款
　　贷:存放同业——存放××行××款项

(三) 同业存放款项的核算
同业存放款项是指境内、境外其他银行和非银行金融机构,因办理跨系统资金结算、理财投资或其他资金往来等业务需要,而存入商业银行的款项。
1. 同业存入款项的核算
同业存入款项,商业银行在收到划来的资金后进行账务处理。会计分录为
借:存放中央银行款项——准备金存款
　　贷:同业存放——××行存放××款项
2. 利息的处理
资产负债表日、结息日及销户时,商业银行按计算确定的利息金额计提利息支出。会计分录为
借:利息支出——同业存放利息支出
　　贷:应付利息——××行
结息日次日及销户时,实际支付同业存放款项利息的会计分录为
借:应付利息——××行
　　贷:同业存放——××行存放××款项
3. 同业支取款项的处理
同业支取款项,商业银行在资金划拨后进行账务处理。会计分录为
借:同业存放——××行存放××款项
　　贷:存放中央银行款项——准备金存款

二、同业拆借的核算

(一) 同业拆借的相关规定
同业拆借是指经中国人民银行批准进入全国银行间同业拆借市场的金融机构之间,通过全国统一的同业拆借网络进行的无担保资金融通行为。它是解决短期资金不足的一种有效方法。同业拆借的主体是经人民银行批准具有法人资格的银行和非银行金融机构,以及经全国性商业银行法人授权的一级分支机构。金融机构用于拆出的资金只限于交足准备金、留足5%准备金、归还人民银行到期贷款之后的闲置资金;拆入的资金只能用于弥补票据交换差额清算、先支后收等临时性资金周转的需要,禁止利用拆入资金发放固定资产贷款或用于投资。
同业拆借交易必须在全国银行间同业拆借中心的电子交易系统、人民银行分支机构的拆借备案系统等人民银行认可的全国统一同业拆借网络中进行。同业拆借双方应商定拆借条件,如拆借利率、金额、期限等,并逐笔订立交易合同。同业拆借利率、金额、期限由交易双

方自行商定，但同业拆借资金余额不能超过人民银行核定的最高限额，同业拆借期限也不能超过人民银行规定的拆借资金最长期限，且同业拆借到期后不得展期。其中，银行业金融机构拆入资金的最长期限为1年；金融资产管理公司、金融租赁公司、汽车金融公司、保险公司拆入资金的最长期限为3个月；企业集团财务公司、信托公司、证券公司、保险资产管理公司拆入资金的最长期限为7天。

同业拆借的资金清算涉及不同银行的，应直接或委托开户银行通过人民银行大额支付系统办理。同业拆借的资金清算可以在同一银行完成的，应以转账方式办理。任何同业拆借清算均不得使用现金支付。

另外，对金融机构同业拆借实行限额管理，拆借限额由人民银行及其分支机构按照以下原则核定：(1) 政策性银行的最高拆入限额和最高拆出限额均不超过该机构上年末待偿还金融债券余额的8%；(2) 中资商业银行、城市信用合作社、农村信用合作社县级联合社的最高拆入限额和最高拆出限额均不超过该机构各项存款余额的8%；(3) 外商独资银行、中外合资银行的最高拆入限额和最高拆出限额均不超过该机构实收资本的2倍；(4) 外国银行分行的最高拆入限额和最高拆出限额均不超过该机构人民币营运资金的2倍；(5) 企业集团财务公司、金融资产管理公司、金融租赁公司、汽车金融公司、保险公司的最高拆入限额和最高拆出限额均不超过该机构实收资本的100%；(6) 信托公司、保险资产管理公司的最高拆入限额和最高拆出限额均不超过该机构净资产的20%；(7) 证券公司的最高拆入限额和最高拆出限额均不超过该机构净资本的80%；(8) 中资商业银行(不包括城市商业银行、农村商业银行和农村合作银行)授权的一级分支机构的最高拆入限额和最高拆出限额由该机构的总行授权确定，纳入总行法人统一考核。

(二) 科目设置

1. "拆出资金"科目

"拆出资金"科目核算商业银行拆借给境内、境外其他金融机构的款项。该科目属于资产类科目，其借方登记商业银行拆出的资金，贷方登记收回的拆出资金，余额在借方，反映商业银行按规定拆放给其他金融机构的款项。该科目按照拆放的金融机构设置明细账。

2. "拆入资金"科目

"拆入资金"科目核算商业银行从境内、境外金融机构拆入的款项。该科目属于负债类科目，其贷方登记商业银行拆入的资金，借方归还的拆入资金，余额在贷方，反映商业银行尚未归还的拆入资金余额。该科目按照拆入的金融机构设置明细账。

(三) 账务处理

1. 拆出的账务处理

(1) 拆出行以拆入行的借据为依据，向人民银行填交进账单及转账支票，并编制特种转账借、贷方传票各一联予以转账。其会计分录为

借：拆出资金——××行
　　贷：存放中央银行款项——准备金存款

(2) 人民银行收到进账单及转账支票后，以此两种凭证代转账借、贷方传票，进行转账。转账后将进账单回单联转交拆入行。其会计分录为

借：商业银行存款——××拆出行
　　贷：商业银行存款——××拆入行

如果通过大额支付系统办理清算,通过"大额支付往来"科目核算。

(3) 拆入行根据进账单回单联,编制特种转账借、贷方传票各一联,进行账务处理。其会计分录为

借:存放中央银行款项——准备金存款
　　贷:拆入资金——××行

2. 资产负债表日的账务处理

资产负债表日,拆入行应计算确定的拆入资金的利息费用,其会计分录为

借:利息支出——同业拆借利息支出
　　贷:应付利息——××行

资产负债表日,拆出行应计算确定的拆出资金的利息收入,其会计分录为

借:应收利息——××行
　　贷:利息收入——同业拆借利息收入

3. 拆借资金归还的账务处理

(1) 拆入行应恪守信用,履约还款。归还借款时,应按事先约定的利率,计算应付利息,根据本息填制进账单和转账支票送往人民银行,并根据人民银行退还的进账单回单联及支票存根,填制转账借方传票二联,贷方传票一联,办理转账。其会计分录为

借:拆入资金——××行户　　　　　　　　　　　　(拆入资金的本金)
　　应付利息——××行　　　　　　　　　　　　　(已计提的应付利息)
　　利息支出——同业拆借利息支出　　　　　　　　(本期利息)
　　贷:存放中央银行款项——准备金存款　　　　　　(实际归还的金额)

(2) 人民银行收到拆入行的进账单和转账支票,以进账单和支票为记账传票办理转账。转账后,将进账单回单联转交拆出行。其会计分录为

借:商业银行存款——××拆入行
　　贷:商业银行存款——××拆出行

如果通过大额支付系统办理清算,通过"大额支付往来"科目核算。

(3) 拆出行根据进账单回单联,编制特种转账借方传票一联,贷方传票二联,予以转账。其会计分录为

借:存放中央银行款项——准备金存款　　　　　　(实际收到归还的金额)
　　贷:拆出资金——××行　　　　　　　　　　　(拆出资金的本金)
　　　　应收利息——××行　　　　　　　　　　　(已计提的应收利息)
　　　　利息收入——同业拆借利息收入　　　　　　(本期利息)

【例5-11】 中国工商银行广州分行20×3年9月11日经人民银行批准,向中国建设银行深圳分行拆借资金2 000万元,交易品种为30天,年利率为6.9%,按月计提利息。

(1) 中国建设银行深圳分行(拆出行)拆出资金时:

借:拆出资金——中国工商银行广州分行　　　　20 000 000
　　贷:存放中央银行款项——准备金存款　　　　　　20 000 000

(2) 人民银行进行转账时:

借：商业银行存款——中国建设银行深圳分行　　　　　　　20 000 000
　　贷：商业银行存款——中国工商银行广州分行　　　　　　　20 000 000
(3) 中国工商银行广州分行(拆入行)拆入资金时：
借：存放中央银行款项——准备金存款　　　　　　　　　　20 000 000
　　贷：拆入资金——中国建设银行深圳分行　　　　　　　　　20 000 000
(4) 20×3 年 9 月 30 日，计提利息时：

$$利息 = 20\ 000\ 000 \times 6.9\% \div 360 \times 20 = 76\ 666.67(元)$$

中国工商银行广州分行应计算确定的拆入资金的利息费用：
借：利息支出——同业拆借利息支出　　　　　　　　　　　　76 666.67
　　贷：应付利息——中国建设银行深圳分行　　　　　　　　　　76 666.67
中国建设银行深圳分行应计算确定的拆出资金的利息收入：
借：应收利息——中国工商银行广州分行　　　　　　　　　　76 666.67
　　贷：利息收入——同业拆借利息收入　　　　　　　　　　　　76 666.67
(5) 中国工商银行广州分行归还拆借本息时：
借：拆入资金——中国建设银行深圳分行　　　　　　　　　20 000 000
　　应付利息——中国建设银行深圳分行　　　　　　　　　　76 666.67
　　利息支出——同业拆借利息支出　　　　　　　　　　　　38 333.33
　　贷：存放中央银行款项——准备金存款　　　　　　　　　　20 115 000
其中：利息支出 = 20 000 000 × 6.9% ÷ 360 × 10 = 38 333.33(元)。
(6) 人民银行进行转账时：
借：商业银行存款——中国工商银行广州分行　　　　　　　20 115 000
　　贷：商业银行存款——中国建设银行深圳分行　　　　　　　20 115 000
(7) 中国建设银行深圳分行收到归还拆借本息时：
借：存放中央银行款项——准备金存款　　　　　　　　　　20 115 000
　　贷：拆出资金——中国工商银行广州分行　　　　　　　　　20 000 000
　　　　应收利息——中国工商银行广州分行　　　　　　　　　　76 666.67
　　　　利息收入——同业拆借利息收入　　　　　　　　　　　　38 333.33

三、转贴现的核算

转贴现是指商业银行持有已经贴现、未到期的商业汇票向其他商业银行融通资金的行为。转贴现分为买断式转贴现和回购式转贴现。买断式转贴现是申请转贴现银行将未到期的已贴现商业汇票背书转让给转贴现银行融通资金的行为。汇票到期，转贴现银行作为票据的债权人向付款人收取票款。回购式转贴现是申请转贴现银行将未到期的已贴现商业汇票质押给转贴现银行，并约定回购日及回购方式的融资行为。办理回购式再贴现，不转移票据权利，申请转贴现银行于回购日将票据购回，并作为债权人向付款人收取票款。

申请转贴现银行需要设置"贴现负债"科目，其账务处理可以比照本章中商业银行向人民银行再贴现的核算进行处理；转贴现银行需要设置"贴现资产"科目进行核算，其账务处理可以比照第四章中票据贴现的核算进行处理。按照 2017 年 7 月 11 日财政部和税务总局颁布的财税〔2017〕58号规定,自2018年1月1日起,金融机构开展转贴现业务,以其实际持有票据期间取得的利息收入作为贷款服务销售额计算缴纳增值税。此前贴现机构已就贴现利息收入全额缴纳增值税的票据,转贴现机构转贴现利息收入继续免征增值税。

【例5-12】 中国银行甲支行于20×1年6月8日持已贴现尚未到期的商业承兑汇票在到期前1个月向中国农业银行乙支行申请转贴现,票据面值为80 000元,期限为3个月,月贴现率为5.2‰(含税),增值税税率为6%。票据到期时农业银行向付款人收款,未划回,通过人民银行从中国银行存款账户扣回全部款项。

贴现息=80 000×1×5.2‰=416(元)

贴现金额=80 000−416=79 584(元)

(1) 20×1年6月8日申请转贴现时,中国银行甲支行应编制会计分录如下。

借:存放中央银行款项——准备金存款　　　　　　　　　　　79 584
　　贴现负债——中国农业银行乙支行(利息调整)　　　　　　 416
　　贷:贴现负债——中国农业银行乙支行(面值)　　　　　　80 000

中国农业银行乙支行应编制会计分录如下。

借:贴现资产——商业承兑汇票贴现——中国银行甲支行(面值)　80 000
　　贷:存放中央银行款项——准备金存款　　　　　　　　　　79 584
　　　　贴现资产——商业承兑汇票贴现——中国银行甲支行(利息调整)　416

(2) 6月30日,摊销转贴现利息调整时:

当月摊销金额=416/30×23=318.93(元)

中国银行甲支行应编制会计分录如下。

借:利息支出——转贴现利息支出　　　　　　　　　　　　　318.93
　　贷:贴现负债——中国农业银行乙支行(利息调整)　　　　318.93

中国农业银行乙支行应编制会计分录如下。

借:贴现资产——商业承兑汇票贴现——中国银行甲支行(利息调整) 318.93
　　贷:利息收入——转贴现利息收入　　　　　　　　　　　　300.88
　　　　应交税费——应交增值税(销项税额)　　　　　　　　　18.05

(3) 票据到期,中国银行甲支行应编制会计分录如下。

当月摊销金额=416−318.93=97.07(元)

借:贴现负债——中国农业银行乙支行(面值)　　　　　　　80 000
　　利息支出——转贴现利息支出　　　　　　　　　　　　　97.07
　　贷:存放中央银行款项——准备金存款　　　　　　　　　　80 000
　　　　贴现负债——中国农业银行乙支行(利息调整)　　　　 97.07

中国农业银行乙支行应编制会计分录如下。

借:存放中央银行款项——准备金存款　　　　　　　　　　　80 000
　　贴现资产——商业承兑汇票贴现——中国银行甲支行(利息调整)　97.07
　　贷:贴现资产——商业承兑汇票贴现——中国银行甲支行(面值)　80 000
　　　　利息收入——转贴现利息收入　　　　　　　　　　　　91.58
　　　　应交税费——应交增值税(销项税额)　　　　　　　　　5.49

第三节　商业银行系统内部往来的核算

一、商业银行系统内部往来的含义

商业银行系统内部往来是指同一银行系统内各行处之间，由于办理结算、资金调拨等业务，相互代理款项收付而发生的资金账务往来，即联行往来。社会各单位之间商品交易、劳务供应，财政预算款项的上缴下拨，同一银行系统内资金的调拨与清算以及银行间横向的资金融通，都需要通过银行进行。这些资金的划拨清算，很少部分是在同一个银行办理，绝大部分在两个银行间进行，除同城票据交换外，必然导致各行处之间发生相互代收、代付资金。可见，联行往来是办理同一银行系统内异地结算业务和资金划拨清算的重要工具。

二、资金汇划清算系统

1. 资金汇划清算系统的含义

资金汇划清算系统是办理结算资金和内部资金汇划与清算，通过电子计算机网络采用逐级传输方式来完成的划拨过程。它是商业银行办理结算资金和内部资金汇划与清算的工具，是一套集汇划业务、清算业务、结算业务等于一体的综合性应用系统。

2. 资金汇划清算系统的构成

资金汇划清算系统突破传统的三级联行管理体制，由汇划业务经办行（以下简称经办行）、清算行、省区分行和总行清算中心通过计算机网络组成。经办行是具体办理结算资金和内部资金汇划业务的行处。汇划业务的发生行是发报经办行，汇划业务的接收行是收报经办行。清算行是在总行清算中心开立备付金存款账户，办理其辖属行处汇划款项清算的分行，包括直辖市分行、总行直属分行及二级分行（含省分行营业部）。省区分行在总行开立备付金户，只办理系统内资金调拨和内部资金利息汇划。总行清算中心是办理系统内各经办行之间的资金汇划、各清算行之间的资金清算及资金拆借、账户对账等账务的核算和管理的部门。

3. 基本做法

资金汇划清算的基本做法是：实存资金，同步清算，头寸控制，集中监督。实存资金是指以清算行为单位在总行清算中心开立备付金存款账户，用于汇划款项时资金清算。同步清算是指发报经办行通过其清算行经总行清算中心将款项汇划至收报经办行，同时总行清算中心办理清算行之间的资金清算。头寸控制是指各清算行在总行清算中心开立的备付金存款账户，保证足额存款，总行清算中心对各行汇划资金实行集中清算。清算行备付金存款不足，二级分行可向管辖省区分行借款，省区分行和直辖市分行、直属分行头寸不足可向总行借款。集中监督是指总行清算中心对汇划往来数据发送、资金清算、备付金存款账户资信情况和行际间查询查复情况进行管理和监督。

三、系统内资金汇划与清算的核算

（一）科目设置

（1）"上存系统内款项"科目。本科目反映本行、处存放于同系统内的其他行、处的款项,包括各清算行存放在总行的清算备付金、省区分行存放在总行的备付金、二级分行存放在省区分行的调拨资金、各支行、网点存放在上级行的备付金。该科目为省区分行、直辖市分行、总行直属分行、二级分行、支行、网点使用,属于资产类科目,余额反映在借方。

(2)"系统内款项存放"科目。本科目反映系统内的其他行、处存放于本行、处的款项,包括各清算行在总行的清算备付金存款、省区分行在总行的备付金存款、二级分行在省区分行的调拨资金存款、各支行、网点存放在上级行的备付金存款。该科目为总行、省区分行、支行使用,属于负债类科目,余额反映在贷方。

(3)"待清算辖内往来"科目。本科目反映系统内各发、收报经办行与清算行之间的资金汇划往来与清算情况,属于共同类科目,借方表示应收,贷方表示应付,余额轧差反映,如果余额在借方表示应收差额,余额在贷方表示应付差额。

(二) 资金汇划款项的处理

1. 发报经办行的处理

经办人员根据汇划凭证录入有关内容。如为贷方报单业务,会计分录如下。

借:吸收存款——单位(或个人)活期存款——××户
　　贷:待清算辖内往来——××发报清算行

如果为借方报单业务,会计分录相反。

业务数据经过复核、按规定权限内授权无误后,产生有效汇划数据,发送至清算行。日终处理为:首先打印"辖内往来汇总记账凭证",打印"资金汇划业务清单",作"辖内往来汇总记账凭证"附件。接着核对数据。手工核对当天原始汇划凭证的笔数、金额合计与"资金汇划业务清单"发送借、贷报笔数、合计数及"辖内往来"发报汇总借、贷方凭证笔数、发生额核对一致。

【例5-13】 中国建设银行武汉市解放路支行开户单位长江公司向中国建设银行长沙市井湾子支行汇出款项50 000元,收款单位为大明公司。经复核无误后,中国建设银行武汉市解放路支行向中国建设银行武汉市分行营业部发送汇划款项信息。其会计分录为

借:吸收存款——单位活期存款——长江公司　　　　　　　　50 000
　　贷:待清算辖内往来——中国建设银行武汉市分行营业部　　50 000

2. 发报清算行的处理

清算行收到发报经办行传输来的跨清算行汇划业务后,计算机系统自动记载"上存系统内款项"科目和"待清算辖内往来"科目有关账户。经过按规定权限授权、编押及账务处理后由计算机系统自动传输至总行。如为贷方报单业务,会计分录如下。

借:待清算辖内往来——××发报经办行
　　贷:上存系统内款项——××总行清算中心

如为借方报单业务,会计分录相反。

【例5-14】 承前例,中国建设银行武汉市分行营业部收到解放路支行发来的汇划款项信息,经复核无误,计算机系统自动记载有关账户。会计分录为

借:待清算辖内往来——中国建设银行武汉市解放路支行　　　50 000
　　贷:上存系统内款项——中国建设银行总行清算中心　　　　50 000

3. 总行清算中心的处理

总行清算中心收到各发报清算行汇划款项，由计算机系统自动登记后，将款项传送至收报清算行。每日营业终了更新各清算行在总行开立的备付金存款账户。如为贷方报单业务，会计分录如下。

借：系统内款项存放——××发报清算行
　　贷：系统内款项存放——××收报清算行

如为借方报单业务，会计分录相反。

【例5-15】 承前例，总行清算中心收到中国建设银行武汉市分行营业部汇划款项，由计算机系统自动登记后，将款项传送至收报清算行。会计分录如下。

借：系统内款项存放——中国建设银行武汉市分行营业部　　50 000
　　贷：系统内款项存放——中国建设银行长沙市分行营业部　　50 000

4. 收报清算行的处理

收报清算行收到总行清算中心传来的汇划业务数据，计算机系统自动检测收报经办行是否为辖属行处，并经核押无误后自动进行账务处理。处理方式分为分散管理模式和集中管理模式两种（只能选择其一）。

（1）集中式。集中式是指收报清算行作为业务处理中心，负责全辖汇划收报的集中处理及汇出汇款等内部账务的集中管理。

① 实时汇划业务的处理。收报清算行收到总行清算中心传来的实时汇划数据后，即时代辖属经办行记账。如为贷方报单业务，会计分录如下。

借：上存系统内款项——××总行清算中心
　　贷：待清算辖内往来——××收报经办行

借：待清算辖内往来——××收报经办行
　　贷：吸收存款——单位（或个人）活期存款——××户

如果为借方报单业务，会计分录相反。

② 批量汇划业务的处理。收报清算行收到总行清算中心传来的批量汇划数据后，日终进行挂账处理。如为贷方报单业务，会计分录如下。

借：上存系统内款项——××总行清算中心
　　贷：其他应付款——待处理汇划款项

如果为借方报单业务，会计分录为：

借：其他应收款——待处理汇划款项
　　贷：上存系统内款项——××总行清算中心

次日由清算行代收报经办行逐笔确认后冲销"其他应付款""其他应收款"。

如果为贷方报单业务，会计分录如下。

借：其他应付款——待处理汇划款项
　　贷：待清算辖内往来——××收报经办行

如果为借方报单业务，会计分录为

借：待清算辖内往来——××收报经办行
　　贷：其他应收款——待处理汇划款项

(2) 分散式。分散式是指收报清算行收到总行清算中心传来的汇划数据后均传至收报经办行处理。

① 实时汇划业务的处理。实时汇划业务核押无误后,收报清算行及时传至收报经办行。如为贷方报单业务,则会计分录为

借:上存系统内款项——××总行清算中心
　　贷:待清算辖内往来——××收报经办行

如果为借方报单业务,会计分录相反。

② 批量汇划业务的处理。批量业务核押无误后,收报清算行当日先转入"其他应付款""其他应收款"进行挂账处理;次日,由收报经办行逐笔确认后冲销"其他应付款""其他应收款",并通过"待清算辖内往来"科目传至收报经办行记账。会计分录与集中式批量处理相同。

【例5-16】 承前例,中国建设银行长沙市分行营业部收到总行清算中心传来的汇划业务数据,计算机系统自动检测,经核押无误后自动进行账务处理。会计分录如下。

借:上存系统内款项——中国建设银行总行清算中心　　50 000
　　贷:待清算辖内往来——中国建设银行长沙市井湾子支行　　50 000

5. 收报经办行的处理

(1) 分散式。收报经办行收到清算行传来的批量、实时汇划业务,经检查无误后,打印"资金汇划(借方)补充凭证"或"资金汇划(贷方)补充凭证"一式两份,并自动进行账务处理。

如果为贷方报单业务,会计分录如下。

借:待清算辖内往来——××收报清算行
　　贷:吸收存款——单位(或个人)活期存款——××户

如果为借方报单业务,会计分录相反。

每日营业终了,收报经办行应分别按借、贷报单打印"资金汇划业务清单",与借方或贷方"辖内往来汇总记账凭证"、借方或贷方"资金汇划接收处理清单""资金汇划借方(贷方)补充凭证"核对相符。

【例5-17】 承前例,中国建设银行长沙市井湾子支行收到中国建设银行长沙市分行营业部传来的汇划业务信息,自动进行账务处理。会计分录如下。

借:待清算辖内往来——中国建设银行长沙市分行营业部　　50 000
　　贷:吸收存款——单位活期存款——大明公司　　50 000

(2) 集中式。集中管理模式下,收报业务均由收报清算行代理记账,收报经办行只需于日终打印资金汇划补充凭证和有关记账凭证及清单,用于账务核对。

(三) 资金清算

1. 发报经办行的处理

日终,对"待清算辖内往来"科目轧差,若为贷方余额(贷差),则为本行应付汇差,日终清算时,应减少本行在上级清算行的备付金存款。会计分录为

借:待清算辖内往来——××发报清算行
　　贷:上存系统内款项——××发报清算行

若为借方余额(借差),则为本行应收汇差,日终清算时,应增加本行在上级清算行的备付金存款。会计分录为

  借:上存系统内款项——××发报清算行
    贷:待清算辖内往来——××发报清算行

2. 发报清算行的处理

日终,对"待清算辖内往来"科目按经办行轧差,若为借方余额(借差),则为本行应收汇差,日终清算时,应减少该经办行在本行的备付金存款。会计分录为

  借:系统内款项存放——××发报经办行
    贷:待清算辖内往来——××发报经办行

若为贷方余额(贷差),则为本行应付汇差,日终清算时,应该增加经办行在本行的备付金存款。会计分录为

  借:待清算辖内往来——××发报经办行
    贷:系统内款项存放——××发报经办行

3. 总行清算中心的处理

每日营业终了,系统自动生成总行清算中心的资金汇划日报表和相应的对账信息,下发清算行和经办行对账。

4. 收报清算行的处理

日终,对"待清算辖内往来"科目按经办行轧差,若为贷方余额(贷差),则为本行应付汇差,日终清算时,应该增加经办行在本行的备付金存款。会计分录为

  借:待清算辖内往来——××收报经办行
    贷:系统内款项存放——××收报经办行

为借方余额(借差),则为本行应收汇差,日终清算时,应减少该经办行在本行的备付金存款。会计分录为

  借:系统内款项存放——××收报经办行
    贷:待清算辖内往来——××收报经办行

5. 收报经办行的处理

日终,对"待清算辖内往来"科目轧差,若为借方余额(借差),则为本行应收汇差,日终清算时,应增加本行在上级清算行的备付金存款。会计分录为

  借:上存系统内款项——××收报清算行
    贷:待清算辖内往来——××收报清算行

若为贷方余额(贷差),则为本行应付汇差,日终清算时,应减少本行在上级清算行的备付金存款。会计分录为

  借:待清算辖内往来——××收报清算行
    贷:上存系统内款项——××收报清算行

(四)对账

对账是保证总行、清算行、经办行之间资金汇划及时、准确、安全的主要手段,是会计监督体系的重要组成部分。各清算行每日营业终了自动将汇划业务及资金清算明细数据逐级上传进行明细对账,省区分行收到上传的明细数据后与辖属各清算行汇划业务明细数据及清算信息配对对账,总行收到传来的明细数据后,与各行在总行的"系统内款项存放"科目有

关账户汇划业务明细数据及清算信息配对对账,并将对账结果逐级下传,发现疑问要发出对账差错信息,同时登记"对账差错登记簿",各行每日接收总行发出的对账差错信息后,打印差错清单,在5个工作日内必须查清原因,并按规定处理完毕,保证满足上日明细账务在5个工作日内查清的要求,如发出对账差错信息5个工作日后尚未查清,总行重新发出第二次对账差错信息,保证总行、清算行、经办行之间资金汇划的及时、准确、安全。

四、系统内资金调拨与利息的核算

系统内资金调拨是商业银行系统内上下级行之间因日常结算、资金清算和经营管理需要而存放、缴存和借入、借出各种款项的业务,是商业银行系统内资金往来业务内容之一。

(一) 系统内备付金存款的核算

系统内备付金存款指清算行和省区分行因办理客户结算业务和内部资金汇划以及正常资金调拨需要而在总行清算中心开设的备付金账户中的存款。不包括分行缴存总行的法定存款准备金、二级存款准备金、定期存款和总行规定缴存的其他资金。

1. 备付金存款账户的开立与资金存入的核算

清算行和省区分行在总行清算中心开立备付金存款账户时,可通过其在人民银行的备付金存款账户,以实汇资金的方式将款项存入总行清算中心。上存时,会计分录为

借:其他应收款——待处理汇划款项
　　贷:存放中央银行款项——准备金存款

待接到总行清算中心返回的成功信息后,进行账务处理。会计分录为

借:上存系统内款项——上存总行备付金
　　贷:其他应收款——待处理汇划款项

总行清算中心收到各清算行和省区分行上存的备付金后,进行账务处理。会计分录为

借:存放中央银行款项——准备金存款
　　贷:系统内款项存放——××行备付金

各清算行或省区分行在总行清算中心的备付金存款不足时,通过人民银行汇款补足的处理同上。

2. 通过人民银行调回备付金的核算

总行清算中心通过其在人民银行的备付金存款账户,以实汇资金的方式将款项调出时,会计分录为

借:系统内款项存放——××行备付金
　　贷:存放中央银行款项——准备金存款

清算行和省区分行接到总行清算中心发来的信息后,进行账务处理。会计分录为

借:其他应收款——待处理汇划款项
　　贷:上存系统内款项——上存总行备付金

待收到调回的备付金后,进行账务处理。会计分录为

借:存放中央银行款项——准备金存款
　　贷:其他应收款——待处理汇划款项

二级分行通过人民银行向管辖的省区分行上存、调回调拨资金,各支行通过人民银行向管辖的清算行上存、调回备付金,可比照上述方式进行处理。

(二) 系统内借款的核算

系统内借款是指下级行根据相关管理规定和业务经营需要向上级行借入资金。在资金汇划与清算过程中,若清算行备付金存款不足,二级分行可向管辖省区分行借款,省区分行和直辖市分行、直属分行头寸不足可向总行借款。下级行按规定向上级行借入的资金,对上级行而言,属于资产性质,上级行通过"系统内借出"科目核算;对下级行而言,属于负债性质,下级行通过"系统内借入"科目核算。

1. 一般借入的核算

(1) 清算行如果不能通过人民银行汇款补足在总行清算中心的备付金存款,经批准可向管辖行申请借入资金。

① 省区分行接到二级分行借款申请后,经批准向总行清算中心办理资金借出手续。会计分录为

借:系统内借出——一般借出
　　贷:上存系统内款项——上存总行备付金

② 总行清算中心收到省区分行借出资金信息后,当日自动进行账务处理。会计分录为

借:系统内款项存放——××省区分行备付金
　　贷:系统内款项存放——××清算行备付金

③ 清算行收到借款信息后,自动进行账务处理。会计分录为

借:上存系统内款项——上存总行备付金
　　贷:系统内借入——一般借入

(2) 省区分行经批准可向总行申请借入资金。

① 总行接到省区分行借款申请后,经批准办理资金借出手续。会计分录为

借:系统内借出——一般借出
　　贷:系统内款项存放——××省区分行备付金

② 省区分行收到借款信息后,自动进行账务处理。会计分录为

借:上存系统内款项——上存总行备付金
　　贷:系统内借入——一般借入

2. 强行借入的核算

如果二级分行在总行备付金不足,日终又不能立即借入资金补足,总行清算中心有权主动代省区分行强行向二级分行借出资金,同时通知二级分行和省区分行。强行借款通过"系统内借入——强行借入"和"系统内借出——强行借出"科目进行核算。

(1) 若省区分行在总行备付金账户有足够余额,则总行清算中心日终批量处理时,系统自动代省区分行强拆二级分行。会计分录为

借:系统内款项存放——××省区分行备付金
　　贷:系统内款项存放——××清算行备付金

省区分行清算中心次日收到总行清算中心代本行强拆信息后,系统自动进行账务处理。会计分录为

借:系统内借出——强行借出
　　贷:上存系统内款项——上存总行备付金

二级分行次日收到总行代省区分行强拆信息后,系统自动进行账务处理。会计分录为

借：上存系统内款项——上存总行备付金
　　贷：系统内借入——强行借入

(2) 若省区分行在总行备付金账户余额不足,则总行清算中心日终批量处理时,系统自动强拆省区分行,然后代省区分行强拆二级分行。会计分录为

借：系统内借出——强行借出
　　贷：系统内款项存放——××省区分行备付金
借：系统内款项存放——××省区分行备付金
　　贷：系统内款项存放——××清算行备付金

省区分行清算中心次日收到总行清算中心强拆及代本行强拆信息后,系统自动进行账务处理。会计分录为

借：上存系统内款项——上存总行备付金
　　贷：系统内借入——强行借入
借：系统内借出——强行借出
　　贷：上存系统内款项——上存总行备付金

二级分行次日收到总行代省区分行强拆信息后,系统自动进行账务处理。会计分录为

借：上存系统内款项——上存总行备付金
　　贷：系统内借入——强行借入

3. 归还借款的核算

(1) 二级分行归还省区分行借款的核算。二级分行在总行清算中心备付金存款足以归还向省区分行的借款时,经批准向总行清算中心发出还款通知,系统自动进行账务处理。会计分录为

借：系统内借入——一般借入或强行借入
　　贷：上存系统内款项——上存总行备付金

总行清算中心收到还款信息后,系统自动进行账务处理。会计分录为

借：系统内款项存放——××清算行备付金
　　贷：系统内款项存放——××省区分行备付金

省区分行清算中心收到还款信息后,系统自动进行账务处理。会计分录为

借：上存系统内款项——上存总行备付金
　　贷：系统内借出——一般借出或强行借出

(2) 省区分行归还总行借款的核算。省区分行在总行清算中心备付金存款足以归还向总行的借款时,经批准向总行清算中心发出还款通知,系统自动进行账务处理。会计分录为

借：系统内借入——一般借入或强行借入
　　贷：上存系统内款项——上存总行备付金

总行清算中心收到还款信息后,系统自动进行账务处理。会计分录为

借：系统内款项存放——××省区分行备付金
　　贷：系统内借出——一般借出或强行借出

二级分行或省区分行借款到期不能归还,到期日营业终了,自动转入各该科目逾期贷款户,并自转入日按规定的逾期贷款利率计息。

(三) 利息的核算

1. 系统内备付金存款利息的核算

总行清算中心按季计付各清算行和省区分行存入总行的备付金存款利息,按季计付利息时,由系统自动生成各清算行和省区分行利息报文,于次日营业开始时下送各行。会计分录为

借：利息支出——系统内往来支出
　　贷：系统内款项存放——××分行备付金

清算行和省区分行次日收到总行下送的利息报文后,系统自动进行账务处理。会计分录为

借：上存系统内款项——上存总行备付金
　　贷：利息收入——系统内往来收入

2. 系统内借款利息的核算

总行清算中心按季计收各清算行和省区分行向总行借入的借款利息,按季计收利息时,由系统自动生成各清算行和省区分行利息报文,于次日营业开始时下送各行。会计分录为

借：系统内款项存放——××分行备付金
　　贷：利息收入——系统内往来收入

清算行和省区分行次日收到总行下送的利息报文后,系统自动进行账务处理。会计分录为

借：利息支出——系统内往来支出
　　贷：上存系统内款项——上存总行备付金

各清算行和省区分行在总行清算中心的备付金存款不足支付借款利息的,总行先作强行借款处理,然后再按前述账务处理进行利息扣划。

省区分行按季向辖属清算行计收借款利息及计付调拨资金存款利息,可比照上述方式进行处理。

关键词

财政性存款　法定存款准备金　向中央银行借款　再贴现　转贴现　同城票据交换　同业往来　同业拆借　拆出资金　拆入资金　联行往来　系统内部往来　资金汇划清算系统

复习思考题

1. 简述商业银行缴存财政性存款的有关规定。
2. 简述商业银行缴存法定存款准备金的有关规定。
3. 向中央银行借款包括哪几种类型?
4. 简述再贴现和转贴现的区别。
5. 简述同城票据交换的相关规定。
6. 同业拆借包括哪几种类型?
7. 简述资金汇划清算系统的基本做法。

练习题

习题一

一、目的:练习商业银行与人民银行往来的核算。

二、资料:

1. 某商业银行填制现金支票向人民银行支取现金 200 000 元。

2. 某商业银行填制现金缴款单,向人民银行缴存现金 400 000 元。

3. 某商业银行分支机构于 20×2 年 3 月刚成立,至 3 月末该银行财政性存款余额为 1 200 000 元,3 月末该银行第一次办理缴存手续。至 20×2 年 4 月末,其财政性存款余额为 1 500 000 元。

4. 某商业银行 9 月 1 日向人民银行申请年度性借款 300 000 元,期限为一年,年末计提利息,年利率 5%,到期一次还本付息。

5. 某中国银行 20×3 年 5 月 1 日持已向江河公司贴现尚未到期的银行承兑汇票向人民银行申请办理买断式再贴现,汇票的面额为 200 000 元,再贴现率 3.6%,7 月 9 日到期。中国银行办理再贴现时,"贴现资产(面值)"账户(借方余额)为 200 000 元,"贴现资产(利息调整)"账户贷方余额为 24 000 元。

6. 某工商银行 20×3 年 5 月 8 日持已向长城公司贴现尚未到期的商业承兑汇票向人民银行申请买断式再贴现,汇票的面额为 200 000 元,再贴现率为 6%。8 月 25 日到期。票据到期时人民银行到期收回票款。

7. 假设上题 8 月 25 日,人民银行收到付款人开户行寄来的付款人未付款项通知书及退回的托收凭证、汇票,从再贴现申请人工商银行账户收取票款,但工商银行准备金存款账户只有 120 000 元。

8. 某农业银行 20×3 年 3 月 5 日持已向长江公司贴现尚未到期的商业承兑汇票向人民银行申请回购式再贴现,汇票的面额为 100 000 元,双方约定票据回购日 5 月 11 日,再贴现率为 3.6%,5 月 11 日,农业银行主动向人民银行回购再贴现的商业承兑汇票。

三、要求:根据上述资料编制会计分录。

习题二

一、目的:练习同城票据交换的核算。

二、资料:9 月 6 日,中国银行上海某支行当日第一场票据交换清算总数表如下。

中国银行上海某支行清算总数表

单位:元

借方			贷方		
项 目	笔 数	金 额	项 目	笔 数	金 额
提出借方凭证	12	450 000	提出贷方凭证	15	560 000
提入贷方凭证	10	370 000	提入借方凭证	13	410 000
合 计		820 000	合 计		970 000
应收差额			应付差额		150 000

假设9月6日票据交换结束后，经人民银行轧算，中国银行为应付差额150 000元，建设银行为应收差额100 000元，工商银行为应收差额50 000元。

三、要求：根据上述资料编制会计分录。

习题三

一、目的：练习同城票据交换的核算。

二、资料：5月20日，中国建设银行长沙甲支行纳入当日第一场票据交换轧差的提出和提入票据为：提出贷方凭证8张，金额75 000元；提出借方凭证（为收妥抵用票据）2张，金额32 000元；提入贷方凭证6张，金额98 000元；提入借方凭证4张，金额52 000元。在规定的退票时间内，接到中国工商银行长沙乙支行的退票电话，本行开户单位海运公司为收款人的一张提出借方凭证（转账支票），由于中国工商银行长沙乙支行的开户单位长江公司为付款人的存款账户无款支付（空头支票）发生退票，金额为10 000元，待下场票据交换退回。

5月20日，中国建设银行长沙甲支行纳入当日第二场票据交换轧差的提出和提入票据为：提出贷方凭证6张，金额82 000元；提出借方凭证（为即时抵用票据）4张，金额45 000元；提入贷方凭证7张，金额12 000元；提入借方凭证3张，金额15 000元，其中1张为退回的收款人为海运公司的借方凭证，金额10 000元。

要求：

(1) 根据上述资料，编制中国建设银行长沙甲支行的会计分录。

(2) 计算中国建设银行长沙甲支行应收（付）差额并与人民银行清算差额。

(3) 编制中国工商银行乙支行提入空头支票及提出退票的会计分录。

习题四

一、目的：练习商业银行同业往来的核算。

二、资料：

1. 中国工商银行甲分行2月5日存放中国建设银行乙分行款项500 000元，3月8日支取200 000元；4月24日接受中国银行A分行存入款项400 000元，5月9日，中国银行A分行来行支取100 000元。

2. 中国农业银行上海分行需向同城工商银行拆借资金10万元，经人民银行批准，同意办理拆借手续，利率为3‰，期限为15天。

3. 中国工商银行A支行4月1日持已贴现尚未到期的商业承兑汇票向中国建设银行B支行申请转贴现，票据面值为60 000元，期限为5个月，已持有3个月，贴现率为5.5%（含税），增值税税率为6%。票据到期时建设银行B支行向付款人收款，未划回，通过人民银行从工商银行存款账户扣回，但该银行存款账户余额只有40 000元。

三、要求：根据上述资料编制会计分录。

习题五

一、目的：练习商业银行系统内部往来的核算。

二、资料：

1. 中国工商银行北京德胜门支行开户单位星海公司为付款单位，收款单位是在工商银行南京鼓楼支行开户的明月公司，金额为80 000元，业务数据经过复核，发送至工商银行北京市分行营业部，款项当日划出，并通过资金汇划清算系统处理（批量），工商银行总行、工商银行南京市分行营业部、工商银行南京鼓楼支行计算机系统自动进行账务处理。工商银南京市分行营业部采取分散管理模式。

2. 4月6日,中国建设银行广州分行通过人民银行向中国建设银行总行存入备付金600 000元;5月9日,中国建设银行广州分行通过人民银行从中国建设银行总行调回备付金200 000元。

3. 9月12日,中国银行杭州分行因其在总行清算中心的备付金存款不足,向中国银行浙江省分行申请借入资金2 000 000元。中国银行浙江省分行接到借款申请后,经批准向中国银行总行清算中心办理资金借出手续。

4. 11月16日,中国农业银行总行清算中心日终批量处理时,中国农业银行长沙分行备付金存款不足,系统自动代湖南省分行强行借出资金500 000元给长沙分行。

三、要求:根据上述资料编制会计分录。

第六章 现代化支付系统的核算

第一节 现代化支付系统简介

一、现代化支付系统的内容

现代化支付系统(China national advanced payment system,CNAPS)是人民银行根据我国支付清算的需要,利用现代计算机技术和通信网络开发建设的,能够高效、安全地处理各银行办理的异地、同城各种支付业务及其资金清算和货币市场交易资金清算的应用系统。

现代化支付系统是我国支付体系的中枢,人民银行作为我国支付体系的参与者和管理者,自 2005 年起相继在全国建成了包括大额支付系统(2005)、小额支付系统(2006)和支票影像交换系统(2007)等主要应用的第一代支付系统。2009 年,人民银行着手建设第二代支付系统,目前形成以清算账户管理系统为核心,大额支付系统、小额支付系统、支票影像交换系统、网上支付跨行清算系统为业务应用子系统,支付管理信息系统为辅助支持系统的应用系统。具体内容如下。

1. 清算账户管理系统

清算账户管理系统(SAPS)是现代化支付系统的核心支持系统,通过集中存储和管理清算账户,处理大额支付系统、小额支付系统、网上支付跨行清算系统等业务系统的资金清算,以及人民银行会计核算系统发起的现金存取、再贷款、再贴现等单边业务和同城轧差净额业务。

2. 大额支付系统

大额支付系统(HVPS)逐笔实时发送支付指令,全额清算资金。该系统处理同城和异地商业银行跨行之间和行内的每笔金额在规定起点以上的大额贷记支付业务和紧急的小额贷记支付业务,人民银行会计和国库部门办理的贷记支付业务,以及公开市场操作、债券交易等的即时转账业务。

3. 小额支付系统

小额支付系统(BEPS)批量发送支付指令,轧差净额清算资金。该系统处理同城和异地纸质凭证截留的商业银行跨行之间的借记支付业务及每笔金额在规定起点以下的小额贷记支付业务,人民银行会计和国库部门办理的借记支付业务。

4. 网上支付跨行清算系统

网上支付跨行清算系统(IBPS)即网银互联系统(俗称超级网银),逐笔实时发送支付指令,轧差净额清算资金。该系统处理跨行(同行)网上支付、电话支付、手机支付等新兴电子支付业务,跨行账户信息查询以及在线签约等业务。网银互联系统实现了各商业银行网银系统互联互通,为社会提供更为高效、便捷的电子支付清算服务,同时作为大、小额支付系统运行时序上的有益补充。

5. 支票影像交换系统

支票影像交换系统(CIS)综合运用影像技术和支付密码等技术,将纸质支票转换为影像和电子信息,实现纸质支票截留,利用网络技术将支票影像和电子清算信息传递至出票人开户行进行提示付款,付款回执通过小额支付系统返回,由小额支付系统统一纳入轧差并提交清算,实现支票的全国通用。该系统处理银行机构跨行和行内的支票影像信息交换。

6. 支付管理信息系统

支付管理信息系统(PMIS)是现代化支付系统的辅助支持系统,主要负责管理行名行号、统计分析、统计报表、监控业务运行、集中存储支付系统的基础数据和计费服务等。对支付信息和系统基础数据进行管理和统计监测,并进行数据挖掘和加工,为制定货币政策和维护金融稳定等提供可靠的信息支持和决策依据。

二、现代化支付系统的结构体系

现代化支付系统采取"两级两层"结构,即国家处理中心(NPC)和32个(包括31个省会首府城市和深圳市)城市处理中心(CCPC)。NPC分别与各CCPC连接,其通信网络采用专用网络,以地面通信为主,卫星通信备份。

人民银行会计核算数据集中系统(ACS)和人民银行国库核算数据集中系统(TCBS)一点接入NPC处理相关支付业务。

各政策性银行、商业银行以其省级分行作为直接参与者接入CCPC,并逐步适应其集中一点接入;人民银行会计集中核算系统(ABS)、国家金库会计核算系统(TBS)分别以地市为直接参与者远程接入CCPC,ABS和TBS正实施数据集中,逐步实现其集中接入。

中央债券综合业务系统和中国银联信息交换系统作为特许参与者与NPC连接,实现了债券交易的"券款对付(DVP)"清算和银联卡跨行业务的即时转账清算。

城市商业银行资金清算中心、外汇交易中心作为特许参与者与上海CCPC连接,办理城市商业银行银行汇票和外汇交易、银行间同业拆借的资金清算。

香港地区人民币清算行、澳门地区人民币清算行作为特许参与者分别与深圳CCPC、广州CCPC连接,办理个人人民币汇款及存款、兑换和银行卡业务的资金清算。

第二节 大额支付系统的核算

一、大额支付系统处理的业务范围

大额实时支付系统(简称大额支付系统)采用逐笔实时方式处理支付业务,全额清算资金。目前,大额支付系统的参与者已覆盖香港和澳门地区的商业银行,并逐步向境外其他地区扩展,对于收、付款人开户银行均为大额支付系统参与者的跨境人民币支付业务,也可直接通过大额支付系统办理。该支付系统已成为银行跨地区、跨行间结算的主渠道,大额支付系统处理的支付业务主要有如下几项。

(1) 规定金额起点以上的跨行贷记支付业务(目前为 5 万元以上);
(2) 规定金额起点以下的紧急跨行贷记支付业务;
(3) 各银行行内需要通过大额支付系统处理的贷记支付业务;
(4) 人民银行会计营业部门和国库部门发起的贷记业务;
(5) 城市商业银行银行汇票资金的移存和兑付资金的汇划业务;
(6) 特许参与者发起的即时转账业务;
(7) 人民银行规定的其他支付清算业务。

其中,第(1)至第(4)项为普通贷记业务。

二、大额支付系统处理的业务流程

大额支付指令逐笔实时处理,全额清算资金,这决定了大额支付指令必须实时传输。大额支付系统处理的支付业务分为普通贷记业务和即时转账业务两类。

(一) 普通贷记业务处理流程

普通贷记业务是指付款行向收款行主动发起的付款业务,包括汇兑、委托收款划回、托收承付划回、人民银行会计部门和国库部门办理的贷记汇划、银行间同业拆借、外汇交易人民币清算等一般普通贷记业务和城市商业银行银行汇票业务。普通贷记业务系统在结构上呈倒树形结构,NPC 与各 CCPC 连接,CCPC 与覆盖范围内各直接参与者前置机连接,直接参与者前置机通过行内系统的接口与各参与者连接。因此,贷记支付业务的传输流程包含了从"付款行→付款清算行→发报中心(CCPC)→NPC→收报中心(CCPC)→收款清算行→收款行"几个环节。

(二) 即时转账业务的处理流程

即时转账业务由特许参与者(第三方),如中国银联股份有限公司、中央国债登记结算有限责任公司、公开市场操作室、电子商业等发起,主要有银联卡跨行清算、债券交易资金清算、债券发行与兑付、公开市场操作资金清算、电子商业汇票清算等。支付系统特许参与者以第三方的身份将即时转账报文,通过与支付系统的接口将支付指令发往自身业务系统前置机,前置机收到支付指令,发往 NPC;NPC 在向特许参与者发送清算成功回执的同时,还将支付指令分别发送被借记行和被贷记行的 CCPC;被借记行和被贷记行的 CCPC 收到即时转账通知报文后,再转发被借记行或被贷记行。

三、科目设置

1. "商业银行存款"(或"政策性银行存款""信用社存款"及"其他金融机构存款")科目

以上各存款类科目是人民银行分支行用于核算银行业金融机构存放在人民银行的准备金和经批准后存放在人民银行的款项,包括银行业金融机构提取或缴存现金、办理支付往来资金清算款项、按规定缴存法定准备金和超额准备金存款等。这些科目属于负债类科目,其贷方登记收到金融机构存入的款项,借方登记支付的存款,余额在贷方,反映人民银行分支行吸收的存款。该存款类科目应按直接参与者(不包括人民银行机构)设置明细账。银行业金融机构法人准备金存款账户余额应大于,最低应等于规定的法定存款准备金余额。

2."其他存款"科目

"其他存款"科目是人民银行分支行用于核算特许参与者存放在人民银行的用于清算的资金和支付业务收费的归集、划拨等。该科目属于负债类科目,其贷方登记收到特许参与者的存款,借方登记支付的存款,余额在贷方,反映人民银行分支行吸收特许参与者的存款。该科目应按特许参与者设置明细账。

3."大额支付往来"科目

"大额支付往来"科目是人民银行分支行用于核算支付系统发起清算行和接收清算行通过大额支付系统办理的支付结算往来款项,以及网上支付跨行清算系统参与者应缴纳的汇划费用。该科目属于共同类科目,余额轧差反映,余额在借方时表示本行的债权,余额在贷方时表示本行的债务。年终,该科目余额全额由 SAPS 自动转入"支付清算资金往来"科目,结转后余额为零。该科目应按人民银行分支行的会计营业部门、国库部门等机构设置明细账。

4."支付清算资金往来"科目

"支付清算资金往来"科目是人民银行分支行用于核算支付系统发起清算行和接收清算行通过大额支付系统、小额支付系统和网上支付跨行清算系统办理的支付结算汇差款项。该科目属于共同类科目,年终,"大额支付往来""小额支付往来"科目余额核对准确后,由 SAPS 全额自动结转至该科目,余额轧差反映。该科目应按人民银行分支行的会计营业部门、国库部门等机构设置明细账。

5."待清算辖内往来"科目

"待清算辖内往来"科目用于核算各发、收报经办行与清算行之间的资金汇划往来与清算情况,此科目详见第五章。

四、一般普通贷记业务的账务处理

1. 付款(清算)行的处理

(1) 付款行的处理。付款行受理客户提交的一般普通贷记业务,审核无误进行账务处理后,将支付信息通过行内系统发送付款清算行。付款行的账务处理按各银行系统内往来的规定办理。会计分录为

借:吸收存款——××存款——××户
　　贷:待清算辖内往来——××行

(2) 付款清算行的处理。付款清算行收到支付信息后,审核无误,按系统内往来进行账务处理。会计分录为

借:待清算辖内往来——××行
　　贷:存放中央银行款项——准备金存款

若付款清算行本身就是付款行,则其对自身发起的一般普通贷记业务进行账务处理,其会计分录为

借:吸收存款——××存款——××户(或其他科目)
　　贷:存放中央银行款项——准备金存款

付款清算行行内业务处理系统与前置机直联的,根据付款人提交的原始凭证和要求,行

内业务处理系统将规定格式标准的支付报文发送前置机系统,系统自动逐笔加编地方密押后发送发报中心。待 SAPS 清算资金后接收回执。

付款清算行行内业务处理系统未与前置机直联的,银行根据付款人提交的原始凭证和要求,确定普通、紧急的优先级次(救灾战备款为特急;低于规定的大额金额起点的,应设定为紧急),手工录入或从磁介质导入前置机系统,系统自动逐笔加编地方密押后发送发报中心。待 SAPS 清算资金后接收回执。

前置机是将银行业金融机构行内系统、ACS、TCBS、清算组织业务处理系统接入现代化支付系统的计算机系统。ABS 和 TBS 不通过前置机直接与当地 CCPC 连接。

2. 发报中心(CCPC)的处理

发报中心收到付款清算行发来的支付信息,确认无误后,逐笔加编全国密押,实时发送国家处理中心。

3. 国家处理中心(NPC)的处理

国家处理中心收到发报中心发来的支付报文,逐笔确认无误后,提交 SAPS 进行资金清算。会计分录为

借:××存款——××户
　　贷:大额支付往来——人民银行××行　　　(付款清算行所在地人行)
借:大额支付往来——人民银行××行　　　(收款清算行所在地人行)
　　贷:××存款——××户

SAPS 账务处理完成后,将支付信息转发国家处理中心。国家处理中心收到后转发收报中心。

4. 收报中心(CCPC)的处理

收报中心接收国家处理中心发来的支付信息,确认无误后,逐笔加编地方密押,实时发送收款清算行。

5. 收款(清算)行的处理

(1)收款清算行的处理。银行行内业务处理系统与前置机直联的,前置机收到收报中心发来的支付信息,逐笔确认后发送至行内系统进行账务处理;银行行内业务处理系统未与前置机直联的,前置机收到收报中心发来的支付信息,逐笔确认后,银行将支付信息转存磁介质或使用支付系统专用凭证打印支付信息,送行内系统进行账务处理。会计分录为

借:存放中央银行款项——准备金存款
　　贷:待清算辖内往来——××行

(2)收款行的处理。收款行收到收款清算行通过行内系统发来的支付信息,逐笔确认无误后,按各银行系统内往来的规定进行账务处理并通知接收人。会计分录为

借:待清算辖内往来——××行
　　贷:吸收存款——××存款——××户

若收款清算行本身就是收款行,则会计分录为

借:存放中央银行款项——准备金存款
　　贷:吸收存款——××存款——××户(或其他科目)

【例6-1】 8月6日,中国建设银行天津甲支行(间接参与者)收到开户单位旺和家具

厂提交的电汇凭证,要求向中国银行北京乙支行(间接参与者)开户单位佳运商场汇出货款 100 000 元。中国建设银行天津甲支行审核无误后,将支付信息经行内系统发往其所属的中国建设银行天津分行(直接参与者),中国建设银行天津分行收到后通过大额支付系统汇出资金。中国银行北京乙支行收到其所属的中国银行北京分行(直接参与者)通过行内系统发来的支付信息,确认无误后,将货款收入开户单位佳运商场账户。

根据上述资料,编制会计分录如下。

(1) 中国建设银行天津甲支行的会计分录为
借:吸收存款——单位活期存款——旺和家具厂　　　　　100 000
　　贷:待清算辖内往来——中国建设银行天津分行　　　　　　100 000

(2) 中国建设银行天津分行的会计分录为
借:待清算辖内往来——中国建设银行天津甲支行　　　　100 000
　　贷:存放中央银行款项——准备金存款　　　　　　　　　　100 000

(3) SAPS 的会计分录为
借:商业银行存款——中国建设银行天津分行　　　　　　100 000
　　贷:大额支付往来——人民银行天津中心支行　　　　　　　100 000
借:大额支付往来——人民银行北京营业管理部　　　　　100 000
　　贷:商业银行存款——中国银行北京分行　　　　　　　　　100 000

(4) 中国银行北京分行的会计分录为
借:存放中央银行款项——准备金存款　　　　　　　　　100 000
　　贷:待清算辖内往来——中国银行北京乙支行　　　　　　　100 000

(5) 中国银行北京乙支行的会计分录为
借:待清算辖内往来——中国银行北京分行　　　　　　　100 000
　　贷:吸收存款——单位活期存款——佳运商场　　　　　　　100 000

第三节　小额支付系统的核算

一、小额支付系统处理的业务范围

小额批量支付系统(以下简称"小额支付系统")主要处理同城和异地纸质凭证截留的借记支付业务和小额贷记支付业务,支付指令批量发送,轧差净额清算资金,旨在为社会提供低成本、大业务量的支付清算服务。小额支付系统实行 7×24 小时连续运行,能支撑多种支付工具的使用,满足社会多样化的支付清算需求,目前已成为银行业金融机构跨行支付清算和业务创新的安全高效的平台。

小额支付系统主要服务于日常消费性支付,主要处理以下八种类型的业务。

(1) 普通贷记业务。付款人通过其开户银行办理的主动付款业务,主要包括规定金额以下(目前是 5 万元及以下)的汇兑、委托收款(划回)、托收承付(划回)、网上银行支付以及财税库汇划、网银贷记支付等业务。

(2) 定期贷记业务。付款人开户银行依据当事各方事先签订的合同(协议),定期向指定的收款人开户银行发起的批量付款业务,包括规定金额以下(目前是5万元及以下)的代付工资、养老金、保险金、国库各类款项的批量划拨等,其特点是单个付款人同时向多个收款人发起付款指令。

(3) 实时贷记业务。付款人委托其开户银行发起的,将确定款项实时划拨到指定收款人账户的业务,主要包括跨行个人储蓄通存、国库实时缴税等业务。

(4) 普通借记业务。收款人通过其开户银行向付款人开户银行主动发起的收款业务,包括人民银行机构间的借记业务、国库借记汇划业务和支票截留业务等。其中,支票截留业务是指持票人开户行收到客户提交的纸质支票后,不再将支票提出交换至出票人开户行,而是通过小额支付系统向出票人开户行发起一笔借记业务,出票人开户行根据借记业务指令中提供的支票信息、支付密码、支票影像等确认支票的真实性,并通过小额支付系统完成跨行资金清算的业务。

(5) 定期借记业务。收款人开户银行依据当事各方事先签订的合同(协议),定期向指定的付款人开户银行发起的批量收款业务,如收款人委托其开户银行收取水、电、煤气等公用事业费用,国库批量扣税等。其特点是单个收款人向多个付款人同时发起收款指令。

(6) 实时借记业务。收款人委托其开户银行发起的,从指定付款人账户实时扣收确定款项的业务,主要包括跨行个人储蓄通兑、对公通兑业务、国库实时扣税等业务。

(7) 非金融支付服务组织发起的代收付业务。收付款单位通过集中代收付中心等非金融支付服务组织办理代收付业务。集中代收付中心业务处理系统是集中办理代收水电煤气费、代发工资、代付养老金及保险金等代收代付业务信息收集、转发的业务处理系统,是小额支付系统公共清算平台向企事业单位的延伸。企事业单位、收付款单位及银行业金融机构为该系统的参与者。

付款单位通过集中代收付中心等非金融支付服务组织办理代收付业务时,需将收付款业务清单提交集中代收付中心业务处理系统;系统将代收、代付信息按收付款单位开户银行清分后,通过小额支付系统发送各收付款单位开户银行;开户银行根据业务要求通过小额支付系统分别发起定期、实时借贷记支付业务,待资金清算完成后,开户银行将收付款单位收、付款结果通过小额支付系统通知集中代收付中心。集中代收付中心不在支付系统开立清算账户,代收付业务的资金清算通过各收付款单位的开户行办理。

(8) 信息服务业务。支付系统接收发起参与者发起的不需要支付系统提供清算服务的信息数据,经由所在CCPC(同城业务)或NPC(异地业务)实时转发接收参与者的业务,主要包括处理支票圈存信息、接收转发清算组织提交给商业银行的代收代付信息等非支付类信息。

二、小额支付系统处理的业务流程

根据支付业务的发起和接收参与者是否属于同一城市处理中心,小额支付系统处理的业务可以分为同城业务和异地业务。同城业务是指属于同一城市处理中心的参与者相互间发生的支付业务;异地业务是指分属不同城市处理中心的参与者相互间发生的业务。

小额支付系统处理的同城贷记支付业务,其支付指令从付款行发起,经付款清算行、城市处理中心、收款清算行,至收款行止;小额支付系统处理的异地贷记支付业务,其支付指令从付款行发起,经付款清算行、付款行城市处理中心、国家处理中心、收款行城市处理中心、收款清算行,至收款行止。

小额支付系统处理的同城借记支付业务,其支付指令从收款行发起,经收款清算行、城市处理中心、付款清算行、付款行后,付款行按规定时限发出付款回执信息原路径返回至收款行止;小额支付系统处理的异地借记支付业务,其支付指令从收款行发起,经收款清算行、收款行城市处理中心、国家处理中心、付款行城市处理中心、付款清算行、付款行后,付款行按规定时限发出付款回执信息原路径返回至收款行止。

三、科目设置

1. "小额支付往来"科目

"小额支付往来"科目用于核算人民银行分支行支付系统发起清算行和接收清算行通过小额支付系统、网上支付跨行清算系统办理的支付结算往来款项。该科目属于共同类科目,借方表示应收,贷方表示应付,余额轧差反映,余额在借方时表示本行的应收差额,余额在贷方时表示本行的应付差额。年终,该科目余额全额由 SAPS 自动转入"支付清算资金往来"科目,结转后余额为零。该科目应可按人民银行分支行的会计营业部门、国库部门等机构设置明细账。

2. "待清算支付款项"科目

由于小额支付系统业务转发在前、资金清算在后,因此,清算行需设置"待清算支付款项"科目,用于核算通过小额支付系统办理支付业务尚未提交 SAPS 进行清算的资金。该科目属于共同类科目,借方表示应收,贷方表示应付,余额轧差反映,余额在借方时表示本行的应收差额,余额在贷方时表示本行的应付差额。

四、账务处理

(一) 普通贷记业务的账务处理

1. 付款(清算)行的处理

(1) 付款行的处理。付款行受理客户提交的普通贷记业务,审核无误进行账务处理后,将支付信息通过行内系统发送付款清算行。付款行的账务处理按各银行系统内往来的规定办理。会计分录为

借:吸收存款——××存款——××户
　　贷:待清算辖内往来——××行

(2) 付款清算行的处理。付款清算行收到后,审核无误,按系统内往来进行账务处理。会计分录为

借:待清算辖内往来——××行
　　贷:待清算支付款项

若付款清算行本身就是付款行,则其对自身发起的普通贷记业务进行账务处理的会计分录为

借:吸收存款——××存款——××户(或其他科目)
　　贷:待清算支付款项

完成账务处理后,付款清算行行内业务处理系统与前置机直联的,行内系统接收款清算行组包后发送前置机,前置机收到业务包审核无误后,逐包加编地方密押发送 CCPC;付款清算行行内业务处理系统与前置机间联的,则手工录入或从磁介质导入前置机,前置机对提

交的业务按收款清算行组包并加编地方密押后发送CCPC。

小额支付系统采取"实时双边轧差,定时清算"的资金清算模式。清算行将业务包发送小额支付系统后,小额支付系统并不实时提交SAPS进行资金清算,而是由SAPS进行付款清算行的净借记限额检查后,NPC将检查通过的业务包进行轧差处理并转发给收款清算行。待每一个清算时点,小额支付系统按照直接参与者(即清算银行)计算上一清算时点至本清算时点的轧差净额后,提交SAPS进行资金清算。

待付款清算行收到已清算通知,进行相应的账务处理。会计分录为

借:待清算支付款项
  贷:存放中央银行款项——准备金存款

若付款清算行收到已拒绝通知,则会计分录为

借:吸收存款——××存款——××户(或其他科目) (红字)
  贷:待清算支付款项 (红字)

2. 付款清算行CCPC的处理

CCPC收到业务包,检查核押无误后,加编全国密押后转发国家处理中心。

3. NPC的处理

NPC收到业务包后,对检查核押无误的业务包提交SAPS进行净借记限额检查。将检查通过的纳入轧差处理并对业务包标记"已轧差"状态,转发收款清算行的CCPC,同时向付款清算行的CCPC返回已轧差信息;检查未通过的,将业务包作排队处理并向付款清算行的CCPC返回已排队信息。

4. 收款清算行的CCPC的处理

CCPC收到NPC发来的业务包,核验全国密押无误后,加编地方密押转发收款清算行。

5. 收款(清算)行的处理

(1) 收款清算行的处理。银行行内业务处理系统与前置机直联的,前置机收到CCPC发来的业务包,逐包确认并核押无误后,发送至行内系统拆包并进行账务处理;银行行内业务处理系统与前置机间联的,前置机收到CCPC发来的业务包,逐包确认并核押无误拆包后,银行将业务明细转存磁介质或使用支付系统专用来账凭证打印支付信息,送行内系统进行账务处理。会计分录为

借:待清算支付款项
  贷:待清算辖内往来——××行

若收款清算行本身就是收款行,则会计分录为

借:待清算支付款项
  贷:吸收存款——××存款——××户(或其他科目)

待收款清算行收到已清算通知,进行相应的账务处理。会计分录为

借:存放中央银行款项——准备金存款
  贷:待清算支付款项

(2) 收款行的处理。收款行收到收款清算行通过行内系统发来的支付信息,确认无误后,按各银行系统内往来的规定进行账务处理并通知收款人。会计分录为

借:待清算辖内往来——××行
  贷:吸收存款——××存款——××户

【例6-2】 5月9日,中国农业银行深圳分行(直接参与者)收到开户单位东风制造厂提交的电汇凭证,要求向招商银行上海分行(直接参与者)开户单位大明钢铁厂汇出货款40 000元。中国农业银行深圳分行审核无误办理转账后,行内系统按收款清算行组包,通过小额支付系统汇出资金。招商银行上海分行收到业务包,经确认无误,由行内系统拆包,将货款收入开户单位大明钢铁厂账户。中国农业银行深圳分行和招商银行上海分行均收到了小额支付系统发来的已清算通知。

根据上述资料,编制会计分录如下。

(1) 中国农业银行深圳分行的会计分录为

发起业务时:

借:吸收存款——单位活期存款——东风制造厂　　　　　　　40 000
　　贷:待清算支付款项　　　　　　　　　　　　　　　　　　　　　40 000

收到已清算通知时:

借:待清算支付款项　　　　　　　　　　　　　　　　　　　　40 000
　　贷:存放中央银行款项——准备金存款户　　　　　　　　　　　40 000

(2) 招商银行上海分行的会计分录为

接收业务时:

借:待清算支付款项　　　　　　　　　　　　　　　　　　　　40 000
　　贷:吸收存款——单位活期存款——大明钢铁厂　　　　　　　　40 000

收到已清算通知时:

借:存放中央银行款项——准备金存款　　　　　　　　　　　　40 000
　　贷:待清算支付款项　　　　　　　　　　　　　　　　　　　　40 000

(二) 定期贷记业务的账务处理

办理定期贷记业务前,付款(清算)行需要与企业签订双方合同或协议。付款(清算)行办理定期贷记业务时,受理企事业单位以联机或磁介质方式提交的业务数据,依据合同审核无误后作相应账务处理。付款(清算)行、CCPC、NPC、收款(清算)行的账务处理可比照普通贷记业务。

(三) 实时贷记业务的账务处理

1. 发起实时业务的处理

(1) 付款(清算)行的处理。付款(清算)行根据客户提交的实时贷记业务,审核无误后进行账务处理。会计分录为

借:库存现金或吸收存款——××存款——××户
　　贷:待清算支付款项

完成账务处理后,付款(清算)行行内业务处理系统与前置机直联的,行内系统按收款清算行单笔组包发送前置机。前置机对业务包进行检查后,登记实时业务登记簿并加编地方密押后发送CCPC。

(2) 付款清算行CCPC的处理。CCPC收到业务包,检查核押无误,加编全国密押后实时转发NPC。

(3) NPC的处理。NPC收到业务包,检查核押无误后,登记实时业务登记簿并将业务

包实时转发收款清算行的 CCPC。

(4) 收款清算行 CCPC 的处理。CCPC 收到 NPC 发来的业务包,核验全国密押无误后,将业务包加编地方密押后转发收款清算行。

(5) 收款(清算)行的处理。收款(清算)行前置机收到业务包,逐包确认并核押无误后,登记实时业务登记簿,并实时转发行内系统作相应处理。

2. 实时业务回执的处理

(1) 收款(清算)行的处理。收款(清算)行行内系统对实时贷记业务的收款人账号、户名进行检查后,形成受理成功或拒绝受理的实时业务回执包发往前置机。前置机收到回执包,检查核对无误后,加编地方密押实时发送 CCPC。

待收款(清算)行收到已轧差通知,进行相应的账务处理。会计分录为

借:待清算支付款项
　　贷:吸收存款——××存款——××户

待收款(清算)行收到已清算通知,进行相应的账务处理。会计分录为

借:存放中央银行款项——准备金存款
　　贷:待清算支付款项

(2) 收款清算行 CCPC 的处理。CCPC 收到回执包,检查核押无误,加编全国密押后发送 NPC。

(3) NPC 的处理。NPC 收到回执包,检查核押无误后销记登记簿。拒绝受理的回执包实时转发付款清算行的 CCPC;受理成功的回执包提交 SAPS 进行付款清算行的净借记限额检查。检查通过的实时纳入轧差处理,对包标记"已轧差"状态后转发付款清算行的 CCPC,同时向收款清算行的 CCPC 返回已轧差信息;检查未通过的做拒绝处理,并将处理结果发送付款清算行的 CCPC。

(4) 付款清算行 CCPC 的处理。CCPC 收到 NPC 发来的回执包,核验全国密押无误,加编地方密押后实时转发付款(清算)行。

(5) 付款(清算)行的处理。付款(清算)行前置机收到回执包,逐包确认并核押无误后销记登记簿,将回执包发送至行内系统进行相应处理,并通知付款人。付款(清算)行收到拒绝受理的回执包时,进行账务处理的会计分录为

借:库存现金或吸收存款——××存款——××户　　　　　　(红字)
　　贷:待清算支付款项　　　　　　　　　　　　　　　　　　(红字)

对已轧差回执包,待付款清算行收到已清算通知时,进行相应的账务处理。会计分录为

借:待清算支付款项
　　贷:存放中央银行款项——准备金存款

(四) 普通借记业务的账务处理

1. 发起借记业务的处理

(1) 收款(清算)行的处理。收款(清算)行行内业务处理系统与前置机直联的,根据客户提交的普通借记业务,确定每笔业务的借记回执信息最长返回时间 N 日(借记回执信息返回基准时间≤N≤5),按规定组包后发送前置机。前置机对业务包进行检查核对后,登记借记业务登记簿并加编地方密押后发送 CCPC。

(2) 收款清算行 CCPC 的处理。CCPC 收到业务包,检查核押无误,加编全国密押后发

送 NPC。

(3) NPC 的处理。NPC 收到业务包,检查核押无误后,登记借记业务登记簿并将业务包转发付款清算行 CCPC。

(4) 付款清算行 CCPC 的处理。CCPC 收到业务包,检查核押无误,加编地方密押后转发付款(清算)行。

(5) 付款(清算)行的处理。付款(清算)行前置机收到业务包,逐包确认并核押无误后,登记借记业务登记簿并发送至行内系统拆包和处理。

2. 借记业务回执的处理。

(1) 付款(清算)行的处理。付款(清算)行收到借记业务后执行扣款,对扣款成功的进行账务处理。会计分录为

借：吸收存款——××存款——××户
　　贷：待清算支付款项

付款(清算)行应在规定时间内,对扣款成功或失败的形成受理成功或拒绝受理借记业务回执包发送前置机。前置机收到后,检查核对无误,加编地方密押发送 CCPC。

待付款清算行收到已清算通知时,进行相应的账务处理。会计分录为

借：待清算支付款项
　　贷：存放中央银行款项——准备金存款

若付款清算行收到已拒绝通知,则会计分录为

借：吸收存款——××存款——××户　　　　　　　　　　（红字）
　　贷：待清算支付款项　　　　　　　　　　　　　　　　（红字）

(2) 付款清算行 CCPC 的处理。CCPC 收到回执包,检查核押无误,加编全国密押后发往 NPC。

(3) NPC 的处理。NPC 收到回执包,对检查核押无误的回执包中成功金额提交 SAPS 进行净借记限额检查。检查通过的实时纳入轧差处理,销记登记簿,并对包标记"已轧差"状态后转发收款清算行的 CCPC；检查未通过的,进行排队处理并向付款清算行的 CCPC 返回已排队信息。

(4) 收款清算行 CCPC 的处理。CCPC 收到回执包,密押后转发收款(清算)行。

(5) 收款(清算)行的处理。收款(清算)行前置机收到回执包,逐包确认并核押无误后销记登记簿,发送行内系统拆包并进行账务处理。

借：待清算支付款项
　　贷：吸收存款——××存款——××户

待收款(清算)行收到已清算通知,进行相应的账务处理。

借：存放中央银行款项——准备金存款
　　贷：待清算支付款项

(五) 定期借记业务的账务处理

办理定期借记业务前,付款(清算)行、付款人、收费单位需要签订办理代扣某类费用的三方合同或协议。定期借记业务分为发起业务阶段和处理借记回执阶段。在发起业务阶段,收款(清算)行收到收费单位以联机或磁介质方式提交的业务数据,检查无误后按规定组

包。收款(清算)行、CCPC、NPC、付款(清算)行的账务处理可比照普通借记业务。

(六) 实时借记业务的账务处理

收款(清算)行根据客户提交的实时借记业务凭证或信息,按实时借记业务报文单笔组包。付款(清算)行对扣款成功或失败的需实时返回受理成功或拒绝受理的回执包。NPC将受理成功的回执包提交 SAPS 进行净借记限额检查。检查通过的纳入轧差处理,并标记"已轧差"状态后转发收款清算行;检查未通过的直接拒绝付款(清算)行,并将处理结果发送收款(清算)行,不作排队处理。收款(清算)行、CCPC、NPC、付款(清算)行的账务处理可比照普通借记业务。

(七) 跨行通存通兑业务的账务处理

跨行通存通兑业务依托小额支付系统,实现不同银行营业网点的资源共享,客户可以选择任何一家协议银行作为代理行,办理跨行存取款业务,该类业务是实时借(贷)记业务的具体业务种类。

小额支付系统跨行通兑业务包括个人储蓄通兑业务和对公通兑业务;小额支付系统跨行通存业务仅指个人储蓄通存业务。银行办理跨行通存通兑业务,应按规定向客户收取手续费。

1. 个人储蓄通兑业务的处理

(1) 客户不用现金支付代理行手续费的处理。代理行收到客户取款凭条,按规定组实时借记业务包,金额为客户取款金额(交易金额)和代理行手续费之和。开户行收到实时借记业务包,确认无误后进行账务处理。会计分录为

借:吸收存款——××存款——××户
　　　　　　　　　　　(交易金额＋代理行手续费＋开户行手续费)
　贷:待清算支付款项　　　　　　　　　(交易金额＋代理行手续费)
　　　手续费及佣金收入　　　　　　　　(开户行不含税的手续费)
　　　应交税额——应交增值税(销项税额)

账务处理完成后,开户行返回实时借记业务回执包。代理行收到回执后,为客户打印凭证,记载通兑业务发生额(交易金额＋代理行手续费＋开户行手续费),付现金(交易金额)给客户;同时打印手续费回单(代理行手续费＋开户行手续费),交与客户。

(2) 客户用现金支付代理行手续费的处理。代理行收到客户取款凭条,按规定组实时借记业务包,金额为客户取款金额(交易金额)。开户行收到实时借记业务包,确认无误后进行账务处理。会计分录为

借:吸收存款——××存款——××户　　　(交易金额＋开户行手续费)
　贷:待清算支付款项　　　　　　　　　　　　　　　(交易金额)
　　　手续费及佣金收入　　　　　　　　(开户行不含税的手续费)
　　　应交税费——应交增值税(销项税额)

账务处理完成后,开户行返回实时借记业务回执包。代理行收到回执后,为客户打印凭证,记载通兑业务发生额(交易金额＋开户行手续费),付现金(交易金额－代理行手续费)给客户;同时打印手续费回单(代理行手续费＋开户行手续费)交与客户。

2. 对公通兑业务的处理

代理行收到客户取款凭条,按规定组实时借记业务包,金额为客户取款金额(交易金

额)。开户行收到实时借记业务包,确认无误后进行账务处理。会计分录为

  借:吸收存款——××存款——××户　　　　　(交易金额＋开户行手续费)
   贷:待清算支付款项　　　　　　　　　　　　　　　　(交易金额)
    手续费及佣金收入　　　　　　　　　　　(开户行不含税的手续费)
    应交税费——应交增值税(销项税额)

  账务处理完成后,开户行返回实时借记业务回执包。代理行收到回执包后,为客户打印进账回单,记载存款账户贷方发生额(交易金额－代理行手续费),同时打印手续费回单(金额为代理行手续费金额)交与客户。

  3. 个人储蓄通存业务的处理

  (1) 客户不用现金支付代理行手续费的处理。代理行收到客户存款凭条,按规定组实时贷记业务包,金额为客户存款金额(交易金额)和代理行手续费之差。开户行收到实时贷记业务包,确认无误后进行账务处理。会计分录为

  借:待清算支付款项　　　　　　　　　　　　(交易金额－代理行手续费)
   贷:吸收存款——××存款——××户(交易金额－代理行手续费－开户行手续费)
    手续费及佣金收入　　　　　　　　　　　(开户行不含税的手续费)
    应交税费——应交增值税(销项税额)

  账务处理完成后,开户行返回实时贷记业务回执包。代理行收到回执后,为客户打印存款回单,记载个人储蓄通存业务发生额(交易金额－代理行手续费－开户行手续费),同时打印手续费回单(代理行手续费＋开户行手续费)交与客户。

  (2) 客户用现金支付代理行手续费的处理。代理行收到客户存款凭条,按规定组实时贷记业务包,金额为客户存款金额(交易金额)。开户行收到实时贷记业务包,确认无误后进行账务处理。会计分录为

  借:待清算支付款项　　　　　　　　　　　　　　　　(交易金额)
   贷:吸收存款——××存款——××户　　　　　(交易金额－开户行手续费)
    手续费及佣金收入　　　　　　　　　　　(开户行不含税的手续费)
    应交税费——应交增值税(销项税额)

  账务处理完成后,开户行返回实时贷记业务回执包。代理行收到回执后,为客户打印存款回单,记载个人储蓄通存业务发生额(交易金额－开户行手续费);同时打印手续费回单(代理行手续费＋开户行手续费)交与客户。

  收款(清算)行、CCPC、NPC、付款(清算)行的账务处理可比照实时贷记业务和实时借记业务。

  (八) 非金融支付服务组织代收、代付业务的处理

  非金融支付服务组织办理定期借记业务,需与付款(清算)行、付款人、收费单位签订办理代扣某类费用的四方合同(协议);办理定期贷记业务,需与付款(清算)行、付款人签订三方合同(协议)。

  1. 发起代收、代付业务的处理

  非金融支付服务组织根据委托人提交的代收、代付业务信息,分别代收业务、收款清算行或代付业务、付款清算行组信息包,加编密押发送 CCPC。

2. CCPC 的处理

CCPC 收到信息包,检查无误后,经 NPC、收报 CCPC 转发收款清算行或付款清算行。

3. 收(付)款清算行的处理

收款清算行或付款清算行收到信息包,检查核押无误后,向非金融支付服务组织返回确认信息。收款清算行或付款清算行将信息包拆包,并按规定重新组包,发起普通贷记、定期贷记、实时贷记、普通借记、定期借记、实时借记业务。其业务处理手续如前所述。

4. 代收、代付业务信息的核对

收款清算行和付款清算行完成代收、代付业务后,将业务处理结果通过信息包经 CCPC、NPC 转发非金融支付服务组织。

第四节 网上支付跨行清算系统的核算

一、网上支付跨行清算系统的结构体系

网上支付跨行清算系统是以网银互联处理中心为核心,各参与者以直联方式通过前置机集中一点接入网银互联处理中心。网银互联处理中心与大额支付系统国家处理中心、小额支付系统国家处理中心同位摆放,共享基础数据。

二、网上支付跨行清算系统的参与者

网上支付跨行清算系统的参与者分为直接接入银行机构、直接接入非金融机构和代理接入银行机构。

直接接入银行机构是指与网上支付跨行清算系统连接,并在人民银行开设清算账户,直接通过网上支付跨行清算系统办理业务的银行业金融机构。银行业金融机构在人民银行开设的清算账户为小额支付系统、大额支付系统和网上支付跨行清算系统共享清算账户。

直接接入非金融机构是指与网上支付跨行清算系统连接,直接通过网上支付跨行清算系统办理业务的非金融支付服务组织。直接接入非金融机构不开设清算账户,而是在支付系统开设收费专户核算其业务费用收支。

代理接入银行机构是指委托直接接入银行机构通过网上支付跨行清算系统代为收发业务和清算资金的银行机构。

三、网上支付跨行清算系统处理的业务范围

网上支付跨行清算系统实行 7×24 小时不间断运行,采取逐笔发送、实时轧差、定时清算机制,发起方可实时获知业务的最终处理结果。其主要处理规定金额(目前为 5 万元及以下)的网上支付业务和账户信息查询等业务,对畅通电子支付资金汇划清算渠道,满足社会公众最新支付需求及促进电子商务的健康发展具有重要意义。网上支付跨行清算系统处理的具体支付业务主要有网银贷记业务、网银借记业务、第三方贷记业务和人民银行规定的其他支付业务。

四、网上支付跨行清算系统业务处理流程

(一) 网银贷记业务处理流程

网银贷记业务是指付款人通过付款行向收款行主动发起的付款业务。网银贷记业务可支持网银汇兑、网络购物、商旅服务、网银缴费、贷款还款、实时代付、投资理财、交易退款、慈善捐款等的资金支付。

网上支付跨行清算系统处理的贷记支付业务,其信息从付款清算行发起,经网银中心转发收款清算行;收款清算行实时向网银中心返回回执,网银中心轧差后分别通知付款清算行和收款清算行。

(二) 网银借记业务处理流程

网银借记业务是指收款人根据事先签订的协议,通过收款行向付款行发起的收款业务。网银借记业务可支持实时代收、贷款还款等的资金支付。

网上支付跨行清算系统处理的借记支付业务,其信息从收款清算行发起,经网银中心转发付款清算行;付款清算行实时向网银中心返回回执,网银中心轧差后分别通知付款清算行和收款清算行。

(三) 第三方贷记业务处理流程

第三方贷记业务是指第三方机构接受付款人或收款人委托,通过网上支付跨行清算系统通知付款行向收款行付款的业务。第三方贷记业务可支持网络购物、商旅服务、网银缴费、贷款还款、实时代收、实时代付、投资理财、交易退款、慈善捐款等的资金支付。

网上支付跨行清算系统处理的第三方支付业务,其信息从第三方机构发起,经网银中心转发付款清算行;付款清算行实时向网银中心返回回执,经网银中心转发收款清算行;收款清算行实时向网银中心返回回执,网银中心轧差后分别通知第三方机构、付款清算行和收款清算行。其中,第三方机构是指提供第三方支付服务的直接接入银行机构和直接接入非金融机构。

五、网银业务的账务处理

(一) 网银贷记业务的账务处理

网银贷记业务处理包括两个阶段:发起业务阶段和处理业务回执阶段。

1. 发起网银贷记业务的处理

(1) 付款(清算)行的处理。付款(清算)行受理付款人的付款请求,检查付款人账户状态、余额,检查通过后进行账务处理。会计分录为

借:吸收存款——××存款——××户
  贷:待清算支付款项

付款清算行组网银贷记业务报文,加编数字签名后发送网银中心,并标记该业务状态为"已发送"。

(2) 网银中心的处理。网银中心收到付款清算行发来的网银贷记业务报文,检查报文格式、业务权限、收(付)款清算行清算账户状态并核验数字签名无误后,转发收款清算行,同时标记该业务状态为"已转发";检查未通过的,做拒绝处理。

(3) 收款清算行的处理。收款清算行前置机收到网银中心转发的网银贷记业务报文,

检查报文格式并核验数字签名无误后,转发行内业务系统;检查未通过的,做拒绝处理。

(4) 收到拒绝通知的处理。付款清算行、网银中心收到"已拒绝"通知,修改相应业务状态。付款清算行应对已拒绝的业务作相应处理。

2. 网银贷记业务回执的处理。

(1) 收款清算行的处理。收款清算行行内业务系统收到网银贷记业务报文,实时核验数字签名并检查收款人账号、户名及账户状态,根据检查结果组"已确认"或"已拒绝"的网银贷记业务回执报文,加编数字签名后实时发送网银中心。

(2) 网银中心的处理。网银中心收到收款清算行发来的网银贷记业务回执报文,进行合法性检查并核验数字签名。核验无误且业务状态为"已确认"的,立即进行净借记限额检查;核验失败的做拒绝处理。

净借记限额检查通过的,实时纳入轧差处理,并标记该业务状态为"已轧差"后组轧差通知报文,加编数字签名,发送至付款清算行、收款清算行;净借记限额检查未通过的,做拒绝处理。

网银中心收到业务状态为"已拒绝"的网银贷记业务回执报文,标记该业务状态为"已拒绝",通知付款清算行。

网银中心检查回执报文格式有误或核验数字签名失败的,标记该业务状态为"已拒绝",同时通知付款清算行和收款清算行。

(3) 各节点对各类通知的处理。网银中心、付款清算行、收款清算行收到"已拒绝""已轧差"和"已清算"通知后,修改业务状态,并作相应处理。

① 网银中心收到轧差净额"已清算"通知,标记该业务状态为"已清算",并通知付款清算行和收款清算行。

② 付款清算行收到各类通知时,相应进行如下处理。

付款清算行收到"已拒绝"通知时,进行账务处理。会计分录为

借:吸收存款——××存款——××户　　　　　　　　　　　(红字)
　　贷:待清算支付款项　　　　　　　　　　　　　　　　　　(红字)

账务处理完成后,标记该业务状态为"已拒绝",并通知付款人付款失败。

付款清算行收到"已轧差"通知时,标记该业务状态为"已轧差",并通知付款人付款成功。

付款清算行收到"已清算"通知时,标记该业务状态为"已清算",并进行账务处理。会计分录为

借:待清算支付款项
　　贷:存放中央银行款项——准备金存款

③ 收款清算行收到各类通知时,相应进行如下处理。

收款清算行收到"已轧差"通知时,标记该业务状态为"已轧差",并进行账务处理。会计分录为

借:待清算支付款项
　　贷:吸收存款——××存款——××户

收款清算行收到"已清算"通知时,标记该业务状态为"已清算",并进行账务处理。会计分录为

借：存放中央银行款项——准备金存款
　　贷：待清算支付款项

(二) 网银借记业务的账务处理

网银借记业务处理包括两个阶段：发起业务阶段和处理业务回执阶段。

1. 发起网银借记业务的处理

(1) 收款(清算)行的处理。收款(清算)行受理收款人的收款请求，检查业务要素无误后组网银借记业务报文，加编数字签名发送网银中心，并标记该业务状态为"已发送"。

(2) 网银中心的处理。网银中心收到收款清算行发来的网银借记业务报文，检查报文格式、业务权限、收(付)款清算行账户状态并核验数字签名无误后，转发付款清算行，同时标记该业务状态为"已转发"；检查未通过的，做拒绝处理。

(3) 付款清算行的处理。付款清算行前置机收到网银中心发来的网银借记业务报文，检查报文格式并核验数字签名无误后，转发行内业务系统；检查未通过的，做拒绝处理。

(4) 收到拒绝通知的处理。收款清算行、网银中心收到"已拒绝"通知，修改相应业务状态。收款清算行应对已拒绝的业务作相应处理，并通知收款人收款失败。

2. 网银借记业务回执的处理

(1) 付款清算行的处理。付款清算行行内业务系统收到网银借记业务报文，核验数字签名无误后立即进行协议核验。协议核验成功的，检查付款人账户状态及余额，检查通过的立即进行账务处理。会计分录为

借：吸收存款——××存款——××户
　　贷：待清算支付款项

账务处理成功后，付款清算行组网银借记业务回执报文(业务状态为"已付款")，加编数字签名后实时发送网银中心。

付款清算行核验数字签名、协议不成功或检查账户状态及余额未通过的，组网银借记业务回执报文(业务状态为"已拒绝")，加编数字签名后实时发送网银中心。

(2) 网银中心的处理。网银中心收到付款清算行发来的网银借记业务回执报文，进行合法性检查并核验数字签名。核验无误且业务状态为"已付款"的，立即进行净借记限额检查；核验失败的做拒绝处理。

净借记限额检查通过的，实时纳入轧差处理，并标记该业务状态为"已轧差"后组轧差通知报文，加编数字签名，发送至付款清算行、收款清算行；净借记限额检查未通过的，做拒绝处理。

网银中心收到业务状态为"已拒绝"的网银借记业务回执报文，标记该业务状态为"已拒绝"，通知收款清算行。

网银中心检查网银借记业务回执报文格式有误或核验数字签名失败的，标记该业务状态为"已拒绝"，并通知付款清算行和收款清算行。

(3) 各节点对各类通知的处理。网银中心、付款清算行、收款清算行收到"已拒绝""已轧差"和"已清算"通知后，修改业务状态，并作相应处理。

① 网银中心收到轧差净额"已清算"通知，标记该业务状态为"已清算"，并通知付款清算行和收款清算行。

② 付款清算行收到各类通知时，相应进行如下处理。

付款清算行收到"已拒绝"通知时,标记该业务状态为"已拒绝",并进行账务处理。会计分录为

  借:吸收存款——××存款——××户　　　　　　　　（红字）
   贷:待清算支付款项　　　　　　　　　　　　　　　（红字）

付款清算行收到"已轧差"通知时,标记该业务状态为"已轧差"。

付款清算行收到"已清算"通知时,标记该业务状态为"已清算",并进行账务处理。会计分录为

  借:待清算支付款项
   贷:存放中央银行款项——准备金存款

③ 收款清算行收到各类通知时,相应进行如下处理。

收款清算行收到"已轧差"通知时,标记该业务状态为"已轧差",并进行账务处理。会计分录为

  借:待清算支付款项
   贷:吸收存款——××存款——××户

账务处理完成后,通知收款人收款成功。

收款清算行收到"已清算"通知时,标记该业务状态为"已清算",并进行账务处理。会计分录为

  借:存放中央银行款项——准备金存款
   贷:待清算支付款项

收款清算行收到"已拒绝"通知时,标记该业务状态为"已拒绝",并通知收款人收款失败。

(三) 第三方贷记业务的账务处理

第三方贷记业务处理包括三个阶段:第三方机构发起业务阶段、付款清算行发出回执阶段和收款清算行发出回执阶段。

1. 发起第三方贷记业务的处理

(1) 第三方机构的处理。第三方机构受理客户的付款或收款请求,组第三方贷记业务报文,加编数字签名后发送网银中心,并标记该业务状态为"已发送"。

(2) 网银中心的处理。网银中心收到第三方机构发来的第三方贷记业务报文,检查报文格式、业务权限并核验数字签名无误后,转发付款清算行,同时标记该业务状态为"已转发";检查未通过的,做拒绝处理。

(3) 付款清算行的处理。付款清算行前置机收到网银中心发来的第三方贷记业务报文,检查报文格式并核验数字签名无误后,转发行内业务系统;检查未通过的,做拒绝处理。

(4) 收到拒绝通知的处理。第三方机构、网银中心收到"已拒绝"通知,修改相应业务状态。第三方机构对已拒绝的业务作相应处理。

2. 付款清算行发出回执的处理

(1) 付款清算行的处理。付款清算行行内业务系统收到第三方贷记业务报文,核验数字签名无误后根据报文中的"认证方式"作相应处理。

对于在线方式认证的,付款清算行通过网银中心、第三方机构提示客户进行在线身份验证。经付款人确认付款后,付款清算行检查付款人账户状态及余额,检查通过的立即进行账

务处理。

对于协议方式认证的,付款清算行立即进行协议核验。核验成功的,检查付款人账户状态及余额,检查通过的立即进行账务处理。会计分录为

借：吸收存款——××存款——××户
　　贷：待清算支付款项

账务处理成功后,付款清算行组第三方贷记业务回执报文(业务状态为"已付款"),加编数字签名后实时发送网银中心。

付款清算行核验数字签名、协议不成功或账户状态及余额检查未通过的,组第三方贷记业务回执报文(业务状态为"已拒绝"),加编数字签名后实时发送网银中心。

(2) 网银中心的处理。网银中心收到付款清算行发来的第三方贷记业务回执报文,进行合法性检查并核验数字签名。检查通过的,将第三方贷记业务报文(业务状态为"已付款")转发收款清算行;检查未通过的,标记业务状态为"已拒绝",并通知付款清算行和第三方机构。

(3) 收款清算行的处理。收款清算行前置机收到网银中心转发的第三方贷记业务报文,检查报文格式并核验数字签名无误后,转发行内业务系统;检查未通过的,做拒绝处理。

(4) 收到拒绝通知的处理。网银中心、付款清算行、收款清算行、第三方机构收到"已拒绝"通知,修改相应业务状态。付款清算行和第三方机构应对已拒绝的业务作相应处理。

3. 收款清算行发出回执的处理

(1) 收款清算行的处理。收款清算行行内业务系统收到第三方贷记业务报文,实时核验数字签名并检查收款人账号、户名及账户状态,根据检查结果组"已确认"或"已拒绝"的第三方贷记业务回执报文,加编数字签名后实时发送网银中心。

(2) 网银中心的处理。网银中心收到收款清算行发来的第三方贷记业务回执报文,进行合法性检查并核验数字签名。核验无误且业务状态为"已确认"的,立即进行净借记限额检查;核验失败的做拒绝处理。

净借记限额检查通过的,实时纳入轧差处理。如果第三方机构未通过网上支付跨行清算系统代收付款人手续费,网银中心对收、付款清算行进行双边轧差;如果第三方机构通过网上支付跨行清算系统代收付款人手续费,网银中心分别对收、付款清算行和第三方机构进行轧差。轧差完成后,标记该业务状态为"已轧差",并组轧差通知报文,加编数字签名发送至付款清算行、收款清算行和第三方机构。净借记限额检查未通过的,做拒绝处理。

网银中心收到业务状态为"已拒绝"的第三方贷记业务回执报文,标记该业务状态为"已拒绝",通知付款清算行和第三方机构。

网银中心检查回执报文格式有误或核验数字签名失败的,做拒绝处理,标记该业务状态为"已拒绝",同时通知付款清算行、收款清算行和第三方机构。

(3) 各节点对各类通知的处理。网银中心、付款清算行、收款清算行、第三方机构收到"已拒绝""已轧差"和"已清算"通知后,修改业务状态,并作相应处理。

① 网银中心收到轧差净额"已清算"通知,标记该业务状态为"已清算",并通知付款清算行、收款清算行和第三方机构。

② 付款清算行收到各类通知时,相应进行如下处理。

付款清算行收到"已拒绝"通知时,标记该业务状态为"已拒绝",并进行账务处理。会计分录为

借：吸收存款——××存款——××户 （红字）
　　贷：待清算支付款项 （红字）

付款清算行收到"已轧差"通知时，标记该业务状态为"已轧差"。

付款清算行收到"已清算"通知时，标记该业务状态为"已清算"，并进行账务处理。会计分录为

借：待清算支付款项
　　贷：存放中央银行款项——准备金存款

③ 收款清算行收到各类通知时，相应进行如下处理。

收款清算行收到"已轧差"通知时，标记该业务状态为"已轧差"，并进行账务处理。会计分录为

借：待清算支付款项
　　贷：吸收存款——××存款——××户

收款清算行收到"已清算"通知时，标记该业务状态为"已清算"，并进行账务处理。会计分录为

借：存放中央银行款项——准备金存款
　　贷：待清算支付款项

④ 第三方机构收到各类通知时，相应进行如下处理。

第三方机构收到"已拒绝"通知时，标记该业务状态为"已拒绝"，并通知客户业务处理失败。

第三方机构收到"已轧差"通知时，标记该业务状态为"已轧差"，并通知客户业务处理成功。

第三方机构收到"已清算"通知时，标记该业务状态为"已清算"，如通过网上支付跨行清算系统代收付款人手续费，进行账务处理。会计分录为：

借：存放中央银行款项——准备金存款
　　贷：手续费及佣金收入
　　　　应交税费——应交增值税（销项税额）

 关键词

大额支付系统　小额支付系统　清算账户管理系统　网上支付跨行清算系统　待清算支付款项

 **复习思考题**

1. 简述现代化支付系统的主要应用系统。
2. 现代化支付系统的参与者分为哪几种？分别描述其含义。
3. 大、小额支付系统的业务范围有哪些？
4. 简述网上支付跨行清算系统处理的支付业务范围和流程。
5. 简述大、小额支付系统的业务流程。

练习题

习题一

一、目的:练习大额支付系统业务的核算。

二、资料:6月15日,中国工商银行A支行(间接参与者)收到中国农业银行B分行(直接参与者)寄来的委托收款凭证,金额200 000元,向本行开户单位万达公司收取货款,承付期已到,经审核无误将支付信息经行内系统发往其所属的中国工商银行M分行(直接参与者),中国工商银行M分行收到后通过大额支付系统办理划款。中国农业银行B分行收到划回的托收款,经确认无误转入开户单位红星公司账户。

三、要求:根据上述资料,编制中国工商银行A支行及M分行、SAPS、中国农业银行B分行的会计分录。

习题二

一、目的:练习小额支付系统业务的核算。

二、资料:7月20日,中国建设银行上海分行收到光大银行武汉分行寄来的委托收款凭证和商业承兑汇票,金额30 000元,向本行开户单位丽华服装厂收取货款,经该厂同意办理转账后,行内系统按收款清算行组包,通过小额支付系统汇出资金。光大银行武汉分行收到业务包,经确认无误,由行内系统拆包,将划回的货款收入开户单位新悦纺织厂账户。中国建设银行上海分行和光大银行武汉分行均收到了小额支付系统发来的已清算通知。

要求:

(1)根据上述资料,编制中国建设银行上海分行和光大银行武汉分行的会计分录。

(2)若中国建设银行上海分行收到小额支付系统发来的已拒绝通知,编制有关会计分录。

习题三

一、目的:练习网上支付跨行清算系统的核算。

二、资料:中国工商银行杭州分行受理开户单位甲公司请求,通过网银将款项20 000元汇往中国建设银行重庆分行开户单位乙公司,中国工商银行杭州分行和中国建设银行重庆分行均收到了网银中心发来的已清算通知。

要求:根据上述资料,编制中国工商银行杭州分行和中国建设银行重庆分行的会计分录。

第七章 支付结算业务的核算

第一节 支付结算业务概述

一、支付结算的概念

支付结算即转账结算,是指单位、个人在社会经济活动中使用票据、银行卡和汇兑、托收承付、委托收款等结算方式进行货币给付及资金清算的行为。货币结算包括现金结算和转账结算,各单位经济活动中的往来款项,除少数按照国家现金管理制度的规定可以使用现金结算外,其余都必须通过银行办理转账结算,即采用一定的支付结算工具,通过银行将款项从付款单位账户划转到收款单位账户,以实现收付款方之间的货币给付。商业银行运用信用功能和遍布城乡的机构网络及其业务技术设施,成为结算活动和资金清算的中介。

二、支付结算的基本原则

(1) 恪守信用,履约付款。这一原则要求参与支付结算的各方当事人都必须诚实守信,按照预先规定的各自权利,严格履行各自的职责义务。具体来说,收款人应按照协议提供产品或服务,付款人应按照约定的付款金额和付款日期进行付款。交易双方开户银行应快捷、准确、安全地进行资金清算。

(2) 谁的钱进谁的账,由谁支配。这一原则要求银行在办理支付结算时,要保证存款人对存款的所有权和使用权,由其自主支配,并为其保密。除国家法律、行政法规等有关规定外,不准任何单位或个人查询、冻结、扣收其款项。谁的钱就进谁的账,并按其委托将款项支付给有关收款人。

(3) 银行不垫款。银行是支付结算的中介人,必须坚持"先付后收,收妥抵用"的原则,只负责把款项从付款人账户划转到收款人账户,而不承担垫款的责任。当付款人存款不够支付时,银行即终止划款。银行不能将银行的资金与客户的资金混为一谈。

三、支付结算纪律

1. 单位和个人办理支付结算"四不准"

(1) 不准签发没有资金保证的票据或远期支票,套取银行信用。

(2) 不准签发、取得和转让没有真实交易和债权债务的票据,套取银行和他人的资金。

(3) 不准无理拒绝付款,任意占用他人资金。

（4）不准违反规定开立和使用账户。

2. 银行办理支付结算"八不准"

（1）不准以任何理由压票，任意退票、截留、挪用用户和他行的资金。
（2）不准无理由拒绝支付应由银行支付的票据款项。
（3）不准受理无理拒付，不扣少扣滞纳金。
（4）不准签发空头银行汇票、银行本票和办理空头汇款。
（5）不准在支付结算制度之外规定附加条件，影响汇路畅通。
（6）不准违反规定为单位和个人开立账户。
（7）不准拒绝受理、代理他行正常结算业务。
（8）不准放弃对违反结算纪律的制裁。

四、支付结算的种类

1. 按所使用的支付结算工具分类

按使用的支付结算工具不同，支付结算分为票据结算、银行卡结算、结算方式结算，称为"三票、一卡、三式"。"三票"是指支票、银行本票、汇票三种票据，其中汇票又分为银行汇票和商业汇票；"一卡"是指银行卡；"三式"是指汇兑、委托收款和托收承付三种结算方式。

2. 按适用的区域范围分类

按适用的区域范围不同，支付结算分为同城支付结算和异地支付结算。同城与异地一般以当地人民银行票据交换所的服务区域来界定，属于同一票据交换区域的货币收付为同城支付结算，否则为异地支付结算。银行本票用于同城支付结算；银行汇票、托收承付用于异地支付结算；商业汇票、支票、银行卡、汇兑和委托收款既可用于同城支付结算，又可用于异地支付结算。

第二节 票据结算的核算

现行的支付结算是以票据为主体，《中华人民共和国票据法》规定的是狭义票据，主要是指支票、银行本票、银行汇票和商业汇票。

一、支票的核算

（一）支票的概念及有关规定

1. 支票的概念

支票是出票人签发的委托办理支票存款业务的银行在见票时无条件支付确定的金额给收款人或者持票人的票据。支票为即期票据，收妥抵用，主要用于单位和个人在同一票据交换区域的各种款项结算。2007年，全国支票影像交换系统建成运行后，支票成为全国通用的支付结算工具。

支票分为现金支票（见图7-1）、转账支票（见图7-2）和普通支票。现金支票只能用于支取现金，不得背书转让。转账支票只能用于转账，可以背书转让。普通支票可以用于支取现金，也可以用于转账。在普通支票左上角画两条平行线的，为划线支票，划线支票只能用于转账,不得支取现金。

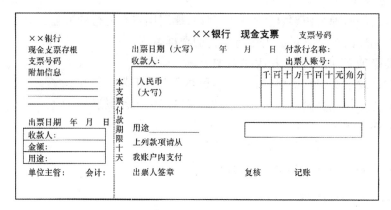

图 7-1　现金支票

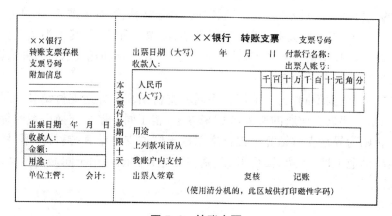

图 7-2　转账支票

2. 支票的有关规定

（1）支票的出票人为经人民银行当地分行批准办理支票业务的银行机构开立可以使用支票的存款账户的单位和个人。

（2）签发支票必须记载下列事项：表明"支票"的字样；无条件支付的委托；确定的金额；付款人名称；出票日期；出票人签章。欠缺记载上列事项之一的，支票无效。

（3）支票的金额、收款人名称，可以由出票人授权补记。未补记前不得背书转让和提示付款。

（4）支票的签章。① 支票的出票人在票据上的签章，应为其预留银行签章。② 支票的出票人预留银行签章是银行审核支票付款的依据。银行也可以与出票人约定使用支付密码，作为银行审核支付支票金额的条件。③ 使用电子验印系统核对签章的票据，其签章在电子验印系统中出现"?"时，若采用手工核对印鉴，付款人（出票人开户银行）应与出票人核实确认，并由结算监督员在票据上注明核实情况后签章确认。

（5）支票的签发。① 签发支票应使用墨汁或碳素墨水填写，人民银行另有规定的除外。② 支票日期、大小写金额和收款人名称不得更改，更改的支票无效。其他内容如有更改，更改处必须由出票人加盖预留银行签章证明。③ 出票人签发空头支票、签章与预留银行签章不符的支票,使用支付密码的,签发支付密码错误的支票,银行应予以退票,并按有关规定向人民银行当地分、支行进行举报。人民银行将按票面金额处以5%但不低于1 000元的罚款;持票人有权要求出票人赔偿支票金额2‰的赔偿金。对屡次如此签发的,银行应停止其签发支票。

(6) 支票的付款。① 支票的提示付款期限自出票日起10日,但人民银行另有规定的除外。② 持票人可以委托开户银行收款或直接向付款人提示付款。用于支取现金的支票仅限于向付款人(出票人开户银行)提示付款。③ 持票人委托开户银行收款时,应作委托收款背书,在支票背面背书人签章栏签章、记载"委托收款"字样、背书日期,在被背书人栏记载开户银行名称,委托收款银行通过同城票据交换收妥后入账。

(7) 出票人在付款人处的存款足以支付支票金额时,付款人应当在见票当日足额付款。出票人签发大额支票[单位银行账户单笔金额等值人民币50万元(含)以上的转账支付、单笔金额等值人民币20万元(含)以上的现金支付],付款人(出票人开户银行)在见票时应按"大额支付交易确认制度"与出票人核实确认。

(8) 支票影像业务处理必须遵循"先付后收、收妥抵用、全额清算、银行不垫款"的原则。支票票面金额圈存业务由客户申请发起,客户也可随时退出支票票面金额圈存业务。支票圈存业务的上限金额为50万元。

(9) 支票的挂失。① 空白支票遗失,银行一律不予挂失,由遗失人自行联系处理。② 已签发的支票遗失可以向付款人开户银行申请挂失。③ 对于银行不受理挂失和挂失前已被冒领的支票所发生的一切责任和经济损失由丢失者自己负责,银行不承担责任。

(二) 转账支票结算的核算

1. 持票人、出票人在同一银行开户的核算

(1) 银行受理持票人送交支票的处理。银行接到持票人送来的支票和三联进账单(见图7-3)时,应认真审查:① 支票是否为统一规定印制的凭证,支票是否真实,提示付款期限是否超过。② 支票填明的持票人是否在本行开户,持票人的名称是否为该持票人,与进账单上的名称是否一致。③ 出票人的签章是否符合规定。④ 支票的大小写金额是否一致,与进账单的金额是否相符。⑤ 支票必须记载的事项是否齐全,出票金额、出票日期、收款人名称

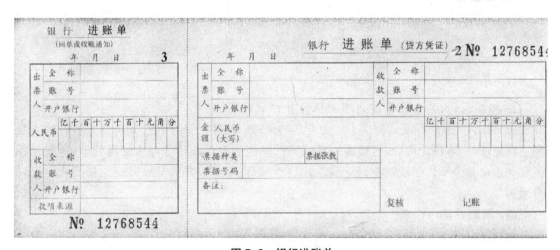

图7-3 银行进账单

是否更改,其他记载事项的更改是否由原记载人签章证明。⑥ 支票正面是否记载银行机构代码。⑦ 背书转让的支票是否按规定的范围转让,其背书是否连续,签章是否符合规定,背书使用粘单的是否按规定在粘单粘接处签章。⑧ 持票人是否在支票的背面作委托收款背书。⑨ 从单位银行结算账户向个人银行结算账户支付款项单笔超过5万元(含)人民币时,付款单位若在付款用途栏或备注栏注明事由,可不再另行出具付款依据,但付款单位应对付款事由的真实性、合法性负责。

经审查无误后,进行下列操作:① 出票人签发大额支票,付款人(出票人开户银行)应按"大额支付交易确认制度"与出票人核实确认。同时按"大额支付审批报告制度"进行审批和报告。② 使用电子验印系统核对支票签章,产生验印流水号,操作"系统内转账"交易办理转账。使用支付密码的,由综合业务系统校验其密码是否正确。③ 转账支票加盖业务清讫章和个人名章作借方凭证,进账单第二联加盖业务清讫章和个人名章作贷方凭证。④ 进账单第一联加盖业务公章作受理回单,第三联加盖业务清讫章作收账通知一并交给持票人。其会计分录为

借:吸收存款——××存款——××出票人
　　贷:吸收存款——××存款——××持票人

【例7-1】 交通银行某支行收到开户单位大福糖果厂提交的转账支票和进账单,金额8 000元,该支票的签发人是在本行开户的红心食品店。交通银行应编制会计分录如下。

借:吸收存款——单位活期存款——红心食品店　　　　　　8 000
　　贷:吸收存款——单位活期存款——大福糖果厂　　　　　　　　8 000

(2) 银行受理出票人送交支票的处理。银行接到出票人送来的支票和三联进账单时,应认真审查(内容同上),审查无误后,转账支票加盖业务清讫章和个人名章作借方凭证,进账单第二联加盖业务清讫章和个人名章作贷方凭证。进账单第一联加盖业务公章作受理回单交出票人,进账单第三联加盖业务清讫章作收账通知,由受理行传递给收款人开户行交收款人。会计分录同上。

【例7-2】 光大银行某支行收到开户单位红星商场签发的转账支票和进账单,金额20 000元,支付本行开户单位光明灯具厂货款,经审查无误后,办理转账。银行应编制会计分录如下。

借:吸收存款——单位活期存款——红星商场　　　　　　　20 000
　　贷:吸收存款——单位活期存款——光明灯具厂　　　　　　　　20 000

2. 持票人、出票人在系统内不同银行开户的核算

(1) 持票人开户行受理持票人送交支票的处理。持票人开户行接到持票人送交的支票和三联进账单,审核无误后,直接通过系统进行单位活期存款转账存入交易处理,进账单第一联加盖业务公章作受理回单,第三联加盖业务清讫章作收账通知一并交给持票人。会计分录为

借:待清算辖内往来——××行
　　贷:吸收存款——××存款——××持票人

持票人开户行受理持票人送交支票和进账单付款后,系统联动出票人开户行对出票人

账户扣款转账。会计分录为

  借：吸收存款——××存款——××出票人
    贷：待清算辖内往来——××行

【例7-3】 长沙银行A支行收到开户单位湘江公司提交的转账支票和进账单，金额20 000元，该支票的签发人是在长沙银行B支行开户的天运公司。

长沙银行A支行应编制会计分录如下。

借：待清算辖内往来——长沙银行B支行	20 000
贷：吸收存款——单位活期存款——湘江公司	20 000

长沙银行B支行应编制会计分录如下。

借：吸收存款——单位活期存款——天运公司	20 000
贷：待清算辖内往来——长沙银行A支行	20 000

(2) 出票人开户行受理出票人送交支票的处理。出票人开户行收到出票人交来的支票和三联进账单，审核无误后，直接通过系统进行单位活期存款转账扣款交易处理，录入支票相关信息，支票、第二联进账单作记账凭证附件，第一联、第三联进账单交出票人。会计分录为

  借：吸收存款——××存款——××出票人
    贷：待清算辖内往来——××行

出票人开户行受理出票人送交支票和进账单付款后，系统联动收款人开户行为收款人收款入账。会计分录为

  借：待清算辖内往来——××行
    贷：吸收存款——××存款——××收款人

【例7-4】 中国银行A支行收到开户单位鸿信公司签发的转账支票和进账单，金额40 000元，支付中国银行B支行开户单位光大公司货款，经审查无误后，办理转账。

中国银行A支行应编制会计分录如下。

借：吸收存款——单位活期存款——鸿信公司	40 000
贷：待清算辖内往来——中国银行B支行	40 000

中国银行B支行应编制会计分录如下。

借：待清算辖内往来——中国银行A支行	40 000
贷：吸收存款——单位活期存款——光大公司	40 000

3. 持票人、出票人在跨系统行处开户的核算

持票人与出票人在跨系统行处开户的，可以通过小额支付系统、同城票据交换办理划款。

(1) 通过大小额支付系统办理划款的处理。

① 持票人开户行受理持票人送交支票的处理。

持票人开户行收到持票人送交的支票和三联进账单，审核无误后，通过小额支付系统向出票人开户行发出普通借记业务包，第一联进账单交持票人，第二联进账单专夹保管，支票按同城票据交换规定及时提出交换。

出票人开户行(间接参与者)审核普通借记业务包及支票无误后，通过小额支付系统发

出确认付款回执包。会计分录为

  借：吸收存款——××存款——××出票人
   贷：待清算辖内往来——××行

  持票人开户行（间接参与者）收到出票人开户行返回的确认付款回执包，使用一式两联人民银行支付系统专用凭证打印来账报文。第一联专用凭证作记账凭证，第二联进账单作记账凭证附件；第二联专用凭证作回单交持票人。会计分录为

  借：待清算辖内往来——××行
   贷：吸收存款——××存款——××持票人

【例 7-5】交通银行武汉 A 支行收到开户单位东风公司提交的转账支票和进账单，金额 30 000 元，通过小额支付系统向出票人大庆公司开户行招商银行武汉 B 支行发出普通借记业务包。招商银行武汉 B 支行审核普通借记业务包及支票无误后，通过小额支付系统发出确认付款回执包。交通银行武汉 A 支行收到招商银行 B 支行返回的确认付款回执包。

招商银行武汉 B 支行应编制会计分录如下。

  借：吸收存款——单位活期存款——大庆公司   30 000
   贷：待清算辖内往来——招商银行武汉分行   30 000

交通银行武汉 A 支行应编制会计分录如下。

  借：待清算辖内往来——交通银行武汉分行   30 000
   贷：吸收存款——单位活期存款——东风公司   30 000

② 出票人开户行受理出票人送交支票的处理。

  出票人开户行（间接参与者）收到出票人交来的支票和三联进账单，审核无误后，金额在 5 万元（含）以下的，通过小额支付系统向收款人开户行发出普通贷记业务包；金额在 5 万元以上的，通过大额支付系统向收款人开户行发出普通贷记支付报文。第一联进账单交出票人，第二、三联进账单不需提出交换，与支票一并留存。会计分录为

  借：吸收存款——××存款——××出票人
   贷：待清算辖内往来——××行

  收款人开户行（间接参与者）收到出票人开户行发来的普通贷记报文，使用一式两联人民银行支付系统专用凭证打印来账报文。第一联专用凭证作记账凭证，第二联专用凭证作回单交收款人。会计分录为

  借：待清算辖内往来——××行
   贷：吸收存款——××存款——××收款人

（2）通过同城票据交换办理划款的处理。

① 持票人开户行受理持票人送交支票的处理。

a. 持票人开户行的处理。

  银行受理持票人送交的他行支票和三联进账单时，审查无误后，操作"提出付单交易"，将支票（借方凭证）按照票据交换的规定及时提出交换。其会计分录为

  借：清算资金往来——同城票据清算
   贷：其他应付款——××户（持票人）

  待退票时间过后，办理收妥入账，将款项划入持票人账内，进账单第一联加盖业务公章

作受理回单交持票人。将转账支票和进账单第二、第三联交给同城清算操作员在规定时间内办理提出清算。其会计分录为

借：其他应付款——××户（持票人）
　　贷：吸收存款——××存款——××持票人

若支票发生退票，持票人开户行在收到退回的支票及退票理由书后，审核退票理由是否合理并进行登记，下次交换提入退票时，会计分录为

借：其他应付款——××户（持票人）
　　贷：清算资金往来——同城票据清算

同时，在第二联进账单上注明退票原因，连同支票一起退还持票人。

b. 出票人开户行的处理。

出票人开户行收到交换提入的支票，审核无误不予退票的，进行相关交易处理，支票作记账凭证附件。会计分录为

借：吸收存款——××存款——××出票人
　　贷：清算资金往来——同城票据清算

若审核发现支票透支、支票签章与其预留银行印鉴不符、支付密码错误等均应退票，出票人开户行应在规定的退票时间内电话通知持票人开户行。会计分录为

借：其他应收款——××户（出票人）
　　贷：清算资金往来——同城票据清算

下次交换出票人开户行将支票提出退还持票人开户行时，会计分录为

借：清算资金往来——同城票据清算
　　贷：其他应收款——××户（出票人）

出票人开户行对出票人签发的空头支票、签章与预留银行印鉴不符的支票或支付密码错误的支票，除办理退票外，还应按规定对出票人处以罚款。会计分录为

借：吸收存款——××存款——××出票人
　　贷：营业外收入——结算罚金收入

【例 7-6】 中国建设银行甲支行收到开户单位红星公司提交的转账支票和进账单，金额 40 000 元，该支票的签发人在同城中国农业银行乙支行开户。中国建设银行甲支行审查无误后，将转账支票提出交换，中国农业银行乙支行收到交换提入的转账支票，系本行开户单位黄河公司支付购买材料款，因黄河公司账户资金不足，通知对方银行退票，并于下次交换时提出退票，同时，对黄河公司处以 1 000 元罚款。中国建设银行甲支行在退票时间内收到对方银行的退票通知，并于下次交换时提入退票。

中国建设银行甲支行应编制会计分录如下。

提出支票时：

借：清算资金往来——同城票据清算　　　　　　　　　　　　　40 000
　　贷：其他应付款——红星公司　　　　　　　　　　　　　　　　　40 000

下次交换提入退票时：

借：其他应付款——红星公司　　　　　　　　　　　　　　　　40 000
　　贷：清算资金往来——同城票据清算　　　　　　　　　　　　　　40 000

中国农业银行乙支行应编制会计分录如下。

提入支票时：

借：其他应收款——黄河公司　　　　　　　　　　　　　　　　40 000
　　贷：清算资金往来——同城票据清算　　　　　　　　　　　　　　　40 000

下次交换将支票提出，退还持票人开户行时：

借：清算资金往来——同城票据清算　　　　　　　　　　　　　40 000
　　贷：其他应收款——黄河公司　　　　　　　　　　　　　　　　　　40 000

同时：

借：吸收存款——单位活期存款——黄河公司　　　　　　　　　 1 000
　　贷：营业外收入——结算罚金收入　　　　　　　　　　　　　　　　 1 000

② 出票人开户行受理出票人送交支票的处理。

a. 出票人开户行的处理。

出票人开户行接到出票人交来的支票和三联进账单，审核无误后，进行相关交易处理，汇划渠道选择"交换提出"，支票作记账凭证附件，第一联进账单交出票人，第二联（贷方凭证）、第三联进账单按票据交换规定及时提出交换。提出进账单的会计分录为

借：吸收存款——××存款——××出票人
　　贷：清算资金往来——同城票据清算

b. 收款人开户行的处理。

收款人开户行收到交换提入的第二、第三联进账单，审核无误后进行相关交易处理，第二联进账单作记账凭证附件，第三联进账单交收款人。会计分录为

借：清算资金往来——同城票据清算
　　贷：吸收存款——××存款——××收款人

如收款人不在本行开户或进账单上的账号、户名不符等需要退票的，应通过"其他应付款"科目核算，待下次交换时将第二、第三联进账单提出退还出票人开户行。

【例7-7】　中国工商银行甲支行收到开户单位旺和商场签发的转账支票和进账单，金额为30 000元，支付同城招商银行乙支行开户单位流云服装厂货款。中国工商银行甲支行审查无误后，将第二、第三联进账单提出交换。

中国工商银行甲支行提出进账单时，应编制会计分录如下。

借：吸收存款——单位活期存款——旺和商场　　　　　　　　 30 000
　　贷：清算资金往来——同城票据清算　　　　　　　　　　　　　　 30 000

招商银行乙支行提入进账单时，应编制会计分录如下。

借：清算资金往来——同城票据清算　　　　　　　　　　　　 30 000
　　贷：吸收存款——单位活期存款——流云服装厂　　　　　　　　　 30 000

（三）现金支票结算的核算

出票人开户行收到持票人持现金支票支取现金时，应认真审查：① 支票是否是统一规定印制的凭证，支票是否真实，提示付款期限是否超过；② 支票填明的收款人是否在支票背面"收款人签章"处签章，其签章是否与收款人名称一致；③ 出票人的签章是否符合规定；④ 支票的大小写金额是否一致；⑤ 支票必须记载的事项是否齐全，出票金额、出票日期、收

款人名称是否更改,其他记载事项的更改是否由原记载人签章证明;⑥ 支取的现金是否符合国家现金管理的规定;⑦ 收款人为个人的,还应审查其身份证件,是否在支票背面"收款人签章"处注明身份证件名称、号码及发证机关。

审查无误后,进行下列操作:(1)收款人为个人的,通过非接口方式对收款人的身份信息进行联网核查,并打印核查结果。(2)出票人签发大额现金支票,付款人(出票人开户银行)在见票时应按"大额支付交易确认制度"与出票人核实确认,并审核支取大额现金须提供的相关资料。(3)使用电子验印系统核对支票印鉴,产生验印流水号,操作"现金支取"交易办理支取现金。使用支付密码的,由综合业务系统校验其密码是否正确。(4)现金支票上加盖业务清讫章和个人名章作借方凭证。(5)按现金支票要求配款,款项交持票人。

持票人持现金支票支取现金,银行应编制会计分录如下。

借:吸收存款——××存款——××户
　　贷:库存现金

【例7-8】 开户单位华信公司签发现金支票20 000元,来行要求取现,银行审核无误后,当即予以办理。其会计分录如下。

借:吸收存款——单位活期存款——华信公司　　　　　　　　20 000
　　贷:库存现金　　　　　　　　　　　　　　　　　　　　　　　　20 000

(四)支票影像交换系统结算的核算

支票影像交换系统(CIS)综合运用影像技术和支付密码等技术,将纸质支票转换为影像和电子信息,实现纸质支票截留,利用网络技术将支票影像和电子清算信息传递至出票人开户行进行提示付款,付款回执通过小额支付系统返回,由小额支付系统统一纳入轧差并提交清算,实现支票的全国通用。其业务流程及账务处理如下。

(1)提出行(持票人开户行)受理持票人送交的他行支票和三联进账单,审查无误后,在进账单第一联加盖业务公章作受理回单交持票人。

(2)经办柜员通过支票影像提出系统进行信息录入及图像采集,并换人进行复核(根据进账单进行复核),将支票与进账单第二、第三联专夹登记保管。

(3)总行清算中心指定专人通过支票影像提出系统定时对全行支票影像集中打包,并发送影像。

(4)提入行(出票人开户行)影像系统前置机从人行获得提入影像报文。

(5)通过影像集中提回系统对报文进行解包。

(6)通过影像集中提回系统进行批量验印。影像集中提回系统根据核印结果向核心业务系统发送相关信息以供进行后续账务处理,并生成小额支付系统借记回执报文,其中对核验且扣款成功的支票业务生成付款确认回执,在PC机上"小额支付——通用来账凭证打印"中打印支票截留凭证。其会计分录为

借:吸收存款——××存款——××出票人
　　贷:待清算支付款项

待提入行收到小额支付系统发来的已清算通知,进行相应的会计处理,其会计分录为

借:待清算支付款项
　　贷:存放中央银行存款——准备金存款

对核验失败或扣款不成功的支票业务生成退票回执并标明退票原因。

(7)提出行通过PC机上"小额支付——普通借记回执明细清单"查询,收到成功回执的,在PC机上打印普通来账凭证,将原支票及进账单第二联作收款凭证的附件,第三联进账单交持票人,其会计分录为

借:待清算支付款项
　　贷:吸收存款——××存款——××持票人

待提出行收到小额支付系统发来的已清算通知,进行相应的会计处理,其会计分录为:

借:存放中央银行存款——准备金存款
　　贷:待清算支付款项

如果收到不成功回执的,在PC机上"通用来账凭证打印"中打印支票截留回执凭证,根据回执凭证出具退票理由书,将退票理由书连同原支票及进账单一起退给持票人签收。

【例7-9】 中国工商银行广州分行收到中国农业银行武汉分行发来的支票影像业务报文,为本行开户单位广州机械厂签发的转账支票,金额为40 000元,收款人为武汉钢铁厂。中国工商银行广州分行对支票影像业务报文核验无误后,确认付款,并通过小额支付系统返回确认付款回执。中国农业银行武汉分行收到确认付款回执,审核无误后,办理转账。

中国工商银行广州分行确认付款时,应编制会计分录如下。

借:吸收存款——单位活期存款——广州机械厂　　　　40 000
　　贷:待清算支付款项　　　　　　　　　　　　　　　　　　40 000

中国农业银行武汉分行收到确认付款回执时,应编制会计分录如下。

借:待清算支付款项　　　　　　　　　　　　　　　　　　40 000
　　贷:吸收存款——单位活期存款——武汉钢铁厂　　　　　　40 000

(五)支票圈存结算的核算

支票圈存是指借助支付密码技术,由收款人在收受支票时,通过互联网PC(WEB)、手机WAP、电话语音(包括固定电话和手机)、银联POS等受理终端,经由小额支付系统向出票人开户行发出圈存指令,预先从出票人账户上圈存支票金额,以保证支票的及时足额支付。通过支票圈存:一是有利于保障出票人的资金安全,出票人通过在支票上记载支付密码,增加了支票伪造、变造的难度,能够有效地保障自己账户的资金安全;二是持票人通过发起支票圈存业务,实时查验支票是否为变造支票或空头支票,可以得到优先付款,从而维护了持票人的合法权益;三是有利于加快商品流转速度,支票圈存业务可以使收款人的合法权益得到保障,实现了收付款人之间的即时交易。其业务流程和账务处理如下。

(1)出票人将填写有支付密码的支票交付持票人。

(2)持票人使用具有圈存功能的支付密码器将支票上记载的出票人账号、出票日期、支票号码、金额、支付密码等相关要素信息通过终端方式发送到出票人开户银行,发起支票圈存请求。支付密码器可支持"一机多户"或"一户多机"。

(3)出票人开户行收到支票的圈存信息后,通过对该支票记载的支付密码完成支票真伪验证,并核查出票人的付款账户是否有足够余额用于该圈存请求中票面金额的支付,将圈存成

功的出票人账户资金扣划至指定暂收账户中,确认付款时,进行账务处理,其会计分录为

借:吸收存款——××存款——××出票人
  贷:待清算支付款项(或清算资金往来)

(4) 出票人开户行根据不同情况,返回相应的支票圈存回应信息。

(5) 持票人开户行通过同城票据交换或小额支付系统将支票票面金额转入持票人账户。其会计分录为

借:待清算支付款项(或清算资金往来)
  贷:吸收存款——××存款——××持票人

(六) 支票遗失的处理

1. 已签发的支票遗失

(1) 付款人遗失已签发的支票,及时通知收款人,并由付款人出具公函和经办人身份证件(如系收款人遗失应由收款人出具公函并经付款人盖章证明),到付款人开户银行申请挂失止付。

(2) 提交一式三联"挂失止付通知书"并签章,"挂失止付通知书"必须包含下列内容:票据丧失的时间、地点、原因;票据的种类、号码、金额、出票日期;票据的付款日期、付款人名称、收款人名称;挂失止付人的姓名、营业场所或住所及联系方法。欠缺以上要素的,银行不予办理挂失。

(3) 银行查明该支票确未支付并按票面金额1‰(不足5元收5元)收取挂失手续费后,操作"票据挂失"交易办理挂失。

(4) 挂失止付通知书第一联加盖业务公章作受理回单退客户,第二、第三联登记《挂失登记簿》后专夹保管,凭以掌握止付。

(5) 客户可以在支票丧失后,也可在申请挂失止付后三天内,向支票支付地的基层人民法院申请公示催告,最终确定票据权利的归属。

(6) 付款人开户银行自收到挂失止付通知书之日起12日内没有收到人民法院的止付通知书的,原挂失止付通知书失效,第13日营业开始,操作"票据解挂"交易将原挂失支票进行解挂,销记"挂失登记簿";收到人民法院止付通知书的,挂失止付继续有效,待收到该人民法院裁定书后,操作"票据解挂"交易将原挂失支票进行解挂,然后根据人民法院的裁定结果进行处理,销记"挂失登记簿"。

2. 空白支票及要素填写不完整的支票遗失

空白支票及要素填写不完整的支票遗失,付款人开户银行不受理挂失。失票人应当及时到支票支付地的基层人民法院办理相关手续。付款人开户银行根据人民法院的裁定进行处理,如果人民法院依法宣告支票无效的,付款人开户银行操作"凭证核销"交易对该支票进行核销。

二、银行本票的核算

(一) 银行本票的概念及有关规定

1. 银行本票的概念

银行本票是银行签发的,承诺其在见票时无条件支付确定的金额给收款人或者持票人的票据。银行本票以银行信用为基础,见票即付,不存在委托收款过程,即使跨行转账,也可

即时抵用,在一定程度上可以等同现金使用。单位和个人在同一票据交换区域需要支付各种款项,均可以使用银行本票。

2. 银行本票的有关规定

(1) 签发银行本票(见图 7-4)必须记载下列事项:表明"银行本票"的字样;无条件支付的承诺;确定的金额;收款人名称;出票日期;出票人签章。欠缺记载上列事项之一的,银行本票无效。

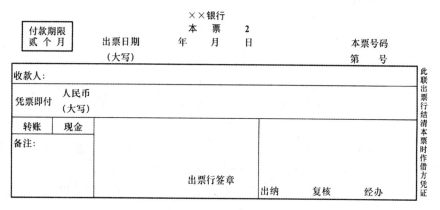

图 7-4 银行本票

(2) 银行本票分为现金银行本票和转账银行本票。用于转账的银行本票,须在银行本票上划去"现金"字样;用于支取现金的银行本票,须在银行本票上划去"转账"字样,未在银行本票上划去"现金"和"转账"字样的,一律按照转账银行本票办理。现金银行本票的申请人和收款人均为个人,现金银行本票仅限系统内银行兑付。申请人或收款人为单位的,不得申请签发现金银行本票。

(3) 出票行签发银行本票时,必须同时记载大、小写金额,小写金额可使用计算机打印或手工记载在"人民币大写"栏右端。

(4) 出票行签发银行本票时,应当在银行本票上加编密押,并将密押记载在"出纳、复核、经办"栏内。密押可用计算机打印或手工记载,但不得更改。

(5) 现金银行本票不得背书转让,转账银行本票可以背书转让。出票银行在银行本票正面记载"不得转让"字样的,银行本票不得背书转让。

(6) 银行本票的提示付款期限为自出票日起 2 个月(按到期月的对日计算,无对日的,月末为到期日。期限最后一日是法定假日,以休假日的次日为最后一日),持票人超过付款期限提示付款的,代理付款人不予受理。申请人要求办理银行本票退款或持票人因超过付款期限不获付款并在票据权利时效内(自出票日起 2 年)请求付款的,应当向出票行说明原因,并持本人身份证或单位证明请求付款。

(7) 银行本票的代理付款人是代理出票银行审核支付银行本票款项的银行。

(8) 在银行开立存款账户的持票人向开户银行提示付款时,应在银行本票背面"持票人向银行提示付款签章"处签章,签章须与预留银行签章相同。个人持票人应在银行本票背面"持票人向银行提示付款签章"处签章,并记载本人身份证件名称、号码及发证机关,同时交验持票人身份证件及其复印件。现金本票的持票人委托他人提示付款的,在本票背面还必须记载"委托收款"字样、被委托人姓名和背书日期,被委托人也应在"持票人向银行提示付款签章"处签章,注明被委托人的身份证件名称、号码及发证机关,同时交验被委托人身份证件及其复印件。

(二)科目设置

商业银行应设"开出本票"科目,核算银行本票签发与结清。该科目属于负债类科目,其贷方登记出票行签发的银行本票的票面金额,借方登记银行本票兑付后出票行结清的票面金额,余额在贷方,反映尚未结清的票面金额。该科目应按银行本票种类和申请人设置明细账。

(三)账务处理

银行本票业务的处理程序分为出票、付款和结清三个阶段。银行本票业务主要通过同城票据交换系统、各行行内系统办理。2008年,依托小额支付系统办理银行本票业务(简称小额本票业务)在全国正式开通后,跨系统银行本票和系统内银行本票均可通过小额支付系统办理。

1. 出票行出票的核算

(1)出票申请人为单位的业务流程。

① 申请人需要使用银行本票,应向银行提交一式三联"结算业务申请书"(以下简称申请书),在申请书的业务种类"本票"处进行勾记,并在申请书第一联上加盖预留银行签章。

② 本票受理岗认真审查申请书内容:是否填明收款人名称、申请人名称、支付金额、申请日期等要素;是否加盖预留银行的签章。

③ 审查无误,进行下列操作。

a. 使用电子验印系统核对申请书上印鉴,产生验印流水号。使用支付密码的,由综合业务系统校验其密码是否正确。

b. 操作"本票受理"交易,根据申请书输入相关要素,如果申请书的备注栏内注明"不得转让",记账时选择"不可转让转账本票",打印核证行后进行检查确认,如有不符,操作"本票维护"交易修改(只能修改收款人名称、是否可转让、备注三项内容)。在申请书第一、第三联上加盖业务清讫章和个人名章后第一联作借方传票,第三联退客户;申请书第二联加盖业务公章和个人名章交本票签发岗。

c. "本票受理"交易联动业务收费窗口,按规定收取相关费用。

d. 本票签发岗审核申请书内容,无误后,操作"本票签发"交易,复核系统记录要素是否与申请书一致,确认无误,提交"本票签发"交易,打印银行本票。

e. 本票打印后,应仔细检查下列内容:本票的出票日期、收款人名称、出票金额、密押等各项要素打印是否正确、清晰。

f. 本票签章岗收到打印好的本票后,审核本票凭证上的有关要素是否与申请书一致,包括:出票金额、收款人名称、本票种类、是否是"不可转让本票"。审核无误后,在本票第二联出票行签章栏签章,签章应为本票专用章加签发行法定代表人或其授权人的签名或盖章。

g. 签章完毕后,根据本票第二联登记"凭证交接登记簿"交申请人签收,并在结算业务申请书第三联上注明"本票已取"字样。

h. 将本票的第一联专夹保管,结算业务申请书第二联加盖"附件"章戳作"开出本票"科目传票附件。

（2）申请人为个人的业务流程。如果申请签发现金银行本票，应按下列程序处理。

① 申请人和收款人均为个人，申请人需要使用现金银行本票（只能在系统内使用）的，须向银行提交一式三联申请书，在申请书的业务种类"本票"处进行勾记，并提供申请人身份证件，同时在申请书第一联填写身份证件相关信息。

② 通过非接口方式对申请人的身份信息进行联网核查，如果是代理人代为办理的，还需核查代理人的身份信息，并打印核查结果。

③ 出票行应认真审查申请书填写的内容是否齐全、清晰。

④ 直接交存现金的，出票行应收妥现金并按规定收取有关费用。

⑤ 银行签发现金银行本票，应在银行本票"出票金额"栏先填写"现金"字样，后填写出票金额，在代理付款行名称栏填明确定的代理付款行名称。操作"本票受理"交易时，选择本票的类别为现金本票。

⑥ 其他手续比照签发转账银行本票的有关手续办理。

个人签发转账银行本票参照单位签发转账银行本票的有关手续办理。

（3）出票行出票的账务处理。出票行出票的会计分录如下。

借：库存现金或吸收存款——××存款——××申请人
　　贷：开出本票——××银行本票——××申请人

通过小额支付系统办理银行本票出票的，出票行若为小额支付系统的直接参与者，可直接办理银行本票出票；出票行若为小额支付系统的间接参与者，则应委托其所属的直接参与者（即代理清算行）代理办理。出票行应在银行本票上填写代理清算行的银行机构代码，加编本票密押，将银行本票出票信息实时录入本行业务处理系统，并于当日内传递至代理清算行。会计分录为

借：库存现金或吸收存款——××存款——××申请人
　　贷：待清算辖内往来——××行

代理清算行收到后，进行银行本票出票处理。会计分录为

借：待清算辖内往来——××行
　　贷：开出本票——××银行本票——××申请人

2. 银行本票兑付的核算

现金银行本票的代理付款行应为出票行系统内营业机构，转账银行本票的代理付款行可为任一银行营业机构。其中，通过小额支付系统签发的银行本票，代理付款行还必须为小额支付系统的直接参与者，小额支付系统的间接参与者不能委托其所属的直接参与者办理银行本票的代理付款业务。

（1）兑付系统内银行本票的处理。

① 兑付转账银行本票。代理付款行接到在本行开立账户的持票人直接交来的银行本票和三联进账单时，应认真审查以下内容。

a. 本票是否是按照统一规定印制的凭证，本票是否真实，是否超过提示付款期限。

b. 持票人是否在本行开户。

c. 持票人名称是否为该持票人，与进账单上的名称是否相符。

d. 出票行签章是否符合规定，加盖的本票专用章是否与印模相符。

e. 本票专用章是否启用银行机构代码；未启用银行机构代码的，是否在票据号码下方记载银行机构代码。

f. 银行本票是否填写密押，大、小写金额是否一致，出票日期是否使用大写数字填写。

g. 本票必须记载事项是否齐全，出票金额、出票日期、收款人名称、本票密押是否更改，其他记载事项的更改是否由原记载人签章证明。

h. 持票人是否在本票背面"持票人向银行提示付款签章"处签章，背书转让的，是否按规定的范围转让，其背书是否连续，签章是否符合规定，背书使用粘单的是否按规定在粘接处签章。

i. 持票人为个人的，审查是否在本票背面签章并注明身份证件名称、号码和发证机关，要求提交持票人身份证复印件留存备查；如果持票人委托他人提示付款的，还需登记代理人的身份信息，并留存复印件。同时通过非接口方式对持票人的身份信息进行联网核查，如果是代理人代为办理的，还需核查代理人的身份信息。

审核无误后，本票兑付岗操作"系统内兑付"交易，根据本票第二联输入相关要素，由系统自动核押，核押成功后自动登记"兑付本票登记簿"，打印入账核证行，本票第二联作传票附件。其会计分录为

　　借：待清算辖内往来——××行
　　　　贷：吸收存款——××存款——××持票人

② 兑付现金银行本票。付款行接到个人持票人交来的现金银行本票时，除了审查前述兑付转账银行本票的内容以外，还应审查以下内容。

a. 出票行是否为本行或本系统内银行。

b. 本票上填写的申请人和收款人是否均为个人。

c. 本票是否背书转让。

d. 审查收款人的身份证件以及是否在本票背面签章并注明证件名称、号码和发证机关，并要求提交收款人身份证件复印件留存备查。委托他人提示付款的，必须查验收款人和被委托人的身份证件，在本票背面作成委托收款背书，注明收款人和被委托人的身份证件名称、号码和发证机关，并提交收款人和被委托人身份证件复印件留存备查，同时对提交的身份证进行联网核查。

审核无误后，比照兑付转账银行本票的手续操作。其会计分录为

　　借：待清算辖内往来——××行
　　　　贷：库存现金

（2）兑付跨系统银行本票的处理。代理付款行接到在本行开立账户的持票人直接交来的他行本票和三联进账单时，比照前述兑付系统内银行本票进行审查，审核无误后，本票兑付岗操作"跨行兑付"交易，根据本票第二联的相关要素通过小额支付系统发出实时借记业务包至出票银行，并根据出票银行实时返回的业务回执办理本票兑付，银行本票作借方传票附件。其会计分录为

　　借：待清算支付款项
　　　　贷：吸收存款——××存款——××持票人

如果通过同城票据交换渠道解付时，提出银行本票，其会计分录为

　　借：清算资金往来——同城票据清算
　　　　贷：吸收存款——××存款——××持票人

(3) 出票行兑付本行签发的银行本票的处理。出票行接到持票人交来的本行签发的银行本票时,抽出专夹保管的本票卡片进行核对,对个人持票人还应审查其身份证件等,审核无误后,办理解付。

出票行兑付本行签发的转账银行本票时,会计分录为

借:开出本票——××银行本票——××申请人
　　贷:吸收存款——××存款——××持票人

出票行兑付本行签发的现金银行本票时,会计分录为

借:开出本票——××银行本票——××申请人
　　贷:库存现金

出票行兑付本行签发的银行本票亦即结清银行本票。

3. 银行本票结清的核算

出票行收到行内系统或小额支付系统发来的解付成功信息,系统自动核销登记簿,在PC机上打印小额支付系统来账凭证作"开出本票"科目借方传票,抽出专夹保管卡片核对无误后将卡片作当日"开出本票"科目传票附件。会计分录为

借:开出本票——××银行本票——××申请人
　　贷:待清算辖内往来(或待清算支付款项)

如果出票行收到通过票据交换提入的银行本票,抽出专夹保管的本票卡片进行核对,无误后,进行银行本票结清处理,会计分录为

借:开出本票——××银行本票——××申请人
　　贷:清算资金往来——同城票据清算

4. 特殊业务的核算

(1) 未用退回的处理。

① 申请人因本票超过提示付款期或其他原因要求退款的,应提交本票及三联进账单,申请人为单位的,应出具该单位的证明;申请人为个人的,应出具本人的有效身份证件。出票银行对于已在本行开立存款账户的申请人,只能将款项转入原申请人账户;对于现金银行本票和未在本行开立存款账户的申请人,才能退付现金,并需按规定提交证明文件或身份证件。

② 抽出本票卡片联与客户提交的本票进行核对,核对无误后操作"特殊业务处理"交易,根据本票录入相关信息,系统自动登记"兑付本票登记簿"的各项内容。

③ 本票联作"开出本票"科目借方传票,卡片联和单位证明或个人身份证件复印件作借方传票附件,进账单第二联作贷方传票。会计分录为

借:开出本票——××银行本票——××申请人
　　贷:吸收存款——××存款——××申请人

(2) 逾期付款的处理。

① 持票人因本票超过提示付款期不获付款,在票据权限内申请付款的,应向出票行提交本票,并按规定提交证明文件或身份证件。

② 持票人在本行开户的,应填制两联进账单,进账单贷方凭证联、银行本票及本票卡片作记账凭证附件,进账单收账通知联退持票人。会计分录为

借:开出本票——××银行本票——××申请人
　　贷:吸收存款——××存款——××持票人

③ 收款人未在本行开户的，出票行根据客户委托将本票款项划至持票人开户行。其会计分录为

借：开出本票——××银行本票——××申请人
　　贷：待清算辖内往来（或待清算支付款项、清算资金往来）

④ 持票人提交现金银行本票的，将银行本票、本票卡片作记账凭证附件。会计分录为

借：开出本票——××银行本票——××申请人
　　贷：库存现金

(3) 本票遗失的处理。填明"现金"字样银行本票丧失，失票人可以到出票银行办理挂失止付。失票人应出具公函和经办人身份证件，填写一式三联"挂失止付通知书"并签章，"挂失止付通知书"必须包含的内容参照支票挂失时须填写的内容，欠缺"挂失止付通知书"要素之一的，银行不予办理挂失。

出票行审查"挂失止付通知书"填写是否符合要求，并抽出专夹保管的本票卡片核对，确属本行签发并确未注销时方可受理，同时按票面金额1‰（不足5元收5元）收取挂失手续费后，在系统中操作"本票挂失解挂"交易登记挂失止付信息，凭以控制付款或退款。挂失止付通知书第一联加盖业务公章作为受理回单退客户，第二、第三联登记"挂失登记簿"后专夹保管，凭以掌握止付。另外，应提醒客户到人民法院办理其他相关手续。

转账银行本票遗失，银行不受理挂失。失票人应当及时到汇票支付地的基层人民法院申请公示催告或提起诉讼。银行根据人民法院的裁定进行处理。失票人凭人民法院出具的其享有该本票票据权利的证明，向出票行请求退款或付款。退款或付款的其余手续参照前述退款和逾期付款的处理。

5. 综合举例

【例7-10】 4月6日，张明提交银行本票申请书，委托中国工商银行甲支行签发现金银行本票，提交现金10 000元，银行审查同意后签发银行本票。4月9日，中国工商银行乙支行收到王红提交的现金银行本票，金额10 000元，审查无误后，通过行内汇划渠道办理现金解付。4月10日，中国工商银行甲支行收到行内系统发来的申请人为张明的银行本票解付成功信息，系统自动进行结清处理。

根据上述资料，编制会计分录如下。

(1) 4月6日，中国工商银行甲支行签发银行本票时：

借：库存现金　　　　　　　　　　　　　　　　　　　　　　　10 000
　　贷：开出本票——现金银行本票——张明　　　　　　　　　　　　10 000

(2) 4月9日，中国工商银行乙支行兑付银行本票时：

借：待清算辖内往来——中国工商银行甲支行　　　　　　　　　　10 000
　　贷：库存现金　　　　　　　　　　　　　　　　　　　　　　　10 000

(3) 4月10日，中国工商银行甲支行结清银行本票时：

借：开出本票——现金银行本票——张明　　　　　　　　　　　　10 000
　　贷：待清算辖内往来——中国工商银行乙支行　　　　　　　　　　10 000

【例7-11】 8月2日，开户单位英达公司提交银行本票申请书，委托中国建设银行甲分行签发转账银行本票，金额40 000元，银行审查同意后签发银行本票。8月15日，中国农

业银行乙分行(直接参与者)收到开户单位华越公司提交的银行本票,金额 40 000 元,审查无误后,通过小额支付系统向中国建设银行甲分行发出实时借记业务包,并收到了中国建设银行甲分行返回的确认回执信息。8 月 16 日,中国建设银行甲分行收到小额支付系统发来的申请人为英达公司的银行本票解付成功信息,系统自动进行结清处理。

根据上述资料,编制会计分录如下。

(1) 8 月 2 日,中国建设银行甲分行签发转账银行本票时:

借:吸收存款——单位活期存款——英达公司　　　　　　40 000
　　贷:开出本票——转账银行本票——英达公司　　　　　　　　40 000

(2) 8 月 15 日,中国农业银行乙分行兑付银行本票时:

借:待清算支付款项　　　　　　　　　　　　　　　　　40 000
　　贷:吸收存款——单位活期存款——华越公司　　　　　　　　40 000

(3) 8 月 16 日,中国建设银行甲分行结清银行本票时:

借:开出本票——转账银行本票——英达公司　　　　　　40 000
　　贷:待清算支付款项　　　　　　　　　　　　　　　　　　　40 000

【例 7-12】　9 月 6 日,某交通银行接到飞达贸易公司交来的银行本票申请书一份,要求签发转账银行本票 20 000 元,系转账交付票款。10 月 2 日,交通银行接到开户单位宇通机械厂交来银行本票及两联进账单,要求兑付本票款 20 000 元。

根据上述资料,编制会计分录如下。

(1) 9 月 6 日,交通银行签发转账银行本票时:

借:吸收存款——单位活期存款——飞达贸易公司　　　　20 000
　　贷:开出本票——转账银行本票——飞达贸易公司　　　　　　20 000

(2) 10 月 2 日,交通银行结清银行本票时:

借:开出本票——转账银行本票——飞达贸易公司　　　　20 000
　　贷:吸收存款——单位活期存款——宇通机械厂　　　　　　　20 000

三、银行汇票的核算

(一)银行汇票的概念及有关规定

1. 银行汇票的概念

银行汇票是出票银行签发的,由其在见票时按照实际结算金额无条件支付给收款人或者持票人的票据。银行汇票建立在银行信用的基础上,为即期票据,其出票银行为银行汇票的付款人,系统内银行汇票可即时抵用,跨系统银行汇票须收妥抵用。单位和个人异地各种款项结算,均可使用银行汇票。

2. 银行汇票的有关规定

(1) 签发银行汇票(见图 7-5)必须记载下列事项:表明"银行汇票"的字样;无条件支付的承诺;出票金额;付款人的名称;收款人的名称;出票日期;出票人签章。欠缺上述记载之一的,银行汇票无效。

(2) 各银行汇票均可用于转账,填明"现金"字样的银行汇票也可以用于支取现金。申请人或者收款人为单位的,银行不得为其签发现金银行汇票。签发转账银行汇票不得填写

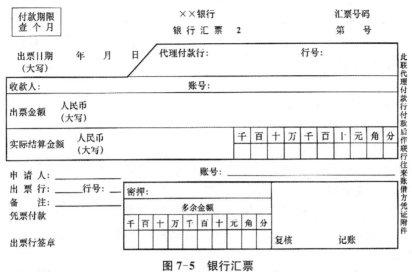

图 7-5 银行汇票

代理付款人,签发现金银行汇票必须填明代理付款人。

(3) 银行汇票的代理付款人是代理本系统出票银行或跨系统签约银行审核支付汇票款项的银行。代理付款人不得受理未在本行开立存款账户的持票人为单位直接提交的银行汇票。

(4) 跨系统银行签发的转账银行汇票的付款,应通过同城票据交换将银行汇票和解讫通知提交给同城的有关银行审核支付后抵用。

(5) 银行汇票一律记名,无金额起点的限制。

(6) 银行汇票提示付款期限为自出票日起 1 个月(不分大月小月,按对月对日计算,到期遇节假日顺延,下同)。

(7) 银行汇票允许背书转让。但现金银行汇票不得背书转让。背书转让必须连续,背书使用粘单的应按规定由第一个使用粘单的背书人在粘接处加盖骑缝章。出票人在汇票上记载"不得转让"字样的,汇票不得转让。银行汇票的背书转让以不超过出票金额的实际结算金额为准。未填写实际结算金额或实际结算金额超过出票金额的银行汇票不得背书转让。

(8) 持票人向银行提示付款时,必须同时提交银行汇票和解讫通知,缺少任何一联,银行不予受理。

(9) 持票人超过期限向代理付款行提示付款不获付款的,须在票据权利时效内(自出票日 2 年)向出票银行作出说明,并提供本人身份证件或单位证明,持银行汇票和解讫通知向出票银行请求付款。

(二) 科目设置

1. "开出汇票"科目

"开出汇票"核算商业银行(出票行)银行汇票的签发及结清,该科目属于负债类科目,其贷方登记出票行签发的银行汇票的票面金额,借方登记银行汇票兑付后出票行结清的票面金额,余额在贷方,反映尚未结清的票面金额。该科目应按银行汇票种类和申请人设置明细账。

2."应解汇款"科目

"应解汇款"科目核算商业银行解付的汇款,该科目属于负债类科目,其贷方登记应解付的汇款,借方登记已经解付的汇款,余额在贷方,反映尚未解付的汇款。该科目应按汇款种类和收款人设置明细账。

(三)账务处理

银行汇票业务的账务处理分为出票、付款和结清三个阶段。

1. 出票行出票的核算

(1)出票申请人为单位的业务流程。

① 申请人需要使用银行汇票,应向银行提交一式三联申请书,在申请书的业务种类"汇票"处进行勾记,并在申请书第一联加盖预留银行签章。

② 汇票受理岗认真审查申请书要素是否填写齐全、清晰,是否详细填明委托日期、申请人名称及账号或地址、收款人名称、汇款金额,是否加盖预留银行签章。

③ 审查无误,进行下列操作。

a. 使用电子验印系统核对申请书上印鉴,产生验印流水号。使用支付密码的,由综合业务系统校验其密码是否正确。

b. 验印无误后,操作"汇票受理"交易,根据申请书输入相关要素,打印核证行后检查确认,如有不符,操作"受理维护"交易进行修改。

c. 在申请书第一、第三联上加盖业务清讫章和个人名章后,第三联(回单联)退客户,第一联作借方传票,申请书第二联加盖业务公章和个人名章交汇票签发岗。

d. "汇票受理"交易联动业务收费窗口,按规定收取手续费。

e. 汇票签发岗审核申请书内容,审核无误后,操作"汇票签发"交易,复核系统记录要素是否与申请书一致,确认无误后提交"汇票签发"交易,打印银行汇票。银行汇票凭证一式四联:第一联为开出汇票卡片,第二联为银行汇票,第三联为解讫通知,第四联为多余款收账通知。

f. 汇票打印后,汇票签发岗应仔细检查下列内容:汇票的出票日期、收款人名称、出票金额大小写、密押等各项打印要素是否正确清晰。符合要求后,将汇票及申请书第二联交汇票签章岗。

g. 汇票签章岗收到汇票后,审核汇票凭证上的有关要素是否与申请书一致,包括汇票的出票金额、收款人名称、种类,特别注意不可转让汇票是否已注明"不可转让汇票"字样。审核无误后,在汇票第二联出票行签章栏签章,签章应为汇票专用章和签发行法定代表人或其授权经办人的签名或盖章;同时汇票第一、第二联上要加盖经办人和复核人名章。

h. 签章完毕后,汇票受理(或签发)岗根据汇票第二、第三联登记《银行汇票交接登记簿》,交申请人签收,并在申请书第三联(回单联)上加盖"汇票已取"戳记。

i. 汇票签章岗必须在当日根据汇票第一联操作"移存资金"交易,授权柜员检查原汇票凭证信息与移存资金交易画面信息相符后,授权将该笔汇票资金移存至资金清算中心。

j. 汇票签发岗将申请书第二联加盖"附件"章戳作"开出汇票"科目传票附件,将汇票的第一、第四联专夹保管。

(2)出票申请人为个人的业务流程。如果申请签发现金银行汇票,其业务流程如下。

a. 出票申请人和收款人均为个人,需要使用银行汇票在代理付款行支取现金的,申请人须向银行提交一式三联申请书,在申请书的业务种类"汇票"处进行勾记,并在"收款人开户行"栏填明代理付款行行名。同时提供申请人身份证件,在申请书第一联上填写身份证件相关信息,如为代理还须填写代理人身份信息。

b. 通过非接口方式对出票人的身份信息进行联网核查,代理人办理的,还需核查代理人的身份信息,并打印核查结果。

c. 出票行应认真审查申请书填写的内容是否齐全、清晰。

d. 直接交存现金的,出票行应收妥现金后按转账银行汇票的收费标准收取手续费,同时按照反洗钱规定中关于一次性交易的相关要求履行身份识别义务。

e. 出票时在银行汇票"出票金额人民币(大写)"之后紧接填写"现金"字样,再填写出票金额,在"代理付款行名称"栏填明确定的代理付款行名称。

f. 其他手续比照签发转账银行汇票的有关手续办理。

如果个人签发转账银行汇票,参照单位签发转账银行汇票的有关手续办理。

(3) 出票行出票的账务处理。出票行出票时,其会计分录如下。

借:库存现金或吸收存款——××存款——××申请人
　　贷:开出汇票——××银行汇票——××申请人

2. 代理付款行兑付的核算

(1) 兑付系统内银行汇票。

a. 持票人在代理付款行开立账户。代理付款行接到在本行开立账户的持票人直接交来的汇票、解讫通知(两联缺一不可)和进账单时,应认真审查:

第一,汇票、解讫通知是否齐全,汇票号码和记载的内容是否一致。

第二,汇票是否为按统一规定印制的银行汇票凭证,包括标识、暗记、水印、荧光编号等是否真实。

第三,汇票的提示付款期限是否超过。

第四,签发行的签章是否符合规定,加盖的汇票专用章是否与印模相符。

第五,汇票必须记载的事项是否齐全,出票金额、实际结算金额、出票日期、收款人名称是否更改。

第六,汇票填明的持票人是否在本行开户,持票人名称和账号是否清晰;汇票的实际结算金额大小写是否一致,是否在出票金额以内,多余金额结计是否正确;如果全额进账,必须在汇票和解讫通知的实际结算金额栏内填写全部金额,多余金额栏填写"—0—"。

第七,持票人是否在汇票背面"持票人向银行提示付款签章"处签章,背书转让的汇票是否按规定的范围转让,其背书是否连续,签章是否符合规定,与预留签章是否一致;背书使用粘单的是否按规定在粘接处签章。

审核无误后,进行下列操作。

第一,汇票签发岗操作"兑付申请"交易,根据汇票第二、第三联输入相关要素,由系统自动核押,核押成功后系统自动登记"兑付汇票登记簿",然后将汇票交汇票兑付岗。

第二,汇票兑付岗按要求审核无误后,操作"兑付发送"交易,系统自动发送"申请清算银行汇票资金报文"。交易成功后,会收到汇票资金清算报文,然后打印支付系统专用凭证,加盖业务清讫章及个人名章,支付系统专用凭证第一联作贷方凭证,第二联作收账通知交客户。汇票和解讫通知联加盖业务清讫章和附件章作为支付系统专用凭证(贷方)的附件。其

会计分录为

  借：待清算辖内往来——××行
   贷：吸收存款——××存款——××持票人

  b. 持票人未在代理付款行开立账户。持票人未在代理付款行开立账户的核算。代理付款行接到未在本行开户的持票人为个人交来的汇票和解讫通知及两联进账单时，除按上述有关规定认真审查外，还必须审查持票人的身份证件等内容。审查无误后，以持票人姓名开立"应解汇款"账户，该账户只付不收，付完清户，不计付利息。其会计分录为

  借：待清算辖内往来——××行
   贷：应解汇款——××持票人

  持票人需要转汇的，代理付款行受理持票人申请转汇时，需由持票人重新填制结算业务申请书，审核收款人和用途必须是原收款人和用途，在汇票凭证上加盖"转汇"戳记。经审查无误后选择的支付结算方式和汇划渠道办理转汇。其会计分录为

  借：应解汇款——××持票人
   贷：待清算辖内往来或清算资金往来等科目

  持票人需要支取现金的，代理付款行接到持票人或被委托人交来的现金银行汇票和解讫通知提示付款时，必须审查汇票上填写的申请人和收款人是否确为个人并按规定填写"现金"字样，审核填写的代理付款行名称是否确为本行；审核持票人和被委托人的身份证件，持票人和被委托人是否在汇票背面"持票人向银行提示付款签章"处签名或签章并填明身份证件名称、号码及发证机关。同时留存持票人和被委托人的身份证件复印件备查。通过非接口方式对持票人的身份信息进行联网核查，代理人办理的，还需核查代理人的身份信息，并打印核查结果。审查后办理现金支付，会计分录为

  借：应解汇款——××持票人
   贷：库存现金

  代理付款行在审查汇票时，对不符合要求的不予受理；发现有疑点的（如汇票专用章不清、漏押、押不符、漏盖识别码章等），不得随意向持票人退票，应及时向出票行查询或向有关部门反映。

  (2) 兑付跨系统银行汇票。银行接到在本行开立账户的持票人交来的跨系统银行签发的银行汇票和解讫通知及三联进账单时，应认真审查以下内容。

  a. 汇票和解讫通知是否齐全（缺少任何一联不予受理），汇票的号码和记载内容是否一致。

  b. 汇票是否是按统一规定印制的凭证，提示付款期限是否超过。

  c. 汇票填明的持票人是否在本行开户，持票人的名称是否为该持票人，与进账单上的名称是否相符。

  d. 汇票的实际结算金额大小写是否一致，是否在出票金额以内，与进账单所填金额是否一致，多余金额结计是否正确；如果全额进账，必须在汇票和解讫通知的实际结算金额栏内填写全部金额，多余金额栏填写"—0—"。

  e. 汇票必须记载的事项是否齐全，出票金额、实际结算金额、出票日期、收款人名称是否更改，其他记载事项的更改是否由原记载人签章证明。

  f. 持票人是否在汇票背面"持票人向银行提示付款签章"处签章，背书转让的汇票是否

按规定的范围转让,其背书是否连续,签章是否符合规定,背书使用粘单的是否按规定在粘接处签章。持票人应作委托收款背书。

g. 审核无误后操作"提出付单"交易,通过同城票据交换将汇票和解讫通知提交给同城有关代理付款行后,办理收妥抵用。其会计分录为

借:清算资金往来——同城票据清算
　　贷:其他应付款——××户(持票人)

待退票时间过后,办理收妥入账,将款项划入持票人账内。其会计分录为

借:其他应付款——××户(收款人)
　　贷:吸收存款——××存款——××持票人

对跨系统机构提交的退票理由书及汇票,应审核退票理由是否合理,审核后进行登记并将退票理由书及汇票退持票人签收。

3. 银行汇票结清的核算

代理付款行付款后,行内系统自动做结清处理,次日营业开始直接打印银行汇票结清汇总凭证。具体分以下两种情况。

(1) 汇票全额付款。汇票全额付款的,出票行收到代理付款行兑付汇票资金的解讫通知后,抽出原专夹保管的汇票卡片在汇票卡片的实际结算金额栏填入全部金额,在多余款收账通知的多余金额栏填写"－0－",汇票卡片、多余款收账通知作汇总凭证附件。会计分录为

借:开出汇票——××银行汇票——××申请人
　　贷:待清算辖内往来(或清算资金往来)

(2) 汇票有多余款。

① 申请人在本行开户的,在汇票卡片和多余款收账通知上填写实际结算金额,结出多余金额,汇票卡片作汇总凭证附件,多余款收账通知交申请人。会计分录为

借:开出汇票——××银行汇票——××申请人　　　　　　(出票金额)
　　贷:待清算辖内往来(或清算资金往来)　　　　　　　(实际结算金额)
　　　　吸收存款——××存款——××申请人　　　　　　(多余金额)

② 申请人未在本行开户的,多余金额先转入"其他应付款"科目,会计分录为

借:开出汇票——××银行汇票——××申请人
　　贷:待清算辖内往来(或清算资金往来)
　　　　其他应付款——××申请人

同时,通知申请人持申请书存根及本人身份证件来行办理领取手续。申请人来行领取时,会计分录为

借:其他应付款——××申请人
　　贷:库存现金

4. 特殊业务的核算

(1) 退款的处理。申请人因汇票超过提示付款期或其他原因要求退款的,应提交汇票和解讫通知,并按规定提交证明文件和身份证件。在汇票和解讫通知的实际结算金额大写栏填写"未用退回"字样。操作"未用申请"交易,根据汇票录入相关信息。换人操作"申请发送"交易,向汇票清算中心申请资金退回。退回的资金视同支付系统来账处理。银行汇票、

单位证明和个人身份证件复印件作为"开出汇票"科目借方传票的附件,解讫通知联和支付系统专用凭证的贷方传票作为"库存现金"科目或"吸收存款"科目贷方传票的附件,在借贷方传票上加盖业务清讫章和个人名章;在支付系统专用凭证收账通知联上加盖业务清讫章交申请人。其会计分录为

  借:开出汇票——××银行汇票——××申请人
    贷:吸收存款——××存款——××申请人(或库存现金)

(2)逾期付款的处理。持票人因汇票超过提示付款期申请付款的,应在票据权利时效内向出票行提交汇票和解讫通知,并按规定提交证明文件和身份证件。在汇票和解讫通知的备注栏填写"逾期付款"字样,办理付款手续。通过大(小)额支付系统、同城清算系统或系统内转账等相关交易将资金支付给持票人。银行汇票、单位证明和个人身份证件复印件作为"开出汇票"科目借方传票的附件,解讫通知联作为相关科目贷方传票的附件,在借贷方传票上加盖业务清讫章和个人名章。其会计分录为

  借:开出汇票——××银行汇票——××申请人
    贷:应解汇款——××持票人

如果汇票有多余款,其会计分录为

  借:开出汇票——××银行汇票——××申请人
    贷:应解汇款——××持票人
      吸收存款——××存款——××申请人(或其他应付款)

同时,根据持票人选择的支付结算方式和汇划渠道办理转账。会计分录为

  借:应解汇款——××持票人
    贷:有关科目

(3)银行汇票遗失的处理。转账银行汇票遗失,银行不受理挂失。失票人应当及时到汇票支付地的基层人民法院申请公示催告或提起诉讼。银行根据人民法院的裁定进行处理。

填明"现金"字样及代理付款行的汇票丧失,失票人可以向代理付款行或出票行申请办理挂失。失票人应出具公函和经办人身份证件,提交一式三联"挂失止付通知书"并签章,"挂失止付通知书"必须包含的内容参照支票挂失时须填写的内容,欠缺"挂失止付通知书"要素之一的,银行不予办理挂失。"挂失止付通知书"第一联加盖业务公章作为受理回单退客户,第二、第三联登记"挂失登记簿"后专夹保管,凭以掌握止付,同时按票面金额1‰(不足5元收5元)收取挂失手续费。其会计处理比照前述银行汇票退款的核算。

5. 综合举例

【例7-13】 4月15日,李江提交银行汇票申请书及现金8 000元,委托招商银行西安A支行签发银行汇票持往长沙购物,经审核无误后,签发银行汇票。4月24日,招商银行长沙B支行收到王杰提交的现金银行汇票及解讫通知,金额8 000元,该汇票系异地招商银行西安A支行签发。经审核无误后,办理支取现金手续。4月26日,招商银行西安A支行收到该银行汇票已兑付的电子汇划信息,经审核无误办理清算。

根据上述资料,编制会计分录如下。

(1)4月15日,招商银行西安A支行签发银行汇票时:

借：库存现金　　　　　　　　　　　　　　　　　　　　　　　　　8 000
　　　　贷：开出汇票——李江　　　　　　　　　　　　　　　　　　　　　8 000
(2) 4月24日，招商银长沙B支行办理付款时：
　　借：待清算辖内往来——招商银行西安A支行　　　　　　　　　　　　8 000
　　　　贷：应解汇款——王杰　　　　　　　　　　　　　　　　　　　　8 000
　　借：应解汇款——王杰　　　　　　　　　　　　　　　　　　　　　　8 000
　　　　贷：库存现金　　　　　　　　　　　　　　　　　　　　　　　　8 000
(3) 4月26日，招商银行西安A支行结清银行汇票时：
　　借：开出汇票——李江　　　　　　　　　　　　　　　　　　　　　　8 000
　　　　贷：待清算辖内往来——招商银长沙B支行　　　　　　　　　　　　8 000

【例7-14】　5月8日，南昌仪表厂向开户行中国建设银行南昌A支行提交银行汇票申请书，金额100 000元，收款人为上海仪表配件厂，银行审查后同意签发银行汇票。5月15日，中国工商银行上海B支行收到开户单位上海仪表配件厂提交的银行汇票、解讫通知和进账单，出票金额100 000元，实际结算金额80 000元，该汇票系中国建设银行A东城支行签发，审核无误后，通过同城票据交换将汇票和解讫通知提交同城有关代理付款行审核支付，超过退票时间未收到退票通知。5月17日，中国建设银行南昌A支行收到该银行汇票已兑付的电子汇划信息，经审核无误办理转账。

根据上述资料，编制会计分录如下。
(1) 5月8日，中国建设银行南昌A支行签发银行汇票时：
　　借：吸收存款——单位活期存款——南昌仪表厂　　　　　　　　　　100 000
　　　　贷：开出汇票——南昌仪表厂　　　　　　　　　　　　　　　　　100 000
(2) 5月15日，中国工商银行上海B支行办理付款时：
　　借：清算资金往来——同城票据清算　　　　　　　　　　　　　　　　80 000
　　　　贷：其他应付款——上海仪表配件厂　　　　　　　　　　　　　　　80 000
待退票时间过后，办理收妥入账时：
　　借：其他应付款——上海仪表配件厂　　　　　　　　　　　　　　　　80 000
　　　　贷：吸收存款——单位活期存款——上海仪表配件厂　　　　　　　　80 000
(3) 5月17日，中国建设银行南昌A支行结清银行汇票时：
　　借：开出汇票——南昌仪表厂　　　　　　　　　　　　　　　　　　100 000
　　　　贷：清算资金往来——同城票据清算　　　　　　　　　　　　　　　80 000
　　　　　　吸收存款——单位活期存款——南昌仪表厂　　　　　　　　　　20 000

四、商业汇票的核算

(一) 商业汇票的概念及有关规定

1. 商业汇票的概念

商业汇票是出票人签发的，委托付款人在指定日期无条件支付确定的金额给收款人或者持票人的票据。在银行开立存款账户的法人以及其他组织之间，必须具有真实的交易关系或债权债务关系，才能使用商业汇票。商业汇票为远期票据，收妥抵用，适用于同城或异地结算,只能转账,不能支取现金。

商业汇票签发后,必须经过承兑。承兑就是承兑人同意按汇票载明事项到期付款而在票据上作文字记载或签章的票据行为。按承兑人的不同,商业汇票分为商业承兑汇票(见图 7-6)和银行承兑汇票(见图 7-7)。商业承兑汇票由银行以外的付款人承兑,以商业信用为基础;银行承兑汇票由银行承兑,以银行信用为基础。

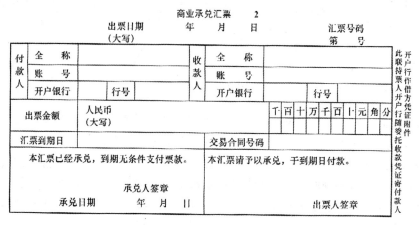

图 7-6 商业承兑汇票

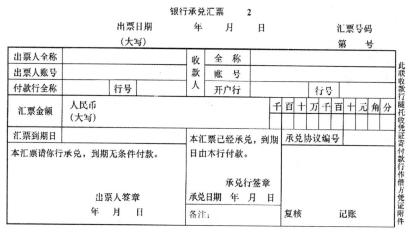

图 7-7 银行承兑汇票

2. 商业汇票的有关规定

(1) 商业承兑汇票可以由付款人签发并承兑,也可以由收款人签发交由付款人承兑。银行承兑汇票由在承兑银行开立存款账户的存款人签发,交由其开户银行承兑。

(2) 签发商业汇票必须记载下列事项:表明商业承兑汇票或银行承兑汇票的字样;无条件支付的委托;确定的金额;付款人名称;收款人名称;出票日期;出票人签章。欠缺记载上列事项之一的,商业汇票无效。

(3) 商业汇票的付款期限,最长不得超过 6 个月。定日付款的汇票,付款期限自出票日起计算,并在汇票上记载具体的到期日;出票后定期付款的汇票,付款期限自出票日起按月计算,并在汇票上记载;见票后定期付款的汇票,付款期限自承兑或拒绝承兑日起按月计算,并在汇票上记载。

(4) 商业汇票的提示付款期限，自汇票到期日起10日。持票人应在提示付款期限内通过开户银行委托收款或直接向付款人提示付款。对异地委托收款的，持票人提前3天通过开户银行委托收款。持票人超过提示付款期限提示付款的，持票人开户银行不予受理。商业汇票的权利时效自汇票到期日起2年。

(5) 商业汇票可以在出票时向付款人提示承兑后使用，也可以在出票后先使用再向付款人提示承兑。定日付款或者出票后定期付款的银行承兑汇票，持票人应当在汇票到期日前向付款人提示承兑。见票后定期付款的汇票，持票人应当自出票日起一个月内向付款人提示承兑。汇票未按照规定期限提示承兑的，持票人丧失对其前手的追索权。见票即付的汇票无需提示承兑。

(6) 商业汇票的付款人接到提示承兑的汇票时，应当在自收到提示承兑的汇票之日起3日内承兑或者拒绝承兑。商业汇票的正面记载"承兑"字样和承兑日期并签章。承兑不得附有条件，承兑附有条件的，视为拒绝承兑。商业承兑汇票到期，付款人不能支付票款，按票面金额对其处以百分之五但不低于1千元罚款。

(7) 商业汇票允许贴现，并允许背书转让。

(8) 银行承兑汇票的出票人或持票人向银行提示承兑时，银行的信贷部门负责按照有关规定和审批程序，对出票人的资格、资信、购销合同和汇票记载的内容进行认真审查，必要时可由出票人提供担保。符合规定和承兑条件的，与出票人签订承兑协议。

(9) 银行承兑汇票的出票人应于汇票到期前将票款足额交存其开户银行。承兑银行应在汇票到期日或到期日后的见票当日支付票款。承兑银行存在合法抗辩事由拒绝支付的，应自接到商业汇票的次日起3日内，作为拒绝付款证明，连同商业银行承兑汇票邮寄持票人开户银行转交持票人。

(10) 银行承兑汇票的出票人于汇票到期日未能足额交存票款时，承兑银行除凭票向持票人无条件付款外，对出票人尚未支付的汇票金额即垫款按照每天万分之五计收利息。

(二) 商业承兑汇票的核算

1. 持票人开户行受理汇票的核算

商业承兑汇票凭证一式三联：第一联为卡片，由承兑人留存；第二联为汇票，由持票人作委托收款依据；第三联为存根，由出票人存查。持票人应在提示付款期限内通过开户银行委托收款（或直接向付款人提示付款），对异地委托收款的，持票人可匡算邮程，提前通过开户银行委托收款。

持票人凭商业承兑汇票委托开户行收款时，应填制一式五联委托收款凭证，并在有关栏注明"商业承兑汇票"及汇票号码，连同汇票一并交开户行。银行按规定审核盖章并登记"发出委托收款凭证登记簿"后：第一联委托收款凭证作回单退交持票人；第二联专夹保管；第三、第四、第五联连同商业承兑汇票寄付款人开户行。

2. 付款人开户行收到汇票的核算

付款人开户行收到寄来的委托收款凭证及商业承兑汇票，审查无误后，登记"收到委托收款凭证登记簿"，将第五联委托收款凭证交付款人通知其付款。

付款人接到开户银行的付款通知，应在当日通知银行付款。付款人在接到通知的次日起3日内（遇法定节假日顺延）未通知银行付款的，银行应于付款人接到通知日的次日起第4日（法定节假日顺延）上午开始营业时，将票款划给持票人。付款人若提前收到由其承兑的商业汇票,并同意付款的,银行应于汇票到期日将票款划给持票人。

(1) 付款人账户有足够款项支付的处理。付款人开户行进行委托收款到期付款交易处理,将商业承兑汇票、委托收款凭证第三、四(同城交换时此联须提出)联作记账凭证附件,同时销记"收到委托收款凭证登记簿"。

① 通过行内系统划款时,付款人开户行向持票人开户行发起划收款(贷记)业务,会计分录为

借:吸收存款——××存款——××付款人
　　贷:待清算辖内往来——××行

② 通过大小额支付系统划款时,付款人开户行(间接参与者、非清算账户行)应将贷记业务通过行内系统发往其所属的直接参与者(即清算账户行),由直接参与者通过大小额支付系统发往持票人开户行所属的直接参与者转持票人开户行。

付款人开户行的会计分录为

借:吸收存款——××存款——××付款人
　　贷:待清算辖内往来——××行

付款人开户行所属直接参与者的会计分录为

借:待清算辖内往来——××行
　　贷:存放中央银行款项——准备金存款　　　(大额支付系统)
　　　　或待清算支付款项　　　　　　　　　　(小额支付系统)

③ 通过同城票据交换划款时,付款人开户行将委托收款凭证第四联提出给持票人开户行,会计分录为

借:吸收存款——××存款——××付款人
　　贷:清算资金往来——同城票据清算

(2) 付款人账户无款支付或不足支付的处理。付款人开户行划款时,付款人账户无款支付或不足支付的,银行在委托收款凭证上注明"无款支付"字样,并填制三联"付款人未付款项通知书",将第二、第三联通知书连同第四联委托收款凭证及汇票一并寄持票人开户行转交持票人。

(3) 付款人拒绝付款的处理。付款人对已承兑的商业汇票,如果存在合法抗辩事由,应自接到通知的次日起3日内向银行提交四联拒付理由书,连同第五联委托收款凭证一起交开户行。银行收到并审核无误后,在委托收款凭证上注明"拒绝付款"字样,将第一联拒付理由书作回单退还付款人,第二联拒付理由书与第三联委托收款凭证一并留存备查,第三、第四联拒付理由书连同第四、第五联委托收款凭证及汇票一并寄持票人开户行转交持票人。

3. 持票人开户行收到划回票款或退回凭证的核算

持票人开户行收到通过同城票据交换提入的第四联委托收款凭证,或根据接收的行内系统、大额支付系统的支付信息打印汇票来账专用凭证,与留存的第二联委托收款凭证进行核对,第二联委托收款凭证作来账凭证附件,来账凭证收账通知联交收款人。同时,持票人开户行进行委托收款销记交易处理,录入相关信息,系统自动销记"发出委托收款登记簿"。

(1) 收到通过行内系统划回的票款时,会计分录为

借:待清算辖内往来——××行
　　贷:吸收存款——××存款——××持票人

(2) 收到其所属的直接参与者由行内系统转来的通过大、小额支付系统划回的票款时，持票人开户行所属直接参与者的会计分录为

借：存放中央银行款项——准备金存款　　　　　　　（大额支付系统）
　　或待清算支付款项　　　　　　　　　　　　　　（小额支付系统）
　　　贷：待清算辖内往来——××行

持票人开户行的会计分录为

借：待清算辖内往来——××行
　　　贷：吸收存款——××存款——××持票人

(3) 收到通过同城票据交换划回的票款时，会计分录为

借：清算资金往来——同城票据清算
　　　贷：吸收存款——××存款——××持票人

4. 综合举例

【例7-15】 5月6日，A公司卖给B公司一批原料，价值700 000元，该项商品交易是合法的，根据购销合同，进行延期付款。A公司签发一份商业汇票，由B公司承兑，承兑期为3个月。8月2日，A公司持将要到期的商业承兑汇票委托开户行中国工商银行广州A支行收款。8月6日，中国建设银行深圳B支行收到中国工商银行广州A支行寄来的商业承兑汇票及委托收款凭证，金额为700 000元，系本行开户单位B公司向A公司支付货款，已到汇票到期日，选择大额支付渠道办理资金汇划。当日，中国工商银行广州A支行收到行内系统转来的大额支付系统划回的票款的信息。

根据上述资料，编制会计分录如下。

(1) 8月6日，中国建设银行深圳B支行划款时：

借：吸收存款——单位活期存款——B公司　　　　　　　700 000
　　　贷：待清算辖内往来——中国建设银行深圳分行　　　　　　700 000

(2) 8月6日，中国工商银行广州A支行办理收款转账时：

借：待清算辖内往来——中国工商银行广州分行　　　　　700 000
　　　贷：吸收存款——单位活期存款——A公司　　　　　　　700 000

(三) 银行承兑汇票的核算

1. 承兑银行签发汇票的核算

银行信贷部门按照有关规定审查同意后，与承兑申请人签订银行承兑协议一式三联，一联客户留存，一联信贷部门留存，另一联会计部门专夹保管。

如果根据承兑协议约定，需要承兑申请人存入一定比例的保证金作为银行承兑汇票到期付款保证的，根据市场营销部出示的开立保证金账户的书面报告(注明保证金类型、期限)，开立保证金账户，该账户无需预留印鉴。其会计分录为

借：库存现金或吸收存款——××存款——××承兑申请人
　　　贷：存入保证金——银行承兑汇票保证金——××承兑申请人

承兑申请人也可以抵押担保、质押担保、保证担保的方式作为银行承兑汇票到期付款的保证。承兑申请人是否需要提供银行承兑汇票到期付款保证，由银行根据承兑申请人的信用等级确定。

汇票签发员根据经市场营销部审核过的"承兑协议""单位申办银行承兑汇票调查情况及审批表"及"出账通知书",操作"签发银行承兑汇票"交易,签发银行承兑汇票。签发的银行承兑汇票,由签发(兑付)柜员在汇票上作暗记。按票面金额的万分之五收取手续费,按市场营销部提供的标准收取理财费,一联贷方凭证加盖业务清讫章后交承兑申请人作支款通知。其会计分录为

借:库存现金或吸收存款——××存款——××承兑申请人
　　贷:手续费及佣金收入——银行承兑业务收入
　　　　应交税费——应交增值税(销项税额)

签发好的银行承兑汇票换人复核以下内容:汇票必须记载的事项是否齐全;汇票上的承兑申请人的户名、收款人户名、账号、金额与协议是否相符。审核无误后,交汇票签章员盖章。

汇票签章员在汇票第二联"承兑人签章"栏加盖汇票专用章和有授权的经办人员名章;第一、第二联加盖单位预留银行签章,通过验印系统验印后,将验印结果打印在第一联汇票卡片上;第二、第三联交承兑申请人,并在"银行承兑汇票交接登记簿"上签收;将第一联汇票卡片和承兑协议专夹保管。

2. 收款人(持票人)开户行受理汇票委托收款的核算

(1) 审查委托收款凭证。收款人办理银行承兑汇票委托收款时,应将银行承兑汇票及填制好的委托收款凭证一式五联一并提交其开户行。收款人开户行应认真审查以下内容:① 委托收款凭证及所附银行承兑汇票是否符合有关规定;② 委托收款凭证金额是否与所附银行承兑汇票金额相符;③ 凭证各栏是否填写清楚,齐全,有无差错;④ 背书是否连续,签章及背书章是否清楚;⑤ 第二联委托收款凭证是否加盖预留银行印鉴。审查无误后,通过电子验印系统核对第二联委托收款凭证上加盖的预留银行印鉴,在委托收款凭证第一联上加盖业务公章,退给收款人,并按规定收取相关费用。

(2) 寄出委托收款凭证。经办柜员在第三联委托收款凭证上加盖结算专用章后,将第三、第四、第五联委托收款凭证连同银行承兑汇票一起,与支行指定的专人在"凭证(资料)交接登记簿"上进行交接,由此指定的专人负责寄出。

(3) 登记委托收款凭证登记簿。将委托收款凭证第二联专夹保管,并登记"发出委托收款凭证登记簿",反映发出委托收款凭证的处理情况,并控制发出委托收款凭证的数量与金额。

3. 承兑银行办理汇票承兑的核算

(1) 承兑银行接到收款人开户行寄来的委托收款凭证及所附银行承兑汇票时,审查是否属于本行的受理凭证,所附银行承兑汇票数量及金额是否相符。如果为延期银行承兑汇票,还应审查持票人出具的书面报告是否注明票据种类、号码、出票人名称、出票人账号、出票人开户行、收款人名称、收款人账号、收款人开户行、出票金额、出票日期、票据到期日等要素,是否说明超过提示付款期提示付款的原因,是否加盖持票人单位行政公章及预留银行印鉴。

(2) 抽出专夹保管的汇票卡片和承兑协议,并认真审查:① 汇票的真伪,该汇票是否为本行承兑,与汇票卡片的号码及记载事项是否相符,上下联是否一致;② 检查票面记载事项有无涂改,审核票据号码、金额等关键要素是否真实;③ 背书转让的汇票其背书是否连

续,签章是否符合规定,背书使用粘单是否按规定在粘接处签章;④ 委托收款凭证的记载事项是否与汇票记载的事项相符。

(3) 在凭证上填明收到日期、付款日期,并逐笔登记"收到委托收款凭证登记簿",以记录委托收款凭证的处理情况。

(4) 在银行承兑汇票承付期内,承兑银行无需拒绝付款的,办理划款手续。具体分为以下三种情况。

① 银行承兑汇票到期日见票,且无需垫款,柜员操作"银行承兑汇票到期付款"交易,将银行承兑汇票保证金转入承兑申请人结算户,然后将票款从申请人结算户转入应解汇款账户。其会计分录为

借:存入保证金——银行承兑汇票保证金——××承兑申请人
　　吸收存款——××存款——××承兑申请人
贷:应解汇款——××承兑申请人

取出第三、第四联委托收款凭证,根据情况选择"大额支付、小额支付、行内汇划、同城交换"等汇划渠道进行划款,通过应解汇款账户付款。其会计分录为

借:应解汇款——××承兑申请人
贷:待清算辖内往来或清算资金往来

② 银行承兑汇票到期日未见票,后台批处理自动将银行承兑汇票保证金转入承兑申请人结算户,然后将票款从申请人结算户转入应解汇款账户;对于银行承兑汇票对应的结算账户资金不足部分,系统按承兑申请人客户号预开承兑垫款账号,进行垫款处理。其会计分录为

借:存入保证金——银行承兑汇票保证金——××承兑申请人
　　吸收存款——××存款——××承兑申请人
　　贷款——逾期贷款——××承兑申请人
贷:应解汇款——××承兑申请人

待银行承兑汇票到期后的见票当日,柜员取出第三、第四联委托收款凭证,通过应解汇款账户付款。其会计分录为

借:应解汇款——××承兑申请人
贷:待清算辖内往来或清算资金往来

③ 销记"收到委托收款凭证登记簿"。

4. 收款人开户行收到汇票款项划回的核算

(1) 收款人开户行收到同城范围付款人开户行的划凭证及所附第四联委托收款凭证时,由会计结算部记账后在第四联收账通知上加盖业务清讫章,由收款人开户行交收款单位。其会计分录为

借:清算资金往来——同城票据清算
贷:吸收存款——××存款——××持票人

(2) 收到支付系统贷记来账指令,打印"大(小)额支付系统专用凭证",大(小)额支付系统专用凭证第一联作贷方传票,第二联加盖业务清讫章代收账通知交给收款人,小额支付系统专用凭证第三、第四联作传票附件。其会计分录为

借:待清算辖内往来——××行
贷:吸收存款——××存款——××持票人

(3) 及时销记"发出委托收款凭证登记簿"。
(4) 收款人开户行将原留存的第二联委托收款凭证定期装订。

5. 综合举例

【例7-16】 1月7日，甲公司卖给乙公司一批原料，价值100 000元。该项商品交易是合法的，根据购销合同，进行延期付款，承兑期为6个月。乙公司作为承兑申请人自己签发了一份汇票，并向开户行中国银行北京A支行申请承兑。开户行认真审查汇票和交易合同，确认符合条件后，即与乙公司签署"银行承兑协议"，向乙公司收取保证金20 000元，并按票面金额万分之五的比例收取承兑手续费（含税），增值税税率为6％。7月7日，银行承兑汇票到期，中国银行北京A支行划收票款时，乙公司基本存款账户只有70 000元。7月10日，中国银行北京A支行收到中国建设银行西安B支行寄来的承兑申请人为乙公司的银行承兑汇票及委托收款凭证，审查无误后，选择同城票据交换渠道办理资金汇划，将委托收款凭证第四联提出交换。7月12日，中国建设银行西安B支行收到通过同城票据交换提入的第四联委托收款凭证，将款项收入开户单位甲公司账户。

根据上述资料，编制会计分录如下。

(1) 1月7日，中国银行北京A支行承兑时：

借：吸收存款——单位活期存款——乙公司　　　　　　　20 050
　　贷：存入保证金——银行承兑汇票保证金——乙公司　　　　20 000
　　　　手续费及佣金收入——银行承兑业务收入　　　　　　　47.17
　　　　应交税费——应交增值税（销项税额）　　　　　　　　2.83

(2) 7月7日，中国银行北京A支行划收票款时：

借：存入保证金——银行承兑汇票保证金——乙公司　　　20 000
　　吸收存款——单位活期存款——乙公司　　　　　　　70 000
　　贷款——逾期贷款——乙公司　　　　　　　　　　　10 000
　　贷：应解汇款——乙公司　　　　　　　　　　　　　　100 000

(3) 7月10日，中国银行北京A支行支付票款时：

借：应解汇款——乙公司　　　　　　　　　　　　　　　100 000
　　贷：清算资金往来——同城票据清算　　　　　　　　　100 000

(4) 7月12日，中国建设银行西安B支行收到票款时：

借：清算资金往来——同城票据清算　　　　　　　　　　100 000
　　贷：吸收存款——单位活期存款——甲公司　　　　　　100 000

第三节　结算方式的核算

一、汇兑的核算

(一) 汇兑的概念及有关规定

1. 汇兑的概念

汇兑是汇款人委托银行将其款项支付给收款人的结算方式。单位和个人的各种款项结算均可使用汇兑结算方式。这种结算方式便于汇款人向收款人主动付款,分为电汇和信汇两种。

2. 汇兑的有关规定

(1) 汇兑无金额起点限制,同城异地均可使用。

(2) 签发汇兑凭证必须记载下列事项:表明"电汇"或"信汇"的字样;无条件支付的委托;确定的金额;收款人名称;汇款人名称;汇入地点、汇入行名称;汇出地点、汇出行名称;委托日期;汇款人签章。汇兑凭证上欠缺上列记载事项之一的,银行不予受理。汇兑凭证记载的汇款人名称、收款人名称,其在银行开立存款账户的必须记载其账号。欠缺记载的,银行不予受理。委托日期是指汇款人向汇出银行提交汇兑凭证的当日。

(3) 汇兑凭证上记载收款人为个人,需要到汇入银行领取汇款的,汇款人应在汇兑凭证上注明"留行待取"字样;留行待取的汇款,需要指定单位的收款人领取汇款的,应注明收款人名称。

(4) 汇款人和收款人均为个人,需要在汇入银行支取现金的,应在汇兑凭证的"汇款金额"大写栏,先填写"现金"字样,后填写汇款金额。

(5) 汇款人对汇出银行尚未汇出的款项可以申请撤销。申请撤销时,应出具正式函件或本人身份证件及原汇兑回单。汇出银行查明确未汇出款项的,收回原汇兑回单,方可办理撤销(仅限于当天)。

(6) 汇款人对汇出银行已经汇出的汇款可以申请退汇。对在汇入银行开立存款账户的收款人,由汇款人与收款人自行联系退汇;对未在汇入银行开立存款账户的收款人,汇款人应出具正式函件或本人身份证件以及原汇兑回单,由汇出银行通知汇入银行,经汇入银行核实汇款确未支付,并将款项汇回汇出银行,方可办理退汇。

(7) 汇入银行对于收款人拒绝接受的汇款,应立即办理退汇。汇入银行对于向收款人发出取款通知,经 2 个月无法交付的汇款,应主动办理退汇。

(8) 汇出银行受理汇款人签发的电汇凭证,经审查无误后,应及时向汇入银行办理汇款,并向汇款人签发汇款回单。汇款回单只能作为汇出银行受理汇款的依据,不能作为该笔汇款已转入收款人账户的证明。

(9) 汇入银行对开立存款账户的收款人,应将汇入的款项直接转入收款人账户,并向其发出收账通知。

(10) 个人申请办理汇兑,须在汇兑凭证的"客户签字"处签名,在"申请人"处填写申请人证件名称、证件号码、发证机关。如为代办还须在"代理人"处填写代理人证件名称、证件号码、发证机关,"客户签字"处由代理人签名。对办理汇兑的事项予以确认。

(11) 汇款人办理同城汇款业务,可采用以下两种方式:① 汇款人填写"结算业务申请书"或"个人结算业务申请书"办理。② 汇款人填写转账支票和进账单办理。

(12) 汇款人确定不得转汇的,应在汇兑凭证备注栏注明"不得转汇"字样。

(二) 电汇的核算

1. 汇出行汇款的核算

(1) 单位汇款的流程。

① 电汇凭证受理。经办柜员受理电汇凭证时应认真审查:凭证的业务种类是否选择为"电汇";凭证各项内容是否填写正确、完整;汇款人的印章与预留银行签章是否相符;汇款人的账户内有无足够支付的存款余额;汇款用途是否填写清楚、合理;对填明"现金"字样的电

汇凭证,还应审查汇款人和收款人是否均为个人。

② 汇款金额在 50 万元以上的,须按大额支付交易确认制度进行确认,汇款金额在 200 万元以上的,还须按大额支付交易审批报告制度逐级审批。

③ 审查无误后,操作"支付系统行号查询"交易查询收款行行号,然后根据"电汇金额在 50 000 元(含)以下,通过小额支付系统办理,电汇金额在 50 000 元以上,通过大额支付系统办理"的规定,选择大、小额支付系统相关交易,办理往账录入,将电汇凭证各要素录入综合业务系统,并收取相关费用。

④ 录入完毕,电汇凭证第一联加盖业务清讫章和经办柜员个人名章作借方凭证,第三联加盖业务清讫章和经办柜员个人名章交客户,第二联加盖业务公章和经办柜员个人名章交复核员。

⑤ 复核员收到电汇凭证第二联,复核无误后,操作相关交易办理往账发送,电汇凭证第二联与往账清单进行勾对后附入传票作附件。

(2) 个人汇款的流程。

经办柜员受理个人电汇凭证,除按照上述审核凭证要素外,还须审核"客户签字"和"申请人"处的姓名、身份证件号码等要素是否符合个人申请办理电汇的规定。其他流程参照上述单位汇款的流程。

(3) 受理同城汇款业务的流程。

① 客户填写"结算业务申请书"或"个人结算业务申请书"办理时,具体流程参照上述单位汇款的流程和个人汇款的流程。

② 客户填写转账支票和进账单办理时,用进账单贷方凭证代替电汇凭证第三联作大、小额支付系统发送依据。

第一,必须是客户要求实时到账,并在进账单贷方传票上写明。若为付款人要求,应在进账单贷方传票上写明"请走大(小)额支付同意支付相关费用"字样,经办人签字认可,若收款人要求实时到账,由收款人交付相关费用办理。

第二,必须由客户在"转账支票"背面注明收款人名称、收款人账号和收款人开户行名称,并由客户签字确认。

第三,经办柜员必须认真核对进账单收、付款人信息和转账支票,两者核对相符方可办理。

(4) 账务处理。

如果是转账汇款,其会计分录为

借:吸收存款——××存款——××汇款人
　　贷:待清算辖内往来——××行

如果是现金汇款,其会计分录为

借:库存现金
　　贷:应解汇款——××汇款人

借:应解汇款——××汇款人
　　贷:待清算辖内往来——××行

2. 汇入行收款的核算

收款人开户行收到支付系统贷记来账指令,打印"大(小)额支付系统专用凭证",第一联作贷方传票附件,第二联加盖业务清讫章代收账通知交给收款人。

(1) 收款人在汇入行开有账户的处理。收款人在汇入行开有存款账户的,汇入行应将款项直接转入收款人账户。会计分录为

借:待清算辖内往来——××行
　　贷:吸收存款——××存款——××收款人

(2) 收款人未在汇入行开立账户的处理。收款人未在汇入行开立存款账户的情况一般属于个人收款或留行待取等,汇入行应将款项转入以收款人姓名开立的应解汇款账户。会计分录为

借:待清算辖内往来——××行
　　贷:应解汇款——××收款人

收款人来行取款时,根据以下不同情况办理付款手续:

① 需要支取现金的,若汇入行按规定审核予以支付,应一次办理现金支付手续。会计分录为

借:应解汇款——××收款人
　　贷:库存现金

② 需要分次转账支付的,由原收款人填制支款单,并由本人交验身份证件在其应解汇款账户中办理分次转账支付手续。

③ 需要转汇的,由原收款人填制汇兑凭证,并由本人交验其身份证件重新办理汇款手续。转汇的收款人必须是原收款人,原汇入行必须在汇兑凭证上加盖"转汇"戳记。汇入行对收到的来账信息注明"不得转汇"的,不予办理转汇。

汇入行收到通过行内系统、大小额支付系统发来的支付信息,经审核若来账账号和户名与本行开户客户的账号和户名不符,则系统自动转入"其他应付款"挂账。经查询确认后,进行手工入账或退汇处理。

3. 退汇的核算

(1) 汇款人要求退汇。

① 汇出行的处理。汇款人要求退汇时,对收款人在汇入行开立账户的,由汇款人与收款人自行联系退汇;对收款人未在汇入行开立账户的,应由汇款人备函和本人身份证件连同原电汇回单交汇出行办理退汇;汇出行经审查汇款人函件和身份证件及回单后,需填制两联退汇通知书(特种转账传票代替),在第一联上批注"×月×日申请退汇,俟款项退回后再办理退款手续"字样,经主管授权并收取查询费用后加盖业务公章,第一联交给汇款人,第二联与函件和回单一起保管。然后,凭退汇通知拍发申请退汇报文通知汇入行。

② 汇入行的处理。汇入行接到汇出行申请退汇的报文,该笔汇款已转入应解汇款及临时存款,尚未解付的,经会计主管授权后,办理退汇。并发出查复报文,注明"该款已于×年×月×日退回"字样。其会计分录为

借:应解汇款——××收款人
　　贷:待清算辖内往来——××行

该笔汇款业已解付,发出查复报文,注明"该款已于×年×月×日解付"字样。

③ 汇出行收到退汇的处理。汇出行接到汇入行退汇报文,经与原留存的退汇通知书核对无误后,退回原汇款人账户。其会计分录为

借：待清算辖内往来——××行
  贷：吸收存款——××存款——××汇款人

如汇款人未在银行开立账户，作"其他应付款"处理，并打印支付系统专用凭证，第二联加盖业务清讫章作收账通知交给原汇款人。

如接到汇入行查复报文注明汇款业已解付的，应在留存的第二联退汇通知书上批注业务已解付情况，然后交原汇款人，打印查复书留存备查。

(2) 汇入行主动退汇。

① 汇入行的处理。汇入行收到汇款超过两个月，收款人尚未来行办理取款手续或在规定期限内汇入行已寄出通知，但因收款人住址迁移或其他原因，以致该笔汇款无人受领时，汇入行可以主动办理退汇。办理退汇时应经业务主管授权，并在凭证上注明"退汇"字样。同时，销记应解汇款及临时存款账并登记"退票登记簿"。

② 原汇出行的处理。原汇出行接到汇入行的退汇报文，审查为汇入行主动退汇的，报经业务主管后，将款项退回原汇款人账户，支付系统专用凭证第二联加盖业务清讫章作收账通知，登记"退票登记簿"交给原汇款人签收。

如果汇款人未在本行开立账户的，作"其他应付款"处理，并打印支付系统专用凭证，第二联加盖业务清讫章作收账通知交给原汇款人。

汇入行主动退汇的账务处理可以比照汇款人要求退汇的核算。

4. 综合举例

【例7-17】8月10日，中国建设银行长沙甲支行收到开户单位A公司提交的电汇凭证一份，汇往北京某饭店308房张华差旅费40 000元，汇入行为中国工商银行北京乙支行。中国建设银行长沙甲支行审查无误后，选择小额支付渠道办理资金汇划。中国工商银行北京乙支行收到划来的款项，审查无误后，通知收款人张华来行取款。8月15日，张华来行领取汇款，银行以现金支付。

根据上述资料，编制会计分录如下。

(1) 8月10日，中国建设银行长沙甲支行汇出汇款时：
借：吸收存款——单位活期存款——A公司　　　　　　　　　　40 000
  贷：待清算辖内往来——中国建设银行长沙分行　　　　　　　　40 000
(2) 中国工商银行北京乙支行解付汇款时：
借：待清算辖内往来——中国工商银行北京分行　　　　　　　　40 000
  贷：应解汇款——张华　　　　　　　　　　　　　　　　　　40 000
(3) 8月15日，办理现金支付时：
借：应解汇款——张华　　　　　　　　　　　　　　　　　　40 000
  贷：库存现金　　　　　　　　　　　　　　　　　　　　　40 000

(三) 信汇业务的核算

信汇是汇款人委托银行以邮寄凭证的方式，通知汇入行解付汇款的一种结算方式。与电汇相比，信汇结算方式手续费低，但汇款到账速度慢，现在在实务中较少采用。

汇款人委托银行办理信汇时，应填制一式四联信汇凭证：第一联回单；第二联借方凭证，汇出行凭以办理信汇转账付款；第三联贷方凭证，汇入行凭以将汇款收入收款人账户；第四联收账通知或代取款收据,即汇入行直接记入收款人账户后通知收款人的收款通知,或不直接记入收款人账户时收款人凭以领取款项的取款收据。汇款人派人到汇入行领取汇款,应在信汇凭证各联的"收款人账号或住址"栏注明"留行待取"字样。凭签章支取的,应在第四联凭证上加盖预留的收款人签章。汇出行审核无误后,办理汇款手续。

汇入行接到汇出行寄来的第三、第四联信汇凭证,若收款人在本行开有账户,汇入行直接为收款人入账;收款人未在本行开立账户持便条来行取款或留行待取的,汇入行抽出第四联信汇凭证,审查收款人的身份证件等内容,凭签章付款的,收款人签章必须同预留签章相符。汇入行审核无误后,办理付款手续。

信汇业务的财务处理可以比照电汇业务。

二、委托收款的核算

(一) 委托收款的概念及有关规定

1. 委托收款的概念

委托收款是收款人委托银行向付款人收取款项的结算方式。这种结算方式同城、异地均可使用,适用于单位和个人凭已承兑商业汇票、债券、存单等付款人债务证明委托银行收取款项。委托收款结算方式不受金额起点限制,便于收款人主动收取款项。

2. 委托收款的有关规定

(1) 委托收款按其款项的划回方式,分邮寄和电划两种,由收款人选用。

(2) 收款人办理委托收款应向银行提交委托收款凭证和有关的债务证明。

(3) 付款人应于接到通知的当日通知银行付款,付款人在接到付款通知的次日起 3 日内未通知银行付款的,银行视同付款人同意付款。

(4) 银行在办理划款时,付款人存款账户不足支付的,应通过受托银行(收款人开户银行)向收款人发出未付款项通知书。

(5) 在同城范围内,收款人收取公用事业费可以使用同城特约委托收款,但必须具有收付双方签订的经济合同,由付款人向开户银行授权,并经开户银行同意,报经人民银行批准。

(二) 委托收款的账务处理

1. 收款人开户行受理委托收款的处理

收款人办理委托收款,应填制一式五联委托收款凭证:第一联回单,第二联贷方凭证,第三联借方凭证,第四联收账通知(电划依据),第五联付款通知。收款人在第二联签章后,连同有关债务证明提交开户行。

收款人开户行收到并审核无误后,进行发出委托收款登记交易处理,录入有关信息,系统自动登记"发出委托收款登记簿":第一联托收凭证退收款人,第二联专夹保管,第三联加盖结算专用章连同第四、第五联托收凭证及有关债务证明一并寄付款人开户行。

2. 付款人开户行的处理

付款人开户行收到收款人开户行寄来的第三、第四、第五联托收凭证及有关债务证明,审查无误后,在凭证上注明收到日期,进行收到委托收款登记交易处理,录入有关信息,系统自动登记"收到委托收款登记簿"。以单位为付款人的,付款人开户行将第五联托收凭证加盖业务公章后,连同有关债务证明一并交付款人通知其付款。

(1) 全额付款的处理。银行按规定付款时,付款人账户有足够款项支付的,承付方式选择"全额付款",并根据情况选择行内汇划、大额支付、小额支付或同城交换等渠道办理委托收款划回,交易成功打印记账凭证,系统自动核销"收到委托收款登记簿",第三、第四(同城交换时此联需提出)、五联托收凭证及有关债务证明作记账凭证附件。会计分录为

借：吸收存款——××存款——××付款人
　　贷：待清算辖内往来或清算资金往来

(2) 无款支付的处理。银行按规定付款时,付款人账户不足支付全部款项的,银行进行委托收款到期付款交易处理,承付方式选择"无款支付",系统自动核销"收到委托收款登记簿"。银行打印三联付款人未付款项通知书,第一联通知书和第三联托收凭证留存备查,另两联通知书连同第四联托收凭证及有关债务证明一并寄收款人开户行。

(3) 拒绝付款的处理。付款人若办理拒绝付款的,应在接到付款通知的次日起3日内填制四联拒付理由书,连同债务证明及第五联托收凭证一并送交开户行。银行审核无误后,进行委托收款到期付款交易处理,承付方式选择"拒绝付款",录入相关信息,系统自动核销"收到委托收款登记簿"。银行将第一联拒付理由书退付款人,第二联拒付理由书连同第三联托收凭证留存备查,第三、第四联拒付理由书连同债务证明和第四、第五联托收凭证一并寄收款人开户行。

3. 收款人开户行收到委托收款划回的处理

(1) 款项划回的处理。收款人开户行接到通过同城票据交换提入的第四联托收凭证,或根据接收的行内系统、大小额支付系统的支付信息打印汇款来账专用凭证,与留存的第二联托收凭证进行核对,第二联托收凭证作来账凭证附件,来账凭证收账通知联交收款人。同时,收款人开户行进行委托收款销记交易处理,录入相关信息,系统自动销记"发出委托收款登记簿"。会计分录为

借：待清算辖内往来或清算资金往来
　　贷：吸收存款——××存款——××收款人

(2) 无款支付的处理。收款人开户行接到无款支付而退回的第四联托收凭证和第二、第三联付款人未付款项通知书以及有关债务证明,核对无误后,在第二联托收凭证上注明"无款支付"字样。

收款人开户行进行委托收款销记交易处理,录入相关信息,系统自动销记"发出委托收款登记簿"。然后将第四联托收凭证及一联未付款项通知书和有关债务证明退收款人,另一联未付款项通知书与第二联托收凭证一并保管。

(3) 拒绝付款的处理。收款人开户行接到第四、五联托收凭证及有关债务证明和第三、第四联拒付理由书,核对无误后,在第二联托收凭证上注明"拒绝付款"字样。

收款人开户行进行委托收款销记交易处理,录入相关信息,系统自动销记"发出委托收款登记簿"。然后将第四、第五联托收凭证及有关债务证明和第四联拒付理由书一并退收款人,第三联拒付理由书与第二联托收凭证一并保管。

(三) 同城特约委托收款业务的账务处理

小额支付系统上线后,同城特约委托收款业务不再通过同城票据交换处理,统一通过小额支付系统的定期借记业务办理。即收费单位提交同城特约委托收款业务数据至收款行,收款行通过小额支付系统定期借记业务包处理;付款行收到定期借记业务包后,进行定期借记业务合同号、付款人账号等要素的校验,并扣款成功后,于次日通过小额支付系统定期借

记业务回执包发送回执至收款行。这种处理方式下无须使用和传递同城特约委托收款纸质凭证。具体账务处理可比照前述小额支付系统定期借记业务核算。

(四) 综合举例

【例7-17】 8月5日,中国建设银行武汉甲支行受理其开户单位A公司委托收款金额为20 000元,代收行为本市中国工商银行武汉乙支行,付款单位为B公司。8月7日,中国工商银行武汉乙支行接到委托收款凭证和有关债务证明后全额付款,将委托收款凭证第四联提出交换。8月12日,中国建设银行武汉甲支行收到交换提入的托收凭证,将款项收入A公司账户。

根据上述资料,编制会计分录如下。

(1) 8月7日,中国工商银行武汉乙支行付款时:

借:吸收存款——单位活期存款——B公司　　　　　　　　20 000
　　贷:清算资金往来——同城票据清算　　　　　　　　　　　20 000

(2) 8月12日,中国建设银行武汉甲支行办理收款转账时:

借:清算资金往来——同城票据清算　　　　　　　　　　　20 000
　　贷:吸收存款——单位活期存款——A公司　　　　　　　20 000

三、托收承付的核算

(一) 托收承付的概念及有关规定

1. 托收承付的概念

托收承付是收款人根据购销合同发货后,委托银行向异地付款人收取款项,付款人验单或验货后,向银行承认付款的结算方式。

2. 托收承付的有关规定

(1) 使用托收承付结算方式的收付款单位,必须是国有企业、供销合作社,以及经营管理较好,并经开户银行审查同意的城乡集体所有制工业企业。

(2) 办理托收承付结算的款项,必须是商品交易,以及因商品交易而产生的劳务供应的款项。代销、寄销、赊销商品的款项,不得办理托收承付结算。

(3) 收付双方使用托收承付结算必须签有符合《经济合同法》的购销合同,并在合同上订明使用托收承付结算方式。

(4) 托收承付结算每笔金额起点为1万元。新华书店系统每笔金额起点为1 000元。

(5) 收款人办理托收,必须具有商品确已发运的证件(包括铁路、航运、公路等运输部门签发的运单、运单副本和邮局包裹回执),没有发运证件的,应按规定凭其他有关证件办理托收。

(6) 托收承付结算款项的划回方式分为邮寄和电报两种,由收款人选用。

(7) 收款人对同一付款人发出托收累计三次收不回货款的,银行应暂停其向该付款人办理托收;付款人累计三次提出无理拒付的,银行应暂停其对外办理托收并处以罚款。

(二) 托收承付的账务处理

1. 收款人开户行受理托收承付的处理

收款人办理托收,应填制一式五联托收承付凭证,第一联回单,第二联贷方凭证,第三联借方凭证,第四联收账通知(电划依据),第五联承付通知。收款人在第二联盖章后,连同有关发运证明和其他单证提交开户行。

收款人开户行收到并审查无误后,进行发出托收承付登记交易处理,录入有关信息,系统自动登记"发出托收承付登记簿",第一联托收凭证退收款人,第二联专夹保管,第三联加盖结算专用章连同第四、第五联托收凭证及交易单证一并寄付款人开户行。

2. 付款人开户行通知付款及划款的处理

(1) 付款人开户行通知付款的处理。

付款人开户行收到收款人开户行寄来的第三、第四、第五联托收凭证及交易单证,审查无误后,在凭证上注明收到日期,进行收到托收承付登记交易处理,录入有关信息,系统自动登记"收到托收承付登记簿",第三、第四联托收凭证专夹保管,第五联承付通知加盖业务公章后,连同交易单证一并交付款人通知其付款。

付款人承付货款分为验单付款和验货付款两种。验单付款的承付期为3天,从付款人开户行发出承付通知的次日算起(承付期内遇法定节假日顺延)。验货付款的承付期为10天,从运输部门向付款人发出提货通知的次日算起,对收付双方在合同中明确规定,并在托收凭证上注明验货付款期限的,银行从其规定。

付款人收到提货通知后,应即向银行交验提货通知。付款人在银行发出承付通知的次日起10天内,未收到提货通知的,应在第10天将货物尚未到达的情况通知银行,如不通知,银行即视作已经验货,于10天期满的次日上午银行开始营业时,将款项划给收款人。在第10天,付款人通知银行货物未到,而以后收到提货通知没有及时送交银行的,银行仍按10天期满的次日作为划款日期,并按超过的天数,计扣逾期付款赔偿金。

不论验单付款还是验货付款,付款人都可以在承付期内提前向银行表示承付,并通知银行提前付款,银行应立即办理划款。

(2) 付款人开户行划款的处理。

每日开机时付款人开户行业务系统自动生成"收到托收承付到期清单",包括已到期未承付和未全额承付的交易信息。付款人开户行根据清单信息,分不同情况进行处理。

① 全额付款的处理。付款人在承付期内没有任何异议,并且在承付期满日开户行营业终了前,其存款账户有足够金额的,开户行便视作其同意全额付款,并于承付期满日次日上午(遇法定节假日顺延)办理划款手续。

付款人开户行选择"到期付款"交易进行托收承付到期付款处理,并根据情况选择行内汇划、大额支付、小额支付等渠道办理托收承付划回,交易成功打印记账凭证,系统自动核销"收到托收承付登记簿",第三、第四联托收凭证作记账凭证附件。会计分录为

借:吸收存款——××存款——××付款人
　　贷:待清算辖内往来——××行

② 提前承付的处理。付款人在承付期满前通知银行提前付款的,付款人开户行收到付款人提前付款通知时,选择"提前付款"交易进行托收承付到期付款处理,其他处理手续与全额付款相同。

③ 多承付的处理。付款人如因商品的价格、数量或金额变动等原因,要求对本笔托收多承付的款项一并划回时,应填制"多承付理由书"提交开户行。开户行审查无误后,选择"多承付款"交易进行托收承付到期付款交易处理,其他处理手续与全额付款相同。

④ 部分付款的处理。付款人在承付期满日开户行营业终了前,账户只能部分支付的,付款人开户行于承付期满日次日上午(遇法定节假日顺延)办理部分划款时,选择"部分付款"交易进行托收承付到期付款处理,其他处理手续与全额付款相同。交易成功后,系统自动登记"收到托收承付登记簿",记录相关信息,并注明"已承付金额和未承付金额"。

付款人开户行填制两联特种转账凭证,一联特种转账凭证作记账凭证附件,另一联交付款人,第三、第四联托收凭证单独保管。对未付款项,待付款人账户有款时再一次或分次扣划,并按规定扣收逾期付款赔偿金,将逾期未付款项和应付的赔偿金及时划转收款人开户行,其办理手续见"逾期付款的处理"。

⑤ 逾期付款的处理。付款人在承付期满日开户行营业终了时,其存款账户如不足支付,其不足部分,即为逾期付款。付款人开户行填制三联托收承付结算"到期未收通知书",将第一、第二联通知书寄收款人开户行,第三联通知书留存。

等到付款人账户有款可以一次或分次扣款时,选择"逾期付款"交易录入"赔偿金金额"等相关信息,将逾期付款的款项和赔偿金一并划给收款人。其他处理手续与前述全额付款和部分付款相同。

付款人开户行对逾期支付的款项,根据逾期付款金额和逾期天数,从承付期满日算起,每天按万分之五计算逾期付款赔偿金。

⑥ 无款支付的处理。付款人开户行对逾期未付的托收凭证,负责进行扣款的期限为3个月(从承付期满日算起)。期满时,付款人仍无足够资金支付尚未付清的欠款,开户行应向付款人发出索回单证的通知(一式四联,一联给付款人),付款人于银行发出通知的次日起两日内(到期日遇法定节假日顺延)必须将第五联托收凭证(部分无款支付的除外)及有关单证(单证已作账务处理或已部分支付的,可以填制"应付款项证明单")退回开户行。

付款人开户行收到退回的单证,审核无误后,调用托收承付到期付款交易,选择"无款支付"交易,录入相关信息。

付款人逾期不退回单证的,开户行于发出通知的第3天起,按照尚未付清欠款金额,每天处以万分之五但不低于50元的罚款,并调用"停办结算"交易,录入相关信息,暂停付款人向外办理结算业务,直至退回单证时止。

付款人开户行将一联通知书和第三联托收凭证一并留存备查,将另两联通知书连同有关托收凭证及单证一并寄收款人开户行,同时将应付的赔偿金也一并划给收款人开户行。

⑦ 全部拒绝付款的处理。付款人在承付期内提出全部拒付的,应填制四联全部拒付理由书,连同有关的拒付证明、第五联托收凭证及所附单证送交开户行。银行应严格按照《支付结算办法》中有关托收承付拒绝付款的规定认真审查。银行审查拒绝付款期间,不能算作付款人逾期付款,但对无理拒付而增加银行审查时间的,应从承付期满日起,计算逾期付款赔偿金。经审查,不同意拒付的,实行强制扣款;同意拒付的,付款人开户行调用"全部拒付"交易,录入相关信息,系统自动核销"收到托收承付登记簿"。付款人开户行将第一联拒付理由书退付款人,第二联拒付理由书连同第三联托收凭证留存备查,第三、第四联拒付理由书连同有关的拒付证明和第四、五联托收凭证及单证一并寄收款人开户行。

⑧ 部分拒绝付款的处理。付款人在承付期内提出部分拒付的,应填制四联部分拒付理由书,连同有关的拒付证明、拒付部分商品清单送交开户行。银行按照全部拒绝付款的审查程序和要求认真审查,经审查,不符合规定的,不得受理拒付;符合规定同意拒付的,依照全

部拒绝付款的审批手续办理。

付款人开户行调用"部分拒付",并根据情况选择行内系统、大小额支付系统等汇划渠道进行部分拒付及部分承付划款处理,交易成功打印记账凭证,系统自动核销"收到托收承付登记簿"。付款人开户行将第一联部分拒付理由书交付款人,第二联部分拒付理由书、第三、第四联托收凭证作记账凭证附件,第三、第四联部分拒付理由书连同有关的拒付证明及拒付部分的商品清单寄收款人开户行。

3. 收款人开户行收到托收承付划回的处理

(1) 全额划回的处理。收款人开户行收到行内系统、大小额支付系统发来的托收承付划回信息,若收到的信息与发出托收承付相符,则系统自动入账,打印汇款来账专用凭证,并与留存的第二联托收凭证进行核对,第二联托收凭证作来账凭证附件,来账凭证收账通知联交收款人。同时,收款人开户行进行托收承付销记交易处理,录入相关信息,系统自动销记"发出托收承付登记簿"。会计分录为

借:待清算辖内往来——××行
　　贷:吸收存款——××存款——××收款人

(2) 多承付划回的处理。收款人开户行收到多承付划回款项,可比照全额划回的手续进行处理。系统销记"发出托收承付登记簿"时,按照原托收金额销记。接到付款人开户行寄来的第三、第四联多承付理由书后,将第三联留存备查,第四联交收款人。

(3) 部分划回的处理。收款人开户行收到部分划回款项,系统在"发出托收承付登记簿"上注明部分划回的金额,其他可比照全额划回的手续进行处理。

(4) 逾期划回及单独划回赔偿金的处理。收款人开户行收到第一、第二联托收承付结算"到期未收通知书",将第二联通知书交收款人,第一联附于第二联托收凭证后一并保管。待收到一次、分次划回款项或单独划回的赔偿金时,对于一次划回的,比照全额划回的手续处理;分次划回或单独划回赔偿金的,系统在"发出托收承付登记簿"上注明分次划回的金额或第×个月划回的赔偿金的金额,其他比照全额划回的手续处理。

(5) 无款支付退回凭证的处理。收款人开户行在逾期付款期满后接到第四、第五联托收凭证(部分无款支付则为第四联托收凭证)及两联无款支付通知书和有关单证,核对无误后,在第二联托收凭证上注明"无款支付"字样。

对于单独划回赔偿金的,比照前述手续处理。收款人开户行进行托收承付销记交易处理,录入相关信息,系统自动销记"发出托收承付登记簿"。

收款人开户行将第四、五联托收凭证(部分无款支付则为第四联托收凭证)及一联无款支付通知书和有关单证退收款人,另一联无款支付通知书与第二联托收凭证一并保管。

(6) 全部拒绝付款的处理。收款人开户行收到第四、五联托收凭证及有关单证和第三、第四联全部拒付理由书及拒付证明,核对无误后,在第二联托收凭证上注明"全部拒付"字样。

收款人开户行进行托收承付销记交易处理,录入相关信息,系统自动销记"发出托收承付登记簿"。然后将第四、第五联托收凭证及有关单证和第四联拒付理由书及拒付证明退收款人,第三联拒付理由书与第二联托收凭证一并保管。

(7) 部分拒绝付款的处理。收款人开户行收到行内系统、大小额支付系统划回的部分拒付的承付额,打印汇款来账专用凭证,与留存的第二联托收凭证进行核对,并在该联上注

明"部分拒付"字样。部分承付入账比照全额划回的手续进行处理,并销记"发出托收承付登记簿"。

接到付款人开户行寄来的第三、第四联部分拒付理由书及拒付部分的商品清单、拒付证明后,将第三联部分拒付理由书留存备查,第四联部分拒付理由书、拒付部分的商品清单及拒付证明一并交收款人。

4. 综合举例

【例7-18】 中国建设银行北京甲支行收到中国农业银行广州乙支行寄来的托收承付结算凭证及有关单证,系向本行开户单位A公司托收货款,金额为800 000元,审查无误后,于当日通知A公司付款(验单付款)。7月8日承付期满,中国建设银行北京甲支行7月9日上午开业划款时,由于A公司存款账户余额不足,只能支付500 000元,逾期至7月21日,次日开业时支付余款。中国建设银行北京甲支行根据选择大额支付渠道办理资金汇划。中国农业银行广州乙支行收到大额支付系统划回的托收承付款,收入开户单位B公司账户。

根据上述资料,编制会计分录如下。

(1) 7月9日,中国建设银行北京甲支行办理划款时:

借:吸收存款——单位活期存款——A公司　　　　　　500 000
　　贷:待清算辖内往来——中国建设银行北京分行　　　　500 000

中国农业银行广州乙支行收到划来的货款时:

借:待清算辖内往来——中国农业银行广州分行　　　　500 000
　　贷:吸收存款——单位活期存款——B公司　　　　　500 000

(2) 7月22日,中国建设银行北京甲支行划付货款及赔偿金时:

$$赔偿金 = 300\,000 \times 13 \times 5‰ = 1\,950(元)$$

借:吸收存款——单位活期存款——A公司　　　　　　301 950
　　贷:待清算辖内往来——中国建设银行北京分行　　　　301 950

中国农业银行广州乙支行收到划来的货款及赔偿金时:

借:待清算辖内往来——中国农业银行广州分行　　　　301 950
　　贷:吸收存款——单位活期存款——B公司　　　　　301 950

第四节　银行卡的核算

一、银行卡的概念及种类

(一) 银行卡的概念

银行卡是由商业银行(含邮政金融机构)向社会发行的具有消费信用、转账结算、存取现金等全部或部分功能的信用支付工具。

(二) 银行卡的种类

1. 银行卡按是否具有信用透支功能,分为信用卡和借记卡

(1) 信用卡。信用卡按是否向发卡银行交存备用金,分为贷记卡、准贷记卡。贷记卡是

指发卡银行给予持卡人一定的信用额度,持卡人可在信用额度内先消费、后还款的信用卡;准贷记卡是指持卡人须先按发卡银行要求交存一定金额的备用金,当备用金账户余额不足支付时,可在发卡银行规定的信用额度内透支的信用卡。

(2) 借记卡。借记卡按功能不同,分为转账卡(含储蓄卡)、专用卡和储值卡。借记卡不具备透支功能。转账卡是实时扣账的借记卡,具有转账结算、存取现金和消费功能;专用卡是具有专门用途(指在百货、餐饮和娱乐行业以外的用途),在特定区域使用的借记卡,具有转账结算、存取现金功能;储值卡是发卡银行根据持卡人要求将其资金转至卡内储存,交易时直接从卡内扣款的预付钱包式借记卡。

2. 其他分类

银行卡按币种不同分为人民币卡和外币卡;按发行对象不同分为单位卡(商务卡)和个人卡;按信息载体不同分为磁条卡和芯片(IC)卡;按信誉等级分为金卡和普通卡。

二、银行卡的有关规定

(一) 银行卡申领

个人申领银行卡须提供公安部门规定的本人有效身份证件;单位申领要出具人民银行核发的开立基本账户的许可证。持卡人可向发卡银行索取银行卡章程,明确银行卡的种类、使用限制、计息收费标准和双方的权利义务等内容。

(二) 银行卡的使用

(1) 银行卡及其账户只限持卡人本人使用,不得出租和转借。根据银行卡的种类,持卡人可享受以下服务:① 消费。持卡人可根据发卡银行规定的使用范围和使用方法在特约商户购物或支付劳务费,通常出示银行卡并输入预留密码,或出示身份证件,就可代替现金支付。② 存取款、汇兑。持卡人可利用银行卡办理存款,取款(包括异地、跨行取款)和汇款业务。③ 透支。信用卡持卡人还可申请一定额度的信用透支。

(2) 单位卡不得存取现金,单位卡内的资金一律从基本账户转账存入。单位卡可以办理商品交易和劳务供应款项的结算,但不得透支。

(3) 个人卡账户的资金以其持有的现金存入或以其工资性款项及属于个人的劳务报酬等收入转账存入。严禁将单位的款项存入个人卡账户。

(4) 持卡人使用信用卡不得发生恶意透支。恶意透支是指持卡人超过规定限额或规定期限,并且经发卡银行催收无效的透支行为。恶意透支或利用信用卡进行诈骗的,发卡行将提请司法机关追究其刑事责任。

(三) 银行卡的计息和收费

(1) 发卡银行对准贷记卡和借记卡(不含储值卡)账户内的存款,按照人民银行规定的同期同档次存款利率及计息办法计付利息;发卡银行对贷记卡账户内的存款、储值卡(含 IC 卡的电子钱包)内的币值不计付利息。

(2) 贷记卡非现金交易透支可享受免息还款期,免息还款期是银行记账日至发卡银行规定的到期还款日之间的日期。免息还款期最长为 60 天,在免息还款期内持卡人还清银行资金,则无须支付非现金交易的透支利息。持卡人透支超过银行规定的信用额度或选择最低还款额待遇(贷记卡持卡人在免息期内无法全额还款,而选择按照发卡银行规定的最低还款额度还款),不再享受免息待遇。

(3) 贷记卡人支取现金、准贷记卡透支,不享受免息还款期和最低还款额待遇,按日利率万分之五支付透支利息。

(4) 贷记卡透支超过银行的信用额度和无法归还最低还款额,银行就超过的透支额度和最低还款额未归还部分收取5%的超限费和滞纳金。

(四) 银行卡挂失

持卡人丢失银行卡可通过24小时挂失服务电话和书面挂失两种形式办理挂失,挂失的责任在发卡行的银行卡章程和有关协议中应明确规定。

(五) 银行卡联网通用

银行卡联网通用是指经营银行卡业务的机构利用自身的网络系统、终端机具、特约商户及技术服务手段,与银行卡跨行信息交换系统相连,实现银行卡跨行通用。联网银行卡持卡人可以在任何一家联网银行的ATM机上跨行取款,可以在任何一台联网的POS机上消费,还可以跨地区取款、消费。目前银行卡用户可以跨行提取现金和消费,到外地,只要当地银行张贴"银联"标志,持卡人就可以跨地区取现和消费。持卡人同城或异地跨行取款,银行收取不超过2元钱的手续费(不包括异地取款的跨地区取款手续费)。

三、信用卡的核算

(一) 信用卡发卡的核算

1. 准贷记卡发卡的处理

(1) 单位卡发卡的处理。单位申领信用卡,应按规定填写申请表,连同有关资料一并交发卡行。发卡行审查同意后,按规定向申请人收取备用金和手续费,办理开户手续。

① 申请人在发卡行开户的处理。发卡行接到申请人送来的支票和进账单,审查无误后进行相关交易处理,打印记账凭证,支票、第二联进账单(贷方凭证联),作记账凭证附件,第一、第三联进账单(回单联和收账通知联)交申请人。会计分录为

借:吸收存款——单位活期存款——××申请人
　　贷:吸收存款——信用卡存款——单位卡存款(××持卡人)

按规定收取年费的,打印结算业务收费凭证,收费凭证回单交申请人。会计分录为

借:吸收存款——信用卡存款——单位卡存款(××持卡人)
　　贷:手续费及佣金收入——银行卡年费收入
　　　　应交税费——应交增值税(销项税额)

② 申请人不在发卡行开户的处理。发卡行接到申请人送来的支票和进账单,经审查无误,选择相应汇划渠道办理转账,第二联进账单、支票(同城交换需提出)等作记账凭证附件,第一、第三联进账单交申请人。会计分录为

借:待清算辖内往来(或清算资金往来等)
　　贷:吸收存款——信用卡存款——单位卡存款(××持卡人)

收取年费的会计处理与前述相同。

(2) 个人卡发卡的处理。个人申领信用卡,还需向发卡行交验身份证件,申领手续同单位卡。申请人交存现金的,发卡行收到清点无误后,使用相关交易进行处理,打印个人业务存款凭证。发卡行将个人业务存款凭证交申请人签字确认后收回,将回单及身份证件交申请人。会计分录为

借：库存现金
　　贷：吸收存款——信用卡存款——个人卡存款（××持卡人）

收取年费的会计处理与前述相同。

申请人转账存入的，银行收到申请人交来的转账支票及进账单，审核无误后，比照单位卡的有关手续处理。

发卡行在办理信用卡发卡手续时，应登记"信用卡账户开销户登记簿"和发卡清单，并在发卡清单上记载领卡人身份证件号码，并由领卡人签收。

2. 贷记卡发卡的处理

发卡行接到申请人的申请表及身份证等资料，审查无误后，在"贷款——其他贷款——贷记卡实际使用额度"科目下为持卡人开立账户，申请人领取贷记卡比照准贷记卡发卡的手续进行处理。

（二）信用卡存取现金的核算

1. 信用卡存入现金的处理

（1）在发卡行存入现金的处理。发卡行接到持卡人的信用卡和现金，审核无误后刷卡，打印个人业务存款凭证交持卡人签字确认后收回，将回单及信用卡交持卡人。会计分录为

借：库存现金
　　贷：吸收存款——信用卡存款——个人卡存款（××持卡人）

（2）在非发卡行存入现金的处理。受理行接到持卡人的信用卡和现金，比照前述手续进行处理，并根据情况选择相应渠道办理划款。在异地非发卡行存入现金的，还应按规定收取手续费。会计分录为

借：库存现金
　　贷：待清算辖内往来（或其他科目）
　　　　手续费及佣金收入——信用卡手续费收入
　　　　应交税费——应交增值税（销项税额）

发卡行收到交易信息，实时进行账务处理，打印记账凭证和交易流水清单，交易流水清单作记账凭证附件。会计分录为

借：待清算辖内往来（或其他科目）
　　贷：吸收存款——信用卡存款——个人卡存款（××持卡人）

2. 信用卡支取现金的处理

（1）在发卡行支取现金的处理。发卡行接到持卡人的信用卡和身份证（凭个人密码支取的免验身份证），审查无误后，打印个人业务取款凭证交取款人签字确认后收回，将现金、回单、信用卡及身份证交持卡人。会计分录为

借：吸收存款——信用卡存款——个人卡存款（××持卡人）
　　贷：库存现金

（2）在非发卡行支取现金的处理。受理行接到持卡人的信用卡，比照前述手续进行处理，并根据情况选择相应渠道办理转账。在异地非发卡行支取现金的，还应按规定收取手续费。会计分录为

借：待清算辖内往来(或其他科目)
　　　　贷：库存现金
　　　　　　手续费及佣金收入——信用卡手续费收入
　　　　　　应交税费——应交增值税(销项税额)
　发卡行收到交易信息，实时进行账务处理，打印记账凭证和交易流水清单，交易流水清单作记账凭证附件。会计分录为
　　借：吸收存款——信用卡存款——个人卡存款(××持卡人)
　　　　贷：待清算辖内往来(或其他科目)

(三) 信用卡购物消费的处理

　持卡人可持信用卡到接受信用卡付款的商场、酒店等特约商户 POS 机上刷卡购物消费。特约商户受理信用卡，经审查无误，在 POS 机上刷卡并打印签购单交持卡人签名确认后，将第一联签购单交持卡人。

　特约商户开户行(收单行)接到特约商户按净计金额填制的进账单、按发卡行分别填制的汇计单及签购单，或收到 POS 交易信息并打印 POS 交易流水清单后，按不同情况分别进行账务处理。

　(1) 发卡行为本行的，会计分录为
　　借：吸收存款——信用卡存款——单位或个人卡存款(××持卡人)
　　　　贷：吸收存款——单位活期存款——××特约商
　　　　　　手续费及佣金收入——商户回扣收入
　　　　　　应交税费——应交增值税(销项税额)
　(2) 发卡行为他行的，根据情况选择相应渠道办理转账。会计分录为
　　借：待清算辖内往来(或其他科目)
　　　　贷：吸收存款——单位活期存款——××特约商
　　　　　　手续费及佣金收入——商户回扣收入
　　　　　　应交税费——应交增值税(销项税额)
　发卡行收到交易信息，实时进行账务处理，打印记账凭证和交易流水清单，交易流水清单作记账凭证附件。会计分录为
　　借：吸收存款——信用卡存款——单位或个人卡存款(××持卡人)
　　　　贷：待清算辖内往来(或其他科目)

(四) 贷记卡使用额度及准贷记卡透支本金的处理

1. 贷记卡使用额度的处理

　(1) 持卡人使用额度的处理。持卡人使用贷记卡额度比照前述有关取现(单位卡除外)、POS 消费等手续处理，会计分录为
　　借：贷款——其他贷款——××贷记卡实际使用额度(××持卡人)
　　　　贷：××科目
　(2) 还款的处理。持卡人还款时，发卡行按各种费用、利息、取现金额、消费额的顺序扣款。扣除各种费用、利息后的剩余款项，分以下情况进行处理。

　① 剩余款项小于或等于实际使用额度时，会计分录为

借：××科目
　　贷：贷款——其他贷款——贷记卡实际使用额度(××持卡人)

② 剩余款项大于实际使用额度时,会计分录为

借：××科目
　　贷：贷款——其他贷款——贷记卡实际使用额度(××持卡人)
　　　　吸收存款——信用卡存款——单位或个人卡存款(××持卡人)

(3) 收取滞纳金、超限费的处理。收取滞纳金或超限费时,打印业务收费凭证,收费凭证回单交持卡人。会计分录为

借：库存现金(或其他科目)
　　贷：营业外收入——罚款收入

2. 准贷记卡透支的处理

(1) 透支的处理。

① 若信用卡存款账户为贷方余额,则透支时,会计分录为

借：吸收存款——信用卡存款——单位或个人卡存款(××持卡人)
　　贷款——其他贷款——信用卡透支(××持卡人)
　　贷：库存现金(或其他科目)

② 若信用卡存款账户为借方余额,或其余额为零,则透支时,会计分录为

借：贷款——其他贷款——信用卡透支(××持卡人)
　　贷：库存现金(或其他科目)

(2) 偿还透支的处理。

持卡人归还透支时,发卡行扣除应收利息、催收贷款利息和当期利息后,剩余款项偿还透支本金。会计分录为

借：库存现金(或其他科目)
　　贷：贷款——其他贷款——信用卡透支(××持卡人)
　　　　吸收存款——信用卡存款——单位或个人卡存款(××持卡人)

(五) 银行卡销卡

持卡人不需要继续使用的银行卡,应持卡主动到发卡银行办理销户。个人卡销户可以转账结清,也可以提取现金;单位卡销户,信用卡账户余额必须转入其基本存款账户,不得提取现金。发卡银行在确认持卡人具备销户条件后,为持卡人办理销户手续,收回银行卡。

转账结清的,其会计分录为

借：吸收存款——信用卡存款——单位或个人卡存款(××持卡人)
　　贷：吸收存款——单位或个人活期存款——××申请人

退付现金的,其会计分录为

借：吸收存款——信用卡存款——单位或个人卡存款(××持卡人)
　　贷：库存现金

四、借记卡的核算

储蓄卡等借记卡可视同存款卡,在申请开户时,应提供有效身份证,将现金交银行,其会计分录为

借：库存现金
　　贷：吸收存款——单位或个人活期存款——××户
　　　　手续费及佣金收入——结算手续费收入
　　　　应交税费——应交增值税（销项税额）

借记卡现金续存、取现、结息及销户的核算可以比照吸收存款的相关业务。

五、综合举例

【例7-19】 招商银行甲支行接到开户单位A公司提交的转账支票和进账单，金额50 000元，申请办理单位信用卡（准贷记卡），经审查同意办理。招商银行甲支行应编制会计分录如下。

借：吸收存款——单位活期存款——A公司
　　贷：吸收存款——信用卡存款——单位卡存款（A公司）

【例7-20】 浦发银行乙支行收到开户单位友谊商场提交的汇计单、签购单及进账单，净计金额为500 000元，发卡行均为他行。浦发银行乙支行审查无误后，办理转账，并按2%（含税）收取手续费，增值税税率为6%。浦发银行乙支行应编制会计分录如下。

借：待清算辖内往来——××分行　　　　　　　　　　510 000
　　贷：吸收存款——单位活期存款——友谊商场　　　　500 000
　　　　手续费及佣金收入——商户回扣收入　　　　　　9 433.96
　　　　应交税费——应交增值税（销项税额）　　　　　　566.04

关键词

支票　银行本票　银行汇票　商业承兑汇票　银行承兑汇票　汇兑　委托收款　托收承付　信用卡　借记卡

复习思考题

1. 简述支付结算的原则和结算纪律。
2. 简述支付结算的种类及适用范围。
3. 简述商业承兑汇票和银行承兑汇票核算手续的区别。
4. 简述信用卡和借记卡的分类及特点。
5. 简述支票影像交换系统和支票圈存结算的特点。

练习题

习题一

一、目的：练习票据业务的核算。
二、资料：

1. 兴业银行某支行收到开户单位 A 厂提交的转账支票和进账单，金额 6 000 元，该支票的签发人是在本行开户的 B 厂。

2. 交通银行某支行收到开户单位甲公司签发的转账支票和进账单，金额 20 000 元，支付本行开户单位乙公司货款，经审查无误后，办理转账。

3. 浦发银行甲支行收到开户单位甲公司提交的转账支票和进账单，金额 10 000 元，该支票的签发人是在浦发银行乙支行开户的天运公司。

4. 中国建设银行甲支行收到开户单位光明公司签发的转账支票和进账单，金额 30 000 元，支付中国建设银行乙支行开户单位通运公司货款，经审查无误后，办理转账。

5. 中国农业银行长沙甲支行收到开户单位夏新公司提交的转账支票和进账单，金额 30 000 元，通过小额支付系统向出票人东风公司开户行浦发银行长沙乙支行发出普通借记业务包。浦发银行长沙乙支行审核普通借记业务包及支票无误后，通过小额支付系统发出确认付款回执包。中国农业银行长沙甲支行收到浦发银行长沙乙支行返回的确认付款回执包。

6. 长沙银行甲支行收到开户单位星海公司签发的转账支票和进账单，金额 40 000 元，通过小额支付系统向收款人东海公司开户行兴业银行长沙乙支行发出贷记业务包。

7. 中国工商银行甲支行收到开户单位英才科技公司提交的转账支票和进账单，金额为 5 000 元，该支票的签发人旺达公司在同城乙支行开户。中国工商银行甲支行审查无误后，将转账支票提出交换，超过退票时间未收到退票通知。

8. 浦发银行甲支行收到开户单位涂料厂提交的转账支票和进账单，金额 9 000 元，该支票的签发人在同城交通银行乙支行开户。浦发银行甲支行审查无误后，将转账支票提出交换。交通银行乙支行收到交换提入的转账支票，系本行开户单位装饰公司支付购买涂料款，因装饰公司账户资金不足，通知对方银行退票，并于下次交换时提出退票。浦发银行甲支行在退票时间内收到对方银行的退票通知，并于下次交换时提入退票。

9. 中国建设银行甲支行收到开户单位美味乳品厂签发的转账支票和进账单，金额 30 000 元，支付同城中国农业银行乙支行开户单位货款。中国建设银行甲支行审查无误后，将第二、三联进账单提出交换。中国农业银行乙支行收到交换提入的进账单，将款项收入开户单位塑料制品厂账户。

10. 招商银行甲分行收到浦发银行乙分行发来的支票影像业务报文，为本行开户单位旺和商场签发的转账支票，金额 300 000 元，收款人为达运文具厂。招商银行甲分行对支票影像业务报文核验无误后，确认付款，并通过小额支付系统返回确认付款回执。浦发银行乙分行收到确认付款回执，审核无误后，办理转账。

11. 9 月 8 日开户单位荣华公司提交银行本票申请书，委托浦发银行甲分行签发转账银行本票，金额 30 000 元，银行审查同意后签发银行本票。9 月 17 日浦发银行乙支行收到开户单位丽华公司提交的银行本票，金额 30 000 元，审查无误后，通过行内系统办理资金解付。浦发银行甲分行收到行内系统发来的申请人为荣华公司的银行本票解付成功信息，系统自动进行结清处理。

12. 某商业银行接到王红交来的银行本票申请书一份，要求签发现金银行本票，交来现金 8 000 元。

13. 某商业银行接到开户单位光明公司交来一份银行本票及两联进账单，要求兑付本票款 19 168 元,经审核,该本票是由本市建行甲分行签发的,通过小额支付系统向建行发出实时借记业务包,并收到了建行甲分行返回的确认回执信息。

14. 某商业银行收到 B 公司提交的进账单和本行签发的申请人为 D 公司的银行本票 27 000 元。

15. 某商业银行从票据交换所提入本行签发的银行本票 28 000 元。

16. 1 月 6 日,刘明提交银行汇票申请书及现金 8 000 元,委托浦发银行上海甲支行签发银行汇票持往杭州购物,经审核无误后,签发银行汇票。1 月 16 日,浦发银行杭州乙支行收到李平提交的现金银行汇票及解讫通知,金额 7 500 元,该汇票系异地浦发银行上海甲支行签发。经审核无误后,办理支取现金手续。1 月 17 日,刘明提交银行汇票申请书存根及本人身份证件要求领取银行汇票的多余款 500 元,浦发银行上海甲支行审核无误后,付给现金。

17. 3 月 15 日利达公司委托中国农业银行武汉甲支行签发银行汇票持往长沙购买货物,中国农业银行武汉甲支行审核无误后,签发银行汇票 80 000 元。4 月 2 日,中国工商银行长沙乙支行收到开户单位旺和公司提交的银行汇票、解讫通知和进账单,出票金额 80 000 元,实际结算金额与出票金额一致。该汇票系中国农业银行武汉甲支行签发,审核无误后,通过同城票据交换将汇票和解讫通知提交同城有关代理付款行审核支付,超过退票时间未收到退票通知。4 月 5 日,中国农业银行武汉甲支行收到该银行汇票已兑付的电子汇划信息,经审核无误办理转账。

18. 开户单位江南电器厂提交银行汇票申请书,金额 50 000 元,委托中国工商银行甲支行签发银行汇票,持往异地购买布匹,经审核无误后,签发银行汇票。开户单位江南电器厂申请的银行汇票因故未用,申请退回,金额 50 000 元,中国工商银行甲支行审核无误后,办理转账。

19. 7 月 8 日,中国建设银行上海甲支行收到同城中国工商银行乙支行寄来的商业承兑汇票及委托收款凭证,金额 200 000 元,系本行开户单位华彩刺绣厂支付购料款,汇票已到期,将委托收款凭证第四联提出交换。7 月 9 日,中国工商银行上海乙支行收到通过同城票据交换提入的第四联委托收款凭证,将款项收入开户单位中亚丝绸厂账户。

20. 9 月 10 日,招商银行长沙甲支行收到招商银行武汉乙支行寄来的商业承兑汇票及委托收款凭证,金额为 56 000 元,承兑人是本行开户单位 A 公司。当日,收到行内系统转来的小额支付系统划回的票款的信息,金额为 45 000 元,经审查,是本行开户的 B 公司委托本行向广州浦发银行丙支行开户的 C 公司收取的商业承兑汇票。

21. 6 月 8 日,开户单位江南丝绸厂向招商银行杭州甲支行申请办理银行承兑汇票,金额 500 000 元,经信贷部门审查同意,双方签订承兑协议,会计部门办理承兑手续,收取保证金 100 000 元,并按票面金额的万分之五收取承兑手续费(含税),增值税税率为 6%。10 月 8 日,招商银行杭州甲支行根据承兑协议,向承兑申请人江南丝绸厂收取到期的银行承兑汇票款,江南丝绸厂基本存款账户有足够的款项支付。10 月 10 日,招商银行杭州甲支行收到异地中国建设银行长沙乙支行寄来的承兑申请人为江南丝绸厂的银行承兑汇票及委托收款凭证,审查无误后,选择大额支付渠道办理资金汇划。当日,中国建设银行长沙乙支行收到通过大额支付系统划来的款项,收入开户单位湘江服装厂账户。

22. 8 月 3 日,A 公司签发的已由本行承兑的银行承兑汇票 25 000 元到期,按协议收取票款,但该单位存款账户只有 18 000 元;当日收到外省某银行寄来的承兑申请人为 B 公司的银行承兑汇票及委托收款凭证,金额为50 000元,审查无误后,将委托收款凭证第四联提出交换。

三、要求:根据上述资料编制会计分录。

习题二

一、目的:练习结算方式业务的核算。

二、资料:

1. 中国工商银行武汉甲支行收到李云提交的电汇凭证和现金20 000元,要求汇给中国农业银行广州乙支行,用于归还刘明欠款。中国工商银行武汉甲支行审查无误后,选择小额支付渠道办理资金汇划。中国农业银行广州乙支行收到划来的款项,审查无误后,通知收款人刘明来行取款。

2. 中国工商银行深圳甲支行收到开户单位光明公司提交的电汇凭证,金额500 000元,要求汇往异地中国银行上海乙支行的开户单位明月公司,经审核无误后,选择大额支付渠道办理资金汇划。中国银行上海乙支行收到通过大额支付系统发来的支付信息,经审核无误后,将款项收入开户单位明月公司账户。

3. 7月9日,中国银行长沙甲支行受理其开户单位富平公司委托收款金额为20 000元,代收行为中国农业银行深圳乙支行,付款单位为宏运公司。7月15日,中国农业银行深圳乙支行接到委托收款凭证和有关债务证明后全额付款,选择小额支付渠道办理资金汇划。7月22日,中国银行长沙甲支行收到通过小额支付系统发来的支付信息,将款项收入富平公司账户。

4. 中国工商银行北京甲支行收到中国农业银行武汉乙支行寄来的托收承付结算凭证及有关单证,金额200 000元,通知开户单位A公司户付款(验单付款),3天承付期满,第4天上午营业时选择小额支付渠道办理划款。中国农业银行武汉乙支行收到小额支付系统划回的托收承付款200 000元,收入开户单位B公司账户。

5. 中国工商银行甲支行收到省外系统内乙支行寄来的托收承付结算凭证及有关单证,系向本行开户单位光明机械厂托收货款,金额60 000元,审查无误后,即通知光明机械厂付款。8月5日承付期满日,该单位账户无款,故发生逾期付款,8月18日营业终了该单位账户有款,银行于19日开业后,选择行内汇划渠道将款项划往省外系统内乙支行。乙支行收到后转入收款人远大钢铁厂账户。

三、要求:根据上述资料编制会计分录。

习题三

一、目的:练习银行卡业务的核算。

二、资料:

1. 长沙银行甲支行接到开户单位A公司提交的转账支票和进账单,金额40 000元,申请办理单位信用卡(准贷记卡),A公司在同城他行开户,经审查同意办理。

2. 中国农业银行乙支行收到开户单位王府井百货提交的汇计单、签购单及进账单,净计金额为40 000元,持卡人在本行开户,中国农业银行乙支行审查无误后,办理转账。

3. 中国银行丙支行受理持卡人刘明提交的个人卡与取现单,要求支取现金2 000元,发卡行为异地中国银行丁支行,按2‰收取手续费(含税),增值税税率为6%。

三、要求:根据上述资料编制会计分录。

第八章 外汇业务的核算

第一节 外汇业务核算概述

一、外汇的概念和种类

外汇是指外币或以外币表示的用于国际债权债务结算的各种支付手段。按照我国2008年8月5日颁布的《中华人民共和国外汇管理条例》(以下简称《外汇管理条例》)规定:外汇是指下列以外币表示的可以用作国际清偿的支付手段和资产:(1)外币现钞,包括纸币、铸币;(2)外币支付凭证或者支付工具,包括票据、银行存款凭证、银行卡等;(3)外币有价证券,包括债券、股票等;(4)特别提款权;(5)其他外汇资产。

按不同的标准,外汇可以分为以下三类。

1. 按照外汇的形态可分为现钞和现汇

现钞是指外国钞票、铸币。外币现钞主要由境外携入。现汇又称转账外汇,是国际汇兑和国际间非现金结算中用以清偿国际间债权债务的外汇。

2. 按照限制性不同可分为自由外汇和记账外汇

自由外汇又称现汇,是指不需要货币当局批准,可以自由兑换成任何一种外国货币或用于第三国支付的外国货币及其支付手段。自由外汇中使用最多的是美元、欧元、日元、英镑、法国法郎、澳大利亚元、加拿大元和瑞士法郎。

记账外汇又称协定外汇,是指不经货币当局批准,不能自由兑换成其他货币或用于第三国支付的外汇。它是签有清算协定的国家之间,由于进出口贸易引起的债权债务不用现汇逐笔结算,而是通过当事国的中央银行账户相互冲销所使用的外汇。

3. 按照交割期限可分为即期外汇和远期外汇

交割,是指本币和外币所有者相互交换货币所有权的行为,也就是外汇买卖中外汇的实际收支活动。即期外汇指外汇买卖成交后在两个工作日内交割完毕的外汇。远期外汇指买卖双方根据外汇买卖合同,不需立即进行交割,而是在将来某一时间进行交割的外汇。

二、汇率的概念和种类

汇率是一国货币和另一国货币相互折算的比例,即两种不同货币之间的比价。汇率的标价方法有两种:(1)直接标价法,又称应付标价法,指以一定单位的外国货币为标准折算成若干单位的本国货币来表示的汇率。如100美元=627.260元人民币。(2)间接标价法,又称应收标价法,是指以一定单位的本国货币为标准来折算成若干单位的外国货币来表示的汇率。

为了认识和把握汇率,可以从不同的角度对汇率进行分类,主要分类如下。

1. 按汇率的稳定性可分为固定汇率和浮动汇率

固定汇率指一国货币同另一国货币的汇率基本固定,其波动被限制在极小的范围内。

浮动汇率指一国货币当局不规定本币对其他货币的官方汇率,外汇汇率完全由市场供求关系来决定。按照我国《外汇管理条例》规定,人民币汇率实行以市场供求为基础的、有管理的浮动汇率制度。

2. 按汇率的买卖方式分为买入汇率、卖出汇率和中间汇率

商业银行等机构买进外币时所依据的汇率称"买入汇率",也称"买入价";卖出外币时所依据汇率称为"卖出汇率",也称"卖出价",买入价低于卖出价,买入汇率与卖出汇率相差的幅度一般在千分之一至千分之五,各国不尽相同,两者之间的差额,即商业银行买卖外汇的利润。买入汇率与卖出汇率相加,除以 2,则为中间汇率。

买入汇率又分为钞买价和汇买价,钞买价是指银行买入外币现钞的汇率,汇买价是银行买入外币现汇的汇率。由于外币现钞不能在本国境内作为支付手段,必须将现钞运至其发行国或伦敦等国际金融中心收账或出售,并要支付运费、保险费等,这些费用都要从买入现钞汇率中扣除,因此钞买价低于汇买价。同样,卖出汇率又分为钞卖价和汇卖价,只不过两者相等。

3. 按汇率的制定方法可分为基础汇率和交叉汇率

基础汇率指本国货币与基准货币或关键货币的汇率。基准货币或关键货币是国际上普遍使用的,在本国国际收支中使用最多的,在国际储备中比重最大的货币。目前,各国基本上都把美元作为基础货币,通过制定与美元的汇率来套算(交叉)出与其他货币的汇率。我们经常所说的直盘就是基础汇率,所说的交叉盘就是交叉汇率。

交叉汇率指通过基础汇率套算出的本币对其他货币的汇率,也称套算汇率。

4. 按外汇交易期限可分为即期汇率和远期汇率

前者指即期外汇交易所使用的汇率,后者指远期外汇交易所使用的汇率。

5. 按银行汇兑方式可分为电汇汇率、信汇汇率以及票汇汇率

这些汇率是分别用于电汇、信汇和票汇业务中的汇率。电汇汇率大于信汇汇率,信汇汇率大于票汇汇率。

三、外汇业务的主要内容

外汇业务是指以外币计价或者结算的交易。外汇业务主要包括以下内容:外汇买卖业务;外汇存款业务(含个人外汇存款和单位外汇存款);外汇贷款业务;进出口业务;非贸易外汇业务(含汇兑业务、买入汇款业务、非贸易外汇托收业务和信用卡业务)。本章主要介绍外汇买卖、外汇存款、外汇贷款和国际贸易结算业务的核算。

四、外汇业务的记账方法

(一) 外币统账制

外币统账制也称记账本位币法。在这种方法下,应选择某一种货币作为记账本位币,而

其他各种非记账本位币计价的经济业务均应在业务发生时,按一定的汇率全部折算成记账本位币金额后入账,非记账本位币金额另设外币账户进行登记,无论是外币存款,还是外币债权、债务,在账上均以记账本位币金额统一反映。因为我国企业原则上应以人民币为记账本位币,故在"外币统账制"下,当银行发生外币业务时,则一般按人民币统一入账,统一记录,外币业务的金额均要折算为人民币金额后入账反映,同时要设立不同外币种类的外币账户,登记反映外币资产和外币债权、债务的增减变动情况。

(二)外币分账制

1. 外币分账制的概念和特点

外币分账制又称原币记账法,在这种方法下,发生的外币业务是以原币直接记账,即发生外币业务时都按照原币填制凭证、登记账簿、编制报表,而不是按汇率折成本位币记账,以全面反映各种外币资金增减变动情况。其特点如下。

(1)以各种原币分别设账,即本币与各种外币分账核算。所谓分账,是指各种外币都自成一套独立的账务系统,平时每一种分账货币都按照原币金额填制凭证、登记账簿、编制报表。

(2)设置"货币兑换"科目,以联系和平衡不同货币之间的账务。当涉及两种货币的交易业务时,用"货币兑换"账户进行核算,分别与原币有关账户对转。

(3)年终并表,以本币统一反映财务状况和经营成果。资产负债表日,应当对相应的外币账户余额分别货币性项目和非货币性项目进行调整。各种分账货币,分别编制各自的资产负债表,各外币资产负债表按照年终外汇牌价折合成人民币,然后与原人民币资产负债表汇总合并成统一的资产负债表。

2. 科目设置

(1)"汇兑损益"科目。该科目核算商业银行因外币交换、汇率变动等原因实现的汇兑收益及损失。它属于损益类科目,其借方登记汇兑损失,贷方登记汇兑收益。期末,应将科目的余额转入"本年利润"科目,结转后该科目应无余额。

(2)"货币兑换"科目。该科目核算商业银行采用外币分账制核算外币交易所产生的不同币种之间的兑换。它属于共同类科目,应按币种设置明细账,进行明细分类核算。

按照《企业会计准则第19号——外币折算》规定,"企业对于发生的外币交易,应当将外币金额折算为记账本位币金额。外币交易应当在初始确认时,采用交易发生日的即期汇率将外币金额折算为记账本位币金额;也可采用按照系统合理的方法确定的、与交易发生日即期汇率近似的汇率折算"。同时,准则应用指南中亦明确指出"对于外币交易频繁、外币币种较多的金融企业,也可以采用分账制记账方法进行日常核算,资产负债表日,应当对相应的外币账户余额分别货币性项目和非货币性项目进行调整。采用分账制记账方法,其产生的汇兑差额的处理结果,应当与统账制一致"。因此,本章采用外币分账制对银行外汇业务核算进行阐述。

第二节　外汇买卖业务的核算

一、买入外汇的核算

买入外汇简称结汇,是指企事业单位和个人按国家外汇政策的规定,将各类外汇收入按

银行挂牌汇率结售给外汇指定银行。外汇指定银行买入外币现钞(或现汇)时,按钞买价或汇买价折算成人民币金额。其会计分录为

  借：库存现金(或其他科目)   外币
    贷：货币兑换   外币
  借：货币兑换   人民币
    贷：库存现金(或其他科目)   人民币

【例 8-1】 某客户持现钞 2 000 美元来行兑换人民币现金,当日美元钞买价 RMB 624.25/USD 100。该银行应编制会计分录如下。

  借：库存现金   USD 2 000
    贷：货币兑换——美元户   USD 2 000
  借：货币兑换——人民币户   RMB 12 485
    贷：库存现金   RMB 12 485

【例 8-2】 某银行对某出口甲企业一笔 60 000 美元货款结汇,当日美元汇买价 RMB 612.38/USD 100。该银行应编制会计分录如下。

  借：存放同业——××境外账户行   USD 60 000
    贷：货币兑换——美元户   USD 60 000
  借：货币兑换——人民币户   RMB 367 428
    贷：吸收存款——单位活期存款——甲企业   RMB 367 428

二、卖出外汇的核算

卖出外汇简称售汇,指银行按规定的汇率卖给企事业单位或个人外汇,并收取相应人民币的业务。外汇指定银行卖出外币现钞(或现汇)时,按钞卖价或汇卖价折算成人民币金额。其会计分录为

  借：库存现金(或其他科目)   人民币
    贷：货币兑换   人民币
  借：货币兑换   外币
    贷：库存现金(或其他科目)   外币

【例 8-3】 A 外贸公司持外管局审批的《购买外汇申请书》和人民币存款资金向某银行购买 50 000 美元,存入其在该行开立的美元现汇账户,以备支付进口货款,当日美元汇卖价 RMB 623.16/USD 100。该银行应编制会计分录如下。

  借：吸收存款——单位活期存款——A 外贸公司   RMB 311 580
    贷：货币兑换——人民币户   RMB 311 580
  借：货币兑换——美元户   USD 50 000
    贷：吸收存款——单位活期存款——A 外贸公司 USD 60 000

三、套汇业务的核算

套汇是指以一种外币兑换成另一种外币的业务。由于现钞和现汇流动性不同,同种货

币的钞汇互换也视同套汇业务。

(一) 两种外汇之间的套汇

按现行规定,我国金融企业在办理套汇业务时,应通过人民币进行换算,即对收进的一种外币按买入价折合成人民币,再将所折合的人民币按另一种外币的卖出价折合成该种货币的外汇金额。其计算公式如下。

卖出外汇套汇金额＝买入外汇金额×买入外汇汇买价÷卖出外汇汇卖价

【例8-4】 甲企业用20万美元活期存款兑换成港币,以备支付货款。银行审核各种有效商业单据和有效凭证无误后,为该企业办理此项业务。当日美元汇买价 RMB 625.28/USD 100,港币汇卖价 RMB 88.68/HKD 100。

根据上述公式可知:卖出港币套汇金额＝HKD(200 000×6.252 8 ÷0.886 8)＝HKD 1 410 193.96

借:吸收存款——单位活期存款——甲企业	USD 200 000
贷:货币兑换——美元户	USD 200 000
借:货币兑换——人民币户	RMB 1 250 560
贷:货币兑换——人民币户	RMB 1 250 560
借:货币兑换——港币户	HKD 1 410 193.96
贷:吸收存款——单位活期存款——甲企业	HKD 1 410 193.96

(二) 同种货币现钞与现汇之间套汇的核算

汇买钞卖的计算公式为:卖出现钞金额＝买入现汇金额×汇买价÷钞卖价
钞买汇卖的计算公式为:卖出现汇金额＝买入现钞金额×钞买价÷汇卖价

【例8-5】 海运公司经理因公出国,要求从其现汇账户上支取50 000美元,银行审核各种出国手续无误后,卖出现钞,买进现汇。当日美元汇买价为 RMB 612.46/USD 100,现钞卖出价为 RMB 624.12/USD 100。

卖出美元现钞金额＝USD(50 000×6.124 6÷6.241 2)＝USD 49 065.88

借:吸收存款——单位活期存款——海运公司	USD 50 000
贷:货币兑换——美元户	USD 50 000
借:货币兑换——人民币户	RMB 306 230
贷:货币兑换——人民币户	RMB 306 230
借:货币兑换——美元户	USD 49 065.88
贷:库存现金	USD 49 065.88

【例8-6】 海信公司出口产品所得8 000美元现钞兑换成美元现汇存入该公司美元现汇活期户。当日钞买价 RMB 635.82/USD 100,汇卖价 RMB 652.92/USD 100。

卖出美元现汇金额＝USD(8 000×6.358 2÷6.529 2)＝RMB 49 065.88

借:库存现金	USD 8 000
贷:货币兑换——美元户	USD 8 000

借：货币兑换——人民币户　　　　　　　　　　　　　　　RMB 50 865.5
　　贷：货币兑换——人民币户　　　　　　　　　　　　　RMB 50 865.5
借：货币兑换——美元户　　　　　　　　　　　　　　　　USD 7 790.48
　　贷：吸收存款——单位活期存款——海信公司　　　　　USD 7 790.48

第三节　外汇存款业务的核算

一、外汇存款的概念与种类

外汇存款是单位或个人将其所有的外汇资金存入银行，随时或约期支取，银行按照规定的利率支付利息的一种信用活动。目前，我国外汇银行可以吸收的外汇存款币种有美元、港币、日元、欧元、英镑、马克等，如以其他自由兑换的外币存入，应按存入日外汇牌价折算成上述货币中的一种存入。

目前，银行根据对存款的管理要求不同，将外汇存款划分为甲种外币存款、乙种外币存款、丙种外币存款。

1. 甲种外币存款

甲种外币存款是指外汇专业银行为外国驻华机构（包括外交、商务、国际组织和民间机构）、中外合资企业及国内企业单位、城乡集体经济组织设立的外币存款。其中外币活期存款起存金额均为人民币1 000元的等值外汇，外币定期存款的期限分7天通知存款，1个月、3个月、6个月、1年和2年6档。存款采用存款证实书，以存单方式发行，整存整取，起存金额不应低于人民币10 000元等值的外汇。

2. 乙种外币存款

乙种外币存款是指为外国人、外籍华人、华侨、港澳台同胞开立的存款账户。其中外币活期存款起存金额均为人民币100元的等值外汇，外币定期存款的期限分7天通知存款，1个月、3个月、6个月、1年和2年6档。存款以存单方式发行，起存金额不应低于人民币500元等值的外汇。

3. 丙种外币存款

丙种外币存款是指为中国境内居民，包括归侨、侨眷和港澳台同胞的亲属开立的存款账户。活期存款开户起存金额为人民币20元的等值外汇，定期存款分为1个月、3个月、6个月、1年、2年及7天通知等六种期限；起存金额为人民币50元的等值外币，多存不限。丙种外币现钞一般不准汇往国外。

由上可见，甲种外币存款主要是单位外汇存款，它一般只有现汇户，没有现钞户，乙种外币存款和丙种外币存款主要是个人外汇存款，既有现汇户又有现钞户。

二、单位外汇存款的核算

单位外汇存款分为单位活期存款和单位定期存款。单位活期存款分为存折户和支票户两种。

（一）存入款项的核算

（1）以外币现钞存入现汇户时，应按当日钞买价和汇卖价进行套汇折算入账。

借：库存现金 外币
　　贷：货币兑换（钞买价） 外币
借：货币兑换（钞买价） 人民币
　　贷：货币兑换（汇卖价） 人民币
借：货币兑换（汇卖价） 外币
　　贷：吸收存款——单位活期（或定期）存款——××户 外币

(2) 以转账方式存入时，应根据汇入汇款通知书、信用证结算凭证、转账支票等结算专用凭证以及填制好的送款单办理存入核算。

借：存放同业（或其他科目） 外币
　　贷：吸收存款——单位活期（或定期）存款——××户 外币

若存入币种与开户币种不同，则需通过套汇处理。

（二）利息的核算

单位在银行的外汇存款，除国际组织给予援助和捐献以及国家财政部门拨给的行政经费等项外汇存款不计息外，其他各项外汇存款均予计息。外汇活、定期存款利息的计算方法与本币活、定期存款相同。

资产负债表日，商业银行对吸收的一般外汇存款应按规定计提利息，其会计分录为

借：利息支出——外汇存款利息支出户 外币
　　贷：应付利息——××户 外币

结息日采用积数计息法计算利息，并于结息日次日主动将利息以原币转入原活期存款账户，其会计分录为

借：应付利息——××户 外币
　　贷：吸收存款——单位活期存款——××户 外币

（三）支取款项的核算

(1) 从现汇账户支取原币现钞时，银行按当日汇价汇买钞卖套汇后，付给原币现钞。

借：吸收存款——单位活期（或定期）存款——××户 外币
　　贷：货币兑换（汇买价） 外币
借：货币兑换——人民币户（汇买价） 人民币
　　贷：货币兑换——人民币户（钞卖价） 人民币
借：货币兑换（钞卖价） 外币
　　贷：库存现金 外币

(2) 以原币汇往国外或国内异地时，需收取手续费，会计分录为

借：吸收存款——单位活期（或定期）存款——××户 外币
　　贷：存放同业（或其他科目） 外币
　　　　手续费及佣金收入——汇费 外币
　　　　应交税费——应交增值税（销项税额） 外币

(3) 支取货币与原存款货币不同时，应按套汇处理。

(4) 以活期存款转存定期存款时，凭存款单位开设的转账支票开立外汇存款证实书，会计分录为

借：吸收存款——单位活期存款——××户　　　　　　　　　　　　外币
　　贷：吸收存款——单位定期存款——××户　　　　　　　　　　　　外币

三、个人外币储蓄存款的核算

个人外币储蓄存款分为活期储蓄存款和定期储蓄存款。

(一) 存入款项的核算

(1) 存款人将外币现钞存入现钞户时：
借：库存现金　　　　　　　　　　　　　　　　　　　　　　　　　　外币
　　贷：吸收存款——活期(或定期)储蓄存款——××户　　　　　　　　外币

(2) 从境内、境外汇入的汇款或托收的外币票据收妥存入现汇户时：
借：存放同业(或其他科目)　　　　　　　　　　　　　　　　　　　　外币
　　贷：应解汇款——××户　　　　　　　　　　　　　　　　　　　　外币
借：应解汇款——××户　　　　　　　　　　　　　　　　　　　　　　外币
　　贷：吸收存款——活期(或定期)储蓄存款——××户　　　　　　　　外币

(二) 利息的核算

外币储蓄存款利息的计算方法与本币基本相同。结息日为每季度末月 20 日。在计算利息时，除日元计算至元位外，其他货币应计至分位。支付时应付足辅币，如确无辅币，可按当日外汇牌价作外汇买卖处理，折付人民币。

(三) 支取款项的核算

(1) 从现钞户支取外币现钞：
借：吸收存款——活期(或定期)储蓄存款——××户　　　　　　　　　外币
　　贷：库存现金　　　　　　　　　　　　　　　　　　　　　　　　　外币

(2) 以现汇户资金汇出境外时：
借：吸收存款——活期(或定期)储蓄存款——××户　　　　　　　　　外币
　　贷：存放同业(或其他科目)　　　　　　　　　　　　　　　　　　　外币
　　　　手续费及佣金收入——汇费　　　　　　　　　　　　　　　　　外币
　　　　应交税费——应交增值税(销项税额)　　　　　　　　　　　　　外币

如支取货币与原存款货币不同时，应按套汇处理。

第四节　外汇贷款业务的核算

一、外汇贷款的管理规定

外汇贷款是指银行办理的以外币为计量单位的贷款，是银行外汇资金的主要运用形式之一。其管理规定如下。

(1) 贷款的币种由借款人选择，外汇贷款的币种有美元、日元、港币、欧元、英镑。借什么货币，还什么货币，并收取原币利息。

(2) 实行浮动利率，收取承担费。外汇贷款利率随国际资金市场的供求变化而浮动，一般按照伦敦银行同业拆放利率(LIBOR)加上银行管理费用计算得出,按 1 个月、3 个月或 6 个月及 1 年浮动。

(3) 借款单位必须有外汇收入或其他外汇来源。

(4) 借款主要用于从事符合国家产业政策和社会发展规划要求的建设和生产经营活动。

(5) 贷款使用确有经济效益,能按期偿还贷款本息。

(6) 在银行开立基本账户和一般账户,在其账户内保有不低于贷款余额 10% 的存款作为结算支付保证。

(7) 外汇贷款必须专款专用,严格按用款计划和规定用途发放。

(8) 外汇贷款应如期归还,过期不还者,银行按规定加收罚息。

二、短期外汇贷款的核算

短期外汇贷款也称"现汇贷款""自由外汇贷款",是指银行发放的期限在 1 年以内的现汇贷款。凡生产出口产品,有偿还外汇能力的企业,都可以向银行申请短期外汇贷款。

(一) 发放贷款的核算

发放贷款时,银行会计部门根据企业递交的《短期外汇贷款借款凭证》审核后办理转账,其会计分录为

借:贷款——××贷款——××户　　　　　　　　　　　　　　　　外币
　贷:存放同业(或吸收存款等科目)　　　　　　　　　　　　　　　外币

【例 8-7】 某银行向甲外贸企业发放信用贷款 200 000 美元,转入该企业活期存款户。会计分录如下。

借:贷款——信用贷款——甲外贸企业　　　　　　　　USD 200 000
　贷:吸收存款——单位活期存款——甲外贸企业　　　USD 200 000

如果短期外汇贷款的发放和对外支付为不同的货币,则通过套汇处理。

【例 8-8】 某银行向乙进出口公司发放信用贷款 100 000 美元,转入该公司港元存款账户。当日美元汇买价 RMB 635.82/USD 100,港元汇卖价 RMB 81.68/HKD 100。会计分录如下。

借:贷款——信用贷款——乙进出口公司　　　　　　　USD 100 000
　贷:货币兑换——美元户　　　　　　　　　　　　　　USD 100 000
借:货币兑换——人民币户　　　　　　　　　　　　　　RMB 635 820
　贷:货币兑换——人民币户　　　　　　　　　　　　　　RMB 635 820
借:货币兑换——港币户　　　　　　　　　　　　　　　HKD 778 428.01
　贷:吸收存款——单位活期存款——乙进出口公司　　HKD 778 428.01

(二) 短期外汇贷款利息的核算

短期外汇贷款利率分为优惠利率和浮动利率。优惠利率是指低于伦敦市场银行同业拆放的利率,按优惠利率计息的贷款为优惠利率贷款。浮动利率,一般按照伦敦银行同业拆放利率(LIBOR)加上银行管理费用计算得出,1 个月、3 个月、6 个月和 1 年期浮动四种,由借

款方和银行商定,在浮动期内即使利率发生变化,也按浮动期初的利率计息,浮动期满再按浮动后的利率计息。对于届时不能支付利息的,银行将应收利息转入贷款户,计算复利。

现汇贷款实行按季(或按月)结息,即每季末月20日(或每月20日末)为结息日,按浮动利率的变动时期分段计息。其会计分录为

　　借:吸收存款——单位活期存款——××户　　　　　　　　外币
　　　　贷:利息收入——贷款利息收入　　　　　　　　　　　　外币
　　　　　　应交税费——应交增值税(销项税额)　　　　　　　外币

对于届时不能支付利息的,银行将利息转入贷款户,计算复利。其会计分录为

　　借:贷款——××贷款——××户　　　　　　　　　　　　　外币
　　　　贷:利息收入——贷款利息收入　　　　　　　　　　　　外币
　　　　　　应交税费——应交增值税(销项税额)　　　　　　　外币

如果资产负债表日计提利息,其会计分录为

　　借:应收利息——××户　　　　　　　　　　　　　　　　　外币
　　　　贷:利息收入——贷款利息收入　　　　　　　　　　　　外币
　　　　　　应交税费——应交增值税(销项税额)　　　　　　　外币

结息日结算利息时:

　　借:吸收存款——单位活期存款——××户　　　　　　　　外币
　　　　贷:应收利息——××户　　　　　　　　　　　　　　　外币

届时不能支付利息的:

　　借:贷款——××贷款——××户　　　　　　　　　　　　　外币
　　　　贷:应收利息——××户　　　　　　　　　　　　　　　外币

(三) 收回贷款的核算

(1) 借款人用现汇资金偿还:

　　借:吸收存款——单位活期存款——××户　　　　　　　　外币
　　　　贷:贷款——××贷款——××户　　　　　　　　　　　外币
　　　　　　应收利息——××户　　　　　　　　　　　　　　　外币
　　　　　　利息收入——贷款利息收入　　　　　　　　　　　　外币
　　　　　　应交税费——应交增值税(销项税额)　　　　　　　外币

(2) 借款人用人民币购汇归还:

　　借:吸收存款——单位活期存款——××户　　　　　　　　人民币
　　　　贷:货币兑换(汇卖价)　　　　　　　　　　　　　　　人民币
　　借:货币兑换(汇卖价)　　　　　　　　　　　　　　　　　外币
　　　　贷:贷款——××贷款——××户　　　　　　　　　　　外币
　　　　　　应收利息——××户　　　　　　　　　　　　　　　外币
　　　　　　利息收入——贷款利息收入　　　　　　　　　　　　外币
　　　　　　应交税费——应交增值税(销项税额)　　　　　　　外币

(3) 借款人以贷款货币以外的外币归还:

　　借:吸收存款——单位活期存款——××户　　　　　　　　外币
　　　　贷:货币兑换(汇买价)　　　　　　　　　　　　　　　外币

借：货币兑换(汇买价) 人民币
　　贷：货币兑换(汇卖价) 人民币
借：货币兑换(汇卖价) 外币
　　贷：贷款——××贷款——××户 外币
　　　　应收利息——××户 外币
　　　　利息收入——贷款利息收入 外币
　　　　应交税费——应交增值税(销项税额) 外币

【例8-9】 甲单位于20×3年4月9日向中国银行借入半年期信用贷款20万美元用于支付购货款(通过账户行支付)，浮动期3个月，假设借款日3个月浮动利率为5%(含税)，7月9日3个月浮动利率为5.5%(含税)，增值税税率为6%，10月9日到期，从其美元存款账户偿还全部本息。中国银行应编制会计分录如下。

(1) 20×3年4月9日发放贷款时：
借：贷款——信用贷款——甲单位 USD 200 000
　　贷：存放同业——××行 USD 200 000

(2) 6月20日结息，4月9日—6月20日适用利率5%，其利息为

$$USD\ 200\ 000 \times 73 \times 5\% \div 360 = USD\ 2\ 027.78$$

6月21日利息转入本金：
借：贷款——信用贷款——甲单位 USD 2 027.78
　　贷：利息收入——贷款利息收入 USD 1 913
　　　　应交税费——应交增值税(销项税额) USD 114.78

(3) 9月20日结息，应分段计息：
6月21日—7月9日适用利率5%，其利息为

$$USD(200\ 000 + 2\ 027.78) \times 18 \times 5\% \div 360 = USD\ 505.07$$

7月9日—9月20日适用利率5.5%，其利息为

$$USD(200\ 000 + 2\ 027.78) \times 74 \times 5.5\% \div 360 = USD\ 2\ 284.04$$

9月20日结息合计为

$$USD\ 505.07 + USD\ 2\ 284.04 = USD\ 2\ 789.11$$

9月21日利息转入本金：
借：贷款——信用贷款——甲单位 USD 2 789.11
　　贷：利息收入——贷款利息收入 USD 2 631.24
　　　　应交税费——应交增值税(销项税额) USD 157.87

(4) 10月9日到期时：
9月21日—10月9日适用利率5.5%，其利息为

$$USD(200\ 000 + 2\ 027.78 + 2\ 789.11) \times 18 \times 5.5\% \div 360 = USD\ 563.25$$

借：吸收存款——单位活期存款——甲单位　　　　　　USD 205 380.14
　　贷：贷款——信用贷款——甲单位　　　　　　　　USD 204 816.89
　　　　利息收入——贷款利息收入　　　　　　　　　USD 531.37
　　　　应交税费——应交增值税（销项税额）　　　　USD 31.88

三、买方信贷外汇贷款的核算

就出口国而言，买方信贷是出口国银行直接向外国的进口厂商或进口方银行提供的贷款。其附带条件就是贷款必须用于购买债权国的商品，因而起到了促进商品出口的作用，这就是所谓的约束性贷款。就进口国而言，买方信贷贷款指我外汇银行作为进口方银行向国内进口企业发放由国外银行提供的转贷款，从而支持进口贸易发展的一种业务。

（一）对外签订协议

我方进口商使用买方信贷，在向国外借款时，先由总行统一对外签订总协议。总协议下，每个项目的具体信贷协议可由总行对外签订，亦可由总行授权分行对外签订。不论总行或分行对外签订协议，均由总行建立《买方信贷用款限额登记簿》，用表外科目"买方信贷用款限额"进行控制，即填制表外科目传票登记表外科目：

收入：买方信贷用款限额　　　　　　　　　　　　　　外币

（二）支付定金

买方信贷贷款一般占贸易合同总额的85%，其余15%要以现汇支付定金。

（1）借款单位用现汇支付定金时：

借：吸收存款——单位活期存款——××户　　　　　　外币
　　贷：存放同业（或其他科目）　　　　　　　　　　外币

（2）借款单位向银行申请现汇外汇贷款支付定金时：

借：贷款——××贷款——××户　　　　　　　　　　外币
　　贷：存放同业（或其他科目）　　　　　　　　　　外币

（3）借款单位以人民币购汇支付定金时：

借：吸收存款——单位活期存款——××户　　　　　　人民币
　　贷：货币兑换（汇卖价）　　　　　　　　　　　　人民币
借：货币兑换（汇卖价）　　　　　　　　　　　　　　外币
　　贷：存放同业（或其他科目）　　　　　　　　　　外币

（4）借款人用与贷款货币不同的货币支付定金时：

借：吸收存款——单位活期存款——××户　　　　　　外币
　　贷：货币兑换（汇买价）　　　　　　　　　　　　外币
借：货币兑换（汇买价）　　　　　　　　　　　　　　人民币
　　贷：货币兑换（汇卖价）　　　　　　　　　　　　人民币
借：货币兑换（汇卖价）　　　　　　　　　　　　　　外币
　　贷：存放同业（或其他科目）　　　　　　　　　　外币

（三）使用买方信贷

买方信贷下的进口支付方式一般采用信用证结算，贷款的借入与进口对外支付同时进行。

1. 进口单位与供款总行在同城

进口单位与供款总行在同城,由总行对外开证并直接办理贷款:

借:贷款——买方信贷外汇贷款——××户　　　　　　　　　　　外币
　　贷:拆入资金——借入买方信贷——××国外银行　　　　　　外币

同时,按支款金额销记《买方信贷用款限额登记簿》,登记表外科目:

付出:买方信贷用款限额　　　　　　　　　　　　　　　　　　　外币

2. 进口单位与供款总行在异地

进口单位与供款总行在异地,由分行对外开证并直接办理贷款,并通过行内系统发送报文给总行。

(1) 分行作为开证行,在对外支付时:

借:贷款——买方信贷外汇贷款——××户　　　　　　　　　　　外币
　　贷:上存系统内款项——上存总行准备金　　　　　　　　　　外币

(2) 总行收到异地分行上划报文时:

借:系统内款项存放——××分行备付金　　　　　　　　　　　　外币
　　贷:拆入资金——借入买方信贷——××国外银行　　　　　　外币

同时登记表外科目:

付出:买方信贷用款限额　　　　　　　　　　　　　　　　　　　外币

(四) 偿还贷款本息

买方信贷下借入国外款本息的偿还,由总行统一办理。总行应按照协议规定计算利息。对于国外贷款行寄来的计息清单应认真核对,并按规定及时偿付本息。

1. 借款人在总行开户

(1) 总行支付国外贷款本息时:

借:拆入资金——借入买方信贷——××国外银行　　　　　　　　外币
　　利息支出——借入买方信贷利息支出　　　　　　　　　　　　外币
　　　贷:存放同业(或相关科目)　　　　　　　　　　　　　　　外币

(2) 总行按规定向国内借款单位按期收回本息时:

借:吸收存款——单位活期存款——××户　　　　　　　　　　　外币
　　贷:贷款——买方信贷外汇贷款——××户　　　　　　　　　外币
　　　　利息收入——贷款利息收入　　　　　　　　　　　　　　外币
　　　　应交税费——应交增值税(销项税额)　　　　　　　　　　外币

如果借款人以人民币购汇偿还的,则通过货币兑换办理。

2. 借款人在分行开户

(1) 总行支付国外贷款利息,并通过行内系统发送报文给有关分行:

借:利息支出——借入买方信贷利息支出　　　　　　　　　　　　外币
　　贷:存放同业(或其他科目)　　　　　　　　　　　　　　　　外币
借:系统内款项存放——××分行备付金　　　　　　　　　　　　外币
　　贷:利息收入——辖内资金往来利息收入　　　　　　　　　　外币

分行收到总行报单后,办理转账,并向借款人收取利息:
借:利息支出——辖内资金往来利息支户 外币
　　贷:上存系统内款项——上存总行准备金 外币
借:吸收存款——单位活期存款——××户 外币
　　贷:利息收入——贷款利息收入 外币
　　　　应交税费——应交增值税(销项税额) 外币

(2) 总行支付国外贷款本金,并通过行内系统发送报文给有关分行:
借:拆入资金——借入买方信贷——××国外银行 外币
　　贷:存放同业(或其他科目) 外币
借:系统内款项存放——××分行备付金 外币
　　贷:待清算辖内往来——××分行 外币

分行收到总行报文后,办理转账,并向借款人收取本金:
借:待清算辖内往来——总行 外币
　　贷:上存系统内款项——上存总行准备金 外币
借:吸收存款——单位活期存款——××户 外币
　　贷:贷款——买方信贷外汇贷款——××户 外币

【例8-10】 20×3年7月5日某皮革制品公司使用买方信贷从国外购买材料100 000美元,向其开户行(总行)申请贷款,支付定金15 000美元,10月15日到期,总行向美国花旗银行支付本金和利息86 500美元,向皮革制品公司收取本金和利息87 260美元(含税),增值税税率为6%。

(1) 皮革制品公司使用买方信贷,总行统一对外签订总协议时,登记表外科目:
收入:买方信贷用款限额　　　　　　　　　　　　　　USD 85 000

(2) 皮革制品公司用现汇支付定金时:
借:吸收存款——单位活期存款——皮革制品公司　　　USD 15 000
　　贷:存放同业　　　　　　　　　　　　　　　　　USD 15 000

(3) 总行对外开证并直接办理贷款时:
借:贷款——买方信贷外汇贷款——皮革制品公司　　　USD 85 000
　　贷:拆入资金——借入买方信贷——美国花旗银行　USD 85 000
同时销记表外科目:
付出:买方信贷用款限额　　　　　　　　　　　　　　USD 85 000

(4) 10月15日到期时:
总行支付国外贷款本息时:
借:拆入资金——借入买方信贷——皮革制品公司　　　USD 85 000
　　利息支出——借入买方信贷利息支出　　　　　　　USD 1 500
　　　贷:存放同业　　　　　　　　　　　　　　　　USD 86 500
总行按规定向皮革制品公司收回本息时:

借：吸收存款——单位活期存款——皮革制品公司　　　　　　USD 87 260
　　贷：贷款——买方信贷外汇贷款——皮革制品公司　　　　　USD 85 000
　　　　利息收入——贷款利息收入　　　　　　　　　　　　　USD 2 132.08
　　　　应交税费——应交增值税（销项税额）　　　　　　　　USD 127.92

四、进出口押汇的核算

进出口押汇是指银行以国际贸易中在途商品作为抵押对进出口商融资的行为。

（一）出口押汇的核算

出口押汇又称买单结汇，指出口方银行买入出口单据，按票面金额扣除从议付日到预计收汇日的利息及有关手续费后，将净额预先付给出口商的一种出口融资方式。由于出口商银行要预先垫款买入一笔尚未收妥的外汇，若进口国政局、经济不稳定，就有一定的收汇风险。

$$出口押汇利息＝票面金额×预计收到票款所需天数×押汇日利率$$

银行办理出口押汇时，除按正常手续办理信用证议付外，出口商还需填制《出口押汇申请书》一式五联，并与押汇银行签订《出口押汇总质权书》。《出口押汇申请书》除国际业务部、信贷部门、客户各留存一联外，另两联作借、贷方传票随《出口押汇总质权书》复印件一并交会计部门进行账务处理。其会计分录如下。

（1）办理出口押汇时：
借：贷款——出口押汇——××户　　　　　　　　　　　　　　外币
　　贷：利息收入——贷款利息收入　　　　　　　　　　　　　外币
　　　　应交税费——应交增值税（销项税额）　　　　　　　　外币
　　　　货币兑换（汇买价）　　　　　　　　　　　　　　　　外币
借：货币兑换（汇买价）　　　　　　　　　　　　　　　　　　人民币
　　贷：吸收存款——单位活期存款——××户　　　　　　　　人民币
同时，登记表外科目：
收入：国外开来保证凭信

（2）收回押汇贷款时：
借：存放同业（或其他科目）　　　　　　　　　　　　　　　　外币
　　贷：贷款——出口押汇——××户　　　　　　　　　　　　外币
　　　　手续费及佣金收入——结算手续费　　　　　　　　　　外币
　　　　应交税费——应交增值税（销项税额）　　　　　　　　外币
同时，销记表外科目：
付出：国外开来保证凭信

【例8-11】 甲出口公司20×3年3月4日将即期信用证项下全套单据金额80 000美元，连同押汇申请书交某银行，经审核后该银行当天即按5.8%（含税）的利率扣收25天利息，并将余额按当日美元买入价RMB 672.36/USD 100，转入该公司人民币存款账户。3月29日收到开证行的贷记报单，金额80 150美元（其中150美元为银行费用），该银行在开证行有存款账户。

$$出口押汇利息 = 80\,000 \times 25 \times 5.8\% \div 360 = 322.22（美元）$$

(1) 3月4日办理出口押汇时：

借：贷款——出口押汇——甲出口公司	USD 80 000
贷：利息收入——贷款利息收入	USD 303.98
应交税费——应交增值税（销项税额）	USD 18.24
货币兑换——美元户	USD 79 677.78
借：货币兑换——人民币户	RMB 535 721.52
贷：吸收存款——单位活期存款——甲出口公司	RMB 535 721.52

同时，登记表外科目：

收入：国外开来保证凭信	USD 80 000

(2) 3月29日收到开证行的贷记报单时：

借：存放同业	USD 80 150
贷：贷款——出口押汇——甲出口公司	USD 80 000
手续费及佣金收入——结算手续费	USD 141.51
应交税费——应交增值税（销项税额）	USD 8.49

同时，销记表外科目：

付出：国外开来保证凭信	USD 80 000

（二）进口押汇的核算

进口押汇是指进出口双方签订买卖合同之后，进口方请求进口地某个银行（一般为自己的往来银行）向出口方开立保证付款文件（大多数为信用证），开证行将此文件寄送给出口商，出口商见证后，将货物发送给进口商的业务。

进口押汇是开证行向进口商提供的一种资金融通。进口商通过信用保证文件的开立，可以延长付款期限，不必在出口商发货之前支付货款，即使在出口商发货后，也要等到单据到达自己手中才履行付款义务。这样，进口商减少了资金占用的时间。出口商愿意接受这种延长付款期限，是以开证行保证到期付款为条件的。其账务处理如下。

(1) 进口商开具"信用证申请书"来行要求承作进口押汇时，经银行审核批准后，收取保证金，其会计分录为

借：吸收存款——单位活期存款——××户	外币
贷：存入保证金——××户	外币

(2) 收妥保证金，开证行开出信用证，登记表外科目：

收入：开往国外保证凭信	外币

(3) 当收到国外联行或代理行寄来汇票、单据及划付报单时，即表示进口押汇业务的发生，其会计分录为

借：贷款——进口押汇——××户	外币
存入保证金——××户	外币
贷：存放同业	外币

同时销记表外科目：

付出：开往国外保证凭信	外币

(4) 进口商偿付押汇本息时,其会计分录为

借:吸收存款——单位活期存款——××户　　　　　　　　人民币
　　贷:货币兑换(汇买价)　　　　　　　　　　　　　　　　人民币
借:货币兑换(汇买价)　　　　　　　　　　　　　　　　　　外币
　　贷:贷款——进口押汇——××户　　　　　　　　　　　外币
　　　　利息收入——贷款利息收入　　　　　　　　　　　　外币
　　　　应交税费——应交增值税(销项税额)　　　　　　　　外币

【例8-12】 20×3年7月8日甲轻工业公司从国外购买原材料70 000美元,开具"信用证申请书"来行要求承做进口押汇业务,交纳保证金10 000美元,利率6.5%(含税),增值税税率为6%,8月7日到期,本金和利息从该公司人民币存款账户中扣除,当日美元汇买价RMB 615.82/USD 100。

(1) 银行收取保证时:

借:吸收存款——单位活期存款——甲轻工业公司　　　　USD 10 000
　　贷:存入保证金——甲轻工业公司　　　　　　　　　　USD 10 000

(2) 开出信用证,登记表外科目时:

收入:开往国外保证凭信　　　　　　　　　　　　　　　　USD 70 000

(3) 收到国外联行或代理行寄来汇票、单据及划付报单时:

借:贷款——进口押汇——甲轻工业公司　　　　　　　　USD 60 000
　　存入保证金——甲轻工业公司　　　　　　　　　　　USD 10 000
　　贷:存放同业　　　　　　　　　　　　　　　　　　　USD 70 000

同时销记表外科目:

付出:开往国外保证凭信　　　　　　　　　　　　　　　　USD 70 000

(4) 轻工业公司偿付押汇本息时:

$$利息 = 60\,000 \times 30 \times 6.5\% \div 360 = 325(美元)$$

借:吸收存款——单位活期存款——甲轻工业公司　　　　RMB 371 493.42
　　贷:货币兑换——人民币户　　　　　　　　　　　　　RMB 371 493.42
借:货币兑换——美元户　　　　　　　　　　　　　　　　USD 60 325
　　贷:贷款——进口押汇——甲轻工业公司　　　　　　　USD 60 000
　　　　利息收入——贷款利息收入户　　　　　　　　　　USD 306.60
　　　　应交税费——应交增值税(销项税额)　　　　　　　USD 18.40

第五节　国际结算业务的核算

一、信用证结算业务的核算

信用证结算是指开证银行根据开证申请人(进口单位)的申请,并收取一定数额的保证金,向境外收款人(出口单位)开立信用证,在一定期限内凭议付行寄来规定单据付款或承兑

汇票的结算方式。

从性质上讲，信用证结算首先是一种银行信用，开证银行以自己的信用作为付款保证。开证银行保证当受益人在信用证规定的期限内提交符合信用证条款的单据时履行付款义务。这与汇款、托收结算方式的商业信用性质不同，因而比汇款、托收结算收款更有保障。其次，信用证是一种独立的文件。信用证虽然以买卖合同为依据开立，但它一经开出，就成为独立于买卖合同之外的一种契约，不受买卖合同的约束，开证银行以及其他参与信用证业务的银行只按信用证的规定办理。此外，信用证业务是一种单据买卖，银行凭表面合格的单据付款，而不以货物为准。

（一）信用证项下出口业务的核算

1. 信用证的受理与通知

受证行收到国外开来的信用证时，应进行严格审核。审核的内容包括来证密押或印鉴；来证国家或地区是否属我国对外政策可以允许的；开证行的资信；信用证的性质是可撤销还是不可撤销的；信用证的内容，如开证银行名称、地址、开证日期、受益人、开证申请人、信用证金额、有效期及有效地点等等。审核无误后，编制信用证通知流水号，将信用证正本通知出口商，同时，根据信用证留底联填制"国外开来保证凭信记录卡"回联，并登记表外科目：

收入：国外开来保证凭信　　　　　　　　　　　　　　　　　　　　外币

国外来证经受益人同意修改增加金额时，除在信用证主文件上批注外，还应作如下会计处理：

收入：国外开来保证凭信　　　　　　　　　　　　　　　　　外币（增额）

修改减额时：

收入：国外开来保证凭信　　　　　　　　　　　　外币（减额）　（红字）

退证及注销未用金额的会计处理和修改相同。

2. 交单议付

出口商接到出口方银行通知已来信用证后，经核对信用证与买卖合同无误后，即备货出运，并将信用证及有关单据在其有效期内一并送交出口方银行议付（即交单议付）。出口方银行（议付行）收到出口商交来的全套单据和汇票后，经审核与信用证"单证相符"，审单后，在信用证上批注议付日期、编列顺序号，并缮打"出口寄单议付通知书"，随同全套单据寄往国外银行收取货款及有关费用。若出口商要求融通资金，议付行可承做出口押汇。

"出口寄单议付通知书"是银行出口收汇索偿的证书，是出口收汇和结汇的主要核算凭证。在缮打时，要求内容完整、索汇指示明确，以保证安全及时收汇。

议付行议付寄单后，即表现为对国外银行拥有收款的权益（或有资产），同时对出口公司也承担了付款的责任（或有负债）。其账务处理应通过表外科目核算：

付出：国外开来保证凭信　　　　　　　　　　　　　　　　　　　　外币
收入：应收信用证出口款项　　　　　　　　　　　　　　　　　　　外币

3. 出口收汇与结汇

出口收汇是指议付行向信用证的开证行收取外汇。出口结汇是指议付行在议付单据或代为收妥出口托收货款后，银行按规定的汇买价买入收到的外汇，以相应的人民币结付出口商。

信用证项下出口收汇方式有两类：一类是通过我行在境外联行或代理行所开立的自由

外汇账户收汇,主要有收妥结汇、定期结汇和远期信用证到期结汇三种形式;另一类是通过境外联行或代理行在我总行开立的国内外汇或外汇人民币账户收汇,主要有我行验单主动借记、单到国外授权借记和远期信用证到期结汇三种形式。收妥结汇时,首先销记表外科目:

  付出:应收信用证出口款项   外币
  收妥结汇时:
  借:存放同业(或其他科目)   外币
    贷:货币兑换   外币
  借:货币兑换   人民币
    贷:吸收存款——单位活期存款——××出口单位户   人民币

【例8-13】 某银行5月8日收到纽约美州银行开来即期信用证一份,金额为40 000美元,受益人为红星公司。5月15日接到信用证修改通知,增额5 000美元。红星公司于6月28日交单议付,审核单证相符,并于当日寄出。7月3日收到美州银行贷记报单,共计45 200美元,其中200美元(含税)为议付行的通知及议付费用,当日为红星公司办理人民币结汇。结汇日美元汇买价RMB 604.24/USD 100。

 (1) 5月8日受理通知时:
  收入:国外开来保证凭信   USD 40 000
 (2) 5月15修改增额时:
  收入:国外开来保证凭信   USD 5 000
 (3) 6月28日交单议付时:
  付出:国外开来保证凭信   USD 45 000
  收入:应收信用证出口款项   USD 45 000
 (4) 7月3日收妥结汇时:
  借:存放同业——纽约美州银行   USD 45 200
    贷:手续费及佣金收入——议付手续费   USD 188.68
      应交税费——应交增值税(销项税额)   USD 11.32
      货币兑换——美元户   USD 45 200
  借:货币兑换——人民币户   RMB 273 116.48
    贷:吸收存款——单位活期存款——红星公司 RMB 273 116.48

(二)信用证项下进口业务的核算

信用证项下进口贸易的核算,指我外汇银行应申请人的要求,向境外受益人开出信用证,保证在规定的时间内收到信用证规定单据的前提下,对外支付信用证指定币种和金额的款项的业务。

 1. 开出信用证

买卖双方签订合同以后,进口方首先应向银行申请开立信用证,填写开证申请书,银行再根据申请书的内容开出正式信用证。开证申请书是申请人与开证行之间的书面契约,也是申请人对开证行的委托。开证申请书主要是根据合同中的有关条款填写,申请人最好将合同副本一并提交银行供参考和核对。值得注意的是,尽管信用证是根据合同内容开立的,但一经开立,它与合同是相互独立的,因而应认真审查合同的主要条款,将其列入申请书中。在信用证业务中,开证行是第一付款人。只要出口商通过其银行交来完全符合信用证规定的单据,开证行就必须履行付款责任。

开证行收到进口商递交的开证申请书后,应进行审核,收取开证保证金,完整、准确、及时地开出信用证。其会计分录为

借:吸收存款——单位活期存款——××开证人户　　　　　　外币
　　贷:存入保证金——××开证人户　　　　　　　　　　　　外币

如果收到的是人民币:

借:吸收存款——单位活期存款——××开证人户　　　　　　人民币
　　贷:货币兑换(汇卖价)　　　　　　　　　　　　　　　　人民币
借:货币兑换　　　　　　　　　　　　　　　　　　　　　　　外币
　　贷:存入保证金——××开证人户　　　　　　　　　　　　外币

同时登记表外科目:
收入:开往国外保证凭信　　　　　　　　　　　　　　　　　　外币

2. 信用证的修改、注销与撤销

开证行应开证申请人请求开出信用证后,开证申请人认为或者应受益人的要求,需要对原信用证的内容或条款进行修改时,可向开证行提出申请,修改申请书的内容应包括需修改的信用证号码及修改内容。银行接到信用证修改申请书后,应根据申请书所列证号,调出存档的原信用证副本对照审核如下内容:(1)修改申请书所列证号、申请人名称必须与银行存档的原证相符,以免串证或重复修改。(2)修改后的条款之间相互有无抵触之处。(3)修改后的条款对我方有无不利之处。(4)修改的内容与原证有关的条款应作相应的修改,使修改后的信用证各条款之间相互吻合、衔接。(5)凡是增加金额的修改,需补足增额部分的资金。银行审核修改申请书后,可缮打修改通知书,一般用电讯方式通知国外转递行,经修改加列密押后发出,然后将修改通知书副本按修改日期依次附贴于信用证留底备查,同时,将另一副本送交申请人。

信用证修改涉及信用证金额,应通过"开往国外保证凭信"表外科目核算,并根据要求增加或减少保证金;如因减少信用证金额需要退还保证金,应在信用证修改书发出若干天(通常 30 天)国外尚无拒收表示时,方可退还保费保证金。

3. 审单与付汇

开证行接到国外议付行寄来的单据,应根据信用证规定的条款全面、逐项地审核单证之间、单单之间是否相符,并根据国外议付行的寄单索偿通知书,核对单据的种类、份数以及汇票、发票与索偿通知书所列金额是否正确。审核无误后,凭议付行的寄单索偿通知,填制进口单据发送清单,附上全部单据送公司签收,经公司全面审核无误、在七个工作日内办理付款。索偿通知书、汇票及一份清单,连同信用证留底归入代办卷内,以待办理对外付款。

借:吸收存款——单位活期存款——××开证人户　　　　　　外币
　　存入保证金——××开证人户　　　　　　　　　　　　　外币
　　贷:存放同业(或其他科目)　　　　　　　　　　　　　　外币

若批准进口商以本币购汇支付,则通过"货币兑换"科目核算。

同时,销记表外科目:

付出：开往国外保证凭信　　　　　　　　　　　　　　　　　　　　　　　　外币

【例8-14】 9月12日光明公司申请开立信用证，金额100 000英镑，并从其活期外汇存款账户中支取20 000英镑，缴存保证金。9月26日，开证行收到议付行寄来100 000英镑汇票及单证，审查合格交光明公司确认后，当日从光明公司活期外汇存款账户中支付。

(1) 9月12日光明公司缴存保证金时：

借：吸收存款——单位活期存款——光明公司　　　　　　　　　GBP 20 000
　　贷：存入保证金——光明公司　　　　　　　　　　　　　　　GBP 20 000

同时登记表外科目：

收入：开往国外保证凭信　　　　　　　　　　　　　　　　　　GBP 100 000

(2) 9月26日办理对外付款时：

借：吸收存款——单位活期存款——光明公司　　　　　　　　　GBP 80 000
　　存入保证金——光明公司　　　　　　　　　　　　　　　　GBP 20 000
　　贷：存放同业　　　　　　　　　　　　　　　　　　　　　GBP 100 000

二、托收与代收结算方式的核算

托收是出口人在货物装运后，开具以进口方为付款人的汇票，委托出口地银行通过它在进口地的分行或代理行代出口人收取货款一种结算方式。代收是指进口商银行收到国外出口商银行寄来的委托代收单据，向进口商收取款项并划转国外出口商银行的一种结算方式。

根据托收时是否向银行提交货运单据，可分为光票托收和跟单托收两种。托收时如果汇票不附任何货运单据，而只附有"非货运单据"（发票、垫付清单等），称为光票托收。这种结算方式多用于贸易的从属费用、货款尾数、佣金、样品费的结算和非贸易结算等。跟单托收是指汇票连同所附货运单据一起交银行托收。跟单托收根据交单条件的不同，又可分为付款交单和承兑交单两种。付款交单指出口方在委托银行收款时，指示银行只有在付款人（进口方）付清货款时，才能向其交出货运单据，即交单以付款为条件，承兑交单指被委托的代收银行于付款人承兑汇票之后，将货运单据交给付款人，付款人在汇票到期时履行付款义务的一种方式。

托收与代收结算方式属于商业信用，是在没有信用证作为付款保证的情况下办理的，被称为无证托收。委托人和托收行、托收行与代收行之间的关系均为委托代理关系，因此托收行与代收行对托收的汇票能否付款不负责任，但有义务遵照委托人的指示办理。

(一) 出口托收的会计核算

在托收方式下的出口贸易中，我外汇银行（托收行）接受国内出口企业委托，向国外进口方银行（代收行）填发《托收委托书》，委托其代为向进口商收取货款。

1. 寄单托收的核算

出口商根据贸易合同填制一式两联"出口托收申请书"，与全套出口单据一起交银行办理托收。银行审单无误后，编制顺序号，填制"出口托收委托书"，寄国外代收银行委托收款。发出托收时，登记表外科目：

收入：应收外汇托收款项　　　　　　　　　　　　　　　　　　　　　　外币

2. 收妥结汇的核算

托收行收到境外代收行的贷记报单,对委托人(出口企业)办理结汇:

借:存放同业(或其他科目)　　　　　　　　　　　　　　　　外币
　　贷:货币兑换　　　　　　　　　　　　　　　　　　　　　外币
借:货币兑换　　　　　　　　　　　　　　　　　　　　　　　人民币
　　贷:吸收存款——单位活期存款——××出口商　　　　　　人民币

如果以原币入账:

借:存放同业(或其他科目)　　　　　　　　　　　　　　　　外币
　　贷:吸收存款——单位活期存款——××出口商　　　　　　外币

同时销记表外科目:

付出:应收外汇托收款　　　　　　　　　　　　　　　　　　　外币

如果托收行收到国外退单退票,清点无误后退回委托人,并销记"应收外汇托收款"表外科目。

【例8-15】 8月3日,某银行接受恒达公司委托,向美国花旗银行办理出口托收,金额90 000美元,8月24日收到贷方报单办理结汇,当日美元汇买价 RMB 611.82/USD 100。

(1) 8月3日发出托收时,登记表外科目:

收入:应收外汇托收款项　　　　　　　　　　　　　　　　USD 90 000

(2) 8月24日对委托人办理结汇时:

借:存放同业——美国花旗银行　　　　　　　　　　　　　USD 90 000
　　贷:货币兑换——美元户　　　　　　　　　　　　　　USD 90 000
借:货币兑换——人民币户　　　　　　　　　　　　　　　RMB 550 638
　　贷:吸收存款——单位活期存款——恒达公司　　　　　RMB 550 638

同时销记表外科目:

付出:应收外汇托收款　　　　　　　　　　　　　　　　　USD 90 000

(二) 进口代收的核算

1. 收到进口代收单据

我外汇银行收到国外寄来代收单据,编制顺序号,填制"进口代收单据通知书收书",登记表外科目:

收入:代收外汇托收款项　　　　　　　　　　　　　　　　　外币

2. 确认付款及售汇

进口单据经进口商确认或远期汇票承兑并到期时,代收行即按有关规定办理售汇付款:

(1) 以原币对外付款时:

借:吸收存款——单位活期存款——××进口商户　　　　　　外币
　　贷:存放同业(或其他科目)　　　　　　　　　　　　　　外币

(2) 售汇付款时:

借:吸收存款——单位活期存款——××进口商户　　　　　　人民币
　　贷:货币兑换　　　　　　　　　　　　　　　　　　　　人民币
借:货币兑换　　　　　　　　　　　　　　　　　　　　　　外币
　　贷:存放同业　　　　　　　　　　　　　　　　　　　　外币

同时,转销表外科目:
付出:代收外汇托收款项　　　　　　　　　　　　　　　　　　　　　　　外币

3. 拒付退单

如果进口单位不同意承付,应提出拒付理由,连同单据退交我外汇银行,转告国外委托行,如果部分拒付,应征得国外委托银行同意再按实际金额付款,拒付时转销表外科目:
付出:代收外汇托收款项　　　　　　　　　　　　　　　　　　　　　　　外币

【例8-16】 某银行收到汇丰银行寄来的进口代收单据通知书及所附单据,金额45 000港元,并送交东风外贸公司。东风外贸公司确认无误后,通知银行从其人民币存款账户中支付,当日汇卖价RMB 82.62/HKD 100。

(1) 银行送交代收单据通知书及所附单据时,登记表外科目:
收入:代收外汇托收款项　　　　　　　　　　　　　　　　　　　　　HKD 45 000

(2) 售汇付款时:
借:吸收存款——单位活期存款——东风外贸公司　　　　　　　　　　RMB 37 179
　　贷:货币兑换——人民币户　　　　　　　　　　　　　　　　　　RMB 37 179
借:货币兑换——港币户　　　　　　　　　　　　　　　　　　　　　HKD 45 000
　　贷:存放同业——汇丰银行　　　　　　　　　　　　　　　　　　HKD 45 000
同时,转销表外科目:
付出:代收外汇托收款项　　　　　　　　　　　　　　　　　　　　　HKD 45 000

三、汇兑结算业务的核算

(一) 汇兑的概念与种类

汇兑是指汇出银行应汇款人的要求,利用汇票或其他信用工具,将款项划转到国外汇入行,交于收款人的一种结算方式。汇兑属于商业信用,汇出行和汇入行只是按照汇款人的指示办理业务,并不承担付款责任。与信用证和托收结算方式相比,汇兑结算手续最为简便、费用也最少,但对于国际贸易结算中预付货款的进口商和货到付款的出口商而言,汇兑结算的风险大。在国际贸易结算中,汇兑方式一般适用于金额不大的货款、贸易从属费用或跨国公司内部贸易的结算。汇兑分为信汇、电汇、票汇三种。

1. 信汇

信汇是指汇出行根据汇款人的要求,以邮寄方式发出汇款指令,并委托汇入行解付一定金额给指定收款人的汇款。信汇费用低,但汇款到账速度慢,现在实务中较少采用。

2. 电汇

电汇是指汇出行根据汇款人的要求,以电信方式发出汇款指令,并委托汇入行解付一定金额给指定收款人的汇款。电汇费用较高,但汇款到账速度快,现在实务中广泛采用。

3. 票汇

票汇是指汇出行根据汇款人的要求,以出具银行即期汇票(国外联行或代理行为付款人)方式,要求受票行解付票面金额给指定收款人(持票人)的汇款。采用票汇方式,银行出具汇票后交由汇款人自行寄给收款人,收款人无须等解付行的取款通知,即可直接持票到解付行取款,而且汇票经收款人背书后可以转让流通。

(二)汇出国外汇款的核算

汇出汇款时,汇款人须用英文填写一式三联《汇出汇款申请书》,银行(汇出行)审核后根据申请书向国外汇入行填发《汇款委托书》或汇票。

1. 电汇、信汇的核算

(1) 汇款人以其人民币存款汇出汇款时:

借:库存现金或吸收存款　　　　　　　　　　　　　　人民币
　　贷:货币兑换　　　　　　　　　　　　　　　　　　人民币
　　　　手续费及佣金收入——汇出汇款手续费收入　　　人民币
　　　　应交税费——应交增值税(销项税额)　　　　　 人民币
借:货币兑换　　　　　　　　　　　　　　　　　　　　外币
　　贷:存放同业(或其他科目)　　　　　　　　　　　 外币

(2) 汇款人以其外币存款汇出汇款时:

借:吸收存款——××活期存款——××户　　　　　　　外币
　　贷:存放同业(或其他科目)　　　　　　　　　　　 外币
借:吸收存款——××活期存款——××户　　　　　　　外币或人民币
　　贷:手续费及佣金收入——汇出汇款手续费收入　　　外币或人民币
　　　　应交税费——应交增值税(销项税额)　　　　　 外币或人民币

2. 票汇的核算

以票汇方式汇出汇款时,应设置"汇出汇款"科目进行核算。该科目属于负债类科目,其贷方登记汇出行应汇出的汇款,借方登记汇出行汇款后结清的汇款,余额在贷方,反映尚未结清的汇款。该科目应按汇款人设置明细账。汇款人通过现汇账户汇出汇款时,会计分录为

借:吸收存款——××活期存款——××户　　　　　　　外币
　　贷:汇出汇款——××户　　　　　　　　　　　　　外币
借:吸收存款——××活期存款——××户　　　　　　　外币或人民币
　　贷:手续费及佣金收入——汇出汇款手续费收入　　　外币或人民币
　　　　应交税费——应交增值税(销项税额)　　　　　 外币或人民币

汇出行收到国外汇入行解付通知书或借记报单时:

借:汇出汇款——××户　　　　　　　　　　　　　　　外币
　　贷:存放同业(或其他科目)　　　　　　　　　　　 外币

汇款金额到账后,汇出行即可向汇款人开出一式五联《票汇凭证》。第一联"汇票正本"经有权签字人签字后,交汇款人凭以向境外付款行取款;第二联"汇票通知书"(票根)通知付款行已签发汇票,请付款行凭汇票付款;第三联作"汇出汇款"科目贷方传票;第四联作"汇出汇款"科目借方传票,解付汇款后,核销专用;第五联作"汇出汇款"卡片账或留底。

3. 退汇核算

当电汇或信汇退汇时,汇款人应提出书面申请并交回原汇款回单。汇出行应在汇款卡片上批注退汇原因和日期,然后用电报通知汇入行退汇。待汇入行答复后,汇出行即通知汇款人办理退汇。

当票汇退汇时,汇款人应提出书面申请并交回原汇票(应背书),经汇出行核对无误后,

在汇票上加盖"注销"戳记,办理退汇手续。退交的汇票作为退汇传票附件,并通知汇入行注销寄回票据。

【例8-17】 某中国银行7月5日根据宏达外贸公司的申请,从其港币存款账户中票汇95 000港元到美国银行交某外商,按规定收取1 200元手续费(含税)。当日港元汇买价RMB 80.73/HKD 100,美元汇卖价RMB 610.25/USD 100。8月2日,汇出行收到美国银行解讫通知书。

(1) 7月5日汇出款项时:

借:吸收存款——单位活期存款——宏达外贸公司	HKD 95 000
贷:货币兑换——港币户	HKD 95 000
借:货币兑换——人民币户	RMB 76 693.5
贷:货币兑换——人民币户	RMB 76 693.5
借:货币兑换——美元户	USD 12 567.55
贷:汇出汇款——宏达外贸公司	USD 12 567.55
借:吸收存款——单位活期存款——宏达外贸公司	RMB 1 200
贷:手续费及佣金收入	RMB 1 132.08
应交税费——应交增值税(销项税额)	RMB 67.92

(2) 8月2日收到美国银行解讫通知书时:

借:汇出汇款——宏达外贸公司	USD 12 567.55
贷:存放同业——美国银行	USD 12 567.55

(三) 国外汇入款项的核算

1. 电汇或信汇的核算

汇入行收到国外汇出行的收款电报或信汇支付委托书正本时,应首先验押或验印,审核无误后,填制汇款通知书,在收妥汇款头寸后,通知收款人来行取款。

(1) 对有现汇账户的收款企业,会计分录为

借:存放同业(或其他科目)	外币
贷:吸收存款——××活期存款——××户	外币

(2) 没有现汇账户的企业,收款时必须结汇,会计分录为

借:存放同业(或其他科目)	外币
贷:货币兑换	外币
借:货币兑换	人民币
贷:吸收存款——××活期存款——××户	人民币

2. 票汇的核算

(1) 汇入行收到汇出行的贷记报单或票据,经核对无误后,即办理转账,分录为

借:存放同业(或其他科目)	外币
贷:应解汇款	外币

(2) 持票人前来取款时,应在汇票上背书,银行核对汇票签字无误后办理解付。会计分录为

借：应解汇款   外币
　　贷：吸收存款——××活期存款——××户   外币

没有现汇账户的收款企业应结汇。

3. 转汇的核算

汇入行收到境外汇入汇款，而收款人在汇入行没有开立账户，汇入行应以原币转汇至收款人所在地行办理解付。

转汇时，转汇行会计分录为

借：应解汇款   外币
　　贷：存放同业（或其他科目）   外币

解付行收到汇入行贷记报单时，会计分录为

借：存放同业（或其他科目）   外币
　　贷：吸收存款——××活期存款——××户   外币

结汇时如果收入收款人人民币账户应结汇（会计分录略）。

【例 8-18】 甲银行收到美国花旗银行的收款电报，金额 30 000 美元，系大明公司产品销售款，大明公司在甲银行没有开设存款账户，转汇至乙银行，乙银行办理转账，存入大明公司美元存款账户。

甲银行收到收款电报时：

借：存放同业——美国花旗银行   USD 30 000
　　贷：应解汇款——大明公司   USD 30 000

甲银行办理转汇时：

借：应解汇款——大明公司   USD 30 000
　　贷：同业存放——乙银行   USD 30 000

乙银行收到汇入行贷记报单时：

借：存放同业——甲银行   USD 30 000
　　贷：吸收存款——单位活期存款——大明公司   USD 30 000

第六节　外汇业务损益的计算与结转

各分支行年终决算时，将"货币兑换"科目各种账户的外币余额，按决算牌价折合成人民币，与同币种同账户的"货币兑换"科目人民币余额核对，如有差额，即为本年度该账户的人民币损益。

一、汇兑收益

汇兑收益分为以下两种情况。

（1）外币的"货币兑换"分户账余额在贷方，折合成人民币的金额大于该外币的"货币兑换"同账户的人民币借方余额。

（2）外币的"货币兑换"分户账余额在借方，折合成人民币的金额小于该外币的"货币兑换"同账户上的人民币贷方余额。

差额应通过会计分录从人民币"货币兑换"该分户账中转出，分录为

借：货币兑换——××币种户　　　　　　　　　　　　　　人民币
　　贷：汇兑损益　　　　　　　　　　　　　　　　　　　人民币

二、汇兑损失

汇兑损失分为以下两种情况。

(1) 外币的"货币兑换"分户账余额在贷方，折合成人民币的金额小于该外币的"货币兑换"同账户的人民币借方余额。

(2) 外币的"货币兑换"余额在借方，折合成人民币的金额大于该外币的"货币兑换"同账户上的人民币贷方余额。

差额应通过会计分录从人民币"货币兑换"该分户账中转出：

借：汇兑损益　　　　　　　　　　　　　　　　　　　　人民币
　　贷：货币兑换　　　　　　　　　　　　　　　　　　　人民币

【例8-19】某行20×3年度营业终了，货币兑换科目各账户余额如下。

"货币兑换"美元户贷方余额1 240 000美元，人民币户借方余额6 959 246元；

"货币兑换"港币户借方余额3 280 000港元，人民币户贷方余额2 476 512元；

"货币兑换"日元户贷方余额10 800 000日元，人民币户借方余额791 362元。

假设20×3年12月31日美元汇率为RMB 615.45/USD 100，港币汇率为RMB 81.02/HKD 100，日元汇率为RMB 7.254 8/JPD 100，结算汇兑损益。

根据决算牌价，美元余额折合人民币7 631 580元，同原人民币金额6 959 246元相比，盈利672 334元；港币金额折合人民币2 657 456元，同原人民币金额2 476 512相比，亏损180 944元；日元金额折合人民币783 518.4元，同原人民币金额791 362元相比，亏损7 843.6元。会计分录为

借：货币兑换——美元户　　　　　　　　　　　　RMB 672 334
　　贷：汇兑损益　　　　　　　　　　　　　　　RMB 672 334
借：汇兑损益　　　　　　　　　　　　　　　　　RMB 188 787.6
　　贷：货币兑换——港币户　　　　　　　　　　RMB 180 944
　　　　　　　　——日元户　　　　　　　　　　RMB 7 843.6

关键词

外汇　汇率　外币分账制　外币统账制　货币兑换　现钞　现汇　套汇　结汇　买方信贷　出口押汇　进口押汇　信用证　汇兑损益

复习思考题

1. 简述外汇和汇率的分类。

2. 外汇业务主要包括哪些内容？

3. 简述外币统账制和外币分账制的区别。

4. 简述外汇存款的类型。

5. 买方信贷外汇贷款的核算程序有哪些？

6. 进口和出口信用证结算方式各包括哪些环节？

7. 出口托收和进口代收的具体核算程序有哪些？

8. 汇兑业务包括哪几种方式？其优缺点如何？

9. 汇兑收益包括哪几种情况？

 练习题

习题一

一、目的：练习外汇买卖的核算。

二、资料：

1. 某客户持现钞 50 000 港元来行兑换人民币现金，当日港元钞买价 RMB 81.28/HKD 100。

2. 某银行对某出口企业一笔 300 000 日元货款结汇，当日日元汇买价 RMB 7.124 2/JPD 100。

3. 甲外贸企业需电汇一笔境外货款 400 000 美元，以人民币存款资金支付，当日美元汇卖价 RMB 612.76/USD 100。

4. 甲公司将现汇活期存款 500 000 港元兑换成美元，以备支付货款。当日港元汇买价 RMB 80.63/HKD 100，美元汇卖价 RMB 614.92/USD 100。

5. A 公司经理因公出国，要求从其现汇账户上支取 60 000 港元，银行审核各种出国手续无误后，卖出现钞，买进现汇。当日港元汇买价为 RMB 81.24/HKD 100，现钞卖出价为 RMB 82.85/HKD 100。

6. B 公司客户持出口产品所得 50 000 美元现钞兑换成美元现汇存入该公司美元现汇活期账户。当日钞买价 RMB 612.62/USD 100，汇卖价 RMB 624.86/USD 100。

三、要求：根据上述资料编制会计分录。

习题二

一、目的：练习外汇存款的核算。

二、资料：

1. 甲公司将其收到的汇入汇款 100 000 港元存入其在银行开立的日元活期存款账户，当日港元汇买价 RMB 80.05/HKD 100，日元汇卖价 RMB 7.021 2/JPD 100。

2. 乙进出口公司从其活期外汇存款账户支取 60 000 美元，汇往国外，办理转账，银行收取手续费 120 美元(含税)，增值税税率为 6%。

3. 存款人刘某将外币现钞 5 000 美元存入现钞户。

4. 客户刘某将 10 000 元美元现钞存入在银行开立的港元定期存款户，当日美元钞买价为 RMB 614.72/USD 100，港元汇卖价 RMB 80.15/HKD 100。

5. 客户王某从港元现钞户支取 5 000 港元现钞。

6. 客户张某持存折及支取凭单,从其活期存款账户中支取 5 000 美元,兑换成人民币现金,当日美元汇买价 RMB 602.86/USD 100。

7. 某单位 100 000 美元定期存款到期,利息 8 500 美元,转入活期存款账户。

三、要求：根据上述资料编制会计分录。

习题三

一、目的：练习外汇贷款的核算。

二、资料：

1. 某银行向甲进出口公司发放信用贷款 300 000 港元,转入该公司活期存款户。

2. 某银行向乙外贸企业发放信用贷款 200 000 港元,转入该公司美元存款账户。当日港元汇买价 RMB 80.65/HKD 100,美元汇卖价 RMB 614.75/USD 100。

3. A 外贸企业 20×3 年 4 月 25 日向中国银行借入半年期信用贷款 20 万美元用于支付购货款(通过账户行支付),浮动期 3 个月,假设借款日美元 3 个月浮动利率为 6.15%(含税),7 月 25 日 3 个月浮动利率为 6.43%(含税),增值税税率为 6%,到期日该企业从其美元存款账户偿还全部本息。

4. 20×3 年 3 月 6 日 B 机械制造公司使用买方信贷从国外购买材料 80 000 美元,向其开户行(总行)申请贷款,支付 15% 定金,7 月 18 日到期,总行向国外银行支付本金和利息 81 600 美元,向机械制造公司收取本金和利息 82 180 美元(含税),增值税税率为 6%。

5. M 出口公司 20×3 年 2 月 8 日将即期信用证项下全套单据金额 60 000 美元,连同押汇申请书交某银行,经审核后该银行当天即按 6.2%(含税)的利率扣收 20 天利息,并将余额按当日美元买入价 RMB 612.74/USD 100,转入该公司人民币存款账户。2 月 28 日收到开证行的贷记报单,金额 60 100 美元,其中 100 美元(含税)为银行费用,该银行在开证行有存款账户。

6. 20×3 年 5 月 12 日 N 农牧公司从国外购买原材料 40 000 美元,开具"信用证申请书"来行要求承做进口押汇业务,交纳保证金 8 000 美元,利率 6.2%(含税),7 月 9 日到期,本金和利息从该公司人民币存款账户中扣除,当日美元汇买价 RMB 612.76/USD 100。

三、要求：根据上述资料编制会计分录。

习题四

一、目的：练习国际结算业务的核算。

二、资料：

1. 某银行 4 月 3 日收到汇丰银行开来即期信用证一份,金额为 60 000 港元,受益人为大华公司。4 月 25 日接到信用证修改通知,减额 8 000 港元。大华公司于 5 月 6 日交单议付,审核单证相符,并于当日寄出。5 月 21 日收到汇丰银行贷记报单,共计 52 150 港元,其中 150 港元(含税)为议付行的通知及议付费用,当日为大华公司办理结汇,存入该公司港币账户。

2. 7 月 9 日康明公司申请开立信用证,金额 150 000 日元,并从其活期外汇存款账户中支取 30 000 日元,缴存保证金。9 月 26 日,开证行收到议付行寄来 150 000 日元汇票及单证,审查合格交康明公司确认后,当日从康明公司活期外汇存款账户中支付。

3. 10 月 6 日某银行接受长江公司委托,向华侨银行办理出口托收,金额 60 000 港元,10 月 21 日收到贷方报单办理结汇,存入该公司港币账户。

4. 某银行收到美国花旗银行寄来的进口代收单据通知书及所附单据，金额 70 000 美元，并送交黄河公司。黄河公司确认无误后，通知银行从其人民币存款账户中支付，当日汇卖价 RMB 609.25/USD 100。

5. 某银行 8 月 7 日根据鸿运贸易公司的申请，从其美元存款账户中电汇 67 000 美元到华侨银行交鸿运贸易公司，按规定收取 1 300 元（含税）手续费。当日美元汇买价 RMB 614.92/USD 100，港元汇卖价 RMB 80.73/HKD 100，8 月 22 日，汇出行收到华侨银行解讫通知书。

6. 某银行收到汇丰银行的收款电报，金额 70 000 港元，转入大明公司人民币存款账户，当日港元汇卖价 RMB 81.85/HKD 100。

三、要求：根据上述资料编制会计分录。

习题五

一、目的：练习外汇业务损益的计算与结转。

二、资料：某行 20×3 年度营业终了，货币兑换科目各账户余额如下。

"货币兑换"美元户借方余额 1 320 000 美元，人民币户贷方余额 6 395 843 元；

"货币兑换"港币户贷方余额 3 478 000 港元，人民币户借方余额 2 876 429 元；

"货币兑换"日元户借方余额 12 900 000 日元，人民币户借方余额 991 722 元。

假设 20×3 年 12 月 31 日美元汇率为 RMB 612.67/USD 100，港币汇率为 RMB 80.98/HKD 100，日元汇率为 RMB 7.184 8/JPD 100。

三、要求：根据上述资料编制会计分录。

保险业务篇

BAOXIAN YEWU PIAN

第九章 非寿险原保险合同的核算

第一节 原保险合同的确定

一、保险合同的定义

保险合同是指保险人与投保人约定保险权利义务关系,并承担源于被保险人重大保险风险的协议。保险合同的认定,关键在于确定重大保险风险是否发生转移。只要在保险合同中含有重大保险风险,就可以认定为保险合同。承担被保险人的重大保险风险,是原保险合同区别于其他合同的主要特征。因此,保险公司应当在合同初始确认日以单项合同为基础进行重大保险风险测试。

二、保险合同的分类

按照危险损失转移的层次的分类,保险合同被划分为原保险合同和再保险合同。原保险合同是指保险人向投保人收取保费,对约定的可能发生的事故因其发生所造成的财产损失承担赔偿保险金责任,或者当被保险人死亡、伤残、疾病或者达到约定的年龄、期限时承担给付保险金责任的保险合同。

按照保险人应当根据在原保险合同延长期内是否承担赔付保险金责任,原保险合同可以分为寿险原保险合同和非寿险原保险合同。在原保险合同延长期内承担赔付保险金责任的,应当确定为寿险原保险合同;在原保险合同延长期内不承担赔付保险金责任的,应当确定为非寿险原保险合同。原保险合同延长期,是指投保人自上一期保费到期日未交纳保费,保险人仍承担赔付保险金责任的期间。

在实务中,寿险原保险合同包括定期寿险、终身寿险、两全保险、年金保险、分红保险和长期健康保险合同等,非寿险原保险合同包括企业财产保险、家庭财产保险、工程保险、责任保险、信用保险、保证保险、机动车辆保险、船舶保险、货物运输保险、农业保险、短期健康保险和意外伤害保险合同等。

再保险合同将在第十一章进行介绍。

三、保险混合合同的分拆

保险混合合同是指既包括保险风险又包括非保险风险的合同,主要包括内含衍生金融工具的保险合同、含有储蓄成分的保险合同、自由分红保险合同、财务担保与信用风险合同等。保险混合合同分拆的处理原则如下。

（1）保险人与投保人签订的合同，使保险人既承担保险风险又承担其他风险的，应当分下列情况进行处理。

① 保险风险部分和其他风险部分能够区分，并且能够单独计量的，应当将保险风险部分和其他风险部分进行分拆。保险风险部分，确定为保险合同；其他风险部分，不确定为保险合同。

② 保险风险部分和其他风险部分不能够区分，或者虽能够区分但不能够单独计量的。如果保险风险重大，应当将整个合同确定为保险合同；如果保险风险不重大，不应当将整个合同确定为保险合同。

（2）确定为保险合同的，应当按照《企业会计准则第 25 号——原保险合同》《企业会计准则第 26 号——再保险合同》等进行处理；不确定为保险合同的，适用其他准则。

按照以上原则投资连结保险、万能寿险、保户储金和保户投资金中投资账户部分不具备重大风险转移，不能作为保险合同，而应视为投资合同，应当按照《企业会计准则第 22 号——金融工具确认和计量》《企业会计准则第 37 号——金融工具列报》等进行处理。

第二节　非寿险原保险合同核算特点和要求

一、非寿险原保险合同的核算特点

（1）保费收入在签订保单时确认。非寿险原保险合同是签单生效，其保费收入的确认是在无论是否收到保费情况下，只要保险公司签发保单，就以保单签订日期为确认保费之日。目前有些保险公司为了加强风险管理，对机动车辆保险实行"见费出单"管理制度，在全额收取车险保费和代收车船税后确认保费收入。

（2）只发生手续费支出。根据保险监管部门的要求，对于寿险原保险合同，可以发生手续费和佣金支出；对于非寿险原保险合同，只能发生手续费支出。

（3）不涉及保户质押贷款核算。由于非寿险原保险合同保险期限一般都是在一年或一年以内，期限短，不具有储蓄性质和现金价值，因而不能向保户提供保单质押贷款。

（4）责任准备金的提存基础与寿险原保险合同业务不同。如非寿险原保险合同的未到期责任准备金在各年度内的分摊是假设风险责任在保险期限内均匀分布，与时间成正比，采用分数计提比例法；未决赔款准备金的数字是根据过去的统计资料、理赔经验或对未来的趋势进行预计，依照个案法或由统计模型估算得出；而寿险原保险合同的责任准备金则需专门的精算师进行精算。

二、非寿险原保险合同的核算要求

（1）采取一级法人，分级管理，逐级核算的财务管理体制。实行分级管理，分级建账；分公司自计盈亏，总公司统一核算盈亏，并汇总统一缴纳所得税。

（2）根据权责发生制原则，按会计年度结算损益。采用表结账不结的办法按月结计盈亏；按月计提固定资产折旧；期末，分别提取直接业务和分保业务的未到期责任准备金，计提未决赔款准备金、保险保障基金。

（3）实行分险种核算损益办法。分险种核算的险种为企业财产保险、家庭财产保险、工程保险、责任保险、信用保证保险、机动车辆保险、船舶保险、货物运输保险、特殊风险保险、综合保险、农业保险、通用附加险、意外伤害保险、健康保险等。各级公司在不影响上一级公司规定的分险核算的险种分类前提下，可将分险核算的险种进一步细化，并报上一级公司备案。

（4）期末计提资产减值准备。公司应当于每年年度终了时，对各项资产进行检查，根据谨慎性原则，合理地预计各项资产可能发生的损失，对公司应收款项、长期股权投资、持有至到期投资、固定资产、在建工程、无形资产、贷款、抵债资产、低值易耗品、损余物资等资产可能发生的各项资产损失应当合理计提资产减值准备。

（5）对外币业务的核算实行外币分账制。对各种外币业务的外汇收支均按原币填制凭证、记载账簿、编制报表。年末，应将各币种"货币兑换"科目余额分别通过"汇兑损益"科目，结计为当期损益。结转损益后，应将各种外币业务的损益，按决算日汇率，结计为人民币损益进行分配。

第三节　非寿险原保险合同保费收入的核算

一、保费收入的概念

保费收入是保险公司为了承担一定的风险责任而向投保人收取的保险费，或者是投保人为将其风险转嫁给保险公司而支付的代价。对于保费收入的理解，需要澄清以下三个基本概念。

1. 入账保费

保费收入一般指入账保费。入账即登记入账，指在会计核算上已记录为本期的保费收入。入账保费是保险公司在一定时期内签发的保险单项已经收到或尚未收到的保费总额。

2. 未赚保费

未赚保费亦称未到期保费，指某一年度的入账保费中应该用于支付下一年度发生的赔款的保费。因为保险业务是跨年度连续经营的，每一年度末决算时，当年签发的保险单，有许多尚未到期，可能在下一年度发生赔款，因此当年的保费收入不能都用于支付当年发生的赔款，而必须提存一部分用于支付下一年度发生的赔款，从当年保费收入中提存的这一部分资金就是未赚保费，实际上也就是未到期责任准备金。

3. 已赚保费

已赚保费亦称已到期保费，指某一年度中可以用于当年赔款支出的保费收入。每年会计期末，保险人须将所收保费中在当期会计年度已负了责任或已终止合同的那部分保费作为已赚保费入账。已赚保费等于上年度转回的未赚保费加上本年度入账保费减去本年度未赚保费。

二、原保险合同保费收入确认的条件

保费收入同时满足下列条件的，予以确认。

(1) 原保险合同成立并承担相应保险责任。保险合同成立是先决条件,但是保险合同成立并不意味着保险公司开始承担相应的保险责任,比如,货运险合同,签订合同是一个日期,合同条款规定保险公司开始承担保险责任可能是另外一个日期,在这种情况下,在签订合同时不能将收到的保费作为保费收入,只能作为预收款处理,待承担保险责任时再转为保费收入。又如,对于某些长期工程险,如果承担的保险责任/风险随承保项目的完工进度而递增,则保险公司应当根据所承担的保险责任逐步确认保费收入。

(2) 与原保险合同相关的经济利益很可能流入。这规定了保险公司只有在有把握收取保费时,才能确认保费收入,如果有确凿证据表明投保人不能按保险合同规定的期限和金额交纳保费,则不能确认保费收入。比如,某公司为某一企业财产承保,假设该企业经营状况不佳,属于破产清算范围,有证据表明没有把握收到保费,在这种情况下,公司本期不应作为保费收入,而应于实际收到保费时确认。

(3) 与原保险合同相关的收入能够可靠地计量。假设承保条件改变或保险标的保险价值发生变化,造成收入和相关的成本难以确定,公司不能将其作为保费收入。

三、科目设置

1. "保费收入"科目

"保费收入"科目核算公司确认的保费收入。保险业务以储金利息收入作为保费收入,也在该科目核算。该科目属于损益类(收入)科目,其贷方登记本期实现的保费收入和保险业务储金实现的利息收入,借方登记发生退保费和续保时的折扣和无赔款优待以及期末结转"本年利润"科目的数额,结转后该科目无余额。该科目应按保险合同和险种设置明细账。

2. "应收保费"科目

"应收保费"科目核算保险公司按照原保险合同约定应向投保人收取但尚未收到的保险费。该科目属于资产类科目,其借方登记公司发生的应收保费及已确认坏账并转销的应收保费又收回的金额,贷方登记收回的应收保费及确认为坏账而冲销的应收保费,余额在借方,反映公司尚未收回的保险费。该科目应按照投保人设置明细账。

3. "预收保费"科目

"预收保费"科目核算公司在保险合同成立并开始承担保险责任前向投保人预收的保险费。该科目属于负债类科目,其贷方登记预收的保费,借方登记保险责任生效保费收入实现时结转保费收入的金额,余额在贷方,反映公司向投保人预收的保险费。该科目应按投保人设置明细账。

4. "应付保费"科目

"应付保费"科目核算保险公司按原保险合同约定已向投保人收取保费,日后发生退保、减保的保险费及代理其他保险公司办理保险业务收取的保险费。公司与其他保险公司联合共保的保险业务也在本科目核算。该科目属于负债类科目,其贷方登记应付的保费,借方登记支付的应付保费,余额在贷方,反映公司尚未支付的应付保费。该科目应按被代理公司和险种等设置明细账。

5. "保户储金"科目

"保户储金"科目核算公司收到投保人以储金本金增值作为保费收入的储金。该科目属于负债类科目,其贷方登记收到保户的储金,借方登记返还的储金,余额在贷方,反映保户交存的尚未返还的储金。该科目应按储金类型、投保人及险种设置明细账。

6."应交税费"科目

对于非寿险业务的保费收入按照6%的税率征收增值税,对于寿险业务、一年期及以上返还本利的人身保险(包括除养老年金以外的其他年金保险),农牧保险业务(包括种植业、养殖业、牧业种植、动植物饲养),开办的个人投资分红保险业务,为出口货物提供保险产品(包括出口货物保险和出口信用保险),注册在上海的保险公司从事航运的保险业务可以享受免税政策。

四、核算举例

1. 签发保单时缴纳保费的核算

【例9-1】 某公司与长城公司签订机动车辆保险合同,开出的增值税专用发票上注明的保费为50 000元,增值税税额为3 000元,已收到银行收账通知。应编制会计分录如下。

借:银行存款 53 000
　　贷:保费收入——机动车辆保险 50 000
　　　　应交税费——应交增值税(销项税额) 3 000

【例9-2】 天运集团公司为其管理职员200人投保一年期团体人身意外伤害险,保额为80 000元,每人交保费120元(含税),该公司当日以转账支票付讫,增值税税率为6%。应编制会计分录如下。

借:银行存款 24 000
　　贷:保费收入——意外伤害险(团意险) 22 641.51
　　　　应交税费——应交增值税(销项税额) 1 358.49

2. 预收保费的核算

如果发生保险客户提前缴费或缴纳保费在前、承担保险责任在后的业务,则应作为预收保费处理,保险责任生效时再转为保费收入。

【例9-3】 某公司收到旺和公司交来的货物运输保险保费80 000元,已收到银行收账通知,该业务下月5日起承担保险责任。应编制会计分录如下。

向旺和公司预收保费时:

借:银行存款 80 000
　　贷:预收保费——旺和公司 80 000

下月5日保费收入实现时,开出的增值税专用发票上注明的保费为75 471.70元,增值税税额为4 528.30元:

借:预收保费——旺和公司 80 000
　　贷:保费收入——货物运输保险 75 471.70
　　　　应交税费——应交增值税(销项税额) 4 528.30

3. 分期缴费的保费核算

对于一些大保户或保额高的保户,经保险公司同意,可以分期缴纳保费。保险单一经签单,则全部保费均应作为保费收入,未收款的部分则作为"应收保费"递延,等到下期收款时再冲销。

【例9-4】 某公司与东风化工厂签订企业财产保险合同,开出的增值税专用发票上注明的保费为150 000元,增值税税额为9 000元,东风化工厂当时交来转账支票50 000元,其余部分约定分五期交清。应编制会计分录如下。

首期收款并发生应收保费时:

借:银行存款　　　　　　　　　　　　　　　　　　　　　　　50 000
　　应收保费——东风化工厂　　　　　　　　　　　　　　　　109 000
　　贷:保费收入——企业财产保险　　　　　　　　　　　　　　　　　150 000
　　　　应交税费——应交增值税(销项税额)　　　　　　　　　　　　　9 000

以后每期收到应收保费时:

借:银行存款　　　　　　　　　　　　　　　　　　　　　　　21 800
　　贷:应收保费——东风化工厂　　　　　　　　　　　　　　　　　　21 800

4. 中途加保的核算

保险合同成立并开始承担保险责任后,在保单有效期内,保险事项若有变动,比如保险标的升值、财产重估等原因,所以保户中途会要求加保。中途加保的保费收入核算,与投保时保费收入的账务处理相同。

【例9-5】 公司会计部门收到业务部门转来的批单、保费收据及银行收账通知,某企业投保的财产因资产重估增值而引起保险金额上升,按保费率计算应追加保费7 000元(含税),增值税税率为6%。应编制会计分录如下。

借:银行存款　　　　　　　　　　　　　　　　　　　　　　　7 000
　　贷:保费收入——企业财产保险　　　　　　　　　　　　　　　　6 603.77
　　　　应交税费——应交增值税(销项税额)　　　　　　　　　　　　396.23

5. 中途退保的核算

中途退保或部分退保,应按已保期限与剩余期限的比例计算退保费,退保费直接冲减保费收入。退保时保户必须将保费收据、保险单正本退回,尚结欠的应收保费,则从退保费中扣除。

【例9-6】 湘江制造厂投保了企业财产保险,由于厂址迁移外地,申请退保,公司开具红字增值税专用发票,发票上注明的保费为5 000元,增值税税额为300元,但该保户尚有700元保费未交,公司开出转账支票支付退保费。应编制会计分录如下。

借:保费收入——企业财产保险　　　　　　　　　　　　　　　5 000
　　应交税费——应交增值税(销项税额)　　　　　　　　　　　　300
　　贷:应收保费——湘江制造厂　　　　　　　　　　　　　　　　　　700
　　　　银行存款　　　　　　　　　　　　　　　　　　　　　　　　　4 600

6. 共保业务的核算

共保业务根据各保险机构承担的份额不同,可区分为主承保方和非主承保方,主承保方即负责签发保单的一方。主承保方和非主承保方共同承担风险的共保业务,按保险合同确定的总保费及承担风险的份额计算自身承担份额的保费,计入保费收入。

【例9-7】 光明煤矿投保的一份保额500万元、1年期的安全责任保险合同于20×1年12月1日成立,由甲、乙两家保险公司共保,合同总保费为30万元(含税)。合同约定:保险风险的调查、管理及保费收缴工作以甲公司为主,保费按6∶4在甲、乙两家保险公司之间分配结算。20×2年2月保费收到。出单手续费5 000元(含税)由乙公司支付。保费和手续费适用增值税税率为6%。

(1)甲公司应编制会计分录如下。

20×1年12月1日保险合同成立时:

借:应收保费——光明煤矿　　　　　　　　　　　　　　　180 000
　　贷:保费收入——安全责任保险　　　　　　　　　　　169 811.32
　　　　应交税费——应交增值税(销项税额)　　　　　　 10 188.68

20×2年2月实际收到保费时:

借:银行存款　　　　　　　　　　　　　　　　　　　　　180 000
　　贷:应收保费——光明煤矿　　　　　　　　　　　　　180 000

对收取的应支付给乙公司的保费资金:

借:银行存款　　　　　　　　　　　　　　　　　　　　　120 000
　　贷:应付保费——乙公司　　　　　　　　　　　　　　120 000

实际支付时:

借:应付保费——乙公司　　　　　　　　　　　　　　　　120 000
　　贷:银行存款　　　　　　　　　　　　　　　　　　　120 000

向乙公司收取手续费时:

借:银行存款　　　　　　　　　　　　　　　　　　　　　　5 000
　　贷:其他业务收入——手续费收入　　　　　　　　　　 4 716.98
　　　　应交税费——应交增值税(销项税额)　　　　　　　　283.02

(2)乙公司应编制会计分录如下。

接到承保通知后,应根据自身承担份额:

借:应收保费——光明煤矿　　　　　　　　　　　　　　　120 000
　　贷:保费收入——安全责任保险　　　　　　　　　　　113 207.55
　　　　应交税费——应交增值税(销项税额)　　　　　　　6 792.45

收到甲公司划转的保费后:

借:银行存款　　　　　　　　　　　　　　　　　　　　　120 000
　　贷:应收保费——光明煤矿　　　　　　　　　　　　　120 000

向甲公司支付出单手续费:

借:其他业务成本——出单费　　　　　　　　　　　　　　4 716.98
　　应交税费——应交增值税(进项税额)　　　　　　　　　283.02
　　贷:银行存款　　　　　　　　　　　　　　　　　　　　5 000

7.保户储金的核算

保户储金是指公司以储金本金增值作为保费收入的保险业务收到保户缴存的储金。保户储金具有保险和储蓄双重性质,保险期满,无论投保人是否获得过保险赔偿,储金应返还给保户,因此从性质上讲,保户储金本身不是保费收入,而是一项负债。保险公司收到保户储金后,保险公司将该保险储金存入银行或者进行其他投资,将从银行取得的利息收入或投资收益作为保费收入,具体来说,期末保险公司根据保户储金平均余额乘以预定利率(或预定收益率)计算当期保费收入。

【例9-8】 20×8年1月5日,保户李红投保3年期家财两全险,交来储金20 000元。会计部门收到业务部门交来的储金收据及银行储金专户收账通知,预定年利率为25%,不计复利,3年后一次还本付息。

适用增值税税率为6%。应编制会计分录如下。

(1) 收到保户储金,存入银行专户时:

借:银行存款——储金专户　　　　　　　　　　　　　　　20 000
　　贷:保户储金——家财两全险——李红　　　　　　　　　　　20 000

(2) 按预定年利率计算保户储金每年应计利息500元,转作保费收入:

借:应收利息　　　　　　　　　　　　　　　　　　　　　500
　　贷:保费收入——家财两全险　　　　　　　　　　　　　　471.70
　　　　应交税费——应交增值税(销项税额)　　　　　　　　　28.30

(3) 第三年,保单到期,3年期专户存储的定期存单转为活期存款,并将银行存款归还保户储金:

借:银行存款——活期户　　　　　　　　　　　　　　　21 500
　　贷:银行存款——储金专户　　　　　　　　　　　　　　20 000
　　　　应收利息　　　　　　　　　　　　　　　　　　　1 000
　　　　保费收入——家财两全险　　　　　　　　　　　　　471.70
　　　　应交税费——应交增值税(销项税额)　　　　　　　　　28.30

同时,

借:保户储金——家财两全险——李红　　　　　　　　　　　20 000
　　贷:银行存款——活期户　　　　　　　　　　　　　　　20 000

第四节　非寿险原保险合同保险准备金的核算

一、保险准备金的确认

原保险合同准备金包括未到期责任准备金、未决赔款准备金、寿险责任准备金和长期健康险责任准备金。非寿险原保险合同主要涉及未到期责任准备金和未决赔款准备金。

1. 保险准备金的相关规定

(1) 中国保监会关于保险准备金的精算规定。

过去保险公司执行的中国保监会颁布的精算规定如下。

① 1999年开始施行的《关于下发有关精算规定的通知》(保监会令[1999]90号,简称"90号令")。

② 2003 年 7 月 1 日开始施行的《关于印发人身保险新型产品精算规定的通知》(保监发[2003]67 号,简称"67 号令")。

③ 2005 年 1 月 15 日开始施行《保险公司非寿险业务准备金管理办法(试行)》(保监会令[2004]13 号,简称"13 号令")。

④ 2006 年 9 月 1 日起开始施行的《健康保险管理办法》(保监会令[2006]8 号,简称"8 号令")。

(2)《企业会计准则解释第 2 号》(简称"2 号解释")关于保险准备金的规定。

按照财政部 2008 年 8 月 7 日颁布的"2 号解释",保险公司应采用新的基于最佳估计原则计提保险责任准备金,新准备金评估标准另行发布。

(3)《保险合同相关会计处理规定》(简称《规定》)中关于保险准备金的规定。

2009 年 12 月 22 日财政部颁布的《规定》引入公允价值计量属性计量保险准备金,即采用符合市场实际的折现率,以合理估计金额为基础计量,同时考虑边际因素和货币时间价值。

2. 保险准备金的充足性测试

充足性测试是指计算为将来可能履行的保险责任而提取的准备金是否足够、充分,以确保保险准备金负债没有被低估。保险公司在确认保费收入或保险事故发生的当期已经根据保险精算部门计算的金额确认了保险准备金,但是随着时间的推移和理赔案件调查的深入,原定保险精算假设可能发生变化,导致已确认的保险准备金金额与保险公司应承担的赔付保险金责任不一致。此时,如果不对确认的保险准备金金额进行调整,就不能真实地反映保险公司应承担的赔付保险金责任。

基于会计信息的谨慎性要求,并考虑成本效益原则,保险公司应当至少于每年年度终了,根据销售方式、服务方式和衡量获利能力的方式,并以从获得的被保险人财务状况、生产或生存环境为依据对保险合同准备金进行充足性测试,将已提取的相关准备金余额与充足性测试日重新计算的结果进行比较。如果后者大于前者,则将其差额作为保费不足准备金增加保险合同准备金;相反,不调整。

二、未到期责任准备金的核算

1. 未到期责任准备金的性质

未到期责任准备金亦称"未满期保险费准备金"或"未赚保费",它是指保险人为尚未终止的非寿险保险责任提取的准备金。由于保险合同的年度与会计年度通常是不一致的,因此,在会计核算期末时不能把所收取的保险费全部当作保费收入处理,对于保险责任尚未届满,应属于下年度的部分保险费,必须以准备金的形式提存出来。

2. 未到期责任准备金的计量

未到期责任准备金可以采用未赚保费法计提,其计算公式如下:

$$未到期责任准备金=[(总保费-首日费用)\times 未到期比例]$$
$$=总保费\times(1-保单获取成本率)\times 未到期比例$$

首日费用即保单获取成本或招揽费用,是指签发保险合同所发生的增量成本(销售、承保和保单合同成立时发生的费用),包括手续费支出、监管费、交强险救助基金、与保费收入挂钩的承保人员工资等。

对于未到期比例的计算，目前主要采用百分比估算法，它包括 1/2 法、1/8 法、1/24 法、1/365 法。

(1) 1/2 法。采用此法的前提条件是假设全年 365 天每天签单起保收取的保险费都是相等的，即以 7 月 1 日为平均保单签发日，这样，一年的保险单在当年还有 50% 的有效部分未到期，故期末提取未到期责任准备金＝(本期保费收入－首日费用)×50%。这种方法虽然简便易行，但是在整个保险期间风险并不是均匀分布的，并且保单生效也不是均匀分布在整个承保年度，因此这种方法显然不够准确。

(2) 1/8 法。也称按季计算法。采用此法的前提条件是假设每一季度中承保的所有保险单是逐日开出的，且每天开出的保险单数量、每份保险单的保额及保险费大体均匀。这样，就可以认为所有保单都在每季之中签发，即每季度的保单有半个季度的责任未到期。一年中有 8 个"半季度"，因此，到年末时对在第一季度投保的保单应提取的准备金为第一季度保费的 1/8，另外 7/8 为已到期保费。对在第二季度投保的保单应提取的未到期准备金为第二季度保费的 3/8，另外 5/8 为已到期保费。依此类推，故年末未到期责任准备金为：第一季度保费×1/8＋第二季度保费×3/8＋第三季度保费×5/8＋第四季度保费×7/8，其计算公式为

未到期责任准备金＝(当季保费收入－首日费用)×(签发保单季数×2－1)÷8

【例 9-9】 甲公司企业财产保险 20×2 年各季度保费收入和首日费用如表 9-1 所示。

表 9-1　甲公司企业财产保险保费收入和首日费用表　　　　单位：万元

项　目	第一季度	第二季度	第三季度	第四季度
保费收入	85	109	74	172
首日费用	6	8	6	15

则该公司年末未到期责任准备金为

$$未到期责任准备金 = (85-6)\times1/8 + (109-8)\times3/8 + (74-6)\times5/8 + (172-15)\times7/8$$
$$= 227.63(万元)$$

(3) 1/24 法。也称按月计算法。采用此法的前提条件是假设一个月内所有承保的保险单是 30 天内逐日开出的，且保险单数量、保额、保费大体均匀，这样，就可以认为所有保单都在每月之中签发，即本月承保时保单在当月内的有效期天数都是 15 天即半个月，每月的保单有半月的责任未到期。一年可分为 24 个半月，对一年期保险单来说，开立保险单的当月末已到期责任为 1/24，23/24 的保费则是未到期准备金。以后每过一个月，已到期责任加上 2/24，未到期责任准备金减少 2/24，到年末，1 月份开出保险单的未到期责任准备金为保费的 1/24，2 月份开出保险单的未到期责任准备金为保费的 3/24……其余类推，到 12 月份开出保险单的未到期责任准备金为保费的 23/24，其计算公式为

未到期责任准备金＝(当月保费收入－首日费用)×(签发保单月份×2－1)÷24

【例 9-10】 甲公司家庭财产保险 20×2 年一年期保单订立于 1 月、5 月、8 月、10 月、12 月,其保费收入和首日费用如表 9-2 所示。

表 9-2 甲公司家庭财产保险保费收入和首日费用表   单位：万元

项　目	1月份	5月份	8月份	10月份	12月份
保费收入	64	85	132	203	278
首日费用	7	11	18	25	36

该公司年末未到期责任准备金为

$$未到期责任准备金＝(64－7)×1/24＋(85－11)×9/24＋\\(132－18)×15/24＋(203－25)×19/24＋\\(278－36)×23/24\\＝474.21(万元)$$

值得注意的是,目前保险公司未到期责任准备金是按月提取,那么,每月在计算未到期责任准备金时应相应往前推 12 个月。比如,在 2012 年 8 月提取未到期责任准备金时,2011 年 9 月份开出保险单的未到期责任准备金为保费的 1/24,10 月份开出保险单的未到期责任准备金为保费的 3/24……其余类推,到 8 月份开出保险单的未到期责任准备金为保费的 23/24。

按 1/24 法计提未到期责任准备金的核算特点是,每月开出保险单时,当月按保费的 23/24 计提未到期责任准备金,随着保险责任期限的逐渐缩短而逐月按 2/24 转回,即将大部分保费通过计提准备金的方式事后逐月反映为利润。

(4) 1/365 法。也称为逐日计算法。根据每张保单的剩余未到期天数,逐笔计算未到期责任准备金。其计算公式为

某日保单未到期责任准备金＝(当日保费收入－首日费用)×剩余未到期天数÷保险期天数

【例 9-11】 某公司 2010 年 6 月 30 日承保一年期机动车辆保险业务,共收保费 187 000 元,首日费用 4 500 元,则该公司年末未到期责任准备金为

$$未到期责任准备金＝(187\,000－4\,500)×181/365＝90\,500(元)$$

采用 1/365 法最为准确、可靠,因此,未到期比例原则上采用 1/365 法,但是这种方法建立在先进的准备金计算技术与计算手段基础之上,采用此法应有足够的电脑设备和完备的统计资讯档案。由于全年 365 天每天签单起保收取的保险费都是不相等的,以年末这个时点计算,未到期责任准备金计算公式如下。

$$年末未到期责任准备金＝每日保单未到期责任准备金之和\\＝P_1×1/365＋P_2×2/365＋\cdots＋\\P_i×i/365＋\cdots＋P_{365}×365/365$$

$$=\sum_{i=1}^{365} P_i \times i/365$$

其中：i 表示一年中的第 i 日；

P_i 表示第 i 日扣除首日费用后的保费收入。

【例 9-12】 甲公司的企业财产保险 2011 年 1 月每日的保费收入（扣除首日费用）统计如下，采用 1/365 法计算 2011 年 12 月 31 日的未到期责任准备金。

表 9-3　甲公司企业财产保险保费收入表　　　　　单位：万元

月　份	1月							2月……
日　期	1日	2日	5日	9日	15日	26日	31日	1日……
保费收入	30	45	100	40	42	190	62	198……

年末未到期责任准备金 = 30×1/365 + 45×2/365 + 100×5/365 + 40×9/365 +
　　　　　　　　　　　42×15/365 + 190×26/365 + 62×31/365
　　　　　　　　　 ≈ 23.21（万元）

3. 科目设置

（1）"未到期责任准备金"科目。"未到期责任准备金"科目核算公司提取的非寿险原保险合同未到期责任准备金和再保险合同分保未到期责任准备金。该科目属于负债类科目，其贷方登记提取的未到期责任准备金，借方登记冲减的未到期责任准备金，余额在贷方，反映公司的未到期责任准备金。该科目应按保险合同设置明细账。

（2）"提取未到期责任准备金"科目。"提取未到期责任准备金"科目核算公司按规定提取的非寿险原保险合同未到期责任准备金和再保险合同分保未到期责任准备金。该科目属于损益类（费用）科目，其借方登记提取的未到期责任准备金数额，贷方登记冲减已提取的未到期责任准备金数额，期末将本科目余额转入"本年利润"，结转后该科目无余额。该科目应按保险合同及险种设置明细账。

4. 账务处理

（1）公司在确认原保费收入、分保费收入的当期，应按保险精算确定的未到期责任准备金，借记"提取未到期责任准备金"科目，贷记"未到期责任准备金"科目。

（2）资产负债表日，应按保险精算重新计算确定的未到期责任准备金与已确认的未到期责任准备金的差额，借记"未到期责任准备金"科目，贷记"提取未到期责任准备金"科目。

（3）原保险合同提前解除的，应按相关未到期责任准备金余额，借记"未到期责任准备金"科目，贷记"提取未到期责任准备金"科目。

（4）期末，将"提取未到期责任准备金"科目余额转入"本年利润"科目，结转后该科目无余额。

5. 核算举例

【例 9-13】 某公司财产保险合同当期保费收入 1 200 000 元，根据保险精算计算结果，本期提取未到期责任准备金 320 000 元。现有某保户要求退保，合同提前解除，该合同已提取未到期责任准备金 10 000 元。应编制会计分录如下。

提取未到期责任准备金时：

借：提取未到期责任准备金——财产保险　　　　　　　　　　320 000
　　贷：未到期责任准备金——财产保险　　　　　　　　　　　　　320 000

合同提前解除时：

借：未到期责任准备金——财产保险　　　　　　　　　　　　10 000
　　贷：提取未到期责任准备金——财产保险　　　　　　　　　　　10 000

【例 9-14】　某公司 20×7 年 11 月 5 日与乙公司签订一份财产保险合同，保费 800 000 元，根据精算部门计算结果，该保单 11 月末应提取未到期责任准备金 766 667 元，12 月 31 日，保险精算部门计算确定该份保单 12 月末未到期责任准备金余额应为 700 000 元。应编制会计分录如下。

11 月末提取未到期责任准备金时：

借：提取未到期责任准备金——财产保险　　　　　　　　　　766 667
　　贷：未到期责任准备金——财产保险　　　　　　　　　　　　　766 667

12 月末，按保险精算重新计算确定的未到期责任准备金与已确认的未到期责任准备金的差额：

借：未到期责任准备金——财产保险　　　　　　　　　　　　66 667
　　贷：提取未到期责任准备金——财产保险　　　　　　　　　　　66 667

三、未决赔款准备金的核算

1. 未决赔款准备金的概念和内容

未决赔款准备金是指保险人为非寿险保险事故已发生尚未结案的赔案提取的准备金。未决赔款准备金包括已发生已报案赔款准备金、已发生未报案赔款准备金和理赔费用准备金。

(1) 已发生已报案未决赔款准备金，是指保险人为非寿险保险事故已发生并已向保险人提出索赔、尚未结案的赔案提出的准备金。

(2) 已发生未报案未决赔款准备金，是指保险人为非寿险保险事故已发生、尚未向保险人提出索赔的赔案提出的准备金。

(3) 理赔费用准备金，是指保险人为非寿险保险事故已发生、尚未结案的赔案可能发生的费用而提取的准备金。理赔费用准备金分为直接理赔费用准备金和间接理赔费用准备金。理赔费用中有些费用是与具体的赔案直接相关的，如专家费、律师费、损失检验费等，有些费用是间接相关的，与赔案没有直接的联系，比如相关理赔人员薪酬等。

2. 未决赔款准备金的提取方法

(1) 已发生已报案未决赔款准备金的提取方法。已发生已报案未决赔款准备金主要基于理赔系统中估损数据计提，包括以下三种方法。

① 逐案估计法。由理赔人员逐一估计每起索赔案件的赔款额，然后记入理赔档案，到一定时间把这些估计的数字汇总，并进行修正，据以提存准备金，这种方法比较简单，但工作量较大。适用于索赔金额确定，或索赔金额大小相差悬殊而难以估算平均赔付额的财产保

险业务,如火灾保险、信用保险等。

② 案均赔款法。先根据保险公司的以往损失资料计算出平均值,然后再根据对将来赔付金额变动趋势的预测加以修正,把这一平均值乘以已报告赔款数目,就可得出未决赔款数额。这一方法适用于索赔案多且金额不大的业务,如汽车保险。

③ 赔付率法。选择一个时期的赔付率来估计某类业务的最终赔付金额,从估计的最终赔付额中扣除已支付的赔款和理赔费用,即为未决赔款额。这种方法简便易行,但假定的赔付率与实际赔付率可能会有较大出入,此时按这种方法计算则不太准确。

(2) 已发生未报案未决赔款准备金的提取方法。对于已发生未报案未决赔款准备金,此类赔款的估计比较复杂,一般以过去的经验资料为基础,然后根据各种因素的变化进行修正,如出险单位索赔次数、金额、理赔费用的增减、索赔程序的变更等。这种索赔估计需要非常熟悉和精通业务的精算人员准确判断,具体方法包括链梯法、案均赔款法、准备金进展法、BF法等。

(3) 理赔费用准备金的提取方法。对直接理赔费用准备金,应当采取逐案预估法提取;对间接理赔费用准备金,采用比较合理的比率分摊法提取。所谓合理的比率,就是合理估计理赔费用支出与赔款支出的比例关系:首先要合理地划分哪些是理赔费用,理赔费用与赔款支出的比率也需要有经验数据作为支撑;然后再以当期计提的未决赔款准备金作为基础,乘以估计的理赔费用比率,计算理赔费用准备金。

3. 科目设置

(1) "保险责任准备金"科目。"保险责任准备金"科目核算公司提取的原保险合同保险责任准备金,包括未决赔款准备金、寿险责任准备金、长期健康险责任准备金。再保险接受人提取的再保险合同保险责任准备金,也在本科目核算。该科目属于负债类科目,其贷方登记提取的保险责任准备金,借方登记冲减的保险责任准备金,余额在贷方,反映公司保险责任准备的金额。该科目应按保险责任准备金的类别、保险合同设置明细账。公司也可单独分设"未决赔款准备金""寿险责任准备金""长期健康险责任准备金"等科目。

(2) "提取保险责任准备金"科目。"提取保险责任准备金"科目核算公司按规定提取的原保险合同保险责任准备金,包括提取的未决赔款准备金、提取的寿险责任准备金、提取的长期健康险责任准备金。再保险接受人提取的再保险合同保险责任准备金,也在本科目核算。该科目属于损益类(费用)科目,其借方登记提取的保险责任准备金数额,贷方登记冲减已提取的保险责任准备金数额,期末将本科目余额转入"本年利润",结转后该科目无余额。该科目应按保险责任准备金的类别、险种和保险合同设置明细账。公司也可单独分设"提取未决赔款准备金""提取寿险责任准备金""提取长期健康险责任准备金"等科目。

4. 账务处理

(1) 投保人发生非寿险保险合同约定的保险事故的当期,应按保险精算确定的未决赔款准备金,借记"提取保险责任准备金——提取未决赔款准备金"科目,贷记"保险责任准备金——未决赔款准备金"科目。

(2) 对未决赔款准备金进行充足性测试,应按补提的未决赔款准备金,借记"提取保险责任准备金——提取未决赔款准备金"科目,贷记"保险责任准备金——未决赔款准备金"科目。

(3) 原保险合同保险人确定支付赔付款项金额或实际发生理赔费用的当期,应按冲减的相应未决赔款准备金余额,借记"保险责任准备金——未决赔款准备金"科目,贷记"提取保险责任准备金——提取未决赔款准备金"科目。

(4) 期末,将"提取保险责任准备金"科目余额转入"本年利润"科目,结转后该科目无余额。

5. 核算举例

【例9-15】 某公司20×7年8月已决赔款累计数为5 780 000元,业务部门提供未决赔款清单上已报案的未决赔款金额为1 200 000元,根据保险精算计算结果,本期应提取已发生已报案未决赔款准备金890 000元,已发生未报案未决赔款准备金61 200元,理赔费用准备12 000元。应编制会计分录如下。

借:提取保险责任准备金——提取未决赔款准备金——已发生已报案赔款准备金 890 000
　　　　　　　　　　　　　　　　　　　　　　——已发生未报案赔款准备金　61 200
　　　　　　　　　　　　　　　　　　　　　　——理赔费用准备金　　　　　12 000
　贷:保险责任准备金——未决赔款准备金——已发生已报案赔款准备金　　　890 000
　　　　　　　　　　　　　　　　　　——已发生未报案赔款准备金　　　　61 200
　　　　　　　　　　　　　　　　　　——理赔费用准备金　　　　　　　　12 000

【例9-16】 假设上例已发生已报案赔案中有一案件结案,公司支付赔款500 00元,理赔费用6 000元,冲减相应未决赔款准备金余额。应编制会计分录如下。

借:保险责任准备金——未决赔款准备金——已发生已报案赔款准备金　　　50 000
　　　　　　　　　　　　　　　　　——理赔费用准备金　　　　　　　　6 000
　贷:提取保险责任准备金——提取未决赔款准备金——已发生已报案赔款准备金 50 000
　　　　　　　　　　　　　　　　　　　　　　——理赔费用准备金　　　 6 000

【例9-17】 某公司20×7年已提已发生已报案赔款准备金2 563 000元,已提已发生未报案赔款准备金1 250 000元,已提理赔费用准备金450 000元,根据精算部门进行充足性测试计算结果,本年应提已发生已报案赔款准备金2 585 000元,应提已发生未报案未决赔款准备金1 150 000元,应提理赔费用准备金420 000元。应编制调整分录如下。

借:提取保险责任准备金——提取未决赔款准备金——已发生已报案赔款准备金 22 000
　贷:保险责任准备金——未决赔款准备金——已发生已报案赔款准备金　　　22 000

第五节　非寿险原保险合同赔款支出的核算

一、赔款支出的内容

赔款支出是指短险业务(包括财产保险业务、意外伤害保险业务和短期健康保险业务)因保险标的遭受损失或发生意外伤害、疾病,按保险合同约定偿付保险事故损失支付给保单持有人的赔款及处理保险事故的相关费用支出。赔款支出包括直接赔款、直接理赔勘查费、间接理赔勘查费。代位追偿款、收回错赔骗赔款及损余物资折价应冲减赔款支出。

（1）直接赔款，是指根据保险合同约定支付给被保险人或受益人的赔款，应在实际支付赔款时确认，直接计入相关险种的成本。保险事故发生后、赔偿金额尚未最终确定前预付给被保险人或受益人的赔款，应作为预付赔款入账，结案时转为赔款支出。

（2）直接理赔费用，是指直接发生于具体赔案的相关费用，包括专家费、律师与诉讼费、损失检验费、公估费、打假奖励费用以及其他直接费用。直接理赔费用按实际发生额，直接计入相关险种的赔款支出。

（3）间接理赔费用，是指除直接理赔费用之外的其他理赔勘查费，包括车辆使用费、差旅费、调查取证费以及相关理赔人员薪酬等其他相关费用。间接理赔费用按当期赔案件数或其他合理的方法，分摊计入相关险种的赔款支出。

（4）承担赔付保险金责任后应当确认的代位追偿款，冲减相关险种的赔款支出。

（5）收回赔款及物资折价，包括收回错赔骗赔款以及收回损余物资折价，按实际收回错赔骗赔的款项或确认的收回损余物资价值，直接冲减相关险种的赔款支出。

二、赔款支出的核算

1. 当时结案的赔款支出的核算

保险公司收到被保险人赔偿申请及各项有关材料后，应进行认真审核，确定赔偿责任，计算应赔金额，经批核后及时支付赔款。在核算时应设置"赔付支出"科目。

"赔付支出"科目核算公司支付的原保险合同赔付款项和再保险合同赔付款项，包括赔款支出、满期给付、年金给付、死伤医疗给付和分保赔付支出。我国保险实务中，对于非寿险合同称作"保险赔款"，对于寿险合同称作"保险金给付"。因此，该科目包括赔款与给付。该科目属于损益类（费用）科目，其借方登记赔款支出、预付赔款的转销、理赔勘查费，贷方登记代位追偿款和损余物资的冲减额、错赔骗赔的追回款以及期末结转"本年利润"科目的数额，结转后该科目无余额。该科目应按保险合同和险种设置明细账。公司也可根据需要分设"赔款支出""满期给付""年金给付""死伤医疗给付""分保赔付支出"等科目。

对于赔付支出进项税额抵扣实务中采取凭票抵扣方式，即凭取得的增值税专用发票上注明的增值税额（抵扣联）进行抵扣，目前以现金为主要赔付方式下很难取得增值税专用发票，因此相关进项税额不可抵扣，但所用的货物或服务赔付以及与理赔相关的费用，如果取得增值税专用发票可以进行进项税额抵扣。

【例9-18】某企业投保的货物运输保险因火灾出险，据调查核实，保险公司应赔付30 000元，当即以转账支票支付。应编制会计分录如下。

借：赔付支出——直接赔款——货物运输保险　　　　30 000
　　贷：银行存款　　　　　　　　　　　　　　　　　　　　30 000

【例9-19】张明投保的机动车辆保险出险，公司合同约定采用实物赔付方式，委托某修理机构进行修理，支付修理费33 900元（含税），取得增值税专用发票，增值税税率为13%。应编制会计分录如下。

借：赔付支出——直接赔款——机动车辆保险　　　　30 000
　　应交税费——应交增值税（进项税额）　　　　　　3 900
　　贷：银行存款　　　　　　　　　　　　　　　　　　　　33 900

2. 预付赔付款的核算

在处理赔案的过程中，有些赔案损失较大，且案情比较复杂，由于种种原因不能当时或短时间内核实损失，确定赔款金额。为了尽快恢复投保单位或个人的生产经营和正常生活秩序，保险公司按估赔的一定比例，先预付一部分赔款，待核实结案时再一次结清。一般来说，预付赔款金额不得超过估损金额的50%，而且不能跨年度使用，结案率至少在85%以上。在核算时应设置"预付赔付款"科目。

"预付赔付款"科目核算保险公司在理赔过程中按合同约定预付的款项。分入分保业务预付的现金赔款也在该科目核算。该科目属于资产类科目，其借方登记向保单持有人预付的赔款以及向分出公司发出现金赔款账单并支付的现金赔款，贷方登记结案后转为赔款支出的金额以及收到分保账单后转销的现金赔款，余额在借方，反映实际预付的赔款。该科目应按险种或分保分出人设置明细账。

【例9-20】 某工厂厂房倒塌一时不能结案，但为了尽快恢复该厂生产，保险公司按预计损失的50%，以支票预付赔款80 000元。应编制会计分录如下。

  借：预付赔付款——某工厂   80 000
    贷：银行存款   80 000

以后，保险公司调查核实确定该厂损失为170 000元，再开出支票90 000元结清此赔案。会计分录为

  借：赔付支出——直接赔款——企业财产保险   170 000
    贷：预付赔付款——某工厂   80 000
      银行存款   90 000

3. 应付赔付款的核算

应付赔付款是指公司应付未付给保户的赔款。在核算时应设置"应付赔付款"科目。该科目属于负债类科目，其贷方登记应付未付给保户的赔付款，借方登记实际支付给保户的赔付款，余额在贷方，反映尚未支付的赔付款。该科目应按保户设置明细账。

【例9-21】 某公司投保1年期团体人身意外伤害险，保额每人20 000元。投保后不久，该团体成员李某因意外事故身亡，并由医院出具死亡证明及验尸报告，保险人经核实统一给付保险金20 000元，赔款尚未支付。应编制会计分录如下：

  借：赔付支出——直接赔款——意外伤害保险(团意险)   20 000
    贷：应付赔付款——李某   20 000

实际支付时：

  借：应付赔付款——李某   20 000
    贷：银行存款   20 000

4. 理赔费用的核算

在理赔中发生的直接理赔费用和间接理赔费用应在"赔付支出"科目核算。

【例9-22】 某家具城发生火灾，财险公司聘请某公估公司进行评估，取得的增值税专用发票上注明的价款为12 000元，增值税税额为720元，转账付讫。应编制会计分录如下。

借：赔付支出——直接理赔费用——企业财产保险　　　　　　　12 000
　　应交税费——应交增值税(进项税额)　　　　　　　　　　　　720
　　贷：银行存款　　　　　　　　　　　　　　　　　　　　　　　12 720

【例9-23】 甲保险公司接受异地本系统乙保险公司委托，勘查其机动车辆保险标的在本地出险受损情况，支付查勘费2 400元，转账支付。甲公司应编制会计分录如下。

借：赔付支出——间接理赔费用——机动车辆保险　　　　　　　2 400
　　贷：银行存款　　　　　　　　　　　　　　　　　　　　　　　2 400

同时：

借：系统往来——乙公司　　　　　　　　　　　　　　　　　　　2 400
　　贷：赔付支出——间接理赔费用——机动车辆保险　　　　　　2 400

乙公司应编制会计分录如下。

借：赔付支出——间接理赔费用——机动车辆保险　　　　　　　2 400
　　贷：系统往来——甲公司　　　　　　　　　　　　　　　　　　2 400

"系统往来"属于公司内部使用的共同类科目，反映保险公司系统内上下级公司之间因代收、代付款项和预缴、预拨资金形成的债权债务以及内部各部门、相关业务之间发生的各项资金的往来。保险公司发生为对方公司代付款项、向对方公司预拨款项、预缴款项或结算支付为对方公司代收的款项时，借记本科目，贷记"银行存款"等有关科目；为对方公司代收款项、收到对方公司预拨款项、预缴款项或结算收取为对方公司代付的款项时，借记"银行存款"等有关科目，贷记本科目。该科目应定期进行清算，中期报告及年终决算时，该科目汇总余额应逐级调节轧平。该科目应按往来公司及业务性质设置明细账，进行明细分类核算。

5. 代位追偿款的核算

代位追偿款是指公司承担赔偿保险金责任后，依法从被保险人处取得代位追偿权向第三者责任人索赔而取得的赔款。追偿款属于代位求偿，在某些保险事故的发生是由第三者造成的情况下，保险公司事先按照保险合同约定向被保险人支付赔款，与此同时，从被保险人处取得对标的价款进行追偿的权利，由此而追回的价款，实质上不是一项收入，而是对赔款支出的一种抵减。

按照新准则规定，保险人承担赔付保险金责任应收取的代位追偿款，同时满足下列条件的应确认为应收代位追偿款。

① 与该代位追偿款有关的经济利益很可能流入；
② 该代位追偿款的金额能够可靠地计量。

对于代位追偿款，在判断代位追偿款能否收回时，应当根据以往的经验、第三者责任人的财务状况和现金流量等相关信息进行合理估计。如果有证据表明代位追偿款很有可能收回，就应当按照估计的金额确认应收代位追偿款。

保险公司应设置"应收代位追偿款"科目，核算公司按照原保险合同约定承担赔付保险金责任后确认的代位追偿款。该科目属于资产类科目，其借方登记应收的代位追偿款，贷方登记收回的应收代位追偿款，余额在借方，反映公司尚未收回的代位追偿款。本科目应按照被追偿单位(或个人)设置明细账。

【例9-24】 得润运输公司投保机动车辆中保险，运输途中一辆机动车与车主李林驾驶的一辆轿车发生碰撞,经查属于车主李林造成。保险人支付赔款15 000元后,取得了向李林追偿的权利。应编制会计分录如下。

  借：应收代位追偿款——李林   15 000
    贷：赔付支出——代位追偿款——机动车辆保险   15 000

如果经多方努力,追回第三者赔款15 000元,应编制会计分录如下。

  借：银行存款   15 000
    贷：应收代位追偿款——李林   15 000

【例9-25】 若上例向第三者追回赔款12 000元,应编制会计分录如下。

  借：银行存款   12 000
    赔付支出——代位追偿款——机动车辆保险   3 000
    贷：应收代位追偿款——李林   15 000

收到应收代位追偿款时,已计提坏账准备的,还应同时结转坏账准备。

6. 损余物资的核算

损余物资是指保险标的受损,经公司赔付后尚有经济价值的残余物资。取得的损余物资,应当按照同类或类似资产的市场价格计算确定的金额确认为资产,并冲减当期赔款支出。市场价格不包括处置费用。如果不存在活跃的交易市场,应当根据可实现价值和资产成新率计算。损余物资应当以市价计量,不计提折旧。会计期末,应重新判断市场价格,并将市价与账面价值的差额,调整当期赔款支出。

保险公司应设置"损余物资"科目,核算公司按照原保险合同约定承担赔偿保险金责任后取得的损余物资成本。该科目属于资产类科目,其借方登记公司承担赔偿保险金责任后取得的损余物资,贷方登记处置损余物资时收到的金额,余额在借方,反映公司承担赔偿保险金责任后取得的损余物资成本。该科目应按照损余物资种类设置明细账。损余物资发生减值的,可以单独设置"损余物资跌价准备"科目。

【例9-26】 某商店因火灾保险财产受损,保险公司应赔偿财产损失1 500 000元,扣除归企业所有的损余物资折价100 000元后,保险公司支付1 400 000元赔款。应编制会计分录如下。

  借：赔付支出——直接赔款——企业财产保险   1 400 000
    贷：银行存款   1 400 000

【例9-27】 上例中的损余物资企业不能接受,由保险公司作价110 000元出售给其他单位。应编制会计分录如下。

支付赔款时：

  借：赔付支出——直接赔款——企业财产保险   1 500 000
    贷：银行存款   1 500 000

出售损余物资时：

  借：银行存款   110 000
    贷：赔付支出——直接赔款——企业财产保险   110 000

【例9-28】 若例9-26中的损余物资保险公司一时无法处理而收回公司,同类资产市场价格115 000元。应编制会计分录如下。

借:损余物资   115 000
  贷:赔付支出——物资折价——企业财产保险   115 000

以后将该损余物资变卖,价款133 900元(含税)存入银行,依照3%征收率减按2%征收增值税:

借:银行存款   133 900
  贷:损余物资   115 000
    应交税费——简易计税   2 600
    赔付支出——物资折价——企业财产保险   16 300

注:应交增值税=133 900÷(1+3%)×2%=2 600(元)

如果变卖价款为103 000元(含税),应编制会计分录如下。

借:银行存款   103 000
  赔付支出——物资折价——企业财产保险   14 000
  贷:损余物资   115 000
    应交税费——简易计税   2 000

7. 错赔或骗赔案件的核算

在保险理赔过程中,有时会发生错赔或骗赔案件,保险公司发现后应依法查处并追回赔款,会计上采取冲减赔款支出的账务处理。

【例9-29】 某机动车辆保险赔案发生后被发现是错赔案件,由于工作失误多赔了5 500元。经与保户交涉,该保户退回了多收的赔款。应编制会计分录如下。

借:银行存款   5 500
  贷:赔付支出——收回赔款——机动车辆保险   5 500

8. 综合举例

【例9-30】 20×7年6月30日,E保险公司与F公司签订一份保险合同,对F公司仓库的一批存货进行投保,约定保险期限为1年,即至20×8年6月29日,保险金额为5 000万元,E保险公司开出的增值税专用发票上注明的保费为500万元,增值税税额为30万元,保费于合同生效当日一次性支付。经精算后确定,E保险公司针对未到期责任准备金的提取金额为200万元。20×7年8月5日,由于相邻的G公司发生意外火灾,并殃及了F公司的仓库,造成所投保的存货大部分毁损。E保险公司经定损后,确认存货毁损80%,金额为4 000万元,E保险公司决定全额理赔4 000万元。20×7年9月25日,本案按照上述理赔方案结案,E保险公司同时收回毁损存货并享有了对G公司的代位追偿权。假设毁损存货残值为500万元,估计代位追偿可收回2 000万元。20×7年10月E保险公司转让存货收入618万元(含税),依照3%征收率减按2%征收增值税,20×7年12月从G公司收回补偿1 800万元。E保险公司应编制会计分录如下(会计分录中的金额单位为万元)。

(1) 20×7年6月30日,E保险公司根据合同确认保费收入并提取准备金:

借：银行存款	530	
贷：保费收入——企业财产保险		500
应交税费——应交增值税(销项税额)		30
借：提取未到期责任准备金——企业财产保险	200	
贷：未到期责任准备金——企业财产保险		200

(2) 20×7年8月5日,提取未决赔款准备金4 000万元：

借：提取保险责任准备金——提取未决赔款准备金　　4 000
　　贷：保险责任准备金——未决赔款准备金　　　　　　　4 000

(3) 20×7年9月25日,结案赔付,并收回损余存货及确认代位追偿权：

借：赔付支出——直接赔款——企业财产保险　　4 000
　　贷：银行存款　　　　　　　　　　　　　　　　4 000

冲回未决赔款准备金时：

借：保险责任准备金——未决赔款准备金　　　　4 000
　　贷：提取保险责任准备金——提取未决赔款准备金　　4 000

收回损余物资时：

借：损余物资　　　　　　　　　　　　　　　　　500
　　贷：赔付支出——物资折价——企业财产保险　　　　500

确认应收代位追偿款：

借：应收代位追偿款——G公司　　　　　　　　2 000
　　贷：赔付支出——代位追偿款——企业财产保险　　2 000

(4) 20×7年10月处置损余物资：

借：银行存款　　　　　　　　　　　　　　　　　618
　　贷：损余物资　　　　　　　　　　　　　　　　　500
　　　　应交税费——简易计税　　　　　　　　　　　12
　　　　赔付支出——物资折价——企业财产保险　　　106

(5) 20×7年12月收到代位追偿款：

借：银行存款　　　　　　　　　　　　　　　　1 800
　　赔付支出——代位追偿款——企业财产保险　　200
　　贷：应收代位追偿款——G公司　　　　　　　2 000

关键词

保险合同　保费收入　已赚保费　未到期责任准备金　未决赔款准备金　赔款支出　损余物资　代位追偿款

复习思考题

1. 简述非寿险原保险合同核算的特点和要求。
2. 简述保费收入的确认条件。

3. 简述未到期责任准备金的计算方法。
4. 简述未决赔款准备金的内容和提取方法。
5. 简述赔款支出的核算内容。

 练习题

习题一

一、目的：练习非寿险原保险合同保费收入的核算。

二、资料：保险公司发生下列经济业务。

1. 某公司与红星公司签订企业财产保险合同，开出的增值税专用发票上注明的保费为 80 000 元，增值税税额为 4 800 元，已收到银行收账通知。

2. 某公司收到佳佳百货公司交来的货物运输保险保费 1 000 000 元，该业务自下月 10 日起，保险公司承担保险责任。

3. 10 日，上述业务保险责任开始生效，开出的增值税专用发票上注明的保费为 5 000 000 元，增值税税额为 300 000 元，又收到现款（由银行转账）3 140 000 元，余款尚未收到。

4. 某公司与南方公司签订责任保险合同，开出的增值税专用发票上注明的保费为 120 000 元，增值税税额为 7 200 元，约定一个月后缴付。

5. 公司收到上述保费。

6. 长江运输公司投保机动车辆保险，因特殊情况退保，公司开具红字增值税专用发票，发票上注明的保费为 7 000 元，增值税税额为 420 元，但该保户尚有 4 300 元保费未交。

7. 江南丝绸厂投保企业财产保险，与公司签订保险合同，双方约定保费为 200 000 元（含税），分期付款。首期已收到 40 000 元，其余保费分 8 期缴清，增值税税率为 6%。

8. 光明集团公司为其管理职员 100 人投保一年期团体人身意外伤害险，保险金额为 50 000 元，每人每年缴保费 80 元，合计 8 000 元（含税），该笔保费已收妥入账，增值税税率为 6%。

9. 某中学为在校学生 3 000 人投保一年期学生团体平安险，保险金额为 5 000 元，按规定每人每年缴保费 10 元（含税），经特别约定分两次缴清，投保时支付 80%，两个月后支付 20%，增值税税率为 6%。

10. 东风化工厂投保了一份保额 300 万元、1 年期的企业财产保险，合同于 20×1 年 12 月 1 日成立，由甲、乙两家保险公司共保，合同总保费为 50 万元（含税），20×1 年 4 月保费收到。合同约定：保险风险的调查、管理及保费收缴工作以甲公司为主，保费按 8∶2 在甲、乙两家保险公司之间分配结算，出单手续费 3 000 元（含税）由乙公司承担。保费和手续费适用增值税税率为 6%。

11. M 保险公司会计部门收到业务部门交来的 5 年期家财两全险保户储金日结汇总表、储金收据及银行储金专户收账通知，计 100 000 元，预定年利率为 2.5%，不计复利，5 年后一次还本付息。适用增值税税率为 6%。

三、要求：根据上述资料编制会计分录。

习题二

一、目的：练习非寿险原保险合同准备金的核算。

二、资料：保险公司发生下列经济业务。

1. 某公司货物运输保险全年一年期直接承保的保费收入为 100 000 000 元，首日费用为 20 000 000 元，试按 1/2 法计算该公司年末未到期责任准备金的数额。

2. 某公司财产保险综合险一年期保单订立于第二季度和第四季度，其保费收入（扣除首日费用）分别为 120 万元、150 万元，试按 1/8 法计算该公司年末未到期责任准备金的数额。

3. 某公司机动车辆保险一年期保单订立于 2 月、4 月、7 月、9 月，其保费收入（扣除首日费用）分别为 80 万元、60 万元、100 万元、110 万元，试按 1/24 法计算该公司 9 月末和 12 月末未到期责任准备金的数额。

4. 某公司财产保险合同当期保费收入 1 200 000 元，根据保险精算计算结果，本期提取未到期责任准备金 320 000 元。年末，按保险精算重新计算确定的结果未到期责任准备金余额应为 250 000 元。

5. 某一财产保险合同提前解除，该合同已提取未到期责任准备金 18 000 元。

6. 某公司根据保险精算计算结果，本期应提取已发生已报案未决赔款准备金 320 000 元，已发生未报案未决赔款准备金 72 500 元，理赔费用准备 13 000 元。

7. 某公司某赔案结案，公司支付赔款 40 000 元，理赔费用 3 000 元，冲减相应未决赔款准备金余额。

8. 某公司 20×8 年已提已发生已报案未决赔款准备金 453 000 元，已提已发生未报案未决赔款准备金 560 000 元，已提理赔费用准备金 85 000 元，根据精算部门进行充足性测试计算结果，本年应提已发生已报案未决赔款准备金 420 000 元，应提已发生未报案未决赔款准备金 850 000 元，应提理赔费用准备金 95 000 元。

9. 某公司 2011 年 4 月 18 日承保一年期企业财产保险业务，共收保费 200 000 元，首日费用 5 000 元，试按 1/365 法计算该公司年末未到期责任准备金的数额。

三、要求：根据上述资料编制会计分录。

习题三

一、目的：练习非寿险原保险合同赔款支出的核算。

二、资料：保险公司发生下列经济业务。

1. A 厂财产因火灾出险，保险公司现场勘查后估损金额为 20 000 元，为尽快恢复生产同意预付 10 000 元。

2. 3 个月后，上述业务结案，业务部门交来赔款计算书，应赔款 22 500 元，经审核，开出转账支票赔付。

3. 上述赔案理赔过程中，支付损失检验费 20 000 元（含税），取得增值税专用发票，增值税税率为 6%，以银行存款支付。

4. 某企业投保的货物运输保险因火灾出险，据调查核实，保险公司应赔付 100 000 元，因资金紧张，暂时未支付。

5. 某公司某车险出险赔偿后，经查属于第三者责任。保险人支付赔款 80 000 元后，取得了向第三者追偿的权利。

6. 经多方努力，上例向第三者追偿 70 000 元入账。

7. 出售某企财险损余物资获得收入 10 000 元。

8. 某机动车辆保险损余物资作价 8 000 元，保险公司收回并已入库。

9. 收回某企财险损余物资 800 000 元，其中，当即变卖处理 200 000 元，收到款项存入银行，其余验收入库。

10. 将上题中损余物资全部变卖，实际收回现款 750 000 元(含税)存入银行，依照 3% 征收率减按 2% 征收增值税。

11. 追回某家财险骗赔案的已付全部赔款 15 000 元。

12. 某旅客投保公路旅客人身意外伤害险，保险金额确定为 20 000 元，现因车祸造成一肢永久残疾，并由医院出具伤残证明及检查报告，经审查核实，同意按保险金 20 000 元给付，转账支付。

13. 某公司已经赔付的一辆被盗小轿车经公安机关破案后又追回。保险公司已对该车赔付 150 000 元，原价 200 000 元，市场评估价 128 000 元。经与客户协商，此车由保险公司收回处理。经公开拍卖，此车实际收到车价款 120 000 元(含税)，依照 3% 征收率减按 2% 征收增值税。

三、要求：根据上述资料编制会计分录。

习题四

一、目的：综合练习非寿险原保险合同业务的核算。

二、资料：某财产保险公司发生下列经济业务。

20×7 年 7 月 6 日，A 保险公司与 B 公司签订一份保险合同，对 B 公司的一批车辆进行投保，约定保险期限为 1 年，即至 20×8 年 7 月 5 日，保险金额为 3 000 万元，A 保险公司开出的增值税专用发票上注明的保费为 800 万元，增值税税额为 48 万元，款项于合同生效当日一次性收取。经精算后确定，A 保险公司针对未到期责任准备金的提取金额为 400 万元。20×7 年 9 月 5 日，B 公司的一辆轿车与车主 D 驾驶一辆机动车发生碰撞，经查属于车主 D 责任造成。经定损后确认 B 公司的车毁损 70%，金额为 40 万元，A 保险公司决定全额理赔 40 万元。20×7 年 10 月 22 日 A 保险公司按照上述理赔方案结案，同时收回毁损的轿车并享有对车主 D 的代位追偿权。假设毁损的轿车残值为 10 万元，估计代位追偿可收回 20 万元。20×7 年 12 月转让收入为 5.15 万元(含税)，依照 3% 征收率减按 2% 征收增值税，20×8 年 4 月从车主 D 那里收回补偿 12 万元。

三、要求：根据上述资料，编制 A 保险公司有关会计分录。

第十章 寿险原保险合同的核算

第一节 寿险原保险合同的核算特点和要求

一、寿险原保险合同的核算特点

1. 会计核算依靠保险精算

在"收支相等原则"下,各险种的保费收入以及给付各种保险金、退保金、年金应如何计算确定?为保障寿险业务的偿还能力,责任准备金如何提存?需要多少相应的营业费用?这一切都有赖于以保险数学为基础的"保险精算"来回答。保险精算是寿险所特有的,它虽然是在寿险会计核算体系之外独立进行的,但两者是相互依存、紧密联系着的。保险精算离开寿险会计核算便失去其意义,而寿险会计核算只有依靠保险精算才使损益计算成为可能。

2. 责任准备金核算占有重要地位

责任准备金是根据保险契约为支付将来的保险给付而设置的积累金,属保险公司对投保人的一种负债。寿险责任准备金的数额与同期全部有效保单价值相等。寿险责任准备金积累时间长、金额大,其核算的准确度如何,直接关系到公司的偿付能力和损益计算的准确性。核算责任准备金能否较快增值,达到一定的收益率,以及安全程度(不致产生利差损)等是寿险核算非常重要的内容。责任准备金在某种程度上控制着利润的实现过程,这也是寿险的一大特色。

3. 关心远期比关心近期更重要

寿险原保险合同经营的业务具有保险期限长期性的特点,绝大部分是期限达十年、二十年甚至三十年以上的长期性负债,在收入补偿与发生成本之间存在较长的时间差,对于寿险业务关心远期比关心近期更重要,因此流动比率、现金比率对寿险业务并不重要,资产负债表分析更应关注远期偿付能力。而且,由于寿险原保险合同经营的产品与人的身体、生命有着直接密切的关系,能否保证在未来具有充足的偿付能力是事关公司生存的重大问题。与非寿险原保险合同相比,寿险原保险合同偿付能力的重要性尤为突出。

4. 盈利计算有其特殊性

寿险原保险合同在确定保险费时,是建立在"收支相等原则"上,即以保费收入的现值与给付利益的现值相等为条件的。所以,从理论上讲寿险业务没有产生类似非寿险业务那样的利润的余地,但寿险业务核算中损益计算的结果,能够产生盈利。这是因为,在保费计算中预定死亡率、预定利率、预定费用率与实际的死亡率、资金收益率、费用率出现差额，这种差额形成了寿险盈利的"三差"，即"死差""利差"和"费差"。

二、寿险原保险合同会计核算的要求

1. 日常会计核算强调风险控制

由于寿险业务绝大部分属于长期性负债，具有业务范围的社会性、负债资金运用的安全性等特点，故风险控制是日常工作的主要目标，也是贯穿会计核算的指导。会计报表信息披露要求直观、有效、谨慎。

2. 会计与业务部门要密切配合

会计核算工作，尤其是计提责任准备金等事项，依赖于业务部门的精算，而且寿险业务工作量大、范围广、时间长，签单、收费、登卡到记账、编表等整个核算过程，会计和业务部门要明确分工，各负其责，双方的处理手续必须衔接，起相互配合、相互补充、相互监督的作用。同时，会计资料与业务资料应定期核对，防止错乱，以保证核算的准确性。

3. 实行按险种核算损益办法

寿险业务的保障与储蓄双重性质要求各险种均需要单独核算损益，考核绩效。同时，对于共同费用要正确选择分摊标准，及时计入有关险种的成本，以确定经营成果，为分析和考核提供依据。

4. 推行收付费零现金管理制度

为了防范风险，目前保险公司财务管理制度规定禁止保险营销员在代理保险业务过程中经手客户的现金。保险费、退保金、满期生存金、死伤医疗给付金、保单红利等收付费项目全部通过银行或邮储转账方式实现；所有付费凭证必须由总公司印制或经总公司书面授权省级分公司印制；禁止使用暂收收据、临时收据、投保单、复印收据、自制凭据、外部购买凭据和白条等作为保险业务活动收付费凭证；营销人员不得代缴保险费和代领保险金，不得在保险业务活动中经手现金；投保单上投保人签名栏应以标明营销人员不得收取现金和不得代领保险金字样；付费系统须将法定领取人的银行账号作为付费处理的必要条件。

第二节 寿险原保险合同保费收入的核算

一、寿险保费的构成

保险费率的确定按收支相抵的原则，是对未来发生保险事故的一种成本预测，因此定价成本是一种预计成本亦即事前成本。寿险保费是由纯保费和附加保费两部分构成的。纯保费是抵付保险金的来源，它具体可以分成危险保险费和储蓄保险费：危险保险费是保险人用来抵付当年的保险金给付的，它是根据预定死亡率来确定的；储蓄保险费是用来逐年积累以抵付将来的保险金给付的，从实质上讲也就是责任准备金，它是根据预定利率来确定的。附加保费是业务费用的来源，是根据预定费用率来确定的。所以，寿险保单的价格基于三个预定因素，即预定死亡率、预定利率和预定费用率。

二、寿险原保险合同保费收入的确认

1. 寿险原保险合同保费收入的确认条件

对于寿险原保险合同保费收入的确认：分期收取保费的，应当根据当期应收取的保费确定；一次性收取保费的，应当根据一次性应收取的保费确定。

具体而言，对于寿险合同，合同约定一次缴纳保费的，保险公司应当在合同约定的开始承担保险责任的日期确认应收保费；合同约定分期缴纳保费的，保险公司应当在合同约定的开始承担保险责任的日期确认首期保费收入，在合同约定的以后各期投保人缴费日期确认相应各期的保费收入。

根据这一原则，合同约定分期缴纳保费的，对于宽限期内应收未收的保费，保险公司应当确认保费收入和应收保费。如果在宽限期结束后，投保人未及时交纳续期保费造成保险合同效力中止，应当在效力中止日，终止确认保费收入。如果投保人在合同约定的期间内按合同条款规定对保险合同进行复效，应当区分补缴保费和利息，对于补缴以前期间未缴保费部分，确认为当期保费收入；对于加收利息部分，确认为当期利息收入。

2. 分红保险合同保费收入的确认

分红保险是指将实际经营成果优于定价假设的盈余，按一定比例向保单持有人进行分配的人寿保险产品，包括个人分红保险和团体分红保险（含补充养老保险型）。分红保险和传统寿险的主要差异在于，保户在一定程度上参与保险公司分红保险经营结果的分配，但并不承担相应的风险。

分红保险合同向保险人转移了重大保险风险，认定为保险合同。与普通寿险类似，在满足保费收入确认条件时，确认保费收入。

三、寿险原保险合同保费收入的核算

1. 实收保费的核算

对于在保险业务发生时收取保费的情况下，由于保险业务已经发生，所收的部分就是即期保费收入。

【例10-1】 某寿险公司收到银行转来的收账通知，企业为其所属职工300人投保10年期寿险，每人每月交纳保费100元。应编制会计分录如下。

借：银行存款 30 000
　　贷：保费收入——普通寿险（团寿险） 30 000

2. 预收保费的核算

对于分期缴费的保险业务，由于投保人一次性缴纳以后若干期保费，对于不属于当期收入的多缴部分作为预收保费处理，到以后年度应缴费时分期确认保费收入。

【例10-2】 张红投保个人养老金险，约定每月交费100元，20×7年1月6日预交保费1 200元。应编制会计分录如下。

预收保费时：

借：银行存款　　　　　　　　　　　　　　　　　　　　　　　　　1 200
　　贷：保费收入——年金保险（个人养老金险）　　　　　　　　　　　100
　　　　预收保费——张红　　　　　　　　　　　　　　　　　　　　1 100
以后每月将预收保费转为实现的保费收入时：
借：预收保费——张红　　　　　　　　　　　　　　　　　　　　　　100
　　贷：保费收入——年金保险（个人养老金险）　　　　　　　　　　　100

3. 应收保费的核算

对于寿险保费，保单宽限期内欠缴的保费的保单，其保费金额可以可靠地计量，其经济利益很可能流入公司，同时公司在宽限期仍承担相应保险责任，因此应计提应收保费并确认保费收入。实际收到且属于约定金额范围的保费时冲减应收保费。保单失效后，将应收保费冲减当期保费收入。同时，将冲减的应收保费和超过宽限期后的应收保费转作表外项目核算。

【例10-3】 某保户王红20×7年3月投保10年期终身寿险，按规定每年缴保费10 000元，宽限期为2个月。20×7年3月5日王红交纳保费10 000元，20×8年3月5日续期缴费期已到，但王红尚未交纳保费。20×8年4月，王红交来保费10 000元。应编制会计分录如下。

20×7年3月收到首期保费时：
借：银行存款　　　　　　　　　　　　　　　　　　　　　　　　　10 000
　　贷：保费收入——终身寿险　　　　　　　　　　　　　　　　　10 000
20×8年3月保户欠缴保费时：
借：应收保费——王红　　　　　　　　　　　　　　　　　　　　　10 000
　　贷：保费收入——终身寿险　　　　　　　　　　　　　　　　　10 000
20×8年4月收到欠缴保费时：
借：银行存款　　　　　　　　　　　　　　　　　　　　　　　　　10 000
　　贷：应收保费——王红　　　　　　　　　　　　　　　　　　　10 000
如果王红在20×8年5月5日前尚未交纳保费，保单失效：
借：保费收入——终身寿险　　　　　　　　　　　　　　　　　　　10 000
　　贷：应收保费——王红　　　　　　　　　　　　　　　　　　　10 000
同时将应收保费纳入表外科目核算。

4. 失效保单的核算

根据人寿保险条款的约定，宽限期外仍未缴费的保单丧失保单效力。如果投保人在两年之内缴付欠缴的保费和相应的利息，该保单可以恢复效力。在实际收到投保人补缴的保费时确认保费收入，补缴的利息作为利息收入。如果投保人在两年之内仍未补缴保费及其欠缴的利息，根据保险条款规定，该保单永久失效。该类保单在寿险责任准备金项下按失效保单现金价值提列准备金。

【例10-4】 某保户投保养老险，因经济困难未按期交费使得保单失效。一年后即复效期内保户申请复效，保险公司同意并要求保户补交保费1 500元，利息50元（含税），增值税税率为6%。应编制会计分录如下。

借：银行存款　　　　　　　　　　　　　　　　　　　1 550
　　贷：保费收入——养老保险　　　　　　　　　　　　　　1 500
　　　　利息收入　　　　　　　　　　　　　　　　　　　47.17
　　　　应交税费——应交增值税(销项税额)　　　　　　　2.83

5. 自动垫缴保费的核算

如果保单已有现金价值，投保人在规定的交费日至宽限期结束时，仍未交付保险费，在保险条款有约定自动垫缴保费的，公司应根据其约定，按其现金价值自动垫缴，使保单继续有效。发生自动垫缴保费的业务时，公司确认保费收入。实际收到投保人补足其欠缴保费时，直接冲减"垫缴保费"。垫缴保费不计提佣金，垫缴从应缴日开始计息。

对于自动垫缴保费的核算应设置"垫缴保费"科目，该科目属于资产类科目，其借方登记垫缴的保费，贷方登记收回的垫缴保费，余额在借方，反映公司尚未收回的垫缴保费余额。该科目应按保户设置明细账。

【例 10-5】 某保户投保定期寿险，现已有现金价值，因经济原因暂时不能缴费，公司在宽限期结束时为其垫缴1 000元，三个月后收回，月利率3‰，增值税税率为6%。应编制会计分录如下。

公司垫缴保费时：
借：垫缴保费——××保户　　　　　　　　　　　　　　1 000
　　贷：应收保费——定期寿险　　　　　　　　　　　　　　1 000

收回垫缴保费及利息时：
借：银行存款　　　　　　　　　　　　　　　　　　　1 009
　　贷：垫缴保费——××保户　　　　　　　　　　　　　　1 000
　　　　利息收入　　　　　　　　　　　　　　　　　　　8.49
　　　　应交税费——应交增值税(销项税额)　　　　　　　0.51

6. 趸交保费的核算

趸交保费是在保险合同签订时，投保人就把约定的整个保险责任期间应交的保费一次性付清。为了简化会计核算，对于趸交保费采用一次性确认保费收入。会计期末，按照精算方法计算责任准备金，对不属于本会计年度的保费收入通过责任准备金进行调整。

第三节　寿险原保险合同保险金给付的核算

一、保险金给付的概念和构成

保险金给付是公司对投保人在保险期满或期中支付保险金，以及对保险期内发生保险责任范围内的意外事故按规定给付保险金。保险金的给付方式包括一次领取、领取生息、固定期间分期给付、固定金额分期给付、年金给付等方式。同一险种不同版本的条款，给付的保险金可能不同，审核领取人申请金额时应加以注意。有借款的必须先结清借款。若在保险合同规定的缴费宽限期内给付时投保人有未缴保费,或者有自动垫缴保费的,应将其从应支付的保险金中扣除。相反,投保人有预交保费,在给付保险金时,应退还预交部分。

保险金给付分为满期给付、死亡给付、伤残给付、医疗给付和年金给付五种。

满期给付是指寿险业务被保险人生存到保险期满,按保险合同条款约定支付给被保险人或受益人的保险金。

死亡给付是指寿险业务被保险人在保险期内发生保险责任范围内的死亡事故,公司按保险合同条款约定支付给被保险人或受益人的保险金。

伤残给付是指寿险和长期健康险业务被保险人在保险期内发生保险责任范围内的伤残事故,公司按保险合同条款约定支付给被保险人或受益人的保险金。

医疗给付是指寿险和长期健康险业务被保险人在保险期内发生保险责任范围内的医疗事故,公司按保险合同条款约定支付给被保险人或受益人的保险金。

年金给付是指寿险业务被保险人生存至保险条款规定的年限,公司按保险合同条款约定支付被保险人的保险金。

二、科目设置

为了反映寿险和长期健康险业务保险金给付情况,应设置"赔付支出"科目进行核算。该科目属于损益类(费用)科目,其借方登记保险金给付实际支付的金额,贷方登记期末结转"本年利润"科目的数额,结转后该科目无余额。该科目应按保险合同和险种设置明细账。保险公司也可单独设置"满期给付""死亡给付""伤残给付""医疗给付"和"年金给付"科目进行核算。"死亡给付""伤残给付""医疗给付"这三个科目也可合并为"死伤医疗给付"一个科目。

三、账务处理

(1) 发生保险金给付时,借记"赔付支出"科目,贷记"银行存款"或"应付赔付款"等科目。

(2) 若在保险金给付时贷款本息未还清,应将其从应支付保险金中扣除,按保单约定给付金额借记"赔付支出"科目,按未收回的保户质押贷款本金贷记"保户质押贷款"科目,按利息数贷记"利息收入""应交税费——应交增值税(销项税额)"科目,按实际支付的金额贷记"银行存款"或"应付赔付款"等科目。

(3) 若在保险合同规定的缴费宽限期内发生保险金给付时,应按应给付金额,借记"赔付支出"科目,按投保人未缴保费部分,贷记"保费收入(或应收保费)"科目,按利息数,贷记"利息收入""应交税费——应交增值税(销项税额)"科目,按实际支付的金额,贷记"银行存款"或"应付赔付款"等科目。

(4) 若在保险金给付时有保险公司自动垫缴保费时,应将其从应支付保险金中扣除,按应给付金额,借记"赔付支出"科目,按保险公司自动垫缴保费部分,贷记"垫缴保费"科目,按利息数,贷记"利息收入""应交税费——应交增值税(销项税额)"科目,按实际支付的金额,贷记"银行存款"或"应付赔付款"等科目。

(5) 若在保险金给付时保户预交保费,应将其退还给保户,按保单约定给付金额借记"赔付支出"科目,按应退还给保户的保费借记"预收保费"科目,按实际支付的金额贷记"银行存款"或"应付赔付款"等科目。

(6) 期末将"赔付支出"科目的发生额转入"本年利润"科目时,借记"本年利润"科目,贷记"赔付支出"科目。

四、核算举例

(1) 满期给付的核算举例。

【例10-6】 某简易人寿保险保户保险期满,持单证申请给付保险金5 000元,会计人员复核后用转账支票支付保险金。应编制会计分录如下。

借:赔付支出——满期给付——简寿险　　　　　　　　　5 000
　　贷:银行存款　　　　　　　　　　　　　　　　　　　　　5 000

【例10-7】 投保人李平投保保险金额为50 000元的两全保险满期,尚有8 000元的保单质押贷款未归还,该笔贷款应付利息406元(含税),增值税税率为6%,会计部门将贷款及利息扣除后以转账支票办理给付。应编制会计分录如下。

借:赔付支出——满期给付——两全保险　　　　　　　　50 000
　　贷:保户质押贷款——李平　　　　　　　　　　　　　　　8 000
　　　　利息收入　　　　　　　　　　　　　　　　　　　　　383.02
　　　　应交税费——应交增值税(销项税额)　　　　　　　　22.98
　　　　银行存款　　　　　　　　　　　　　　　　　　　　　41 594

(2) 死亡给付的核算举例。

【例10-8】 某简易人寿保险保户因病死亡,其受益人提出死亡给付申请,业务部门审查同意给付全部保险金5 000元,该保户有当月应缴而未缴的保费25元,应从应给付的保险金中扣除,会计部门审核后,以转账支票支付余额。应编制会计分录如下。

借:赔付支出——死亡给付——简寿险　　　　　　　　　5 000
　　贷:保费收入——简寿险　　　　　　　　　　　　　　　　25
　　　　银行存款　　　　　　　　　　　　　　　　　　　　　4 975

【例10-9】 某终身寿险保户因病死亡,其受益人提出死亡给付申请,业务部门审查同意给付全部保险金10 000元,但有保险公司垫缴的保费1 000元,利息85元(含税),增值税税率为6%,会计部门审核后,从应给付的保险金中扣除转账支付。应编制会计分录如下。

借:赔付支出——死亡给付——终身寿险　　　　　　　　10 000
　　贷:垫缴保费——某保户　　　　　　　　　　　　　　　　1 000
　　　　利息收入　　　　　　　　　　　　　　　　　　　　　80.19
　　　　应交税费——应交增值税(销项税额)　　　　　　　　4.81
　　　　银行存款　　　　　　　　　　　　　　　　　　　　　8 915

(3) 伤残给付的核算举例。

【例10-10】 某保户为其子女投保10年期独生子女两全保险,现因交通事故造成其子一肢永久残废,经医院提供伤残证明,按规定给付保险金全额5 000元,经复核转账支付。应编制会计分录如下。

  借:赔付支出——伤残给付——普通寿险(独生子女险) 5 000
   贷:银行存款 5 000

【例10-11】 某保户投保终身寿险保单,附约约定被保险人发生残废时,可免缴保费而保单仍然有效,其欠缴的保费由保险公司负担。该保户现已残废,保险公司每月给付失能所得3 000元,并免缴其应缴的保费2 000元。应编制会计分录如下。

  借:赔付支出——伤残给付——终身寿险 5 000
   贷:保费收入——终身寿险 2 000
    银行存款 3 000

(4) 医疗给付的核算举例。

【例10-12】 某投保重大疾病保险保户在住院期间发生医疗费用100 000元,向保险人提出给付申请,保险人审查后同意给付全部保险金100 000元,但须扣除宽限期内尚未交付的保费4 300元、保单质押贷款10 000元、利息900元(含税),增值税税率为6%,保险金暂时未支付。应编制会计分录如下。

  借:赔付支出——医疗给付——重大疾病保险 100 000
   贷:应收保费——某保户 4 300
    保户质押贷款 10 000
    利息收入 849.06
    应交税费——应交增值税(销项税额) 50.94
    应付赔付款——某保户 84 800

【例10-13】 某投保重大疾病保险保户发生住院费、手术费、药品费等费用20 000元,保险合同约定保户自负额为2 000元,余额由保险公司和保户按照80%和20%分摊,保险公司审查后同意给付全部保险金14 400元,该保户有三个月的预交保费800元。应编制会计分录如下。

  借:赔付支出——医疗给付——重大疾病保险 14 400
   预收保费——某保户 800
   贷:银行存款 15 200

(5) 年金给付的核算举例。

【例10-14】 王华投保终身养老金年金保险,每月缴保费100元,现已到约定年金领取年龄,该投保人持有关证件向保险公司办理领取手续,按规定每月领取保险金360元,经复核,会计部门转账支付。应编制会计分录如下。

  借:赔付支出——年金给付——养老金险 360
   贷:银行存款 360

【例10-15】 张红投保变额年金保险,现已到约定年金领取年龄,可按规定一次领取保

险金10 000元,其中以转账方式领取保险金2 000元,余额存放在保险公司生息。应编制会计分录如下:

借:赔付支出——年金给付——变额年金险 10 000
　　贷:银行存款 2 000
　　　　保户储金——张红 8 000

第四节　寿险原保险合同解约金给付的核算

解约金,又称解约返还金,指投保人在保险期间内,中途解除保险合同时,保险公司就其所提存的保单准备金应付的金额。解约金的金额等于保单准备金减除解约费用后的余额。

一、犹豫期解除合同解约金给付的核算

犹豫期解除合同,简称"撤单",是指投保人于签收保险合同之日后的十日内提出解除保险合同。保险公司应当按照合同约定返还给投保人的金额,冲减当期保费收入。若公司已支付过体检费或确认收取撤单工本费的,以清算方式先从应付金额中扣减,分别冲减业务及管理费或确认为其他业务收入。

【例10-16】　投保人王某20×2年3月5投保终身寿险,已缴纳保费3 000元,核保时公司支付体检费350元。3月9日王某提出解除保险合同,公司收取撤单工本费200元(含税),增值税税率为6%。应编制会计分录如下。

借:保费收入——终身寿险 3 000
　　贷:业务及管理费——防预费——核保体检费 350
　　　　其他业务收入——撤单工本费 188.68
　　　　应交税费——应交增值税(销项税额) 11.32
　　　　银行存款 2 450

二、犹豫期后解除合同解约金给付的核算

犹豫期后解除合同,简称"退保"。寿险犹豫期后,保单正式生效,发生的退保,应按保单持有期间累积而得的保单现金价值支付给保户,确认为退保费支出,作为"退保金"科目单独反映。该科目属于损益类(费用)科目,其借方登记退保时实际支付的金额,贷方登记期末结转"本年利润"科目的数额,结转后该科目无余额。该科目应按险种和保单设置明细账。其账务处理如下。

(1)支付退保金时,借记"退保金"科目,贷记"银行存款"或"应付赔付款"等科目。

(2)支付退保金时,若有贷款本息未还清,以现金价值减去应归还本息的差额借记"退保金"科目,按未收回的保户质押贷款本金贷记"保户质押贷款"科目,按利息数贷记"利息收入""应交税费——应交增值税(销项税额)"科目,按实际支付的金额贷记"银行存款"或"应付赔付款"等科目。

(3)若在保险合同规定的缴费宽限期内发生退保时,应按应给付金额,借记"退保金"科

目,按投保人未缴保费部分,贷记"保费收入(或应收保费)"科目,按利息数,贷记"利息收入""应交税费——应交增值税(销项税额)"科目,按实际支付的金额,贷记"银行存款"或"应付赔付款"等科目。

(4) 若在退保时有保险公司自动垫缴保费的,应将其从应支付保险金中扣除,按应给付金额,借记"退保金"科目,按保险公司自动垫缴保费部分,贷记"垫缴保费"科目,按利息数,贷记"利息收入""应交税费——应交增值税(销项税额)"科目,按实际支付的金额,贷记"银行存款"或"应付赔付款"等科目。

(5) 退保时若有预交保费的,应退还预交部分。按退保金数额借记"退保金"科目,按应退预交保费数额借记"预收保费",按实付金额贷记"银行存款"科目。

(6) 意外伤害险和短期健康险的退保核算不通过"退保金"科目,而是冲减已收的保费收入,借记"保费收入""应交税费——应交增值税(销项税额)"科目,贷记"银行存款"科目。

(7) 期末时将"退保金"科目的发生额转入"本年利润"科目时,借记"本年利润"科目,贷记"退保金"科目。

【例 10-17】 某终身寿险保户因移居国外要求退保,保险公司应支付退保金 7 800 元,会计部门尚未支付。应编制会计分录如下。

```
借:退保金——终身寿险                               7 800
    贷:应付赔付款——某保户                           7 800
```

【例 10-18】 某养老保险保户因经济困难要求退保,退保金为 7 000 元,但须扣除保户的 2 000 元借款及借款利息 150 元(含税),增值税税率为 6%,会计部门审核无误后转账支付。应编制会计分录如下。

```
借:退保金——养老金险                               7 000
    贷:保户质押贷款——某保户                        2 000
        利息收入                                    141.51
        应交税费——应交增值税(销项税额)              8.49
        银行存款                                    4 850
```

【例 10-19】 某定期寿险保户要求退保,业务部门核定应退 1 550 元,但该保户尚有预交 3 个月的保费 80 元,财会部门审核无误后,将退保金与预交保费一并退还给被保险人。应编制会计分录如下。

```
借:退保金——定期寿险                               1 550
    预收保费——某保户                               80
    贷:银行存款                                    1 630
```

第五节 寿险原保险合同保险准备金的核算

一、寿险原保险合同保险准备金的概念和构成

寿险原保险合同准备金是指公司售出的保单中约定的保险责任,在向受益人支付赔偿

或给付以前,公司提取的偿付准备。它是在任何时候为保证保险给付所需要准备的金额,是对保险单所有人的负债,也是寿险原保险合同的一项主要负债。对于寿险原保险合同,收取保险费在前,而履行给付保险金的义务在若干年之后。如果寿险准备金不充足,则会影响公司的偿付能力,从而危及被保险人的合法权益。为了保障保险客户的利益,促使保险公司安全经营,保险监管机构通过保险监管法规规定公司应提留保险准备金,以确保公司的最低偿付能力。

寿险原保险合同准备金包括寿险责任准备金和长期健康险责任准备金。寿险责任准备金是指保险人为尚未终止的人寿保险责任提取的准备金。长期健康险责任准备金是指保险人为尚未终止的长期健康险保险责任提取的准备金。

二、寿险原保险合同保险准备金的性质

寿险原保险合同保险准备金是指寿险原保险合同为了承担将来未到期责任而提存的准备金。随着年龄的增长,死亡率自然上升,自然保费应逐年递增,但由于人的劳动能力和年龄成反比,如果按年龄来制定费率,那么,年轻时的费率很低,年老时的费率很高。这样将使被保险人在晚年最需要保险保障时,却因年老体衰、劳动力减弱甚至已经丧失而缺乏保险费的负担能力。而且,如果费率逐年提高,容易造成"逆选择"。身体健康的人会因费率的加重而中途退出保险,而身体衰弱的人却因生命危险的增加而坚持投保,使正常情况下计算出来的费率难以维持。因此,为了解决上述矛盾,寿险业务收取的保费不是自然保费,而是每年费率相等的均衡保费,这样就会出现保险期的早期的保费溢缴部分,这部分不能看作盈利,而是保险人对保户的负债,应通过责任准备金的形式提存出来。因此,从实质上来看,寿险原保险合同责任准备金本质就是将早期多收的保费提存出来,用以弥补晚期少收的保费,以便将来履行给付的义务。

三、寿险原保险合同准备金的计量

对于寿险原保险合同准备金的计量,可以采用三因素法,即考虑对现金流明确的当前估计、反映现金流的时间价值和显性的边际三个因素。

1. 未来现金流

未来现金流是指预期未来现金流出与预期未来现金流入的差额,即预期未来净现金流出(合理估计负债)。预期未来现金流出是指保险公司为履行保险合同相关义务所必需的合理现金流出,主要包括:① 根据保险合同承诺的保证利益,包括死亡给付、伤残给付、医疗给付、年金给付、满期给付等;② 根据保险合同构成推定义务的非保证利益,包括保单红利支出等;③ 管理保险合同或处理相关赔付必需的合理费用,包括保单维持费用、理赔费用等。预期未来现金流入是指保险公司为承担保险合同相关义务而获得的现金流入,包括保险费和其他收费。预期未来净现金流出的合理估计金额,应当以资产负债表日可获取的当前信息为基础,按照各种情形的可能结果及相关概率计算确定。

2. 货币时间价值

货币时间价值涉及对现金流进行贴现。货币时间价值影响重大的,应当按照适当的折现率或贴现率对相关未来现金流量进行折现。是否重大的标准是计量单位整体负债的久期应该超过一年。计量货币时间价值所采用的折现率,应当以资产负债表日可获取的当前信

息为基础确定,不得锁定。折现率可以中央国债登记结算有限责任公司编制的750个工作日国债收益率曲线的移动平均为基准(中国债券信息网"保险合同准备金计量基准收益率曲线",www.chinabond.com.cn),加合理的溢价综合确定。溢价幅度不得高于150个基点。

3. 边际因素

保险公司在确定保险合同准备金时,应当考虑边际因素,采用系统、合理的方法单独计量,并在保险期间内将边际计入当期损益。边际因素包括风险边际和合同服务边际。

(1) 风险边际。风险边际是为应对预期未来现金流的不确定性而提取的准备金。在所有其他因素相同的情况下,风险边际通常会增加保险合同准备金的计量金额。风险边际评估方法主要包括75%分位数法、条件尾部期望值法、资本成本法、情景对比法等。

(2) 合同服务边际。合同服务边际是为了不确认首日利得而确认的边际准备金,于保险合同初始确认日确定,在整个保险期间内摊销。当可观察的保险合同负债的市场价值大于未来合理估计负债和风险边际之和,或者说保费的预期现值超过了未来现金流出预期现值和风险边际之和,存在首日利得,反之存在首日损失。基于会计谨慎性原则,保险公司在保险合同初始确认日不应当确认首日利得,而将其作为保险合同准备金的组成部分;发生首日损失的,应当予以确认并计入当期损益。

四、科目设置

1. "保险责任准备金"科目

"保险责任准备金"科目核算保险人为尚未终止的寿险原保险合同责任提取的准备金。再保险接受人提取的再保险合同寿险责任准备金,也在本科目核算。该科目属于负债类科目,其贷方登记提取的寿险责任准备金数额,借方登记冲减的寿险责任准备金,余额在贷方,反映公司的寿险责任准备金。该科目应按保险合同及险种设置明细账。公司也可以单独设置"寿险责任准备金"和"长期健康险责任准备金"科目。

2. "提取保险责任准备金"科目

"提取保险责任准备金"科目核算公司按规定对寿险原保险合同提取的责任准备金。再保险接受人提取的再保险合同寿险责任准备金,也在本科目核算。该科目属损益类(费用)科目,其借方登记提取的寿险责任准备金数额,贷方登记冲减已提取的寿险责任准备金数额,期末将本科目余额转入"本年利润",结转后该科目无余额。该科目应按保险合同及险种设置明细账。公司也可以单独设置"提取寿险责任准备金"和"提取长期健康险责任准备金"科目。

值得注意的是,投保人因工作调动迁居其他省市而要求将保险关系转移(简称"保单转移"),若投保人投保的险种是保险公司允许转移且转入的保险公司也开办此业务时,投保人办理转移手续后,迁出地保险公司应按其责任准备金计算,并划转迁入地保险公司,双方均以"保险责任准备金"科目列账。另外,在保单合同有效期内,根据保险合同条款的约定,客户在生存到约定年龄时,保险责任进行转换,比如从团体保险转换为个人保险、从分红转换为普通寿险、从原保险转为保户投资款等。保险合同责任转换,合同仍然有效。保险合同责任转换在"保险责任准备金"科目核算。

五、账务处理

(1) 公司确认寿险保费收入的,应按保险精算确定的寿险责任准备金、长期健康险责任准备金,借记"提取保险责任准备金"科目,贷记"保险责任准备金"科目。

(2) 对保险责任准备金进行充足性测试,应按补提的保险责任准备金,借记"提取保险责任准备金"科目,贷记"保险责任准备金"科目。

(3) 原保险合同保险人确定支付给付款项金额当期,应按冲减的保险责任准备金余额,借记"保险责任准备金"科目,贷记"提取保险责任准备金"科目。

(4) 寿险原保险合同提前解除的,应按相关的寿险责任准备金、长期健康险责任准备金余额,借记"保险责任准备金"科目,贷记"提取保险责任准备金"科目。

(5) 系统内发生被保险人从外地转入保险关系而转入的寿险责任准备金、长期健康险责任准备金时,借记"银行存款"或"系统往来"等科目,贷记"保险责任准备金"科目;被保险人迁往外地转移保险关系而转出的寿险责任准备金、长期健康险责任准备金时,借记"保险责任准备金"科目,贷记"银行存款"或"系统往来"等科目。

(6) 发生保险合同责任转换,借记"保险责任准备金——转换前险种"科目,贷记"保险责任准备金——转换后险种"科目。

(7) 期末,将"提取保险责任准备金"科目余额转入"本年利润"科目,结转后该科目无余额。

六、核算举例

1. 寿险责任准备金的核算举例

【例 10-20】 经精算部门计算,本期提取两全寿险责任准备金 120 000 元。应编制会计分录如下。

借:提取保险责任准备金——提取寿险责任准备金——两全寿险　　120 000
　　贷:保险责任准备金——寿险责任准备金——两全寿险　　　　　　　120 000

【例 10-21】 某公司 20×2 年已提终身寿险责任准备金 560 000 元,年末经精算部门进行充足性测试,应提终身寿险责任准备金 750 000 元。应编制会计分录如下。

借:提取保险责任准备金——提取寿险责任准备金——终身寿险　　190 000
　　贷:保险责任准备金——寿险责任准备金——终身寿险　　　　　　　190 000

【例 10-22】 某投保两全寿险保户现调往外地工作,当年已交保费 300 元,以前年度提存的寿险责任准备金为 2 000 元。保险公司办理保险关系转移手续,并以银行存款支付有关款项。应编制会计分录如下。

借:保费收入——两全寿险　　　　　　　　　　　　　　　　　　300
　　保险责任准备金——寿险责任准备金——两全寿险　　　　　2 000
　　贷:银行存款　　　　　　　　　　　　　　　　　　　　　　　　　2 300

【例 10-23】 某投保两全寿险保户现调入本市工作,当年预交保费 200 元,以前年度提存的寿险责任准备金为 1 000 元。保险公司办理保险关系转移手续。应编制会计分录如下。

借:系统往来　　　　　　　　　　　　　　　　　　　　　　　　1 200
　　贷:预收保费——某保户　　　　　　　　　　　　　　　　　　　　200
　　　　保险责任准备金——寿险责任准备金——两全寿险　　　　　1 000

【例10-24】 某投保分红两全险保户现申请将其转换为普通年金保险,保险公司针对该保户投保的分红两全险已提寿险责任准备金36 000元。应编制会计分录如下。

借:保险责任准备金——寿险责任准备金——分红两全险　　36 000
　　贷:保险责任准备金——寿险责任准备金——普通年金保险　　36 000

【例10-25】 某投保两全寿险保户保险期满,持有关证件向保险公司办理领取手续,经复核,会计部门以转账支票支付,该保单责任准备金余额为15 000元。公司支付保险金的同时,冲减相应的寿险责任准备金余额。应编制会计分录如下。

借:保险责任准备金——寿险责任准备金——两全寿险　　15 000
　　贷:提取保险责任准备金——提取寿险责任准备金——两全寿险　　15 000

【例10-26】 某投保两全寿险保户因移居国外要求退保,会计部门以转账支票支付退保金,该保单责任准备金余额为18 000元,冲减相应的寿险责任准备金余额。应编制会计分录如下。

借:保险责任准备金——寿险责任准备金——两全寿险　　18 000
　　贷:提取保险责任准备金——提取寿险责任准备金——两全寿险　　18 000

2. 长期健康险责任准备金的核算举例

【例10-27】 某公司年末根据精算结果,本年应提取重大疾病保险责任准备金750 000元。应编制会计分录如下。

借:提取保险责任准备金——提取长期健康险责任准备金——重大疾病保险
　　　　　　　　　　　　　　　　　　　　　　　　　　　　　　750 000
　　贷:保险责任准备金——长期健康险责任准备金——重大疾病保险　　750 000

【例10-28】 某保户发生重大疾病,保险人审查后同意给付全部保险金,该保单责任准备金余额为350 000元,冲减相应的长期健康险责任准备金余额。应编制会计分录如下。

借:保险责任准备金——长期健康险责任准备金——重大疾病保险　　350 000
　　贷:提取保险责任准备金——提取长期健康险责任准备金——重大疾病保险
　　　　　　　　　　　　　　　　　　　　　　　　　　　　　　350 000

【例10-29】 某投保重大疾病保险保户现调往外地工作,当年公司欠其4 000元赔偿金尚未支付,以前年度提存的责任准备金42 000元。保险公司办理保险关系转移手续。应编制会计分录如下。

借:应付赔付款——某保户　　　　　　　　　　　　　　　　4 000
　　保险责任准备金——长期健康险责任准备金——重大疾病保险　42 000
　　贷:系统往来　　　　　　　　　　　　　　　　　　　　　46 000

【例10-30】 某投保重大疾病保险保户现调入本市工作,当年已交保费2 000元,以前年度提存的责任准备金为50 000元。保险公司办理保险关系转移手续,款项已存入银行。应编制会计分录如下。

借:银行存款 52 000
　　贷:保险责任准备金——长期健康险责任准备金——重大疾病保险 50 000
　　　　保费收入——重大疾病保险 2 000

【例 10-31】 某投保重大疾病保险保户现申请将其转换为终身寿险,保险公司针对该保户投保的重大疾病保险已提责任准备金 45 000 元。应编制会计分录如下。

借:保险责任准备金——长期健康险责任准备金——重大疾病保险 45 000
　　贷:保险责任准备金——寿险责任准备金——终身寿险 45 000

第六节　分红保险业务的核算

一、分红保险的概念和特点

分红保险是指公司将实际经营成果优于定价假设的盈余,按一定比例向保单持有人进行分配的人寿保险产品。分红保险的主要特点在于:投保人除了可以得到传统保单规定的保险责任外,还可以享受保险公司的经营成果,即参加保险公司投资和经营管理活动所得盈余的分配。分红保险的红利来源于利差益、死差益和费差益所产生的可分配盈余。红利派发方式大致有以下四种。

(1) 现金红利,即客户将所得红利直接以现金方式领取。

(2) 累积生息,即红利留存于保险公司,按保险公司每年确定的红利累积利率,以复利方式储存生息,并于本合同终止或投保人申请时给付。

(3) 抵交保费,即红利用于抵交下一期的应交保险费,若抵交后仍有余额,则用于抵交以后各期的应交保险费。

(4) 购买交清增额保险,即依据被保险人的当时年龄,以红利作为一次交清保险费,按相同的合同条件增加保险金额。

分红保险必须单独分设账户,分类分险种核算编制资产负债表、利润表和现金流量表。分红保险采用固定费用率的,其相应的附加保费收入和佣金,管理费用支出等不参与分红保险分红,但应纳入分红保险的损益核算。

二、科目设置

(1) "保单红利支出"科目。"保单红利支出"科目核算人寿保险业务按原保险合同约定支付给投保人的红利。该科目属于损益类(费用)科目,其借方登记按原保险合同约定计提应支付的保单红利,贷方登记期末结转入"本年利润"科目的数额,结转后该科目无余额。该科目应按现金领取、累计生息、交清增额保险、抵交保费设置明细科目,反映公司分红保险业务在会计年度末根据公布的分红率计算应分配给保户的红利。

(2) "应付保单红利"科目。"应付保单红利"科目核算人寿保险业务按原保险合同约定应付未付投保人的红利支出。该科目属于负债类科目,其贷方登记按原保险合同约定计提应支付的保单红利,借方登记向投保人支付的保单红利,余额在贷方,反映公司应付未付投保人的红利。该科目应按现金领取、交清增额保险、抵交保费设置明细科目,反映公司下一会计年度分红保险业务应支付给保户的红利金。

三、账务处理

公司收到投资收益后,计入相应分红险种专户中,借记"存出保证金"科目,贷记"投资收益"科目。分红的一般会计处理如下。

(1) 计算出当年应支付的红利,借记"保单红利支出"科目,贷记"应付保单红利""长期应付款——应付累计生息"科目。

(2) 红利到期支付,借记"应付保单红利"科目,贷记"银行存款""保费收入"等科目。

(3) 向保户支付红利的具体会计处理如下。

① 对于选择现金支付方式的保户,在其保单年生效对应日领取红利时,财务部门每月根据业务部门提供的单证及保户签收后的红利签收单证,借记"保单红利支出"科目,贷记"应付保单红利——现金领取"科目,并借记"应付保单红利——现金领取"科目,贷记"银行存款"科目。

② 对于选择累计生息方式的保户,公司业务部门每月统计其留存在公司分红账户中尚未领取的红利的本金和利息,并将统计结果以书面形式交财务部门,对累积本金财务部门借记"保单红利支出",贷记"长期应付款——应付累计生息本金"科目,对生息借记"保单红利支出",贷记"长期应付款——应付累计生息利息"科目。

③ 对于选择购买交清增额保险的保户,公司业务部门每月统计其留存在公司分红账户中用于购买交清增额保险的红利数,并将统计结果以书面形式交财务部门,财务部门以此为依据借记"保单红利支出——交清增额保险"科目,贷记"应付保单红利——交清增额保险",并借记"应付保单红利——交清增额保险"科目,贷记"保费收入"科目。增额保险的红利转保费、未来的给付支出和准备金提取等收支项目均作为分红险种的一部分,列入分红账户加以核算。

④ 对于选择抵交保费的保户,公司业务部门每月统计其留存在公司分红账户中用于抵交保费的红利数,并将统计结果以书面形式交财务部门,财务部门以此为依据借记"保单红利支出——抵交保费"科目,贷记"应付保单红利——抵交保费"科目;并借记"应付保单红利——抵交保费"科目,贷记"保费收入"科目。抵交保费的红利转保费、未来的给付支出和准备金提取等收支项目均作为分红险种的一部分,列入分红账户加以核算。

【例10-32】 某人寿保险公司收到分红保险投资收益400 000元,期末计算应支付给保户的红利为300 000元,红利分配采取现金支付方式。应编制会计分录如下。

计提保单红利支出时:

借:保单红利支出　　　　　　　　　　　　　　　　300 000
　　贷:应付保单红利——现金领取　　　　　　　　　　 300 000

实际向保户支付红利时:

借:应付保单红利——现金领取　　　　　　　　　　300 000
　　贷:银行存款　　　　　　　　　　　　　　　　　　 300 000

【例10-33】 某人寿保险公司期末计算,应支付给保户的红利为150 000元,红利分配采取抵交保费方式。应编制会计分录如下。

计提保单红利支出时：
借：保单红利支出　　　　　　　　　　　　　　　　150 000
　　贷：应付保单红利——抵交保费　　　　　　　　　　　　150 000
抵交保费时：
借：应付保单红利——抵交保费　　　　　　　　　　150 000
　　贷：保费收入　　　　　　　　　　　　　　　　　　　　150 000

【例 10-34】 某人寿保险公司月末计算应支付给保户的累积红利为 30 386.4 元，其中本金 30 000 元，利息 386.4 元，红利分配采取累计生息方式，每年的红利率为 1.5%。应编制会计分录如下。

借：保单红利支出　　　　　　　　　　　　　　　　30 000
　　贷：长期应付款——应付累计生息本金　　　　　　　　　30 000
借：保单红利支出　　　　　　　　　　　　　　　　386.4
　　贷：长期应付款——应付累计生息利息　　　　　　　　　386.4

关键词

保费收入　保险金给付　退保金　保户质押贷款　寿险责任准备金　长期健康险责任准备金　三因素法　分红保险

复习思考题

1. 寿险原保险合同的特点和核算要求有哪些？
2. 简要说明人寿保险费的构成。
3. 说明满期给付、死亡给付、伤残给付、医疗给付、年金给付核算的内容。
4. 简述寿险原保险合同的计量方法。
5. 简述分红保险业务的会计核算的基本规定和科目设置。

练习题

习题一

一、目的：练习寿险原保险合同保费收入的核算。

二、资料：某公司发生业务如下。

1. 收到某保户交来终身寿险保费 20 000 元，存入银行。
2. 某保户王明 20×7 年 9 月投保 10 年期终身寿险，按规定每年缴保费 3 000 元，宽限期为 2 个月，第一年王明交纳保费 3 000 元，20×8 年 9 月缴费期已到，但王明尚未交纳保费，20×8 年 11 月，王明交来保费 3 000 元。
3. 收到某单位预交团体养老保险保费，转账支票 8 000 元。
4. 交费期已到，将上述预交保费转作保费收入。

5. 某保户投保终身寿险,交费已满两年,已有现金价值,因经济原因暂时不能缴费,公司在宽限期结束时垫缴 500 元,两个月后收回,月利率 2.5‰,增值税税率为 6%。

6. 某投保养老金险保户,因经济困难,未按期缴费,保单失效一年后,该保户申请复效,经审查,公司同意复效,计算应补保费 1 500 元,利息 52 元(含税),增值税税率为 6%,投保人缴来保费和利息。

三、要求:根据上述资料,编制有关会计分录。

习题二

一、目的:练习寿险原保险合同各项给付的核算。

二、资料:某公司发生业务如下。

1. 某简身险保户保险期满,持有关证件向保险公司申请领取保险金 4 000 元,经审核无误后,以转账支票付讫。

2. 某简身险保户因病死亡,其受益人提出死亡给付申请,经业务部门审查,同意给付全部保险金 5 000 元,另外,该保户还有当月应缴而未缴保费 50 元。会计部门审核后,以转账支票支付余额。

3. 某保户投保终身年金保险,每月缴保费 150 元,现已到约定年金领取年龄。该投保人持有关证件向本公司办理领取手续,按规定每月领取保险金 480 元,经复核以转账支票支付。

4. 某简身险保户要求退保,经审核同意退,应付给退保金 5 000 元,但此人尚有 400 元借款未还,借款利息 58 元(含税),增值税税率为 6%。

5. 某养老保险保户因经济困难而要求退保,经业务部门审查,同意支付退保金 6 000 元,另外,该保户尚有预缴 3 个月的保费 150 元。会计部门核对有关单证后,以转账支票付讫。

6. 某长期健康险保单的被保险人患重大疾病,向保险人提出给付申请,保险人审查后,同意给付全部保险金 50 000 元,但须扣除宽限期内尚未缴付的保费 3 400 元、保单质押贷款 5 000 元、利息 100 元(含税),增值税税率为 6%。

7. 某保户投保五年期简身险,已交保费 2 年,现因意外事故一腿致残,经业务部门批准支付保险金 5 000 元。

8. 期末按精算部门转来数据应付保户红利 100 000 元,红利采取现金支付方式。

9. 月末计算应支付给某保户的红利 120 000 元,红利分配采取抵交保费方式。

10. 月末计算应支付保户累计红利为 40 281 元,其中本金 40 000 元,利息为 281 元,红利分配采取累计生息方式。

11. 某定期寿险保户因病死亡,其受益人提出死亡给付申请,业务部门审查同意给付全部保险金 15 000 元,但有保险公司垫缴的保费 3 000 元,利息 160 元(含税),增值税税率为 6%,会计部门审核后,从应给付的保险金中扣除转账支付。

12. 某保户投保终身寿险保单,附约约定被保险人发生残废时,可免缴保费而保单仍然有效,其欠缴的保费由保险公司负担。该保户现已残废,保险公司每月给付失能所得 2 000 元,并免缴其应缴的保费 500 元,其差额转账支付。

13. 某保户 20×2 年 2 月 6 日投保定期寿险,已缴纳保费 5 000 元,核保时公司支付体检费 600 元。20×2 年 2 月 14 日该保户提出解除保险合同,公司收取撤单工本费 300 元(含税),增值税税率为6%。

14. 某保户投保终身寿险,已缴保费50 000元,保单现金价值为38 650元。现该保户申请将终身寿险转换为养老金险,假设该保户有预交保费2 000元。

三、要求:根据上述资料,编制有关会计分录。

习题三

一、目的:练习寿险原保险合同准备金的核算。

二、资料:某公司发生业务如下。

1. 经精算部门计算,本期提取终身寿险责任准备金60 000元。

2. 公司上年末提取长期健康险责任准备金200 000元,本年有一保户调入该城市,责任准备金为5 000元;另一保户调出该城市,责任准备金为8 000元,该保户尚有未交保费60元。

3. 某养老金险保户要求转移保险关系,经审查同意转出。该保户当年已交保费120元,已提寿险责任准备金8 000元,以银行存款支付有关款项。

4. 某投保普通寿险保户保险期满,持有关证件向保险公司办理领取手续,经复核,会计部门以转账支票支付,该保单责任准备金余额为15 000元。

5. 某投保两全保险保户因移居国外要求退保,会计部门以转账支票支付退保金,该保单责任准备金余额为10 000元。

6. 公司年末根据精算结果,本年应提取重大疾病保险责任准备金600 000元。

7. 某长期健康险保单的被保险人发生重大疾病,保险人审查后同意给付全部保险金,该保单责任准备金余额为40 000元。

8. 某投保两全寿险保户现调入本市工作,当年调出公司欠其1 500元赔偿金未付,以前年度提存的寿险责任准备金为12 000元,保险公司办理保险关系转移手续。

9. 某投保重大疾病保险保户现申请将其转换为终身寿险,保险公司针对该保户投保的重大疾病保险已提责任准备金40 000元。

10. 某投保定期寿险保户现调往外地工作,当年预交保费3 000元,以前年度提存的责任准备金25 000元,保险公司办理保险关系转移手续。

11. 某公司20×2年已提定期寿险责任准备金830 000元,已提重大疾病保险责任准备金650 000元,年末经精算部门进行充足性测试,应提终身寿险责任准备金810 000元,应提重大疾病保险责任准备金680 000元。

三、要求:根据上述资料,编制有关会计分录。

第十一章 再保险合同的核算

第一节 再保险合同核算概述

一、再保险的基本概念

再保险,也称分保,是保险人在原保险合同的基础上,通过签订分保合同,将其所承担的部分风险和责任向其他保险人进行保险的行为。在再保险业务中,习惯上把分出自己承保业务的保险人称作原保险人,或称分出人;接受分保业务的保险人称作再保险人、分入人、分保接受人。原保险人通常通过签订再保险合同,支付规定的分保费,将其承担的风险和责任的一部分转嫁给一家或多家保险或再保险公司,以分散责任风险,保证其业务经营的稳定性。分保接受人按照再保险合同的规定,对保险人的原保单下的赔付承担补偿责任。再保险的责任额度按接受人对每一具体的危险单位、每一次事故或每一年度所承担的责任在再保险合同中分别加以规定。

二、再保险和原保险的关系

再保险的基础是原保险,再保险的产生正是基于原保险人经营中分散风险的需要。因此,原保险和再保险是相辅相成的,它们都是对风险的承担和分散。保险是投保人以交付保费为代价将风险责任转嫁给保险人,实质是在全体被保险人之间分散风险;再保险人是原保险人以交付分保费为代价将风险责任转嫁给再保险人,在它们之间进一步分散风险。因此,再保险是保险的进一步延续,也是保险业务的组成部分。

三、再保险合同的确定

再保险合同,是指一个保险人(再保险分出人)分出一定的保费给另一个保险人(再保险接受人),再保险接受人对再保险分出人由原保险合同所引起的赔付成本及其他相关费用进行补偿的保险合同。

再保险合同首先要满足保险合同的定义。保险合同成立的关键在于判断保险人承担了重大保险风险。这要求对再保险合同进行重大保险风险测试。

四、再保险的种类

1. 比例再保险

比例再保险是指以保险金额为基础确定每一危险单位的自留额和分保额,分出公司的自留额和接受公司的接受额均是按照保险金额的一定比例确定的。比例再保险又可以分为成数再保险、溢额再保险以及成数和溢额混合再保险。

(1) 成数再保险。成数再保险是按照保险金额的一定比例作为自留额和分保额。它是一种最简单的分保方式。分保分出人以保险金额为基础,对每一危险单位按固定比例即一定成数作为自留额,将其余的一定成数转让给分保接受人,保险费和保险赔款按同一比例分摊。

(2) 溢额再保险。溢额再保险是指分出公司以保险金额为基础,规定每一危险单位的一定额度作为自留额,并将超过自留额的部分即溢额,分给分入公司。分入公司按承担的溢额责任占保险金额的比例收取分保费和分摊分保赔款、分保费用等。溢额再保险的分入公司不是无限度地接受分出公司的溢额责任,而通常以自留额的一定倍数,即若干"线"数为限,一"线"相当于分出公司的自留额。如自留额为20万元,分保额为5线,则分入公司最多接受100万元,即分保额为100万元。

2. 非比例再保险

非比例再保险又称超额损失分保,它是以赔款金额为基础确定每一危险单位的自留额和分保额。非比例再保险又可分为超额赔款再保险和超额赔付率再保险。

(1) 超额赔款再保险。超额赔款再保险是根据一定的条件确定一个自负赔款限额,接受公司仅承担超过自负赔款限额后的全部或部分赔款。它又包括险位超赔再保险和事故超赔再保险。

① 险位超赔再保险。它是以每一危险单位的赔款为基础确定分出公司自负赔款责任的限额即自赔额,超过自赔额以上的赔款,由分入公司负责。

② 事故超赔再保险。它是以一次事故或巨灾所发生的赔款的总和来计算自负责任额和再保险责任额的再保险方式。无论一次事故涉及的风险单位有多少,均以总赔款衡量分出公司和接受公司所需承担的责任。

(2) 超额赔付率再保险。超额赔付率再保险是根据一定的条件确定一个年度自负赔付率,接受公司只承担超过该赔付率以后的全部或部分赔款。即按赔款与保费的比例来确定自负责任和再保险责任。在约定的某一年度内,由再保险人就超过某一赔付率的责任负责。

五、再保险的安排方式

1. 临时再保险合同

临时再保险合同是对于业务的分出和分入,分出公司和分入公司均无义务的约束,可自由选择。它是一种诞生最早的分保方式,一般适合于新开办的或不稳定的业务、固定再保险合同中规定除外的或不愿放入固定再保险合同的业务,以及超过固定再保险合同限额或需要超赔再保险保障的业务。

2. 固定再保险合同

固定再保险合同也称合约再保险,是分出公司和分入公司对于所规定范围内的业务有义务约束,双方都无权选择。它是因临时再保险不能满足分出公司的需要而出现的一种再保险安排方式。

3. 预约再保险合同

预约再保险合同是介于临时再保险和固定再保险之间的一种安排方式。一般而言,它对于分出公司来说相当于临时再保险,而对于接受公司来说相当于合约再保险。它克服了临时再保险合同手续烦琐的缺点,是对固定再保险合同的自动补充,适合于火险和水险的比例分保。

4. 财务再保险合同

财务再保险是指保险人与再保险人约定,保险人支付再保险费给再保险人,再保险人为保险人提供财务融通,并对于保险人因风险所致损失,负担赔偿责任的行为。和传统再保险一样,财务再保险也是为保险公司提供转移风险的工具,只是传统再保险的目的是分摊承保风险为主,而财务再保险则是着重分担财务风险,主要以投资风险为主。

第二节 分保账单

一、分保账单的概念和格式

1. 分保账单的概念

分保账单是分保分出公司对于分保业务活动的各项财务指标按一定格式填制的凭证。再保险业务的核算比较特殊,依据的是分保分出人定期开出的分保账单。分保账单是再保险业务的原始凭证,既是再保险双方当事人进行往来账务清算的依据,又是编制记账凭证的依据。因此,熟悉分保账单是进行再保险业务核算的重要前提。

2. 分保账单的格式

对于分保账单的格式,尽管不同的保险具有不同的形式,但其宗旨类同,主要内容大同小异,经常项目基本一致,只是临时性项目有所差异。表 11-1 以经常应用的项目为例,说明分保账单的一般格式。

表 11-1 分保账单

公司名称: 　　　　　　　　　　　　　　　　　　　　　　险别:
分入公司名称: 　　　　　　　　　　　　　　　　　　　　业务年度:
账单期: 　　　　　　　　　　　　　　　　　　　　　　　货币单位:

借方		贷方	
项目	金额	项目	金额
分保赔款		分保费	
固定分保手续费		保费准备金返还	
浮动分保手续费		准备金利息	
纯益手续费			
经纪人手续费			
税款及杂项			
保费准备金扣存			
应付你方余额		应收你方余额	
合计		合计	
你方成分%		你方成分%	

二、分保账单的编制

1. 分保账单的基本内容

分保账单(见表 11-1)载明了分保业务活动的分出保费、分保赔款、分保费用、扣存和返还准备金等主要财务指标,这些内容是相互关联的。下面说明分保账单所包括的基本内容。

(1) 分保费。分保费是指分保分出人根据分保业务计算的应向分保接受人分出的保费。当保单项下的保费分期收取时,分保费应分期支付。

(2) 分保赔款。分保赔款是指分保接受人向分保分出人支付的赔付款。

(3) 固定分保手续费。分保手续费又称分保佣金,是指分保分出人向分保接受人收取的报酬,即分保分出人支付的手续费(或佣金)中应由分保接受人承担的份额。平时对手续费率暂定一个标准。

(4) 浮动分保手续费。浮动分保手续费是根据分保分出人赔付率情况对原手续费进行调整的手续费,其高低取决于分出公司赔付率的高低,其目的在于鼓励分保分出人注重核保品质。比如,暂定手续费率为30%,赔付率等于65%的,分保手续费率为分保费的30%,赔付率每超过或低于65%一个百分点(不足一个百分点不计),分保手续费率减少或增加0.5个百分点,但分保手续费率最高以35%为限,最低以25%为限。

(5) 纯益手续费。纯益手续费又称盈余手续费,是指分保接受人同意在其取得利润的基础上支付给分保分出人一定比例的报酬。纯益手续费制度的建立,旨在鼓励原保险人谨慎核保,使合约业务能产生利润,或酬谢原保险人努力使合约产生利润。比例再保险常有此项规定。纯益手续费的计算公式如下。

$$纯益手续费=(收入项目合计-支出项目合计)\times 纯益手续费率$$

其中,收入项目和支出项目由合同规定。收入项目一般包括分保费收入,支出项目一般包括分保费用、分保赔付支出以及相关的其他税费等。纯益手续费由合同规定。如果计算结果为亏损时,则将亏损滚转至下一业务核算期。

(6) 经纪人手续费。经纪人手续费是指分保业务通过经纪公司安排时,分保接受人补贴分保分出人所付经纪人佣金的份额。

(7) 税款及杂项。税款及杂项主要是指分保分出人按保费收入计算缴纳的营业税金及其他有关费用中应由分保接受人承担的份额。

(8) 保费准备金。保费准备金是根据分保合同按分保费的一定比例,由分保分出公司从应付给分保接受人的保费中扣存,以确保分保接受人履行再保险责任,并在下一账单期退还的保费准备金。扣存期12个月,次年同期返还,归还的同时要支付利息。针对这一内容,在分保账单的借方和贷方分别设置保费准备金扣存和准备金返还项目。

(9) 准备金利息。准备金利息是指按分保合同规定的办法和商定利率,对扣存的保费准备金计算的利息,在交换分保业务中,可经双方商定互免计算准备金的利息。

(10) 余额。余额即分保账单中收支轧抵后表现在借方或贷方的差额。因为分保账单的借贷方要平衡,所以应付的余额列在借方,应收的余额列在贷方。

2. 分保账单的编制方法

编制分保账单有以下两种方法。

(1) 对分保账单的每一个项目,都按分保接受人所接受的比例直接列出具体数字。例如,承保业务的总分出保费为20万元,分保接受人所接受的比例是10%,那么在分保账单上反映的分保费数字为2万元(200 000×10%)。

(2) 对分保账单的每一项目都按100%列示数字,再列出某个分保接受人所接受的比例,然后计算出该分保接受人应分担的数字。例如,有一笔业务,有几家再保险公司接受分保,可以编制一张统一的账单(按100%),然后将每一个接受公司的"应付你方余额"或"应付我方余额"用其所接受的成分计算列示。

第二种方法与第一种方法比较,具有简化分保账单编制手续的优点。

第三节 再保险合同核算的基本要求

一、采用权责发生制原则

再保险合同确认、计量和报告的基本原则是权责发生制。对于再保险合同而言,权责发生制意味着在确认原保险合同资产、负债和损益的当期,应当根据合同,确认相应的再保险合同负债、资产和损益,而无论相关的款项是否已经收付。对再保险分出人来说,应当在确认原保险合同保费收入的当期,按照相关再保险合同的约定,计算确定分出保费、应向再保险接受人摊回的分保费用,同时确认应收分保未到期责任准备金;在提取原保险合同未决赔款准备金、寿险责任准备金、长期健康险责任准备金的当期,按照相关再保险合同的约定,确认相应的应收分保准备金资产;在确定支付赔付款项金额或实际发生理赔费用的当期,按照相关再保险合同的约定,计算确定应向再保险接受人摊回的赔付成本等。对再保险接受人来说,应当采用预估等合理的方法,及时确认分保费收入,从而根据相关再保险合同的约定,计算确定分保费用,并及时评估有关责任准备金。

二、再保险合同与原保险合同独立处理

虽然再保险合同的确定依赖于原保险合同,但在会计处理上,再保险合同的各个经济事项都必须独立于原保险合同单独地确认、计量和报告,不能与原保险合同的会计事项合并确认、计量和报告。

为了真实反映保险公司的权利和义务以及相关的收益和费用状况,再保险分出人不应当将再保险合同形成的资产与有关原保险合同形成的负债相互抵销,再保险分出人不应当将再保险合同形成的收入或费用与有关原保险合同形成的费用或收入相互抵销。在实务中,对于再保险分出人,保险合同准备金不得以分保后的净额列报,保险合同保费收入不得以扣除分出保费后的净额列报,原保险合同费用不得以扣除摊回分保费用后的净额列报,保险合同赔付成本不得以扣除摊回赔付成本后的净额列报等,再保险合同形成的上述资产、负债、收入和费用应单独列示。因为,无论是否能从再保险接受人处摊回,再保险分出人对投保人都应该承担全部的责任,因此再保险分出人通常没有权力将应从再保险接受人收取的金额与应支付给直接投保人的金额相抵销。总额列报可以更清楚地说明再保险分出人享有的权利和承担的义务,以及相关的收益和费用。

三、再保险合同债权、债务不得抵销

为真实、完整反映保险公司的财务状况,再保险合同形成的债权、债务应单独确认、计量和报告,不得随意抵销。这一原则有两层含义。第一,再保险分出人可能同时又是再保险接受人。其与同一再保险合同人同时有分出和分入业务时,分出与分入业务分别形成的债权、债务应单独确认,不得相互抵销,不得以抵销后的净额列报,即再保险合同双方应按照各自在不同的再保险合同中所处的角色,分别确认其对对方的债权和债务。第二,同一笔分保业务产生的债权和债务不得相互抵销。对于一笔分保业务,再保险分出人对再保险接受人会同时产生应收分保账款和应付分保账款,再保险分出人应将其单独列示,不得相互抵销。但是,如果债权和债务的结算点相同或者双方在合同中约定可以抵销,保险公司可以以抵销后的净额列示再保险合同产生的资产和负债。

第四节 分出业务的核算

一、分出保费的核算

1. 分出保费的确认

再保险分出人应当在确认原保险合同保费收入的当期,按照相关再保险合同的约定,计算确定分出保费,计入当期损益。

2. 分出保费的账务处理

为了反映再保险分出人向再保险接受人分出的保费,保险公司应设置"分出保费"科目。该科目属于损益类(费用)类科目,其借方登记分出的保费,贷方登记转入"本年利润"数额,结转后该科目无余额。该科目应按险种设置明细账。其账务处理如下。

(1) 公司在确认原保险合同保费收入的当期,应按再保险合同约定计算确定的分出保费金额,借记"分出保费"和"应交税费——应交增值税(进项税额)"科目,贷记"应付分保账款"科目。在原保险合同提前解除的当期,应按再保险合同约定计算确定的分出保费的调整金额,借记"应付分保账款"科目,贷记"分出保费"和"应交税费——应交增值税(进项税额)"科目。

(2) 对于超额赔款再保险等非比例再保险合同,应按再保险合同约定计算确定的分出保费金额,借记"分出保费"和"应交税费——应交增值税(进项税额)"科目,贷记"应付分保账款"科目。调整分出保费时,借记或贷记"分出保费"和"应交税费——应交增值税(进项税额)"科目,贷记或借记"应付分保账款"科目。

(3) 期末,应将"分出保费"科目发生额转入"本年利润"科目,结转后该科目无余额。

二、摊回分保费用的核算

1. 摊回分保费用的确认

再保险分出人应当在确认原保险合同保费收入的当期,按照相关再保险合同的约定,计算确定应向再保险接受人摊回的分保费用,计入当期损益。

2. 摊回分保费用的账务处理

为了反映再保险分出人向再保险接受人摊回的分保费用，保险公司应设置"摊回分保费用"科目。该科目属于损益类（收入）类科目，其贷方登记应向再保险接受人摊回的费用，借方登记期末结转"本年利润"的数额，结转后该科目无余额。该科目应按险种设置明细账。其账务处理如下所示。

（1）公司在确认原保险合同保费收入的当期，应按相关再保险合同约定计算确定的应向再保险接受人摊回的分保费用，借记"应收分保账款"科目，贷记"摊回分保费用"科目。涉及增值税销项税额的，还应贷记"应交税费——应交增值税（销项税额）"科目。

（2）计算确定应向再保险接受人收取的纯益手续费的，应按相关再保险合同约定计算确定的纯益手续费，借记"应收分保账款"科目，贷记"摊回分保费用"科目。涉及增值税销项税额的，还应贷记"应交税费——应交增值税（销项税额）"科目。

（3）在原保险合同提前解除的当期，应按相关再保险合同约定计算确定的摊回分保费用的调整金额，借记"摊回分保费用"科目，贷记"应收分保账款"科目。涉及增值税销项税额的，还应借记"应交税费——应交增值税（销项税额）"科目。

（4）期末，应将"摊回分保费用"科目发生额转入"本年利润"科目，结转后该科目无余额。

三、摊回赔付成本的核算

1. 摊回赔付成本的确认

再保险分出人应当在确定支付赔款金额的当期，按照相关再保险合同的约定，计算确定应向再保险接受人摊回的赔付成本，计入当期损益。

2. 摊回赔付支出的账务处理

为了反映再保险分出人向再保险接受人摊回的赔付成本，保险公司应设置"摊回赔付支出"科目。该科目属于损益类（收入）类科目，其贷方登记应向再保险接受人摊回的赔付成本，借方登记期末结转"本年利润"的数额，结转后该科目无余额。该科目应按险种设置明细账。另外，再保险分出人也可以单独设置"摊回赔款支出""摊回年金给付""摊回满期给付""摊回死伤医疗给付"等科目。其账务处理如下。

（1）公司在确定支付赔付款项金额或实际发生理赔费用而确认原保险合同赔付成本的当期，应按相关再保险合同约定计算确定的应向再保险接受人摊回的赔付成本，借记"应收分保账款"科目，贷记"摊回赔付支出"科目。涉及增值税销项税额的，还应贷记"应交税费——应交增值税（销项税额）"科目。

（2）公司因取得和处置损余物资、确认和收到应收代位追偿款等而调整原保险合同赔付成本的当期，应按相关再保险合同约定计算确定的摊回赔付成本的调整金额，借记或贷记"摊回赔付支出"科目，贷记或借记"应收分保账款"科目。涉及增值税销项税额的，还应借记或贷记"应交税费——应交增值税（销项税额）"科目。

（3）对于超额赔款再保险等非比例再保险合同，计算确定的应向再保险接受人摊回的赔付成本的，应按摊回的赔付成本的金额，借记"应收分保账款"科目，贷记"摊回赔付支出"科目。涉及增值税销项税额的，还应贷记"应交税费——应交增值税（销项税额）"科目。

（4）期末，应将"摊回赔付支出"科目发生额转入"本年利润"科目，结转后该科目无余额。

四、应收分保准备金的核算

1. 应收分保准备金的确认

(1) 再保险分出人应当按照相关再保险合同的约定,计算确认相关的应收分保未到期责任准备金资产。再保险分出人应当在资产负债表日调整原保险合同未到期责任准备金余额时,相应调整应收分保未到期责任准备金余额。

应收分保未到期责任准备金采用未赚保费法计提,计算公式如下。

$$\text{期末应收分保未到期责任准备金余额} = \text{期末有效保单保费收入} \times \text{分出比例} \times \left(1 - \text{分保保单获取成本率}\right) \times \text{未到期比例} + \text{充足性测试所需保费不足准备金}$$

$$\text{分保保单获取成本率} = \text{摊回分保费用} / \text{分出保费}$$

(2) 再保险分出人应在提取原保险合同未决赔款准备金、寿险责任准备金、长期健康险责任准备金的当期,按照相关再保险合同的约定,计算确定应向再保险接受人摊回的相应准备金,确认当期损益,并同时确认相应的应收分保准备金资产。

2. 科目设置

(1) "应收分保合同准备金"科目。"应收分保合同准备金"科目核算再保险分出人从事再保险业务确认的应收分保未到期责任准备金,以及应向再保险接受人摊回的保险责任准备金。该科目属于资产类科目,其借方登记应收的分保合同准备金,贷方登记冲减的应收分保合同准备金,余额在借方,反映再保险分出人从事再保险业务确认的应收分保合同准备金余额。该科目应按再保险接受人和再保险合同设置明细账。再保险分出人也可以单独设置"应收分保未到期责任准备金""应收分保未决赔款准备金""应收分保寿险责任准备金""应收分保长期健康险责任准备金"等科目。

(2) "摊回保险责任准备金"科目。"摊回保险责任准备金"科目核算反映再保险分出人从事再保险业务应向再保险接受人摊回的保险责任准备金。该科目属于损益类(收入)科目,其贷方登记应向再保险接受人摊回的保险责任准备金,借方登记期末结转"本年利润"的数额,结转后该科目无余额。该科目应按保险责任准备金类别和险种设置明细账。再保险分出人也可以单独设置"摊回未决赔款准备金""摊回寿险责任准备金""摊回长期健康险责任准备金"等科目。

3. 账务处理

(1) 公司在确认非寿险原保险合同保费收入的当期,按照相关再保险合同约定计算的相关应收分保未到期责任准备金金额,借记"应收分保合同准备金"科目,贷记"提取未到期责任准备金"科目。

资产负债表日,调整原保险合同未到期责任准备金余额,按相关再保险合同约定计算确定的应收分保未到期责任准备金的调整金额,借记"提取未到期责任准备金"科目,贷记"应收分保合同准备金"科目。

(2) 公司在提取原保险合同未决赔款准备金、寿险责任准备金、长期健康险责任准备金的当期,按相关再保险合同的约定计算确定的应向再保险接受人摊回的保险责任准备金金额,借记"应收分保合同准备金",贷记"摊回保险责任准备金"科目。

（3）在确定支付赔付款项金额或实际发生理赔费用而冲减原保险合同相应未决赔款准备金、寿险责任准备金、长期健康险责任准备金的当期，按相关应收分保保险准备金的相应冲减金额，借记"摊回保险责任准备金"科目，贷记"应收分保合同准备金"科目。

（4）在对原保险合同未决赔款准备金、寿险责任准备金、长期健康险责任准备金进行充足性测试补提保险责任准备金时，按相关再保险合同约定计算确定的应收分保保险准备金的相应增加额，借记"应收分保合同准备金"，贷记"摊回保险责任准备金"科目。

（5）在原保险合同提前解除而转销相关未到期责任准备金余额的当期，借记"提取未到期责任准备金"科目，贷记"应收分保合同准备金"科目。在原保险合同提前解除而转销相关寿险责任准备金、长期健康险责任准备金余额的当期，按相关应收分保保险准备金余额，借记"摊回保险责任准备金"科目，贷记"应收分保合同准备金"科目。

五、再保险合同形成的债权、债务

再保险合同形成的债权主要包括：应收分保账款、应收分保准备金；再保险合同形成的债务主要包括：应付分保账款、存入分保准备金。另外，再保险分出人与再保险接受人之间的预付款行为会形成预付款资产或负债。

1. 再保险合同形成的债权、债务的确认

（1）存入分保准备金，是指公司的再保险业务按合同约定，由分保分出人扣存分保接受人部分分保费以应付未了责任的准备金。存入分保准备金通常根据分保业务账单按期扣存和返还，扣存期限一般为12个月，至下年同期返还。

（2）再保险分出人应按照权责发生制原则确认由此形成的对再保险接受人的债权或债务。

① 再保险分出人应在确认分出保费的同时，确认应付分保账款；
② 在确认摊回分保费用和摊回赔款的同时，确认应收分保账款；
③ 在对原保险合同确认责任准备金负债的同时，确认应收分保准备金；
④ 在调整以上项目的同时，调整对应的再保险合同债权、债务；
⑤ 再保险分出人应在收到再保险接受人预付的摊回分保款时，确认预收款负债；
⑥ 在收到再保险接受人支付的分保准备金时确认存入分保准备金；
⑦ 在向再保险接受人支付预付的分出保费时，确认预付款资产。

2. 再保险合同形成的债权的会计处理

（1）应收分保账款的会计处理。应收分保账款是指保险公司从事再保险业务应收取的款项。为了反映应收分保账款的发生和收回情况，应设置"应收分保账款"科目。该科目属于资产类科目，其借方登记分保业务中应收未收款项的发生数，贷方登记收回数，余额在借方，反映应收尚未收回的分保账款。该科目应按再保险分出人和再保险合同设置明细账。

再保险分出人、再保险接受人结算分保账款时，按应付分保账款金额，借记"应付分保账款"科目，按应收分保账款金额，贷记"应收分保账款"科目，按其差额借记或贷记"银行存款"科目。

（2）应收分保准备金的会计处理。应收分保准备金的会计处理在前面已经述及，这里不再赘述。

（3）预付分出保费的会计处理。预付分出保费是指在超额赔款再保险业务中，再保分出人提前支付给再保险接受人的预付性质的分出保费。为了反映预付分出保费的发生情况,应设置"预付分出保费"科目。该科目属于资产类科目,其借方登记预付的分出保费,贷方登记冲减的已预付的分出保费,余额在借方,反映尚未转销的预付分出保费款。该科目应按分入人设置明细账。其账务处理如下。

(1) 在超额赔款再保险业务中,再保险分出人提前支付给再保险接受人的预付性质的分出保费时,借记"预付分出保费"科目,贷记"银行存款"科目。

(2) 每期按照超额赔款再保险合同计算或估算当期分出保费时,借记"应付分保账款",贷记"预付分出保费"科目。

3. 再保险合同形成的债务的会计处理

(1) 应付分保账款的会计处理。应付分保账款是指保险公司从事再保险业务应付未付的款项。为了反映应付分保账款的发生和支付情况,应设置"应付分保账款"科目。该科目属于负债类科目,其借方登记分保业务中应付未付款项的发生数,贷方登记实际支付的数额,余额在贷方,反映公司从事再保险业务应付未付的款项。该科目应按再保险分出人和再保险合同设置明细账。在结算分保账款时,其账务处理可比照应收分保账款。

(2) 存入分保准备金的会计处理。存入分保准备金是指公司分出业务按约定扣存分入人的保费形成的准备金。为了反映存入分保准备金发生情况,应设置"存入保证金"科目。该科目属于负债类科目,其借方登记扣存的分保准备金,贷方登记返还的分保准备金,余额在贷方,反映尚未返还的分保准备金。该科目要求按分入人设置明细账。其账务处理如下。

① 发出分保业务账单时,按账单标明的扣存本期分保保证金,借记"应付分保账款"科目,贷记"存入保证金"科目。

② 按账单标明的返还上期扣存分保保证金,借记"存入保证金"科目,贷记"应付分保账款"科目。

③ 计算存入分保保证金利息时,借记"利息支出",贷记"应付分保账款"科目。

(3) 预收摊回分保赔款的会计处理。预收摊回分保赔款是指从事再保险分出业务预收的分保赔款。为了反映预收摊回分保赔款情况,应设置"预收赔付款"科目。该科目属于负债类科目,其贷方登记预收的分保赔款,借方登记转销的预收分保赔款,余额在贷方,反映尚未转销的预收分保赔款。该科目要求按分入人设置明细账。其账务处理如下。

① 再保险分出人应在收到再保险接受人预付的摊回分保款时,借记"银行存款"科目,贷记"预收赔付款"科目。

② 公司在确定支付赔付款项金额或实际发生理赔费用而确认原保险合同赔付成本的当期,借记"预收赔付款",贷记"应收分保账款"科目。

六、分出业务的核算举例

【例 11-1】 承前[例 9-30],20×7 年 6 月 30 日,E 保险公司与 F 公司签订一份保险合同,对 F 公司仓库的一批存货进行投保,约定保险期限为一年,即至 20×8 年 6 月 29 日,保险金额为 5 000 万元,E 保险公司开出的增值税专用发票上注明的保费为 500 万元,增值税税额为 30 万元,款项于合同生效当日一次性收取。经精算后确定,E 保险公司针对未到期责任准备金的提取金额为 200 万元。同时,E 保险公司与 H 保险公司签订了一份比例再保险合同,约定 H 保险公司承担源于原保险合同的保险风险的 40%,收到 H 保险公司开出的分保费增值税专用发票。发生分保费用5.3万元(含税),按照摊回的分保费用向H保险公司开出增值税专用发票。增值税税率均为6%。20×7年8月5日,由于与F公司相邻的G公司发生意外火灾,并殃及了F公司的仓库,造成所投保的存货大部分毁损。经定损后确认存货毁损80%,金额为4 000万元,E保险公司决定全额理赔4 000万元。20×7年9月25日E保险公司按照上述理赔方案结案,同时收回毁损存货并享有对G公司的代位追偿权。假设毁损存货残值为500万元,估计代位追偿可收回2 000万元。20×7年10月E保险公司转让存货收入618万元(含税),依照3%征收率减按2%征收增值税,20×7年12月从G公司收回补偿1 800万元。

E保险公司应编制会计分录如下(会计分录中的金额单位为万元)。

(1) 20×7年6月30日,按照再保险合同确定分出保费及应收未到期责任准备金:

借:分出保费——企业财产保险　　　　　　　　　　　　200
　　应交税费——应交增值税(进项税额)　　　　　　　　12
　　贷:应付分保账款——H公司　　　　　　　　　　　　　　212

按照再保险合同约定计算的相关应收分保未到期责任准备金:

借:应收分保合同准备金——H公司　　　　　　　　　　80
　　贷:提取未到期责任准备金——企业财产保险　　　　　　80

按再保险合同约定计算确定的应向再保险接受人摊回的分保费用:

借:应收分保账款——H公司　　　　　　　　　　　　　2.12
　　贷:摊回分保费用——企业财产保险　　　　　　　　　　2
　　　　应交税费——应交增值税(销项税额)　　　　　　　0.12

(2) 20×7年8月5日,按照再保险合同确定应向再保险接受人摊回的未决赔款准备金:

借:应收分保合同准备金——H公司　　　　　　　　　　1 600
　　贷:摊回保险责任准备金——未决赔款准备金——企业财产保险　1 600

(3) 20×7年9月25日,结案赔付并收回损余存货及确认代位追偿权:

① 冲减应收的未决赔款准备金:

借:摊回保险责任准备金——未决赔款准备金——企业财产保险　1 600
　　贷:应收分保合同准备金——H公司　　　　　　　　　　1 600

② 摊回赔付支出:

借:应收分保账款——H公司　　　　　　　　　　　　　1 600
　　贷:摊回赔付支出——企业财产保险　　　　　　　　　　1 600

③ 收到损余物资:

借:摊回赔付支出——企业财产保险　　　　　　　　　　200
　　贷:应收分保账款——H公司　　　　　　　　　　　　　200

④ 确认应收代位追偿款:

借:摊回赔付支出——企业财产保险　　　　　　　　　　800
　　贷:应收分保账款——H公司　　　　　　　　　　　　　800

(4) 20×7年10月,处置损余物资:

借:摊回赔付支出——企业财产保险　　　　　　　　　　42.4
　　贷:应收分保账款——H公司　　　　　　　　　　　　　42.4

(5) 20×7年12月,收到代位追偿款:
借:应收分保账款——H公司　　　　　　　　　　　　　　　80
　　贷:摊回赔付支出——企业财产保险　　　　　　　　　　　　　80

【例 11-2】 甲保险公司根据20×2年第二季度发生的分保业务编制分保账单并寄送乙再保险公司(假设分保账单数据和平时发生一致,不需调整),分保费为含税价,增值税税率为6%,摊回分保赔款和摊回分保费用均不考虑增值税。分保账单格式如表11-2所示。

表 11-2　分保账单

公司名称:甲保险公司　　　　　　　　　　　　　险别:火险
分入人:乙再保险公司　　　　　　　　　　　　　业务年度:20×2年
账单期:第二季度　　　　　　　　　　　　　　　货币单位:万元

借　方		贷　方	
项　目	金　额	项　目	金　额
分保赔款	1 280	分保费	500
固定分保手续费	5	保费准备金返还	250
浮动分保手续费		准备金利息	8
纯益手续费			
经纪人手续费			
税款及杂项			
保费准备金扣存	300		
应付你方余额		应收你方余额	827
合计	1 585	合计	1 585
你方成分%(100%)		你方成分%(100%)	827

甲保险公司应编制会计分录如下(会计分录中的金额单位为万元):
(1) 在确认原合同保险费收入的当期,计算确定分出保费:
借:分出保费——火险　　　　　　　　　　　　　　　　　　471.70
　　应交税费——应交增值税(进项税额)　　　　　　　　　　　28.30
　　贷:应付分保账款——乙公司　　　　　　　　　　　　　　　　500
(2) 在确认原保险合同保险费收入的当期,计算确定应向再保险接受人摊回的分保费用:
借:应收分保账款——乙公司　　　　　　　　　　　　　　　　5
　　贷:摊回分保费用——火险　　　　　　　　　　　　　　　　　5
(3) 在确定原保险合同赔付成本的当期,计算确定的应向再保险接受人摊回的赔付成本:
借:应收分保账款——乙公司　　　　　　　　　　　　　　　1 280
　　贷:摊回赔付支出——火险　　　　　　　　　　　　　　　　1 280
(4) 发出分保账单时,按账单标明的扣存本期分保保证金:
借:应付分保账款——乙公司　　　　　　　　　　　　　　　　300
　　贷:存入保证金——存入分保保证金——乙公司　　　　　　　　300

(5) 按账单标明的返还上期扣存分保保证金：
借：存入保证金——存入分保保证金——乙公司　　　　　250
　　贷：应付分保账款——乙公司　　　　　　　　　　　　　250
(6) 计算存入分保保证金利息时：
借：利息支出　　　　　　　　　　　　　　　　　　　　　　8
　　贷：应付分保账款——乙公司　　　　　　　　　　　　　　8
(7) 结算分保账款时：
借：应付分保账款——乙公司　　　　　　　　　　　　　458
　　银行存款　　　　　　　　　　　　　　　　　　　　　827
　　贷：应收分保账款——乙公司　　　　　　　　　　　1 285

其中：　　　　应付分保账款＝500－300＋250＋8＝458(万元)
　　　　　　　应收分保账款＝5＋1 280＝1 285(万元)

【例11-3】 A保险公司与B保险公司签订货运险分保合同，采取溢额分保方式，保险公司承保金额5 000万元，自留额为1 000万元，A公司本月保费800万元(含税)，增值税税率为6%，发生赔款600万元，按合约规定A公司向B公司提供理赔资料，B公司向A公司预付了240万元的赔款。

$$分保比例＝(5\,000－1\,000)\div 5\,000\times 100\%＝80\%$$
$$分出保费＝800\times 80\%＝640(万元)$$
$$摊回分保赔款＝600\times 80\%＝480(万元)$$

A保险公司应编制会计分录如下(会计分录中的金额单位为万元)。
(1) 按照再保险合同确定分出保费：
借：分出保费——货运险　　　　　　　　　　　　　　603.77
　　应交税费——应交增值税(进项税额)　　　　　　　　36.23
　　贷：应付分保账款——B公司　　　　　　　　　　　　640
(2) 预收赔款时：
借：银行存款　　　　　　　　　　　　　　　　　　　240
　　贷：预收赔付款——B公司　　　　　　　　　　　　　240
(3) 摊回赔款时：
借：应收分保账款——B公司　　　　　　　　　　　　480
　　贷：摊回赔付支出——货运险　　　　　　　　　　　480
同时，
借：预收赔付款　　　　　　　　　　　　　　　　　　240
　　贷：应收分保账款——B公司　　　　　　　　　　　　240

【例11-4】 甲保险公司与乙保险公司签订货运险分保合同，采取超额赔款再保险，分出公司自赔额为300万元，按合约规定甲保险公司提前支付给乙保险公司分出保费200万元，按照超赔合同计算当期分出保费为600万元(含税)，增值税税率为6%，实际发生赔款400万元。甲保险公司应编制会计分录如下(会计分录中的金额单位为万元)。

(1) 甲保险公司提前支付给乙保险公司的预付性质的分出保费时：

借：预付分出保费——乙公司　　　　　　　　　　　　200
　　贷：银行存款　　　　　　　　　　　　　　　　　　　　200

(2) 按照超赔合同计算当期分出保费时：

借：分出保费——货运险　　　　　　　　　　　　　566.04
　　应交税费——应交增值税(进项税额)　　　　　　33.96
　　贷：应付分保账款——乙公司　　　　　　　　　　　　600
借：应付分保账款——乙公司　　　　　　　　　　200
　　贷：预付分出保费——乙公司　　　　　　　　　　　　200

(3) 摊回分保赔款时：

借：应收分保账款——乙公司　　　　　　　　　　100
　　贷：摊回赔付支出——货运险　　　　　　　　　　　　100

第五节　分入业务的核算

一、分保费收入的核算

1. 分保费收入的确认和计量

分保费收入同时满足下列条件的才能予以确认。

(1) 再保险合同成立并承担相应的保险责任。一般自签订日起成立，但自合同规定的起期日起才开始承担保险责任。

(2) 与再保险合同相关的经济利益很可能流入。一般情况下，如果再保险分出人信用良好，能够按照合同规定如期发送分保账单并结算分保往来款项，则意味着与再保险合同相关的经济利益很可能流入再保险接受人。

(3) 与再保险合同相关的收入能够可靠地计量。它分为以下两种情况。

① 如果再保险接受人可以在每一会计期间对该期间的分保费收入金额做出合理估计，则应按照估计金额确认当期分保费收入及相关分保费用。

② 如果再保险接受人只有收到分保业务账单时才能对分保费收入进行可靠计量，则应当于收到分保业务账单时根据账单标明金额确认分保费收入及相关分保费用。

2. 分保费收入的预估方法

再保险分入业务会计处理的主要特点之一是业务数据的间接性、滞后性和不完整性。由于再保险接受人收到分出人提供账单的滞后性，使再保险接受人在满足分保费收入确认条件当期，通常无法及时收到分出人提供的实际账单，此时再保险接受人应根据再保险合同的约定对当期分保费收入进行专业、合理的预估。分保费收入的预估通常是由分入保险公司承保人员完成的。分保费收入所依附的再保险合同必须成立。

分保费收入的预估方法包括终期分保费收入预估法和账单期分保费收入预估法。采用终期分保费收入预估法预估分保费收入，再保险接受人应在再保险合同开始生效当期预估并确认该再保险合同在有效期内能给接受人带来的全部分保费收入，并进而确定属于本会计年度的分保费收入,进行账务处理。采用账单期分保费收入预估法预估分保费收入,再保险接受人应在再保险合同开始生效之日起,按照账单期(一般为按季度)分别预估确认分保费收入,计入账单期损益。

3. 分保费收入的会计处理

对于分保费收入的会计处理,应在"保费收入"科目下按照再保险合同和险种设置明细账进行核算。

二、分保费用的核算

1. 分保费用的确认和计量

分保费用是指再保险接受人向再保险分出人支付的分保费用。分保费用的确认和计量如下。

(1)再保险接受人应在确认分保费收入的当期,确认相应的分保费用,计入当期损益。

(2)再保险接受人应根据当期确认的预估分保费收入和再保险合同约定的分保费用率,计算确定应计入当期的分保费用金额。

2. 分保费用的会计处理

为了反映分保费用的发生情况,应设置"分保费用"科目。该科目属于损益类(费用)科目,其借方登记应承担的分保费用,贷方登记期末结转"本年利润"科目的数额,结转后该科目无余额。该科目要求按险种设置明细账。其账务处理如下。

(1)公司在确认分保费收入的当期,应按再保险合同约定计算确定的分保费用金额,借记"分保费用"科目,贷记"应付分保账款"科目。涉及增值税进项税额的,还应借记"应交税费——应交增值税(进项税额)"科目。

收到分保业务账单,按账单标明的金额对分保费用进行调整,借记或贷记"分保费用"科目,贷记或借记"应付分保账款"科目。涉及增值税进项税额的,还应借记或贷记"应交税费——应交增值税(进项税额)"科目。

(2)计算确定应向再保险分出人支付的纯益手续费,应按再保险合同约定计算确定的纯益手续费,借记"分保费用"科目,贷记"应付分保账款"科目。涉及增值税进项税额的,还应借记"应交税费——应交增值税(进项税额)"科目。

(3)期末,应将"分保费用"科目余额转入"本年利润"科目,结转后该科目无余额。

三、分入业务准备金的核算

再保险接受人提取分保未到期责任准备金、分保未决赔款准备金、分保寿险责任准备金、分保长期健康险责任准备金,以及进行相关分保准备金充足性测试,比照《企业会计准则第25号——原保险合同》的相关规定处理。

1. 分入业务准备金的评估

分入业务准备金包括分保未到期责任准备金、分保未决赔款准备金、分保寿险责任准备金和分保长期健康险责任准备金。由于分保方式的不同,再保险接受人会承担不同的责任。分入人应当根据不同的分保方式和业务风险的分布特征确定不同业务准备金的评估方法。

2. 分入业务准备金的充足性测试

对于再保险接受人责任准备金的充足性测试,应参照原保险合同中对于责任准备金充足性测试的方法。

3. 分入业务准备金的会计处理

由于再保险账单一般滞后,根据权责发生制原则的要求,需要对分入业务进行预估,并以预估后的分保险费收入和分保赔款作为评估责任准备金的基础。其科目设置及会计处理比照《企业会计准则第25号——原保险合同》的相关规定处理。

四、分保赔付支出的核算

再保险接受人应当在收到分保业务账单的当期,按照账单标明的分保赔付款项金额,作为分保赔付成本,计入当期损益,同时冲减相应的分保准备金余额。为了反映分保的赔付支出发生情况,再保险接受人应在"赔付支出"科目下按再保险合同和险种设置明细账,也可以单独设置"分保赔付支出"科目。该科目属于损益类(费用)科目,其借方登记应承担的分保赔款数,贷方登记期末结转"本年利润"科目的数额,结转后该科目无余额。其账务处理如下。

(1) 再保险接受人收到分保业务账单的当期,应按账单标明的分保赔付款项金额,借记"赔付支出"科目,贷记"应付分保账款"科目。涉及增值税进项税额的,还应借记"应交税费——应交增值税(进项税额)"科目。

(2) 期末,应将"赔付支出"科目余额转入"本年利润"科目,结转后该科目无余额。

五、再保险合同形成的债权、债务

再保险合同形成的债权主要包括:应收分保账款、存出分保准备金;再保险合同形成的债务主要包括:应付分保账款。另外,再保险接受人与再保险分出人之间的预付款行为会形成预付款资产或负债。

1. 应收、应付分保款项的会计处理

应收、应付分保款项是指保险公司由于分保业务而形成的各种应收和应付等结算款项。

(1) 再保险分出人和再保险接受人通常根据分保业务账单的余额进行结算。

(2) 再保险接受人应当在确认预估分保费收入的当期,确认应收分保账款;同时根据相关再保险合同的约定,预估应当支付给再保险分出人的分保费用,并确认预估应付分保账款。

(3) 再保险接受人收到实际分保业务账单后,按照账单标明的分保余额对预估应收、应付分保账款进行调整。

2. 存出分保准备金的会计处理

存出分保准备金是指分保分入业务按合同约定存出的分保准备金。为了反映存出分保准备金的发生和收回情况,应设置"存出保证金"科目。该科目属于资产类科目,其借方登记存出的分保准备金,贷方登记收回的分保准备金,余额在借方,反映公司存出的分保准备金数额。该科目应按分出人设置明细账。其账务处理如下。

(1) 按账单标明的再保险分出人扣存本期分保保证金,借记"存出保证金"科目,贷记"应收分保账款"科目。按账单标明的再保险分出人返还上期扣存分保保证金,借记"应收分保账款",贷记"存出保证金"科目。

(2) 计算存出分保保证金利息时,借记"应收分保账款",贷记"利息收入"科目。

3. 预付赔付款的会计处理

预付赔付款是指分入分保业务预付的赔款。为了反映预付赔付款发生情况，应设置"预付赔付款"科目。该科目属于资产类科目，其借方登记预付的分保赔付款，贷方登记预付赔款的结算减少数，余额在借方，反映尚未结算预付赔款实有数。该科目应按往来单位设置明细账。其账务处理如下。

(1) 再保险接受人预付分保赔款时，借记"预付赔付款"科目，贷记"银行存款"科目。

(2) 转销预付的分保赔款时，借记"应付分保账款"科目，贷记"预付赔付款"科目。

4. 预收分出保费的会计处理

预收分出保费是指在超额赔款再保险业务中，再保险接受人提前向再保险分出人收取的分出保费。为了反映预收分出保费的发生情况，应设置"预收保费"科目。该科目属于负债类科目，其借方登记预先收到的分出保费，贷方登记冲减的已预收的分出保费，余额在贷方，反映尚未转销的预收分出保费款。该科目应按分出人设置明细账。其账务处理如下。

(1) 在超额赔款再保险业务中，再保险接受人提前向再保险分出人收取的分出保费，借记"银行存款"科目，贷记"预收保费"科目。

(2) 每期按照超额赔款再保险合同计算或估算当期分入保费时，借记"预收保费"科目，贷记"应收分保账款"科目。

【例 11-5】承前[例 11-1]，假设该项再保险合同起期后，预估分保费收入 160 万元（含税），预估分保手续费 1.6 万元（含税），预估未到期责任准备金 72 万元，采用账单期分保费收入预估法，增值税税率为 6%。

H 公司应编制会计分录如下（会计分录中的金额单位为万元）。

(1) 预估分保费收入、预估分保手续费及相应的未到期责任准备金时：

借：预估应收账款　　　　　　　　　　　　　　　　　　160
　　贷：预估分保费收入　　　　　　　　　　　　　　　　150.94
　　　　应交税费——应交增值税（销项税额）　　　　　　　9.06
借：预估分保手续费　　　　　　　　　　　　　　　　　1.51
　　应交税费——应交增值税（进项税额）　　　　　　　　0.09
　　贷：预估应付账款　　　　　　　　　　　　　　　　　1.6
借：提取预估未到期责任准备金　　　　　　　　　　　　72
　　贷：预估未到期责任准备金　　　　　　　　　　　　　72

(2) 收到分保账单，作与上述相反的分录冲销，同时根据分保账单确定分保费收入、分保费用及未到期责任准备金：

借：应收分保账款——E 公司　　　　　　　　　　　　　212
　　贷：保费收入——分保费收入——企业财产保险　　　　200
　　　　应交税费——应交增值税（销项税额）　　　　　　12
借：分保费用——企业财产保险　　　　　　　　　　　　2
　　应交税费——应交增值税（进项税额）　　　　　　　　0.12
　　贷：应付分保账款——E 公司　　　　　　　　　　　　2.12
借：提取未到期责任准备金——企业财产保险　　　　　　80
　　贷：未到期责任准备金——企业财产保险　　　　　　　80

(3) 确定应付的未决赔款准备金：
借：提取保险责任准备金——提取未决赔款准备金——企业财产保险　1 600
　　贷：保险责任准备金——未决赔款准备金——企业财产保险　　　　　1 600
(4) 结案赔付并收回损余存货及确认代位追偿权：
① 冲减应付的未决赔款准备金：
借：保险责任准备金——未决赔款准备金——企业财产保险　　　　　1 600
　　贷：提取保险责任准备金——提取未决赔款准备金——企业财产保险　1 600
② 分担赔付成本：
借：赔付支出——分保赔付支出——企业财产保险　　　　　　　　　1 600
　　贷：应付分保账款——E公司　　　　　　　　　　　　　　　　　1 600
③ E公司收到损余物资：
借：应付分保账款——E公司　　　　　　　　　　　　　　　　　　200
　　贷：赔付支出——分保赔付支出——企业财产保险　　　　　　　　200
④ E公司确认应收代位追偿款：
借：应付分保账款——E公司　　　　　　　　　　　　　　　　　　800
　　贷：赔付支出——分保赔付支出——企业财产保险　　　　　　　　800
(5) E公司处置损余物资：
借：应付分保账款——E公司　　　　　　　　　　　　　　　　　　42.4
　　贷：赔付支出——分保赔付支出——企业财产保险　　　　　　　　42.4
(6) E公司收到代位追偿款：
借：赔付支出——分保赔付支出——企业财产保险　　　　　　　　　80
　　贷：应付分保账款——E公司　　　　　　　　　　　　　　　　　80

【例11-6】　承前[例11-2]，乙公司应编制会计分录如下（会计分录中的金额单位为万元）：
(1) 平时预估分保费收入、分保费用，收到分保账单，作相反的分录冲销，同时根据分保账单确定分保费收入、分保费用（会计分录中的金额单位为万元）：
借：应收分保账款——甲公司　　　　　　　　　　　　　　　　　　500
　　贷：保费收入——分保费收入——火险　　　　　　　　　　　　　471.70
　　　　应交税费——应交增值税（销项税额）　　　　　　　　　　　28.30
借：分保费用——火险　　　　　　　　　　　　　　　　　　　　　5
　　贷：应付分保账款——甲公司　　　　　　　　　　　　　　　　　5
(2) 按照账单标明的分保赔付金额，确定分保赔付成本：
借：赔付支出——分保赔付支出——火险　　　　　　　　　　　　　1 280
　　贷：应付分保账款——甲公司　　　　　　　　　　　　　　　　　1 280
(3) 按账单标明的再保险分出人扣存本期分保保证金：
借：存出保证金——存出分保保证金——甲公司　　　　　　　　　　300
　　贷：应收分保账款——甲公司　　　　　　　　　　　　　　　　　300
(4) 按账单标明的再保险分出人返还上期扣存分保保证金：
借：应收分保账款——甲公司　　　　　　　　　　　　　　　　　　250
　　贷：存出保证金——存出分保保证金——甲公司　　　　　　　　　250

(5) 计算存出分保保证金利息时：

借：应收分保账款——甲公司　　　　　　　　　　　　　　8
　　贷：利息收入　　　　　　　　　　　　　　　　　　　　　　8

(6) 结算分保账款时：

借：应付分保账款——甲公司　　　　　　　　　　　　　1 285
　　贷：应收分保账款——甲公司　　　　　　　　　　　　　　458
　　　　银行存款　　　　　　　　　　　　　　　　　　　　　827

其中：　　　应收分保账款＝500－300＋250＋8＝458（万元）
　　　　　　应付分保账款＝5＋1 280＝1 285（万元）

【例 11-7】 承前［例 11-3］，B 保险公司应作如下会计处理（会计分录中的金额单位为万元）：

(1) 按照再保险合同确定分入保费：

借：应收分保账款——A 公司　　　　　　　　　　　　　　640
　　贷：保费收入——分保费收入——货运险　　　　　　　　603.77
　　　　应交税费——应交增值税（销项税额）　　　　　　　　36.23

(2) 预付赔款时：

借：预付赔付款——A 公司　　　　　　　　　　　　　　　240
　　贷：银行存款　　　　　　　　　　　　　　　　　　　　　240

(3) 分担分保赔款时：

借：赔付支出——分保赔付支出——货运险　　　　　　　　480
　　贷：应付分保账款——A 公司　　　　　　　　　　　　　　480

同时，

借：应付分保账款——A 公司　　　　　　　　　　　　　　240
　　贷：预付赔付款——A 公司　　　　　　　　　　　　　　　240

【例 11-8】 承前［例 11-4］，乙保险公司应作如下会计处理（会计分录中的金额单位为万元）：

(1) 收取甲保险公司提前支付分出保费时：

借：银行存款　　　　　　　　　　　　　　　　　　　　　200
　　贷：预收保费——甲公司　　　　　　　　　　　　　　　　200

(2) 按照超赔合同计算当期分入保费时：

借：应收分保账款——甲公司　　　　　　　　　　　　　　600
　　贷：保费收入——分保费收入——货运险　　　　　　　　566.04
　　　　应交税费——应交增值税（销项税额）　　　　　　　　33.96

借：预收保费——甲公司　　　　　　　　　　　　　　　　200
　　贷：应收分保账款——甲公司　　　　　　　　　　　　　　200

(3) 分担分保赔款时：

借：赔付支出——分保赔付支出——货运险　　　　　　　　100
　　贷：应付分保账款——甲公司　　　　　　　　　　　　　　100

关键词

再保险合同　分保账单　分出保费　摊回分保费用　摊回赔付成本　应收分保准备金　分保费收入　分保费用　分入业务准备金　分保赔付支出

 复习思考题

1. 简述再保险的种类。
2. 简述再保险业务核算的基本要求。
3. 简要说明分保账单的基本内容。
4. 简述分保费收入的确认条件。
5. 试比较终期分保费收入预估法和账单期分保费收入预估法的区别。

 练习题

习题一

一、目的：练习成数再保险分出业务、分入业务的核算。

二、资料：20×7年7月6日，A保险公司与B公司签订一份保险合同，对B公司的一批车辆进行投保，约定保险期限为一年，即至20×8年7月5日，保险金额为3 000万元，A保险公司开出的增值税专用发票上注明的保费为800万元，增值税税额为48万元，款项于合同生效当日一次性收取。经精算后确定，A保险公司针对未到期责任准备金的提取金额为400万元。同时，A保险公司与C保险公司签订了一份比例再保险合同，约定C保险公司承担源于原保险合同的保险风险的20%，收到C保险公司开出的分保费增值税专用发票。发生分保费用4.24万元(含税)，按照摊回的分保费用向C保险公司开出增值税专用发票。增值税税率均为6%。20×7年9月5日，B公司的一辆轿车与车主D驾驶一辆机动车发生碰撞，经查属于车主D责任造成。经定损后确认B公司的轿车毁损70%，金额为40万元，A保险公司决定全额理赔40万元。20×7年10月22日，A保险公司按照上述理赔方案结案，同时收回毁损的轿车并享有对车主D的代位追偿权。假设毁损的轿车残值为10万元，估计代位追偿可收回20万元。20×7年12月转让收入为5.15万元(含税)，依照3%征收率减按2%征收增值税。20×8年4月从车主D那里收回补偿12万元。假设该项再保险合同起期后，预估分保费收入150万元(含税)，预估分保手续费2万元(含税)，预估未到期责任准备金50万元，采用账单期分保费预估法。增值税税率为6%。

三、要求：根据上述资料，编制A保险公司和C保险公司有关会计分录。

习题二

一、目的：练习再保险合同债权、债务的核算。

二、资料：甲保险公司根据20×7年第三季度发生的分保业务编制分保账单并寄送乙再保险人(假设分保账单数据和平时发生一致，不需调整)，分保费为含税价，增值税税率为6%，摊回分保赔款和摊回分保费用均不考虑增值税。分保账单格式如下表所示。

分 保 账 单

公司名称：甲保险公司　　　　　　　　　　　　　险种：火险
分入人：乙再保险公司　　　　　　　　　　　　　业务年度：20×7年
账单期：第三季度　　　　　　　　　　　　　　　货币单位：万元

借　方		贷　方	
项　目	金　额	项　目	金　额
分保赔款	1 900	分保费	4 000
分保手续费	800	保费准备金返还	400
保费准备金扣存	500	准备金利息	20
应付你方余额	1 220	应收你方余额	
共计	4 420	共计	4 420
你方成分(100%)	1 220	你方成分(100%)	

三、要求：根据上述资料，编制甲保险公司和乙保险公司有关会计分录。

习题三

一、目的：练习溢额再保险分出业务、分入业务的核算。

二、资料：A保险公司与B保险公司签订财产保险分保合同，采取溢额分保方式，保险公司承保金额6 000万元，自留额为1 500万元，A公司本月保费600万元（含税），增值税税率为6%，发生赔款300万元，按合约规定A公司向B公司提供理赔资料，B公司向A公司预付了100万元的赔款。

三、要求：根据上述资料，编制A保险公司和B保险公司有关会计分录。

习题四

一、目的：练习超额赔款再保险业务的核算。

二、资料：甲保险公司与乙保险公司签订货运险分保合同，采取超额赔款再保险，分出公司自赔额为200万元，按合约规定甲保险公司提前支付给乙保险公司分出保费300万元，按照超赔合同计算当期分出保费为700万元（含税），增值税税率为6%，实际发生赔款400万元。

三、要求：根据上述资料，编制甲保险公司和乙保险公司有关会计分录。

证券业务篇

ZHENGQUAN YEWU PIAN

第十二章 证券经纪业务的核算

根据《中华人民共和国证券法》(以下简称《证券法》)的规定,证券公司是指依照《中华人民共和国公司法》规定,经国务院证券监督管理机构审查批准设立的从事证券经营业务的有限责任公司或者股份有限公司。证券公司不仅是证券市场上最重要的中介机构,也是证券市场的主要参与者,承担着证券代理发行、证券代理买卖、资产管理以及证券咨询等重要职能。

根据《证券法》的规定,国家对证券公司实行分类管理,分为综合类证券公司和经纪类证券公司。综合类证券公司的证券业务有证券经纪业务、证券自营业务、证券承销业务和经国务院证券监督管理机构核定的其他证券业务四种。经纪类证券公司只允许专门从事证券经纪业务,即只能从事代理客户买卖股票、债券、基金、可转换企业债券、认股权证等。

第一节 证券经纪业务核算概述

一、证券经纪业务范围

证券经纪业务是指证券经营机构通过其设立的证券营业部,接受客户委托,按照客户的要求,代理客户买卖证券的业务。证券经纪业务是证券公司最基本的一项业务,包括代理买卖证券业务、代理兑付证券业务和代理保管证券业务。具体而言,证券经纪业务范围包括:(1) 证券的代理买卖;(2) 代理证券的还本付息、分红派息;(3) 证券代保管、鉴证;(4) 代理登记开户。

二、证券经纪业务的有关规定

(一) 经纪类证券公司设立的条件

设立经纪类证券公司应当具备以下条件。

(1) 注册资本最低限额为人民币 5 000 万元。

(2) 主要管理人员和业务人员必须具有证券从业资格,具备证券从业资格的从业人员不少于 15 人,并有相应的会计、法律、计算机专业人员。

(3) 有符合中国证监会规定的计算机信息系统、业务资料报送系统。

(4) 经纪类证券公司除应遵守证券公司的一般财务风险监管指标外,还应遵守下列财务风险监管指标:① 经纪类证券公司的净资本不得低于 2 000 万元;② 经纪类证券公司的对外负债(不包括客户存放的交易结算资金)不得超过其净资产额的 3 倍;③ 设立专门从事网上证券经纪业务的证券公司,还应当具备其他相关条件;④ 经纪类证券公司达到设立综合类证券公司应具备条件的,可向中国证监会申请变更为综合类证券公司。

（二）经纪类证券公司的经营规则

（1）经纪类证券公司只允许专门从事证券经纪业务。证券公司办理经纪业务,必须为客户分别开立证券和资金账户,并对客户交付的证券和资金按户分账管理,如实进行交易记录,不得做虚假记载。

（2）证券公司接受委托卖出证券必须是客户证券账户上实有的证券,不得为客户融券交易,证券公司接受委托买入证券必须以客户资金账户上实有的资金支付,不得为客户融资交易。

（3）证券公司办理经纪业务,不得接受客户的全权委托而决定证券买卖、选择证券种类、决定买卖数量或者买卖价格。

（三）证券经纪业务应遵循的原则

（1）代理原则。代理原则是指证券公司不能受理有关法规规定不能参与证券交易的人的委托,也不能受理全权选择证券种类,全权决定买卖数量、买卖价格、买卖方向等的委托。在代理过程中,证券公司只能承担代理的责任,对于证券买卖后形成的盈利无权参与分享,对形成的损失也无须承担责任。

（2）效率原则。效率原则是指证券公司在进行经纪业务时要注意效率,因为证券市场上的行情瞬息万变,分秒之差就可能会给委托客户带来损失。

（3）"三公（公开、公平、公正）原则"。"公开原则"是指证券公司在开展证券经纪业务时要做到资料、委托价格、成交的情况公开,操作程序、交易的结果公开。"公平原则"是指证券公司在开展证券经纪业务时应给予交易活动所有参与者平等的法律地位,实行公平的交易规则,各自的合法权益能够得到公平的保护。"公正原则"是指证券公司在开展证券经纪业务时应给予交易活动所有参与者公正的待遇,制定公正的交易规则,实现交易主体的利益平衡,不偏袒任何一方。

第二节 代理买卖证券业务的核算

一、代理买卖证券业务的性质

代理买卖证券业务是证券公司代理客户进行证券买卖的业务,包括代理买卖证券、代理认购新股、代理配股派息等业务。证券公司作为中介人,代为办理证券买卖,根据委托人对证券品种、价格和交易数量的委托办理证券交易。这个委托办理的过程包括办理股东账户、开户、委托和交割四个步骤。

二、科目设置

（1）"代理买卖证券款"科目。"代理买卖证券款"科目核算公司接受客户委托,代客户买卖股票、债券和基金等有价证券而收到的款项。公司代客户认购新股的款项、代理客户领取的现金股利和债券利息、代客户向证券交易所支付的配股款等,也在本科目中核算。该科目属于负债类,其贷方登记收到客户交来的款项,借方登记支付的款项,余额在贷方,反映公司接受客户存放的代理买卖证券资金。该科目按客户类别设置明细账。

（2）"结算备付金"科目。"结算备付金"科目核算证券公司为进行证券交易的资金清算与交收而存入指定清算代理机构的款项。证券公司向客户收取的结算手续费、向证券交易所支付的结算手续费,也在该科目核算。该科目属于资产类科目,其借方登记存入清算代理机构的资金,贷方反映从清算代理机构收回的资金,余额在借方,反映公司存在指定清算代理机构的款项。该科目可按清算代理机构,分别"自有"和"客户"等设置明细账。

三、资金专户的账务处理

证券公司代理客户买卖证券收到的代理买卖证券款,必须全额存入指定的商业银行的资金专户,不能与本公司的存款混淆。其账务处理如下。

(1) 收到客户交来款项,在存管银行开设客户交易结算资金专用存款账户时:
借:银行存款——客户
  贷:代理买卖证券款——××客户
(2) 客户日常存款时的分录与上述交来存款的会计分录相同,取款和销户的会计分录则相反。
(3) 资产负债表日计提利息时:
借:利息支出
  贷:应付利息——××客户
(4) 按季统一结息时:
借:应付利息——××客户(已提利息部分)
  利息支出(未提利息部分)
  贷:代理买卖证券款——××客户
(5) 为客户在证券交易所指定清算代理机构(中国证券登记结算公司)开设清算资金专户时:
借:结算备付金——客户
  贷:银行存款——客户

四、代理买卖证券的账务处理

(1) 公司接受客户委托,通过证券交易所代理买卖证券,与客户清算时,如果买入证券总额大于卖出证券成交总额,会计分录为
借:代理买卖证券款——××客户
  贷:结算备付金——客户
同时,
借:手续费及佣金支出——代理买卖证券手续费支出
  应交税费——应交增值税(进项税额)
  结算备付金——自有
  贷:手续费及佣金收入——代理买卖证券手续费收入
    应交税费——应交增值税(销项税额)
(2) 公司接受客户委托,通过证券交易所代理买卖证券,与客户清算时,如果卖出证券成交总额大于买入证券成本总额,会计分录为
借:结算备付金——客户
  贷:代理买卖证券款——××客户

同时，

借：手续费及佣金支出——代理买卖证券手续费支出
　　应交税费——应交增值税(进项税额)
　　结算备付金——自有
　　贷：手续费及佣金收入——代理买卖证券手续费收入
　　　　应交税费——应交增值税(销项税额)

【例 12-1】 20×3 年 8 月某证券公司代理买卖证券资料如下。

(1) 8 月 2 日接受张红委托代其进行证券买卖，收到客户资金 200 000 元，开设资金专户存款账户。证券公司应编制会计分录如下。

借：银行存款——客户　　　　　　　　　　　　　　　　200 000
　　贷：代理买卖证券款——张红　　　　　　　　　　　　200 000

(2) 8 月 2 日将客户存入款项，划转清算代理机构时：

借：结算备付金——客户　　　　　　　　　　　　　　　200 000
　　贷：银行存款——客户　　　　　　　　　　　　　　　200 000

(3) 8 月 6 日，张红委托购买甲股票 10 000 股，每股限价 3.5 元。次日办理交割手续。代扣代交的交易税费为 70 元，应向客户收取的佣金为 80 元(含税)，证券公司应负担的交易费用为 50 元(含税)，增值税税率为 6%。会计分录如下。

借：代理买卖证券款——张红　　　35 150(35 000＋70＋80)
　　贷：结算备付金——客户　　　　　　　　　　　　　　35 150
借：手续费及佣金支出——代理买卖证券手续费支出　　　47.17
　　应交税费——应交增值税(进项税额)　　　　　　　　 2.83
　　结算备付金——自有　　　　　　　　　　　　　　　　30
　　贷：手续费及佣金收入——代理买卖证券手续费收入　　75.47
　　　　应交税费——应交增值税(销项税额)　　　　　　　4.53

(4) 8 月 18 日，张红委托购买乙股票 10 000 股，每股限价 5 元。同时，委托卖出甲股票 8 000 股，每股限价 4 元，次日办理交割手续。代扣代交的交易税费为 180 元，应向客户收取的佣金为 300 元(含税)，证券公司应负担的交易费用为 120 元(含税)，增值税税率为 6%。会计分录如下。

借：代理买卖证券款——张红　　　18 480(50 000－32 000＋180＋300)
　　贷：结算备付金——客户　　　　　　　　　　　　　　18 480
借：手续费及佣金支出——代理买卖证券手续费支出　　　113.21
　　应交税费——应交增值税(进项税额)　　　　　　　　 6.79
　　结算备付金——自有　　　　　　　　　　　　　　　　180
　　贷：手续费及佣金收入——代理买卖证券手续费收入　　283.02
　　　　应交税费——应交增值税(销项税额)　　　　　　　16.98

(5) 8 月 28 日，张红委托购买丙股票 5 000 股，每股限价 6 元。同时，委托卖出乙股票 8 000 股，每股限价 5.80 元，次日办理交割手续。代扣代交的交易税费为 150 元，应向客户收取的佣金为 270 元(含税)，证券公司应负担的交易费用为 160 元(含税)，增值税税率为 6%。会计分录如下。

借:结算备付金——客户　　　　　　　15 980(46 400－30 000－150－270)
　　贷:代理买卖证券款——张红　　　　　　　　　　　　　15 980
借:手续费及佣金支出——代理买卖证券手续费支出　　　　150.94
　　应交税费——应交增值税(进项税额)　　　　　　　　　 9.06
　　结算备付金——自有　　　　　　　　　　　　　　　　 110
　　贷:手续费及佣金收入——代理买卖证券手续费收入　　　254.72
　　　　应交税费——应交增值税(销项税额)　　　　　　　 15.28

(6) 8月31日,公司对客户的存款计提利息540元。会计分录如下。
借:利息支出　　　　　　　　　　　　　　　　　　　　　540
　　贷:应付利息——张红　　　　　　　　　　　　　　　　540

在统一结息日,应将计提的应付客户资金利息转入"代理买卖证券款"账户。

五、代理认购新股的账务处理

(1) 客户办理申购手续,在公司与证券交易所清算时:
借:代理买卖证券款——××客户
　　贷:结算备付金——客户
(2) 证券交易所完成中签认定工作,将未中签的资金划回时:
借:银行存款——客户
　　贷:结算备付金——客户
(3) 将未中签的资金退给客户时:
借:代理买卖证券款——××客户
　　贷:银行存款——客户
(4) 收到证券交易所转来发行公司支付的手续费时:
借:银行存款——自有
　　贷:手续费及佣金收入——代理买卖证券手续费收入
　　　　应交税费——应交增值税(销项税额)

【例12-2】 某证券公司代理客户王明认购新股,收到客户认购款项3 000 000元,为客户办理申购手续。证券交易所完成中签认定工作,将未中签资金1 200 000元退给客户。中签交付的认股款项为1 800 000元,手续费率0.4%(含税),增值税税率为6%,由发行公司支付并已收取。证券公司应编制会计分录如下。

(1) 收到客户认购款项时:
借:银行存款——客户　　　　　　　　　　　　　　　　　3 000 000
　　贷:代理买卖证券款——王明　　　　　　　　　　　　　3 000 000
(2) 将款项划转清算代理机构时:
借:结算备付金——客户　　　　　　　　　　　　　　　　3 000 000
　　贷:银行存款——客户　　　　　　　　　　　　　　　　3 000 000
(3) 客户向证券公司办理申购手续时,公司与证券交易所清算资金时:
借:代理买卖证券款——王明　　　　　　　　　　　　　　1 800 000
　　贷:结算备付金——客户　　　　　　　　　　　　　　　1 800 000

(4) 证券公司将未中签的款项划回时：
借：银行存款——客户　　　　　　　　　　　　　　1 200 000
　　贷：结算备付金——客户　　　　　　　　　　　　　　1 200 000

(5) 证券交易所完成中签认定工作，将未中签资金退给客户时：
借：代理买卖证券款——王明　　　　　　　　　　　1 200 000
　　贷：银行存款——客户　　　　　　　　　　　　　　1 200 000

(6) 收到证券交易所转来发行公司支付的手续费时：
借：银行存款——自有　　　　　　　　　　　　　　　　7 200
　　贷：手续费及佣金收入——代理买卖证券手续费收入　　6 792.45
　　　　应交税费——应交增值税（销项税额）　　　　　　407.55

六、代理配股派息的账务处理

1. 代理配股的核算

代理客户办理配股业务，有以下两种情况。

(1) 当日向证券交易所解交配股款的，在客户提出配股要求时，证券公司应编制会计分录如下：

借：代理买卖证券款——××客户
　　贷：结算备付金——客户

(2) 定期向证券交易所解交配股款的，在客户提出配股要求时，会计分录为：

借：代理买卖证券款——××客户
　　贷：其他应付款——应付客户配股款

与证券交易所清算配股款时：

借：其他应付款——应付客户配股款
　　贷：结算备付金——客户

【例 12-3】 某证券公司代理客户李江增配新股，李江持有 A 公司股票 50 000 股，按照十配一可增配 5 000 股，每股配股价 3 元，委托证券公司代理，定期向证券交易所解交配股款。证券公司已收到由发行公司支付的 450 元（含税），增值税税率为 6% 配股手续费。证券公司应编制会计分录如下。

(1) 客户提出配股要求时：
借：代理买卖证券款——李江　　　　　　　　　　　　15 000
　　贷：其他应付款——应付客户配股款　　　　　　　　15 000

(2) 与证券交易所清算配股款时：
借：其他应付款——应付客户配股款　　　　　　　　　15 000
　　贷：结算备付金——客户　　　　　　　　　　　　　15 000

(3) 收到配股手续费时：
借：结算备付金——自有　　　　　　　　　　　　　　　450
　　贷：手续费及佣金收入——代理买卖证券手续费收入　　424.53
　　　　应交税费——应交增值税（销项税额）　　　　　　25.47

2.代理客户领取现金股利和利息的核算

代理客户领取现金股利和利息时：

借：结算备付金——客户
　　贷：代理买卖证券款——××客户

【例12-4】 某证券公司代理客户张华领取甲股份有限公司发放的现金股利20 000元，同时收到甲公司支付的150元代理发放现金股利手续费（含税），增值税税率为6%。证券公司应编制会计分录如下。

(1) 代理客户领取现金股利和利息时：

借：结算备付金——客户	20 000	
贷：代理买卖证券款——张华		20 000

(2) 收到手续费时：

借：结算备付金——自有	150	
贷：手续费及佣金收入——代理买卖证券手续费收入		141.51
应交税费——应交增值税（销项税额）		8.49

第三节　代理兑付证券业务的核算

一、代理兑付证券业务的性质

代理兑付证券业务是指证券公司接受客户（国家或企业等债券发行单位）的委托兑付到期的国债、企业债券及金融债券等，并向发行单位收取手续费的业务。代理兑付证券的证券公司一般不垫付资金，而先由债券发行人拨付一部分资金。代兑付证券业务结束后，证券公司将已兑付的债券交付债券发行人，还应收取手续费。

二、科目设置

(1) "代理兑付证券"科目。"代理兑付证券"科目核算证券公司接受委托，代理兑付到期的证券。该科目属于资产类，其借方登记已兑付的证券，贷方登记向委托单位交回已兑付的证券，余额在借方，反映公司已兑付但尚未收到委托单位兑付资金的证券余额。该科目应按委托单位和证券种类设置明细账。

(2) "代理兑付证券款"科目。"代理兑付证券款"科目核算公司接受委托代理兑付证券业务而收到的兑付资金。该科目属于负债类科目，其贷方登记收到委托单位的兑付资金，借方登记代理兑付的资金，余额在贷方，反映公司已收到但尚未兑付的代理兑付证券款项。该科目应按委托单位和证券种类设置明细账。

三、账务处理

1. 接受委托代国家或企业兑付到期的无记名债券的账务处理

(1) 收到委托单位的兑付资金时：

借：银行存款
　　贷：代理兑付证券款——××委托单位

(2) 收到客户交来的实物债券,按兑付金额(证券本息)予以兑付时:
借:代理兑付证券——××委托单位
　　贷:库存现金或银行存款
(3) 向委托单位交回已兑付的实物债券时:
借:代理兑付证券款——××委托单位
　　贷:代理兑付证券——××委托单位
如果委托单位尚未拨付兑付资金,并由公司垫付的,会计分录如下。
(1) 收到兑付债券等时按兑付金额予以兑付时:
借:代理兑付证券——××委托单位
　　贷:银行存款(或其他科目)
(2) 向委托单位交回已兑付的证券并收回垫付的资金时:
借:银行存款(或其他科目)
　　贷:代理兑付证券——××委托单位

2. 接受委托代国家或企业兑付到期的记名债券的账务处理
(1) 收到委托单位的兑付资金时:
借:银行存款
　　贷:代理兑付证券款——××委托单位
(2) 兑付债券本息时:
借:代理兑付证券款
　　贷:库存现金或银行存款

3. 收取的代兑付手续费收入的账务处理
(1) 如果向委托单位单独收取,按应收或已收的手续费,编制如下会计分录:
借:应收手续费及佣金或银行存款
　　贷:手续费及佣金收入——代理兑付证券手续费收入
　　　　应交税费——应交增值税(销项税额)
(2) 如果手续费与兑付款一并汇入,则会计分录为
借:银行存款
　　贷:代理兑付证券款——××委托单位
　　　　其他应付款——预收代兑付证券手续费
(3) 兑付债券业务完成后,确认手续费收入时:
借:其他应付款——预收代兑付证券手续费
　　贷:手续费及佣金收入——代理兑付证券手续费收入
　　　　应交税费——应交增值税(销项税额)

【例 12-5】 某证券公司接受委托,代理光大公司兑付到期的无记名债券。11月1日,该公司拨来兑付资金200万元,其中手续费1.5万元(含税),增值税税率为6%,至11月底共兑付债券198.5万元。证券公司应编制会计分录如下。
(1) 收到光大公司的兑付资金时:
借:银行存款　　　　　　　　　　　　　　　　　　　　　　2 000 000
　　贷:代理兑付证券款——光大公司　　　　　　　　　　　　　　1 985 000
　　　　其他应付款——预收代兑付证券手续费　　　　　　　　　　15 000

(2) 按兑付金额予以兑付时：
借：代理兑付证券——光大公司　　　　　　　　　　　1 985 000
　　贷：银行存款　　　　　　　　　　　　　　　　　　　　　1 985 000
(3) 兑付期结束，向光大公司交回已兑付的实物债券时：
借：代理兑付证券款——光大公司　　　　　　　　　　1 985 000
　　贷：代理兑付证券——光大公司　　　　　　　　　　　　　1 985 000
同时，确认手续费收入：
借：其他应付款——预收代兑付证券手续费　　　　　　　15 000
　　贷：手续费及佣金收入——代理兑付证券手续费收入　　　　14 150.94
　　　　应交税费——应交增值税(销项税额)　　　　　　　　　　849.06

【例12-6】 某证券公司接受委托，代运达企业兑付到期的记名债券300万元，该企业拨来兑付资金300万元。客户交来实物证券时，按兑付金额支付款项。兑付期结束，收到运达企业手续费2万元(含税)，增值税税率为6%。证券公司应编制会计分录如下。

(1) 收到运达企业的兑付资金时：
借：银行存款　　　　　　　　　　　　　　　　　　　3 000 000
　　贷：代理兑付证券款——运达企业　　　　　　　　　　　　3 000 000
(2) 兑付债券本息时：
借：代理兑付证券款——运达企业　　　　　　　　　　3 000 000
　　贷：银行存款　　　　　　　　　　　　　　　　　　　　　3 000 000
(3) 收取的代兑付手续费收入时：
借：银行存款　　　　　　　　　　　　　　　　　　　　20 000
　　贷：手续费及佣金收入——代理兑付证券手续费收入　　　　18 867.92
　　　　应交税费——应交增值税(销项税额)　　　　　　　　　1 132.08

第四节　代保管证券业务的核算

一、代保管证券业务性质

代保管证券业务是指证券公司接受客户委托、代客户保管证券的业务，它是一项便利客户的服务项目，因此，证券公司一般收取少量手续费；对于代保管的证券，因其不属于证券公司的财产，只需在"代保管证券"表外科目中单方登记即可。

代理保管证券业务不需要单独设置表内账户核算，不论采用何种代保管方式，均需在专设的备查簿中记录代保管证券的情况。代保管证券业务的手续费收入，应在代保管服务完成时确认为收入。

二、账务处理

【例12-7】 某证券公司代理景新公司保管金日企业债券500张，面值5 000 000元。5月份债券到期，公司保管服务完成，向景新公司收取保管费500元(含税)，增值税税率为

6%,款项收到并存入银行。应编制如下会计分录。

(1) 收到代保管债券时,公司应当在表外账簿中进行如下登记:

收入:代保管债券——景新公司(金日企业债券,500张,面值5 000 000元)

(2) 到期归还债券时,应当在表外账簿中进行登记:

付出:代保管债券——景新公司(金日企业债券,500张,面值5 000 000元)

(3) 收取手续费时:

借:银行存款　　　　　　　　　　　　　　　　　　　　　500
　　贷:手续费及佣金收入——代保管证券手续费收入　　　471.70
　　　　应交税费——应交增值税(销项税额)　　　　　　 28.30

关键词

经纪业务　结算备付金　代理买卖证券款　代理兑付证券　代理兑付证券款　代保管证券

复习思考题

1. 证券经纪业务包括哪些内容?
2. 简述证券经纪业务的有关规定。
3. 代理买卖证券业务的具体业务有哪几种?其一般程序如何?
4. 如何对代保管业务进行核算?

练习题

习题一

一、目的:练习代理买卖证券业务的核算。

二、资料:20×3年10月某证券公司代理买卖证券资料如下。

1. 10月3日,接受委托代其进行证券买卖,收到刘明资金200 000元,李红资金400 000元,开设资金专户存款账户。

2. 10月3日,将客户存入款项,划转清算代理机构。

3. 10月5日,代理客户刘明认购新股10 000股,每股面值1元,每股认购价5元。

4. 10月10日,证券交易所完成中签认定工作,将未中签资金150 000元退给刘明。中签交付的认股款项为50 000元,手续费率0.4%(含税),增值税税率为6%,由发行公司支付并已收取。

5. 10月18日,新股上市,刘明委托公司卖出新股10 000股,每股限价7元,当日全部按限价成交。成交时,刘明需支付印花税等交易费用45元,佣金32元(含税),证券公司应负担的交易费用为20元(含税),增值税税率为6%。

6. 10月20日,代理客户李红购买甲股票15 000股,每股限价4元,次日办理交割手续。代扣代交的交易税费为120元,应向客户收取的佣金为280元(含税),证券公司应负担的交易费用为210元(含税),增值税税率为6%。

7. 10月22日,代理客户李红购买乙股票20 000股,每股限价6元。同时,代理客户李红委托卖出甲股票15 000股,每股限价4.8元,次日办理交割手续。代扣代交的交易税费为150元,应向客户收取的佣金为320元(含税),证券公司应负担的交易费用为270元(含税),增值税税率为6%。

8. 10月25日,代理客户李红收到乙股份有限公司现金股利1 000元。

9. 10月30日,代理客户李红购买丙股票10 000股,每股限价4.8元。同时,代理客户李红委托卖出乙股票12 000股,每股限价6.4元,次日办理交割手续。代扣代交的交易税费为180元,应向客户收取的佣金为260元(含税),证券公司应负担的交易费用为190元(含税),增值税税率为6%。

10. 10月31日,公司对客户李红的存款计提利息180元。

三、要求:根据上述资料编制会计分录。

习题二

一、目的:练习代理兑付证券业务的核算。

二、资料:

1. 某证券公司接受委托,代万达企业兑付到期的无记名债券,该企业拨来兑付资金300万元。客户交来实物证券时,按兑付金额支付款项。兑付期结束,收到万达企业手续费2.5万元(含税),增值税税率为6%。

2. 某证券公司接受委托,代华云企业兑付到期的无记名债券1 000万元,兑付资金由公司垫付,手续费2万元(含税)在兑付业务完毕后收取,增值税税率为6%。客户交来实物证券时,按兑付金额支付款项。

3. 某证券公司接受委托代国家兑付到期的记名债券,拨来4 000万元兑付资金,兑付期为半年,同时拨入手续费5万元(含税),增值税税率为6%。

三、要求:根据上述资料编制会计分录。

第十三章 自营证券业务的核算

第一节 自营证券业务核算概述

一、自营证券业务的性质

自营证券是指证券公司为了获取证券买卖差价收入而买入的、能随时变现的股票、债券和基金等。根据中国证监会和《证券法》的有关规定,综合类证券公司除可以从事经纪类证券公司业务以外,还可以从事证券的自营买卖、证券的承销、证券投资咨询、受托投资管理等业务。证券公司从事证券自营业务,应当取得证监会认定的证券自营业务资格并领取证监会颁发的《经营证券自营业务资格证书》,未取得证券自营业务资格的证券经营机构不得从事证券自营业务。

二、设立综合类证券公司的条件

设立综合类证券公司必须符合以下八个条件。
(1) 注册资本最低限额为人民币5亿元。
(2) 有规范的业务分开管理制度,确保各类业务在人员、机构、信息和账户等方面有效隔离。
(3) 具备相应证券从业资格的从业人员不少于50人,并有相应的会计、法律、计算机专业人员。
(4) 有符合中国证监会规定的计算机信息系统、业务资料报送系统。
(5) 综合类证券公司需要设立专门从事某一证券业务的子公司的,应当在中国证监会核定的业务范围内提出申请,持有子公司的股份不得低于51%,不得从事与控股子公司相同的业务。
(6) 综合类证券公司必须将其经纪业务和自营业务分开办理,业务人员、财务账户均应分开,不得混合操作,客户的交易结算资金必须全额存入指定的商业银行,单独立户管理,严禁挪用客户交易结算资金。
(7) 证券公司的自营业务必须使用自有资金和依法筹集的资金,自营业务必须以自己的名义进行,不得假借他人名义或者以个人名义进行。
(8) 必须遵守有关财务风险监管指标:① 净资本不得低于2亿元。② 对外负债(不包括客户存放的交易结算资金和受托投资管理的资金)不得超过其净资产额的9倍。

第二节 交易性金融资产的核算

一、交易性金融资产的概念

交易性金融资产主要是指公司为了近期内出售或回购,比如公司以赚取差价为目的从二级市场购入的股票、债券、基金等。

二、科目设置

1."应收股利"科目

"应收股利"科目核算公司应收取的现金股利和应收其他单位分配的利润。该科目属于资产类科目,其借方登记公司应收取的现金股利或利润,贷方登记收到的现金股利或利润,余额在借方,反映公司尚未收回的现金股利或利润。该科目应按被投资单位设置明细账。

2."应收利息"科目

"应收利息"科目核算因债券投资等已到付息日但尚未领取的利息。该科目属于资产类科目,其借方登记购入债券时实际支付的价款中包含的已到付息日但尚未领取的利息,以及公司已计提长期债券应收利息中的已到付息日但尚未领取的利息,贷方登记收到的应收利息和已经确认为坏账的应收利息,余额在借方,反映公司尚未收回的利息。该科目应按应收利息种类设置明细科目。

3."投资收益"科目

"投资收益"科目核算公司确认的投资收益或投资损失。该科目属于损益类(收入)类科目,其贷方登记公司投资取得的收益,贷方登记公司投资发生的损失,期末将"投资收益"科目的净收益或净损失转入"本年利润"科目,结转后该科目无余额。该科目应按投资项目设置明细账。

4."交易性金融资产"科目

"交易性金融资产"科目核算公司为交易目的所持有的债券投资、股票投资、基金投资等交易性金融资产的公允价值,包括企业持有的直接指定为以公允价值计量且变动计入当期损益的金融资产。该科目属于资产类科目,其借方登记取得交易性金融资产的公允价值以及资产负债日交易性金融资产的公允价值高于其账面余额的差额,贷方登记出售交易性金融资产实际收到的金额及资产负债日交易性金融资产的公允价值低于其账面余额的差额,余额在借方,反映公司持有的交易性金融资产的公允价值。该科目应按交易性金融资产的类别和品种,分别"成本""公允价值变动"等设置明细账。

5."公允价值变动损益"科目

"公允价值变动损益"科目核算公司交易性金融资产、交易性金融负债,以及采用公允价值模式计量的投资性房地产、衍生工具、套期保值业务等公允价值变动形成的应计入当期损益的利得或损失。该科目属于损益类(收入)类科目,对于交易性金融资产,其贷方登记资产负债表日交易性金融资产的公允价值高于其账面余额的差额以及出售交易性金融资产转出的交易性金融资产的公允价值低于其账面余额的差额,借方登记企业资产负债表日交易性金融资产的公允价值低于其账面余额的差额以及出售交易性金融资产转出的交易性金融资产的公允价值高于其账面余额的差额,期末将其余额转入"本年利润"科目,结转后该科目无余额。该科目应按交易性金融资产、交易性金融负债、投资性房地产等设置明细账。

6."应交税费——转让金融商品应交增值税"科目

该科目属于负债类科目。按照财税[2016]70号文,对于金融商品转让,根据卖出价扣除买入价后的销售额按照6%的税率征收增值税。其中买入价以股票、债券的购入价减去股票、债券持有期间取得的股票、债券红利收入的余额确定。如果卖出价和买入价相抵后出现负差,可结转下一纳税期与下期转让金融商品销售额相抵,但年末时仍出现负差的不得转入下一会计年度。金融商品转让不得开具增值税专用发票。按照财会[2016]22号文,金融商品实际转让月末,如产生转让收益,则按应纳税额借记"投资收益"等科目,贷记"应交税费——转让金融商品应交增值税"科目;如产生转让损失,则按可结转下月抵扣税额,借记"应交税费——转让金融商品应交增值税"科目,贷记"投资收益"等科目。交纳增值税时,应借记"应交税费——转让金融商品应交增值税"科目,贷记"银行存款"科目。年末,本科目如有借方余额,则借记"投资收益"等科目,贷记"应交税费——转让金融商品应交增值税"科目。

三、账务处理

【例13-1】 甲证券公司将自有资金3 000 000元存入清算代理机构,20×6年1月购入A股票10万股,每股市价10元。20×6年3月购入A股票10万股,每股市价12元。20×6年10月购入A股票10万股,每股市价8元。20×6年12月31日,每股市价11元。年末取得股票股利15万元。20×7年3月转让A股票10万股,每股市价9元。20×7年9月转让A股票10万股,每股市价15元。假定不考虑交易费用和证券交易印花税因素,采用加权平均法,增值税税率为6%。甲公司应编制会计分录如下。

(1) 公司将自有资金存入清算代理机构时:

借:结算备付金——自有　　　　　　　　　　　　　　3 000 000
　　贷:银行存款　　　　　　　　　　　　　　　　　　　　3 000 000

(2) 20×6年1月购入股票时:

借:交易性金融资产——成本　　　　　　　　　　　1 000 000
　　贷:结算备付金——自有　　　　　　　　　　　　　　1 000 000

(3) 20×6年3月购入股票时:

借:交易性金融资产——成本　　　　　　　　　　　1 200 000
　　贷:结算备付金——自有　　　　　　　　　　　　　　1 200 000

(4) 20×6年10月购入股票时:

借:交易性金融资产——成本　　　　　　　　　　　800 000
　　贷:结算备付金——自有　　　　　　　　　　　　　　800 000

(5) 20×6年年末确认应收股利时:

借:应收股利　　　　　　　　　　　　　　　　　　150 000
　　贷:投资收益　　　　　　　　　　　　　　　　　　　150 000

(6) 20×6年年末股票公允价值与成本价差额的处理:

股票成本价＝1 000 000＋1 200 000＋800 000＝3 000 000(元)
股票公允价值＝300 000×11＝3 300 000(元)
股票公允价值与成本价的差额＝3 300 000－3 000 000＝300 000(元)

借：交易性金融资产——公允价值变动　　　　　　　　　　　300 000
　　贷：公允价值变动损益　　　　　　　　　　　　　　　　　　300 000

(7) 20×7年3月转让A股票：

转让收入＝100 000×9＝900 000(元)
应转出的公允价值变动额＝300 000÷300 000×100 000＝100 000(元)

借：结算备付金——自有　　　　　　　　　　　　　　　　　900 000
　　投资收益　　　　　　　　　　　　　　　　　　　　　　　200 000
　　贷：交易性金融资产——成本　　　　　　　　　　　　　　1 000 000
　　　　　　　　　　　　——公允价值变动　　　　　　　　　　100 000

借：公允价值变动损益　　　　　　　　　　　　　　　　　　100 000
　　贷：投资收益　　　　　　　　　　　　　　　　　　　　　100 000

(8) 20×7年3月末交易性金融资产转让损失的税收处理：

交易性金融资产转让的差额＝900 000－3 000 000÷300 000×100 000＝－100 000(元)
可结转下月的抵扣税额＝100 000÷(1＋6%)×6%＝5 660.38(元)

借：应交税费——转让金融商品应交增值税　　　　　　　　　5 660.38
　　贷：投资收益　　　　　　　　　　　　　　　　　　　　　5 660.38

(9) 20×7年9月转让A股票：

转让收入＝100 000×15＝1 500 000(元)
应转出的公允价值变动额＝300 000÷300 000×100 000＝100 000(元)

借：结算备付金——自有　　　　　　　　　　　　　　　　　1 500 000
　　贷：交易性金融资产——成本　　　　　　　　　　　　　　1 000 000
　　　　　　　　　　　　——公允价值变动　　　　　　　　　　100 000
　　　　投资收益　　　　　　　　　　　　　　　　　　　　　400 000

借：公允价值变动损益　　　　　　　　　　　　　　　　　　100 000
　　贷：投资收益　　　　　　　　　　　　　　　　　　　　　100 000

(10) 20×7年9月末交易性金融资产转让收益的税收处理：

交易性金融资产转让的差额＝1 500 000－3 000 000÷300 000×100 000＝500 000(元)
转让金融商品应交增值税＝500 000÷(1＋6%)×6%＝28 301.89(元)

借：投资收益　　　　　　　　　　　　　　　　　　　　　　28 301.88
　　贷：应交税费——转让金融商品应交增值税　　　　　　　　28 301.88

【例13-2】 20×7年1月1日，甲证券公司从二级市场支付价款1 020 000元(含已到付息期但尚未领取的利息20 000元)购入某公司发行的债券,另发生交易费用20 000元。该债券面值1 000 000元,剩余期限为2年,票面年利率为4%,每半年付息一次,该证券公司将其划分为交易性金融资产。甲证券公司其他资料如下。

(1) 20×7年1月5日,收到该债券20×6年下半年利息20 000元;
(2) 20×7年6月30日,该债券的公允价值为1 150 000元(不含利息);
(3) 20×7年7月5日,收到该债券半年利息;
(4) 20×7年12月31日,该债券的公允价值为1 100 000元(不含利息);
(5) 20×8年1月5日,收到该债券20×7年下半年利息;
(6) 20×8年3月31日,甲证券公司将该债券出售,取得价款1 180 000元(含1季度利息10 000元)。

假定不考虑其他因素,则甲证券公司应编制会计分录如下。

(1) 20×7年1月1日,购入债券:

借:交易性金融资产——成本　　　　　　　　　　　　1 000 000
　　应收利息　　　　　　　　　　　　　　　　　　　　20 000
　　投资收益　　　　　　　　　　　　　　　　　　　　20 000
　　贷:结算备付金——自有　　　　　　　　　　　　　　　1 040 000

(2) 20×7年1月5日,收到该债券20×6年下半年利息:

借:结算备付金——自有　　　　　　　　　　　　　　20 000
　　贷:应收利息　　　　　　　　　　　　　　　　　　　20 000

(3) 20×7年6月30日,确认债券公允价值变动和投资收益:

借:交易性金融资产——公允价值变动　　　　　　　　150 000
　　贷:公允价值变动损益　　　　　　　　　　　　　　　150 000
借:应收利息　　　　　　　　　　　　　　　　　　　20 000
　　贷:投资收益　　　　　　　　　　　　　　　　　　　20 000

(4) 20×7年7月5日,收到债券半年利息:

借:结算备付金——自有　　　　　　　　　　　　　　20 000
　　贷:应收利息　　　　　　　　　　　　　　　　　　　20 000

(5) 20×7年12月31日,确认债券公允价值变动和投资收益:

借:公允价值变动损益　　　　　　　　　　　　　　　50 000
　　贷:交易性金融资产——公允价值变动　　　　　　　　　50 000
借:应收利息　　　　　　　　　　　　　　　　　　　20 000
　　贷:投资收益　　　　　　　　　　　　　　　　　　　20 000

(6) 20×8年1月5日,收到该债券20×7年下半年利息:

借:结算备付金——自有　　　　　　　　　　　　　　20 000
　　贷:应收利息　　　　　　　　　　　　　　　　　　　20 000

(7) 20×8年3月31日,将该债券予以出售:

借:应收利息　　　　　　　　　　　　　　　　　　　10 000
　　贷:投资收益　　　　　　　　　　　　　　　　　　　10 000
借:结算备付金——自有　　　　　　　　　　　　　　1 170 000
　　公允价值变动损益　　　　　　　　　　　　　　　100 000
　　贷:交易性金融资产——成本　　　　　　　　　　　　1 000 000
　　　　　　　　　　——公允价值变动　　　　　　　　　100 000
　　　　投资收益　　　　　　　　　　　　　　　　　　　170 000

借：投资收益　　　　　　　　　　　　　　　　　　　　　　12 452.83
　　贷：应交税费——转让金融商品应交增值税　　　　　　　　　12 452.83

转让金融商品应交增值税＝[1 170 000－(1 000 000－20 000－20 000－10 000)]
　　　　　　　　　　　÷(1＋6％)×6％＝12 452.83(元)

借：结算备付金——自有　　　　　　　　　　　　　　　　　10 000
　　贷：应收利息　　　　　　　　　　　　　　　　　　　　　　10 000

第三节　持有至到期投资的核算

一、持有至到期投资概述

持有至到期投资，是指到期日固定、回收金额固定或可确定，且公司有明确意图和能力持有至到期的非衍生金融资产。通常情况下，能够划分为持有至到期投资的金融资产，主要是债权性投资，比如从二级市场上购入的固定利率国债、浮动利率金融债券等。股权投资因其没有固定的到期日，因而不能划分为持有至到期投资。持有至到期投资通常具有长期性质，但期限较短（1年以内）的债券投资，符合持有至到期投资条件的，也可将其划分为持有至到期投资。

二、科目设置

证券公司应设置"持有至到期投资"科目核算公司持有至到期投资。该科目属于资产类科目，其借方登记取得的持有至到期投资成本及利息调整，贷方登记出售持有至到期投资的账面余额及利息调整，余额在借方，反映持有至到期投资的摊余成本。该科目应按持有至到期投资的类别和品种，分别"成本""利息调整""应计利息"设置明细账。

三、账务处理

（一）持有至到期投资的初始计量

持有至到期投资的初始确认时，应当按照公允价值计量相关交易费用之和作为初始入账金额。实际支付的价款中包括的已到付息期但尚未领取的债券利息，应单独确认为应收项目。

持有至到期投资初始确认时，应当计算确定其实际利率，并在该持有至到期投资预期存续期间或适用的更短期间内保持不变。实际利率，是指将金融资产或金融负债在预期存续期间或适用的更短期间内的未来现金流量，折现为该金融资产或金融负债当前账面价值所使用的利率。

（二）持有至到期投资的后续计量

公司应当采用实际利率法，按摊余成本对持有至到期投资进行后续计量。其中，实际利率法，是指按照金融资产或金融负债（含一组金融资产或金融负债）的实际利率计算其摊余成本及各期利息收入或利息费用的方法。摊余成本，是指该金融资产的初始确认金额经下列调整后的结果：（1）扣除已偿还的本金；（2）加上或减去采用实际利率法将该初始确认金额与到期日金额之间的差额进行摊销形成的累计摊销额；(3) 扣除已发生的减值损失。

公司应在持有至到期投资持有期间，采用实际利率法，按照摊余成本和实际利率计算确认利息收入，计入投资收益。实际利率应当在取得持有至到期投资时确定，实际利率与票面利率差别较小的，也可按票面利率计算利息收入，计入投资收益。

处置持有至到期投资时，应将所取得价款与持有至到期投资账面价值之间的差额，计入当期损益。

【例 13-3】 20×0 年 1 月 1 日，乙证券公司支付价款 1 000 元（含交易费用）从活跃市场上购入某公司五年期债券，面值 1 250 元，票面利率 4.72%，按年支付利息（即每年 59 元），本金最后一次支付。

设该债券的实际利率为 r，则可列出如下等式。

$$59 \times (1+r)^{-1} + 59 \times (1+r)^{-2} + 59 \times (1+r)^{-3} + 59 \times (1+r)^{-4} + (59+125) \times (1+r)^{-5} = 1\,000(元)$$

采用插值法，可以计算得出 $r=10\%$，由此可编制表 13-1。

表 13-1　实际利率法计算持有至到期投资摊余成本表　　　　　　单位：元

年　份	期初摊余成本 (a)	实际利息(b) (按10%计算)	现金流入(c)	期末摊余成本 (d=a+b-c)
20×0 年	1 000	100	59	1 041
20×1 年	1 041	104	59	1 086
20×2 年	1 086	109	59	1 136
20×3 年	1 136	114*	59	1 191
20×4 年	1 191	118**	1 309	0

* 数字四舍五入取整；
** 数字考虑了计算过程中出现的尾差。

根据上述数据，乙证券公司应编制会计分录如下。

(1) 20×0 年 1 月 1 日，购入债券：

借：持有至到期投资——成本　　　　　　　　　　　　　　　1 250
　　贷：结算备付金——自有　　　　　　　　　　　　　　　　1 000
　　　　持有至到期投资——利息调整　　　　　　　　　　　　　250

(2) 20×0 年 12 月 31 日，确认实际利息收入、收到票面利息等：

借：应收利息　　　　　　　　　　　　　　　　　　　　　　　59
　　持有至到期投资——利息调整　　　　　　　　　　　　　　　41
　　贷：投资收益　　　　　　　　　　　　　　　　　　　　　　100

(3) 20×1 年 12 月 31 日，确认实际利息收入、收到票面利息等：

借：应收利息　　　　　　　　　　　　　　　　　　　　　　　59
　　持有至到期投资——利息调整　　　　　　　　　　　　　　　45
　　贷：投资收益　　　　　　　　　　　　　　　　　　　　　　104

```
借：结算备付金——自有                              59
    贷：应收利息                                          59
```
(4) 20×2年12月31日，确认实际利息收入、收到票面利息等：
```
借：应收利息                                      59
    持有至到期投资——利息调整                      50
    贷：投资收益                                        109
借：结算备付金——自有                              59
    贷：应收利息                                          59
```
(5) 20×3年12月31日，确认实际利息收入、收到票面利息等：
```
借：应收利息                                      59
    持有至到期投资——利息调整                      55
    贷：投资收益                                        114
借：结算备付金——自有                              59
    贷：应收利息                                          59
```
(6) 20×4年12月31日，确认实际利息收入、收到票面利息和本金等：
```
借：应收利息                                      59
    持有至到期投资——利息调整                      59
    贷：投资收益                                        118
借：结算备付金——自有                              59
    贷：应收利息                                          59
借：结算备付金——自有                           1 250
    贷：持有至到期投资——成本                        1 250
```

第四节 可供出售金融资产的核算

一、可供出售金融资产概述

可供出售金融资产，是指初始确认时即被指定为可供出售的非衍生金融资产，以及除下列各类资产以外的金融资产：(1) 贷款和应收款项；(2) 持有至到期投资；(3) 以公允价值计量且其变动计入当期损益的金融资产。例如，公司购入的在活跃市场上有报价的股票、债券、基金等，没有划分为以公允价值计量且其变动计入当期损益的金融资产或持有至到期投资等金融资产的可归为此类。

二、科目设置

公司应设置"可供出售金融资产"科目，核算公司持有可供出售金融资产的公允价值，包括划分为可供出售的股票投资、债券投资等金融资产。该科目属于资产类科目，其借方登记取得的可供出售金融资产的成本及利息调整，贷方登记出售可供出售金融资产的账面余额及利息调整，余额在借方，反映可供出售金融资产的公允价值。该科目应按可供出售金融资产的类别和品种,分"成本""利息调整""应计利息""公允价值变动"设置明细账。

三、账务处理

可供出售金融资产的账务处理,基本上与以公允价值计量且其变动计入当期损益的金融资产的账务处理相同,但也有不同之处如下。

(1) 初始确认时,都应按公允价值计量,但对于可供出售金融资产,相关交易费用应计入初始入账金额。

(2) 资产负债表日,都应按公允价值计量,但对于可供出售金融资产,公允价值变动不是计入当期损益,而通常应计入所有者权益。

公司在对可供出售金融资产进行会计处理时,应注意以下三个问题。

(1) 公司在取得可供出售金融资产支付的价款中包含的已到付息期但尚未领取的债券利息或已宣告但尚未发放的现金股利,应单独确认应收项目。

可供出售金融资产持有期间取得的利息或现金股利,应当计入投资收益。资产负债表日,可供出售金融资产应当以公允价值计量,且公允价值变动计入资本公积(其他资本公积)。

(2) 可供出售金融资产发生的减值损失,应计入当期损益;如果可供出售金融资产是外币货币性金融资产,则其形成的汇兑差额也应计入当期损益。采用实际利率法计算的可供出售金融资产的利息,应当计入当期损益;可供出售权益工具投资的现金股利,应当在被投资单位宣告发放股利时计入当期损益。

(3) 处置可供出售金融资产时,应将取得的价款与该金融资产账面价值的差额,计入投资损益;同时,将原计入所有者权益的公允价值变动累计额对应处置部分的金额转出,计入投资损益。

【例13-4】 乙证券公司将自有资金20 000 000存入清算代理机构,20×6年5月25日从二级市场购入股票1 000 000股,每股市价10元,手续费20 000元;初始确认时,该股票划分为可供出售金融资产。乙公司20×6年12月31日仍持有该股票,该股票当时的市价为每股12元。20×7年3月1日,乙公司将该股票售出,售价为每股14元,另支付交易费用30 000元,增值税税率为6%。假定不考虑其他因素,乙公司的账务处理如下。

(1) 乙证券公司将自有资金存入清算代理机构时:

借:结算备付金——自有　　　　　　　　　　　　　　　20 000 000
　　贷:银行存款　　　　　　　　　　　　　　　　　　　　20 000 000

(2) 20×6年5月25日,购入股票:

借:可供出售金融资产——成本　　　　　　　　　　　　10 020 000
　　贷:结算备付金——自有　　　　　　　　　　　　　　　10 020 000

(3) 20×6年12月31日,确认股票价格变动:

借:可供出售金融资产——公允价值变动　　　　　　　　1 980 000
　　贷:其他综合收益——可供出售金融资产公允价值变动　　1 980 000

(4) 20×7年3月1日,出售股票:

借：结算备付金——自有 13 970 000
　　其他综合收益——可供出售金融资产公允价值变动 1 980 000
　贷：可供出售金融资产——成本 10 020 000
　　　　　　　　　　　　——公允价值变动 1 980 000
　　　投资收益 3 950 000
借：投资收益 223 584.91
　贷：应交税费——转让金融商品应交增值税 223 584.91

【例 13-5】 20×7 年 1 月 1 日，甲证券公司支付价款 1 028.24 元购入某公司发行的 3 年期债券，债券票面金额为 1 000 元，票面利率 4%，实际利率为 3%，利息每年末支付，本金到期支付。甲公司将该债券划分为可供出售金融资产。20×7 年 12 月 31 日，设债券的市场价格为 1 000.94 元。假定无交易费用和其他因素的影响，甲证券公司的账务处理如下。

(1) 20×7 年 1 月 1 日，购入债券：
借：可供出售金融资产——成本 1 000
　　　　　　　　　　　——利息调整 28.24
　贷：结算备付金——自有 1 028.24

(2) 20×7 年 12 月 31 日，收到债券利息、确认公允价值变动：

$$实际利息 = 1\ 028.24 \times 3\% = 30.85(元)$$
$$年末摊余成本 = 1\ 028.24 + 30.85 - 40 = 1\ 019.09(元)$$

借：应收利息 40
　贷：投资收益 30.85
　　　可供出售金融资产——利息调整 9.15
借：结算备付金——自有 40
　贷：应收利息 40
借：其他综合收益——可供出售金融资产公允价值变动 18.15
　贷：可供出售金融资产——公允价值变动 18.15

第五节　自营认购新股的核算

一、网上认购新股的核算

(1) 公司通过网上认购新股，申购款被证券交易所从账户中划出并冻结时，会计分录为
借：其他应收款——应收认购新股占用款
　贷：结算备付金——自有

(2) 认购新股中签，与证券交易所结算中签款项时，按中签的股票的公允价值入账，会计分录为
借：交易性金融资产——成本
　贷：其他应收款——应收认购新股占用款

(3) 收到退回的未中签款项时：

借：结算备付金——自有
　　贷：其他应收款——应收认购新股占用款

【例13-6】 某证券公司通过网上认购甲公司发行的新股，证券交易所从该公司的账户中划出1 000 000元作为申购款，中签款项为600 000元。证券公司应编制会计分录如下。

(1) 划拨申购款时：

借：其他应收款——应收认购新股占用款　　　　　　　　　1 000 000
　　贷：结算备付金——自有　　　　　　　　　　　　　　　　1 000 000

(2) 认购新股中签，与证券交易所结算中签款项时：

借：交易性金融资产——成本　　　　　　　　　　　　　　　　600 000
　　贷：其他应收款——应收认购新股占用款　　　　　　　　　　600 000

(3) 收到退回的未中签款项时：

借：结算备付金——自有　　　　　　　　　　　　　　　　　　400 000
　　贷：其他应收款——应收认购新股占用款　　　　　　　　　　400 000

二、网下认购新股的核算

(1) 公司通过网下认购新股时：

借：其他应收款——应收认购新股占用款
　　贷：银行存款

(2) 认购新股中签时，按中签的股票的公允价值入账，会计分录为

借：交易性金融资产——成本
　　贷：其他应收款——应收认购新股占用款

(3) 收到退回的未中签款项时：

借：银行存款
　　贷：其他应收款——应收认购新股占用款

关键词

自营证券业务　　交易性金融资产　　持有至到期投资　　可供出售金融资产

复习思考题

1. 简述设立综合类证券公司的条件。
2. 可供出售金融资产和交易性金融资产账务处理有何区别？
3. 简述持有至到期投资的初始计量和后续计量。
4. 网上认购新股和网下认购新股的核算有何区别？

练习题

习题一

一、目的：练习交易性金融资产的核算。

二、资料：

1. 20×7 年 1 月 1 日，甲证券公司将自有资金 3 000 000 存入清算代理机构。

2. 20×7 年 1 月 1 日，甲证券公司从二级市场支付价款 1 025 000 元（含已到付息期但尚未领取的利息 25 000 元）购入某公司发行的债券，另发生交易费用 30 000 元。该债券面值 1 000 000 元，剩余期限为 2 年，票面年利率为 5%，每半年付息一次，该公司将其划分为交易性金融资产，增值税税率为 6%。甲证券公司其他资料如下。

(1) 20×7 年 1 月 5 日，收到该债券 20×6 年下半年利息 25 000 元；

(2) 20×7 年 6 月 30 日，该债券的公允价值为 1 150 000 元（不含利息）；

(3) 20×7 年 7 月 5 日，收到该债券半年利息；

(4) 20×7 年 12 月 31 日，该债券的公允价值为 1 200 000 元（不含利息）；

(5) 20×8 年 1 月 5 日，收到该债券 20×7 年下半年利息；

(6) 20×8 年 3 月 31 日，甲证券公司将该债券出售，取得价款 1 160 000 元（含 1 季度利息 12 500 元）。

3. 20×7 年 5 月 13 日，甲证券公司从二级市场购入乙公司发行的股票 100 000 股，每股价格 10.60 元（含已宣告发放但尚未支付的现金股利 0.60 元），另支付交易费用 10 000 元。甲证券公司将持有的乙公司股权划分为交易性金融资产，且持有乙公司股权后对其无重大影响，增值税税率为 6%。甲公司其他相关资料如下。

(1) 5 月 23 日，收到乙公司发放的现金股利；

(2) 6 月 30 日，乙公司股票价格涨到每股 13 元；

(3) 8 月 15 日，将持有的乙公司股票全部售出，每股售价 15 元。

三、要求：根据上述资料编制会计分录。

习题二

一、目的：练习持有至到期投资的核算。

二、资料：X 证券公司 20×7 年 1 月 1 日将自有资金 100 万元存入清算代理机构，于 20×7 年 1 月 3 日购入 Y 公司 20×7 年 1 月 1 日发行的 3 年期债券，票面利率 10%，债券票面金额为 100 万元，公司按 106 万元的价格购入。该债券每年付息一次，最后一次归还本金并支付最后一次利息。假设 X 证券公司按年计算利息，采用实际利率法摊销。

三、要求：根据上述资料编制会计分录。

习题三

一、目的：练习可供出售金融资产的核算。

二、资料：乙证券公司 20×7 年 1 月 1 日将自有资金 700 万元存入清算代理机构，于 20×6 年 8 月 20 日从二级市场购入股票 500 000 股，每股市价 12 元，手续费 10 000 元；初始确认时，该股票划分为可供出售金融资产，增值税税率为 6%。

乙证券公司 20×6 年 12 月 31 日仍持有该股票，该股票当时的市价为 15 元。

20×7年3月1日,乙证券公司将该股票售出,售价为每股18元,另支付交易费用20 000元。假定不考虑其他因素。

三、要求:根据上述资料编制会计分录。

习题四

一、目的:练习自营认购新股的核算。

二、资料:

1. 某证券公司通过网上认购甲公司发行的新股,证券交易所从该公司的账户中划出2 000 000元作为申购款,中签款项为12 000 000元。

2. 某证券公司通过网下认购乙公司发行的新股,从银行存款的账户中划出3 000 000元作为申购款,中签款项为24 000 000元。

三、要求:根据上述资料编制会计分录。

第十四章 证券承销业务的核算

第一节 证券承销业务核算概述

一、证券承销业务的性质

证券承销业务是指在证券发行过程中,证券公司接受发行人的委托,代理发行人发行证券的活动。证券公司在证券承销业务中只是一个中介机构。证券承销业务主要有全额包销、余额包销和代销三种。

二、证券承销业务的有关规定

根据《证券发行与承销管理办法》,证券公司在开展证券承销业务时,必须遵循以下规定。

(1) 证券公司实施承销业务前,应当向中国证监会报送发行与承销方案。

(2) 证券公司承销证券,应当依照《证券法》第二十八条的规定采用包销或代销方式。证券代销是指证券公司代发行人发售证券,在承销期结束时,将未售出的证券全部退还给发行人的承销方式。证券包销是指证券公司将发行人的证券按照协议全部购入或者在承销期结束时将售后剩余证券全部自行购入的承销方式。上市公司配股或上市公司非公开发行股票未采用自行销售方式的,应当采用代销方式。

(3) 股票发行采用代销方式的,应当在发行公告中披露发行失败后的处理措施。股票发行失败后,主承销商应当协助发行人按照发行价并加算银行同期存款利息返还款项给股票认购人。

(4) 证券发行依照法律、行政法规的规定应当由承销团承销的,组成承销团的承销商应当签订承销团协议,由主承销商负责组织承销工作。证券发行由一家以上证券公司联合主承销的,所有担任主承销商的证券公司应当共同承担主承销责任,履行相关义务。承销团由三家以上承销商组成的,可以设副主承销商,协助主承销商组织承销活动。承销团成员应当按照承销团协议及承销协议的规定进行承销活动,不得进行虚假承销。承销协议和承销团协议可以在发行价格确定后签订。

(5) 主承销商应当设立专门的部门或机构,协调公司投资银行、研究、销售等各部门共同完成信息披露、推介、簿记、定价、配售和资金清算等工作。

(6) 证券公司在承销过程中,不得以提供透支、回扣或中国证监会认定的其他不正当手段诱使他人认购股票。

（7）主承销商应当按有关规定及时划付申购资金冻结利息。

（8）投资者认购缴款结束后，主承销商应当聘请具有证券从业资格的会计师事务所对认购资金进行验证，并出具验资报告，首次公开发行股票的，还应当聘请律师事务所对向战略投资者、询价对象的询价和配售行为是否符合法律、行政法规及本办法的规定等进行见证，并出具专项法律意见书。

（9）公开发行证券的，主承销商应当在证券上市后10日内向中国证监会上报总结报告，总结说明发行期间的基本情况及新股上市后的表现，并提供以下文件：① 募集说明书单行本两份；② 承销协议及承销团协议；③ 律师见证意见（限于首次公开发行）；④ 会计师事务所验资报告；⑤ 中国证监会要求的其他文件。

三、科目设置

证券公司应设置"代理承销证券款"科目，核算证券公司接受委托，采用承购包销方式或代销方式承销证券所形成的、应付证券发行人的承销资金。该科目属于负债类科目，其贷方登记在约定的期限内售出证券的约定承销价，借方登记发行期结束与委托单位清算的承销价，余额在贷方，反映公司承销证券应付未付给委托单位的款项。该科目应按照委托单位和证券种类设置明细账。

第二节 全额承购包销业务的核算

一、全额承购包销业务的性质

全额承购包销业务是指证券公司与证券发行单位签订合同或协议，由证券公司按合同或协议确定的价格将证券从发行单位购进，并向发行单位支付全部款项，然后按一定价格在证券一级市场发售的一种代理发行方式。这种发行方式证券公司应承担全部发行风险，从中赚取买卖差价，发行公司不干预。

二、账务处理

证券公司以全额包销的方式进行承销业务的，应在按承购价格购入待发售的证券时，确认为一项资产。证券公司将证券转售给投资者时，按发行价格确认为证券发行收入，按已发行证券的承购价格结转代发行证券的成本。发行期结束后，如有未售出的证券，应按承购价格转为公司的自营证券或长期投资。其账务处理如下：

（1）先将证券全部认购，并向发行单位支付全部证券款项，按承购价做如下会计分录。

借：交易性金融资产（或可供出售金融资产）
　　贷：银行存款

（2）按承销价将证券转售给投资者，承销价与承购价之间的差额确认为投资收益，会计分录如下。

借：银行存款或结算备付金——自有
　　贷：交易性金融资产（或可供出售金融资产）
　　　　投资收益
借：投资收益
　　贷：应交税费——转让金融商品应交增值税

（3）发行期结束，将未售出的证券转为公司自营证券进行管理。

【例14-1】 东风证券公司与客户签订协议，采用全额承购包销的方式代为发行股票1 000万元，股票面值为1元，公司承购价为1.20元，并于收到股票时一次付清。东风证券公司收到股票时，将其划分为交易性金融资产，并委托上交所发行股票，自定对外发售价为1.60元，发行期为20天，发行期内共售出股票800万股，增值税税率为6%。东风证券公司应编制会计分录如下。

（1）全额承购股票时：

借：交易性金融资产　　　　　　　　　　　　　　　　　　　　12 000 000
　　贷：银行存款　　　　　　　　　　　　　　　　　　　　　　　　12 000 000

（2）发行期内，按承销价将证券转售给投资者时：

借：结算备付金——自有　　　　　　　　　　　　　　　　　　12 800 000
　　贷：交易性金融资产　　　　　　　　　　　　　　　　　　　　　8 000 000
　　　　投资收益　　　　　　　　　　　　　　　　　　　　　　　　4 800 000
借：投资收益　　　　　　　　　　　　　　　　　　　　　　　　271 698.11
　　贷：应交税费——转让金融商品应交增值税　　　　　　　　　　271 698.11

将未售出的200万股票转为公司的自营证券进行管理和核算。

第三节　余额承购包销业务的核算

一、余额承购包销业务的性质

余额承购包销业务是指证券公司与证券发行单位签订合同或协议，由证券公司代理发行证券，在发行期内未售出的证券由证券公司按合同确定的价格认购一种代理发行方式。

二、账务处理

公司以余额承购包销方式进行承销业务的，应在收到代发行人发售的证券时，按委托方约定的发行价格同时确认为一项资产和一项负债，发行期结束后，如有未售出的证券，应按约定的发行价格转为公司的金融资产，代发行证券的手续费收入，应于发行期结束后，与发行人结算发行价款时确认收入。

（一）承销无记名证券的账务处理

（1）收到委托单位委托发行的证券时，应在备查簿中记录承销证券的情况，不必编制会计分录。

（2）在约定的期限内售出证券时，按承销价格做如下会计分录。

借：银行存款
  贷：代理承销证券款——××委托单位

(3) 承销期结束时如有未售出的证券，要依据合同规定按照承销价格进行认购，将未售出的证券转为公司的金融资产管理，证券公司需要根据金融资产的性质及在本公司的用途，将其归类为"交易性金融资产""可供出售金融资产"等类型进行记账和管理。会计分录为
借：交易性金融资产或可供出售金融资产
  贷：代理承销证券款——××委托单位

(4) 承销期结束，将募集资金付给委托单位并收取手续费：
借：代理承销证券款——××委托单位
  贷：银行存款
    手续费及佣金收入——代理承销证券手续费收入
    应交税费——应交增值税（销项税额）

同时，冲销备查簿中登记的承销证券。

【例14-2】 某证券公司与云海公司签订合同采用余额承购包销方式代客户发行股票。公司交来股票2 000万股，每股面值1元。代发行手续费为0.2%（含税），增值税税率为6%。发行期结束时尚有100万元未售出，公司将其转为交易性金融资产处理。证券公司应编制会计分录如下。

(1) 云海公司交来代发行股票时，证券公司在备查簿中记录待承销证券的情况。

(2) 承销证券时：
借：银行存款   19 000 000
  贷：代理承销证券款——云海公司   19 000 000

(3) 承销期结束后，尚未售出的100万元转作公司交易性金融资产处理：
借：交易性金融资产   1 000 000
  贷：代理承销证券款——云海公司   1 000 000

(4) 承销期结束后，将代发行证券交给客户，并从中扣取手续费：
借：代理承销证券款——云海公司   20 000 000
  贷：银行存款   19 960 000
    手续费及佣金收入——代理承销证券手续费收入   37 735.85
    应交税费——应交增值税（销项税额）   2 264.15

同时，冲销备查簿中登记的承销证券。

（二）承销记名证券的账务处理

(1) 证券公司通过证券交易所网上交易上网发行的，在上网发行日，按承销价格在备查簿中记录承销证券的情况。

(2) 证券公司与证券交易所交割清算时，按实际收到的金额：
借：结算备付金——自有
  贷：代理承销证券款——××委托单位

(3) 承销期结束时如有未售出的证券，应由证券公司认购，会计分录为
借：交易性金融资产或可供出售金融资产
  贷：代理承销证券款——××委托单位

(4) 承销期结束,将募集资金付给委托单位并收取手续费:
借:代理承销证券款——××委托单位
　　贷:银行存款
　　　　手续费及佣金收入——代理承销证券手续费收入
　　　　应交税费——应交增值税(销项税额)
同时,冲销备查簿中登记的承销证券。

第四节　代销业务的核算

一、代销业务的性质

公司以代销方式经办承销业务的,应到代发行人发售证券时,按委托方约定的发行价格同时确认一项资产和一项负债,代销的手续费收入,应于发行期结束后,与发行人结算发行价款时确认收入。

二、账务处理

证券公司如以代销方式进行承销业务,其会计处理与余额承购包销方式的处理基本相同,唯一不同的地方是,在代销方式中,证券公司只负责出售,如果发行结束后仍有未售出的证券,则将其退还给发行单位。

(一) 网上代销的账务处理

(1) 通过证券交易所上网发行的,在证券上网发行日根据承销合同确认的证券发行总额,按承销价格,在备查簿中记录承销证券的情况。
(2) 网上发行结束后,与证券交易所交割清算,按网上发行数量和发行价格计算的发行款项减去上网费用,做会计分录如下。
借:结算备付金——自有
　　其他应收款——应收代垫委托单位上网费
　　贷:代理承销证券款——××委托单位
(3) 将发行证券交给委托单位,并收取发行手续费和代垫上网费用时:
借:代理承销证券款——××委托单位
　　贷:其他应收款——应收代垫委托单位上网费
　　　　结算备付金——自有
　　　　手续费及佣金收入——代理承销证券手续费收入
　　　　应交税费——应交增值税(销项税额)
同时,冲销备查簿中登记的承销证券。
(4) 承销期结束如有未售出的证券,将未售出的代发行证券退还委托单位。

【例 14-3】　某证券公司与黄河公司签订合同,采用代销方式代客户通过证券交易所上网发行股票 50 万股,每股面值 1 元,每股承销价 10 元,承销期内为客户代垫了上网费 2 万元,发行期结束时售出 15 万股,按合同规定扣取手续费 3 万元(含税),增值税税率为

6‰,将所筹集资金交给客户。证券公司应编制会计分录如下。

(1) 在证券上网发行日,根据承销合同确认的证券发行总额,按承销价格,在备查簿中记录承销证券的情况。

(2) 网上发行结束后,与证券交易所交割清算,会计分录为

借:结算备付金——自有　　　　　　　　　　　　　　　　1 480 000
　　其他应收款——应收代垫委托单位上网费　　　　　　　　　20 000
　　贷:代理承销证券款——黄河公司　　　　　　　　　　　1 500 000

(3) 发行期结束后,从代理承销证券款中扣收手续费及代垫的上网费用,将所筹集资金交给客户,会计分录为

借:代理承销证券款——黄河公司　　　　　　　　　　　　1 500 000
　　贷:其他应收款——应收代垫委托单位上网费　　　　　　　　20 000
　　　　结算备付金——自有　　　　　　　　　　　　　　　1 450 000
　　　　手续费及佣金收入——代理承销证券手续费收入　　　　28 301.89
　　　　应交税费——应交增值税(销项税额)　　　　　　　　　1 698.11

同时,冲销备查簿中登记的承销证券,并将未售出的35万股股票退还给黄河公司。

(二) 柜台代销的账务处理

(1) 通过柜台代理发行证券,收到委托单位委托发行的证券,按约定的承销价格,在备查簿中记录承销证券的情况。

(2) 证券售出,按承销价格做如下会计分录。

借:银行存款
　　贷:代理承销证券款——××委托单位

(3) 将发行证券款项交委托单位,并收取发行手续费,会计分录为

借:代理承销证券款——××委托单位
　　贷:银行存款
　　　　手续费及佣金收入——代理承销证券手续费收入
　　　　应交税费——应交增值税(销项税额)

(4) 发行期结束,将未售出的代理承销证券退还委托单位。同时,冲销备查簿中登记的承销证券。

关键词

证券承销业务　全额承购包销　余额承购包销　代销　代理承销证券款

复习思考题

1. 简述证券承销业务的三种方式的区别。
2. 代销方式的账务处理和余额承购包销方式有何区别?

练习题

习题

一、目的：练习证券承销业务的核算。

二、资料：

1. 某证券公司与客户签订协议，采用全额承购包销的方式代为发行股票10 000万股，股票面值为1元，公司承购价为4.80元，并于收到股票时一次付清。证券公司收到股票时，将其划分为可供出售金融资产，并委托上交所发行股票，自定对外发售价为5元，发行期内共售出股票9 000万股，增值税税率为6%。

2. 某证券公司与华南公司签订合同采用余额承购包销方式代客户发行股票，公司交来股票8 000万股，每股面值1元，代发行手续费为0.5%（含税），增值税税率为6%。发行期结束时尚有3 000万元未售出，公司将其转为交易性金融资产处理。

3. 某证券公司与香海公司签订合同采用余额承购包销方式代客户发行股票。公司交来股票1 000万股，每股面值1元。证券公司通过深交所上网发行股票，发行价定为每股2.80元，发行期内共售出800万股，共发生费用3万元，代发行手续费为2‰（含税），增值税税率为6%。承销期结束，证券公司按发行价认购未售出的200万股股票，并将其划分为可供出售金融资产处理。

4. 某证券公司与韵达公司签订合同，采用代销方式代客户通过证券交易所上网发行股票2 000万股，每股面值1元，每股承销价6元，承销期内为客户代垫了上网费20万元，发行期结束时售出1 600万股，按合同规定扣取0.35%手续费（含税），增值税税率为6%，将所筹集资金交给客户。

5. 某证券公司与大庆公司签订合同，在营业柜台采用代销方式代客户通过证券交易所发行股票12 000万股，每股面值1元，每股承销价5.4元，承销期结束，根据协议，将未售出的2 000万股退还给大庆公司。在与大庆公司进行清算时，按实际承销价的0.4%计算发行手续费（含税），增值税税率为6%。

三、要求：根据上述资料编制会计分录。

担保租赁业务篇

DANBAO ZULIN YEWU PIAN

第十五章 担保业务的核算

担保是指担保人与银行业金融机构等债权人约定,当被担保人不履行对债权人负有的融资性债务时,由担保人依法承担合同约定的担保责任的行为。担保公司是指依法设立,经营融资性担保业务的有限责任公司和股份有限公司。2010年7月14日财政部制定了《企业会计准则解释第4号》(下称《4号解释》),规定担保公司应当执行企业会计准则,按照《企业会计准则第25号——原保险合同》《企业会计准则第26号——再保险合同》《保险合同相关会计处理规定》(财会[2009]15)等有关保险合同相关规定进行会计处理,本章重点是对担保业务核算进行实例分析,其基本原理和方法可参照保险业务篇。

第一节 原担保合同的核算

一、原担保合同核算概述

(一) 担保合同的定义

担保合同,是指为促使债务人履行其债务,保障债权人的债权得以实现,而在债权人(同时也是担保权人)和债务人之间,或在债权人、债务人和第三人(即担保人)之间协商形成的,当债务人不履行或无法履行债务时,以一定方式保证债权人债权得以实现的协议。它包括以下两层含义。

1. 担保合同的定义应强调重大担保风险的转移

担保合同的认定,关键在于确定重大担保风险是否发生转移。只要担保合同中含有重大担保风险,就可以认定为担保合同。承担被担保人的重大担保风险,是担保合同区别于其他合同的主要特征。

2. 按照风险损失转移的层次分类,担保合同被划分为原担保合同和再担保合同

原担保合同是指担保人向投保人收取担保费,对约定的可能发生的代偿承担赔偿金责任的担保合同。

再担保合同是指一个担保人(再担保分出人)分出一定的担保费给另一个担保人(再担保接受人),再担保接受人对再担保分出人由原担保合同所引起的赔付成本及其他相关费用进行补偿的担保合同。

(二) 原担保合同的分类

1. 贷款担保

贷款担保是担保公司为放款人(金融机构)和借款人(主要是工商企业和自然人)提供的

第三方保证，主要包括流动资金贷款担保、固定资产贷款担保、个人消费贷款担保、个人经营性贷款担保等。

2. 票据承兑担保

票据是出票人依据法律规定签发的、约定自己或委托人在见票时或在指定日期无条件支付确定的金额给收款人或持票人的有价证券，包括期票、汇票、本票和支票。票据承兑担保是债务人以外的第三人对票据承兑所发生的债务予以保证的行为。其目的在于通过第三人保证票据承兑，使被保证人经营资金免于积压，提高资金利用率。

3. 贸易融资担保

贸易融资担保是为银行对进口商或出口商提供的与进出口贸易结算相关的短期融资或信用便利提供的担保，包括授信开证、进口押汇、提货担保、出口押汇、打包放款、外汇票据贴现、国际保理融资业务、出口买方信贷等。

4. 项目融资担保

项目融资担保是指借款方或第三方以自己的信用或资产向贷款或租赁机构做出的偿还保证。被担保人主要是项目直接投资者和与项目有直接或间接利益关系的机构、提供项目建设或者项目生产经营机构，包括政府机构、商业机构（如承包商、供应商）、国际金融机构。项目融资担保具体可以分为物权担保和信用担保。物权担保是借款人或担保人以自己的有限资产或权益资产为履行债务而设定的担保物权，如抵押权、质押权、留置权等。信用担保是担保人以自己的资信向债权人保证对债务人履行债务承担的责任，如担保保证书、安慰信等。

5. 信用证担保

信用证是银行用以保证买方或进口方有支付能力的凭证。按照这种结算方式的一般规定，买方先将货款交存银行，由银行开立信用证，通知异地卖方开户银行转告卖方，卖方按合同和信用证规定的条款发货，银行代买方付款。信用证担保是指在信用证业务中某一方要求对方或第三方担保相应的付款或者交付货物的担保。

6. 诉讼保全担保

诉讼保全担保是指申请人在向法院申请进行财产保全时，向法院提交的对因财产保全不当给被申请人所造成的损失进行赔偿的担保，主要包括诉前财产保全担保、诉讼财产保全担保和财产执行担保等。

7. 投标担保

投标担保是指由担保人为投标人向招标人提供的保证投标人按照招标文件的规定参加招标活动的担保。如果投标人未能履行投标的义务，担保人保证支付给受益人一定的金额，招标人以此来达到约束投标人在中标后一定签约的目的。

8. 预付款担保

预付款担保是指担保人保证签约方将预付款全部用于对合同的履行，否则由保证人代为赔偿。此种保函的担保金额随预付款中实际支出的金额减少而递减。

9. 工程履约担保

工程履约是指担保保证人根据承包商的要求，给予工程业主（受益人）的一项保证。保证中标人及时履行其与受益人所订合同的责任义务。

10. 尾付款如约偿付担保

尾付款如约偿付担保是指担保人对与工程合约中规定的尾付款承保，以保证卖方及时收到尾付款。

(三) 担保与反担保

按照《中华人民共和国担保法》第 4 条规定:"第三人为债务人向债权人提供担保时,可以要求债务人提供反担保"。反担保是指为债务人担保的第三人,为了保证其追偿权的实现,要求债务人提供的担保。在债务清偿期届满,债务人未履行债务时,由第三人承担担保责任后,第三人即成为债务人的债权人,第三人对其代债务人清偿的债务,有向债务人追偿的权利。当第三人行使追偿权时,有可能因债务人无力偿还而使追偿权落空,为了保证追偿权的实现,第三人在为债务人作担保时,可以要求债务人为其提供担保,这种债务人反过来又为担保人提供的担保叫反担保。反担保一般采用交纳保证金、抵(质)押反担保、信用反担保三种形式。

(四) 混合担保合同分拆

(1) 担保人与被担保人签订的合同,使担保人既承担担保风险又承担其他风险的,应当分别下列情况进行处理。

① 担保风险部分和其他风险部分能够区分,并且能够单独计量的,应当将担保风险部分和其他风险部分进行分拆。担保风险部分,确定为担保合同;其他风险部分,不确定为担保合同。

② 担保风险部分和其他风险部分不能够区分,或者虽能够区分但不能够单独计量的。如果担保风险重大,应当将整个合同确定为担保合同;如果担保风险不重大,不应当将整个合同确定为担保合同。

(2) 确定为担保合同的,应当按照《企业会计准则第 25 号——原保险合同》《企业会计准则第 26 号——再保险合同》等进行处理;不确定为担保合同的,应当按照《企业会计准则第 22 号——金融工具确认和计量》《企业会计准则第 37 号——金融工具列报》等进行处理。

二、原担保合同担保费收入的核算

(一) 担保费收入的概念

担保费收入是担保公司为了承担一定的风险责任而向投保人收取的担保费,或者是投保人为将其风险转嫁给担保公司而支付的代价。对于担保费收入的理解,需要澄清入账保费、未赚保费、已赚保费三个基本概念。

(1) 入账保费。入账保费是指在会计核算上已记录为本期的担保费收入。

(2) 未赚保费。未赚保费亦称未到期保费或未到期责任准备金,指某一年度的入账保费中应该用于支付下一年度发生的赔款的保费。

(3) 已赚保费。已赚保费亦称已到期保费,指某一年度中可以用于当年赔款支出的担保费收入。已赚保费等于上年度转回的未赚保费加上本年度入账保费减去本年度未赚保费。

(二) 原担保合同担保费收入确认的条件

担保费收入同时满足下列条件的,予以确认。

(1) 原担保合同成立并承担相应担保责任;

(2) 与原担保合同相关的经济利益很可能流入;

(3) 与原担保合同相关的收入能够可靠地计量。

(三) 科目设置

(1) "保费收入"损益类(收入)科目,核算公司确认的担保费收入。

(2) "应收保费"资产类科目,核算公司应向投保人收取但尚未收到的担保费。

(3) "预收保费"负债类科目,核算公司在担保责任生效以前向投保人预收的担保费。

(4) "应付保费"科目负债类科目,核算公司按原担保合同约定已向投保人收取保费,日后发生退保、减保的担保费以及代理其他担保公司办理担保业务收取的担保费。公司与其他担保公司联合共保的担保业务也在本科目核算。

(5) "应交税费"负债类科目。

按照现行税收新规,担保公司从事担保或者再担保业务取得的收入适用税率6%,同时符合下列条件的担保机构从事中小企业信用担保或者再担保业务取得的收入(不含信用评级、咨询、培训等收入)3年内免征增值税:①已取得监管部门颁发的融资性担保机构经营许可证,依法登记注册为企(事)业法人,实收资本超过2 000万元。②平均年担保费率不超过银行同期贷款基准利率的50%。平均年担保费率=本期担保费收入/(期初担保余额+本期增加担保金额)×100%。③连续合规经营2年以上,资金主要用于担保业务,具备健全的内部管理制度和为中小企业提供担保的能力,经营业绩突出,对受保项目具有完善的事前评估、事中监控、事后追偿与处置机制。④为中小企业提供的累计担保贷款额占其两年累计担保业务总额的80%以上,单笔800万元以下的累计担保贷款额占其累计担保业务总额的50%以上。⑤对单个受保企业提供的担保余额不超过担保机构实收资本总额的10%,且平均单笔担保责任金额最多不超过3 000万元人民币。⑥担保责任余额不低于其净资产的3倍,且代偿率不超过2%。另外,2018年1月1日—2019年12月31日,纳税人为农户、小型企业、微型企业及个体工商户借款、发行债券提供融资担保取得的担保费收入,以及为上述融资担保提供再担保取得的再担保费收入,免征增值税。

(四) 核算举例

1. 签发保单时缴纳担保费的核算

【例15-1】 某担保公司会计部门收到业务部门交来的个人贷款担保保费日报表、保费收据存根和银行收账通知63 600元(含税),增值税税率为6%,开出增值税专用发票。应编制会计分录如下。

```
借:银行存款                                   63 600
    贷:保费收入——贷款担保                    60 000
        应交税费——应交增值税(销项税额)        3 600
```

2. 分期缴纳担保费的核算

【例15-2】 某担保公司与东风机械厂签订项目融资担保合同,开出的增值税专用发票上注明的保费为120 000元,增值税税额为7 200元,当时交来转账支票30 000元,其余部分约定分3期交清。应编制会计分录如下。

首期收款并发生应收担保费时:

```
借:银行存款                                   30 000
    应收保费——东风机械厂                      97 200
    贷:保费收入——项目融资担保               120 000
        应交税费——应交增值税(销项税额)        7 200
```

以后每期收到应收保费时：

借：银行存款　　　　　　　　　　　　　　　　　　　　　　　　　　32 400
　　贷：应收保费——东风机械厂　　　　　　　　　　　　　　　　　　　32 400

3. 预收担保费的核算

【例15-3】 某担保公司与甲客户签订贸易融资担保合同，20×3年8月收取担保费150万元，担保金额1 000万元，20×4年2月合同生效，担保责任期间为一年。应编制会计分录如下。

20×3年8月，公司收到投保人交纳的担保费时：

借：银行存款　　　　　　　　　　　　　　　　　　　　　　　　　1 500 000
　　贷：预收保费——甲客户　　　　　　　　　　　　　　　　　　　　1 500 000

20×4年2月，担保合同生效，开出的增值税专用发票上注明的保费为1 415 094.34元，增值税税额为84 905.66元：

借：预收保费——甲客户　　　　　　　　　　　　　　　　　　　　　1 500 000
　　贷：保费收入——贸易融资担保　　　　　　　　　　　　　　　　　1 415 094.34
　　　　应交税费——应交增值税（销项税额）　　　　　　　　　　　　　84 905.66

4. 趸交担保费的核算

趸交担保费是在担保合同签订时，投保人就把约定的整个担保责任期间应交的担保费一次性付清。在会计实务中，只要同时符合收入确认的三项条件，对于趸交保费采用一次性确认保费收入。会计期末，其收入与风险成本的配比可以通过未到期责任准备金提取来体现。

【例15-4】 某担保公司20×3年1月1日为客户某一设备租赁进行担保，担保金额100万元，期限为5年，担保费率3%（含税），增值税税率为6%，开出的增值税专用发票，按照合同规定担保费一次性交纳。应编制会计分录如下。

借：银行存款　　　　　　　　　　　　　　　　　　　　　　　　　　30 000
　　贷：保费收入——项目融资担保　　　　　　　　　　　　　　　　　28 301.89
　　　　应交税费——应交增值税（销项税额）　　　　　　　　　　　　　1 698.11

5. 中途加保的核算

【例15-5】 某公司会计部门收到业务部门转来的批单、保费收据及银行收账通知，某企业投保的设备融资担保因资产重估增值而引起担保金额上升，按担保费率计算应追加担保费7 000元（含税），增值税税率为6%，开出增值税专用发票。应编制会计分录如下。

借：银行存款　　　　　　　　　　　　　　　　　　　　　　　　　　7 000
　　贷：保费收入——项目融资担保　　　　　　　　　　　　　　　　　6 603.77
　　　　应交税费——应交增值税（销项税额）　　　　　　　　　　　　　396.23

6. 中途退保的核算

【例15-6】 乙公司20×3年3月1日向银行借款300万元，由担保公司为该公司提供担保,担保期限为1年。20×3年10月,乙公司提前归还银行贷款,相应解除担保合同。担保公司开具红字增值税专用发票,发票上注明的保费为50 000元,增值税税额为3 000元,但乙公司尚有1万元担保费未交,会计部门开出转账支票支付该公司退保费。应编制会计分录如下。

借:保费收入——贷款担保　　　　　　　　　　　　　　50 000
　　应交税费——应交增值税(销项税额)　　　　　　　　3 000
　　贷:应收保费——乙公司　　　　　　　　　　　　　　　10 000
　　　　银行存款　　　　　　　　　　　　　　　　　　　　43 000

三、原担保合同准备金的核算

(一) 原担保合同准备金的确认

原担保合同准备金包括未到期责任准备金和担保赔偿准备金。目前,担保公司对于原担保合同准备金的计提,采取的是2010年3月8日财政部、国家发改委等七个部门联合发布的《融资性担保公司管理暂行办法》(以下简称《暂行办法》)中所规定的标准。2010年财政部颁布的《4号解释》要求参照保险行业,吸收国际会计准则理事会准备金计量三因素模型(即对现金流明确的当前估计、反映现金流的时间价值和显性的边际),引入公允价值计量属性,采用符合市场实际的折现率,以合理估计金额为基础计量担保合同准备金,同时考虑边际因素和货币时间价值。

(二) 未到期责任准备金的核算

1. 未到期责任准备金的性质和计算

未到期责任准备金亦称"未满期担保费准备金",它是指公司担保责任未解除时,为承担未到期责任而提取的准备,包括公司为担保期间在1年以内(含1年)的担保合同项下尚未到期的担保责任提取的短期责任准备金和为担保期间在1年以上的担保合同项下尚未到期的担保责任提取的长期责任准备金。

对于未到期责任准备金,可以借鉴保险行业采用百分比估算法,它包括1/2法、1/8法、1/24法、1/365法。目前按照《暂行办法》规定,担保公司应当按照当年担保费收入的50%提取未到期责任准备金,也即采用1/2法。

从理论上讲,如果在下期发生担保代偿损失,应将上期已计提的准备作为损失的抵减项目;如果下期担保责任期已过,未发生担保代偿损失,则应将上期提取的准备转回,确认为一项收益。在实际工作中,由于日常业务量很大,如果分别每个合同作如此处理,将带来很大工作量,不便于操作。因此,提取未到期责任准备从费用列支,在会计期末实行差额提取。

2. 科目设置

(1) "未到期责任准备金"负债类科目。
(2) "提取未到期责任准备金"损益类(费用)科目。

3. 核算举例

【例15-7】 甲担保公司贷款担保业务大部分担保业务周期是1年期,其担保费收入及提取未到期责任准备金资料如表15-1所示。

表 15-1　甲担保公司未到期责任准备金提取表　　　　单位：万元

月份	20×3年担保费收入	20×3年应提取未到期责任准备金	20×2年担保费收入	20×2年已提取未到期责任准备金	差额补提
1	90	45	50	25	20
2	130	65	60	30	35
3	120	60	150	75	−15
4	140	70	130	65	5
5	80	40	60	30	10
6	100	50	120	60	−10
7	110	55	140	70	−15
8	150	75	130	65	10
9	130	65	120	60	5
10	100	50	110	55	−5
11	140	70	130	65	5
12	160	80	140	70	10
合计	1 450	725	1 340	670	55

该担保公司应作如下会计处理。

1月末：

借：提取未到期责任准备金——贷款担保　　　　200 000
　　贷：未到期责任准备金——贷款担保　　　　　　　　200 000

3月末：

借：未到期责任准备金——贷款担保　　　　　　150 000
　　贷：提取未到期责任准备金——贷款担保　　　　　　150 000

其他月份账务处理略。

【例15-8】　某公司为甲客户提供授信贷款担保，甲客户现有特殊原因要求退保，合同提前解除，该合同已提取未到期责任准备金10 000元。应编制会计分录如下：

借：未到期责任准备金——贷款担保　　　　　　10 000
　　贷：提取未到期责任准备金——贷款担保　　　　　　10 000

（三）担保赔偿准备金的核算

1. 担保赔偿准备金的概念和内容

担保赔偿准备是指担保公司为尚未终止的担保合同在担保人未按同履行义务，担保公司发生代偿义务支付赔偿金而提取的准备金。

担保公司在承担代偿责任的过程中，常常会发生各种风险，且在时间上和数额上难以预见，如果等到风险发生时一次性计入损益，有可能造成损益的大幅度波动。因此，按照谨慎性原则，有必要在收入确认的当期，预先从费用中提取的一定担保赔偿准备金，作为未来担保风险损失的支出来源,因此其实质为预计成本。

担保赔偿准备金包括代偿准备金和理赔费用准备金。代偿准备金是指担保人为承担代偿责任而支付赔偿金所提取的准备金。理赔费用准备金是指担保人为承担代偿责任可能发生的费用而提取的准备金。理赔费用准备金分为直接理赔费用准备金和间接理赔费用准备金。理赔费用中有些费用是与具体的赔案直接相关的,如专家费、律师费、损失检验费等,有些费用是间接相关的,与赔案没有直接的联系,比如相关理赔人员薪酬等。

2. 担保赔偿准备金的计提规定

(1) 代偿准备金。

《暂行办法》规定,担保公司应按不低于当年年末担保责任余额1%的比例提取担保赔偿准备金。担保赔偿准备金累计达到当年担保责任余额10%的,实行差额提取。

(2) 理赔费用准备金。

目前对于理赔费用准备金的提取财政部还没有具体的规定。对直接理赔费用准备金,可以考虑采取逐案预估法提取;对间接理赔费用准备金,采用比较合理的比率分摊法提取。

3. 担保赔偿准备金和未到期责任准备金的区别

担保赔偿准备金和未到期责任准备金的区别见表 15-2。

表 15-2 担保赔偿准备金和未到期责任准备金的区别

	性　质	提　取　比　例	用　途
担保赔偿准备金	针对整体业务风险,体现谨慎性	不超过年末担保责任余额1%,可累加,达10%后差额提取	抵冲担保损失
未到期责任准备金	针对项目未到期责任,与期间对应	当年担保费50%,不累加	保持当年担保费50%,不冲减

4. 担保赔偿准备金的充足性测试

充足性测试是指计算为将来可能履行的担保责任而提取的准备金是否足够、充分,以确保担保准备金负债没有被低估。每年年度终了,以从获得的被担保人财务状况、生产或生成环境为依据对担保赔偿准备金进行充足性测试。如果重新计算确定的相关准备金金额超过充足性测试日已提取的相关准备金余额的,应当按照其差额补提相关准备金;相反,则不调整相关准备金。

5. 科目设置

(1)"担保赔偿准备金"负债类科目。

(2)"提取担保赔偿准备金"损益类(费用)科目。

6. 核算举例

【例 15-9】 某担保公司项目融资担保 20×3 年年初"担保赔偿准备"余额 200 万元。当年累计担保 1 200 万元,20×3 年 7 月发生代偿损失 150 万元,年末担保责任余额 1 500 万元。本年有关担保赔偿准备金计算及账务处理如下:

担保赔偿准备金累计数＝200－150＝50(万元)
未超过年末担保责任余额的 10%(1 500×10%＝150 万元)
年末提取担保赔偿准备金＝1 500×1%＝15(万元)

借：提取担保赔偿准备金——项目融资担保　　　　　　　　　　　150 000
　　贷：担保赔偿准备金——项目融资担保　　　　　　　　　　　　　　150 000

如果该公司年初"担保赔偿准备金"余额为500万元：

担保赔偿准备金累计数＝500－150＝350(万元)

超过年末担保责任余额的10%(1 500×10%＝150万元)

则采取差额提取：

借：担保赔偿准备金——项目融资担保　　　　　　　　　　　　2 000 000
　　贷：提取担保赔偿准备金——项目融资担保　　　　　　　　　　　2 000 000

【例15-10】 某担保公司20×3年贷款担保业务发生代偿损失850 000元，冲减相应担保赔偿准备金余额。应编制会计分录如下。

借：担保赔偿准备金——贷款担保　　　　　　　　　　　　　　　850 000
　　贷：提取担保赔偿准备金——贷款担保　　　　　　　　　　　　　　850 000

【例15-11】 某公司20×3年贸易融资担保业务已提取担保赔偿准备金为2 563 000元，根据有关部门进行充足性测试计算结果，本年应提取担保赔偿准备金为2 588 000元。应编制调整分录如下。

借：提取担保赔偿准备金——贸易融资担保　　　　　　　　　　　　25 000
　　贷：担保赔偿准备金——贸易融资担保　　　　　　　　　　　　　　25 000

如果该公司年末充足性测试计算结果，本年应提取担保赔偿准备金为2 535 000元，则不需作调整分录。

四、原担保合同代偿支出的核算

(一) 代偿支出的内容

代偿支出是指被担保人未按合同约定履行义务，由担保人代其履行义务而支付的代偿赔付款及处理担保事故的相关费用支出。从严格意义上讲，代偿支出尚不是担保公司的最后损失，担保公司在代位补偿后仍有可能从被担保人收到一定的追偿款，但从谨慎的角度出发，担保公司发生代偿后即确认损失，而以后收到的追偿金额则冲减赔付支出。

代偿支出包括直接赔付、直接理赔费用、间接理赔费用。代位追偿款、收回错赔骗赔款及损余物资折价应冲减的赔付支出。

(二) 代偿支出的核算

1. 当时结案的赔付支出的核算

担保公司收到被担保人赔偿申请及各项有关材料后，应进行认真审核，确定赔偿责任，计算应赔金额，经批核后及时支付代偿款。在核算时应设置"赔付支出"科目。

【例15-12】 某担保公司接受委托，为A公司在当地商业银行借款100万元提供担保，担保费率为3%，款项收到。借款合同和担保合同约定借款期限自20×2年10月1日至20×3年9月30日止。20×2年10月借款合同到期，A公司陷入财务危机未能归还全部借款，担保公司履行了代偿责任，支付了代偿款本息76万元。应编制会计分录如下。

借:赔付支出——贷款担保　　　　　　　　　　　　　　　　　760 000
　　贷:银行存款　　　　　　　　　　　　　　　　　　　　　　　760 000

2. 预付赔付款的核算

在核算时应设置"预付赔付款"(资产类)科目。"预付赔付款"科目核算担保公司在结案以前按合同约定预付的款项。

【例 15-13】 20×3年,某担保公司为某一承包商提供工程履约担保,现承包商未能及时履行其与工程业主所订合同的责任和义务,准备支付给工程业主赔偿金。因案情复杂一时不能结案,20×3年5月,担保公司按预计损失的50%,以支票预付代偿款60 000元,20×3年11月,经调查核实确定该项目实际损失为130 000元,再开出支票结清此赔案。应编制会计分录如下。

预付赔付款时:
借:预付赔付款——某工程业主　　　　　　　　　　　　　　60 000
　　贷:银行存款　　　　　　　　　　　　　　　　　　　　　　　60 000

结案时:
借:赔付支出——工程履约担保　　　　　　　　　　　　　　130 000
　　贷:预付赔付款——某工程业主　　　　　　　　　　　　　　60 000
　　　　银行存款　　　　　　　　　　　　　　　　　　　　　　70 000

3. 应付赔付款的核算

应付赔付款是指公司应付未付的代偿款。在核算时应设置"应付赔付款"(负债类)科目。

【例 15-14】 某公司为某一物流中心提供商业票据承兑担保,20×3年8月,甲供货商未能按期收到票面金额,担保公司履行代偿义务,金额为40万元,但因资金紧张,代偿款尚未支付。20×3年12月支付代偿款40万元。应编制会计分录如下。

发生代偿时:
借:赔付支出——票据承兑担保　　　　　　　　　　　　　　400 000
　　贷:应付赔付款——甲供货商　　　　　　　　　　　　　　　400 000

实际支付时:
借:应付赔付款——甲供货商　　　　　　　　　　　　　　　400 000
　　贷:银行存款　　　　　　　　　　　　　　　　　　　　　　400 000

4. 理赔费用的核算

在理赔中发生的直接理赔费用和间接理赔费用应在"赔付支出"科目核算。

【例 15-15】 某公司承担的项目融资担保发生代偿,聘请某公估行进行评估工作,以银行转账支票支付评估费12 000元(含税),增值税税率为6%,应编制会计分录如下。

借:赔付支出——项目融资担保　　　　　　　　　　　　　11 320.75
　　应交税费——应交增值税(进项税额)　　　　　　　　　　679.25
　　贷:银行存款　　　　　　　　　　　　　　　　　　　　　12 000

5. 代位追偿款的核算

代位追偿款是担保公司事先按照担保合同约定代偿后取得对被担保人的求偿权而追回的价款。公司发生代偿支出后尚不是担保公司的最后损失,担保公司代被担保人支付赔付款,与此同时,从被担保人处取得对代偿的价款进行追偿的权利。从理论上讲,追偿款属于代位求偿,实质上不是一项收入,而是对赔付支出的一种抵减,不应作为收入处理。

按照现行会计准则规定,担保人承担赔付担保金责任应收取的代位追偿款,同时满足下列条件的应确认为应收代位追偿款。

(1) 与该代位追偿款有关的经济利益很可能流入。

(2) 该代位追偿款的金额能够可靠地计量。

对应收代位追偿款,担保公司应及时行使追偿权,并遵循以下原则。

(1) 穷尽原则。对被担保企业反担保物、反担保人都要进行追偿,直至有充分证据表明都已穷尽。

(2) 变现原则。对代位追偿款应考虑以货币资金受偿,从严控制以物抵债。受偿方式以现金受偿为第一选择,被担保人无货币资金偿还能力时,要优先选择以直接拍卖、变卖非货币资产的方式回收代偿款。当现金受偿确实不能实现时,可接受以物抵债。

(3) 责任追究原则。对造成代偿损失的应查明原因,进行责任追究。

(4) 批准原则。要根据公司的管理权限,经股东大会或董事会、经理会议或类似机构批准。

(5) 账销案存原则。

为了核算和监督追偿款的发生和收回情况,担保公司应设置"应收代位追偿款"资产类科目,核算公司按照原担保合同约定承担赔付担保金责任后确认的代位追偿款。

【例15-16】 某担保公司为A企业提供贷款担保,20×3年3月出现代偿一笔,支付代偿款20万元,有确凿证据表明其中可确认的可收回金额为15万元,20×3年11月,经多方努力,代偿回收金额为15万元。应编制会计分录如下。

20×3年3月支付代偿款时:

借:赔付支出——贷款担保　　　　　　　　　　　　　　200 000
　　贷:银行存款　　　　　　　　　　　　　　　　　　　　　　　200 000

支付代偿款,取得向A企业追偿的权利:

借:应收代位追偿款——A企业　　　　　　　　　　　150 000
　　贷:赔付支出——贷款担保　　　　　　　　　　　　　　　　150 000

20×3年11月通过追收收回款项时:

借:银行存款　　　　　　　　　　　　　　　　　　　　150 000
　　贷:应收代位追偿款——A企业　　　　　　　　　　　　　　150 000

【例15-17】 若上例代偿回收金额为120 000元,应编制会计分录如下。

借:银行存款　　　　　　　　　　　　　　　　　　　　120 000
　　赔付支出——贷款担保　　　　　　　　　　　　　　　30 000
　　贷:应收代位追偿款——A企业　　　　　　　　　　　　　　150 000

【例15-18】 某担保公司20×3年发生如下业务。

(1) 2月1日,代被担保单位甲公司偿还某银行借款本息共计52万元,已用银行存款支付。

(2) 2月29日,业务部及风险控制部提交材料,列明甲公司同意变卖设备以偿还代偿款35万元,此外别无资金来源可用于偿还代偿款(为其提供反担保的单位已遭封查停产)。

(3) 3月2日,甲公司交来变卖设备款35万元,存入银行。

该担保公司应编制会计分录如下。

(1) 2月1日,支付代偿款时:

借:赔付支出——贷款担保　　　　　　　　　　　　　520 000
　　贷:银行存款　　　　　　　　　　　　　　　　　　　　　520 000

(2) 2月29日,确认应收代位追偿款时:

借:应收代位追偿款——甲公司　　　　　　　　　　350 000
　　贷:赔付支出——贷款担保　　　　　　　　　　　　　350 000

(3) 3月2日,收回代偿款时:

借:银行存款　　　　　　　　　　　　　　　　　　　350 000
　　贷:应收代位追偿款——甲公司　　　　　　　　　　350 000

【例15-19】 若上例3月2日甲公司委托第三人变卖设备,承诺第三人按实收价款的5%提取劳务费后,以转账方式转入该担保公司账户37万元。担保公司应编制会计分录如下。

借:银行存款　　　　　　　　　　　　　　　　　　　370 000
　　贷:应收代位追偿款——甲公司　　　　　　　　　　350 000
　　　　赔付支出——贷款担保　　　　　　　　　　　　20 000

6. 损余物资的核算

"损余物资"是指担保公司代偿后收回的反担保抵押或质押物资。为了核算和监督损余物资的发生和处置情况,担保公司应设置"损余物资"(资产类)科目。损余物资发生减值的,可以单独设置"损余物资跌价准备"科目。

【例15-20】 A公司为一商贸流通企业,代理经营著名体育品牌产品,20×3年2月,经某担保公司评审后为其一年期流动资金贷款400万元进行担保,并在合同中设定了用A公司存放在某仓库的百万元体育商品进行抵押,另采用该公司20%股权进行质押,并在公证处办理了强制执行公证。20×4年2月借款到期,A公司因经营不善未能全额归还借款,担保公司履行了代偿责任,支付了借款本息共计代偿款324万元,并取得了相应反担保质押物的处置权。经双方约定,A公司20%股权进行变现,转入担保公司账户200万元,体育商品由担保公司收回,同类资产市场价格116万元。20×4年12月,担保公司将这批商品变卖,价款122万元(含税)存入银行,依照3%征收率减按2%征收增值税。担保公司应编制会计分录如下。

(1) 20×4年2月支付代偿款时:

借:赔付支出——贷款担保　　　　　　　　　　　　3 240 000
　　贷:银行存款　　　　　　　　　　　　　　　　　　3 240 000

(2) 收到A公司股权变现款时:

借：银行存款 2 000 000
　　贷：赔付支出——贷款担保 2 000 000

(3) 收回体育商品时：

借：损余物资——体育商品 1 160 000
　　贷：赔付支出——贷款担保 1 160 000

(4) 20×4年12月收到体育商品变卖款时：

借：银行存款 1 220 000
　　贷：损余物资——体育商品 1 160 000
　　　　应交税费——简易计税 23 689.32
　　　　赔付支出——贷款担保 36 310.68

【例15-21】 如果上例20×4年12月，担保公司将商品变卖，变卖价款为114万元，应编制会计分录如下。

借：银行存款 1 140 000
　　赔付支出——贷款担保 20 000
　　贷：损余物资——体育商品 1 160 000

值得注意的是，处置损余物资时，已计提跌价准备的，还应同时结转跌价准备。

7. 错赔或骗赔案件的核算

在担保理赔过程中，有时会发生错赔或骗赔案件，担保公司发现后应依法查处并追回赔付，会计上采取冲减赔付支出的账务处理。

【例15-22】 某担保公司为某客户提供诉讼保全担保，支付代偿款后被发现是错赔案件，由于工作失误多赔了6 000元。经与保户交涉，该保户以现金退回了多收的赔付款。担保公司应编制会计分录如下。

借：库存现金 6 000
　　贷：赔付支出——诉讼保全担保 6 000

8. 综合举例

【例15-23】 20×3年5月16日，甲担保公司与乙企业签订一份担保合同，对乙企业在当地商业银行一年期借款600万元进行担保，以企业主要生产设备进行抵押，借款合同和担保合同约定借款期限自20×3年5月16日至20×4年5月15日，担保费为31.8万元（含税），增值税税率为6%，担保费于合同生效当日一次性收取。经计算后确定，甲担保公司针对该项合同未到期责任准备金的提取金额为15万元，针对该项合同担保赔偿准备金的提取金额为6万元。20×4年5月借款合同到期，乙企业陷入财务危机未能归还全部借款，担保公司履行了代偿责任，支付了偿还商业银行借款本息共计430万元。甲担保公司同时收回部分生产设备并享有了对乙企业的代位追偿权。假设生产设备同类资产市场价格为150万元，代位追偿款估计可收回200万元。20×4年9月，甲担保公司转让生产设备收入206万元（含税），依照3%征收率减按2%征收增值税，20×4年11月从乙企业收回补偿190万元。甲担保公司应编制会计分录如下。

(1) 20×3年5月，甲担保公司根据合同确认保费收入并提取准备金：

借：银行存款 318 000
　　贷：保费收入——贷款担保 300 000
　　　　应交税费——应交增值税（销项税额） 18 000
借：提取未到期责任准备金——贷款担保 150 000
　　贷：未到期责任准备金——贷款担保 150 000

(2) 20×3年末，提取担保赔偿准备金：
借：提取担保赔偿准备金——贷款担保 60 000
　　贷：担保赔偿准备金——贷款担保 60 000

(3) 20×4年5月支付代偿款，并收回抵押物资及确认代位追偿权：
借：赔付支出——贷款担保 4 300 000
　　贷：银行存款 4 300 000

冲回担保赔偿准备金余额时：
借：担保赔偿准备金——贷款担保 60 000
　　贷：提取担保赔偿准备金——贷款担保 60 000

收回抵押物资时：
借：损余物资——生产设备 1 500 000
　　贷：赔付支出——贷款担保 1 500 000

确认应收代位追偿款：
借：应收代位追偿款——乙企业 2 000 000
　　贷：赔付支出——贷款担保 2 000 000

(4) 20×4年9月处置抵押物资：
借：银行存款 2 060 000
　　贷：损余物资——生产设备 1 500 000
　　　　应交税费——简易计税 40 000
　　　　赔付支出——贷款担保 520 000

(5) 20×4年11月收到代位追偿款：
借：银行存款 1 900 000
　　赔付支出——贷款担保 100 000
　　贷：应收代位追偿款——乙企业 2 000 000

第二节　再担保合同的核算

一、再担保合同核算概述

(一) 再担保的基本概念

再担保，也称分担保，是担保人在原担保合同的基础上，通过签订再担保合同，将其所承担的部分风险和责任向其他担保人进行担保的行为。在再担保业务中，习惯上把分出自己承保业务的担保人称作原担保人，或称分出人；接受分保业务的担保人称作再担保人、分入人、分保接受人。

(二) 再担保和原担保的关系

再担保的基础是原担保,再担保的产生正是基于原担保人经营中分散风险的需要。因此,原担保和再担保是相辅相成的,它们都是对风险的承担和分散。担保是投保人以交付担保费为代价将风险责任转嫁给担保人,实质是在全体被担保人之间分散风险;再担保人是原担保人以交付分保费为代价将风险责任转嫁给再担保人,在它们之间进一步分散风险。因此,再担保是担保的进一步延续,是担保的担保,也是担保业务的组成部分。

(三) 再担保合同的概念

再担保合同是指一个担保人(再担保分出人)分出一定的担保费给另一个担保人(再担保接受人),再担保接受人对再担保分出人由原担保合同所引起的赔付成本及其他相关费用进行补偿的担保合同。

再担保合同首先要满足担保合同的定义。担保合同成立的关键在于判断担保人是否承担了重大担保风险。

(四) 再担保的种类

按照责任限额分类,再担保可以分为比例再担保和非比例再担保。比例再担保是指以担保金额为基础确定每一风险单位的自留额和分保额,分出公司的自留额和接受公司的接受额均是按照担保金额的一定比例确定的。比例再担保又可以分为成数再担保、溢额再担保以及成数和溢额混合再担保。非比例再担保又称超额损失分保,它是以赔付款金额为基础确定每一风险单位的自留额和分保额。非比例再担保又可分为超额赔款再担保和超额赔付率再担保。按照再担保的安排方式分类可以分为临时再担保合同、固定再担保合同、预约再担保合同和财务再担保合同四种基本安排方式。

二、分出业务的核算

(一) 科目设置

(1) "分出保费"损益类(费用)科目,核算再担保分出人向再担保接受人分出的保费。

(2) "摊回分保费用"损益类(收入)科目,核算再担保分出人向再担保接受人摊回的分保费用。

(3) "摊回赔付支出"损益类(收入)科目,核算再担保分出人向再担保接受人摊回的赔付成本。

(4) "应收分保合同准备金"资产类科目,核算再担保分出人从事再担保业务确认的应收分保未到期责任备金,以及应向再担保接受人摊回的担保赔偿准备金。

(5) "摊回担保赔偿准备金"损益类(收入)科目,核算再担保分出人从事再担保业务应向再担保接受人摊回的担保赔偿准备金。

(6) "预付分出保费"资产类科目,核算再担保分出人提前支付给再担保接受人的预付性质的分出保费。

(7) "存入保证金"负债类科目,核算分出业务再担保分出人按约定扣存分入人的保费形成的准备金。

(8) "预收赔付款"负债类科目,核算再担保分出人从事再担保分出业务预收的分保赔款。

(9)"应收分保账款"资产类科目,核算从事再担保业务应收取的款项。

(10)"应付分保账款"负债类科目,核算从事再担保业务应付未付的款项。

(二) 分出业务的核算举例

【例 15-24】 承前[例 15-23],20×3 年 5 月 16 日,甲担保公司与乙企业签订一份担保合同,对乙企业在当地商业银行一年期借款 600 万元进行担保,以企业主要生产设备进行抵押,借款合同和担保合同约定借款期限自 20×3 年 5 月 16 日至 20×4 年 5 月 15 日,担保费为 31.8 万元(含税),增值税税率为 6%,担保费于合同生效当日一次性收取。经计算后确定,甲担保公司针对该项合同未到期责任准备金的提取金额为 15 万元,针对该项合同担保赔偿准备金的提取金额为 6 万元。同时,甲担保公司与 A 担保公司签订了一份比例再担保合同,约定 A 担保公司承担源于原担保合同的担保风险的 20%,发生分保费用 5.3 万元(含税),按照摊回的分保费用向 A 公司开出增值税专用发票。20×4 年 5 月借款合同到期,乙企业陷入财务危机未能归还全部借款,担保公司履行了代偿责任,支付了偿还商业银行借款本息合计 430 万元。甲担保公司同时收回部分生产设备并享有了对乙企业的代位追偿权。假设生产设备同类资产市场价格为 150 万元,代位追偿款估计可收回 200 万元。20×4 年 9 月甲担保公司转让生产设备收入 206 万元(含税),依照 3%征收率减按 2%征收增值税,20×4 年 11 月从乙企业收回补偿 190 万元。担保公司应编制会计分录如下。

1. 20×3 年 5 月,按照再担保合同确定分出保费、应收未到期责任准备金及分保费用:

借:分出保费——贷款担保　　　　　　　　　　　　　60 000
　　应交税费——应交增值税(进项税额)　　　　　　 3 600
　　　贷:应付分保账款——A 公司　　　　　　　　　　　　63 600

按照再担保合同约定计算的相关应收分保未到期责任准备金:

借:应收分保合同准备金——A 公司　　　　　　　　 30 000
　　　贷:提取未到期责任准备金——贷款担保　　　　　　 30 000

借:应收分保账款——A 公司　　　　　　　　　　　 10 600
　　　贷:摊回分保费用——贷款担保　　　　　　　　　　 10 000
　　　　　应交税费——应交增值税(销项税额)　　　　　　 600

2. 20×3 年末,按照再担保合同确定应向再担保接受人摊回的担保赔偿准备金:

借:应收分保合同准备金——A 公司　　　　　　　　 12 000
　　　贷:摊回担保赔偿准备金——贷款担保　　　　　　　 12 000

3. 20×4 年 5 月支付代偿款,并收回抵押物资及确认代位追偿权。

(1) 冲减应收的担保赔偿准备金:

借:摊回担保赔偿准备金——贷款担保　　　　　　　 12 000
　　　贷:应收分保合同准备金——A 公司　　　　　　　　 12 000

(2) 摊回赔付支出:

借:应收分保账款——A 公司　　　　　　　　　　　 860 000
　　　贷:摊回赔付支出——贷款担保　　　　　　　　　　 860 000

(3) 收回抵押物资:

借:摊回赔付支出——贷款担保　　　　　　　　　　 300 000
　　　贷:应收分保账款——A 公司　　　　　　　　　　　 300 000

(4) 确认应收代位追偿款：
借：摊回赔付支出——贷款担保　　　　　　　　　　　　400 000
　　贷：应收分保账款——A公司　　　　　　　　　　　　　　　　400 000
4. 20×4年9月处置抵押物资：
借：摊回赔付支出——贷款担保　　　　　　　　　　　　104 000
　　贷：应收分保账款——A公司　　　　　　　　　　　　　　　　104 000
5. 20×4年11月收到代位追偿款：
借：应收分保账款——A公司　　　　　　　　　　　　　　20 000
　　贷：摊回赔付支出——贷款担保　　　　　　　　　　　　　　　20 000

【例15-25】　甲担保公司20×3年将承保的项目融资担保业务同时分保给乙和丙两家担保公司，乙公司占60%，丙公司占40%，根据20×3年第二季度发生的分保业务编制分保账单并寄送乙和丙再担保公司(假设分保账单数据和平时发生一致，不需调整)，分保费为含税价，增值税税率为6%，摊回分保赔款和摊回分保费用均不考虑增值税，分保账单格式如表15-3、表15-4所示。

表15-3　分保账单

公司名称：甲担保公司　　　　　　　　　　　　　　业务类型：项目融资担保
分入人：乙再担保公司　　　　　　　　　　　　　　业务年度：20×3年
账单期：20×3年第二季度　　　　　　　　　　　　　货币单位：万元

借方		贷方	
项　目	金　额	项　目	金　额
分保赔款	850	分保费	500
固定分保手续费	150	保费准备金返还	250
浮动分保手续费	80	准备金利息	10
纯益手续费			
经纪人手续费			
税款及杂项			
保费准备金扣存	300		
应付你方余额		应收你方余额	620
合计	1 380	合计	1 380
你方成分(60%)		你方成分(60%)	372

表15-4　分保账单

公司名称：甲担保公司　　　　　　　　　　　　　　业务类型：项目融资担保
分入人：丙再担保公司　　　　　　　　　　　　　　业务年度：20×3年
账单期：20×3年第二季度　　　　　　　　　　　　　货币单位：万元

借方		贷方	
项　目	金　额	项　目	金　额
分保赔款	850	分保费	500
固定分保手续费	150	保费准备金返还	250
浮动分保手续费	80	准备金利息	10

续 表

借 方		贷 方	
项 目	金 额	项 目	金 额
纯益手续费 经纪人手续费 税款及杂项 保费准备金扣存 应付你方余额	 300 	 应收你方余额	 620
合计	1 380	合计	1 380
你方成分(40%)		你方成分(40%)	248

甲担保公司应编制会计分录如下。

1. 在确认原担保合同担保费收入的当期，计算确定分出保费：

借：分出保费——项目融资担保　　　　　　　　　　4 716 981.13
　　应交税费——应交增值税(进项税额)　　　　　　　283 018.87
　　贷：应付分保账款——乙公司　　　　　　　　　　　　　3 000 000
　　　　　　　　　　——丙公司　　　　　　　　　　　　　2 000 000

2. 在确认原担保合同担保费收入的当期，计算确定应向再担保接受人摊回的分保费用：

借：应收分保账款——乙公司　　　　　　　　　　　1 380 000
　　　　　　　　——丙公司　　　　　　　　　　　　920 000
　　贷：摊回分保费用——项目融资担保担保　　　　　　　　2 300 000

3. 在确定原担保合同赔付成本的当期，计算确定的应向再担保接受人摊回的赔付成本：

借：应收分保账款——乙公司　　　　　　　　　　　5 100 000
　　　　　　　　——丙公司　　　　　　　　　　　3 400 000
　　贷：摊回赔付支出——项目融资担保　　　　　　　　　　8 500 000

4. 发出分保账单时，按账单标明的扣存本期分保准备金：

借：应付分保账款——乙公司　　　　　　　　　　　1 800 000
　　　　　　　　——丙公司　　　　　　　　　　　1 200 000
　　贷：存入保证金——存入分保金——乙公司　　　　　　　1 800 000
　　　　　　　　　　　　　　　——丙公司　　　　　　　1 200 000

5. 按账单标明的返还上期扣存分保准备金：

借：存入保证金——存入分保保证金——乙公司　　　1 500 000
　　　　　　　　　　　　　　　　——丙公司　　　1 000 000
　　贷：应付分保账款——乙公司　　　　　　　　　　　　　1 500 000
　　　　　　　　　——丙公司　　　　　　　　　　　　　1 000 000

6. 计算存入分保保证金利息时：

借：利息支出　　　　　　　　　　　　　　　　　　100 000
　　贷：应付分保账款——乙公司　　　　　　　　　　　　　60 000
　　　　　　　　　——丙公司　　　　　　　　　　　　　40 000

7. 结算分保账款时：

借：应付分保账款——乙公司　　　　　　　　　　　　　　2 760 000
　　　　　　　　——丙公司　　　　　　　　　　　　　　1 840 000
　　银行存款　　　　　　　　　　　　　　　　　　　　　6 200 000
　贷：应收分保账款——乙公司　　　　　　　　　　　　　　6 480 000
　　　　　　　　——丙公司　　　　　　　　　　　　　　4 320 000

其中：应付分保账款(乙公司)＝3 000 000－1 800 000＋1 500 000＋60 000
　　　　　　　　　　　　＝2 760 000(元)
　　　应付分保账款(丙公司)＝2 000 000－1 200 000＋1 000 000＋40 000
　　　　　　　　　　　　＝1 840 000(元)
　　　应收分保账款(乙公司)＝1 380 000＋5 100 000＝6 480 000(元)
　　　应收分保账款(丙公司)＝920 000＋3 400 000＝4 320 000(元)

【例 15-26】 A 担保公司与 B 担保公司签订投标担保分保合同，采取溢额分保方式，担保公司承保金额 5 000 万元，自留额为 3 000 万元，A 公司本月担保费 800 万元(含税)，增值税税率为 6%，发生赔付款 600 万元，按合约规定 A 公司向 B 公司提供理赔资料，B 公司向 A 公司预付了 100 万元的现金赔款。

$$分保比例＝(5\,000－3\,000)\div5\,000\times100\%＝40\%$$
$$分出保费＝800\times40\%＝320(万元)$$
$$摊回赔付支出＝600\times40\%＝240(万元)$$

A 担保公司应作如下会计处理。

1. 按照再担保合同确定分出保费：

借：分出保费——投标担保　　　　　　　　　　　　　　　3 018 867.92
　　应交税费——应交增值税(进项税额)　　　　　　　　　　181 132.08
　贷：应付分保账款——B 公司　　　　　　　　　　　　　　3 200 000

2. 收到现金赔款时：

借：银行存款　　　　　　　　　　　　　　　　　　　　　1 000 000
　贷：预收赔付款——B 公司　　　　　　　　　　　　　　　1 000 000

3. 摊回赔付支出时：

借：应收分保账款——B 公司　　　　　　　　　　　　　　2 400 000
　贷：摊回赔付支出——投标担保　　　　　　　　　　　　　2 400 000

同时，

借：预收赔付款——B 公司　　　　　　　　　　　　　　　1 000 000
　贷：应收分保账款——B 公司　　　　　　　　　　　　　　1 000 000

【例 15-27】 甲担保公司与乙担保公司签订贸易融资担保分保合同，采取超额赔款再担保方式。分出公司自赔额为 300 万元，按合约规定甲担保公司提前支付给乙担保公司分出保费 300 万元，当期按照超额赔款再担保合同计算当期分出保费为 700 万元(含税)，增值税税率为 6%，实际发生赔款 500 万元。

甲担保公司应作如下会计处理。

1. 甲担保公司提前支付给乙担保公司的预付性质的分出保费时：

借：预付分出保费——乙公司　　　　　　　　　　　　　3 000 000
　　贷：银行存款　　　　　　　　　　　　　　　　　　　　　3 000 000

2. 按照超额赔款再担保合同计算当期分出保费时：

借：分出保费——贸易融资担保　　　　　　　　　　　　6 603 773.58
　　应交税费——应交增值税（进项税额）　　　　　　　　396 226.42
　　贷：应付分保账款——乙公司　　　　　　　　　　　　　7 000 000
借：应付分保账款　　　　　　　　　　　　　　　　　　3 000 000
　　贷：预付分出保费——贸易融资担保　　　　　　　　　　3 000 000

3. 摊回赔付支出时：

借：应收分保账款——乙公司　　　　　　　　　　　　　2 000 000
　　贷：摊回赔付支出——贸易融资担保　　　　　　　　　　2 000 000

三、分入业务的核算

（一）科目设置

（1）"保费收入"损益类（收入）科目，核算再担保接受人接受的分保费。
（2）"分保费用"损益类（费用）科目，核算再担保接受人向再担保分出人支付的分保费用。
（3）"赔付支出"损益类（费用）科目，核算再担保接受人向再担保分出人支付的赔款。
（4）"提取未到期责任准备金"损益类（费用）科目，核算再担保接受人按规定提取的未到期责任准备金。
（5）"未到期责任准备金"负债类科目，核算再担保接受人的未到期责任准备金。
（6）"提取担保赔偿准备金"损益类（费用）科目，核算再担保接受人按规定提取的担保赔偿准备金。
（7）"担保赔偿准备金"负债类科目，核算再担保接受人的担保赔偿准备金。
（8）"预收保费"负债类科目，核算再担保接受人提前向再担保分出人收取的分保费。
（9）"存出保证金"资产类科目，核算再担保接受人按合同约定存出的分保准备金。
（10）"预付赔付款"资产类科目，核算再担保接受人预付的赔款。
（11）"应收分保账款"资产类科目，核算从事再担保业务应收取的款项。
（12）"应付分保账款"负债类科目，核算从事再担保业务应付未付的款项。

（二）分入业务的核算举例

【例15-28】承前[例15-25]，假设该项再担保合同起期后，预估分担保费收入5万元（含税），预估分保手续费2万元（含税），预估未到期责任准备金4万，采用账单期分担保费收入预估法，增值税税率为6%。甲A担保公司应编制会计分录如下。

1. 预估分保费收入、预估分保手续费及相应的未到期责任准备金时：

借：预估应收账款　　　　　　　　　　　　　　　　　　50 000
　　贷：预估分保费收入　　　　　　　　　　　　　　　　　47 169.81
　　　　应交税费——应交增值税（销项税额）　　　　　　　2 830.19

借：预估分保手续费 18 867.92
    应交税费——应交增值税(进项税额) 1 132.08
    贷：预估应付账款 20 000
借：提取预估未到期责任准备金 40 000
    贷：预估未到期责任准备金 40 000

2. 收到分保账单,作相反的分录冲销,同时根据分保账单确定分担保费收入、分保费用及未到期责任准备金：

借：应收分保账款——甲公司 63 600
    贷：保费收入——分担保费收入——贷款担保 60 000
        应交税费——应交增值税(销项税额) 3 600
借：分保费用——贷款担保 10 000
    应交税费——应交增值税(进项税额) 600
    贷：应付分保账款——甲公司 10 600

3. 确定应付的担保赔偿准备金：

借：提取担保赔偿准备金——贷款担保 12 000
    贷：担保赔偿准备金——贷款担保 12 000

4. 支付代偿款,并收回抵押物资及确认代位追偿权。

(1) 冲减应付的担保赔偿准备金：

借：担保赔偿准备金——贷款担保 12 000
    贷：提取担保赔偿准备金——贷款担保 12 000

(2) 分担赔付成本：

借：赔付支出——分保赔付支出——贷款担保 860 000
    贷：应付分保账款——甲公司 860 000

(3) 甲公司收到抵押物资：

借：应付分保账款——甲公司 300 000
    贷：赔付支出——分保赔付支出——贷款担保 300 000

(4) 甲公司确认应收代位追偿款：

借：应付分保账款——甲公司 400 000
    贷：赔付支出——分保赔付支出——贷款担保 400 000

5. 甲公司处置损余物资：

借：应付分保账款——甲公司 104 000
    贷：赔付支出——分保赔付支出——贷款担保 104 000

6. 甲公司收到代位追偿款：

借：赔付支出——分保赔付支出——贷款担保 20 000
    贷：应付分保账款——甲公司 20 000

【例15-29】 承前[例15-25],乙公司应编制会计分录如下。

1. 平时预估分担保费收入、分保费用,收到分保账单,作相反的分录冲销,同时根据分保账单确定分担保费收入、分保费用：

借：应收分保账款——甲公司	3 000 000	
贷：保费收入——分担保费收入——项目融资担保		2 830 188.68
应交税费——应交增值税(销项税额)		169 811.32
借：分保费用——项目融资担保	1 380 000	
贷：应付分保账款——甲公司		1 380 000

2. 按照账单标明的分保赔付金额,确定分保赔付成本：

借：赔付支出——分保赔付支出——项目融资担保　　5 100 000
　　贷：应付分保账款——甲公司　　　　　　　　　　　　　5 100 000

3. 按账单标明的再担保分出人扣存本期分保准备金：

借：存出保证金——存出分保保证金——甲公司　　1 800 000
　　贷：应收分保账款——甲公司　　　　　　　　　　　　　1 800 000

4. 按账单标明的再担保分出人返还上期扣存分保保证金：

借：应收分保账款——甲公司　　　　　　　　　　1 500 000
　　贷：存出保证金——存出分保保证金——甲公司　　　　1 500 000

5. 计算存出分保保证金利息时：

借：应收分保账款——甲公司　　　　　　　　　　60 000
　　贷：利息收入　　　　　　　　　　　　　　　　　　　　60 000

6. 结算分保账款时：

借：应付分保账款——甲公司　　　　　　　　　　6 480 000
　　贷：应收分保账款——甲公司　　　　　　　　　　　　　2 760 000
　　　　银行存款　　　　　　　　　　　　　　　　　　　　3 720 000

其中：应收分保账款＝3 000 000－1 800 000＋1 500 000＋60 000
　　　　　　　　　＝2 760 000(元)
　　　应付分保账款＝1 380 000＋5 100 000＝6 480 000(元)

丙公司应编制会计分录如下。

1. 平时预估分担保费收入、分保费用,收到分保账单,作相反的分录冲销,同时根据分保账单确定分担保费收入、分保费用：

借：应收分保账款——甲公司　　　　　　　　　　2 000 000
　　贷：保费收入——分担保费收入——项目融资担保　　　1 886 792.45
　　　　应交税费——应交增值税(销项税额)　　　　　　　113 207.55
借：分保费用——项目融资担保　　　　　　　　　920 000
　　贷：应付分保账款——甲公司　　　　　　　　　　　　　920 000

2. 按照账单标明的分保赔付金额,确定分保赔付成本：

借：赔付支出——分保赔付支出——项目融资担保　　3 400 000
　　贷：应付分保账款——甲公司　　　　　　　　　　　　　3 400 000

3. 按账单标明的再担保分出人扣存本期分保准备金：

借：存出保证金——存出分保保证金——甲公司　　1 200 000
　　贷：应收分保账款——甲公司　　　　　　　　　　　　　1 200 000

4. 按账单标明的再担保分出人返还上期扣存分保保证金：
借：应收分保账款——甲公司　　　　　　　　　　　　　1 000 000
　　贷：存出保证金——存出分保保证金——甲公司　　　　　　　1 000 000

5. 计算存出分保保证金利息时：
借：应收分保账款——甲公司　　　　　　　　　　　　　　40 000
　　贷：利息收入　　　　　　　　　　　　　　　　　　　　　40 000

6. 结算分保账款时：
借：应付分保账款——甲公司　　　　　　　　　　　　　1 840 000
　　贷：应收分保账款——甲公司　　　　　　　　　　　　　4 320 000
　　　　银行存款　　　　　　　　　　　　　　　　　　　2 480 000

其中：应收分保账款＝2 000 000－1 200 000＋1 000 000＋40 000
　　　　　　　　　＝1 840 000（元）
　　　应付分保账款＝920 000＋3 400 000＝4 320 000（元）

【例15-30】　承前[例15-26]，B担保公司应作如下会计处理。

1. 按照再担保合同确定分入保费：
借：应收分保账款——A公司　　　　　　　　　　　　　3 200 000
　　贷：保费收入——分担保费收入——投标担保　　　　　　　3 018 867.92
　　　　应交税费——应交增值税（销项税额）　　　　　　　　181 132.08

2. 预付现金赔款时：
借：预付赔付款——预付分保赔付款——A公司　　　　　1 000 000
　　贷：银行存款　　　　　　　　　　　　　　　　　　　　1 000 000

3. 分担分保赔款时：
借：赔付支出——分保赔付支出——投标担保　　　　　　2 400 000
　　贷：应付分保账款——A公司　　　　　　　　　　　　　2 400 000

同时，
借：应付分保账款——A公司　　　　　　　　　　　　　1 000 000
　　贷：预付赔付款——预付分保赔付款——A公司　　　　　　1 000 000

【例15-31】　承前[例15-27]，乙担保公司应作如下会计处理。

1. 收取甲担保公司提前支付分出保费时：
借：银行存款　　　　　　　　　　　　　　　　　　　　3 000 000
　　贷：预收保费——预收分出保费——甲公司　　　　　　　　3 000 000

2. 按照超额赔款再担保合同计算当期分入保费时：
借：应收分保账款——甲公司　　　　　　　　　　　　　7 000 000
　　贷：保费收入——分保费收入——贸易融资担保　　　　　　6 603 773.58
　　　　应交税费——应交增值税（销项税额）　　　　　　　　396 226.42

借：预收保费——预收分出保费——甲公司　　　　　　　3 000 000
　　贷：应收分保账款——甲公司　　　　　　　　　　　　　3 000 000

3. 分担分保赔款时：

借：赔付支出——分保赔付支出——贸易融资担保　　　　　2 000 000
　　贷：应付分保账款——甲公司　　　　　　　　　　　　　　　　2 000 000

 关键词

担保合同　原担保合同　再担保合同　反担保　保费收入　已赚保费　未到期责任准备金　担保赔偿准备金　赔付支出　损余物资　应收代位追偿款　分保账单　分出保费　摊回分保费用　摊回赔付支出　应收分保准备金　分保费收入　分保费用　分入业务准备金　分保赔付支出

 复习思考题

1. 简述担保费收入的确认条件。
2. 简述担保赔偿准备金的内容和计算方法。
3. 简述担保赔偿准备金和未到期责任准备金的区别。
4. 简述代位追偿款的确认条件和追偿原则。
5. 简述分出业务核算应设置的会计科目。
6. 简述分入业务核算应设置的会计科目。

 练习题

习题一

一、目的：练习原担保合同担保费收入的核算。

二、资料：担保公司发生下列经济业务。

1. 某公司业务部门交来信用证担保保费日报表和保费收据存根，以及现金5 000元（含税），增值税税率为6%，该业务是保单生效时收到全部保费。

2. 某公司20×3年1月1日为甲客户提供项目融资担保500万元，期限两年，按照合同规定按照季度交纳，每季度交纳担保费金额为1万元（含税），增值税税率为6%，担保费在本季度结束后10日内交纳，20×3年4月6日，客户按照合同约定将担保费1万元汇到担保公司银行账户。

3. 红星设备厂20×3年1月1日向银行贷款300万元，并由担保公司为该企业提供担保，担保期限为1年，20×3年7月1该企业因特殊情况退保，应退保费8 500元（含税），增值税税率为6%，但该企业尚有保费2 800元未交。

4. 某公司为乙公司基础设施建设项目融资进行担保，双方约定担保费为100 000元（含税），增值税税率为6%，分期付款。首期已收到20 000元，其余保费分4期收取。

5. 某公司与A客户签订工程履约担保合同，于20×3年3月收取担保费300万元（含税），增值税税率为6%，20×4年1月合同生效，担保责任期间为一年。

6. 某公司与某投标商签订投标担保合同，担保期限为三年，合同约定担保公司于20×3年6月一次性收取保费30万元（含税），增值税税率为6%。

7. 某公司收到业务部门交来的 A 企业贷款担保保费日报表、保费收据存根以及银行收账通知,共计 200 000 元。该业务自下月 5 日起,担保公司承担担保责任。5 日,担保责任开始生效。保费收入共计 300 000 元(含税),增值税税率为 6%,又收到现款(由银行转账) 40 000 元;余款尚未收到。

8. 某公司为客户担保贷款 100 万元,担保收费 2 万元(含税),增值税税率为 6%,担保合同约定,如果客户按期还款,无违约行为,贷款还清后,按照担保费的 10% 返还保户,以示奖励。现该客户无违约行为,按照规定返还给该客户保费。

三、要求:根据上述资料编制会计分录。

习题二

一、目的:练习原担保合同准备金的核算。

二、资料:担保公司发生下列经济业务。

1. 某公司 20×3 年贷款担保一年期保单订立于 4 月和 9 月,直接承保的担保费收入分别为 250 000 元和 360 000 万元,20×2 年 4 月和 9 月该公司贷款担保担保费收入分别为 320 000 元和 340 000 万元,按 1/2 法提取未到期责任准备金。

2. 某公司贷款担保合同提前解除,该合同已提取未到期责任准备金 40 000 元。

3. 某公司贷款担保 20×3 年年初"担保赔偿准备金"余额 500 万元。当年累计担保 1 500 万元,20×3 年 8 月发生代偿损失 350 万元,年末担保责任余额 1 800 万元,按规定提取担保赔偿准备金。

4. 如果上题 20×3 年年初"担保赔偿准备金"余额 600 万元,按规定提取担保赔偿准备金。

5. 某公司信用证担保发生代偿,公司支付代偿金 40 000 元,理赔费用 3 000 元,冲减相应担保赔偿准备金余额。

6. 某公司 20×4 年提取项目融资担保担保赔偿准备金 765 000 元,根据有关部门进行充足性测试计算结果,本年应提取担保赔偿准备金 823 000 元。

7. 假设上题根据有关部门进行充足性测试计算结果,本年应提取担保赔偿准备金 728 000 元。

三、要求:根据上述资料编制会计分录。

习题三

一、目的:练习原担保合同代偿支出的核算。

二、资料:担保公司发生下列经济业务。

1. 20×3 年某公司接受委托,为甲公司在当地商业银行一年期借款 200 万元提供担保,担保费为 3%,款项收到。担保期限为一年,借款年利率为 5%,20×3 年 10 月,借款合同到期,甲公司陷入财务危机未能归还全部借款,担保公司履行了代偿责任,支付了代偿款本金 200 万元。

2. 20×3 年某公司为某一投标商提供投标保证担保,现投标商未能履行投标义务,发生代偿。因案情复杂一时不能结案,20×3 年 3 月,担保公司按预计损失的 50%,以支票预付代偿款 100 000 元,20×3 年 10 月,经调查核实确定该项目实际损失为 130 000 元,再开出支票结清此赔案。

3. 某公司为某一服装企业提供贷款担保,20×3 年 6 月,该企业无力偿还银行借款,担保公司履行代偿义务，金额为82万元，但因资金紧张，代偿款尚未支付。20×3年12月支付全部代偿款。

4. 某公司承担的项目融资担保发生代偿，因案情复杂，以银行转账支票支付专家费、律师与诉讼费、损失检验费共计25 000元（含税），增值税税率为6%。

5. 20×3年5月为A企业提供的信用证担保业务出现代偿一笔，金额为18万元，其中可确认的可收回金额为16万元，20×3年10月，代偿回收金额为14万元。

6. 某担保公司20×3年3月1日，为甲企业承担的项目融资担保出现代偿一笔，金额为84万元，已用银行存款支付。3月12日，业务部及风险控制部提交材料，列明甲企业同意公开拍卖库存存货以偿还部分代偿款52万元。5月2日，甲企业交来变卖存货款51万元，存入银行。

7. A企业为一机械企业，20×3年3月某担保公司为其提供600万元一年期贷款担保，并在合同中设定了用甲企业的设备进行抵押，另采用该公司50%债券进行质押，并在公证处办理了强制执行公证。20×4年3月借款到期，A企业因经营决策失误未能归还借款，担保公司履行了代偿责任，支付了借款本息共计代偿款525万元，并取得了对相应反担保质押物的处置权。经双方约定，A公司50%债券进行变现，转入担保公司账户220万元，设备由担保公司收回，同类资产市场价格248万元。20×4年8月，担保公司将设备变卖，价款252元（含税）存入银行，依照3%征收率减按2%征收增值税。

8. 某公司已经代偿的项目融资担保业务经公安机关破案后确定为骗赔案件，追回款项150 000元存入银行。另外，被担保企业同意以一辆小轿车抵偿代偿款。该车原价200 000元，市场评估价128 000元。经与客户协商，此车由担保公司收回处理。经公开拍卖，此车实际收到车价款120 000元（含税），依照3%征收率减按2%征收增值税。

三、要求：根据上述资料编制会计分录。

习题四

一、目的：综合练习原担保合同业务的核算。

二、资料：某担保公司发生下列经济业务。

20×3年7月8日，A担保公司与B企业签订一份担保合同，对B企业在当地商业银行一年期借款200万元进行担保，以企业库存存货进行抵押，借款合同和担保合同期限为一年，担保费为6.36万元（含税），增值税税率为6%，担保费于合同生效当日一次性收取。经计算后确定，针对本合同未到期责任准备金的提取金额为3万元，针对本合同担保赔偿准备金的提取金额为2万元。20×4年7月借款合同到期，B企业陷入财务危机未能归还全部借款，担保公司履行了代偿责任，支付了银行借款本息共计116万元。A担保公司同时收回库存存货并享有了对B企业的代位追偿权。假设该批存货同类资产市场价格为50万元，代位追偿款估计可收回60万元。20×4年10月，A担保公司转让库存存货收入48.41万元（含税），依照3%征收率减按2%征收增值税，20×4年11月从B企业收回补偿65万元。

三、要求：根据上述资料，编制A担保公司有关会计分录。

习题五

一、目的：练习成数再担保分出业务、分入业务的核算。

二、资料：某担保公司发生下列经济业务。

承上题,A担保公司与M担保公司签订了一份比例再担保合同,约定M担保公司承担源于原担保合同的担保风险的40%,发生分保费用2.12万元(含税),按照摊回的分保费用向M公司开出增值税专用发票。假设该项再担保合同起期后,预估分担保费收入3万元(含税),预估分保手续费1万元(含税),预估未到期责任准备金2万,采用账单期分担保费收入预估法。

三、要求:根据上述资料,编制A担保公司和M担保公司有关再担保会计分录。

习题六

一、目的:练习再担保合同债权、债务的核算。

二、资料:甲担保公司20×3年将承保的贸易融资担保业务同时分保给乙和丙两家担保公司,A公司占80%,B公司占20%,根据20×3年第四季度发生的分保业务编制分保账单并寄送A和B再担保公司(假设分保账单数据和平时发生一致,不需调整),分保费为含税价,增值税税率为6%,摊回分保赔款和摊回分保费用均不考虑增值税,分保账单格式如下表所示。

分 保 账 单

公司名称:甲担保公司　　　　　　　　　　　业务类型:贸易融资担保
分入人:A再担保公司　　　　　　　　　　　业务年度:20×3年
账单期:20×3年第四季度　　　　　　　　　　货币单位:万元

借 方		贷 方	
项 目	金 额	项 目	金 额
分保赔款	900	分保费	2 500
固定分保手续费	750	保费准备金返还	280
浮动分保手续费	80	准备金利息	20
纯益手续费	20		
经纪人手续费			
税款及杂项			
保费准备金扣存	500		
应付你方余额	550	应收你方余额	
合计	2 800	合计	2 800
你方成分(80%)	440	你方成分(80%)	

三、要求:根据上述资料,编制寄送B再担保公司分保账单以及甲担保公司、A和B再担保公司有关会计分录。

习题七

一、目的:练习溢额再担保分出业务、分入业务的核算。

二、资料:A担保公司与B担保公司签订工程履约担保分保合同,采取溢额分保方式,承保金额5 000万元,自留额为2 000万元,A公司本月保费600万元(含税),增值税税率为6%,发生赔款300万元,按合约规定A公司向B公司提供理赔资料,B公司向A公司预付了150万元的现金赔款。

三、要求：根据上述资料，编制 A 担保公司和 B 担保公司有关会计分录。

习题八

一、目的：练习超额赔款再担保分出业务、分入业务的核算。

二、资料：甲担保公司与乙担保公司签订项目融资担保分保合同，采取超额赔款再担保方式。分出公司自赔额为 300 万元，按合约规定甲担保公司提前支付给乙担保公司分出保费 400 万元，当期按照超额赔款再担保合同计算当期分出保费为 700 万元（含税），增值税税率为 6%，实际发生赔款 400 万元。

三、要求：根据上述资料，编制甲担保公司和乙担保公司有关会计分录。

第十六章 租赁业务的核算

第一节 租赁业务概述

一、租赁的概念及特征

(一) 租赁的概念

租赁,从字义上来解释,"租"系指把物件借给他人而收取报酬,"赁"系指租用他人物件而支付费用,因此连贯起来说,"租赁"是指物件的所有者和使用者之间的一种有偿的借贷关系。《企业会计准则第21号——租赁》中将租赁定义为:"在约定的时间内,出租人将资产使用权让与承租人,以获取租金的协议。"

租赁业务中,涉及以下三个概念。

1. 租赁期

租赁期是指租赁协议规定的不可撤销的租赁期间。如果承租人有权选择续租该资产,并且在租赁开始日就可以合理确定承租人将会行使这种选择权,不论是否再支付租金,续租期也包括在租赁期内。

2. 租赁开始日

租赁开始日是指租赁协议日与租赁各方就主要条款做出承诺日中的较早者。承租人和出租人应当在租赁开始日将租赁分为融资租赁和经营租赁,并确定在租赁期开始日应确认的金额。

3. 租赁期开始日

租赁期开始日是指承租人有权行使其使用租赁资产权利的日期,表明租赁行为的开始。在租赁期开始日,承租人应当对租入资产、最低租赁付款额和未确认融资费用进行初始确认,出租人应当对应收融资租赁款、未担保余值和未实现融资收益进行初始确认。

(二) 租赁的特征

租赁的主要特征是,在租赁期内转移资产的使用权,而不是转移资产的所有权,这种转移是有偿的,取得使用权以支付租金为代价。某些情况下,企业签署的协议所包含的交易虽然未采取租赁的法律形式,但该交易或交易的组成部分就经济实质而言属于租赁业务。确定一项协议是否属于或包含租赁业务,应重点考虑以下两个因素:一是履行该协议是否依赖某特定资产;二是协议是否转移了资产的使用权。

二、租赁的种类

按租赁的性质不同,可以将租赁划分为融资租赁和经营租赁。满足下列标准之一的,应认定为融资租赁;除融资租赁以外的租赁为经营租赁。

(1) 在租赁期届满时,租赁资产的所有权转移给承租人。这种情况通常是指在租赁协议中已经约定、或者根据其他条件在租赁开始日就可以做出合理判断,租赁期届满时出租人能够将资产的所有权转移给承租人。

(2) 承租人有购买租赁资产的选择权,所订立的购买价款预计将远低于行使选择权时租赁资产的公允价值,因而在租赁开始日就可以合理确定承租人将会行使这种选择权(即优惠购买选择权)。

(3) 即使资产的所有权不转移,但租赁期占租赁资产使用寿命的大部分。其中"大部分",通常掌握在租赁期占租赁开始日租赁资产使用寿命的75%以上(含75%)。这条标准强调的是租赁期占租赁资产使用寿命的比例,而非租赁期占该项资产全部可使用年限的比例。

(4) 承租人在租赁开始日的最低租赁付款额现值,几乎相当于租赁开始日租赁资产公允价值,出租人在租赁开始日的最低租赁收款额现值,几乎相当于租赁开始日租赁资产公允价值。其中"几乎相当于",通常掌握在90%以上。

(5) 租赁资产性质特殊,如果不作较大改造,只有承租人才能使用。这条标准是指租赁资产是由出租人根据承租人对资产型号、规格等方面的特殊要求专门购买或建造的,具有专购、专用性质。这些租赁资产如果不作较大的重新改制,其他企业通常难以使用。

第二节 融资租赁业务的核算

一、融资租赁业务的相关概念和判断标准

1. 最低租赁付款额

如果租赁合同没有规定优惠购买选择权,最低租赁付款额是指在租赁期内,承租人应支付或可能被要求支付的各种款项(不包括或有租金和履约成本),加上由承租人或与其有关的第三方担保的资产余值,但是出租人支付但可退还的税金不包括在内。如果租赁合同规定了优惠购买选择权,最低租赁付款额是指在租赁期内承租人应支付的租金,以及因行使优惠购买选择权而支付的任何款项。

2. 担保余值

就承租人而言,这是指由承租人或与其有关的第三方担保的资产余值。就出租人而言,这是指就承租人而言的担保余值加上独立于承租人和出租人的第三方担保的资产余值。资产余值是指在租赁开始日估计的租赁期届满时租赁资产的公允价值。为了促使承租人谨慎使用租赁资产,尽量减少出租人自身的风险和损失,租赁协议有时要求承租人或与其有关的第三方对租赁资产的余值进行担保,此时的担保余值是针对承租人而言的。除此之外,担保人还可能是独立于承租人和出租人的第三方,如担保公司,此时的担保余值是针对出租人而言的。

3. 未担保余值

未担保余值是指租赁资产余值中扣除就出租人而言的担保余值以后的资产余值。对出租人而言,如果租赁资产余值中包含未担保余值,表明这部分余值的风险和报酬并没有转移,其风险应由出租人承担,因此未担保余值不能作为应收融资租赁款的一部分。

4. 最低租赁收款额

最低租赁收款额是指在租赁开始日最低租赁付款额加上与出租人和承租人无关但在财务上有能力担保的第三方对出租人担保的资产余值。

5. 或有租金

或有租金是指金额不固定,以时间长短以外的其他如销售百分比、使用量、物价指数等因素为依据计算的租金。

二、出租人应设置的会计科目

1. "融资租赁资产"科目

"融资租赁资产"科目核算企业为开展融资租赁业务取得资产的成本。该科目属于资产类科目,其借方登记企业购入和其他方式取得的融资租赁资产的实际成本,贷方登记租出融资租赁资产的价值,余额在借方,反映企业融资租赁资产的成本。该科目应按承租人、租赁资产类别和项目设置明细账。

2. "长期应收款——应收融资租赁款"科目

"长期应收款——应收融资租赁款"科目核算采用融资租赁方式租出资产时应向承租人收取的租金金额。该科目属于资产类科目,其借方登记出租人融资租赁产生的应收租赁款(包括最低租赁收款额与初始直接费用之和),贷方登记按合同规定收取的租金,余额在借方,反映企业尚未收回的租金总额。该科目应按承租人设置明细账。

初始直接费用是指在租赁谈判和签订租赁合同的过程中发生的可直接归属于租赁项目的费用,包括印花税、佣金、律师费、差旅费和谈判费等。

3. "未担保余值"科目

"未担保余值"科目核算企业采用融资租赁方式租出资产的未担保余值。该科目属于资产类科目,其借方登记企业在租赁期开始日确认的未担保余值,贷方登记租赁期限届满冲销的未担保余值,余额在借方,反映企业融资租赁资产的未担保余值。该科目应按承租人、租赁资产类别和项目设置明细账。

如果未担保余值发生减值的,可以另外设置"未担保余值减值准备"科目。

4. "未实现融资收益"科目

"未实现融资收益"科目核算企业分期计入租赁收入的未实现融资收益。该科目属于资产类科目,其借方登记企业在租赁期开始日确认的未实现融资收益,贷方登记租赁期内收到租金时本期确认的融资收益,余额在借方,反映企业尚未转入当期收益的未实现融资收益。该科目应按未实现融资收益项目设置明细账。

5. "租赁收入"科目

"租赁收入"科目核算企业确认的租赁收入。该科目属于损益类(收入)科目,其贷方登记企业租赁期内确认的租赁收入,借方登记期末结转"本年利润"的数额,结转后该科目无余额。

6. "应交税费"科目

按照现行税收新规，对提供不动产租赁服务适用税率9%，但对于2016年4月30日之前取得的也可以选择征收率为5%的简易计税方法；提供有形资产租赁服务，适用税率13%。

三、出租人的账务处理

(1) 出租人按照承租人在合同上指定的设备购入或取得租赁物资时，应按实际支付的租赁设备的成本入账。其会计分录为

借：融资租赁资产
　　贷：银行存款

(2) 租赁期开始日，出租人将租赁资产租给承租人，如果该项租赁资产的公允价值（最低租赁收款额与未担保余值现值之和）与该项融资租赁资产账面价值相等，则会计分录为

借：长期应收款——应收融资租赁款（最低租赁收款额与初始直接费用）
　　未担保余值
　　贷：融资租赁资产
　　　　银行存款（初始直接费用）
　　　　未实现融资收益

如果该项租赁资产的公允价值（最低租赁收款额与未担保余值现值之和）小于该项融资租赁资产账面价值，其差额计入"营业外支出"。其会计分录为

借：长期应收款——应收融资租赁款
　　未担保余值
　　营业外支出
　　贷：融资租赁资产
　　　　银行存款
　　　　未实现融资收益

如果该项租赁资产的公允价值（最低租赁收款额与未担保余值现值之和）大于该项融资租赁资产账面价值，其差额计入"营业外收入"。其会计分录为

借：长期应收款——应收融资租赁款
　　未担保余值
　　贷：融资租赁资产
　　　　营业外收入
　　　　银行存款
　　　　未实现融资收益

(3) 每期收到租金时，其会计分录为

借：银行存款
　　贷：长期应收款——应收融资租赁款

如果收到或有租金，应当在实际发生时计入当期损益：

借：银行存款
　　贷：租赁收入
　　　　应交税费——应交增值税（销项税额）

（4）采用实际利率法确认租赁收入时，应当将租赁内含利率作为未实现融资收益的分配率。租赁内含利率，是指在租赁开始日，使最低租赁收款额的现值与未担保余值的现值之和等于租赁资产公允价值与出租人的初始直接费用之和的折现率。其会计分录为

借：未实现融资收益
　　贷：租赁收入
　　　　应交税费——应交增值税（销项税额）

（5）未担保余值发生变动时的处理

由于未担保余值的金额决定了租赁内含利率的大小，从而决定着未实现融资收益的分配，因此，为了真实地反映企业的资产和经营业绩，根据谨慎性原则，在未担保余值发生减少和已确认损失的未担保余值得以恢复的情况下，均应当重新计算租赁内含利率，以后各期根据修正后的租赁投资净额和重新计算的租赁内含利率确定应确认的租赁收入。在未担保余值增加时，不做任何调整。其账务处理如下。

① 期末，按出租人的未担保余值的预计可收回金额低于其账面价值的差额，编制会计分录如下。

借：资产减值损失
　　贷：未担保余值减值准备

同时，将未担保余值减少额与由此所产生的租赁投资净额的减少额的差额，编制会计分录如下。

借：未实现融资收益
　　贷：资产减值损失

② 如果已确认损失的未担保余值得以恢复的，应当在原已确认的损失金额内转回，编制会计分录如下。

借：未担保余值减值准备
　　贷：资产减值损失

同时，将未担保余值恢复额与由此所产生的租赁投资净额的增加额的差额，编制会计分录如下。

借：资产减值损失
　　贷：未实现融资收益

（6）租赁期届满时的处理。

融资租赁的租赁期满时，根据租赁合同的规定可作相应的会计处理。

① 收回租赁资产。

收回租赁资产，出租人应区别如下情况作会计处理。

a. 对资产余值全部担保的。

出租人收到承租人交还的租赁资产时，编制会计分录如下。

借：融资租赁资产
　　贷：长期应收款——应收融资租赁款

如果收回租赁资产的价值低于担保余值，则应向承租人收取价值损失补偿金，其会计分录为：

借：其他应收款
  贷：营业外收入

b. 对资产余值部分担保的。

出租人收到承租人交还的租赁资产时，编制会计分录如下。

借：融资租赁资产
  贷：长期应收款——应收融资租赁款
    未担保余值

如果收回租赁资产的价值扣除未担保余值后的余额低于担保余值，则应向承租人收取价值损失补偿金，其会计分录为

借：其他应收款
  贷：营业外收入

c. 对资产余值全部未担保的。

出租人收到承租人交还的租赁资产时，编制会计分录如下。

借：融资租赁资产
  贷：未担保余值

② 优惠续租租赁资产。

a. 租赁期届满，如果承租人行使优惠续租选择权，则出租人应视同该项租赁一直存在而做出相应的会计处理，如继续分配未实现融资收益。

b. 租赁期届满，如果承租人未按租赁合同规定续租，出租人应向承租人收取违约金，并将其确认为营业外收入。同时，将收回的租赁资产按上述规定处理。

③ 出租人出售租赁资产。

租赁期届满，如果承租人行使优惠购买选择权，出租人收到购买价款时，应编制会计分录如下。

借：银行存款
  贷：长期应收款——应收融资租赁款

如果还存在未担保余值，还应做如下会计分录：

借：租赁收入
  贷：未担保余值

【例16-1】 东风公司于20×5年1月1日从汇银公司以融资租赁的方式租入一套设备，起租日为20×5年1月1日，租赁期从20×5年1月1日到20×7年12月31日，共三年，设备的账面价值为730 000元，公允价值710 000元；每年年末支付租金250 000元，资产余值150 000元，承租人担保余值100 000元，独立于承租人和出租人的第三方担保的资产余值30 000元；东风公司初始直接费用20 000元，汇银公司初始直接费用15 000元。另外，在20×6年和20×7年东风公司向汇银公司分别支付或有租金（以销售百分比为计算依据）15 000元和10 000元；租赁期满，租赁资产可以由出租人收回，承租人也可以留购，留购价款20 000元。假定担保余值、未担保余值均未发生变化，租金均为含税价，增值税税率为6%。汇银公司（出租人）会计处理如下。

（1）确定租赁期。

租赁期＝合同规定的租赁期＝3 年

（2）确定最低租赁付款额和最低租赁收款额。

最低租赁付款额＝租赁期内承租人应支付的款项＋
　　　　　　　　由承租人或与其有关的第三方担保的资产余值
　　　　　　　＝250 000×3＋100 000＝850 000(元)

最低租赁收款额＝最低租赁付款额＋
　　　　　　　　独立于承租人和出租人的第三方对出租人担保的资产余值
　　　　　　　＝850 000＋30 000＝880 000(元)

（3）确定出租人租赁内含利率。

租赁内含利率，是指在租赁开始日，使最低租赁收款额的现值与未担保余值的现值之和等于租赁资产公允价值与出租人的初始直接费用之和的折现率。

因此，设租赁内含利率为 r，则有

250 000×(P/A,r,3)＋(100 000＋30 000＋20 000)×(P/F, r, 3)＝710 000＋15 000

根据这一等式利用插值法计算租赁内含利率。

令：　　r_1＝10％，250 000×(P/A,10％,3)＋(100 000＋30 000＋20 000)×
　　　　　　(P/F,10％, 3)＝734 400

　　　　r_2＝11％，250 000×(P/A,11％,3)＋(100 000＋30 000＋20 000)×
　　　　　　(P/F,11％, 3)＝720 650

因此，r＝10％＋(734 400－725 000)/(734 400－720 650)×1％＝10.68％

（4）确认应收融资租赁款的入账价值及未担保余值。

应收融资租赁款的入账价值＝最低租赁收款额＋初始直接费用
　　　　　　　　　　　　＝880 000＋15 000＝895 000 元

未担保余值＝20 000 元

（5）租赁期开始日，确认未实现融资收益，其会计分录为

借：长期应收款——应收融资租赁款　　　　　　　　　895 000
　　未担保余值　　　　　　　　　　　　　　　　　　 20 000
　　营业外支出　　　　　　　　　　　　　　　　　　　5 000
　贷：融资租赁资产　　　　　　　　　　　　　　　　730 000
　　　银行存款　　　　　　　　　　　　　　　　　　 15 000
　　　未实现融资收益　　　　　　　　　　　　　　　175 000

其中：未实现融资收益＝(最低租赁收款额＋初始直接费用＋未担保余值)－(最低租赁收款额的现值＋初始直接费用的现值＋未担保余值的现值)＝(880 000＋15 000＋20 000)－[250 000×(P/A, 10.68％, 3)＋(100 000＋30 000)×(P/F, 10.68％, 3)＋15 000＋20 000×(P/F,10.68％,3)]＝175 000(元)

或未实现融资收益＝(880 000＋15 000＋20 000)－(710 000＋15 000＋15 000)
　　　　　　　　＝175 000(元)

(6) 采用实际利率法对未实现融资收益在租赁期内各个期间进行分配,确认当期的融资收入。编制未实现融资收益分配表如表 16-1 所示。

表 16-1　未实现融资收益分配表　　　　　单位：元

日期	年租金 (1)	确认的融资收益 (2)=期初(4)× 10.68%	租赁投资 净额减少 (3)=(1)-(2)	租赁投资净额余额 期末(4)= 期初(4)-(3)
20×5.1.1				725 000
20×5.12.31	250 000	77 430	172 570	552 430
20×6.12.31	250 000	58 999.52	191 000.48	361 429.52
20×7.12.31	250 000	38 570.48**	211 429.52*	150 000
合　计	750 000	175 000	575 000	

注：* 211 429.52＝361 429.52－150 000　　** 38 570.48＝250 000－211 429.52

(7) 收到租金,并确认融资收入。

① 20×5 年 12 月 31 日收到第一期租金：

借：银行存款　　　　　　　　　　　　　　　　　　　　　　　250 000
　　贷：长期应收款——应收融资租赁款　　　　　　　　　　　　　250 000
借：未实现融资收益　　　　　　　　　　　　　　　　　　　　77 430
　　贷：租赁收入　　　　　　　　　　　　　　　　　　　　　　73 047.17
　　　　应交税费——应交增值税(销项税额)　　　　　　　　　　4 382.83

② 20×6 年 12 月 31 日收到第二期租金：

借：银行存款　　　　　　　　　　　　　　　　　　　　　　　250 000
　　贷：长期应收款——应收融资租赁款　　　　　　　　　　　　　250 000
借：未实现融资收益　　　　　　　　　　　　　　　　　　　　58 999.52
　　贷：租赁收入　　　　　　　　　　　　　　　　　　　　　　55 659.92
　　　　应交税费——应交增值税(销项税额)　　　　　　　　　　3 339.60

③ 20×7 年 12 月 31 日收到第三期租金：

借：银行存款　　　　　　　　　　　　　　　　　　　　　　　250 000
　　贷：长期应收款——应收融资租赁款　　　　　　　　　　　　　250 000
借：未实现融资收益　　　　　　　　　　　　　　　　　　　　38 570.48
　　贷：租赁收入　　　　　　　　　　　　　　　　　　　　　　36 387.25
　　　　应交税费——应交增值税(销项税额)　　　　　　　　　　2 183.23

(8) 或有租金在发生时直接计入当期收入。

① 20×6 年作如下会计分录：

借：银行存款　　　　　　　　　　　　　　　　　　　　　　　15 000
　　贷：租赁收入　　　　　　　　　　　　　　　　　　　　　　14 150.94
　　　　应交税费——应交增值税(销项税额)　　　　　　　　　　849.06

② 20×7 年作如下会计分录：

借：银行存款	10 000	
贷：租赁收入		9 433.96
应交税费——应交增值税（销项税额）		566.04

（9）租赁期届满的会计处理。

① 返还租赁资产，由于存在担保余值和未担保余值：

借：融资租赁资产	165 000	
贷：长期应收款——应收融资租赁款		145 000
未担保余值		20 000

② 承租人留购租赁资产：

借：银行存款	20 000	
营业外支出——处置非流动资产损失	145 000	
贷：长期应收款——应收融资租赁款		145 000
未担保余值		20 000

【例 16-2】 星海公司于 20×5 年 12 月 1 日从润华公司租入一套设备，起租日为 20×6 年 1 月 1 日，租赁期 20×6 年 1 月 1 日—20×8 年 12 月 31 日，共三年，设备的账面价值为 700 000 元，公允价值 700 000 元；每隔 6 个月于月末支付 150 000 元，润华公司为签订该项租赁合同发生初始直接费用 10 000 元。租赁期满，星海公司享有优惠购买该设备的选择权，购买价为 100 元，估计该日租赁资产的公允价值为 80 000 元。假设内含利率保留两位小数，租金均为含税价，增值税税率为 6%。润华公司（出租人）会计处理如下。

（1）判断租赁类型。

本例承租人有优惠购买该设备的选择权，所订立的购买价款 100 元预计将远低于行使选择权时租赁资产的公允价值 80 000 元，另外，承租人在租赁开始日的最低租赁付款额现值 715 116.6 元（计算过程见后）大于租赁资产公允价值的 90% 即 680 000 元（700 000×90%），所以这项租赁可以判断为融资租赁。

（2）确定租赁期。

$$租赁期 = 合同规定的租赁期 = 3\ 年$$

（3）确定最低租赁付款额和最低租赁收款额。

$$最低租赁付款额 = 租赁期内承租人应支付的租金 + 优惠购买价格$$
$$= 150\ 000 \times 6 + 100 = 900\ 100(元)$$
$$最低租赁收款额 = 最低租赁付款额 = 900\ 100(元)$$

（4）确定出租人租赁内含利率。

租赁内含利率是在租赁开始日，使最低租赁收款额的现值等于租赁资产公允价值与出租人的初始直接费用之和的折现率。

因此，设租赁内含利率为 r，则有

$$150\ 000 \times (P/A, r, 6) + 100 \times (P/F, r, 6) = 700\ 000 + 10\ 000$$

根据这一等式利用插值法计算租赁内含利率。

令： $r_1 = 7\%$，$150\,000 \times 4.767 + 100 \times 0.666 = 715\,116.6$

$r_2 = 8\%$，$150\,000 \times 4.623 + 100 \times 0.630 = 693\,513$

因此，$r = 7\% + (715\,116.6 - 710\,000)/(715\,116.6 - 693\,513) \times 1\% = 7.24\%$

(5) 确认应收融资租赁款的入账价值。

应收融资租赁款的入账价值 = 最低租赁收款额 + 初始直接费用
= $900\,100 + 10\,000 = 910\,100$（元）

(6) 租赁期开始日，确认未实现融资收益，其会计分录为

借：长期应收款——应收融资租赁款　　　　　　　　　910 100
　　贷：融资租赁资产　　　　　　　　　　　　　　　　700 000
　　　　银行存款　　　　　　　　　　　　　　　　　　 10 000
　　　　未实现融资收益　　　　　　　　　　　　　　　200 100

其中：未实现融资收益 = $910\,100 - (700\,000 + 10\,000) = 200\,100$（元）

在计算内含利率时已考虑了初始直接费用的因素，为了避免未实现融资收益高估，在初始确认时应对未实现融资收益进行调整，其会计分录为

借：未实现融资收益　　　　　　　　　　　　　　　　 10 000
　　贷：长期应收款——应收融资租赁款　　　　　　　　 10 000

调整后未实现融资收益为：$200\,100 - 10\,000 = 190\,100$（元）

即未实现融资收益 = 最低租赁收款额 - 最低租赁收款额的现值 = $900\,100 - (700\,000 + 10\,000) = 190\,100$（元）

(7) 采用实际利率法对未实现融资收益在租赁期内各个期间进行分配，确认当期的融资收入。编制未实现融资收益分配表如表 16-2 所示。

表 16-2　未实现融资收益分配表　　　　　　　单位：元

日期	租金 (1)	确认的融资收益 (2)=期初(4)×7.24%	租赁投资净额减少 (3)=(1)-(2)	租赁投资净额余额 期末(4)=期初(4-3)
20×5.12.31				710 000
20×6.6.30	150 000	51 404	98 596.00	611 404.00
20×6.12.31	150 000	44 265.65	105 734.35	505 669.65
20×7.6.30	150 000	36 610.48	113 389.52	392 280.13
20×7.12.31	150 000	28 401.08	121 598.92	270 681.21
20×8.6.30	150 000	19 597.32	130 402.68	140 278.53
20×8.12.31	150 000	9 821.47**	140 178.53*	100
20×8.12.31	100		100	0
合　计	900 100	190 100	710 000	

注：* 140 178.53 = 140 278.53 - 100　　** 9 821.47 = 150 000 - 140 178.53

(8) 收到租金，并确认融资收入。

① 20×6 年 6 月 30 日收到第一期租金：

借：银行存款	150 000	
贷：长期应收款——应收融资租赁款		150 000
借：未实现融资收益	51 404	
贷：租赁收入		48 493.34
应交税费——应交增值税(销项税额)		2 909.66

② 20×6年12月31日收到第二期租金：

借：银行存款	150 000	
贷：长期应收款——应收融资租赁款		150 000
借：未实现融资收益	44 265.65	
贷：租赁收入		41 760.05
应交税费——应交增值税(销项税额)		2 505.60

③ 20×7年6月30日收到第三期租金：

借：银行存款	150 000	
贷：长期应收款——应收融资租赁款		150 000
借：未实现融资收益	36 610.48	
贷：租赁收入		34 538.19
应交税费——应交增值税(销项税额)		2 072.29

④ 20×7年12月31日收到第四期租金：

借：银行存款	150 000	
贷：长期应收款——应收融资租赁款		150 000
借：未实现融资收益	28 401.08	
贷：租赁收入		26 793.47
应交税费——应交增值税(销项税额)		1 607.61

⑤ 20×8年6月30日收到第五期租金：

借：银行存款	150 000	
贷：长期应收款——应收融资租赁款		150 000
借：未实现融资收益	19 597.32	
贷：租赁收入		18 488.04
应交税费——应交增值税(销项税额)		1 109.28

⑥ 20×8年12月31日收到第六期租金：

借：银行存款	150 000	
贷：长期应收款——应收融资租赁款		150 000
借：未实现融资收益	9 821.47	
贷：租赁收入		9 265.54
应交税费——应交增值税(销项税额)		555.93

(9) 租赁期届满，润华公司收到星海公司支付的购买资产的价款，会计分录为

借：银行存款	100	
贷：长期应收款——应收融资租赁款		100

【例16-3】 假设上例未担保余值为1 000元，于20×7年12月31日发生减值500

元。润华公司(出租人)会计处理如下。

20×5年12月31日确定出租人租赁内含利率：

$$150\,000\times(P/A,r,6)+(100+1\,000)\times(P/F,r,6)=700\,000+10\,000$$
$$r=7.27\%$$

采用实际利率法对未实现融资收益在租赁期内各个期间进行分配，确认当期的融资收入。编制未实现融资收益分配表如表 16-3 所示。

表 16-3　未实现融资收益分配表　　　　　　　　　　　单位：元

日　期	租金 (1)	确认的融资收益 (2)＝期初(4)×7.27%	租赁投资净额减少 (3)＝(1)－(2)	租赁投资净额余额 期末(4)＝期初(4)－(3)
20×5.12.31				710 000
20×6.6.30	150 000	51 617	98 383	611 617
20×6.12.31	150 000	44 464.56	105 535.44	506 081.56
20×7.6.30	150 000	36 792.13	113 207.87	392 873.69
20×7.12.31	150 000	28 561.92	121 438.08	271 435.60
20×8.6.30	150 000	19 733.37	130 266.63	141 168.97
20×8.12.31	150 000	9 931.03**	140 068.97*	1 100
20×8.12.31	100		100	1 000
合　计	900 100	191 100	709 000	

注：* 140 068.97＝141 168.97－1 100　　** 9 931.03＝150 000－140 068.97

20×7年12月31日，未担保余值发生减值时：

$$150\,000\times(P/A,r,3)+(100+500)\times(P/F,r,3)=392\,873.69$$
$$r=7.19\%$$

采用实际利率法对未实现融资收益在租赁期内各个期间进行分配，确认当期的融资收入。编制未实现融资收益分配表如表 16-4 所示。

表 16-4　未实现融资收益分配表　　　　　　　　　　　单位：元

日　期	租金 (1)	确认的融资收益 (2)＝期初(4)× 7.27%或7.19%	租赁投资净额减少 (3)＝(1)－(2)	租赁投资净额余额 期末(4)＝ 期初(4)－(3)
20×5.12.31				710 000
20×6.6.30	150 000	51 617	98 383	611 617.00
20×6.12.31	150 000	44 464.56	105 535.44	506 081.56
20×7.6.30	150 000	36 792.13	113 207.87	392 873.69
20×7.12.31	150 000	28 247.62	121 752.38	271 121.30
20×8.6.30	150 000	19 493.62	130 506.38	140 614.92

续表

日期	租金 (1)	确认的融资收益 (2)=期初(4)× 7.27%或7.19%	租赁投资净额减少 (3)=(1)-(2)	租赁投资净额余额 期末(4)= 期初(4)-(3)
20×8.12.31	150 000	9 985.08**	140 014.92*	600
20×8.12.31	100		100.00	500
合 计	900 100	190 600	709 500	

注：* 140 014.92＝141 614.92－600　　** 9 985.08＝150 000－140 014.92

20×7年12月31日未担保余值变动产生的租赁投资净额减少额
＝271 435.60－271 121.30＝314.30(元)

会计分录为

借：资产减值损失　　　　　　　　　　　　　　　　　　　　　500
　　贷：未担保余值减值准备　　　　　　　　　　　　　　　　　500

同时，将未担保余值减少额与由此所产生的租赁投资净额的减少额的差额，编制会计分录如下。

借：未实现融资收益　　　　　　　　　　　　　　　　　　　　314.3
　　贷：资产减值损失　　　　　　　　　　　　　　　　　　　　314.3

第三节　经营租赁业务的核算

一、租金的处理

在一般情况下，出租人应采用直线法将收到的租金在租赁期内确认为收益，但在某些特殊情况下，则应采用比直线法更系统合理的方法。出租人应当根据应确认的收益，编制会计分录如下。

借：银行存款
　　贷：租赁收入
　　　　应交税费——应交增值税(销项税额)

二、初始直接费用的处理

初始直接费用是指在租赁谈判和签订租赁合同的过程中发生的可直接归属于租赁项目的费用，包括印花税、佣金、律师费、差旅费和谈判费等，应计入当期损益，金额较大的应当资本化，在整个经营租赁期间内按照与确认租金收入相同的基础分期计入当期损益。其会计分录为

借：业务及管理费
　　应交税费——应交增值税(进项税额)
　　贷：银行存款

三、租赁资产折旧的计提

对于经营租赁资产中的固定资产,采用出租人对类似应折旧资产通常所采用的折旧政策计提折旧。

借：业务及管理费
　　贷：累计折旧

四、或有租金的处理

在经营租赁下,出租人对或有租金的处理与融资租赁相同,即在实际发生时计入当期收益。其会计分录为

借：银行存款
　　贷：租赁收入
　　　　应交税费——应交增值税(销项税额)

五、出租人对经营租赁提供激励措施的处理

出租人提供免租期的,出租人应将租金总额在不扣除免租期的整个租赁期内,按直线法或其他合理方法进行分配,免租期内应当确认租金收入。出租人承担了承租人某些费用的,出租人应将该费用从租金收入总额中扣除,按扣除后的租金收入余额在租赁期内进行分配。

六、经营租赁资产在财务报表中的处理

在经营租赁下,与资产所有权有关的主要风险和报酬仍然留在出租人一方,因此出租人应当将出租资产作为自身拥有的资产在资产负债表中列示,如果出租资产属于固定资产,则列在固定资产项下,如果出租资产属于流动资产,则列在资产负债表有关流动资产下。

七、综合举例

【例16-4】 某租赁公司将一台设备出租给某企业,价值300 000元,使用年限为10年,预计净残值1 000元,租赁期5年,每年年末收取租金6 000元(含税),租赁过程发生直接费用12 000元(含税),增值税税率为6%。

(1) 支付直接费用时:

借：业务及管理费　　　　　　　　　　　　　　　　　　　11 320.75
　　应交税费——应交增值税(进项税额)　　　　　　　　　　679.25
　　贷：银行存款　　　　　　　　　　　　　　　　　　　　　　　12 000

(2) 每年确认租金时:

借：银行存款　　　　　　　　　　　　　　　　　　　　　　6 000
　　贷：租赁收入　　　　　　　　　　　　　　　　　　　　　　　5 660.38
　　　　应交税费——应交增值税(销项税额)　　　　　　　　　　339.62

(3) 各年计提折旧时,每年的折旧额(300 000−1 000)/10=29 900(元),会计分录为

借：业务及管理费　　　　　　　　　　　　　　　　　　　29 900
　　贷：累计折旧　　　　　　　　　　　　　　　　　　　　　　　29 900

关键词

融资租赁　经营租赁　最低租赁付款额　担保余值　未担保余值　最低租赁收款额　或有租金　未实现融资收益　内含利率　租赁收入　未担保余值减值

复习思考题

1. 简述融资租赁和经营租赁的区别。
2. 简述最低租赁付款额和最低租赁收款额的区别。
3. 如何计算未实现融资收益？如何进行分配？
4. 融资租赁和经营租赁对初始直接费用的处理有何不同？

练习题

习题一

一、目的：练习融资租赁业务的核算。

二、资料：

1. 20×6年1月1日，亚华租赁公司购入设备一套，账面价值为500 000元，公允价值为550 000元，以融资租赁方式出租给万达公司，租期为3年，万达公司发生初始直接费用20 000元，亚华租赁公司发生初始直接费用15 000元。合同约定，承租人每年年末支付租金200 000元，资产余值为100 000元，承租人担保余值为50 000元，独立于承租人和出租人的第三方担保的资产余值为30 000元。租赁期满，租赁资产可以由出租人收回，承租人也可以留购，留购价款为20 000元。假定担保余值、未担保余值均未发生变化，租金均为含税价，增值税税率为6%。

2. 20×4年12月1日，A公司与B公司签订了一份租赁合同，A公司向B公司租入一台设备，合同主要条款如下。

（1）租赁期开始日：20×5年1月1日。

（2）租赁期：20×5年1月1日—20×8年12月31日。

（3）租金支付：自租赁期开始日每年年末支付租金15万元（含税），增值税税率为6%。

（4）该设备在20×4年12月1日的公允价值为50万元，假设与账面价值相等。

（5）承租人与出租人的初始直接费用均为1 000元。

（6）租赁期届满时，A公司享有优惠购买该设备的选择权，购买价为100元，估计该日租赁资产的公允价值为8万元。

3. 假设上题未担保余值为3 000元，于20×7年12月31日发生减值1 000元。

三、要求：根据上述资料编制会计分录。

习题二

一、目的：练习经营租赁业务的核算。

二、资料：某租赁公司将一台设备出租给某企业，价值为 400 000 元，使用年限为 10 年，预计净残值 2 000 元，租赁期 8 年，每年年末收取租金 50 000 元（含税），租赁过程发生直接费用 15 000 元（含税），增值税税率为 6%。

三、要求：根据上述资料编制会计分录。

共同业务篇

GONGTONG YEWU PIAN

第十七章 金融企业损益的核算

第一节 金融企业收入的核算

金融企业的收入主要包括利息收入、保费收入、摊回保险责任准备金、摊回赔付支出、摊回分保费用、手续费及佣金收入、租赁收入、投资收益、公允价值变动收益、汇兑损益、其他业务收入、资产处置收益、营业外收入等。本章主要说明手续费及佣金收入、其他业务收入、资产处置收益和营业外收入的核算,其余内容在有关章节已经阐述,不再赘述。

一、手续费及佣金收入的核算

(一)手续费及佣金收入的内容

手续费及佣金收入是指金融企业(主要指银行、证券公司、信托公司等)确认的手续费及佣金收入,包括办理结算业务、咨询业务、担保业务、代理买卖证券、代理承销证券、代理兑付证券、代理保管证券、代理保险业务及办理受托贷款及投资业务等取得的手续费及佣金。

(二)科目设置

(1)"手续费及佣金收入"科目。该科目属于损益类(收入)科目,其贷方登记发生的手续费及佣金收入,借方登记期末结转"本年利润"科目的数额,结转后该科目无余额。该科目应按手续费及佣金收入类别设置明细账。

(2)"应收手续费及佣金"科目。该科目属于资产类科目,其登记方登记发生的应收手续费及佣金,贷方登记收回的手续费及佣金,余额在借方,反映企业尚未收回的手续费及佣金。该科目应按债务人设置明细账。

(三)核算举例

【例17-1】 某银行3月8日接受客户王红委托代理保管金银珠宝、有价证券和重要契约文件,出具保函协议书,收到保管箱申请人租金3 000元(含税),增值税税率为6%,押金5 000元,从其存款账户中扣除。应编制会计分录如下。

借:吸收存款——个人活期存款——王红　　　　　　　　　　8 000
　　贷:手续费及佣金收入——出租保险箱业务收入　　　　　2 830.19
　　　　应交税费——应交增值税(销项税额)　　　　　　　　169.81
　　　　其他应付款——王红　　　　　　　　　　　　　　　5 000

【例17-2】 某银行接受开户单位红星公司申请提供投标保函业务,收到保证金100 000元,出具保函协议书后收取手续费12 000元(含税),增值税税率为6%。红星公司未能履约,该银行向招标单位建发公司支付赔偿金150 000元,除动用保证金外,其余由银行垫付。应编制会计分录如下。

(1) 收取保证金时:

借:吸收存款——单位活期存款——红星公司　　　　　　　　　100 000
　　贷:存入保证金——红星公司　　　　　　　　　　　　　　　100 000

(2) 收取手续费时:

借:吸收存款——单位活期存款——红星公司　　　　　　　　　12 000
　　贷:手续费及佣金收入——保函业务收入　　　　　　　　　11 320.75
　　　　应交税费——应交增值税(销项税额)　　　　　　　　　679.25

(3) 向招标单位支付赔偿金时:

借:存入保证金——红星公司　　　　　　　　　　　　　　　　100 000
　　贷款——逾期贷款——担保贷款(红星公司)　　　　　　　50 000
　　贷:吸收存款——单位活期存款——建发公司　　　　　　　150 000

【例17-3】 某银行接受安信基金公司委托,安全保管所托管的基金50 000 000元,手续费率0.1%(含税),增值税税率为6%,尚未收到。应编制会计分录如下。

借:应收手续费及佣金——安信公司　　　　　　　　　　　　　50 000
　　贷:手续费及佣金收入——基金托管业务收入　　　　　　　47 169.81
　　　　应交税费——应交增值税(销项税额)　　　　　　　　　2 830.19

二、其他业务收入的核算

其他业务收入是指企业确认的与经常性活动相关的其他活动收入等。为了核算和监督其他业务收入情况,应设置"其他业务收入"科目。该科目属于损益类(收入)科目,其贷方登记发生的其他业务收入,借方登记期末结转"本年利润"科目的数额,结转后该科目无余额。该科目应按其他业务收入的种类设置明细账。有些公司(比如保险公司)将活期利息收入纳入本科目核算,但定期存款利息计入"投资收益"科目。

【例17-4】 甲公司拥有一栋办公楼,20×8年3月1日,甲公司与乙公司签订了经营租赁协议,将这栋办公楼的1—7层出租给乙公司使用,按月收取租金,开出的增值税专用发票上注明的金额为80 000元,增值税税额为7 200元。应编制会计分录如下。

借:银行存款　　　　　　　　　　　　　　　　　　　　　　　87 200
　　贷:其他业务收入——租赁收入　　　　　　　　　　　　　80 000
　　　　应交税费——应交增值税(销项税额)　　　　　　　　　7 200

【例17-5】 保险公司接受外地保险公司委托,勘查其国内货物运输险标的受损情况,并获对方支付的勘查费4 200元(含税),增值税税率为6%。应编制会计分录如下。

借:银行存款　　　　　　　　　　　　　　　　　　　　　　　4 200
　　贷:其他业务收入——代勘查收入　　　　　　　　　　　　3 962.26
　　　　应交税费——应交增值税(销项税额)　　　　　　　　　237.74

【例17-6】 某担保公司2010年3月9日为客户担保银行贷款100万元,评审费10 000元(含税),增值税税率为6%,按照合同规定和担保费一次性交纳。应编制会计分录如下。

借:银行存款 10 000
　　贷:其他业务收入——评审费收入 9 433.96
　　　　应交税费——应交增值税(销项税额) 566.04

三、资产处置收益的核算

资产处置收益是指公司固定资产,无形资产等因出售、转让等原因,产生的处置利得。为了核算和监督公司资产处置收益,应设置"资产处置损益"科目。该科目属于损益类科目,其贷方登记发生的资产处置收益,借方登记发生的资产处置损失,期末将"资产处置损益"科目的净收益或净损失转入"本年利润"科目,结转后该科目无余额。该科目应按资产处置损益种类设置明细账。

【例17-7】 20×8年3月23日,甲财险公司将拥有的某项专利技术出售给乙公司,取得出售收入480万元,增值税税率为6%。该项专利技术的成本为1 200万元,已摊销金额为800万元。甲财险公司应编制会计分录如下。

借:银行存款 4 800 000
　　累计摊销 8 000 000
　　贷:无形资产 12 000 000
　　　　应交税费——应交增值税(销项税额) 288 000
　　　　资产处置损益——非流动资产处置利得 512 000

四、营业外收入的核算

营业外收入是指与企业业务经营无直接关系的各项收入,包括非流动资产处置利得、非货币性资产交换利得、债务重组利得、政府补助、捐赠利得、罚款收入等。为了核算和监督企业营业外的各项收入,应设置"营业外收入"科目。该科目属于损益类(收入)科目,其贷方登记发生的营业外收入,借方登记期末结转"本年利润"科目的数额,结转后该科目无余额。该科目应按营业外收入种类设置明细账。

【例17-8】 日终,某银行柜员清点现金箱时发现长款500元,原因无法查明,经批准予以转销。应编制会计分录如下。

发生长款时:
借:库存现金 500
　　贷:待处理财产损溢——待处理流动资产损溢 500
经批准转销时:
借:待处理财产损溢——待处理流动资产损溢 500
　　贷:营业外收入——现金溢余 500

【例17-9】 某证券公司按规定程序将报废复印机的净收益20 000元转作营业外收入。应编制会计分录如下。

借：固定资产清理　　　　　　　　　　　　　　　　20 000
　　贷：营业外收入——非流动资产报废到得　　　　　　　　20 000

第二节　金融企业费用的核算

金融企业费用包括利息支出、赔付支出、退保金、保单红利支出、分出保费、分保费用、提取未到期责任准备金、提取保险责任准备金、提取担保赔偿准备金、手续费及佣金支出、税金及附加、业务及管理费、其他业务成本、资产减值损失、资产处置损失、营业外支出、所得税费用、以前年度损益调整等，本章主要阐述手续费及佣金支出、税金及附加、业务及管理费、其他业务成本、资产减值损失、资产处置损失、营业外支出的核算，其余内容在有关章节已经阐述，不再赘述。

一、手续费及佣金支出的核算

（一）手续费及佣金支出的内容

手续费支出及佣金支出是指金融企业发生的与其经营活动相关的各项手续费、佣金等支出。对于银行、证券公司手续费支出及佣金支出的核算在前面各章节已经阐述，这里主要阐述保险公司手续费及佣金支出的核算。

保险公司手续费支出是指公司支付给受其委托并在授权范围内代为办理保险业务的保险中介机构的手续费。保险公司佣金支出是指公司向专门推销寿险业务的个人代理人和经纪人公司支付的佣金。佣金分为直接佣金和附加佣金：直接佣金是指公司按代理合同及相关规定，按代理销售收入和直接佣金率（或类似比率）计算得出的，直接支付给个人代理人的支出；附加佣金是指为满足个人代理人开展代理业务需要，而发生的直接用于个人代理人队伍建设及与其直接相关的保障支出、教育培训支出和委托报酬。委托报酬包括津贴、补贴、奖励、业务推动支出等。

（二）科目设置

（1）"手续费及佣金支出"科目。"手续费及佣金支出"科目核算保险公司按规定支付给代理保险业务的代理人的手续费及佣金。该科目属于损益类（费用）科目，其借方登记发生的手续费及佣金支出或计提应付未付的手续费及佣金，贷方登记期末结转"本年利润"科目的数额，结转后该科目无余额。该科目应按支出类别设置明细账。

（2）"应付手续费及佣金"科目。"应付手续费及佣金"科目核算保险公司因保险代理业务而发生的应付未付的手续费及佣金支出。该科目属于负债类科目，其贷方登记发生的应付手续费及佣金，借方登记实际支付的应付手续费及佣金，余额在贷方，反映公司尚未支付的手续费及佣金。该科目应按代理人设置明细账。

（三）核算举例

【例 17-10】 乙代理机构（小规模纳税人）将代收的企业财产保险费 148 400 元（含税）转来，系 A 单位投保，并随同交来银行转账支票 89 040 元，其余下月交清，保险公司开出增值税专用发票，增值税税率为 6%。按不含税保费计提手续费，手续费费率为 5%，季末支付,取得普通发票。保险公司应编制会计分录如下。

确认保费时:
借:银行存款 89 040
　　应收保费——A单位 59 360
　　贷:保费收入——企业财产保险 140 000
　　　　应交税费——应交增值税(销项税额) 8 400

同时计提手续费:
借:手续费及佣金支出——手续费 7 000
　　贷:应付手续费及佣金——乙代理机构 7 000

下月乙代理机构交来前欠保费时:
借:银行存款 59 360
　　贷:应收保费——A单位 59 360

季末支付手续费时:
借:应付手续费及佣金——乙代理机构 7 000
　　贷:银行存款 7 000

假设季末支付手续费时,取得了乙代理机构开具的增值税专用发票,增值税税率为3%,会计分录为

借:应付手续费及佣金——乙代理机构 7 000
　　应交税费——应交增值税(进项税额) 203.88
　　贷:银行存款 7 000
　　　　手续费及佣金支出——手续费 203.88

假设上例乙代理机构尚未交来前欠保费,季末支付手续费时:
借:应付手续费及佣金——乙代理机构 4 200
　　应交税费——应交增值税(进项税额) 122.33
　　贷:银行存款 4 200
　　　　手续费及佣金支出——手续费 122.33

其中:应付手续费及佣金=89 040÷(1+6%)×5%=4 200(元)

【例17-11】某保险公司11月末根据直接佣金计提表计算应付某市意外伤害险代理人王云佣金154 500元(含税),代扣代缴增值税4 500元,附加税费270元,实际预扣预缴个人所得税7 933元,十天后支付佣金,代王云向税务机关代开增值税专用发票。应编制会计分录如下。

计提佣金时:
借:手续费及佣金支出——直接佣金——意外伤害险 154 500
　　贷:应付手续费及佣金——王云 154 500

支付佣金时:
借:应付手续费及佣金——王云 154 500
　　应交税费——应交增值税(进项税额) 4 500
　　贷:应交税费——代扣增值税及附加 4 770
　　　　　　　　——预扣个人所得税 7 933

银行存款	141 797
手续费及佣金支出——直接佣金——意外伤害险	4 500

【例 17-12】 保险公司月末根据附加佣金计提表,计算为个人代理人王芳支付参加养老保障及医疗、意外等保障的保险费 1 200 元,为王芳支付参加各类培训费用 1 590 元(含税),取得增值税专用发票,增值税税率为 6%。发放实物奖励 904 元(含税),增值税税率为 13%。应编制会计分录如下。

计提佣金时:

借:手续费及佣金支出——附加佣金——保障支出	1 200
——教育培训支出	1 590
——委托报酬	904
贷:应付手续费及佣金——王芳	3 694

实际支付和发放实物奖励时:

借:应付手续费及佣金——王芳	3 694
应交税费——应交增值税(进项税额)	90
贷:低值易耗品	800
应交税费——应交增值税(进项税额转出)	104
银行存款	2 790
手续费及佣金支出——附加佣金——教育培训支出	90

二、税金及附加的核算

税金及附加是指公司经营活动发生的城市维护建设税、教育费附加、水利建设基金、房产税、土地使用税、车船税、印花税等相关税费。

(一)税金及附加的计算

1. 城市维护建设税的计算

城市维护建设税是为了加强城市维护建设,面向有经济收入的单位和个人收取的税金。它的计税依据是保险公司的应纳增值税税额。城市维护建设税的计算公式为:

$$应纳城市维护建设税税额 = 应纳增值税税额 \times 适用税率$$

城市维护建设税适用税率有三档,分别为 7%、5% 和 1%,根据公司所处的不同地理位置(城市市区、县或镇、县镇以下)而定。

2. 教育费附加的计算

教育费附加是按公司应纳增值税税额的一定比例计算的,用于发展教育事业、扩大教育经费的资金来源的基金,它不是一种税,而是一种费。其中,对于国务院规定的教育费附加,其征收率为 3%;对于经财政部同意由省政府规定的地方教育费附加,其征收率为 1%—2%。教育费附加计算公式为:

$$应交教育费附加 = 应纳增值税税额 \times 教育费附加征收率$$

3. 水利建设基金的计算

水利建设基金是专项用于水利建设的政府性基金。是否征收、如何计算由地方税务机关确定。

4. 房产税、土地使用税、车船使用税、印花税的计算

房产税是国家对在城市、县城、建制镇和工矿区征收的产权所有人缴纳的税。房产税依照原值一次减除10%—30%后的余额计算交纳。没有房产原值作为依据的,由房产所在地税务机关参考同类房产核定。房产出租的,以房产租金收入作为房产税的计税依据。土地使用税是国家为了合理利用城镇土地,调节土地级差收入,提高土地使用效益,加强土地管理而开征的一种税。土地使用税以纳税人实际占有的土地面积为计税依据,依照规定税额计算征收。车船使用税由拥有并且使用车船的单位和个人交纳。车船使用税按照适用税率计算交纳。印花税是对经济活动和经济交往中订立、领受具有法律效力的凭证的行为所征收的一种税。按照税收新规,从2019年5月1日起,对纳税人设立的资金账簿按实收资本和资本公积合计金额征收的印花税减半,即由0.5‰贴花降为0.25‰,对按件征收的其他账簿免征印花税。值得注意的是印花税不通过"应交税费"科目核算。

(二) 科目设置

(1)"税金及附加"科目。"税金及附加"科目核算公司经营活动发生的城市维护建设税、教育费附加、水利建设基金、房产税、土地使用税、车船税、印花税等相关税费。该科目属于损益类(费用)科目,其借方登记公司按规定计算的城市维护建设税、教育费附加等相关税费,贷方登记期末结转"本年利润"科目的数额和公司收到的减免税金数,结转后该科目无余额。

(2)"应交税费"科目。"应交税费"科目核算公司按照税法规定计算应交纳的各种税费,包括增值税、所得税、城市维护建设税、房产税、土地使用税、车船使用税、教育费附加等。公司代扣代交的个人所得税、个人增值税、个人城市维护建设税、个人教育费附加等也通过本科目核算,但本科目不包括印花税。该科目属于负债类科目,其贷方登记按规定比例计算的应交税费和退回的多交税费,借方登记实际交纳税费或按规定补交税费,余额一般在贷方,表示公司尚未交纳的税费。如果余额在借方,表示公司多交或尚未抵扣的税费。该科目应按应交的税费项目设置明细账。

(三) 核算举例

【例17-13】 某银行本月增值税销项税额为4 000 000元,进项税额为1 800 000元,假设城市维护建设税税率为7%,教育费附加费率为5%。税金及附加的计算及会计分录如下。

应交城市维护建设税=(4 000 000-1 800 000)×7%=154 000(元)
应交教育费附加=(4 000 000-1 800 000)×5%=110 000(元)

借:税金及附加　　　　　　　　　　　　　　　　　　　　264 000
　　贷:应交税费——应交城市维护建设税　　　　　　　　　　154 000
　　　　　　　——应交教育费附加　　　　　　　　　　　　　110 000

三、业务及管理费的核算

(一) 业务及管理费的内容

业务及管理费是指金融企业在业务经营及管理工作中发生的各项费用,包括业务相关

费用、职工薪酬、财产相关费用、外部监管费、中介费用、办公费用六大类。

（1）业务相关费用。业务相关费用是指企业为开展业务活动发生的费用，具体包括以下五个内容。

① 广告费，反映企业通过中介媒体宣传企业品牌、产品、其他信息的广告费用支出，包括影视广告、户外广告、报刊广告、招聘广告等。广告费支出必须符合三个条件：一是广告是通过经工商部门批准的专门机构制作的；二是已经实际支付费用，并已取得相应发票；三是通过一定的媒体传播。

② 业务宣传费，反映企业为开展业务宣传活动但未通过媒体所发生的带有广告性质的费用，包括用于开展常规业务宣传活动所支付的费用（比如宣传用品、设计制作费用、宣传活动的礼品、赠品、宣传品、场租费、产品包装、业务支持宣传工具、业务宣传片等设计制作费用），用于大型宣传活动的费用（如产品说明会，包括宣传资料印刷费、业务宣传片摄制费、公关服务费、媒体服务费、发布仪式费、广告性赞助费等），用于其他非专项宣传活动所发生的费用。

③ 业务招待费，反映企业为拓展业务而发生的交际招待费用，包括餐费、礼品、景点门票、被接待人员交通费和住宿费等。

④ 防预费，反映保险公司为防止保险事故发生，经被保险人同意，对保险标的或被保险人采取安全预防措施或健康检查所发生的费用及设备支出，以及开展防灾防损培训的费用和奖励在防灾防损工作中有突出贡献的单位和个人的费用。

⑤ 客户服务费，反映企业为客户提供各种服务发生的各项费用。

（2）职工薪酬。职工薪酬是指企业为获得职工提供的服务或解除劳动关系而给予的各种形式的报酬或补偿。职工薪酬包括短期薪酬、离职后福利、辞退福利和其他长期职工福利。企业提供给职工配偶、子女、受赡养人、已故员工遗属及其他受益人等的福利，也属于职工薪酬。

短期薪酬，是指企业在职工提供相关服务的年度报告期间结束后十二个月内需要全部予以支付的职工薪酬，因解除与职工的劳动关系给予的补偿除外。短期薪酬具体包括：

① 职工工资，反映在职职工的工资、奖金、津贴和补贴等。

② 职工福利费，反映企业为职工卫生保健、生活、住房、交通等所发放的各种补贴和非货币性福利，包括企业向职工发放的因公外地就医费用、实行医疗统筹的职工医疗费用、职工供养直系亲属医疗补贴、供暖费补贴、职工防暑降温费、职工困难补贴、救济费、职工食堂经费补贴、职工交通补贴、丧葬补助费、抚恤费、安家费、探亲假路费等。

③ "四险一金"，包括医疗保险费、养老保险费、失业保险费、工伤保险费和住房公积金。

④ 工会经费，反映企业为了改善职工文化生活用于开展工会的相关支出。

⑤ 职工教育经费，反映企业提高职工业务素质用于职工教育及职业技能培训的相关支出。

⑥ 短期带薪缺勤，反映企业支付工资或提供补偿的职工缺勤，包括年休假、病假、短期伤残、婚假、产假、丧假、探亲假等。

⑦ 短期利润分享计划，反映企业因职工提供服务而与职工达成的基于利润或其他经营成果提供薪酬的协议。

⑧ 非货币性福利，反映企业以自产产品或外购商品发放给职工作为福利，将本企业拥

有的资产无偿提供给职工使用,租赁资产供职工无偿使用,为职工提供无偿医疗保健服务;向职工提供本企业支付了一定补贴的商品或服务,以低于成本的价格向职工出售住房等。

离职后福利,是指企业为获得职工提供的服务而在职工退休或与企业解除劳动关系后,提供的各种形式的报酬和福利,短期薪酬和辞退福利除外。

辞退福利,是指企业在职工劳动合同到期之前解除与职工的劳动关系,或者为鼓励职工自愿接受裁减而给予职工的补偿。

其他长期职工福利,是指除短期薪酬、离职后福利、辞退福利之外所有的职工薪酬,包括长期带薪缺勤、长期残疾福利、长期利润分享计划等。

对于企业年金基金,适用《企业会计准则第10号——企业年金基金》;以股份为基础的薪酬,适用《企业会计准则第11号——股份支付》。

(3) 财产相关费用。财产相关费用是指企业为取得、使用或维持各类有形及无形资产发生的费用,具体包括以下十三个内容。

① 固定资产折旧费,反映企业按有关规定提取的固定资产折旧费。

② 无形资产摊销,反映企业无形资产摊销的金额。

③ 关联交易费用,反映企业租用本企业集团及其子公司资产所发生的关联交易费用支出。

④ 车船使用费,反映企业机动车船所需要的燃料、辅助油料、养路、牌照、车检等费用。

⑤ 电子设备运转费,反映企业为保证电子机具及配套设备的正常运转所支付的水电费、安装调试费、设备维护费以及耗用纸张、色带、微机软盘等费用。

⑥ 租赁费,反映企业租用营业、办公性用房及其他设备和交通工具所支付的租金(不包括融资租赁费)。

⑦ 水电费,反映企业营业办公用房所支付的水电费及增容费开支,包括污水处理费,但不包括纯净水、饮品。

⑧ 修理费,反映企业固定资产及低值易耗品的修理费(不包括资本化后计入固定资产的部分)。

⑨ 财产保险费,反映企业进行财产保险所支付的费用(不包括人身保险费以及为员工支付带有福利性质的保险费)。

⑩ 绿化费,反映企业内部绿化以及义务植树所发生的零星费用。

⑪ 取暖降温费,反映企业按规定支付给第三者的专门用于办公场所或规定支付的取暖降温费用。

⑫ 物业费用,反映企业发生的物业管理费用,包括物业服务费与保洁服务费。

⑬ 安全防范费,反映企业用于购置安装安全防卫设施等发生的相关费用,包括防盗门、消防器材及保安人员费用。

(4) 外部监管费。外部监管费是指企业按外部监管机构规定交纳和提取的费用,具体包括以下四个内容。

① 同业公会会费,反映企业交纳的同业公会会费。

② 学会会费,反映企业交纳的学会会费。

③ 提取保险保障基金,反映保险公司按规定提取的保险保障基金。

④ 提取证券投资者保护基金,反映证券公司按规定提取的证券投资者保护基金。

(5) 中介费用。中介费用是指企业为聘请外部中介机构发生的费用,具体包括以下七个内容。

① 审计费,反映企业聘请外部中介机构进行查账验资以及进行资产评估等发生的各项费用。

② 精算费,反映企业聘请外部中介机构提供精算服务发生的费用。

③ 咨询费,反映企业聘请经济技术顾问、法律顾问等支付的费用。

④ 诉讼费,反映企业由于诉讼发生的费用。

⑤ 公证费,反映企业进行公证事务时所发生的费用。

⑥ 席位费,反映企业按规定向证券交易所和同业拆借市场等交纳的席位费。

⑦ 检验费,反映企业经营过程中,需要经资质认定的检验机构对企业资产或承保的财产进行产品质量检验而出具检验结果所花费的成本。

(6) 办公费用。办公费用是指企业发生的除上述费用以外的日常办公费用,具体包括以下十六个内容。

① 邮电费,反映企业办理各项业务所支付的邮电费、电报费、电传费、电话费、市内电话月租金及电话安装(含电话初装费)、迁移、维护费、线路租用费。

② 印刷费,反映企业印刷各种合同、条款、单证、账簿、报表、信纸、信封、文稿、便笺等所支付的费用以及附带的包装费、邮运费。

③ 差旅费,反映按规定报销的差旅费用。

④ 会议费,反映企业按规定标准支付的会议经费,包括企业系统内举办,或承办的会议和企业员工参加系统外主办的会议所发生的直接相关费用,但不包括董(监)事会会议费。奖励性质的会议应代扣代缴个人所得税,会议餐费应根据标准支出,超标的不允许列支。

⑤ 培训费,反映企业为职工开展培训活动所发生的各项支出。

⑥ 外事费,反映企业有关出国考察、访问、学习、进修的交通费、生活费、服装费以及外宾来访等外事活动中按规定标准支付的接待费用,涉外业务人员按规定发给的服装费,包括不能在"职工教育经费"中列支的高管人员大额出国培训费用,但不包括企业员工出境培训费用,以及企业董(监)事会成员外事费用。

⑦ 公杂费,反映企业购置经营业务所需资料、饮水所用燃料、刻制业务专用章、购置营业办公用品、清洁卫生用品用具以及规定金额以下的零星购置等开支的费用。

⑧ 宣教费,反映企业购置书籍、报纸杂志、资料等所发生的费用。

⑨ 低值易耗品摊销,反映企业低值易耗品摊销的金额。

⑩ 其他资产摊销,反映不属于低值易耗品的其他资产摊销的金额。

⑪ 董事会费,反映企业董事会及其成员执行职能而发生的各项费用,包括其差旅费、会议费、外事费、培训费等。

⑫ 银行结算费,反映企业按规定支付给银行的汇兑、结算邮费、电汇费、手续费以及向开户银行购买专用凭证和网银手续费等费用。

⑬ 技术转让费,反映企业接受技术转让等发生的费用,该技术的预计受益期限应当在一年以内或受让的金额很小,否则应作为无形资产。

⑭ 研究开发费用,反映企业研究开发新条款、新产品、新软件系统(包括系统新增功能和上线推广费用)、新教育培训课程和非专利技术等发生的费用。

⑮ 劳务费,反映企业支付给除订立劳动合同人员(含全职、兼职和临时职工)、未与企业订立劳动合同但为企业提供与职工类似服务的人员(如劳务派遣用工)之外临时性的劳务人员的费用支出。

⑯ 其他费用,不属于上述费用的业务及管理性质费用。

(二) 科目设置

为了核算和监督各项费用的发生情况,金融企业应设置"业务及管理费"科目。该科目属于"损益类(费用)"科目,其借方登记发生的业务及管理费,贷方登记期末结转"本年利润"的数额,结转后该科目无余额。该科目应按费用项目设置明细账。

(三) 账务处理

1. 直接支付费用的核算

直接支付费用是指在本期发生、本期支付的应由本期负担的各项费用,如办公费、会议费、水电费等。对于与免税业务相关的费用,其进项税额不得抵扣,尽可能取得普通发票;如果取得了增值税专用发票,必须查询或认证,之后选择不得抵扣或进项税额转出。如果取得的增值税专用发票上注明的增值税既涉及应税业务,又涉及免税业务的,可以将其按一定比例进行分配,这给实际操作带来了难度,增加了工作量,实务中,往往"凭票抵扣"。

【例 17-14】 某宾馆持费用单据和增值税专用发票前来银行财会部门结算业务部员工参加的会议费,其中,住宿服务 84 800 元(含税),适用增值税税率 6%;餐饮娱乐服务 21 200 元(含税),适用增值税税率 6%;烟酒、饮料消费 33 900 元(含税),适用增值税税率 13%,均取得增值税专用发票,银行通过在人民银行存款账户中支付。应编制会计分录如下。

借:业务及管理费——会议费　　　　　　　　　　　　　　130 000
　　应交税费——待认证进项税额　　　　　　　　　　　　　9 900
　贷:存放中央银行款项　　　　　　　　　　　　　　　　139 900
借:业务及管理费——会议费　　　　　　　　　　　　　　　5 100
　　应交税费——应交增值税(进项税额)　　　　　　　　　4 800
　贷:应交税费——待认证进项税额　　　　　　　　　　　　9 900

注:餐饮娱乐服务和烟酒、饮料消费不得进行进项税额抵扣,实务中可要求单独开具普通发票。

【例 17-15】 某财险公司财产续保,保费 30 000 元(含税),应编制会计分录如下。

借:业务及管理费——财产保险费　　　　　　　　　　　　30 000
　贷:保费收入——企业财产保险　　　　　　　　　　　28 301.89
　　应交税费——应交增值税(销项税额)　　　　　　　 1 698.11

【例 17-16】 某寿险公司委托印刷厂印刷保单,用转账支票支付 30 000 元,其中非寿险保单 12 000 元(含税),取得增值税专用发票,增值税税率 9%;寿险保单 18 000 元,取得普通发票。

借:业务及管理费——印刷费　　　　　　　　　　　　29 009.17
　　应交税费——应交增值税(进项税额)　　　　　　　　990.83
　贷:银行存款　　　　　　　　　　　　　　　　　　　30 000

【例17-17】 某证券公司公司购入一批空气清新剂,取得的增值税专用发票上注明的价款2 000元,增值税税额为260元,转账付讫,其中营业场所领用1 200元,办公室领用800元。

购入时:

借:低值易耗品　　　　　　　　　　　　　　　　　　　　　　　2 000
　　应交税费——应交增值税(进项税额)　　　　　　　　　　　　260
　　　贷:银行存款　　　　　　　　　　　　　　　　　　　　　　　2 260

领用时:

借:业务及管理费——公杂费　　　　　　　　　　　　　　　　　1 200
　　应付职工薪酬——职工福利　　　　　　　　　　　　　　　　　904
　　　贷:低值易耗品　　　　　　　　　　　　　　　　　　　　　　2 000
　　　　应交税费——应交增值税(进项税额转出)　　　　　　　　　104

【例17-18】 某租赁公司购入有关业务专业图书、报纸杂志,取得的普通发票上注明的价款5 000元,取得书店(小规模纳税人)开具的增值税专用发票,增值税税率为3%。应编制会计分录如下。

借:业务及管理费——宣教费　　　　　　　　　　　　　　　　4 854.37
　　应交税费——应交增值税(进项税额)　　　　　　　　　　　　145.63
　　　贷:银行存款　　　　　　　　　　　　　　　　　　　　　　5 000

【例17-19】 某银行汽油费2 000元(含税),修理费1 500元(含税),取得增值税专用发票,增值税税率为13%,以现金支付。应编制会计分录如下。

借:业务及管理费——车船使用费　　　　　　　　　　　　　　1 769.91
　　　　　　　　——修理费　　　　　　　　　　　　　　　　1 327.43
　　应交税费——应交增值税(进项税额)　　　　　　　　　　　　402.66
　　　贷:库存现金　　　　　　　　　　　　　　　　　　　　　　3 500

【例17-20】 某财险公司在洪水来临之前,帮助某保户转移大量物资共支付1 000元临时工工资。应编制会计分录如下。

借:业务及管理费——防预费　　　　　　　　　　　　　　　　1 000
　　　贷:库存现金　　　　　　　　　　　　　　　　　　　　　　1 000

【例17-21】 某租赁公司购入T恤衫一批业务宣传品,取得的增值税专用发票上注明的价款为7 000元,增值税税额为910元,转账付讫。其中公司宣传领用赠与客户5 000元,个人代理人支付3 000元(含税)购买赠与客户,增值税税率为13%。应编制会计分录如下。

(1)购入时:

借:低值易耗品——宣传用品　　　　　　　　　　　　　　　　7 000
　　应交税费——应交增值税(进项税额)　　　　　　　　　　　　910
　　　贷:银行存款　　　　　　　　　　　　　　　　　　　　　　7 910

(2)公司宣传领用时:

借:业务及管理费——业务宣传费　　　　　　　　　　　　　　5 650
　　　贷:低值易耗品——宣传用品　　　　　　　　　　　　　　　5 000
　　　　应交税费——应交增值税(销项税额)　　　　　　　　　　650

(3) 个人代理人购买赠与客户时：
借：库存现金　　　　　　　　　　　　　　　　　　　　　　　3 000
　　贷：其他业务收入　　　　　　　　　　　　　　　　　　　　　　2 654.87
　　　　应交税费——应交增值税（销项税额）　　　　　　　　　　　　345.13
借：其他业务成本　　　　　　　　　　　　　　　　　　　　　　2 000
　　贷：低值易耗品——宣传用品　　　　　　　　　　　　　　　　　2 000

【例 17-22】 某银行办公室报销景点门票费 500 元，餐费和招待用烟 1 300 元（取得普通发票），以现金付讫。应编制会计分录如下。
借：业务及管理费——业务招待费　　　　　　　　　　　　　　　1 800
　　贷：库存现金　　　　　　　　　　　　　　　　　　　　　　　　1 800

【例 17-23】 某保险公司自行研究、开发一项网络保险产品，截至 20×7 年 12 月 31 日，2 260 000 元（含税），增值税税率为 13%，应支付研究人员工资 200 000 元，经测试该项研发活动完成了研究阶段，从 20×8 年 1 月 1 日开始进入开发阶段。20×8 年支付软件开发费 318 000 元（含税），增值税税率为 6%，假定符合开发支出资本化的条件。20×8 年 6 月 30 日，该项研发活动结束，最终开发出一项鸿运网络保险。应编制会计分录如下。

(1) 20×7 年发生的研发支出：
借：研发支出——费用化支出　　　　　　　　　　　　　　　　2 200 000
　　应交税费——应交增值税（进项税额）　　　　　　　　　　　　260 000
　　贷：银行存款　　　　　　　　　　　　　　　　　　　　　　　2 260 000
　　　　应付职工薪酬——工资　　　　　　　　　　　　　　　　　　200 000

(2) 20×7 年 12 月 31 日，发生的研发支出全部属于研究阶段的支出：
借：业务及管理费——研究开发费用　　　　　　　　　　　　　2 200 000
　　贷：研发支出——费用化支出　　　　　　　　　　　　　　　　2 200 000

(3) 20×8 年，发生开发支出并满足资本化确认条件：
借：研发支出——资本化支出　　　　　　　　　　　　　　　　　300 000
　　应交税费——应交增值税（进项税额）　　　　　　　　　　　　 18 000
　　贷：银行存款　　　　　　　　　　　　　　　　　　　　　　　　318 000

(4) 20×8 年 6 月 30 日，该技术研究完成并形成无形资产：
借：无形资产——鸿运网络保险　　　　　　　　　　　　　　　　300 000
　　贷：研发支出——资本化支出　　　　　　　　　　　　　　　　　300 000

【例 17-24】 某寿险公司转账支付 53 000 元（含税）物业服务费及保洁费用，取得增值税专用发票，增值税税率为 6%，当期非寿险业务保费收入为 22 000 000 元，寿险业务保费收入为 28 000 000 元。应编制会计分录如下。

借：业务及管理费——物业费用　　　　　　　　　　　　　　　　 50 000
　　应交税费——待认证进项税额　　　　　　　　　　　　　　　　　3 000
　　贷：银行存款　　　　　　　　　　　　　　　　　　　　　　　　 53 000
借：业务及管理费——物业费用　　　　　　　　　　　　　　　　　1 680
　　应交税费——应交增值税（进项税额）　　　　　　　　　　　　　1 320
　　贷：应交税费——待认证进项税额　　　　　　　　　　　　　　　3 000

不能抵扣的进项税额＝3 000÷(22 000 000＋28 000 000)×28 000 000＝1 680(元)

2. 转账摊销费用的核算

转账摊销费用是指通过转账形式列支的应由本期负担的各项费用，如应付职工薪酬、固定资产折旧、低值易耗品摊销、无形资产及长期待摊费用摊销等。

【例17-25】 20×8年8月，某银行计算出本月应付工资630 000元，其中，经营及管理人员工资500 000元，建造营业用房人员工资100 000元，内部开发业务流程系统人员工资30 000元。

根据所在政府规定，该银行分别按职工工资总额的10％、12％、2％和10.5％计提医疗保险费、养老保险费、失业保险费和住房公积金，缴纳给当地社会保险经办机构和住房公积金管理机构。银行内设医务室，根据20×7年实际发生的职工福利费情况，银行预计20×8年应承担的职工福利费义务金额为职工工资总额的2％，职工福利的受益对象为上述所有人员。银行分别按职工工资总额的2％和1.5％计提工会经费和职工教育经费。假定银行开发业务流程系统已处于开发阶段，并符合企业会计准则第6号——无形资产资本化为无形资产的条件。

应计入业务及管理费的职工薪酬金额
＝500 000＋500 000×(10％＋12％＋2％＋10.5％＋2％＋2％＋1.5％)
＝700 000(元)

应计入在建工程成本的职工薪酬金额
＝100 000＋100 000×(10％＋12％＋2％＋10.5％＋2％＋2％＋1.5％)
＝140 000(元)

应计入无形资产的职工薪酬金额
＝30 000＋30 000×(10％＋12％＋2％＋10.5％＋2％＋2％＋1.5％)
＝42 000(元)

应编制会计分录如下。

借：业务及管理费——职工工资	500 000
——职工福利费	10 000
——社会统筹保险费	120 000
——住房公积金	52 500
——工会经费	10 000
——职工教育经费	7 500
在建工程	140 000
研发支出——资本化支出	42 000
贷：应付职工薪酬——工资	630 000
——职工福利	12 600
——社会保险费	151 200
——住房公积金	66 150
——工会经费	12 600
——职工教育经费	9 450

【例 17-26】 某保险公司 20×3 年 11 月应计提折旧费的有关资料如表 17-1 所示。

表 17-1　固定资产折旧计算汇总表　　　　　　单位：元

固定资产类别	上月计提折旧额	上月增加固定资产应计提折旧额	上月减少固定资产应计提折旧额	本月应计提折旧额
房屋及建筑物	35 520			35 520
机器设备	18 000	480		18 480
交通运输设备	19 200	1 920	800	20 320
其他设备	8 000			8 000
合计	80 720	2 400	800	82 320

公司应编制会计分录如下。

借：业务及管理费——固定资产折旧费　　　　　　　　82 320
　　贷：累计折旧　　　　　　　　　　　　　　　　　　　　　82 320

【例 17-27】 某保险公司从三农服务站购入一批办公用品，转账支付 800 元，取得普通发票，采用一次摊销法。应编制会计分录如下。

购入时：

借：低值易耗品——办公用品　　　　　　　　　　　　800
　　贷：银行存款　　　　　　　　　　　　　　　　　　　　　800

办公室领用时：

借：业务及管理费——公杂费　　　　　　　　　　　　800
　　贷：低值易耗品——办公用品　　　　　　　　　　　　　　800

【例 17-28】 某租赁公司购买一项特许权，成本为 4 800 000 元，合同规定受益年限为 10 年，该公司每月应摊销 40 000 元（4 800 000÷10÷12）。每月摊销时，该公司应编制会计分录如下。

借：业务及管理费——无形资产摊销　　　　　　　　40 000
　　贷：累计摊销　　　　　　　　　　　　　　　　　　　　　40 000

3. 提取保险保障基金的核算

2008 年 9 月 11 日，中国保监会颁布的《保险保障基金管理办法》(以下简称《办法》)规定，经保险监督管理机构批准设立，并在境内依法登记注册的中资保险公司、中外合资保险公司、外资独资保险公司和外国保险公司分公司，应当按照下列规定，对经营的财产保险业务或者人身保险业务缴纳保险保障基金，缴纳保险保障基金的保险业务纳入保险保障基金救助范围：① 非投资型财产保险按照保费收入的 0.8%缴纳，投资型财产保险，有保证收益的，按照业务收入的 0.08%缴纳，无保证收益的，按照业务收入的 0.05%缴纳；② 有保证收益的人寿保险按照业务收入的 0.15%缴纳，无保证收益的人寿保险按照业务收入的 0.05%缴纳；③ 短期健康保险按照保费收入的 0.8%缴纳，长期健康保险按照保费收入的 0.15%缴纳；④ 非投资型意外伤害保险按照保费收入的 0.8%缴纳，投资型意外伤害保险，有保证收益的，按照业务收入的 0.08%缴纳，无保证收益的，按照业务收入的 0.05%缴纳。业务收入，是指投保人按照保险合同约定,为购买相应的保险产品支付给保险公司的全部金额。保险公司应当及时、足额将保险保障基金缴纳到保险保障基金公司的专门账户,有下列情形之一的,可以暂停缴纳:① 财产保险公司的保险保障基金余额达到公司总资产 6% 的;② 人身保险公司的保险保障基金余额达到公司总资产 1% 的。下列业务不属于保险保障基金的救助范围,不缴纳保险保障基金:① 保险公司承保的境外直接保险业务;② 保险公司的再保险分入业务;③ 由国务院确定的国家财政承担最终风险的政策性保险业务;④ 保险公司从事的企业年金受托人、账户管理人等企业年金管理业务;⑤ 中国保监会会同有关部门认定的其他不属于保险保障基金救助范围的业务。

《办法》明确规定,保险保障基金的资金运用限于银行存款、买卖政府债券、中央银行票据、中央企业债券、中央级金融机构发行的金融债券,以及国务院批准的其他资金运用形式。

《办法》明确规定,有下列情形之一的,可以动用保险保障基金:① 保险公司被依法撤销或者依法实施破产,其清算财产不足以偿付保单利益的;② 中国保监会经商有关部门认定,保险公司存在重大风险,可能严重危及社会公共利益和金融稳定的。

保险公司被依法撤销或者依法实施破产,其清算财产不足以偿付保单利益的,保险保障基金按照下列规则对非人寿保险合同的保单持有人提供救助:① 保单持有人的损失在人民币 5 万元以内的部分,保险保障基金予以全额救助;② 保单持有人为个人的,对其损失超过人民币 5 万元的部分,保险保障基金的救助金额为超过部分金额的 90%;保单持有人为机构的,对其损失超过人民币 5 万元的部分,保险保障基金的救助金额为超过部分金额的 80%。保单持有人的损失,是指保单持有人的保单利益与其从清算财产中获得的清偿金额之间的差额。

经营有人寿保险业务的保险公司被依法撤销或者依法实施破产的,其持有的人寿保险合同,必须依法转让给其他经营有人寿保险业务的保险公司;不能同其他保险公司达成转让协议的,由中国保监会指定经营有人寿保险业务的保险公司接收。被依法撤销或者依法实施破产的保险公司的清算资产不足以偿付人寿保险合同保单利益的,保险保障基金可以按照下列规则向保单受让公司提供救助:① 保单持有人为个人的,救助金额以转让后保单利益不超过转让前保单利益的 90% 为限;② 保单持有人为机构的,救助金额以转让后保单利益不超过转让前保单利益的 80% 为限。

【例 17-29】某保险公司非投资性财产保险 8 月份保费收入 20 000 000 元,则提取保险保障基金为:20 000 000×0.8%=160 000 元,应编制会计分录如下。

借:业务及管理费——提取保险保障基金　　　　　　　　160 000
　　贷:其他应付款　　　　　　　　　　　　　　　　　　　　160 000

4. 提取证券投资者保护基金的核算

依据《证券投资者保护基金管理办法》(证监会令第 27 号)的有关规定,证券公司应按其营业收入 0.5%—5% 缴纳的证券投资者保护基金,其用途为:(1)证券公司被撤销、关闭和破产或被证监会实施行政接管、托管经营等强制性监管措施时,按照国家有关政策规定对债权人予以偿付;(2)国务院批准的其他用途。基金公司应依法合规运作,按照安全、稳健的原则履行对基金的管理职责,保证基金的安全。基金的资金运用限于银行存款、购买国债、中央银行债券(包括中央银行票据)和中央级金融机构发行的金融债券以及国务院批准的其他资金运用形式。

提取证券投资者保护基金时,借记"业务及管理费——提取证券投资者保护基金",贷记"其他应付款"科目。

四、其他业务成本的核算

其他业务成本是指企业确认的除主营业务活动以外的其他经营活动所发生的支出,比如出租固定资产、出租投资性房地产、出租无形资产、咨询服务、代理业务等发生或结转的相关成本、费用。

为了核算和监督企业其他业务成本情况,应设置"其他业务成本"科目,该科目属于损益类(费用)科目,其借方登记发生的其他业务成本,贷方登记期末结转"本年利润"科目的数额,结转后该科目无余额。该科目应按其他业务成本的种类设置明细账。

【例17-30】 某保险公司为其他公司代办勘查,取得勘查收入20 000元(含税),已收到银行收账通知。发生勘查支出12 000元(含税),转账支付。适用增值税税率均为6%。应编制会计分录如下。

借:银行存款   20 000
    贷:其他业务收入——代勘查收入   18 867.92
        应交税费——应交增值税(销项税额)   1 132.08
借:其他业务成本——代勘查支出   11 320.75
    应交税费——应交增值税(进项税额)   679.25
    贷:银行存款   12 000

【例17-31】 20×7年1月1日,A保险公司将一项专利技术出租给B公司使用,该专利技术账面余额为500万元,摊销期限为10年,出租合同规定,每年收取租金1 000 000元(含税),增值税税率为6%。A公司应编制会计分录如下。

(1) 取得该项专利技术使用费时:

借:银行存款   1 000 000
    贷:其他业务收入——租金收入   943 396.23
        应交税费——应交增值税(销项税额)   56 603.77

(2) 按月对该项专利技术进行摊销时:

借:其他业务成本——出租无形资产支出   41 666.67
    贷:累计摊销   41 666.67

【例17-32】 甲证券公司2016年7月1日购入一栋营业用房,取得的增值税专用发票上注明的价款为1 500万元,增值税税额为135万元,出租给乙公司使用,已确认投资性房地产,采用成本模式进行后续计量。该栋营业用房按照直线法计提折旧,使用寿命为20年,预计净残值为零。按照经营租赁合同,乙公司每月支付甲公司租金5万元(含税)。租赁期满1年后,甲公司将该栋营业用房出售给乙公司,合同价款为1 800万元(含税),乙公司用银行存款付清。适用增值税税率均为9%。甲公司应编制会计分录如下。

(1) 购入营业用房时:

借:投资性房地产   15 000 000
    应交税费——应交增值税(进项税额)   1 350 000
    贷:银行存款   16 350 000

(2) 每月计提折旧时：
每月计提的折旧：1 500÷240＝6.25（万元）
借：其他业务成本——出租投资性房地产支出　　　　　　　62 500
　　贷：投资性房地产累计折旧　　　　　　　　　　　　　　62 500
(3) 每月确认租金时：
借：银行存款　　　　　　　　　　　　　　　　　　　　　50 000
　　贷：其他业务收入——租金收入　　　　　　　　　　　　45 871.56
　　　　应交税费——应交增值税（销项税额）　　　　　　　4 128.44
(4) 出售时：
借：银行存款　　　　　　　　　　　　　　　　　　　　　18 000 000
　　贷：其他业务收入——出售投资性房地产收入　　　　　　16 513 761.47
　　　　应交税费——应交增值税（销项税额）　　　　　　　1 486 238.53
(5) 结转成本时：
已计提的折旧：6.25×12＝75（万元）
借：其他业务成本——出售投资性房地产支出　　　　　　　14 250 000
　　投资性房地产累计折旧　　　　　　　　　　　　　　　　750 000
　　　　贷：投资性房地产　　　　　　　　　　　　　　　　15 000 000

五、资产减值损失的核算

（一）资产减值的范围

"资产减值损失"项目，反映企业计提各项资产减值准备所形成的损失，包括应收款项、低值易耗品、损余物资、抵债资产、长期股权投资、持有至到期投资、固定资产、无形资产、投资性房地产、贷款等资产发生减值应计提的各项准备。

企业所有的资产在发生减值时，原则上都应当对发生的减值损失及时加以确认和计量，因此资产减值包括所有资产的减值。但是，由于有关资产的性质不同，其减值的会计处理也有所区别，因而所适用的具体准则也不同。比如，损余物资、低值易耗品、抵债资产等存货的减值适用于《企业会计准则第1号——存货》，持有至到期投资、贷款及应收款项、可供出售金融资产等金融资产的减值适用于《企业会计准则第22号——金融工具确认和计量》，投资性房地产的减值适用于《企业会计准则第3号——投资性房地产》。对于固定资产（含在建工程）、无形资产、按成本计量的投资性房地产、对子企业、合营企业和联营企业的长期股权投资、商誉的减值适用于《企业会计准则第8号——资产减值》。

（二）科目设置

为了核算和监督企业资产减值损失情况，应设置"资产减值损失"科目，该科目属于损益类（费用）科目。其借方登记企业的应收款项、低值易耗品、损余物资、抵债资产、长期股权投资、持有至到期投资、固定资产、无形资产、投资性房地产、贷款等资产发生减值应计提的各项准备，贷方登记期末转入"本年利润"的数额，结转后该科目无余额。该科目应按资产减值损失项目设置明细账。

(三) 资产减值损失的账务处理

1. 损余物资、低值易耗品、抵债资产等存货的减值损失

资产负债表日,存货应当按成本与可变现净值孰低计量。如果由于存货毁损、全部或部分陈旧过时等原因,使存货成本高于可变现净值的,应按可变现净值低于存货成本部分,计提存货跌价准备,计入当期损益。可变现净值,是指企业在正常经营过程中,以估计售价减去所必需的估计费用后的价值。

存货跌价准备应按单个存货项目的成本与可变现净值计量,如果某些存货具有类似用途,且实际上难以将其与该产品系列的其他项目区别开来进行估价,可以合并计量成本与可变现净值;对于数量繁多、单价较低的存货,可以按存货类别计量成本与可变现净值。

当存在以下一项或若干项情况时,应当将存货账面价值全部转入当期损益:① 已霉烂变质的存货;② 已过期且无转让价值的存货;③ 经营中已不再需要,并且已无使用价值和转让价值的存货;④ 其他足以证明已无使用价值和转让价值的存货。

当存在下列情况之一时,应当计提存货跌价准备:① 市价持续下跌,并且在可预见的未来无回升的希望;② 已不适应企业的需要;③ 其他足以证明该项存货实质上已经发生减值的情形。

如果以前减记存货价值的影响因素已经消失的,减记的金额应当予以恢复,并在原已计提的存货跌价准备金额内转回,转回的金额计入当期损益。

【例17-33】 20×3年12月31日,甲保险公司损余物资的账面余额为100 000元,由于市场价格下跌,预计可变现净值为80 000元,由此应计提的损余物资跌价准备为20 000元。应编制会计分录如下。

借:资产减值损失——计提的损余物资跌价准备   20 000
    贷:损余物资跌价准备   20 000

假设20×4年6月30日,损余物资的账面余额为100 000元,由于市场价格有所上升,使得甲公司损余物资预计可变现净值为95 000元,应转回的损余物资跌价准备为15 000元。应编制会计分录如下。

借:损余物资跌价准备   15 000
    贷:资产减值损失——计提的损余物资跌价准备   15 000

假设20×5年12月30日,损余物资的账面余额仍为100 000元,由于市场价格进一步上升,使得甲公司损余物资预计可变现净值为98 000元,应转回的损余物资跌价准备为3 000元。应编制会计分录如下。

借:损余物资跌价准备   3 000
    贷:资产减值损失——计提的损余物资跌价准备   3 000

2. 固定资产(含在建工程)、无形资产、按成本计量的投资性房地产、对子公司、合营企业和联营企业的长期股权投资、商誉的减值损失

(1) 资产减值迹象的判断。

从外部信息来源来看,如果资产市场价值明显下降,企业经济、技术、法律或市场环境发生了重大不利变化;利率或其他市场回报率的提高影响了计算资产可收回金额的贴现率,企业需要据此估计资产的可收回金额,决定是否需要确认减值损失。

从内部信息来源来看,如果资产已经陈旧过时或发生实体损坏;资产已经或将被闲置、终止使用或提前处置;内部报告显示资产的经济绩效已低于或将低于预期等,均属于资产可能发生减值的迹象。

(2) 资产减值的测试。

如果有确凿证据表明资产存在减值迹象的,应进行减值测试,估计资产的可收回金额。但有两项资产除外,即因企业合并形成的商誉和适用寿命不确定的无形资产,对于这两类资产,无论是否存在减值迹象,都应当至少于每年年度终了时进行减值测试。

(3) 资产可收回金额的计量。

企业资产存在减值迹象的,应当估计资产的可收回金额,然后将所估计资产的可收回金额与其账面价值相比较,以确定资产是否发生了减值,以及是否需要计提资产减值准备并确认相应的减值损失。

资产可收回金额的估计应当根据其公允价值减去处置费用后的净额与资产预计未来现金流量的现值两者之间较高者。

(4) 资产减值损失的确认与计量。

企业在对资产进行减值测试后,如果可收回金额的计量结果表明,资产的可收回金额低于其账面价值的,应当将资产的账面价值减记可收回金额,减记的金额确认为资产减值损失,计入当期损益,同时,计提相应的资产减值准备。

考虑到固定资产、无形资产、商誉等资产发生减值后,一方面价值回升的可能性比较小,通常属于永久性减值;另一方面从会计信息稳健性要求考虑,为了避免确认资产重估增值和操纵利润,资产减值损失一经确认,在以后会计期间不得转回。以前期间计提的资产减值准备,需要等到资产处置时才可转回。

【例17-34】 20×3年12月31日,某银行的公务用车存在可能发生减值迹象。经计算,该批公务用车的可收回金额合计为1 230 000元,账面价值为1 400 000元,以前年度未对该批公务用车计提过减值准备。应编制会计分录如下。

借:资产减值损失——计提的固定资产减值准备　　　　　170 000
　　贷:固定资产减值准备　　　　　　　　　　　　　　　　　170 000

【例17-35】 20×4年12月31日,某租赁公司的某项专利存在可能发生减值迹象。该公司外购的类似专利技术的账面价值为800 000元,剩余摊销年限为4年,经减值测试,该专利技术的可收回金额为750 000元。应编制会计分录如下。

借:资产减值损失——计提的无形资产减值准备　　　　　50 000
　　贷:无形资产减值准备　　　　　　　　　　　　　　　　　50 000

六、资产处置损失的核算

资产处置损失是指企业固定资产、无形资产等因出售、转让等原因,产生的处置损失。

【例17-36】 某保险公司2016年8月出售2010年购入的不需用的理赔车,原价80 000元,估计折旧20 000元,已计提减值准备10 000元。双方协商作价41 200元(含税),款项已收到。清理过程中支付清理费用4 000元,收到普通发票。应编制会计分录如下。

(1) 固定资产进入清理时:

借：固定资产清理	50 000	
累计折旧	20 000	
固定资产减值准备	10 000	
贷：固定资产		80 000

(2) 支付清理费用时：

借：固定资产清理　　　　　　　　　　　　　　　　4 000
　　贷：银行存款　　　　　　　　　　　　　　　　　　　　4 000

(3) 收到出售固定资产价款时：

借：银行存款　　　　　　　　　　　　　　　　　　41 200
　　贷：固定资产清理　　　　　　　　　　　　　　　　　　40 400
　　　　应交税费——简易计税　　　　　　　　　　　　　　　800

应交增值税＝41 200÷(1＋3%)×2%＝800(元)

(4) 结转固定资产清理净损失时：

借：资产处置损益——处置非流动资产损失　　　　　13 600
　　贷：固定资产清理　　　　　　　　　　　　　　　　　　13 600

七、营业外支出的核算

营业外支出是指企业发生的与经营业务无直接关系的各项支出，包括非流动资产毁损报废损失、非货币性资产交换损失、债务重组损失、公益性捐赠支出、非常损失、盘亏损失等。

为了核算和监督保险公司营业外支出的情况，应设置"营业外支出"科目，该科目属于损益类(费用)科目，其借方登记发生的营业外支出，贷方登记期末结转"本年利润"科目的数额，结转后该科目无余额。该科目应按营业外支出项目设置明细账。

【例17-37】 某公司拥有某项专利技术，根据市场调查，该项专利已没有市场，决定应予转销。转销时，该项专利技术的账面余额为600万元，摊销期限为10年，采用直线法进行摊销，已摊销了5年，假定该项专利权的残值为零，已累计计提的减值准备为160万元，假定不考虑其他相关因素。应编制会计分录如下。

借：累计摊销　　　　　　　　　　　　　　　　　3 000 000
　　无形资产减值准备　　　　　　　　　　　　　1 600 000
　　营业外支出——处置无形资产损失　　　　　　1 400 000
　　贷：无形资产——专利权　　　　　　　　　　　　　6 000 000

【例17-38】 甲企业欠某银行信用贷款50万元、利息4万元，因资金周转困难，通过债务重组方式与银行达成协议：从其存款账户中扣除30万元归还部分贷款，其他债务用一台丰田小轿车抵偿。该车原价25万元，市场评估价18万元，评估价与公允价值相符合。经批准，此车留作银行公务用车。银行应编制会计分录如下。

(1) 收回部分贷款时：

借：吸收存款——单位活期存款——甲企业　　　　300 000
　　贷：贷款——信用贷款——甲企业　　　　　　　　　300 000

(2) 收到抵债资产丰田小轿车时：

```
借：抵债资产——丰田小轿车                    180 000
    营业外支出——债务重组损失                  60 000
    贷：贷款——信用贷款——甲企业                      200 000
        应收利息——甲企业                              40 000
```
（3）经批准，收回的小轿车留作公司公务用车：
```
借：固定资产——交通运输设备——丰田小轿车    250 000
    贷：抵债资产——丰田小轿车                        180 000
        累计折旧                                        70 000
```

第三节　金融企业利润的核算

一、利润的构成内容

利润分为营业利润、利润总额、净利润、其他综合收益四个层次。

1. 营业利润

营业利润是指企业从经营活动中取得的全部利润。营业利润应是构成企业利润总额的主体部分，其计算公式为

$$营业利润＝营业收入－营业支出$$

2. 利润总额

利润总额是由营业利润、营业外收入、营业外支出三个项目构成的，可以用公式表示为

$$利润总额＝营业利润＋营业外收入－营业外支出$$

3. 净利润

净利润是指利润总额减去所得税费用后的净额，可以用公式表示为

$$净利润＝利润总额－所得税费用$$

4. 综合收益总额

综合收益是指公司在某一期间除与所有者以其所有者身份进行的交易之外的其他交易或事项所引起的所有者权益变动。其计算公式为

$$综合收益总额＝净利润＋其他综合收益扣除所得税影响后的净额$$

二、本年利润的核算

为了核算本年利润，企业应设置"本年利润"科目，核算企业在本年度实现的净利润（或发生的净亏损）总额。该科目属于所有者权益类科目，其贷方登记从各损益类（收入）科目转入的金额以及转入"利润分配"科目的净亏损，借方登记从损益类（费用）科目转入的金额以及转入"利润分配"科目的净利润。在年终结转利润分配之前，该科目一般是有余额的。如为贷方余额，反映本年度自年初开始累计实现的净利润；如为借方余额，反映本年度自年初开始累计发生的净亏损。年终结转后，"本年利润"科目无余额。

【例17-39】　华夏银行20×3年损益类科目全年发生额情况如表17-2所示。

表 17-2　华夏银行损益类科目全年发生额　　　　　　　　　单位：元

科目名称	本期贷方发生额	科目名称	本期借方发生额
利息收入	4 200 000	利息支出	2 950 000
手续费及佣金收入	500 000	手续费及佣金支出	250 000
其他业务收入	84 000	税金及附加	460 000
汇兑损益	85 000	业务及管理费	230 000
公允价值变动损益	26 000	其他业务成本	24 000
投资收益	600 000	资产减值损失	26 000
营业外收入	12 000	营业外支出	19 000

根据上述资料，编制会计分录如下。
(1) 结转各项收入时：
借：利息收入　　　　　　　　　　　　　　　　　　　　　　4 200 000
　　手续费及佣金收入　　　　　　　　　　　　　　　　　　　500 000
　　其他业务收入　　　　　　　　　　　　　　　　　　　　　84 000
　　汇兑损益　　　　　　　　　　　　　　　　　　　　　　　85 000
　　公允价值变动损益　　　　　　　　　　　　　　　　　　　26 000
　　投资收益　　　　　　　　　　　　　　　　　　　　　　　600 000
　　营业外收入　　　　　　　　　　　　　　　　　　　　　　12 000
　　贷：本年利润　　　　　　　　　　　　　　　　　　　　　5 507 000
(2) 结转各项成本、费用和支出时：
借：本年利润　　　　　　　　　　　　　　　　　　　　　　3 959 000
　　贷：利息支出　　　　　　　　　　　　　　　　　　　　　2 950 000
　　　　手续费及佣金支出　　　　　　　　　　　　　　　　　250 000
　　　　税金及附加　　　　　　　　　　　　　　　　　　　　460 000
　　　　业务及管理费　　　　　　　　　　　　　　　　　　　230 000
　　　　其他业务成本　　　　　　　　　　　　　　　　　　　24 000
　　　　资产减值损失　　　　　　　　　　　　　　　　　　　26 000
　　　　营业外支出　　　　　　　　　　　　　　　　　　　　19 000

该公司实现利润总额为：5 507 000－3 959 000＝1 548 000(元)。

三、所得税费用的核算

"所得税费用"项目，反映企业应从当期利润总额中扣除的所得税费用。所得税是以企业取得的经营所得和其他所得(转让财产收入、股息、红利等权益性投资收益、利息收入、租金收入、特许权使用费收入、接受捐赠收入等)为征税对象的一种税。企业分为居民企业和非居民企业。居民企业，是指依法在中国境内成立，或者依照外国(地区)法律成立但实际管理机构在中国境内的企业。非居民企业，是指依照外国(地区)法律成立且实际管理机构不在中国境内,但在中国境内设立机构、场所的,或者在中国境内未设立机构、场所,但有来源于中国境内所得的企业。企业所得税的税率为25%。非居民企业来源于中国的所得适用税率为20%。

企业在计算确定当期所得税及递延所得税费用的基础上,应将两者之和确认为利润表中的所得税费用。公式如下。

$$所得税费用＝当期所得税＋递延所得税$$

(一) 当期所得税

企业在一定时期内实现的利润总额,是计算交纳所得税的基础。但是,由于会计对收入和费用的确认,与税法的规定在某些方面不尽相同,这使得会计所反映的利润与税法规定的计税利润之间不相一致,因此,一般情况下企业的利润总额并不直接等于应纳税所得额。根据税法规定,应将企业利润总额调整为应纳税所得额,然后计算企业当期应负担的所得税。即:

$$当期所得税＝应纳税所得额×适用税率$$
$$应纳税所得额＝利润总额＋纳税调整增加额－纳税调整减少额$$

纳税调整增加额主要包括以下三个方面。

(1) 税法规定的允许扣除项目中企业已计入当期费用但超过税法规定扣除标准的金额,主要包括以下十二个方面。

① 超过税法规定标准的业务招待费(按实际发生额的60%扣除,但最高不得超过当年营业收入的5‰)。

② 公益救济性捐赠中超过年度利润总额12%的部分。

③ 广告费和业务宣传费中超过当年营业收入15%的部分。

④ 超过税法规定标准的贷款损失准备金。金融企业准予当年税前扣除的贷款损失准备金计算公式如下:准予当年税前扣除的贷款损失准备金＝本年末准予提取贷款损失准备金的贷款资产余额×1%－截至上年末已在税前扣除的贷款损失准备金的余额。金融企业按上述公式计算的数额如为负数,应当相应调增当年应纳税所得额。金融企业的委托贷款、代理贷款、国债投资、应收股利、上交央行准备金以及金融企业剥离的债权和股权、应收财政贴息、央行款项等不承担风险和损失的资产,不得提取贷款损失准备金在税前扣除。

⑤ 超过规定计算限额的手续费及佣金支出。保险公司发生与其经营活动有关的手续费及佣金支出,不超过当年全部保费收入扣除退保金等后余额的18%(含本数)的部分,在计算应纳税所得额时准予扣除;超过部分,允许结转以后年度扣除。

⑥ 保险公司超过税法规定标准的提取保险保障基金,其中,非投资型财产保险业务,不得超过保费收入的0.8%;投资型财产保险业务,有保证收益的,不得超过业务收入的0.08%;无保证收益的,不得超过业务收入的0.05%。有保证收益的人寿保险业务,不得超过业务收入的0.15%;无保证收益的人寿保险业务,不得超过业务收入的0.05%。短期健康保险业务,不得超过保费收入的0.8%;长期健康保险业务,不得超过保费收入的0.15%。非投资型意外伤害保险业务,不得超过保费收入的0.8%;投资型意外伤害保险业务,有保证收益的,不得超过业务收入的0.08%;无保证收益的,不得超过业务收入的0.05%。财产保险公司的保险保障基金余额达到公司总资产6%的和人身保险公司的保险保障基金余额达到

公司总资产1%的,超过部分应作为纳税调整增加额。

⑦ 保险公司超过税法标准的提取责任准备金,其中,未到期责任准备金、寿险责任准备金、长期健康险责任准备金依据精算师或出具专项审计报告的中介机构确定的金额提取,未决赔款准备金中已发生已报案未决赔款准备金,按最高不超过当期已经提出的保险赔款或者给付金额的100%提取;已发生未报案未决赔款准备金按不超过当年实际赔款支出额的8%提取。

⑧ 证券公司超过税法标准的提取证券投资者保护基金。证券公司按其营业收入0.5%—5%缴纳的证券投资者保护基金,准予在企业所得税税前扣除。

⑨ 担保公司超过税法标准的提取责任准备金。《关于中小企业信用担保机构有关准备金税前扣除问题的通知》财税[2012]25号文件规定,符合条件的中小企业信用担保机构可按照不超过当年年末担保责任余额1%的比例计提担保赔偿准备,允许在企业所得税税前扣除,同时将上年度计提的担保赔偿准备余额转为当期收入。符合条件的中小企业信用担保机构按照不超过当年担保费收入50%的比例计提的未到期责任准备,允许在企业所得税税前扣除,同时将上年度计提的未到期责任准备余额转为当期收入。符合条件的中小企业信用担保机构,必须同时满足以下条件:符合《融资性担保公司管理暂行办法》相关规定,并具有融资性担保机构监管部门颁发的经营许可证;中小企业为主要服务对象,当年新增中小企业信用担保和再担保业务收入占新增担保业务收入总额的70%以上;中小企业信用担保业务的平均年担保费率不超过银行同期贷款基准利率的50%等。例如,某担保公司2010年度"未到期责任准备金"科目期初余额为60万元,2010年度担保费收入200万元,则未到期责任准备税前扣除限额为100万元(200×50%=100),"未到期责任准备金"科目期末余额100万元,同时要将上年度计提留存的60万元转为本年应税收入,缴纳企业所得税。此外,中小企业信用担保机构实际发生的代偿损失,符合税收法律法规关于资产损失税前扣除政策规定的,应冲减已在税前扣除的担保赔偿准备,不足冲减部分据实在企业所得税税前扣除。

⑩ 超过税法标准的折旧费。固定资产按直线法计算折旧的允许扣除。各类固定资产的最低折旧年限为:房屋、建筑物为20年;飞机、火车、轮船、机器、机械和其他生产设备为10年;与生产经营活动有关的器具、工具、家具为5年;运输设备为4年;电子设备为3年。

⑪ 超过税法标准的无形资产和长期待摊费用摊销(无形资产按直线法计算摊销费用允许扣除,但摊销年限不得低于10年,长期待摊费用摊销年限不得低于3年)。

⑫ 职工福利费、工会经费、职工教育经费分别超过工资薪金总额14%、2%、2.5%的部分。

(2) 会计准则规定列入费用或损失但税法规定不允许扣除项目的金额:税收滞纳金;罚金、罚款和被没收财物的损失;非公益救济性捐赠支出;赞助支出;未经核定的准备金支出;与取得收入无关的其他支出等。

(3) 会计准则规定不确认收入但税法规定要作为应税收入的项目,如关联企业之间采用不合理定价减少应纳税所得额,税法规定税务机关有权进行特别调整,调增应纳税所得额;视同销售收入,会计上可以不作为销售收入,税法上要求作为应税收入;接受捐赠收入等。

纳税调整减少额主要包括以下四个方面。

① 按税法规定允许弥补的亏损（前 5 年内的未弥补亏损）。亏损结转制度是一种税收优惠制度。企业纳税年度发生的亏损准予向以后年度结转，用以后年度的所得弥补，但结转年限最长不得超过 5 年。企业在汇总计算缴纳所得税时，境外营业机构的亏损不得抵减境内营业机构的盈利。

② 中小企业信用担保机构实际发生的代偿损失，应依次冲减已在税前扣除的担保赔偿准备和在税后利润中提取的一般风险准备，不足冲减部分据实在企业所得税税前扣除。代偿损失，反映代偿总额经担保机构追偿后，仍不能收回的并作为坏账核销的损失金额，其金额为代偿总额和追偿总额的差额。例如，某担保公司担保赔偿准备金 2010 年末余额为 500 万元，税后利润提取的一般风险准备金 100 万元，2011 年 1 月份由于被担保企业无法按期偿还贷款或其他被担保的款项，担保机构代为偿付的本息总金额为 800 万元，2 月份担保公司从被担保企业追回 50 万元，那么担保公司代偿损失为 750 万元，在计算第一季度应纳税所得额时，应先冲减担保赔偿准备 500 万元，再冲减一般风险准备金 100 万元，代偿损失余额 150 万元调减当期应纳税所得额，据实在企业所得税税前扣除。

当然，如果发生担保代偿损失今后收回的事项，根据《财政部、国家税务总局关于企业资产损失税前扣除政策的通知》（财税[2009]57 号）第十一条规定，企业在计算应纳税所得额时已经扣除的资产损失，在以后纳税年度全部或者部分收回时，其收回部分应当作为收入计入收回当期的应纳税所得额。

③ 会计准则规定应确认收入、收益，但税法规定不作为应纳税所得额的准予免税的项目，如企业购买财政部发行的国家公债所取得的利息收入、符合条件的居民企业之间的股息、红利等权益性投资收益。

④ 会计准则规定不确认为费用或损失，但税法规定应作为费用或损失扣除，如税法规定企业安置残疾人员的，在按照支付给残疾职工工资据实扣除的基础上，按照支付给残疾职工工资的 100% 加计扣除；企业开展研发活动中实际发生的研发费用，未形成无形资产计入当期损益的，在按规定据实扣除的基础上，在 2018 年 1 月 1 日—2020 年 12 月 31 日，再按照实际发生额的 75% 在税前加计扣除；形成无形资产的，在上述期间按照无形资产成本的 175% 在税前摊销。研发费用包括人员人工费用、直接投入费用、折旧费用、无形资产摊销、新产品设计费、新工艺规程制定费和其他相关费用。

（二）递延所得税

递延所得税是指按照所得税准则规定当期应予确认的递延所得税资产和递延所得税负债金额，即递延所得税资产及递延所得税负债当期发生额的综合结果，但不包括计入所有者权益的交易或事项的所得税影响。用公式表示即为

递延所得税＝递延所得税负债增加额＋递延所得税资产减少额
　　　　　＝（递延所得税负债的期末余额－递延所得税负债的期初余额）＋
　　　　　　（递延所得税资产的期末余额－递延所得税资产的期初余额）

（三）暂时性差异

暂时性差异是指资产、负债的账面价值与其计税基础不同产生的差额。因为资产、负债的账面价值与其计税基础不同，产生了在未来收回资产或清偿负债的期间内，应纳税所得额增加或减少并导致未来期间应交所得税增加或减少的情况，形成公司的资产和负债，在有关

暂时性差异发生当期,符合确认条件的情况下,应当确认相关的递延所得税负债或递延所得税资产。

根据暂时性差异对未来期间应纳税所得额的影响,分为应纳税暂时性差异和可抵扣暂时性差异。

1. 应纳税暂时性差异

应纳税暂时性差异,是指在确定未来收回资产或清偿负债的期间的应纳税所得额时,将导致产生应税金额的暂时性差异,即在未来期间不考虑该事项影响的应纳税所得额的基础上,由于该暂时性差异的转回,会进一步增加转回期间的应纳税所得额和应交所得税金额,在其产生当期应当确认相关的递延所得税负债。

应纳税暂时性差异通常产生于以下两种情况。

（1）资产的账面价值大于其计税基础。资产的账面价值代表的是企业在持续使用或最终出售该项资产时将取得的经济利益的总额,而计税基础代表的是资产在未来期间可予税前扣除的总金额。资产的账面价值大于其计税基础,该项资产未来期间产生的经济利益不能全部税前扣除,两者之间的差额会造成未来期间应纳税所得额和应交所得税的增加,在其产生当期,应当确认相关的递延所得税负债。

（2）负债的账面价值小于其计税基础。负债的账面价值为企业预计在未来期间清偿该项负债时的经济利益的流出,而其计税基础代表的是账面价值在扣除税法规定未来期间允许税前扣除的金额之后的差额。负债的账面价值与其计税基础不同产生的暂时性差异,实质上是税法规定就该项负债在未来期间可以税前扣除的金额(即与该项负债相关的费用支出在未来期间可予税前扣除的金额)。负债的账面价值小于其计税基础,则意味着就该项负债在未来期间可予税前扣除的金额为负数,即应在未来期间应纳税所得额的基础上调增,增加应纳税所得额和应交所得税金额,产生应纳税暂时性差异,应当确认相关的递延所得税负债。

2. 可抵扣暂时性差异

可抵扣暂时性差异是指在确定未来收回资产或清偿负债的期间的应纳税所得额时,将导致产生可抵扣金额的暂时性差异。该差异在未来期间转回时会减少转回期间的应纳税所得额,减少未来期间的应交所得税。在可抵扣暂时性差异产生当期,符合确认条件时,应当确认相关的递延所得税资产。

可抵扣暂时性差异通常产生于以下两种情况。

（1）资产的账面价值小于其计税基础。资产的账面价值小于其计税基础,意味着企业在未来期间就该项资产可以在其自身取得经济利益的基础上多扣除了一部分金额,企业在未来期间可以减少应纳税所得额并减少应交所得税,符合有关条件时,应当确认相关的递延所得税资产。例如,2013年3月20日,某银行自股票市场取得一项权益性投资,支付价款2 000万元,作为交易性金融资产核算。2013年6月30日,该项权益性投资的市价为1 600万元。按税法规定,企业对外投资期间,投资资产的成本在计算应纳税所得额时不得扣除,所以,交易性金融资产在持有期间的公允价值变动减值的金额,不能冲减应纳税所得额,待出售时一并计入应纳税所得额。因此,编制半年报表时,该银行2013年6月30日资产负债表上的计税基础为取得成本2 000万元,而按照会计准则规定确认的账面价值为1 600万元。账面价值与计税基础的差异400万元,属于暂时性差异,该差异在未来期间转回时会减少未来期间的应交所得税,导致应交所得税减少。

(2) 负债的账面价值大于其计税基础。负债的账面价值大于其计税基础,意味着在未来期间按照税法规定与负债相关的全部或部分支出可以自未来应税经济利益中扣除,减少未来期间应纳税所得额和应交所得税。符合有关条件时,应当确认相关的递延所得税资产。例如,2013年2月,某保险公司收到某客户保费1 000万元,因保险责任尚未生效,不符合保费收入确认条件,将其作为预收保费核算,则该项预收保费在当年资产负债表的账面价值为1 000万元。而按照税法规定,该预收保费应计入取得当期的应纳税所得额,与该项负债相关的经济利益已在取得当期交纳所得税,未来期间按照会计准则规定确认收入时,不再计入应纳税所得额,即其在未来期间计算应纳税所得额时可予税前扣除的金额为1 000万元,计税基础=账面价值-未来期间按照税法规定可予扣除的金额,计算应纳税所得额时,按照税法规定可予扣除的金额=1 000-1 000=0。该项负债的账面价值1 000万元与计税基础0之间产生了1 000万元的暂时性差异,减少未来期间应纳税所得额,使公司未来期间以应交所得税的方式流出的经济利益减少。

(四) 所得税费用的会计处理

【例 17-40】 甲银行20×3年度利润表中利润总额为3 000万元,该银行所得税税率为25%。递延所得税资产和递延所得税负债不存在期初余额。20×3年发生的有关交易和事项中,会计处理与税收处理存在差别的有以下九个方面。

(1) 20×3年1月开始计提折旧的一项固定资产成本为1 500万元,使用年限为10年,净残值为0,会计处理按双倍余额递减法计提折旧,税收处理按直线法计提折旧。假定税法规定的使用年限和净残值与会计规定相同。

(2) 银行账面列支业务招待费500万元,该银行当年的营业收入为50 000万元。

(3) 银行全年发生业务宣传费和广告费246万元。

(4) 银行20×3年年末贷款资产余额为30 000万元,截至20×2年年末已在税前扣除的贷款损失准备金的余额为420万元。

(5) 银行全年发生公益性捐赠600万元。

(6) 当年度发生研究开发支出1 250万元,其中750万元资本化计入无形资产成本。假定所开发的无形资产于期末达到预定使用状态。

(7) 违反银行监管部门规定应支付罚款562.5万元。

(8) 期末计提了75万元的抵债资产减值准备。

(9) 国库券利息收入110万元。

甲银行20×3年资产负债表相关项目金额及其计税基础如表17-3所示。

表17-3 甲银行20×3年资产负债表相关项目金额及其计税基础 单位:万元

项目	账面价值	计税基础	差异	
			应纳税暂时性差异	可抵扣暂时性差异
抵债资产	2 000	2 075		75
固定资产				
固定资产原价	1 500	1 500		

续 表

项 目	账面价值	计税基础	差异	
			应纳税暂时性差异	可抵扣暂时性差异
减：累计折旧	300	150		
减：固定资产减值准备	0	0		
固定资产账面价值	1 200	1 350		150
无形资产	750	0	750	
其他应付款	250	250		
总计			750	225

该银行 20×3 年所得税费用计算过程及会计处理如下。

1. 计算 20×3 年度当期应交所得税

应纳税所得额应该在利润总额的基础上，按照税法规定进行调整。

(1) 会计上按双倍余额递减法计提当年折旧额 = 1 500×2/10 = 300(万元)

税法上按直线法计提当年折旧额 = 1 500÷10 = 150(万元)

应纳税所得额调增 = 300－150 = 150(万元)

(2) 业务招待费按实际发生额的 60% 扣除 = 500×60% = 300(万元)

最高扣除额 = 50 000×5‰ = 250(万元)

因此，允许扣除额 = 250(万元)

应纳税所得额调增 = 500－250 = 250(万元)

(3) 业务宣传费和广告费允许扣除 = 50 000×15% = 7 500(万元)

实际发生 246 万元全部允许扣除。

(4) 准予当年税前扣除的贷款损失准备金 = 30 000×1%－420 = －120(万元)

应纳税所得额调增 = 120(万元)

(5) 允许扣除的公益性捐赠 = 3 000×12% = 360(万元)

应纳税所得额调增 = 600－360 = 240(万元)

(6) 研究开发支出加扣 = 500×75%＋750×175% = 1 687.5(万元)

(7) 罚款不允许税前扣除

$$应纳税所得额调增 = 562.5(万元)$$

(8) 计提的抵债资产减值准备不允许税前扣除

$$应纳税所得额调增 = 75(万元)$$

(9) 国库券利息收入准予免税

$$应纳税所得额调减 = 110(万元)$$

20×3 年度当期应交所得税为：

应纳税所得额 = 3 000＋150＋250＋120＋240－1 687.5＋562.5＋75－110
= 2 600(万元)

应交所得税 = 2 600 × 25% = 650(万元)

2. 计算 20×3 年度递延所得税

递延所得税资产 = 225 × 25% = 56.25(万元)
递延所得税负债 = 750 × 25% = 187.5(万元)
递延所得税 = 187.5 − 56.25 = 131.25(万元)

3. 计算 20×3 年度确认的所得税费用

所得税费用 = 650 + 131.25 = 781.25(万元)

其会计处理如下。

借：所得税费用　　　　　　　　　　　　　　7 812 500
　　递延所得税资产　　　　　　　　　　　　　 562 500
　贷：应交税费——应交所得税　　　　　　　 6 500 000
　　　递延所得税负债　　　　　　　　　　　　1 875 000

【例 17-42】 沿用上例资料，假定甲银行 20×4 年当期应交所得税为 1 155 万元，资产负债表中有关资产、负债的账面价值与其计税基础相关资料如表 17-4 所示，除所列项目外，其他资产、负债项目不存在会计和税收的差异。

表 17-4　甲银行 20×4 年资产负债表相关项目金额及其计税基础　　单位：万元

项目	账面价值	计税基础	差异	
			应纳税暂时性差异	可抵扣暂时性差异
抵债资产	4 000	4 200		200
固定资产				
固定资产原价	1 500	1 500		
减：累计折旧	540	300		
减：固定资产减值准备	50	0		
固定资产账面价值	910	1 200		290
无形资产	675	0	675	
预计负债	250	0		250
总计			675	740

甲银行 20×4 年所得税费用计算过程及会计处理如下。

1. 计算 20×4 年度当期应交所得税

当期所得税 = 当期应交所得税 = 1 155(万元)

2. 计算 20×4 年度递延所得税

① 期末递延所得税负债　　　　　　　　　　　(675×25%)168.75
　 期初递延所得税负债　　　　　　　　　　　　　　　　187.50

递延所得税负债减少 18.75
② 期末递延所得税资产 (740×25%)185
期初递延所得税资产 56.25
递延所得税资产增加 128.75

递延所得税＝－18.75－128.75＝－147.50(万元)

3. 计算20×4年度确认的所得税费用

所得税费用＝1 155－147.50＝1 007.50(万元)

其会计处理如下。

借：所得税费用 10 075 000
　　递延所得税资产 1 287 500
　　递延所得税负债 187 500
　贷：应交税费——应交所得税 11 550 000

四、利润分配的核算

(一)利润分配的内容和程序

为了正确合理地处理好企业、投资者及企业职工等各方面的利益关系，企业在一定时期经营活动过程中所获得的净利润应按规定的项目和程序在有关方面进行分配。在利润分配方面，政府一般都给予了很多的规定和限制。对于企业交纳所得税后的利润，除国家另有规定者外，必须按下列顺序分配。

(1) 抵补企业已交纳的在成本和营业外支出中无法列支的有关惩罚性或赞助性支出，如被没收的财物损失、延期交纳各项税款的滞纳金和罚款、金融监督管理部门对企业因少交或迟交保证金的加息。

(2) 弥补企业以前年度亏损。以前年度亏损，是指企业以前年度发生的亏损连续5年在所得税前弥补而没有弥补完的部分。企业亏损要及时弥补，一是用税前利润弥补，二是用税后利润弥补。用税前利润弥补亏损，如果1年没有弥补完，可连续弥补，但连续弥补的最长期限为5年。税后利润弥补亏损，是指5年内用税前利润未能弥补完而用税后利润弥补亏损。

(3) 提取法定盈余公积金。法定盈余公积金按扣除第1、2两项后的税后利润的10%提取，累计额达到注册资本的50%时可以不再提取。

(4) 提取一般风险准备。按照规定，金融企业应按本年净利润的10%提取一般风险准备，用于巨灾风险的补偿，不得用于转增资本和分红。

(5) 提取储备基金、企业发展基金和职工奖励及福利基金。它们是指外商投资企业按照法律、行政法规提取的基金。

(6) 向投资者分配利润。企业征得投资者同意可不分配本年度利润，而作为本年度未分配利润留存；也可把以前年度未分配的利润并入本年度向投资者分配。

国有金融企业和国家控制的金融企业，向国家分配利润的比例由国家核定。国有金融企业向投资者分配的利润应交国家财政，但国家可视财政状况和企业的实际情况，将其中的一部分留给企业用于补充资本金或建立一般风险准备金。其他企业则按企业章程或董事会、股东大会或有控制权的单位的决定进行分配。股份有限企业按下列顺序分配：① 支付优先股股利或永续债利息；② 提取任意盈余公积金。任意盈余公积金根据企业的章程或股东会议的决议提取；③ 支付普通股股利；④ 转作资本（或股本）的普通股股利。这是指企业按照利润分配方案以分派股票股利的形式转作的资本（或股本）。

企业当年无利润时，不得向投资者分配利润。但是股份有限公司用盈余公积金弥补亏损后，经股东会议特别决议，可按不超过股票面值65%的比率用盈余公积金分配股利，分配股利后，企业的法定盈余公积金不得低于注册资本的25%。

（二）利润分配的核算

为了使"本年利润"科目能够完整反映企业全年累计实现的净利润（或亏损），便于检查企业利润计划的执行情况，利润的分配不直接冲减"本年利润"科目数额，而是设置"利润分配"科目反映利润分配的情况。

"利润分配"科目核算企业利润的分配（或亏损的弥补）和历年分配（或弥补）后的积存余额。该科目属于所有者权益类科目，其借方登记从"本年利润"科目转入的净亏损、分配的净利润，以及将已分配的净利润转入"未分配利润"的数额，贷方登记从"本年利润"转入的净利润，用盈余公积和一般风险准备弥补亏损而转入的数额以及将盈余公积和一般风险准备弥补亏损转入"未分配利润"的数额。该科目年末如为贷方余额，反映企业历年积存未分配的利润；如为借方余额，反映企业累积的尚未弥补的亏损。"利润分配"科目应设置以下明细科目：提取法定盈余公积、提取一般风险准备、提取任意盈余公积、应付普通股股利、应付优先股股利、应付永续债利息、转作股本的股利、盈余公积补亏、一般风险准备补亏和未分配利润等进行核算。

【例17-43】 某银行20×3年税前利润为4 000万元，"利润分配——未分配利润"借方余额500万元（系20×2年亏损），国库券利息收入80万元，非公益救济性捐赠100万元，税收罚款5万元，非广告性赞助支出75万元，所得税税率为25%，分别按税后利润10%提取法定盈余公积，按税后利润10%提取一般风险准备，剩余部分按80%向普通股股东分红。假设该银行资产、负债项目部分不存在会计和税收上的差异。则该银行会计处理如下。

应纳税所得额 = 4 000 − 500 − 80 + 100 + 5 + 75 = 3 600（万元）
应交所得税 = 3 600 × 25% = 900（万元）
提取法定盈余公积 = (4 000 − 500 − 900) × 10% = 260（万元）
提取一般风险准备 = (4 000 − 500 − 900) × 10% = 260（万元）
应付股东股利 = (4 000 − 500 − 900 − 260 − 260) × 80% = 1 664（万元）

应编制会计分录如下。

计算应交所得税时：

借：所得税费用　　　　　　　　　　　　　　　　　9 000 000
　　贷：应交税费——应交所得税　　　　　　　　　　　　　9 000 000

将"所得税费用"科目的借方发生额转入"本年利润"科目时：

借：本年利润　　　　　　　　　　　　　　　　　　9 000 000
　　贷：所得税费用　　　　　　　　　　　　　　　　　　　9 000 000

从净利润中提取法定盈余公积时：
借：利润分配——提取法定盈余公积　　　　　　　　　　　2 600 000
　　贷：盈余公积——法定盈余公积　　　　　　　　　　　　　　2 600 000
从净利润中提取一般风险准备时：
借：利润分配——提取一般风险准备　　　　　　　　　　　2 600 000
　　贷：一般风险准备　　　　　　　　　　　　　　　　　　　　2 600 000
计算应当分配给股东的现金股利或利润时：
借：利润分配——应付普通股股利　　　　　　　　　　　 16 640 000
　　贷：应付股利——应付普通股股利　　　　　　　　　　　　 16 640 000
结转本年净利润时：
借：本年利润　　　　　　　　　　　　　　　　　　　　 31 000 000
　　贷：利润分配——未分配利润　　　　　　　　　　　　　　 31 000 000
将"利润分配"科目下的其他明细科目的余额转入"利润分配——未分配利润"明细科目时：
借：利润分配——未分配利润　　　　　　　　　　　　　 21 840 000
　　贷：利润分配——提取法定盈余公积　　　　　　　　　　　　2 600 000
　　　　　　　——提取一般风险准备　　　　　　　　　　　　　2 600 000
　　　　　　　——应付普通股股利　　　　　　　　　　　　 16 640 000

该银行"利润分配——分配利润"明细科目余额为贷方余额 4 160 000 元（31 000 000－5 000 000－21 840 000＝4 160 000），则该银行 20×3 年年末未分配利润为 4 160 000 元。

五、以前年度利润调整的核算

企业会计报表报出后，若因为以前年度记账差错等原因导致多记或少记利润，根据有关制度规定，不再调整以前年度已结清的账目，而是通过"以前年度损益调整"科目进行核算。

"以前年度损益调整"科目核算企业本年度发生的调整以前年度损益的事项。企业在年度资产负债表日至财务会计报告批准报出日之间发生的需要调整报告年度损益的事项，以及本年度发生的以前年度重大会计差错的调整，也在该科目核算。

该科目属于损益类（费用）科目，其借方登记调整减少的以前年度利润或调整增加的以前年度亏损以及由于调整增加或减少的以前年度利润或亏损而相应增加的所得税，贷方登记调整增加的以前年度利润或调整减少的以前年度亏损以及由于调整减少或增加以前年度利润或亏损而相应减少的所得税，期末将该科目的余额转入"利润分配——未分配利润"科目，结转后，该科目应无余额。

【例 17-44】　某保险公司年终决算时，发现上年度保费 10 000 元尚未入账，假设该保费尚未收到。则应作以下调整分录。
调整增加的以前年度利润时：
借：应收保费　　　　　　　　　　　　　　　　　　　　　　10 000
　　贷：以前年度损益调整　　　　　　　　　　　　　　　　　　10 000
由于调整增加以前年度利润而相应增加的所得税时：

借：以前年度损益调整	2 500
贷：应交税费——应交所得税	2 500

将"以前年度损益调整"科目的余额转入"利润分配——未分配利润"科目时：

借：以前年度损益调整	7 500
贷：利润分配——未分配利润	7 500

【例17-45】某租赁公司年终决算时，发现上年度少计提折旧50 000元。则应作以下调整分录。

调整减少的以前年度利润时：

借：以前年度损益调整	50 000
贷：累计折旧	50 000

由于调整减少的以前年度利润而相应减少的所得税时：

借：应交税费——应交所得税	12 500
贷：以前年度损益调整	12 500

将"以前年度损益调整"科目的余额转入"利润分配——未分配利润"科目时：

借：利润分配——未分配利润	37 500
贷：以前年度损益调整	37 500

企业在财产清查中盘盈的固定资产，根据《企业会计准则第28号——会计政策、会计估计变更和差错更正》规定，作为前期差错处理。盘盈的固定资产，在按管理权限报经批准处理前应先通过"以前年度损益调整"科目核算。盘盈的固定资产，应按以下规定确认其入账价值：如果同类或类似固定资产存在活跃市场的，按同类或类似固定资产的市场价格，减去按该项固定资产的新旧程度估计的价值损耗后的余额，作为入账价值；如果同类或类似固定资产不存在活跃市场的，按该项固定资产的预计未来现金流量的现值，作为入账价值。公司按上述规定确定的入账价值，借记"固定资产"科目，贷记"以前年度损益调整"科目。

【例17-46】某证券公司在财产清查中，发现账外电脑一台，按其同类商品的市场价格，减去按该项资产的新旧程度估计的价值损耗后的余额为3 000元。该公司适用的所得税率为25%，分别按净利润的10%计提法定盈余公积和一般风险准备。应编制会计分录如下。

盘盈固定资产时：

借：固定资产	3 000
贷：以前年度损益调整	3 000

确定应缴纳的所得税时：

借：以前年度损益调整	750
贷：应交税费——应交所得税	750

结转为留存收益时：

借：以前年度损益调整	2 250
贷：盈余公积——法定盈余公积	225
一般风险准备	225
利润分配——未分配利润	1 800

关键词

手续费及佣金收入　其他业务收入　营业外收入　手续费及佣金支出　税金及附加
业务及管理费　其他业务成本　资产减值损失　本年利润　所得税利润分配

1. 简述金融企业收入和费用的主要内容。
2. 简述税金及附加的计算方法和列支渠道。
3. 简述业务及管理费的核算内容。
4. 资产减值损失的范围包括哪些?
5. 简述利润的构成。
6. 简述所得税的计算方法。
7. 简述利润分配的内容和程序。
8. "利润分配"科目应设置哪些明细科目?

练习题

习题一

一、目的:练习金融企业各项收入的核算。

二、资料:

1. 某证券公司将办公楼的 10—15 层出租给甲公司使用,每月收取租金 10 万元(含税),增值税税率为 9%。

2. 某保险公司接受其他保险公司委托,代理进行损失检验,开出的增值税专用发票上注明的手续费 6 000 元,增值税税额为 360 元。

3. 某担保公司获得咨询收入 1 200 元(含税),存入银行,增值税税率为 6%。

4. 某租赁公司出售 2016 年 5 月 8 日购入的不需用电脑设备原价 50 000 元(已抵扣进项税额),已提折旧 30 000 元,售价 26 500 元(含税),收到转账支票一张,存入银行。经领导批准,予以核销转账。

5. 某担保公司将本公司的非专利技术出租给新光工厂,租金为 56 000 元(含税),增值税税率为 6%,当即收到转账支票。

6. 某银行收到甲客户办理租赁保险箱的申请,收到 2 000 元押金和 8 000 元租金(含税),增值税税率为 6%。

7. 某银行代财政部发行期限为 5 年、年利率为 5% 的国债 5 亿元,代销结束后,债券全部售出,按 1‰ 收取佣金(含税),增值税税率为 6%,尚未收到。

8. 甲公司向 A 建设银行借款购买设备,向其开户行 B 工商银行提出保函申请,B 工商银行在收取 300 000 元的保证金后,开出金额为 3 000 000 元的借款保函(含到期利息),并按 1‰ 收取手续费(含税),增值税税率为 6%。承诺在甲公司无力或拒绝偿还的情况下,由其负责履行偿债责任。因甲公司经营不善,借款到期无力偿还,A建设银行向B工商银行提出索赔,B工商银行除动用甲公司保证金的本息外,其余由其垫付。

三、要求:根据上述资料,编制有关会计分录。

习题二

一、目的:练习金融企业各项费用的核算。

二、资料:

1. 某寿险公司月末根据附加佣金计提表,应支付个人代理人王明业务推动奖励600元,发放实物奖励500元。

2. 甲代办单位将代收的企业财产保险费265 000元(含税)转来,系B公司投保,并随同交来银行转账支票212 000元,其余下月交清,保险公司开出增值税专用发票,增值税税率为6%。手续费按含税保费计提,手续费费率为8%,下月支付,取得增值税专用发票,增值税税率为6%。

3. 某寿险公司本月意外伤害保险保费收入为1 800 000元,人寿保险保费收入为250 000元,短期健康保险保费收入为1 200 000元,长期健康险保费收入为2 000 000元,本月保户质押贷款利息收入60 000元,销售不动产收入1 200 000元,咨询服务收入20 000元,以上均为不含税收入,假设本月进项税额为120 000元,城市维护建设税税率为7%,教育费附加费率为5%,计提本月应交城市维护建设税和教育费附加。

4. 某银行计算本月应交车船使用税2 000元。

5. 某担保公司通过影视媒体宣传公司品牌支付费用,取得的增值税专用发票上注明的价款为20 000元,增值税税额为1 200元,当期非寿险保费收入为15 000 000元,寿险保费收入为25 000 000元,开出转账支票付讫。

6. 某证券公司购印花税票3 400元,取得普通发票,开出转账支票付讫。

7. 某财险公司农险部支付常年法律顾问费50 000元,取得普通发票,转账支付。

8. 某租赁公司财务部门通知每人限报200元服装费作劳保用品,支付现金4 000元。

9. 某证券公司支付办公用租金20 000元(含税),增值税税率为9%;支付水费5 000元(含税),增值税税率为9%;支付电费12 000元(含税),增值税税率为13%,均取得增值税专用发票,开出转账支票付讫。

10. 某银行接待外宾,租用轿车一辆自行驾驶,付租金500元(含税),取得增值税专用发票,增值税税率为13%,以现金支付。

11. 某证券公司宣传用报纸5种,刊物6种,以现金支付4 520元(含税),增值税税率为9%,取得增值税专用发票。

12. 某寿险公司1月末根据短期健康险直接佣金计提表,计算应付给某市李红佣金164 800元(含税),李红自行支付税优商业健康保险费100元,15天后该公司扣除相关税费后支付佣金,代李红向税务机关代开增值税专用发票。

13. 某财险公司非投资型财产保险本月保费收入800万元,按规定提取保险保障基金。

14. 某担保公司为其他公司提供咨询服务,收入65 000元(含税),发生有关支出18 000元(含税),适用增值税税率均为6%。

15. 某财险公司营业大楼自保,保费50 000元(含税),增值税税率为6%。

16. 某寿险公司为保户进行健康检查,发生费用20 000元,取得普通发票。

17. 某银行购入一台铁皮柜,价值1 200元,取得商店开具的增值税专用发票,增值税税率为3%,通过在人民银行存款账户中支付,采用五五摊销法。

18. 某证券公司在财产清查中发现某固定资产短少,该固定资产账面原值4 000元,已提折旧2 800元。经批准管理人员负责赔偿20%,其余80%作营业外支出处理。增值税税率为13%。

19. 某保险公司理赔车上月初账面原值余额900 000元,上月增加20 000元,减少10 000元,年折旧率24%,计算本月折旧额。

20. 某证券公司出售旧办公大楼,账面原价为16 000 000元,已提折旧8 200 000元,双方协商作价8 000 000元(含税),增值税税率为9%。清理过程中共支付清理费80 000元(含税),增值税税率为6%。经领导批准,予以核销转账。

21. 某担保公司盘亏不需用办公设备一台,原始价值6 600元,已提折旧1 500元,已提减值准备600元,予以转账,增值税税率为13%。

22. 某租赁公司有电子计算机5台,每台原始价值11 000元,已提折旧4 000元。现由于市价持续下跌,每台仅为5 500元,计提其减值准备。

23. 某银行在建的营业用房一幢,账面价值150 000元,因发生财务困难已停建,并预计在未来3年内不会开工,该工程已减值10%,计提其减值准备。

24. 某银行聘请会计师事务所进行查账验资,通过在人民银行存款账户中支付费用20 000元,取得会计师事务所(小规模纳税人)开具的增值税专用发票,增值税税率为3%。

25. 某租赁公司签发转账支票一张,购入一项专利权,取得增值税专用发票注明的价款为240 000元,增值税税额为14 400元。该项专利权分5年摊销完毕。

26. 某担保公司将本公司拥有的土地使用权出售给上联机械厂,取得出售收入400 000元(含税),当即收到转账支票,增值税税率为9%。该项土地使用权的成本为600 000元,已摊销金额为200 000元,已提减值准备15 000元。

27. 某保险公司自行研究、开发一项非寿险业务流程系统,截至20×7年12月31日,支付研发支出合计1 060 000元(含税),增值税税率为6%。经测试该项研发活动完成了研究阶段,从20×8年1月1日开始进入开发阶段。20×8年支付研发支出226 000元(含税),增值税税率为13%,计算应付开发人员薪酬100 000元,假定符合开发支出资本化的条件。20×8年8月15日,该项研发活动结束,最终开发一项保险业务流程系统。

28. 某担保公司有一项专利权,账面价值75 000元,因有其他新专利出现,使该项专利的盈利能力大幅度下降,预计其在剩余的使用年限内,未来盈利的现值为60 000元,计提其减值准备。

29. 某证券公司租入的营业用房进行翻修,领用材料24 600元,分配工资10 000元,并按工资总额的5%预计职工福利费,分6年摊销。

30. 某保险公司支付车险专用理赔车大修理费22 600元(含税),增值税税率为13%,分5年摊销。

31. 某企业因资金周转困难,与保险公司达成协议:企业欠保险公司保费30万元,用一台福田小轿车抵偿。该车原价28万元,市场评估价20万元。经批准,此车变卖,实际收到价款12万元,按照3%减按2%计算增值税。

32. 某保险公司计算出本月应付工资500 000元,其中,经营及管理人员工资350 000元,建造营业用房人员工资100 000元,内部开发保险业务流程系统人员工资50 000元。根据所在政府规定,公司分别按职工工资总额的8%、20%、2%和12%计提医疗保险费、养老保险费、失业保险费和住房公积金,缴纳给当地社会保险经办机构和住房公积金管理机构。公司内设医务室,根据20×6年实际发生的职工福利费情况,公司预计20×7年应承担的职工福利费义务金额为职工工资总额的5%,职工福利的受益对象为上述所有人员。公司按分别职工工资总额的2%和2.5%计提工会经费和职工教育经费。假定公司开发保险业务流程系统已处于开发阶段、并符合无形资产资本化的条件。

33. 某保险公司根据"工资结算汇总表"结算本月应付职工工资总额500 000元,代扣职工房租20 000元,代垫职工家属医药费30 000元,代扣个人所得税10 000元,实发工资440 000元。

34. 某租赁公司以现金支付职工李某生活困难补助600元,以银行存款支付8 000元补贴食堂。

35. 某证券公司董事会成员出国考察,支付费用30 000元。

36. 某保险公司为各部门经理级别以上职工提供汽车免费使用,同时为副总裁以上高级管理人员每人租赁一套住房。该公司共有部门经理级别以上职工30名,每人提供一辆奥迪汽车免费使用,假定每辆奥迪汽车每月计提折旧900元;该公司共有副总裁以上高级管理人员5名,公司为其每人租赁一套150平方米带有家具和电器的公寓,月租金为每套6 000元,取得普通发票。

37. A证券公司购入一栋写字楼,价款为51 000万元(不含税),其中包括土地使用权为1 000万元,取得增值税专用发票,增值税税率为9%,转账支付。A公司将其作为投资性房地产,写字楼预计尚可使用年限为40年,土地使用权预计尚可使用年限为50年。写字楼和土地使用权的预计净残值为零,均采用直线法计提折旧和摊销。假定按年计提折旧和进行摊销。20×7年1月A公司与B公司签订租赁协议,将该写字楼整体出租给B公司,租期为3年,年租金为2 000万元(含税),增值税税率为9%,每年年初支付。租赁期满后,将写字楼转为自用办公楼。

38. 20×7年12月31日,某保险公司损余物资的账面余额为100 000元,由于市场价格下跌,预计可变现净值为80 000元,20×8年6月30日,由于市场价格回升,使得损余物资预计可变现净值为85 000元,20×8年12月31日市场价格进一步回升,使得损余物资预计可变现净值为95 000元。

39. 某保险公司购入一批挂历作为非寿险业务宣传品,转账支付54 500元(含税),取得增值税专用发票。其中公司宣传领用赠与客户30 000元,个人代理人支付30 000元(含税)购买赠与客户,增值税税率为9%。

40. 某财险公司2016年8月9日支付价款22 000元(含税)购买5台电脑,增值税税率为13%;支付运费200元(含税),增值税税率为9%,取得增值税专用发票。

三、要求:根据上述资料,编制有关会计分录。

习题三

一、目的:练习金融企业利润的核算。

二、资料:

1. 某财产保险公司损益类科目全年发生额情况如下。

科 目 名 称	本期贷方发生额	科 目 名 称	本期借方发生额
保费收入	1 200 000	赔付支出	560 000
利息收入	364 000	分出保费	240 000
汇兑损益	40 000	分保费用	120 000
投资收益	25 000	手续费及佣金支出	204 000
其他业务收入	54 000	税金及附加	740 000
摊回赔付支出	78 000	业务及管理费	350 000
摊回分保费用	36 000	利息支出	150 000
摊回保险责任准备金	25 000	提取未到期责任准备金	560 000
营业外收入	355 000	提取保险责任准备金	210 000
		资产减值损失	340 000
		其他业务成本	12 000
		营业外支出	8 500

2. 某人寿保险公司20×8年税前利润为5 000万元,营业收入20 000万元,保费收入(扣除退保金)4 500万元,"利润分配——未分配利润"年初贷方余额为500万元,国库券利息收入80万元,公益救济性捐赠200万元,业务招待费180万元,广告费与业务宣传费150万元,手续费及佣金支出460万元,税收罚款5万元,非广告性赞助支出20万元,所得税税率为25%,分别按税后利润10%提取法定盈余公积,按10%提取一般风险准备,剩余部分按70%向股东分红。假设该公司资产、负债项目部分不存在会计和税收上的差异。

3. 某担保公司20×8年当期应交所得税为85万元,20×8年递延所得税资产年初余额为58.45万元,递延所得税负债年初余额为35.69万元,担保公司20×8年资产负债表相关项目金额及其计税基础如下表所示。

20×8年资产负债表相关项目金额及其计税基础 单位:万元

项 目	账面价值	计税基础	差 异	
			应纳税暂时性差异	可抵扣暂时性差异
交易性金融资产	4 000	4 320		320
抵债资产	1 000	1 240		240
无形资产	550	0	550	
预收保费	120	0		120
总计			550	680

4. 某担保公司20×7年年终决算发现上年短期借款利息应提未提6 000元，预收保费80 000元已到责任生效日但尚未入账。

5. 某银行盘盈全新电器设备一台，同类设备的市场价格减去按该项资产的新旧程度估计的价值损耗后的余额为6 000元。该银行适用的所得税率为25%，分别按净利润的10%计提法定盈余公积和一般风险准备。

三、要求：根据上述资料编制会计分录。

第十八章 金融企业财务会计报告

第一节 金融企业财务会计报告概述

财务会计报告是企业对外提供的反映企业某一特定日期的财务状况和某一会计期间经营成果、现金流量等会计信息的文件。财务会计报告包括财务报表和其他应当在财务会计报告中披露的相关信息和资料。本章主要阐述财务报表。

一、财务报表的概念和作用

财务报表是对企业财务状况、经营成果、现金流量的结构性表达。财务报表至少应当包括资产负债表、利润表、现金流量表、所有者权益(或股东权益,下同)变动表、附注等。因此,财务报表作为提供会计信息的重要手段,它无论是对企业本身,还是对企业外部报表使用者都具有重要的作用,这主要体现在以下四个方面。

(1) 帮助投资者进行正确的投资决策,保护投资者的合法权益。财务报表可以全面系统地向投资者提供其所需要的信息资料,满足其投资决策的需要。在投资前,投资者可以通过财务报表了解企业的资金状况和经营情况,以作出正确的投资决策;同时,投资者借助于财务报表,了解企业期初、期末经济资源的数量、分布及其结构,了解企业的资产完好状况,资本能否保全,以判断企业的经营优劣,从而使自己的经济利益得到维护。

(2) 帮助债权人正确进行决策,保护债权人的合法权益。财务报表可以帮助债权人了解企业的偿债能力的相关信息,从而使其作出正确的融资决策,在对报表进行详尽分析的基础上,采取相应措施,保证其本息能够及时、足额地得以收回。

(3) 强化企业的经营与管理,提高经营业绩。企业经营者可以通过财务报表掌握财务状况和经营成果的情况,明确经营中的得失,从而进一步改善经营管理,提高经营业绩。

(4) 为金融监督管理机构对企业进行监管提供依据。金融监督管理机构通过对企业呈送的财务报表,了解企业的依法经营和偿付能力状况,从而采取相应监管措施,以确保金融市场的正常运行,维护广大债权人的利益及全社会的安定。

二、财务报表的构成

财务报表可以按照不同的标准进行分类。

1. 按编报时间分类

按编报时间可分为年度、半年度、季度和月度财务报表。月度、季度财务报表是指月度和季度终了提供的财务报表,要求简明扼要、及时反映,主要有资产负债表、利润表;半年度财务报表是指在每个会计年度的前六个月结束后对外提供的财务报表;年度财务报表是指年度终了对外提供的财务报表,要求揭示完整、反映全面,主要有资产负债表、利润表、现金流量表等。一般将月度、季度和半年度财务报表统称为中期财务报表。

2. 按反映的资金运动形态分类

按反映的资金运动形态可分为静态和动态报表。静态报表是指反映企业某一特定日期的资金变化处于相对静止状态的报表,如资产负债表;动态报表是指综合反映企业一定会计期间内资金增减变化的报表,如利润表或现金流量表。

3. 按会计信息使用者的需求分类

按会计信息使用者的需求,可分为法定财务报表、内部财务报表、香港准则财务报表和国际准则财务报表。法定财务报表,是指按照财政部制定的统一会计制度编制,向政府部门(包括财政、税务、监管、外汇管理、工商部门)提供的财务报表。根据有关部门的特定需求,同时提供相应的报表,如向税务部门提供纳税申报表、向金融监管部门提供偿付能力报表。内部财务报表,是指根据本企业管理需求编制,向本企业各级管理层提供的财务报表。它一般不对外公开,不需要统一规定的格式,也没有统一的指标体系,编制的目的是帮助企业管理人员了解掌握会计事项的发生和变化,以及由此引起的财务经营状况构成及比例关系。香港准则财务报表,是指按香港公认会计准则编制,向投资者和有关监管机构提供的财务报表。国际准则财务报表,是按照国际公认会计准则编制,向投资者和国外监管机构提供的财务报表。

4. 按编制单位分类

按编制单位可分为单位或个别、汇总、合并和分部财务报表。单位或个别财务报表是根据单个单位或基层单位的经济活动资料,通过对会计账簿资料进行整理加工编制而成,单位或个别财务报表是编制汇总财务报表和合并财务报表的基础。汇总财务报表是总行(公司)按隶属关系将其所属的分行(公司)上报的报表进行综合汇总编制的财务报表。汇总报表一律折合为记账本位币后进行编制。合并财务报表由母公司编制,其中包括母公司和母公司的所有控股子公司会计报表内容,是反映母公司整体财务状况和经营成果的综合财务报表。合并财务报表的编制方法是由母公司根据所有控股子公司提供的报表数据和财务状况按要求进行合并编制,用来提供集团总体财务会计信息。分部财务报表是企业以对外提供的财务报表为基础,按业务分部和地区分部编制提供分部信息的财务报表。

第二节 资产负债表

一、资产负债表的作用

资产负债表是反映企业在某一特定日期(月末、季末、半年末、年末)财务状况的会计报表。它是根据"资产=负债+所有者权益"这一会计基本等式按照一定的分类标准和顺序排列编制而成,它属于静态报表。比如,2021年资产负债表年报,反映的是2021年12月31日企业的资产、负债、所有者权益情况。

通过资产负债表可以提供企业在一定时日的财务信息,主要有以下三个方面。

（1）可以综合反映企业所拥有的资产及资产的分布构成情况,以便评价企业的财务实力。通过资产负债表,可以对企业经营规模和资产结构有所了解,不仅可以分析企业的资产构成是否合理,而且还可以测定企业的财务实力。

（2）可以反映企业资金来源及其构成情况,了解企业的偿付能力。通过阅读资产负债表,不仅可以知晓企业的负债和所有者权益各是多少,而且还可据以分析企业的资金来源结构是否合理,并且还可以通过有关资产项目和负债项目的对比、测算,了解和掌握企业的偿付能力。偿付能力是债权人最为关心的问题,它的大小,反映企业的财务基础、竞争能力和应付风险的能力。

（3）可以综合反映企业资产、负债、所有者权益的增减变化,掌握财务状况的变动趋势。通过资产负债表不同时期相同项目的横向对比和不同时期不同项目的纵向对比,可以了解和分析企业财务状况的发展趋势,以便为企业财务预测和财务决策提供预见性参考消息。

二、资产负债表的结构

资产负债表一般有两种结构,即账户式和报告式。

1. 账户式

资产负债表账户式(也称左右式),它是按照 T 字形账户的形式设计的资产负债表,将资产列在左边,负债及所有者权益列在右方,左右方总额相等。

资产负债表中资产分为金融资产和非金融资产,基本上是按流动性(变现能力)大小排列,流动性大的排在前,流动性小的排在后;负债分为金融负债和非金融负债,基本上是按偿还期限长短排列,偿还期限短的排在前,偿还期限长的排在后;所有者权益是按永久程度的高低排列,永久程度高的排列在前,永久程度低的排列在后。

账户式资产负债表的优点在于,能使资产和权益的恒等关系一目了然,尤其是易于比较流动资产和流动负债的数额和关系,但要编制比较资产负债表则颇为不便,尤其是 3 年期、5 年期的比较资产负债表更为困难。此外,由于左资产、右权益的格式占据了不少横行空间,一些项目难以加括弧注释。我国金融企业会计实务中习惯于采用账户式资产负债表。

2. 报告式

资产负债表的报告式(也称上下式),指垂直列示资产、负债和所有者权益项目的一种格式,即上资产、下权益格式。

报告式资产负债表的优缺点正好与账户式资产负债表相反。报告式的优点是便于编制比较资产负债表,可在一张表内平行列示相邻若干期的资产负债表,而且易于用括弧旁注方式证明某些特殊项目。其缺点是资产与权益间的恒等关系并不一目了然。

三、资产负债表的格式

1. 商业银行资产负债表格式

商业银行资产负债表格式见表 18-1。

表 18-1 资产负债表

编制单位：　　　　　　　　　　　年　月　日　　　　　　　　　　　单位：元

资　产	期末余额	年初余额	负债和所有者权益（或股东权益）	期末余额	年初余额
资产：			负债：		
现金及存放中央银行款项			向中央银行借款		
存放同业款项			同业及其他金融机构存放款项		
贵金属			拆入资金		
拆出资金			交易性金融负债		
交易性金融资产			衍生金融负债		
衍生金融资产			卖出回购金融资产款		
买入返售金融资产			吸收存款		
应收利息			应付职工薪酬		
发放贷款与垫款			应交税费		
可供出售金融资产			应付利息		
持有至到期投资			预计负债		
长期股权投资			应付债券		
投资性房地产			其中：优先股		
固定资产			永续债		
无形资产			递延所得税负债		
递延所得税资产			其他负债		
其他资产			负债合计		
			所有者权益（或股东权益）：		
			实收资本（或股本）		
			其他权益工具		
			其中：优先股		
			永续债		
			资本公积		
			减：库存股		
			其他综合收益		
			盈余公积		
			一般风险准备		
			未分配利润		
			所有者权益（或股东权益）合计		
资产总计			负债及所有者权益（或股东权益）总计		

2. 保险公司资产负债表格式

保险公司资产负债表格式见表18-2。

表 18-2 资产负债表

编制单位：　　　　　　　　　　　　　年　月　日　　　　　　　　　　　　　单位：元

资　　产	期末余额	年初余额	负债和所有者权益（或股东权益）	期末余额	年初余额
资产：			负债：		
货币资金			短期借款		
拆出资金			拆入资金		
交易性金融资产			交易性金融负债		
衍生金融资产			衍生金融负债		
买入返售金融资产			卖出回购金融资产款		
应收利息			预收保费		
应收保费			应付手续费及佣金		
应收代位追偿款			应付分保账款		
应收分保账款			应付职工薪酬		
应收分保未到期责任准备金			应交税费		
应收分保未决赔款准备金			应付赔付款		
应收分保寿险责任准备金			应付保单红利		
应收分保长期健康险责任准备金			保户储金及投资款		
保户质押贷款			未到期责任准备金		
定期存款			未决赔款准备金		
可供出售金融资产			寿险责任准备金		
持有至到期投资			长期健康险责任准备金		
长期股权投资			长期借款		
存出资本保证金			应付债券		
投资性房地产			其中：优先股		
固定资产			永续债		
无形资产			独立账户负债		
独立账户资产			递延所得税负债		
递延所得税资产			其他负债		
其他资产			负债合计		
			所有者权益（或股东权益）：		
			实收资本（或股本）		
			其他权益工具		
			其中：优先股		
			永续债		
			资本公积		
			减：库存股		
			其他综合收益		
			盈余公积		
			一般风险准备		
			未分配利润		
			所有者权益（或股东权益）合计		
资产总计			负债及所有者权益（或股东权益）总计		

3. 证券公司资产负债表格式

证券公司资产负债表格式见表18-3。

表18-3 资产负债表

编制单位： 年 月 日 单位：元

资产	期末余额	年初余额	负债和所有者权益（或股东权益）	期末余额	年初余额
资产：			负债：		
货币资金			短期借款		
其中：客户资金存款			其中：质押借款		
结算备付金			拆入资金		
其中：客户备付金			交易性金融负债		
拆出资金			衍生金融负债		
交易性金融资产			卖出回购金融资产款		
衍生金融资产			代理买卖证券款		
买入返售金融资产			代理承销证券款		
应收利息			应付职工薪酬		
存出保证金			应交税费		
可供出售金融资产			应付利息		
持有至到期投资			预计负债		
长期股权投资			长期借款		
投资性房地产			应付债券		
固定资产			其中：优先股		
无形资产			永续债		
其中：交易席位费			递延所得税负债		
递延所得税资产			其他负债		
其他资产			负债合计		
			所有者权益（或股东权益）：		
			实收资本（或股本）		
			其他权益工具		
			其中：优先股		
			永续债		
			资本公积		
			减：库存股		
			其他综合收益		
			盈余公积		
			一般风险准备		
			未分配利润		
			所有者权益（或股东权益）合计		
资产总计			负债及所有者权益（或股东权益）总计		

4. 担保公司资产负债表格式

担保公司资产负债表格式见表18-4。

表18-4 资产负债表

编制单位： 　　　　　　　　年　月　日　　　　　　　　单位：元

资产	期末余额	年初余额	负债和所有者权益（或股东权益）	期末余额	年初余额
资产：			负债：		
货币资金			短期借款		
拆出资金			拆入资金		
交易性金融资产			交易性金融负债		
衍生金融资产			衍生金融负债		
买入返售金融资产			卖出回购金融资产款		
应收利息			预收保费		
应收保费			应付手续费及佣金		
应收代位追偿款			应付分保账款		
应收分保账款			应付职工薪酬		
应收分保未到期责任准备金			应交税费		
应收分保担保赔偿准备金			应付赔付款		
贷款			未到期责任准备金		
定期存款			担保赔偿准备金		
可供出售金融资产			长期借款		
持有至到期投资			应付债券		
长期股权投资			其中：优先股		
存出资本保证金			永续债		
投资性房地产			递延所得税负债		
固定资产			其他负债		
无形资产			负债合计		
递延所得税资产			所有者权益(或股东权益)：		
其他资产			实收资本(或股本)		
			其他权益工具		
			其中：优先股		
			永续债		
			资本公积		
			担保扶持基金		
			减：库存股		
			其他综合收益		
			盈余公积		
			一般风险准备		
			未分配利润		
			所有者权益(或股东权益)合计		
资产总计			负债及所有者权益（或股东权益)总计		

5. 租赁公司资产负债表格式

租赁公司资产负债表格式见表 18-5。

表 18-5　资产负债表

编制单位：　　　　　　　　　　　年　月　日　　　　　　　　　　　单位：元

资产	期末余额	年初余额	负债和所有者权益（或股东权益）	期末余额	年初余额
资产：			负债：		
货币资金			短期借款		
拆出资金			存入保证金		
交易性金融资产			拆入资金		
衍生金融资产			交易性金融负债		
买入返售金融资产			衍生金融负债		
应收利息			卖出回购金融资产款		
融资租赁资产			应付职工薪酬		
可供出售金融资产			应交税费		
持有至到期投资			应付利息		
长期股权投资			预计负债		
投资性房地产			长期借款		
长期应收款			应付债券		
固定资产			其中：优先股		
未担保余值			永续债		
无形资产			递延所得税负债		
递延所得税资产			其他负债		
其他资产			负债合计		
			所有者权益（或股东权益）：		
			实收资本（或股本）		
			其他权益工具		
			其中：优先股		
			永续债		
			资本公积		
			减：库存股		
			其他综合收益		
			盈余公积		
			一般风险准备		
			未分配利润		
			所有者权益（或股东权益）合计		
资产总计			负债及所有者权益（或股东权益）总计		

四、资产负债表的编制方法

1. 商业银行资产负债表的编制方法

资产负债表中"年初余额"栏内各项数字,应根据上年末资产负债表"期末余额"栏内所列数字填列。如果本年度资产负债表规定的各个项目的名称和内容同上年度不相一致,应对上年年末资产负债表各项目的名称和数字按照本年度的规定进行调整,填入本表"年初余额"栏内。

资产负债表"期末余额"栏内关系数字,一般应根据资产、负债、所有者权益科目的期末余额填列。各项目的内容和填列方法如下。

(1) 资产类项目的填列说明。

① "现金及存放中央银行款项"项目,反映商业银行期末持有的现金、存放中央银行款项的总额。本项目根据"库存现金""存放中央银行款项"科目的期末余额借方合计数填列。

② "存放同业款项"项目,反映商业银行期末存放同业的款项。本项目根据"存放同业"科目的期末余额填列。

③ "贵金属"项目,反映商业银行期末持有的贵金属价值按成本和可变现净值孰低计量的黄金、白银等。本项目根据"贵金属"科目的期末余额借方合计数填列。

④ "拆出资金"项目,反映商业银行拆借给境内、境外其他金融机构的款项。本项目根据"拆出资金"科目的期末余额减去"贷款损失准备"所属相关明细科目余额后的净额填列。

⑤ "交易性金融资产"项目,反映商业银行持有的以公允价值计量且其变动计入当期损益的为交易目的所持有的债券投资、股票投资、基金投资、权证投资等金融资产。本项目根据"交易性金融资产"科目的期末余额填列。

⑥ "衍生金融资产"项目,反映商业银行衍生金融工具业务中的衍生金融工具的公允价值及其变动形成的衍生资产。本项目根据"衍生工具""套期工具""被套期项目"科目的期末借方余额填列。

⑦ "买入返售金融资产"项目,反映商业银行按返售协议的约定先买入再按固定价格返售给卖出方的票据、证券、贷款等金融资产所融出的资产。本项目根据"买入返售金融资产"科目的期末余额填列。

⑧ "应收利息"项目,反映商业银行发放贷款、交易性金融资产、持有至到期投资、可供出售金融资产、拆出资金、买入返售金融资产等应收取的利息。本项目根据"应收利息"科目的期末余额减去"坏账准备——应收利息"明细科目的期末余额填列。

⑨ "发放贷款和垫款"项目,反映商业银行发放的贷款和贴现资产。本项目根据"贷款""贴现资产"等科目的期末余额减去"贷款损失准备"所属相关明细科目余额后的净额填列。

⑩ "可供出售金融资产"项目,反映商业银行持有的供出售金融资产的公允价值。本项目根据"可供出售金融资产"科目的期末余额填列。

⑪ "持有至到期投资"项目,反映商业银行已表明有意且有能力持有至到期日的定期债券投资的摊余成本。本项目根据"持有至到期投资"科目的期末余额,减去"持有至到期投资减值准备"科目期末余额后的金额填列。

⑫ "长期股权投资"项目,反映商业银行持有的对子公司、联营企业和合营企业的长期股权投资。本项目根据"长期股权投资"科目的期末余额,减去"长期股权投资减值准备"科

目期末余额后的金额填列。

⑬ "投资性房地产"项目，反映商业银行为赚取租金或资本增值，或两者兼有而持有的房地产的成本。本项目根据"投资性房地产"科目的期末余额，减去"投资性房地产累计折旧（摊销）"和"投资性房地产减值准备"科目期末余额后的金额填列。

⑭ "固定资产"项目，反映商业银行固定资产原价减去累计折旧和累计减值准备后的净额再加上固定资产清理的价值。本项目根据"固定资产"科目的期末余额，减去"累计折旧"和"固定资产减值准备"科目期末余额后的金额，以及"固定资产清理"科目期末余额的合计数填列。

⑮ "无形资产"项目，反映商业银行持有的无形资产，包括专利权、非专利技术、商标权、著作权、土地使用权等。本项目根据"无形资产"科目的期末余额减去"累计摊销"和"无形资产减值准备"科目的期末余额后的金额填列。

⑯ "递延所得税资产"项目，反映商业银行确认的可抵扣暂时性差异产生的递延所得税资产。本项目根据"递延所得税资产"科目的期末余额填列。

⑰ "其他资产"项目，反映商业银行"应收股利""存出保证金""其他应收款""低值易耗品""在建工程""长期待摊费用""抵债资产"等项目的内容。本项目根据"应收股利""存出保证金""其他应收款""低值易耗品""在建工程""长期待摊费用""抵债资产"等科目的期末余额，减去"坏账准备"科目中有关应收款计提的坏账准备期末余额，以及"在建工程减值准备""抵债资产跌价准备""低值易耗品跌价准备"期末余额后的金额填列。

（2）负债类项目的填列说明。

① "向中央银行借款"项目，反映商业银行向中央银行借入的在期末尚未偿还的借款。本项目根据"向中央银行借款"科目的期末余额填列。

② "同业及其他金融机构存放款项"项目，反映同业及其他金融机构存放商业银行的款项。本项目根据"同业存放"科目的期末余额填列。

③ "拆入资金"项目，反映商业银行从境内、境外金融机构拆入的款项。本项目根据"拆入资金"科目的期末余额填列。

④ "交易性金融负债"项目，反映商业银行持有的以公允价值计量且其变动计入当期损益的金融负债和直接指定为以公允价值计量且其变动计入当期损益的金融负债。本项目根据"交易性金融负债"科目的期末余额填列。

⑤ "衍生金融负债"项目，反映商业银行衍生金融工具业务中的衍生金融工具的公允价值及其变动形成的衍生负债。本项目根据"衍生工具""套期工具""被套期项目"科目的期末贷方余额填列。

⑥ "卖出回购金融资产款"项目，反映商业银行按回购协议先卖出再按固定价格买入票据、证券、贷款等金融资产所融入的资金。本项目根据"卖出回购金融资产款"科目的期末余额填列。

⑦ "吸收存款"项目，反映商业银行吸收存款的金额。本项目根据"吸收存款"科目的期末余额填列。

⑧ "应付职工薪酬"项目，反映商业银行根据有关规定应付给职工的工资、职工福利、社会保险费、住房公积金、工会经费、职工教育经费、非货币性福利、辞退福利等各种薪酬。外商投资企业按规定从净利润中提取的职工奖励及福利基金，也在本项目列示。本项目根据

"应付职工薪酬"科目的期末余额填列。

⑨"应交税费"项目,反映商业银行按照税法规定计算应交纳的各种税费,包括增值税、所得税、城市维护建设税、房产税、土地使用税、车船使用税、教育费附加等。商业银行代扣代交的个人所得税和个人增值税等,也通过本项目列示。商业银行所交纳的税金不需要预计应交数的,如印花税等,不在本项目列示。本项目根据"应交税费"科目的期末贷方余额填列。该科目期末如为借方余额,以"—"号表示。

⑩"应付利息"项目,反映商业银行按合同约定应支付的利息,包括吸收存款、分期付息到期还本的长期借款、企业债券等应支付的利息。本项目根据"应付利息"科目的期末余额填列。

⑪"预计负债"项目,反映商业银行确认的对外提供担保、未决诉讼、重组义务、亏损性合同等预计负债。本项目根据"预计负债"科目的期末余额填列。

⑫"应付债券"项目,反映商业银行为筹集长期资金而发行的债券本金和利息。本项目根据"应付债券"科目的期末余额填列。

⑬"递延所得税负债"项目,反映商业银行确认的应纳税暂时性差异产生的所得税负债。本项目根据"递延所得税负债"科目的期末余额填列。

⑭"其他负债"项目,反映商业银行"贴现负债""应付股利""其他应付款""存入保证金""代理业务负债""未确认融资费用""长期应付款""一年内到期的长期负债"等项目的内容。本项目根据"贴现负债""应付股利""其他应付款""存入保证金""代理业务负债""未确认融资费用""预计负债""长期应付款"等科目的期末余额减去将于一年内(含一年)到期偿还后的余额填列。

(3) 所有者权益项目的填列说明。

①"实收资本(或股本)"项目,反映商业银行各投资者实际投入的资本(或股本)总额。本项目根据"实收资本(或股本)"科目的期末余额填列。

②"其他权益工具"项目,反映商业银行发行的除普通股以外分类为权益工具的金融工具的账面价值。本项目根据"其他权益工具"科目的期末余额填列。

③"资本公积"项目,反映商业银行收到投资者出资额超出其在注册资本或股本中所占的份额以及直接计入所有者权益的利得或损失。本项目应根据"资本公积"科目的期末余额填列。

④"其他综合收益"项目,反映商业银行根据企业会计准则规定未在损益中确认的各项利得和损失。包括可供出售金融资产公允价值的变动,可供出售外币非货币性项目的汇兑差额,权益法下被投资单位其他所有者权益变动形成的利得和损失,存货或自用房地产转换为采用公允价值模式计量的投资性房地产形成的利得和损失,金融资产的重分类形成的利得和损失、现金流量套期工具产生的利得和损失中属于有效套期部分、外币财务报表折算差额。本项目应根据"其他综合收益"科目的期末余额填列。

⑤"盈余公积"项目,反映商业银行从净利润提取的盈余公积。本项目根据"盈余公积"科目的期末余额填列。

⑥"一般风险准备"项目,反映商业银行从净利润提取的一般风险准备。本项目根据"一般风险准备"科目的期末余额填列。

⑦"未分配利润"项目,反映商业银行尚未分配的利润。本项目根据"本年利润"和"利润分配"科目的期末余额分析填列,未弥补亏损在本项目中以"—"号表示。

⑧"库存股"项目,反映商业银行收购的尚未转让或注销的本商业银行股份金额。本项

目根据"库存股"科目的期末余额填列。

2. 保险公司资产负债表的编制方法

保险公司资产负债表有些项目和银行相同,不再赘述,这里主要阐述和银行不同的项目的编制方法。

(1) 资产类项目的填列说明。

① "货币资金"项目,反映公司期末持有的现金、银行存款中的活期存款部分和其他货币资金总额。本项目根据"库存现金""银行存款——活期存款"明细科目的期末余额借方合计数填列。

② "应收保费"项目,反映公司原保险合同约定应向投保人收取但尚未收到的保险费。本项目根据"应收保费"科目的期末余额减去"坏账准备——应收保费"明细科目的期末余额填列。

③ "应收代位追偿款"项目,反映公司按照原保险合同约定承担赔付保险金责任后确认的代位追偿款。本项目根据"应收代位追偿款"科目的期末余额减去"坏账准备——应收代位追偿款"明细科目的期末余额填列。

④ "应收分保账款"项目,反映公司从事再保险业务应收取的款项。本项目应根据"应收分保账款"科目的期末余额减去"坏账准备——应收分保账款"明细科目的期末余额填列。

⑤ "应收分保未到期责任准备金"项目,反映再保险分出人从事再保险业务确认的应收分保未到期责任准备金。本项目根据"应收分保合同准备金——应收分保未到期责任准备金"明细科目的期末余额减去"坏账准备——应收分保未到期责任准备金"明细科目的期末余额填列。

⑥ "应收分保未决赔款准备金"项目,反映再保险分出人从事再保险业务应向再保险接受人摊回的未决赔款准备金。本项目根据"应收分保合同准备金——应收分保未决赔款准备金"明细科目的期末余额减去"坏账准备——应收分保未决赔款准备金"明细科目的期末余额填列。

⑦ "应收分保寿险责任准备金"项目,反映再保险分出人从事再保险业务应向再保险接受人摊回的寿险责任准备金。本项目根据"应收分保合同准备金——应收分保寿险责任准备金"明细科目的期末余额减去"坏账准备——应收分保寿险责任准备金"明细科目的期末余额填列。

⑧ "应收分保长期健康险责任准备金"项目,反映再保险分出人从事再保险业务应向再保险接受人摊回的长期健康险责任准备金。本项目根据"应收分保合同准备金——应收分保长期健康险责任准备金"明细科目的期末余额减去"坏账准备——应收分保长期健康险责任准备金"明细科目的期末余额填列。

⑨ "保户质押贷款"项目,反映公司按规定向保户提供的贷款。本项目根据"保户质押贷款"科目的期末余额减去"贷款损失准备"科目余额后的净额填列。

⑩ "定期存款"项目,反映公司银行存款中三个月以上定期存款部分。本项目根据"银行存款——定期存款"明细科目的期末余额填列。

⑪ "存出资本保证金"项目,反映公司按规定比例缴存的资本保证金。本项目根据"存出资本保证金"科目的期末余额填列。

⑫ "独立账户资产"项目,反映公司对分拆核算的投资连结产品不属于风险保障部分确认的独立账户资产价值。本项目根据"独立账户资产"科目的期末余额填列。

⑬"其他资产"项目,反映公司"应收股利""预付赔付款""存出保证金""其他应收款""低值易耗品""在建工程""长期待摊费用""抵债资产""损余物资""垫缴保费""预付分出保费"等项目的内容。本项目根据"应收股利""预付赔付款""存出保证金""其他应收款""低值易耗品""在建工程""长期待摊费用""抵债资产""损余物资""垫缴保费""预付分出保费"等科目的期末余额,减去"坏账准备"科目中有关应收款计提的坏账准备期末余额,以及"在建工程减值准备""抵债资产跌价准备""损余物资跌价准备""低值易耗品跌价准备"期末余额后的金额填列。

(2) 负债类项目的填列说明。

①"短期借款"项目,反映公司向银行或其他金融机构等借入的期限在一年以下(含一年)的各种借款。本项目根据"短期借款"科目的期末余额填列。

②"预收保费"项目,反映公司收到未满足保费收入确认条件的保险费。本项目根据"预收保费"科目的期末余额填列。如果"预收保费"科目所属明细科目期末有借方余额的,应在资产负债表"应收保费"项目内填列。

③"应付手续费及佣金"项目,反映公司应支付但尚未支付的应付手续费及佣金。本项目根据"应付手续费及佣金"科目的期末余额填列。

④"应付分保账款"项目,反映公司从事再保险业务应付未付的款项。本项目根据"应付分保账款"科目的期末余额填列。

⑤"应付赔付款"项目,反映公司应付但未付给保户的赔付款。本项目根据"应付赔付款"科目的期末余额填列。

⑥"应付保单红利"项目,反映公司按原保险合同约定应付但未付给投保人的红利。本项目根据"应付保单红利"科目的期末余额填列。

⑦"保户储金及投资款"项目,反映公司以储金本金增值作为保费收入的保险业务收到保户缴存的储金以及投资型保险业务的投资本金。本项目根据"保户储金"科目及"保户投资款"科目的期末余额填列。

⑧"未到期责任准备金"项目,反映公司提取的非寿险原保险合同未到期责任准备金。本项目根据"未到期责任准备金"科目的期末余额填列。

⑨"未决赔款准备金"项目,反映公司提取的原保险合同未决赔款准备金。本项目根据"保险责任准备金——未决赔款准备金"明细科目的期末余额填列。

⑩"寿险责任准备金"项目,反映公司提取的原保险合同寿险责任准备金。本项目根据"保险责任准备金——寿险责任准备金"明细科目的期末余额填列。

⑪"长期健康险责任准备金"项目,反映公司提取的原保险合同长期健康险责任准备金。本项目根据"保险责任准备金——长期健康险责任准备金"明细科目的期末余额填列。

⑫"长期借款"项目,反映公司向银行或其他金融机构借入的期限在一年以上(不含一年)的各项借款。本项目根据"长期借款"科目的期末余额填列。

⑬"独立账户负债"项目,反映公司对分拆核算的投资连结产品不属于风险保障部分确认的独立账户资产负债。本项目根据"独立账户负债"科目的期末余额填列。

⑭"其他负债"项目,反映公司"应付股利""应付利息""其他应付款""预收赔付款""存入保证金""应付保费""代理业务负债""未确认融资费用""预计负债""长期应付款""一年内到期的长期负债"等项目的内容。本项目根据"应付股利""应付利息""其他应付款""预收赔

付款""存入保证金""应付保费""代理业务负债""未确认融资费用""预计负债""长期应付款"等科目的期末余额减去将于一年内(含一年)到期偿还后的余额填列。

3. 证券公司资产负债表的编制方法

证券公司资产负债表有些项目和商业银行、保险公司相同,不再赘述,这里主要阐述和商业银行、保险公司不同的项目的编制方法。

(1) 资产类项目的填列说明。

① "货币资金"项目,反映公司期末持有的现金、银行存款和其他货币资金总额。本项目根据"库存现金""银行存款"明细科目的期末余额借方合计数填列。其中客户资金存款应单独列示。

② "结算备付金"项目,反映公司实际存放在指定清算代理机构的款项。本项目根据"结算备付金"科目的期末余额填列。如果是客户备付金应单独列示。

③ "存出保证金"项目,反映公司向证券交易所缴存的交易保证金。本项目根据"存出保证金"科目的期末余额填列。

④ "其他资产"项目,反映公司"代理兑付证券""应收股利""其他应收款""低值易耗品""在建工程""长期待摊费用""抵债资产"等项目的内容。本项目根据"代理兑付证券""应收股利""其他应收款""低值易耗品""在建工程""长期待摊费用""抵债资产"等科目的期末余额,减去"坏账准备"科目中有关应收款计提的坏账准备期末余额,以及"在建工程减值准备""抵债资产跌价准备""低值易耗品跌价准备"期末余额后的金额填列。

(2) 负债类项目的填列说明。

① "代理买卖证券款"项目,反映公司接受客户委托,代客户买卖股票、债券和基金等有价证券而收到的款项。本项目根据"代理买卖证券款"科目的期末余额填列。

② "代理承销证券款"项目,反映公司接受委托,采用承购包销方式或代销方式承销证券所形成的、应付证券发行人的承销资金。本项目根据"代理承销证券款"科目的期末余额填列。

③ "其他负债"项目,反映公司"代理兑付证券款""应付股利""其他应付款""存入保证金""代理业务负债""未确认融资费用""预计负债""长期应付款""一年内到期的长期负债"等项目的内容。本项目根据"代理兑付证券款""应付股利""其他应付款""存入保证金""代理业务负债""未确认融资费用""预计负债""长期应付款"等科目的期末余额减去将于一年内(含一年)到期偿还后的余额填列。

4. 担保公司资产负债表的编制方法

担保公司资产负债表和保险公司基本相同,其编制方法可比照保险公司。

5. 租赁公司资产负债表的编制方法

租赁公司资产负债表有些项目和商业银行相同,不再赘述,这里主要阐述和商业银行不同的项目的编制方法。

(1) "融资租赁资产"项目,反映公司为开展融资租赁业务取得资产的成本。本项目根据"融资租赁资产"科目的期末余额填列。

(2) "长期应收款"项目,反映公司采用融资租赁方式租出资产时应向承租人收取的租金金额。本项目根据"长期应收款"科目的期末余额减去"未实现融资收益""坏账准备——长期应收款"科目期末余额后的净额填列。

(3) "未担保余值"项目,反映公司采用融资租赁方式租出资产的未担保余值。本项目根据"未担保余值"科目的期末余额填列。

(4)"存入保证金"项目,反映公司收到客户存入的租赁保证金。本项目根据"存入保证金"科目的期末余额填列。

第三节 利　润　表

一、利润表的概念及其作用

利润表是反映企业在一定期间经营成果的会计报表。它是根据"收入－费用＝利润"的平衡公式,按一定标准和顺序将一定期间的收入、费用和利润等各项具体会计要素适当排列而成。通过利润表,可以反映以下财务信息。

(1)反映企业的收益能力,为企业分配经营成果提供了重要依据。利润表反映了企业经营成果的形成及经营成果各组成部分的具体数额,因而利润表在企业利润分配中起着重要的作用。

(2)反映企业财务成果及构成情况,据以评价经营活动的绩效。利润表中的各项数据,实际上体现了企业在经营、融资、投资等活动中的管理效率,是对企业经营绩效的反映。对利润表的分析,可以反映企业是否实现了财务成果目标。

(3)反映企业经营成果和获利能力,为有关各方提供决策的依据。利润表提供了主营业务收入与成本费用配比状态以及利润水平,为投资者分析资本的获利能力,为债权人分析投入资金的安全性,为经营管理者评价企业收益性提供数据。

(4)可以预测企业未来的现金流量,反映企业的偿付能力。利润表本身不能直接提供有关偿付能力的数据,但是,会计报表使用者可以根据企业提供的利润表,通过比较和分析同一企业在不同时期或不同企业在同一时期利润表信息,了解企业利润增长的规模和趋势,预测企业未来现金流量的时间、数额、不确定性,间接地解释、评价和预测企业的偿付能力,尤其是长期偿付能力,进而作出合理的经济决策。

(5)为政府管制提供信息。例如,证券监管部门在核准企业是否具备发行股票或债券的资格时,需要考虑该企业是否连续三年盈利;企业在确定股票发行价格时,需要考虑其前三年的每股收益水平;上市公司如果"最近三年连续亏损",将由国务院证券管理部门决定暂停其股票上市。另外,利润表是企业依法交纳所得税的主要依据。

二、利润表的结构

利润表分单步式和多步式两种结构。

1. 单步式利润表

单步式利润表将所有的收入及所有的费用和支出分别汇总,两者相抵得出本期净利润。

单步式利润表在计算利润时只有一个步骤,结构简单,但不能反映利润的构成情况,不能向报表使用者提供较为详细的分类信息,在进行比较分析时不是十分方便。

2. 多步式利润表

目前金融企业采用多步式利润表。多步式利润表是根据收入和费用相互配比的原则,按照利润的构成因素分为营业利润、利润总额、净利润、每股收益几个步骤,按性质加以归类,按利润形成的主要环节列示一些中间性利润指标,分步计算当期损益。

三、利润表的格式

1. 商业银行利润表的格式

商业银行利润表的格式见表18-6。

表 18-6 利润表

编制单位：　　　　　　　　　　　　　　年　　月　　　　　　　　　　　　　　单位：元

项　　目	本期金额	上期金额
一、营业收入		
利息净收入		
利息收入		
利息支出		
手续费及佣金净收入		
手续费及佣金收入		
手续费及佣金支出		
投资收益(损失以"—"号填列)		
其中：对联营企业和合营企业的投资收益		
公允价值变动收益(损失以"—"号填列)		
汇兑收益(损失以"—"号填列)		
资产处置损益(损失以"—"号填列)		
其他业务收入		
二、营业支出		
税金及附加		
业务及管理费		
其他业务成本		
资产减值损失		
三、营业利润(亏损以"—"号填列)		
加：营业外收入		
减：营业外支出		
四、利润总额(亏损总额以"—"号填列)		
减：所得税费用		
五、净利润(净亏损以"—"号填列)		
六、每股收益		
(一)基本每股收益		
(二)稀释每股收益		
七、其他综合收益的税后净额		
(一)以后不能重分类进损益的其他综合收益		
(二)以后将重分类进损益的其他综合收益		
八、综合收益总额		

2. 保险公司利润表的格式

保险公司利润表的格式见表18-7。

表18-7 利润表

编制单位：　　　　　　　　　年　月　　　　　　　　　　单位：元

项　　目	本期金额	上期金额
一、营业收入		
已赚保费		
保险业务收入		
其中：分保费收入		
减：分出保费		
提取未到期责任准备金		
投资收益（损失以"－"号填列）		
其中：对联营企业和合营企业的投资收益		
公允价值变动收益（损失以"－"号填列）		
汇兑收益（损失以"－"号填列）		
资产处置损益（损失以"－"号填列）		
其他业务收入		
二、营业支出		
退保金		
赔付支出		
减：摊回赔付支出		
提取保险责任准备金		
减：摊回保险责任准备金		
保单红利支出		
分保费用		
税金及附加		
手续费及佣金支出		
业务及管理费		
减：摊回分保费用		
其他业务成本		
资产减值损失		
三、营业利润（亏损以"－"号填列）		
加：营业外收入		
减：营业外支出		
四、利润总额（亏损总额以"－"号填列）		
减：所得税费用		
五、净利润（净亏损以"－"号填列）		
六、每股收益		
（一）基本每股收益		
（二）稀释每股收益		
七、其他综合收益的税后净额		
（一）以后不能重分类进损益的其他综合收益		
（二）以后将重分类进损益的其他综合收益		
八、综合收益总额		

3. 证券公司利润表的格式

证券公司利润表的格式见表 18-8。

表 18-8　利润表

编制单位：　　　　　　　　　　　年　月　　　　　　　　　　　单位：元

项　目	本期金额	上期金额
一、营业收入		
手续费及佣金净收入		
其中：代理买卖证券业务净收入		
证券承销业务净收入		
受托客户资产管理业务净收入		
利息净收入		
投资收益		
其中：对联营企业和合营企业的投资收益		
公允价值变动收益（损失以"－"号填列）		
汇兑收益（损失以"－"号填列）		
资产处置损益（损失以"－"号填列）		
其他业务收入		
二、营业支出		
税金及附加		
业务及管理费		
其他业务成本		
资产减值损失		
三、营业利润（亏损以"－"号填列）		
加：营业外收入		
减：营业外支出		
四、利润总额（亏损总额以"－"号填列）		
减：所得税费用		
五、净利润（净亏损以"－"号填列）		
六、每股收益		
（一）基本每股收益		
（二）稀释每股收益		
七、其他综合收益的税后净额		
（一）以后不能重分类进损益的其他综合收益		
（二）以后将重分类进损益的其他综合收益		
八、综合收益总额		

3. 担保公司利润表的格式

担保公司利润表的格式见表18-9。

表 18-9 利润表

编制单位：　　　　　　　　　　　年　　月　　　　　　　　　　　单位：元

项　　目	本期金额	上期金额
一、营业收入		
已赚保费		
担保业务收入		
其中：分保费收入		
减：分出保费		
提取未到期责任准备金		
投资收益（损失以"－"号填列）		
其中：对联营企业和合营企业的投资收益		
公允价值变动收益（损失以"－"号填列）		
汇兑收益（损失以"－"号填列）		
资产处置损益（损失以"－"号填列）		
其他业务收入		
二、营业支出		
退保金		
赔付支出		
减：摊回赔付支出		
提取担保赔偿准备金		
减：摊回担保赔偿准备金		
分保费用		
税金及附加		
手续费及佣金支出		
业务及管理费		
减：摊回分保费用		
资产处置损益（损失以"－"号填列）		
其他业务成本		
资产减值损失		
三、营业利润（亏损以"－"号填列）		
加：营业外收入		
减：营业外支出		
四、利润总额（亏损总额以"－"号填列）		
减：所得税费用		
五、净利润（净亏损以"－"号填列）		
六、每股收益		
（一）基本每股收益		
（二）稀释每股收益		
七、其他综合收益的税后净额		
（一）以后不能重分类进损益的其他综合收益		
（二）以后将重分类进损益的其他综合收益		
八、综合收益总额		

5. 租赁公司利润表的格式

租赁公司利润表的格式见表 18-10。

表 18-10 利润表

编制单位：　　　　　　　　　　　年　　月　　　　　　　　　　　　单位：元

项目	本期金额	上期金额
一、营业收入		
租赁收入		
利息净收入		
投资收益		
其中：对联营企业和合营企业的投资收益		
公允价值变动收益（损失以"－"号填列）		
汇兑收益（损失以"－"号填列）		
资产处置损益（损失以"－"号填列）		
其他业务收入		
二、营业支出		
税金及附加		
业务及管理费		
其他业务成本		
资产减值损失		
三、营业利润（亏损以"－"号填列）		
加：营业外收入		
减：营业外支出		
四、利润总额（亏损总额以"－"号填列）		
减：所得税费用		
五、净利润（净亏损以"－"号填列）		
六、每股收益		
（一）基本每股收益		
（二）稀释每股收益		
七、其他综合收益的税后净额		
（一）以后不能重分类进损益的其他综合收益		
（二）以后将重分类进损益的其他综合收益		
八、综合收益总额		

四、利润表的编制方法

1. 商业银行利润表的编制方法

利润表中"上期金额"栏内各项数字,应根据上年该期利润表"本期金额"栏内所列数字填列。如果上年该期利润表规定的各个项目名称和内容同本期不相一致,应对上年该期利润表规定的各个项目名称和数字按本期的规定进行调整,填入利润表"上期金额"栏内。

利润表中"本期金额"栏内各项数字反映各项目的本期实际发生数,一般应根据损益类科目的发生额分析填列。各项目的内容和填列方法如下。

(1)"利息净收入"项目,反映商业银行利息收入减去利息支出的净额。本项目根据"利息收入"科目,减去"利息支出"科目发生额后的净额填列。其中,利息收入和利息支出应单独列示。

(2)"手续费及佣金净收入"项目,反映商业银行手续费及佣金收入减去手续费及佣金支出的净额。本项目根据"手续费及佣金收入"科目,减去"手续费及佣金支出"科目发生额后的净额填列。其中,手续费及佣金收入和手续费及佣金支出应单独列示。

(3)"投资收益"项目,反映商业银行以各种方式对外投资所取得的收益或损失,包括根据投资性房地产准则确认的采用公允价值计量模式计量的投资性房地产的租金收入和处置损益,处置交易性金融资产、交易性金融负债、可供出售金融资产实现的损益,以及持有至到期投资和买入返售金融资产在持有期间取得的投资收益和处置损益。本项目应根据"投资收益"科目发生额分析填列。如果为投资损失,本项目以"-"号填列。

另外,根据长期股权投资准则要求,对联营企业和合营企业的投资适用权益法,应随着被投资单位所有者权益的变动相应调整增加或减少长期股权投资账面价值,同时确认为当期投资损益。所以,"对联营企业和合营企业的投资收益"列示的是被投资单位所有者权益的增减变动,而不是投资单位实实在在分回的收益或承担的损失,应单独列示。

(4)"公允价值变动收益"项目,反映商业银行在初始确认时划分为以公允价值计量且其变动应当计入当期损益的金融资产或金融负债(包括交易性金融资产或负债和直接指定以公允价值计量且其变动应当计入当期损益的金融资产或金融负债),以及采用公允价值计量模式计量的投资性房地产、衍生工具和套期业务中公允价值变动形成的应计入当期损益的利得或损失。本项目应根据"公允价值变动损益"科目的发生额分析填列,如果为净损失,本项目以"-"号填列。

(5)"汇兑收益"项目,反映商业银行外币货币性项目因汇率变动而形成的收益或损失。本项目应根据"汇兑损益"科目发生额分析填列。如果为汇兑损失,本项目以"-"号填列。

(6)"资产处置损益"项目,反映商业银行固定资产,无形资产等因出售、转让等原因,产生的处置利得或损失。本项目应根据"资产处置损益"科目发生额分析填列。如为资产处置损失,本项目以"-"号填列。

(7)"其他业务收入"项目,反映商业银行确认的与经常性活动相关的其他活动收入。第三方管理的收入也在此列报。本项目应根据"其他业务收入"等科目发生额分析填列。

（8）"税金及附加"项目，反映商业银行经营活动发生的城市维护建设税、教育费附加、水利建设基金、房产税、土地使用税、车船税、印花税等相关税费。本项目应根据"税金及附加"科目发生额分析填列。

（9）"业务及管理费"项目，反映商业银行在业务经营及管理过程中所发生的各项费用。本项目应根据"业务及管理费"科目发生额分析填列。

（10）"其他业务成本"项目，反映商业银行确认的与经常性活动相关的其他活动支出。本项目应根据"其他业务成本"科目发生额分析填列。

（11）"资产减值损失"项目，反映商业银行计提各项资产减值准备所形成的损失。本项目应根据"资产减值损失"科目发生额分析填列。

（12）"营业外收入"项目，反映商业银行发生的与其经营活动无直接关系的各项净收入。本项目应根据"营业外收入"科目发生额分析填列。

（13）"营业外支出"项目，反映商业银行发生的与其经营活动无直接关系的各项净支出。本项目应根据"营业外支出"科目发生额分析填列。

（14）"所得税费用"项目，反映商业银行应从当期利润总额中扣除的所得税费用。本项目应根据"所得税费用"科目发生额分析填列。

（15）"基本/稀释每股收益"项目，适用于普通股或潜在普通股已公开交易的银行，以及正处于公开发行普通股或潜在普通股过程中的银行。

（16）"其他综合收益的税后净额"项目，反映商业银行根据企业会计准则规定未在损益中确认的各项利得和损失扣除所得税影响后的净额。本项目应根据"其他综合收益""所得税费用"科目发生额分析填列。

（17）"以后不能重分类进损益的其他综合收益"项目，反映商业银行重新计量设定受益计划净负债或净资产的变动、权益法下在被投资单位不能重分类进损益的其他综合收益中享有的份额等。本项目应根据"其他综合收益""所得税费用"科目相关明细科目发生额分析填列。

（18）"以后将重分类进损益的其他综合收益"项目，反映商业银行权益法下在被投资单位以后将重分类进损益的其他综合收益中享有的份额、可供出售金融资产公允价值变动损益、持有至到期投资重分类为可供出售金融资产损益、现金流量套期损益的有效部分、外币财务报表折算差额等。本项目应根据"其他综合收益""所得税费用"科目相关明细科目发生额分析填列。

2. 保险公司利润表的编制方法

保险公司利润表中有些项目和银行相同，不再赘述，这里主要阐述和银行不同的项目的编制方法。

（1）"已赚保费"项目，反映公司本期可以用于当期赔付支出的保费收入。本项目根据"保险业务收入"，减去"分出保费"和"提取未到期责任准备金"项目金额后的金额填列。

（2）"保险业务收入"项目，反映公司保险人因原保险合同和再保险合同实现的保费收入和分保费收入。本项目应根据"保费收入"科目发生额分析填列。

（3）"分出保费"项目，反映再保险分出人向再保险接受人分出的保费。本项目根据"分出保费"科目发生额分析填列。

（4）"提取未到期责任准备金"项目，反映公司提取的非寿险原保险合同未到期责任准备金和再保险合同分保未到期责任准备金。本项目应根据"提取未到期责任准备金"科目发生额分析填列。

(5)"投资收益"项目，反映公司以各种方式对外投资所取得的收益或损失，其中包括定期存款的利息收入。本项目应根据"投资收益"科目和"利息收入——定期存款"发生额分析填列。如果为投资损失，本项目以"－"号填列。

(6)"其他业务收入"项目，反映公司确认的与经常性活动相关的其他活动收入和利息收入。第三方管理的收入也在此列报。定期存款的利息收入不在此列报。本项目应根据"利息收入""其他业务收入"等科目发生额分析填列。

(7)"退保金"项目，反映寿险原保险合同提前解除时按照约定应当退还给投保人的保单现金价值。本项目应根据"退保金"科目发生额分析填列。

(8)"赔付支出"项目，反映公司支付的原保险合同和再保险合同赔付款项。本项目应根据"赔付支出"科目发生额分析填列。

(9)"摊回赔付支出"项目，反映再保险分出人向再保险接受人摊回的赔付成本。本项目应根据"摊回赔付支出"科目发生额分析填列。

(10)"提取保险责任准备金"项目，反映公司提取的原保险合同保险责任准备金，包括提取的未决赔款准备金、提取的寿险责任准备金、提取的长期健康险责任准备金。本项目应根据"提取保险责任准备金"科目发生额分析填列。

(11)"摊回保险责任准备金"项目，反映公司从事再保险业务应向再保险接受人摊回的保险责任准备金，包括未决赔款准备金、寿险责任准备金、长期健康险责任准备金。本项目应根据"摊回保险责任准备金"科目发生额分析填列。

(12)"保单红利支出"项目，反映公司按原保险合同约定支付给投保人的红利。本项目应根据"保单红利支出"科目发生额分析填列。

(13)"分保费用"项目，反映再保险接受人向再保险分出人支付的分保费用。本项目应根据"分保费用"科目发生额分析填列。

(14)"手续费及佣金支出"项目，反映公司发生的与经营活动相关的各项手续费、佣金等支出。本项目应根据"手续费及佣金支出"科目发生额分析填列。

(15)"摊回分保费用"项目，反映再保险分出人向再保险接受人摊回的分保费用。本项目应根据"摊回分保费用"科目发生额分析填列。

(16)"其他业务成本"项目，反映公司确认的与经常性活动相关的其他活动支出和利息支出。本项目应根据"利息支出""其他业务成本"等科目发生额分析填列。

3.证券公司利润表的编制方法

证券公司利润表编制方法和商业银行基本相同，可以比照商业银行。

4.担保公司利润表的编制方法

担保公司利润表编制方法和保险公司基本相同，可以比照保险公司。

5.租赁公司利润表的编制方法

租赁公司利润表编制方法和商业银行基本相同，可以比照商业银行。其中，"租赁收入"项目应根据"租赁收入"科目发生额分析填列。

第四节 现金流量表

一、现金流量表的概念和作用

现金流量表是反映企业会计期间内经营活动、投资活动和筹资活动等对现金及现金等价物产生影响的会计报表。现金流量表作为现行会计报表体系中四张基本报表之一的动态报表,它的主要特点和作用有以下四个方面。

(1) 以"现金"为编制基础,能够直观、确切地反映企业的支付能力。

现金流量表以"现金"作为资金概念,这里的"现金"是指广义的,包括现金及现金等价物。现金是指企业库存现金以及可以随时用于支付的存款。现金等价物也称为约当现金,是指企业特有的期限短、流动性强、易于转换为已知金额现金、价值变动风险很小的投资。一般是指可在证券市场上流通的三个月内到期的证券投资项目,如短期企业债券和股票等。比如,某银行于20×7年12月1日购入20×5年1月1日发行的期限为三年的国债,购买时还有一个月到期,则这项国债可视为现金等价物。

(2) 以收付实现制为编制原则,能够客观、真实地反映企业的财务状况。

现金流量表是按收付实现制原则编制的,它以款项是否收付即"实收实付"来确认收入和费用的归属期。只对当期的现金收入和现金支出进行确认,有可靠的原始凭证,受主观因素影响程度较小,能客观而真实地反映企业的财务状况。

(3) 按经营活动现金净流量、投资活动现金净流量、筹资活动现金净流量等分段编制,能够客观地分类反映企业各项经济活动对企业现金流量净额的影响程度。

通常,按照企业经营业务发生的性质,将企业一定期间内产生的现金流量分为经营活动产生的现金流量、投资活动产生的现金流量和筹资活动产生的现金流量三类。经营活动是指企业投资活动和筹资活动以外的所有交易和事项。投资活动是指企业长期资产的购建和不包括在现金等价物范围内的投资、贷款及处置活动,包括实物资产投资、金融资产投资。筹资活动是指导致企业资本及债务规模、构成发生变化的活动。

对于不涉及现金变动的投资和筹资活动(如接受固定资产投资、以对外投资偿还债务、债务转为股本、融资租入固定资产等),虽然不影响本期现金的变动,但可能会对未来现金流量产生影响,甚至是重大影响,所以对这类业务在现金流量表中予以反映。通常有两种表达方式:① 单独编制现金流量表的附表来揭示;② 单独以附注方式来揭示。

(4) 提供某一会计期间现金流量信息,能够及时、准确地衡量企业的偿付能力和支付股利的能力。

现金流量表是说明某一段时期企业现金流入和现金流出情况的报表,并能够准确地提供现金流入和现金流出的缘由,即现金从哪里来,又流到哪里去。在正常经营情况下,现金净流量数额越大,则说明企业支付能力越强。

二、现金流量表的结构

1. 现金流量正表

现金流量正表是现金流量表的主体,企业一定会计期间现金流量的信息主要由正表提供。正表采用报告式的结构,按照现金流量的性质,依次分类反映经营活动产生的现金流量、投资活动产生的现金流量和筹资活动产生的现金流量,最后汇总反映企业现金及现金等价物净增加额。在有外币现金流量及境外子公司的现金流量折算为人民币的企业,正表中还应单设"汇率变动对现金及现金等价物的影响"项目,以反映企业外币现金流量及境外子企业的现金流量折算为人民币时所采用的现金流量发生日的汇率或平均汇率折算的人民币金额与"现金及现金等价物净增加额"中外币现金净增加额按期末汇率折算的人民币金额之间的差额。

2. 现金流量表补充资料

现金流量表补充资料包括三部分:① 将净利润调节为经营活动现金流量(即按间接法编制的经营活动现金流量);② 不涉及现金收支的重大投资和筹资活动;③ 现金及现金等价物净变动情况。

三、现金流量表的格式

1. 商业银行现金流量表的格式

商业银行现金流量表的格式见表18-11、表18-12。

表 18-11 现金流量表

编制单位:　　　　　　　　　　年　月　　　　　　　　　　单位:元

项　　　　目	本期金额	上期金额
一、经营活动产生的现金流量:		
客户存款和同业存款款项净增加额		
向中央银行借款净增加额		
向其他金融机构拆入资金净增加额		
收取利息、手续费及佣金的现金		
收到其他与经营活动有关的现金		
经营活动现金流入小计		
客户贷款及垫款净增加额		
存放中央银行和同业款项净增加额		
支付手续费及佣金的现金		
支付给职工以及为职工支付的现金		
支付的各项税费		
支付其他与经营活动有关的现金		
经营活动现金流出小计		

续表

项　　目	本期金额	上期金额
经营活动产生的现金流量净额		
二、投资活动产生的现金流量：		
收回投资收到的现金		
取得投资收益收到的现金		
收到其他与投资活动有关的现金		
投资活动现金流入小计		
投资支付的现金		
购置固定资产、无形资产和其他长期资产支付的现金		
支付其他与投资活动有关的现金		
投资活动现金流出小计		
投资活动产生的现金流量净额		
三、筹资活动产生的现金流量：		
吸收投资所收到的现金		
发行债券收到的现金		
收到其他与筹资活动有关的现金		
筹资活动现金流入小计		
偿还债务支付的现金		
分配股利、利润或偿付利息支付的现金		
支付其他与筹资活动有关的现金		
筹资活动现金流出小计		
筹资活动产生的现金流量净额		
四、汇率变动对现金及现金等价物的影响		
五、现金及现金等价物净增加额		
加：期初现金及现金等价物余额		
六、期末现金及现金等价物余额		

表 18-12 现金流量表补充资料　　　　　　　　　　　　单位：元

补　充　资　料	本期金额	上期金额
1. 将净利润调节为经营活动现金流量：		
净利润		
加：资产减值准备		
固定资产折旧		
无形资产摊销		
长期待摊费用摊销		
处置固定资产、无形资产和其他长期资产的损失（收益以"－"号填列）		
固定资产报废损失（收益以"－"号填列）		
公允价值变动损失（收益以"－"号填列）		
投资损失（收益以"－"号填列）		
递延所得税资产减少（增加以"－"号填列）		
递延所得税负债增加（减少以"－"号填列）		
存货的减少（增加以"－"号填列）		
经营性应收项目的减少（增加以"－"号填列）		
经营性应付项目的增加（减少以"－"号填列）		
其他		
经营活动产生的现金流量净额		
2. 不涉及现金收支的重大投资和筹资活动：		
债务转为资本		
一年内到期的可转换公司债券		
融资租入固定资产		
3. 现金及现金等价物净变动情况：		
现金的期末余额		
减：现金的期初余额		
加：现金等价物的期末余额		
减：现金等价物的期初余额		
现金及现金等价物净增加额		

2. 保险公司现金流量表的格式

保险公司现金流量表的格式见表 18-13、表 18-14。

表 18-13 现金流量表

编制单位：　　　　　　　　　　　　　　年　　月　　　　　　　　　　　　　　单位：元

项　目	本期金额	上期金额
一、经营活动产生的现金流量：		
收到原保险合同保费取得的现金		
收到再保险业务现金净额		
保户储金及投资款净增加额		
收到其他与经营活动有关的现金		
经营活动现金流入小计		
支付原保险合同赔付款项的现金		
支付手续费及佣金的现金		
支付保单红利的现金		
支付给职工以及为职工支付的现金		
支付的各项税费		
支付其他与经营活动有关的现金		
经营活动现金流出小计		
经营活动产生的现金流量净额		
二、投资活动产生的现金流量：		
收回投资收到的现金		
取得投资收益收到的现金		
收到其他与投资活动有关的现金		
投资活动现金流入小计		
投资支付的现金		
质押贷款净增加额		
购置固定资产、无形资产和其他长期资产支付的现金		
支付其他与投资活动有关的现金		
投资活动现金流出小计		
投资活动产生的现金流量净额		
三、筹资活动产生的现金流量：		
吸收投资所收到的现金		
发行债券收到的现金		
收到其他与筹资活动有关的现金		
筹资活动现金流入小计		
偿还债务支付的现金		
分配股利、利润或偿付利息支付的现金		
支付其他与筹资活动有关的现金		
筹资活动现金流出小计		
筹资活动产生的现金流量净额		
四、汇率变动对现金及现金等价物的影响		
五、现金及现金等价物净增加额		
加：期初现金及现金等价物余额		
六、期末现金及现金等价物余额		

表 18-14 现金流量表补充资料　　　　　　　　　　单位：元

补　充　资　料	本期金额	上期金额
1. 将净利润调节为经营活动现金流量：		
净利润		
加：资产减值准备		
提取未到期责任准备金		
提取保险责任准备金		
固定资产折旧		
无形资产摊销		
长期待摊费用摊销		
处置固定资产、无形资产和其他长期资产的损失（收益以"－"号填列）		
固定资产报废损失（收益以"－"号填列）		
公允价值变动损失（收益以"－"号填列）		
利息支出（收入以"－"号填列）		
投资损失（收益以"－"号填列）		
递延所得税资产减少（增加以"－"号填列）		
递延所得税负债增加（减少以"－"号填列）		
存货的减少（增加以"－"号填列）		
经营性应收项目的减少（增加以"－"号填列）		
经营性应付项目的增加（减少以"－"号填列）		
其他		
经营活动产生的现金流量净额		
2. 不涉及现金收支的重大投资和筹资活动：		
债务转为资本		
一年内到期的可转换公司债券		
融资租入固定资产		
3. 现金及现金等价物净变动情况：		
现金的期末余额		
减：现金的期初余额		
加：现金等价物的期末余额		
减：现金等价物的期初余额		
现金及现金等价物净增加额		

3. 证券公司现金流量表的格式

证券公司现金流量表的格式见表18-15(补充资料可参照商业银行)。

表 18-15　现金流量表

编制单位：　　　　　　　　　　　　年　　月　　　　　　　　　　　　单位：元

项　　目	本期金额	上期金额
一、经营活动产生的现金流量：		
处置交易性金融资产净增加额		
收取利息、手续费及佣金的现金		
拆入资金净增加额		
回购业务资金净增加额		
收到其他与经营活动有关的现金		
经营活动现金流入小计		
支付利息、手续费及佣金的现金		
支付给职工以及为职工支付的现金		
支付的各项税费		
支付其他与经营活动有关的现金		
经营活动现金流出小计		
经营活动产生的现金流量净额		
二、投资活动产生的现金流量：		
收回投资收到的现金		
取得投资收益收到的现金		
收到其他与投资活动有关的现金		
投资活动现金流入小计		
投资支付的现金		
购置固定资产、无形资产和其他长期资产支付的现金		
支付其他与投资活动有关的现金		
投资活动现金流出小计		
投资活动产生的现金流量净额		
三、筹资活动产生的现金流量：		
吸收投资所收到的现金		
发行债券收到的现金		
收到其他与筹资活动有关的现金		
筹资活动现金流入小计		
偿还债务支付的现金		
分配股利、利润或偿付利息支付的现金		
支付其他与筹资活动有关的现金		
筹资活动现金流出小计		
筹资活动产生的现金流量净额		
四、汇率变动对现金及现金等价物的影响		
五、现金及现金等价物净增加额		
加：期初现金及现金等价物余额		
六、期末现金及现金等价物余额		

4. 担保公司现金流量表的格式

担保公司现金流量表的格式见表18-16(补充资料可参照保险公司)。

表 18-16　现金流量表

编制单位：　　　　　　　　　　　年　月　　　　　　　　　　　单位：元

项　　目	本期金额	上期金额
一、经营活动产生的现金流量：		
收到原担保合同保费取得的现金		
收到再担保业务现金净额		
收到其他与经营活动有关的现金		
经营活动现金流入小计		
支付原担保合同赔付款项的现金		
支付手续费及佣金的现金		
支付给职工以及为职工支付的现金		
支付的各项税费		
支付其他与经营活动有关的现金		
经营活动现金流出小计		
经营活动产生的现金流量净额		
二、投资活动产生的现金流量：		
收回投资收到的现金		
取得投资收益收到的现金		
收到其他与投资活动有关的现金		
投资活动现金流入小计		
投资支付的现金		
贷款净增加额		
购置固定资产、无形资产和其他长期资产支付的现金		
支付其他与投资活动有关的现金		
投资活动现金流出小计		
投资活动产生的现金流量净额		
三、筹资活动产生的现金流量：		
吸收投资所收到的现金		
发行债券收到的现金		
收到其他与筹资活动有关的现金		
筹资活动现金流入小计		
偿还债务支付的现金		
分配股利、利润或偿付利息支付的现金		
支付其他与筹资活动有关的现金		
筹资活动现金流出小计		
筹资活动产生的现金流量净额		
四、汇率变动对现金及现金等价物的影响		
五、现金及现金等价物净增加额		
加：期初现金及现金等价物余额		
六、期末现金及现金等价物余额		

5. 租赁公司现金流量表的格式

租赁公司现金流量表的格式见表18-17(补充资料可参照商业银行)。

表 18-17　现金流量表

编制单位：　　　　　　　　　　　年　　月　　　　　　　　　　　单位：元

项　　目	本期金额	上期金额
一、经营活动产生的现金流量：		
收取租金的现金		
收取利息、手续费及佣金的现金		
收到其他与经营活动有关的现金		
经营活动现金流入小计		
支付利息、手续费及佣金的现金		
支付给职工以及为职工支付的现金		
支付的各项税费		
支付其他与经营活动有关的现金		
经营活动现金流出小计		
经营活动产生的现金流量净额		
二、投资活动产生的现金流量：		
收回投资收到的现金		
取得投资收益收到的现金		
收到其他与投资活动有关的现金		
投资活动现金流入小计		
投资支付的现金		
购置固定资产、无形资产和其他长期资产支付的现金		
支付其他与投资活动有关的现金		
投资活动现金流出小计		
投资活动产生的现金流量净额		
三、筹资活动产生的现金流量：		
吸收投资所收到的现金		
发行债券收到的现金		
收到其他与筹资活动有关的现金		
筹资活动现金流入小计		
偿还债务支付的现金		
分配股利、利润或偿付利息支付的现金		
支付其他与筹资活动有关的现金		
筹资活动现金流出小计		
筹资活动产生的现金流量净额		
四、汇率变动对现金及现金等价物的影响		
五、现金及现金等价物净增加额		
加：期初现金及现金等价物余额		
六、期末现金及现金等价物余额		

四、现金流量表的编制方法

现金流量表的编制方法有两种：直接法和间接法。两者的区别在于经营活动现金净流量计算不同。

（一）直接法

直接法是指直接用经营活动现金流入减去经营活动现金流出来计算经营活动现金净流量。采用直接法报告经营活动的现金流量时，有关现金流入与流出的信息可从会计记录中直接获得。

1. 商业银行现金流量表的编制方法

现金流量表"本期金额"栏反映各项目的本期实际发生数，"上期金额"栏填列各项目上年全年同期累计实际发生数。现金流量表"本期金额"各项目的填列方法如下。

（1）经营活动产生的现金流量。

① "客户存款和同业存款项净增加额"项目，反映商业银行吸收客户存款和同业存款现金净增加额。本项目可以根据"吸收存款""同业存放"等科目的期末余额和期初余额记录分析填列。

② "向中央银行借款净增加额"项目，反映商业银行向中央银行借入款项现金净增加额。本项目可以根据"向中央银行借款"的期末余额和期初余额记录分析填列。

③ "向其他金融机构拆入资金净增加额"项目，反映商业银行从境内外金融机构拆入款项取得的现金，减去拆借给境内外金融机构而支付的现金后的净额。本项目可以根据"拆入资金""拆出资金"等科目的期末余额和期初余额记录分析填列。本项目如为负数，应在经营活动现金流出类中单独列示。

④ "收取利息、手续费及佣金的现金"，反映商业银行收到的利息、手续费及佣金。本项目可以根据"利息收入""手续费及佣金收入"等科目的记录分析填列。

⑤ "收到其他与经营活动有关的现金"项目，反映商业银行除了上述各项目外，收到的其他与经营活动有关的现金，如其他业务收入、捐赠的现金收入、罚款收入、存入保证金等。本项目可以根据"其他业务收入""营业外收入""其他应付款""存入保证金"等科目的记录分析填列。

⑥ "客户贷款及垫款净增加额"项目，反映商业银行发放的各种客户贷款，以及办理商业汇票贴现、再贴现、转贴现融出及融入资金等业务款项的现金净增加额。本项目根据"贷款""贴现资产""贴现负债"等科目的期末余额和期初余额记录分析填列。

⑦ "存放中央银行和同业款项净增加额"项目，反映商业银行存放于中央银行以及境内外金融机构的款项的现金净增加额。本项目根据"存放中央银行款项""存放同业"等科目的的期末余额和期初余额记录分析填列。

⑧ "支付手续费及佣金的现金"项目，反映商业银行支付的手续费及佣金。本项目可以根据"手续费及佣金支出"等科目的记录分析填列。

⑨ "支付给职工以及为职工支付的现金"项目，反映商业银行实际支付给职工，以及为职工支付的现金，包括本期实际支付给职工的工资、奖金、各种津贴和补贴等，以及为职工支付的其他费用。商业银行代扣代缴的职工个人的所得税也在本项目反映。本项目不包括支付给离退休人员的各项费用及支付给在建工程人员的工资及其他费用。商业银行支付给离

退休人员的各项费用(包括支付的统筹退休金以及未参加统筹的退休人员的费用),在"支付的其他与经营活动有关的现金"项目中反映;支付给在建工程人员的工资及其他费用,在"购建固定资产、无形资产和其他长期资产所支付的现金"项目反映。本项目可以根据"应付职工薪酬""业务及管理费"等记录分析填列。

⑩"支付的各项税费"项目,反映商业银行按规定支付的各种税费,包括商业银行本期发生并支付的税费,以及本期支付以前各期发生的税费和本期预交的税费。包括所得税、增值税、印花税、房产税、土地使用税、车船使用税、城市维护建设税、教育费附加等,但不包括计入固定资产价值的实际支付的耕地占用税。本项目可以根据"应交税费""所得税费用""税金及附加""业务及管理费"等记录分析填列。

⑪"支付其他与经营活动有关的现金"项目,反映商业银行除上述各项目外所支付的其他与经营活动有关的现金流出,如经营租赁支付的租金、罚款支出、支付的差旅费和业务招待费等业务及管理费现金支出、其他业务支出、捐赠的现金支出、购买低值易耗品支出等。若其他与经营活动有关的现金流出金额较大,应单列项目反映。本项目可以根据"其他应收款""业务及管理费""其他业务成本""营业外支出""低值易耗品"等有关科目的记录分析填列。

(2) 投资活动产生的现金流量。

①"收回投资所收到的现金"项目,反映商业银行出售、转让或到期收回除现金等价物以外的对其他企业的权益工具、债务工具和合营中的权益等投资而收到的现金。收回债务工具实现的投资收益、处置子公司及其他营业单位收到的现金净额不包括在本项目内。本项目可根据"交易性金融资产""可供出售的金融资产""持有至到期投资""长期股权投资"、等记录分析填列。

②"取得投资收益收到的现金"项目,反映商业银行除现金等价物以外的对其他企业的权益工具、债务工具和合营中的权益投资分回的现金股利和利息等,不包括股票股利。本项目可以根据"投资收益"等科目的记录分析填列。

③"收到其他与投资活动有关的现金"项目,反映商业银行除了上述各项目以外,所收到的其他与投资活动有关的现金流入。比如,处置固定资产、无形资产和其他长期资产收回的现金净额;返售证券所收到的现金;处置子公司及其他营业单位收到的现金净额;收到购买股票和债券时支付的已宣告但尚未领取的现金股利或已到付息期但尚未领取的债券利息。若其他与投资活动有关的现金流入金额较大,应单列项目反映。本项目可根据"固定资产清理""长期股权投资""买入返售金融资产""应收股利""应收利息""银行存款""库存现金"等科目的记录分析填列。

④"投资支付的现金"项目,反映商业银行除现金等价物以外的对其他企业的权益工具、债务工具和合营中的权益投资所支付的现金,以及支付的佣金、手续费等交易费用,但取得子银行及其他营业单位支付的现金净额除外。本项目可以根据"交易性金融资产""长期股权投资""可供出售的金融资产""持有至到期投资"等记录分析填列。

⑤"购置固定资产、无形资产和其他长期资产支付的现金"项目,反映商业银行本期购买、建造固定资产、取得无形资产和其他长期资产所实际支付的现金,以及用现金支付的应由在建工程和无形资产负担的职工薪酬,不包括为购建固定资产而发生的借款利息资本化的部分,以及融资租入固定资产支付的租赁费。商业银行支付的借款利息和融资租入固定

资产支付的租赁费,在筹资活动产生的现金流量中反映。本项目可以根据"固定资产""在建工程""无形资产"等科目的记录分析填列。

⑥"支付其他与投资活动有关的现金"项目,反映商业银行除上述各项目外所支付的其他与投资活动有关的现金流出,如取得子公司及其他营业单位支付的现金净额;买入返售证券所支付的现金;商业银行购买股票时实际支付的价款中包含的已宣告而尚未领取的现金股利,购买债券时支付的价款中包含的已到期尚未领取的债券利息等。如果某项其他与投资活动有关的现金流出金额较大,应单列项目反映。本项目可以根据"长期股权投资""买入返售金融资产""应收股利""应收利息"等科目的记录分析填列。

(3) 筹资活动产生的现金流量。

①"吸收投资收到的现金"项目,反映商业银行以发行股票等方式筹集资金实际收到的款项,减去直接支付的佣金、手续费、宣传费、咨询费、印刷费等发行费用后的净额。本项目可以根据"实收资本(或股本)"等科目的记录分析填列。

②"发行债券收到的现金"项目,反映商业银行以发行债券方式筹集资金实际收到的款项,减去直接支付的佣金、手续费、宣传费、咨询费、印刷费等发行费用后的净额。本项目可以根据"应付债券"等科目的记录分析填列。

③"收到其他与筹资活动有关的现金"项目,反映商业银行除上述各项目外所收到的其他与筹资活动有关的现金流入,如卖出回购证券、接受现金捐赠等。若某项其他与筹资活动有关的现金流入金额较大,应单列项目反映。本项目可以根据"卖出回购金融资产款""营业外收入"等有关科目的记录分析填列。

④"偿还债务支付的现金"项目,反映商业银行偿还债务本金所支付的现金。商业银行支付的借款利息和债券利息在"分配股利、利润或偿付利息支付的现金"项目反映,不包括在本项目内。本项目可以根据"应付债券"等科目的记录分析填列。

⑤"分配股利、利润或偿付利息支付的现金"项目,反映商业银行实际支付的现金股利、支付给其他投资单位的利润以及用现金支付的债券利息等。本项目可以根据"应付股利""应付利息""利息支出"等科目的记录分析填列。

⑥"支付其他与筹资活动有关的现金",反映商业银行除上述各项目外所支付的其他与筹资活动有关的现金流出,如回购证券、捐赠现金支出、融资租入固定资产支付的租赁费等。若某项其他与筹资活动有关的现金流出金额较大,应单列项目反映。本项目可以根据"卖出回购金融资产款""营业外支出""长期应付款"有关记录分析填列。

(4) "汇率变动对现金及现金等价物的影响"项目的内容和填列方法。该项目反映商业银行外币现金流量以及境外子银行的现金流量折算为人民币时,所采用的现金流量发生日的即期汇率或按照系统合理方法确定的、与现金流量发生日即期汇率近似汇率折算的人民币金额与"现金及现金等价物净增加额"中的外币现金净增加额按期末汇率折算的人民币金额之间的差额。在编制现金流量表时,可逐笔计算外汇业务所发生的汇率变动对现金的影响,也可不必逐笔计算,而采用简化的计算方法,即通过现金流量表补充资料中的"现金及现金等价物净增加额"与正表中的"经营活动产生的现金流量净额""投资活动产生的现金净额""筹资活动产生的现金净额"三项之和比较,其差额即为"汇率变动对现金的影响"项目的金额。

2. 保险公司现金流量表的编制方法

对于保险公司,其现金流量表有些项目和商业银行相同,其编制方法可以比照商业银行,只是在会计科目上设置了"银行存款""短期借款""长期借款"等科目,在编制时需要使用这些科目,另外,有些项目不同于银行,其编制方法如下。

① "收到原保险合同保费取得的现金"项目,反映公司原保险合同实际收取的现金保费,包括本期收到的现金保费收入、本期收到的前期应收保费和本期预收的保费,扣除本期发生退保费支付的现金。本项目可以根据"库存现金""银行存款""应收保费""预收保费""保费收入"等科目的记录分析填列。

② "收到再保险业务现金净额"项目,反映公司再保险业务实际收到的现金净额,包括本期收到的现金分保费收入、本期收到的前期分保业务往来和本期预收的分保赔款,以及摊回的分保赔付款和费用、以现金支付的分出保费、以现金支付的分保赔款和费用等。本项目可以根据"库存现金""银行存款""应收分保账款""应付分保账款""预收赔付款""保费收入""摊回赔付支出""摊回分保费用""分出保费""赔付支出""分保费用""预付分出保费""预付赔付款"等科目的记录分析填列。

③ "保户储金及投资款净增加额"项目,反映公司以储金本金增值作为保费收入的保险业务以及投资型保险业务现金净增加额。本项目可以根据"库存现金""银行存款""保户储金""保户投资款"等科目的期末余额和期初余额记录分析填列。

④ "支付原保险合同赔付款项的现金"项目,反映公司以现金支付和预付给被保险人的赔付款及退保金。本项目根据"库存现金""银行存款""赔付支出""退保金""预付赔付款"等科目的记录分析填列。

⑤ "支付保单红利的现金"项目,反映公司按合同约定以现金支付的保单红利。本项目可以根据"库存现金""银行存款""应付保单红利""保单红利支出"等科目的记录分析填列。

⑥ "质押贷款净增加额"项目,反映公司按规定从事保单质押贷款业务的现金净增加额。本项目可以根据"库存现金""银行存款""保户质押贷款"科目的期末余额和期初余额记录分析填列。

3. 证券公司现金流量表的编制方法

对于证券公司,其现金流量表有些项目和商业银行相同,其编制方法可以比照商业银行,但有些项目不同于银行,其编制方法如下。

① "处置交易性金融资产净增加额"项目,反映公司处置交易性金融资产现金净增加额。本项目可以根据"库存现金""银行存款""交易性金融资产"等科目的期末余额和期初余额记录分析填列。

② "回购业务资金净增加额"项目,反映公司买入返售证券、卖出回购证券业务收到的现金净额。本项目可以根据"银行存款""结算备付金""买入返售金融资产""卖出回购金融资产款"等科目的期末余额和期初余额记录分析填列。

4. 担保公司现金流量表的编制方法

对于担保公司,其现金流量表编制方法可以比照保险公司。

5. 租赁公司现金流量表的编制方法

对于租赁公司,其现金流量表的编制方法可以比照商业银行。

(二) 间接法

采用间接法在计算经营活动现金净流量时,是以本期净利润为起点,再调整不影响现金变动的有关项目,并据此计算企业本期经营活动产生的现金净流量。其计算公式是:

经营活动的现金净流量＝本期净利润＋不减少现金的费用－不增加现金的收入－不属于经营活动的损益＋属于经营活动的非现金流动资产的减少和流动负债的增加－属于经营活动的非现金流动资产的增加和流动负债的减少。具体调整方法如下。

1. 商业银行现金流量表补充资料的编制方法

（1）"将净利润调节为经营活动现金流量"项目。

① "资产减值准备"项目，反映商业银行本期实际各项资产减值准备，包括贷款损失准备、坏账准备、低值易耗品跌价准备、长期股权投资减值准备、持有至到期投资减值准备、投资性房地产减值准备、固定资产减值准备、在建工程减值准备、无形资产减值准备、抵债资产减值准备、商誉减值准备等。本项目可以根据"资产减值损失"科目的记录分析填列。

② "固定资产折旧"项目，反映商业银行本期累计计提的固定资产折旧。本项目可根据"累计折旧"等科目贷方发生额分析填列。

③ "无形资产摊销"项目，反映商业银行本期累计摊入成本费用的无形资产价值。本项目可以根据"累计摊销"科目的贷方发生额分析填列。

④ "长期待摊费用摊销"项目，反映商业银行本期累计摊入成本费用的长期待摊费用。本项目可以根据"长期待摊费用"贷方发生额分析填列。

⑤ "处置固定资产、无形资产和其他长期资产的损失"项目，反映商业银行本期处置固定资产、无形资产和其他长期资产发生的净损失（或净收益）。如果为净收益以"－"号填列。本项目可以根据"营业外支出""营业外收入"等科目所属有关明细科目的记录分析填列。

⑥ "固定资产报废损失"项目，反映商业银行本期发生的固定资产盘亏净损失。可根据"营业外支出""营业外收入"所属的有关明细科目的记录分析填列。

⑦ "公允价值变动损失"项目，反映商业银行持有的交易性金融资产、交易性金融负债、采用公允价值模式计量的投资性房地产等公允价值变动形成的净损失。如果为净收益以"－"号填列。本项目可根据"公允价值变动损益"科目所属的有关明细科目的记录分析填列。

⑧ "投资损失（减：收益）"项目，反映商业银行对外投资实际发生的投资损失减去收益后的净损失。本项目可以根据利润表"投资收益"的数字填列；如果为投资收益，以"－"号填列。

⑨ "递延所得税资产减少（减：增加）"项目，反映商业银行资产负债表"递延所得税资产"项目的期初、期末余额的差额。本项目可以根据"递延所得税资产"科目发生额分析填列。

⑩ "递延所得税负债增加"项目，反映商业银行资产负债表"递延所得税负债"项目的期初、期末余额的差额。本项目可以根据"递延所得税负债"科目发生额分析填列。

⑪ "存货的减少"项目，反映商业银行资产负债表"低值易耗品""抵债资产"等存货期初、期末余额的差额；期末数大于期初数的差额，以"－"号填列。

⑫ "经营性应收项目的减少"项目，反映商业银行本期经营性应收项目（包括应收利息、其他应收款等经营性应收项目中与经营活动有关的部分）的期初、期末余额的差额；期末数大于期初数的差额，以"－"号填列。

⑬ "经营性应付项目的增加"项目，反映商业银行本期经营性应付项目（包括应付利息、

应付职工薪酬、应交税费、其他应付款、存入保证金等经营性应付项目中与经营活动有关的部分)的期初和期末余额的差额;期末数小于期初数的差额,以"一"号填列。

(2)"不涉及现金收支的重大投资和筹资活动"项目。

补充资料中"不涉及现金收支的重大投资和筹资活动",反映商业银行一定会计期间内影响资产或负债但不形成该期现金收支的所有重大投资和筹资活动的信息。这些投资和筹资活动是商业银行的重大理财活动,虽然不涉及现金收支,但对以后各期的现金流量会产生重大影响。不涉及现金收支的重大投资和筹资活动项目主要有以下三项。

① "债务转为资本"项目,反映商业银行本期转为资本的债务金额。

② "一年内到期的可转换公司债券"项目,反映商业银行本期一年内到期的可转换公司债券的本息。

③ "融资租入固定资产"项目,反映商业银行本期融资租入固定资产的最低租赁付款额扣除应分期计入利息费用的未确认融资费用后的净额。

(3)"现金及现金等价物净变动情况"项目。

其中,"现金及现金等价物净增加额"一项反映一定会计期间现金及现金等价物的期末余额减去期初余额后的净增加额(或净减少额),是对现金流量表正表中"现金及现金等价物"项目的补充说明。该项目的金额应与正表中最后一项"现金及现金等价物净增加额"项目核对相符。

2. 保险公司现金流量表补充资料的编制方法

对于保险公司,其现金流量表补充资料有些项目和商业银行相同,其编制方法可以比照商业银行,但有些项目不同于银行,其具体编制方法如下。

① "提取未到期责任准备金"项目,反映公司本期提取的未到期责任准备金。本项目可以根据"提取未到期责任准备金"科目的记录分析填列。

② "提取保险责任准备金"项目,反映公司本期提取的保险责任准备金。本项目可以根据"提取保险责任准备金"科目的记录分析填列。

③ "利息支出(减:收入)"项目,反映公司本期实际发生的属于投资活动或筹资活动的利息支出净额。本项目可以根据"利息支出"本期借方发生额和"利息收入"本期贷方发生额分析填列;如果为收入,以"一"号填列。

④ "经营性应收项目的减少"项目,反映公司本期经营性应收项目(包括应收保费、应收利息、预付赔付款、应收代位追偿款、应收分保账款、应收分保合同准备金、其他应收款、存出保证金等经营性应收项目中与经营活动有关的部分)的期初、期末余额的差额;期末数大于期初数的差额,以"一"号填列。

⑤ "经营性应付项目的增加"项目,反映公司本期经营性应付项目(包括应付手续费及佣金、应付赔付款、预收保费、应付利息、应付职工薪酬、应交税费、应付保单红利、其他应付款、存入保证金等经营性应付项目中与经营活动有关的部分)的期初、期末余额的差额;期末数小于期初数的差额,以"一"号填列。

3. 证券公司现金流量表补充资料的编制方法

对于证券公司,其现金流量表补充资料的编制方法可比照商业银行。

4. 担保公司现金流量表补充资料的编制方法

对于担保公司,其现金流量表补充资料的编制方法可比照保险公司。

5. 租赁公司现金流量表补充资料的编制方法

对于租赁公司,其现金流量表补充资料的编制方法可比照商业银行。

(三) 直接法与间接法的比较

从信息揭示的角度看,直接法的优点是能够具体地显示经营活动各项现金流入和现金流出的内容,直观反映经营性现金收支的主要构成,了解经营性现金收入的具体来源和现金支出的具体用途,有利于预测未来的经营活动的现金流量,并能揭示企业从经营活动中产生足够的现金来偿付其债务的能力,进行再投资的能力和支付股利的能力,因而更能体现现金流量表的目的。但是,直接法下不能披露经营活动现金流量与本期净利润的差异和原因,即没有揭示以收付实现制为基础重新计算的经营活动现金净收益的过程,这就不便于报表使用者分析经营成果对现金流量的影响。采用间接法,虽然没有直接表述经营活动现金流动的全貌,但它可以反映净利润和经营活动现金净流量的差异,并将现金流量表与资产负债表联系起来,这就便于会计信息利用者评价公司的收益质量,寻求与其决策更为相关的信息。

第五节 所有者权益变动表

一、所有者权益变动表的概念和作用

所有者权益变动表是指反映构成所有者权益各组成部分当期增减变动情况的报表。对股份制公司,也称为股东权益变动表。

通过所有者权益变动表可以获得以下四个方面的信息。

(1) 综合收益的构成情况。综合收益以资产负债观为基础,突破了传统收益的收入费用观,将未确认的利得和损失纳入收益报告的范围。所有者权益变动表除了反映净利润对所有者权益的影响外,还包括直接计入所有者权益的利得和损失,增进了信息的完整性、有用性和相关性。

(2) 所有者权益变动的原因。从资产负债表我们只能知道所有者权益项目的年初数、年末数,不清楚发生变化的具体原因。通过所有者权益变动表则可以分析各个项目的变化及其原因。比如,实收资本(或股本)的本年增加数有多少是来源于资本公积转入、多少是盈余公积转入、多少是利润分配转入、多少是增发新股的股本等。盈余公积的本年减少数有多少是弥补亏损、有多少是转增资本、有多少是分配现金股利或利润、有多少是分配股票股利。

(3) 所有者权益变动的结构。所有者权益的结构是复杂的,而其变化原因更加复杂,不同原因造成的增长反映出所有者权益增长的质量不同,这使得与企业有直接利益关系的人们有必要关注企业所有者权益的结构变动是否合理,关注这一点对评估企业的发展前景及所有者财富增减变化的趋势是十分有意义的。所有者权益变动表能够全面反映一定时期所有者权益变动的情况,不仅包括所有者权益总量的增减变动,还包括所有者权益增减变动的重要结构性信息,特别是反映直接计入所有者权益的利得和损失,让报表使用者准确理解增减变动的根源。

（4）企业的发展战略。不同的企业由于各自的收益水平、承受能力不同，其股利分配政策也完全不同。报表使用者可以将所有者（股东）权益变动表中的"提取盈余公积""提取一般风险准备""对所有者权益（或股东）的分配"与"未分配利润"的数额相比较，分析出企业是运用"高积累的股利"政策，还是"高分配的股利"政策，从而可以从自身发展角度出发，选择其发展战略适合自己需要的企业。

二、所有者权益变动表的内容和结构

1. 所有者权益变动表的内容

在所有者权益变动表中，至少应当单独列示反映下列信息的项目。

（1）综合收益。

（2）会计政策变更和差错更正的累积影响金额。

（3）所有者投入资本和向所有者分配利润等。

（4）按照规定提取的盈余公积。

（5）实收资本（或股本）、其他权益工具、资本公积、其他综合收益、盈余公积、一般风险准备、未分配利润的期初和期末余额及其调节情况。

2. 所有者权益变动表的结构

为了清楚地表明构成所有者权益的各组成部分当期的增减变动情况，所有者权益变动表应当以矩阵的形式列示：一方面，列示所有者权益变动的交易或事项，改变了以往仅仅按照所有者权益的各组成部分反映所有者权益变动情况，而是从所有者权益变动的来源对一定时期所有者权益变动进行全面反映；另一方面，按照所有者权益的各组成部分（包括实收资本、其他权益工具、资本公积、其他综合收益、盈余公积、一般风险准备、未分配利润和库存股）及其总额列示交易或事项对所有者权益变动的影响。此外，企业还需要提供比较所有者权益变动表，所有者权益变动表还就各项目再分为"本年金额"和"上年金额"两栏分别填列。金融企业所有者权益变动表的具体格式见表18-18。

三、所有者权益变动表的填列方法

1. 上年金额栏的填列方法

所有者权益变动表中的"上年金额"栏内各项数字，应根据上年度所有者权益变动表"本年金额"栏内所列数字填列。如果本年度所有者权益变动表规定的各个项目的名称和内容同上年度不相一致，应对上年度所有者权益变动表各项目的名称和数字按照本年度的规定进行调整，填入本表"上年余额"栏内。

2. 本年金额栏的填列方法

所有者权益变动表中的"本年金额"栏内各项数字一般应根据"实收资本（或股本）""其他权益工具""资本公积""其他综合收益""盈余公积""一般风险准备""利润分配""库存股""以前年度损益调整"科目的发生额分析填列。

（1）上年年末余额。"上年年末余额"项目，反映企业上年资产负债表中"实收资本（或股本）""其他权益工具""资本公积""其他综合收益""盈余公积""一般风险准备""未分配利润"的年末余额。其数据可以从上年资产负债表中取得，也可以通过上年度所有者权益变动表获得。

表 18-18 所有者权益变动表

编制单位：　　　　　　　　　　　　　　年度　　　　　　　　　　　　　　单位：元

项目	本年金额								上年金额							
	实收资本（或股本）	其他权益工具	资本公积	减：库存股	其他综合收益	盈余公积	一般风险准备	未分配利润	所有者权益合计	实收资本（或股本）	其他权益工具	资本公积	减：库存股	其他综合收益	盈余公积	一般风险准备	未分配利润	所有者权益合计
一、上年年末余额																	
加：会计政策变更																	
前期差错更正																	
二、本年年初余额																	
三、本年增减变动金额（减少以"一"号填列）																	
（一）综合收益总额																	
（二）所有者权益投入和减少资本																	
1. 所有者投入资本（或股本）																	
2. 其他权益工具持有者投入资本																	
3. 股份支付计入所有者权益的金额																	
4. 其他																	
（三）利润分配																	
1. 提取盈余公积																	
2. 提取一般风险准备																	
3. 对所有者（或股东）的分配																	
4. 其他																	
（四）所有者权益内部结转																	
1. 资本公积转增资本（或股本）																	
2. 盈余公积转增资本（或股本）																	
3. 盈余公积弥补亏损																	
4. 一般风险准备弥补亏损																	
5. 其他																	
四、本年年末余额																	

注：对于担保公司，"本年金额"栏和"上年金额"栏所有者权益各组成部分应增设"担保扶持基金"栏目。

(2) 会计政策变更和前期差错更正。"会计政策变更"和"前期差错更正"项目，分别反映企业采用追溯调整法处理的会计政策变更的累积影响金额和采用追溯重述法处理的会计差错更正的累积影响金额，并对应列在"未分配利润"栏。其数据可以从分析"以前年度损益调整"和"利润分配"账簿获得。

(3) 本年增减变动金额。"本年增减变动金额"项目，分别反映如下内容。

① 综合收益总额。"综合收益总额"项目，反映企业当年实现的综合收益总额，并对应列在"其他综合收益""未分配利润"栏。其数据可以从利润表获得。

② 所有者权益投入和减少资本。"所有者权益投入和减少资本"项目，反映企业当年所有者投入的资本和减少的资本。它包括以下内容。

a. "所有者投入资本（或股本）"项目，反映企业接受投资者投入形成的资本（或股本）、资本溢价（或股本溢价），并对应列在"实收资本（或股本）"和"资本公积"栏。其数据可以从分析"实收资本（或股本）"和"资本公积"账簿获得。

b. "其他权益工具持有者投入资本"，反映企业发行的除普通股以外分类为权益工具的金融工具的账面价值，并对应列在"其他权益工具"。其数据可以从分析"其他权益工具"账簿获得。

c. "股份支付计入所有者权益的金额"项目，反映企业处于等待期中的权益结算的股份支付当年计入资本公积的金额，并对应列在"资本公积"栏。其数据可以从分析"资本公积"账簿获得。

③ 利润分配。"利润分配"项目，反映企业按照规定提取的盈余公积、一般风险准备和当年对股东分配的股利金额。它包括以下内容。

a. "提取盈余公积"项目，反映企业按照规定提取的盈余公积，并对应列在"未分配利润"和"盈余公积"栏。其数据可以从分析"利润分配"账簿获得。

b. "提取一般风险准备"项目，反映企业按照规定提取的一般风险准备，并对应列在"未分配利润"和"一般风险准备"栏。其数据可以从分析"利润分配"账簿获得。

c. "对所有者（或股东）的分配"项目，反映企业对股东分配的股利金额，并对应列在"未分配利润"栏。其数据可以从分析"利润分配"账簿获得。

④ 所有者权益内部结转。"所有者权益内部结转"项目，反映不影响当年所有者权益总额的所有者权益各组成部分之间当年的增减变动。它包括以下内容。

a. "资本公积转增资本（或股本）"项目，反映企业以资本公积转增资本（或股本）的金额，并对应列在"实收资本（或股本）"和"资本公积"栏。其数据可以从分析"实收资本（或股本）"和"资本公积"账簿获得。

b. "盈余公积转增资本（或股本）"项目，反映企业以盈余公积转增资本（或股本）的金额，并对应列在"实收资本（或股本）"和"盈余公积"栏。其数据可以从分析"实收资本（或股本）"和"盈余公积"账簿获得。

c. "盈余公积弥补亏损"项目，反映企业以盈余公积弥补亏损的金额，并对应列在"未分配利润"和"盈余公积"栏。其数据可以从分析"利润分配"和"盈余公积"账簿获得。

d. "一般风险准备弥补亏损"项目，反映企业以一般风险准备弥补亏损的金额，并对应列在"未分配利润"和"一般风险准备"栏。其数据可以从分析"利润分配"和"一般风险准备"账簿获得。

第六节 附 注

一、附注的概念

附注是对资产负债表、利润表、现金流量表和所有者权益变动表等报表中列示项目的文字描述或明细资料,以及对未能在这些报表中列示项目的说明。其目的是在不影响报表清晰性的前提下,披露那些报表本身不能说明或不能详细说明的信息,对会计报表起补充、说明和解释的作用。附注应当披露财务报表的编制基础,相关信息应当与资产负债表、利润表、现金流量表和所有者权益变动表等报表中列示的项目相互参照。

二、附注的主要内容

附注是财务报表的重要组成部分。附注一般应当按照下列顺序披露有关十个方面的内容。

1. 企业的基本情况
(1) 企业注册地、组织形式和总部地址。
(2) 企业的业务性质和主要经营活动。
(3) 母公司以及集团最终母公司的名称。
(4) 财务报告的批准报出者和财务报告批准报出日。

2. 财务报表的编制基础
财务报表的编制基础包括会计年度、记账本位币、会计计量所运用的计量基础、现金和现金等价物的构成等。

3. 遵循企业会计准则的声明
企业应当声明编制的财务报表符合企业会计准则的要求,真实、完整地反映企业的财务状况、经营成果和现金流量等相关信息。

4. 重要会计政策和会计估计
企业应当披露采用的重要会计政策和会计估计,不重要的会计政策和会计估计可以不披露。在披露重要会计政策和会计估计时,应当披露重要会计政策的确定依据和财务报表项目的计量基础,以及会计估计中所采用的关键假设和不确定因素。

5. 会计政策和会计估计变更以及差错更正的说明
企业应当按照《企业会计准则第28号——会计政策、会计估计变更和差错更正》及其应用指南的规定,披露会计政策和会计估计变更及其差错更正的有关情况。

6. 报表重要项目的说明
企业对报表重要项目的说明,应当按照资产负债表、利润表、现金流量表、所有者权益变动表及其项目列示的顺序,采用文字和数字描述相结合的方式进行披露。报表重要项目的明细金额合计,应当与报表项目金额相衔接。

对于商业银行,应重点披露现金及存放中央银行款项,拆出资金,交易性金融资产,衍生工具,买入返售金融资产,发放贷款和垫款(包括按个人和企业分布情况、按行业分布情况、按地区分布情况、按担保方式分布情况、逾期贷款、贷款损失准备),可供出售金融资产,持有至到期投资,其他资产,向中央银行借款,国家外汇存款,同业存放,拆入资金,交易性金融负债,卖出回购金融资产款,吸收存款,应付债券,其他负债,一般风险准备,利息净收入,手续费及佣金净收入,投资收益,公允价值变动收益,业务及管理费,分部报告,担保物,金融资产转移(含资产证券化)等项目信息。

对于保险公司,应重点披露应收保费账龄结构、应收代位追偿款、定期存款、其他资产、保户储金(或保户投资款)、保险合同准备金、其他负债、赔付支出、提取保险责任准备金、摊回保险责任准备金、分部报告、投资连结产品等项目信息。

对于证券公司,应重点披露货币资金、买入返售金融资产、存出保证金、代理承销证券、代理兑付债券、交易席位费、其他资产、卖出回购金融资产款、代理买卖证券款、代理承销证券款、代理兑付证券款、其他负债、受托客户资产管理业务、手续费及佣金净收入、受托客户资产管理手续费及佣金净收入、分部报告等项目信息。

对于担保公司,应重点披露应收保费账龄结构、应收代位追偿款、定期存款、存出保证金、其他资产、担保合同准备金、存入保证金、代管担保基金、其他负债、担保扶持基金、赔付支出、提取担保赔偿准备金、摊回担保赔偿准备金、分部报告等项目信息。

对于租赁公司,应重点披露货币资金、买入返售金融资产、融资租赁资产、未实现融资收益、未担保余值、其他资产、存入保证金、卖出回购金融资产款、其他负债、受托客户资产管理业务、租赁收入、手续费及佣金净收入、分部报告等项目信息。

7. 或有事项

按照《企业会计准则第13号——或有事项》第十四条和第十五条的相关规定进行披露。

8. 资产负债表日后事项

(1) 每项重要的资产负债表日后非调整事项的性质、内容及其对财务状况和经营成果的影响。无法作出估计的,应当说明原因。

(2) 资产负债表日后,企业利润分配方案中拟分配的以及经审议批准宣告发放的股利或利润。

9. 关联方关系及其交易

(1) 本企业的母公司有关信息。

(2) 母公司对本公司的持股比例和表决权比例。

(3) 本企业的子公司有关会计信息披露格式。

(4) 本企业的合营企业有关会计信息。

(5) 本企业与关联方发生交易的,分别说明各关联方的性质、交易类型及交易要素。

10. 风险管理

对于商业银行,应按照《企业会计准则第37号——金融工具列报》第二十五条至第四十五条相关规定进行披露。

对于保险公司,应重点披露保险风险(包括风险管理的目标和减轻风险的政策、保险风险的类型、保险风险集中度、不考虑分出业务的索赔进展信息、与保险合同有关的重大假设)和除保险风险以外的其他风险。

对于证券公司,应重点披露风险管理政策和组织架构、信用风险、流动风险和市场风险。

对于担保公司,应重点披露担保风险(包括风险管理的目标和减轻风险的政策、担保风险的类型、担保风险集中度、不考虑分出业务的索赔进展信息、与担保合同有关的重大假设)和除担保风险以外的其他风险。

对于租赁公司,应重点披露风险管理政策和组织架构、信用风险、流动风险和市场风险。

 关键词

财务会计报告　财务报表　资产负债表　利润表　现金流量表　所有者权益变动表　附注

 **复习思考题**

1. 简述财务报表的作用及构成。
2. 简述金融企业资产负债表的结构和排列顺序。
3. 简述金融企业利润表的结构。
4. 简述金融企业现金流量表的特点和作用。
5. 简述金融企业所有者权益变动表的作用和结构。
6. 金融企业现金流量表的编制方法有哪两种?各有什么特点?
7. 金融企业附注主要包括哪些内容?

 练习题

习题一

一、目的:练习金融企业资产负债表的编制方法。

二、资料:某商业银行20×3年12月31日的科目余额如下表。

科　目	借方余额	科　目	贷方余额
库存现金	590 000	拆入资金	400 000
存放中央银行款项	21 510 000	向中央银行借款	800 000
存放同业	10 580 000	同业存放	970 000
拆出资金	17 550 000	衍生金融负债	650 000
交易性金融资产	15 000 000	卖出回购金融资产款	1 200 000
衍生金融资产	1 562 000	吸收存款	167 120 000
买入返售金融资产	1 470 000	贴现负债	5 368 000
应收利息	4 740 000	应付职工薪酬	1 400 000
贷款	156 430 000	应交税费	1 050 000
贴现资产	12 000 000	应付利息	80 000 000
低值易耗品	960 000	应付股利	860 000
可供出售金融资产	500 000	其他应付款	70 000

续 表

科　　目	借方余额	科　　目	贷方余额
持有至到期投资	130 870 000	应付债券	1 480 000
长期股权投资	18 500 000	递延所得税负债	400 000
固定资产	19 490 000	股本	129 620 000
固定资产清理	345 000	盈余公积	1 200 000
在建工程	10 000 000	一般风险准备	1 200 000
无形资产	1 000 000	利润分配(未分配利润)	32 800 000
长期待摊费用	6 000 000	贷款损失准备	335 000
抵债资产	1 470 000	坏账准备	74 000
递延所得税资产	80 000	累计折旧	3 650 000
合　计	430 647 000	合　计	430 647 000

三、要求：根据上述资料，为该商业银行编制资产负债表。（年初数略）

习题二

一、目的：练习金融企业利润表的编制方法。

二、资料：某商业银行20×3年度损益类科目的全年发生额情况如下表所示。

科目名称	本期贷方发生额	科目名称	本期借方发生额
利息收入	454 384 000	利息支出	118 717 000
手续费及佣金收入	39 000 000	手续费及佣金支出	25 600 000
其他业务收入	6 379 000	税金及附加	2 654 000
投资收益	33 683 000	业务及管理费	12 860 000
汇兑损益	856 000	公允价值变动损益	800 000
营业外收入	2 560 000	资产减值损失	1 250 000
		其他业务成本	600 000
		营业外支出	980 000
		所得税费用	18 886 000

三、要求：根据上述资料，为该银行编制利润表。（上期金额略）

参 考 文 献

1. 财政部:《企业会计准则》,经济科学出版社 2006 年版。
2. 企业会计准则编审委员会:《企业会计准则案例讲解(2022 年版)》,立信会计出版社 2022 年版。
3. 财政部:《企业会计准则讲解——应用指南》,人民出版社 2010 年版。
4. 刘学华:《金融企业会计(第 3 版)》,立信会计出版社 2020 年版。
5. 于小镭:《新企业会计准则实务指南(金融企业类)》,机械工业出版社 2007 年版。
6. 孟艳琼:《金融企业会计(第 3 版)》,中国人民大学出版社 2022 年版。
7. 侯旭华:《保险公司会计(第六版)》,复旦大学出版社 2019 年版。
8. 侯旭华:《保险公司会计习题指南(修订版)》,复旦大学出版社 2012 年版。
9. 侯旭华:《保险公司财务会计报告精析——新会计准则下的解读》,中国金融出版社 2009 年版。
10. 侯旭华:《保险公司财务分析与风险防范》,复旦大学出版社 2013 年版。
11. 侯旭华:《担保公司会计》,中国金融出版社 2011 年版。
12. 中国注册会计师协会:《会计》,中国财政经济出版社 2022 年版。

图书在版编目(CIP)数据

金融企业会计/侯旭华,申钰希编著. —2 版. —上海:复旦大学出版社,2022.8
(复旦卓越.会计学系列)
ISBN 978-7-309-16260-8

Ⅰ.①金… Ⅱ.①侯…②申… Ⅲ.①金融会计-高等学校-教材 Ⅳ.①F830.42

中国版本图书馆 CIP 数据核字(2022)第 108968 号

金融企业会计(第二版)
JINRONG QIYE KUAIJI
侯旭华 申钰希 编著
责任编辑/姜作达

复旦大学出版社有限公司出版发行
上海市国权路 579 号 邮编:200433
网址:fupnet@fudanpress.com http://www.fudanpress.com
门市零售:86-21-65102580 团体订购:86-21-65104505
出版部电话:86-21-65642845
上海华业装潢印刷厂有限公司

开本 787×1092 1/16 印张 29 字数 705 千
2022 年 8 月第 2 版
2022 年 8 月第 2 版第 1 次印刷

ISBN 978-7-309-16260-8/F·2894
定价:70.00 元

如有印装质量问题,请向复旦大学出版社有限公司出版部调换。
版权所有 侵权必究